HILARION PETZOLD

Angewandtes Psychodrama

Innovative Psychotherapie und Humanwissenschaften

Herausgegeben von

HILARION PETZOLD

Band 2

JUNFERMANN-VERLAG · PADERBORN

1978

HILARION PETZOLD

Angewandtes Psychodrama

in Therapie, Pädagogik und Theater

2. überarbeitete und erweiterte Auflage

JUNFERMANN-VERLAG · PADERBORN

1978

CIP-Kurztitelaufnahme der Deutschen Bibliothek

Angewandtes Psychodrama in Therapie, Pädagogik und Theater / H. Petzold (Hrsg.). – 2., erw. Aufl. – Paderborn: Junfermann, 1977.
(Innovative Psychotherapie und Humanwissenschaften; 2)
1. Aufl. u. d. T.: Angewandtes Psychodrama in Therapie, Pädagogik, Theater und Wirtschaft.
ISBN 3–87387–153–X

NE: Petzold, Hilarion [Hrsg.]

2. überarbeitete und erweiterte Auflage

Titelentwurf: H. Adrian

Gesamtherstellung: Junfermannsche Verlagsbuchhandlung und Verlagsdruckerei, Paderborn.

ISBN 3-87387-153-X

Vorwort zur ersten Auflage

Das vorliegende Buch ist ein Markstein in der Entwicklung von Psychodrama, Soziodrama und Gruppenpsychotherapie nicht nur in Deutschland, sondern darüberhinaus im europäischen Raum. Der Herausgeber, Prof. Dr. Petzold, hat eine Reihe international bekannter Autoren gewonnen, die sich wahrhaft kompetent in einer Zeit zum Thema der psychologischen Gruppenarbeit äußern können, in der auf dem Gebiet der Gruppenpsychotherapie und Gruppendynamik eine besorgniserregende Anarchie herrscht. Aus diesem Grunde ist es besonders zu begrüßen, daß dieser Band den wissenschaftlichen Ursprung und die qualifizierte Anwendung der drei so eng miteinander verflochtenen Gebiete von Psychodrama, Soziometrie und Gruppenpsychotherapie darstellt. Die Autoren, von denen unsere Schüler Gretel Leutz, Hilarion Petzold und Helga Straub als Repräsentanten der Moreno-Tradition in Deutschland zu betrachten sind, gehen ihre Aufgaben von den verschiedensten Perspektiven an. Immer aber ist zu erkennen, welch hohes Maß an Verantwortung und fachlicher Qualifikation von den mit Gruppenpsychotherapie und Psychodrama Arbeitenden verlangt wird und wie notwendig damit eine sorgfältige Ausbildung für diese Gebiete erforderlich wird; denn nur so dürften die vielfältigen Möglichkeiten des Psychodramas, von denen dieser Band ein eindrucksvolles Zeugnis gibt, optimal auszuschöpfen sein.

J. L. Moreno, Moreno Institute, New York

Vorwort des Herausgebers zur zweiten Auflage

Seit dem Erscheinen der ersten Auflage im Jahre 1972 hat das Psychodrama in Deutschland eine immer größere Verbreitung gefunden. Die wissenschaftliche Literatur ist durch das Erscheinen des grundlegenden Werkes von G. A. Leutz, „Psychodrama – Theorie und Praxis" (1974), und die Übersetzung von Daniel Widlöchers „Psychodrama mit Jugendlichen" (1975) bereichert worden. Durch Sondernummern der Zeitschriften „Gruppendynamik" (Heft 6, 1975) und „Integrative Therapie" (Heft 4, 1976 u. 1, 1977) zum Psychodrama und zur Dramatischen Therapie wurde weitere Information verfügbar. Dennoch hat dieser Reader seine Aktualität nicht eingebüßt. Er bleibt nach wie vor der einzige Überblick über die verschiedenen Anwendungsgebiete psychodramatischen Spiels. Um seine Relevanz für die Praxis zu erhöhen, wurden einige Kapitel neu aufgenommen und dafür die Beiträge über die Verwendung des Psychodramas in Industrie und Wirtschaft fallengelassen. Es wurde eine systematische Darstellung des psychodramatischen Prozesses und einiger wesentlicher therapeutischer Techniken gegeben. Ich hoffe, daß das Buch dem Leser damit einen umfassenden Überblick über Theorie und praktische Anwendung des Psychodramas vermittelt.

Fritz Perls Institut, Düsseldorf — *Hilarion Petzold*

August 1977

Vorwort des Herausgebers zur ersten Auflage

Am 1. April 1921 wurde in Wien in der Maysedergasse von J. MORENO das Stegreiftheater gegründet. Kaum einer der Teilnehmer an diesem Theaterexperiment hat wohl geahnt, daß damit die Grundlage für eine entscheidende Neuerung in der Psychotherapie gelegt wurde: die Einführung der Gruppenpsychotherapie. Aber auch die theatergeschichtliche Bedeutung der umstrittenen und belächelten Versuche des Wiener Psychiaters wurde verkannt und erst in jüngster Zeit in ihrer revolutionären Konsequenz und Tragweite gesehen und gewertet.

Fünfzig Jahre sind vergangen. Die Gruppenpsychotherapie und das Psychodrama haben weltweite Verbreitung erfahren — der sechste internationale Kongreß für Psychodrama und Soziodrama, der im August dieses Jahres in Amsterdam stattfand, gab davon beredtes Zeugnis. MORENOs Werk hat nach Jahrzehnten der Anfeindung und des Unverständnisses allgemeine Anerkennung gefunden. Persönliche Ehrungen wie der Doktor honoris causa der Universität Barcelona und das „Goldene Doktorat" der Universität Wien sind hierfür nur äußere Zeichen.

Obwohl also die Ursprünge des Psychodramas in Wien, diesem Zentrum psychotherapeutischer Forschung liegen, sind mehr als dreißig Jahre vergangen, bis das Psychodrama im deutschsprachigen Raum wieder Eingang fand. Die Demonstrationen, die MORENO 1954 an verschiedenen Kliniken und Universitäten mit seiner Frau ZERKA und seiner Schülerin G. LEUTZ gegeben hat, waren ein erster Anstoß zu einer Entwicklung, die durch die Psychodramakongresse in Paris (1964), Barcelona (1966), Prag (Baden bei Wien 1968) und schließlich Amsterdam (1971) ihren Fortgang nahm.

Das große Interesse, das das Psychodrama in zunehmenden Maße findet, hat uns veranlaßt, den vorliegenden Band als Information über die praktische Anwendung und über die theoretischen Grundlagen des Psychodramas herauszugeben und ein Lehrbuch für Psychodrama vorzubereiten (PETZOLD/LEUTZ 1972).

Wenn auch für Frankreich und den osteuropäischen Raum durch die Werke von Schützenberger (1970) und Czapow (1969) gute Darstellungen der psychodramatischen Methode vorliegen, so glauben wir doch, durch dieses Buch nicht nur wesentliche Ergänzungen zu bringen, sondern auch einem dringenden Bedürfnis nach wissenschaftlicher Information entgegenzukommen, im Sinne einer Ergänzung zu den praktischen Einführungen, die wir und andere Morenoschüler durch Ausbildungsseminare in zahlreichen europäischen Ländern geben.

In den vierziger Jahren wurde Psychodrama in Frankreich als therapeutische Methode eingeführt und es bildeten sich sehr bald große Schulen. Aber erst mit den sechziger Jahren breitete sich das Psychodrama weiter in Europa aus. Heute wird es neben Frankreich (Lebovici, Anzieu, Schützenberger, Lemoine, Ardoino, Petzold u. a.) in Belgien (Cuvelier, Fontaine), Holland (Elefthery, Engelhard u. a.),

Spanien (Sarro, Obiols), Italien (Panchieri), England (Blatner u. a.), in Schweden (Franzke), Polen (Czapow u. a.), der CSR (Drabkova, Strossova u. a.) und der Schweiz (Friedemann, Leutz, Buxbaum) praktiziert. Auch in den übrigen skandinavischen und Ostblockländern haben in jüngster Zeit Aktivitäten zur Ausbildung begonnen, so daß man berechtigterweise von einer europäischen Psychodramabewegung sprechen kann.

In diesem Klima europäischen Interesses für das Psychodrama ist das vorliegende Buch dem Vater der Gruppenpsychotherapie und der psychodramatischen Methode zum fünfzigsten Jahrestag seiner denkwürdigen Gründung des Stegreiftheaters in Wien als Festgabe zugeeignet.

Freunde und Schüler aus aller Welt haben sich an diesem Band beteiligt und geben mit ihren Beiträgen, so hoffen wir, eine Vorstellung von der epochalen Bedeutung des Werkes von J. L. MORENO.

Der Herausgeber möchte an dieser Stelle allen Mitarbeitern dieses Buches danken und all den Freunden und Kollegen, die, oft unter großem Zeitdruck, Beiträge zu diesem Buch erstellt oder Übersetzungen gefertigt haben. Unter ihnen seien G. Leutz, I. Schmidt, U. Hindel, B. Seabourne, H. Weiner, H. Straub und V. Iljine genannt.

Es ist mir ein Anliegen, auch meinen Koautoren und Mitarbeitern in der praktischen Gruppenarbeit zu danken, ohne deren Kooperation ich manches Projekt nicht hätte durchführen können.

Last but not least möchte ich Prof. J. L. MORENO meinen Dank aussprechen für die vielen Anregungen und guten Gespräche in Beacon und seiner Frau ZERKA MORENO, durch deren hohes psychodramatisches Können ich in praktischer und theoretischer Hinsicht wesentliche Bereicherung erfuhr.

Hilarion Petzold

Zum Geleit

Die psychagogische Kraft des Theaters

Die Aufgabe, ein Geleitwort zu einem Buch zu schreiben, das ein so bedeutsames, aktuelles und komplexes Gebiet wie „Theater und Psychotherapie" behandelt, bestimmt mich zu einigen grundsätzlichen Erwägungen.

Bei den vielfachen Strömungen eines „didaktischen", ja zuweilen massiv indoktrinierenden Theaters, wie es z. B. von gewissen Brechtschülern promulgiert wird, und den erstarrten Formen des sogenannten „klassischen" Theaters, dessen Genie in rigiden „Inszenierungskonserven" ertötet wird, sehen wir uns heute in einer Situation, in der das Theater infrage gestellt ist oder es sich durch den manipulativen Charakter einerseits und die Sterilität andererseits selbst infragestellt. Es wird nämlich hier der Zuschauer als „Freiheit" geleugnet. Er wird zum Objekt, nicht zum Mitgestalter des Theaters, das sich damit selbst als „Kunst" verleugnet. Das, was ich als die „psychagogische Kraft" *(la vertu psychagogique)* des wahren Theaters bezeichne, besteht gerade darin, im Zuschauer die „Freiheit" zu erwecken und zu bekräftigen, die unter dem Druck des täglichen Lebens in der beständigen Gefahr steht zu erstarren, abzusterben oder sich zu neutralisieren.

Es stellt sich die Frage, unter welchen Bedingungen sich ein derartiger und eigentlich recht geheimnisvoller *(mystérieuse)* Vorgang – er soll ja keinerlei manipulativen Zwang ausüben – vollziehen kann?

Dadurch, daß authentische Wesen die Theaterszene erfüllen, die Zuschauer zu Spielern werden – der Weg Morenos – oder dadurch, daß der Autor Wesen erschafft und evident zu machen weiß, die sich in keiner Weise auf einfache Ideenträger reduzieren, sondern sich dem Zuschauer darstellen, als seien sie – wenn ich so sagen darf – ihm „konsubstantiell", ihm völlig gleich, aber mit jener erhellenden Kraft begabt, die durch den Alltag verdeckt und verschüttet ist, über die die Männer und Frauen, denen er tagtäglich begegnet, nicht verfügen, die es aber wiederzuerlangen gilt – durch die psychagogische Kraft des Theaters.

Dieser Art von Sur-realität gelingt es, daß die Personen, die immer in einem realen Situationskontext stehen müssen und keine abstrakten Schöpfungen sein dürfen, den Zuschauer nicht nur rühren, sondern zu eigenschöpferischen Impulsen stimulieren und ihn damit aus der Objektrolle, in die ihn das didaktische Theater preßt, herausnehmen. Der Zuschauer, der zum mitschöpferischen Subjekt wird, erhält im Theater eine Würde, die ihm unsere, d. h. die technisierte Welt, ständig zu rauben droht.

Das Theater als Ort der Freiheit und Ort der Würde erhält damit eine ungeheure psychagogische Aufgabe und erfordert eine schwerwiegende Verantwortung von Autor, Spieler und Zuschauer – hier verschwinden die Unterschiede. Auf diesem Hintergrund – und nicht nur in fachlicher Hinsicht – kommt diesem Buch Bedeutung zu und ist dem Herausgeber zu danken.

Gabriel Marcel, de l'Institut, Paris

Einführung

Die Bedeutung des Psychodramas von J. L. MORENO

Seit einem halben Jahrhundert wird therapeutisches Theaterspiel, wird Psychodrama systematisch in der Psychotherapie verwandt und hat seit den dreißiger Jahren auch Eingang in den pädagogischen und industriellen Bereich gefunden.

Blickt man auf die spezifische Verwendung psychodramatischer Verfahren in den genannten Bereichen, etwa in der klinischen Arbeit mit psychiatrischen Patienten, in der Rehabilitation, der psychotherapeutischen Privatpraxis, der Sozialarbeit und Gefängnisfürsorge, die Verwendung in der Schulpädagogik, Erziehungs- und Eheberatung, in der Erwachsenenbildung, der Ausbildung von Medizinern, Psychologen, Pädagogen, Sozialarbeitern usw., so kann man nicht umhin festzustellen, daß hier ein Instrument für Therapie, Psychologie und Pädagogik von ausgesprochener Vielseitigkeit vorliegt.

Durch die Breite der Verwendungsmöglichkeiten gewinnt das Psychodrama ein besonderes Interesse. Der Reichtum an technischen Möglichkeiten und die Vielzahl therapeutischer Ansätze und Konzepte, die es vereinigt, verlangt zwar tiefenpsychologische Erfahrung, legt es aber auf keine psychotherapeutische Schule oder pädagogische Theorie fest und macht es dadurch immer neuen Zwecken verfügbar.

Die Bedeutung des Psychodramas für die Psychotherapie sehen wir besonders in folgenden Punkten gegeben:

1. Das Psychodrama ist eine effektive Form psychotherapeutischer Kurztherapie, die als Einzel- oder Gruppenbehandlung durchgeführt werden kann oder aber beides verbindet; denn das protagonistzentrierte Vorgehen in Gruppen schließt besonders in den Techniken des „dialogischen Interviews", des Monologs und des Doppelgängers wesentliche Elemente der Einzeltherapie ein und verfügt gleichzeitig über die Möglichkeiten der Gruppenpsychotherapie. Das „triadische System" MORENOs, das psychodramatische Handlung, Soziometrie — d. h. die gruppendynamischen Prozesse — und Gruppenpsychotherapie zu einem funktionalen Bezugssystem verbindet, dehnt den Applikationsbereich über die Einzel- und Gruppenpsychotherapie auf soziotherapeutische Modelle aus wie z. B. das der therapeutischen Gemeinschaft (SEABOURNE, *dieses Buch*).

2. Das Psychodrama als Methode, die auf einer Vielzahl von zum Teil recht unterschiedlichen Techniken gründet, verbindet in vorteilhafter Weise diagnostische und therapeutische Möglichkeiten. Die psychodramatischen Initialszenen, die in der Erwärmungsphase von den Protagonisten spontan ins Spiel gebracht werden, gewinnen oft gerade den Charakter eines projektiven Tests und liefern Aufschlüsse über psychodynamische Zusammenhänge. In gleicher Weise können Szenen aber auch für eine Verhaltensanalyse verwandt werden, indem sie Einblick in

die Stimulus-Response-Konstellation in den Verhaltensmustern des Patienten vermitteln. Es kommen hier zwei theoretische Ansätze ins Spiel, der der Psychoanalyse und der der Verhaltenstherapie, die aber nicht allein in der diagnostischen Funktion des Psychodramas zum Tragen kommen, sondern auch im therapeutischen Prozeß eine wesentliche Rolle spielen (STRAUB, *dieses Buch*). MORENO selbst hat verschiedentlich sowohl auf die Bedeutung analytischer (1957) als auch auf die Bedeutung verhaltenstherapeutischer Elemente (1963) im Psychodrama hingewiesen. In der Tat verbindet psychodramatisches Vorgehen beide so oft in Gegensatz gebrachten Therapieformen, wobei die Varianten des analytischen (LEBOVICI und FRIEDEMANN, *dieses Buch*) und verhaltenstherapeutischen (PETZOLD/OSTERHUES, *dieses Buch*) Psychodramas die eine oder andere Seite stärker ausprägen.

Die vielschichtigen Wirkweisen des Psychodramas, das neben analytischen und verhaltenstherapeutischen Elementen das kathartische Spiel, die Schulung von Kreativität und Spontaneität, die Ausdehnung des Rollenrepertoires und der Rollenflexibilität, die symbolische Wunscherfüllung, die suggestive Einflußnahme und die Übung des Körperbewußtseins als therapeutische Komponenten einschließen kann, lassen einen breiten Indikationsbereich zu.

3. Das Psychodrama ist eine Methode, die gleichermaßen kausal und symptomgerichtet vorgeht, die emotionale Erfahrung und rationale Einsicht vermittelt und zwar mit einer Erlebnisintensität und plastischen Anschaulichkeit, die Rationalisierungstendenzen keinen Raum gibt, wohl aber dem intellektuellen Patienten die Gefühlsebene zugänglich macht. Sie vermittelt andererseits auch einfachen Patienten mit geringem Abstraktions- und Reflexionsvermögen, Defekten sowie Retardierten ansonsten kaum erfaßbare Einsichten. Das szenische Spiel erreicht also auch Menschen, die psychoanalytisch aufgrund ihrer Ich-Schwäche, der rationalen Abwehr oder ihres geringen Intelligenzniveaus nur mit großen Schwierigkeiten angegangen werden können. Hier liegt die große Bedeutung des Psychodramas als Methode, die auch für Menschen aus einfacheren bzw. unterprivilegierten Bevölkerungsschichten — sie können bekanntlich von den herkömmlichen psychoanalytischen Behandlungsweisen nicht erreicht werden — Therapiemöglichkeiten eröffnet.

Man hat MORENO verschiedentlich vorgeworfen, das Psychodrama sei nur eine therapeutische Technik, eine „Hilfsmethode" ohne eigenständigen theoretischen Hintergrund. Die synthetische, unterschiedliche therapeutische Ansätze integrierende Struktur des Psychodramas mag bei sehr oberflächlicher Betrachtung zu diesem Schluß verleiten, der durch MORENOs Kreativitäts- und Spontaneitätstheorie, sein Rollenkonzept (WEINER/KNEPLER, *dieses Buch*) und seine Auffassung der Katharsis (MORENO 1969) widerlegt wird. Der psychodramatische Prozeß selbst basiert auf MORENOs theoretischen Überlegungen und ist therapeutisch klar aufgebaut. In konfliktzentriertem Vorgehen werden in der diagnostischen Initialphase des Psychodramas Probleme und traumatische Ereignisse festgestellt. In der szenischen Rekonstruktion der Konfliktsituationen werden die pathogenen Konstellationen für den Patienten transparent *(rationale Einsicht)* und auf der Gefühlsebene wieder durchlebt *(emotionale Erfahrung)*, wobei die Rekonstruktion nicht mehr so beängstigend ist, wie die Realsituation war. Auf diese Weise werden Blockierungen beseitigt und ein gewisser Abstand zu dem realen Geschehen macht den Weg zu neuen Verhaltensweisen frei, die im psychodramatischen Spiel erprobt und geübt werden. „Jedes wahre zweite Mal ist die Befreiung vom ersten" (MORENO 1923), dieser Satz kann als axiomatisch für den psychodramatischen Prozeß gelten (und trifft eigentlich auch für den Prozeß der Übertragung in der Analyse zu).

Das Psychodrama zielt nicht nur auf eine Behandlung psychopathologischer Zustände ab, sondern stellt sich eine allgemeine Entwicklung der persönlichen Möglichkeiten und Fähigkeiten zur Aufgabe. Entwicklung der Persönlichkeit sollte für jede Psychotherapie das Ziel *par excellence* sein. Das Psychodrama versucht diese Aufgabe zu leisten, ohne das therapeutische Konzept mit einem weltanschaulichen zu verquicken. Es will vielmehr einen Raum schaffen, in dem das Individuum die Wirklichkeit erforschen und mit seinen Möglichkeiten experimentieren kann, einen Raum, in dem man sich in der Auseinandersetzung mit der eigenen Gegenwart, Vergangenheit und Zukunft und in der *Begegnung* (MORENO 1914) mit dem anderen selbst zu erfahren vermag und seine persönliche Freiheit und Autonomie gewinnt. Das Psychodrama schafft ein Klima, in dem ein individueller und kollektiver *status quo et ante* unmöglich wird und sich ein Prozeß ständiger schöpferischer Veränderung vollzieht. Mittel dieses Prozesses ist das spontane, uneingeschränkte Spiel, das aus den unergründlichen Quellen menschlicher Kreativität schöpft.

MORENO als der Begründer der Gruppenpsychotherapie hat damit seiner Methode kein starres „once and forever"-Konzept mitgegeben, sondern die permanente schöpferische Veränderung selbst zu ihrem zentralen Funktionsprinzip gemacht.

Sieht man die Kreativitäts- und Spontaneitätstheorie MORENOs als Grundlage eines Gesamtwerkes, ja als die zentrale Kraft seines eigenen Schaffens an, so gewinnt die auf den ersten Blick unüberschaubare Vielfalt in MORENOs Arbeiten und Aktivitäten Zusammenhang und Struktur. Sein dichterisches Werk wird zum Ausdruck seiner theologischen und philosophischen Gedanken über den „kosmischen Menschen", der im schöpferischen Handeln seine Autonomie und seine Freiheit gewinnt und verwirklicht. MORENOs Theaterexperimente und -theoreme stellen sich als Versuch dar, das kreative Potential des Menschen zu aktualisieren und freizusetzen. Das Psychodrama und die Gruppenpsychotherapie dienen dazu, die Fähigkeiten zu spontanem, schöpferischem Handeln wiederherzustellen und zu schulen, um den Menschen aus seinen pathologischen und anderen determinierten Verkettungen zu sich selbst zu befreien.

Kreativität und Spontaneität sind Qualitäten des Individuums, die nicht sich selbst genügen, sondern die sich in der Dimension des Mitmenschlichen voll entfalten können. Es erscheint daher als geradezu notwendig, daß MORENO ein *„Theater aller mit allen"* (1923) und eine *„Therapie der Gruppe"* konzipierte und damit jedem theatralischen und persönlichen Autismus eine Absage erteilt. „Man handelt ‚mit' und ‚für'" (G. MARCEL). — Schöpferisches Handeln fordert Interaktion. Unter diesem Gesichtspunkt fügt sich MORENOs Soziometrie, mit deren Entwicklung er zum Begründer der modernen Mikrosoziologie wurde, seinem Gesamtwerk als Wissenschaft von den interaktionellen Prozessen ein.

Es ist vom Psychodrama und der Gruppenpsychotherapie als von der „vierten Revolution in der Psychiatrie" gesprochen worden — ein Wort, das im Hinblick auf die allgemeine Bedeutung der Gruppenarbeit in der modernen Psychotherapie und die weltweite Verbreitung des Psychodramas durchaus nicht zu hoch gegriffen erscheint.

MORENO hat in seinen Werken und in seinem praktischen Wirken die Grundlagen für Gruppenpsychotherapie, Psychodrama und Soziometrie gelegt. Er hat wesentliche Beiträge zur Theater-, Rollen- und Kreativitätstheorie geleistet und eine kaum überschaubare Zahl von Ideen und Anregungen gegeben, deren Auswertung und Weiterentwicklung Therapeuten, Psychologen, Soziologen, Pädagogen und Theaterfachleute noch lange beschäftigen wird.

Der vorliegende Band kann und will kein Lehrbuch für Psychodrama sein — ein solches ist in Vorbereitung (PETZOLD/LEUTZ 1972) — sondern beabsichtigt, einen Überblick über wichtige theoretische Auffassungen und praktische Anwendungsgebiete des Psychodramas zu geben und damit eine Vorstellung von seinen vielfältigen Verwendungsmöglichkeiten zu vermitteln. Wir wiesen schon darauf hin, daß in dieser Vielfältigkeit eine besondere Stärke der psychodramatischen Methode zu sehen ist. Aus eben demselben Grund aber erfordert die qualifizierte Handhabung dieser Methode eine differenzierte und sorgfältige theoretische und praktische Ausbildung, denn nur so können ihre therapeutischen Möglichkeiten wirkungsvoll genutzt und die Leidenden vor Schaden bewahrt werden.

G. A. Leutz
H. Straub
A. Friedemann
H. Petzold

Teil I: Geschichte, Theorie und Theater

Psychodrama und Theater

H. Petzold, Paris — I. Schmidt, Paris

Die Frage nach den Zusammenhängen zwischen Psychodrama und Theater ist schon aus verschiedener Sicht mit unterschiedlichen Voraussetzungen und Zielen gestellt worden (DIATKINE/GILLIBERT 1965; PÖRTNER 1967, 1971; LEUTZ 1967; BARRUCAND 1971; FANCHETTE 1971). Dabei stellt sich ein von der Mehrzahl der Autoren nicht beachtetes Problem: das des Theaterbegriffes. Während wir aus den Schriften und Äußerungen MORENOs eine mehr oder weniger genaue Vorstellung vom Wesen des Psychodramas erhalten, läßt sich dieser keine entsprechende und allgemeingültige Konzeption des Theaters gegenüberstellen. Insbesondere im Hinblick auf die Entwicklung und Strömungen im modernen Theater, aber auch aus theatergeschichtlicher Sicht, halten wir es für unmöglich, einen festen Begriff des Theaters anzunehmen. Ein Vergleich könnte deshalb nur zwischen dem Psychodrama und verschiedenen Theaterkonzeptionen erfolgen — ein auf begrenztem Raum kaum durchführbares Unterfangen, wenn nicht von bestimmten Kriterien ausgegangen wird. Derartige Kriterien sehen wir durch die besonderen Merkmale des Psychodramas vorgegeben. Es ist unsere Absicht, anhand dieser Kriterien Elemente aufzuzeigen, die das Psychodrama mit verschiedenen Formen des Theaters gemeinsam hat, sei es durch die Tatsache, daß MORENO auf sie zurückgreift und sie verwendet, sei es, daß es sich um grundsätzliche Elemente handelt, die vielen Formen theatralisch-ludischen Handelns eigen sind, oder sei es, daß sie durch den Einfluß der psychodramatischen Konzeption MORENOs in die neueren Strömungen des Theaterwesens Eingang gefunden haben.

I. Das Psychodrama Morenos

MORENO verstand das Stegreifspiel, die Vorform des Psychodramas, durchaus als „Theater", ja als Theater *par excellence.* Seine Experimente zu Beginn der zwanziger Jahre waren keine Absage an das Theater, sondern der Versuch einer „Revolution" der herkömmlichen Bühnentradition mit ihren verfestigten Formen, die steril und ohne einen echten Wirklichkeitsbezug für das Leben der Menschen bedeutungslos geworden waren. „Die historische Bühne ist ein Theater ‚als ob'. Das Bewußtsein hat sich von der Aufführung in die Erzeugung gemischt und das Produkt ist eine Ausstellung von Konflikten, Stimmen, Masken, aber kein Theater (MORENO 1923; 1970, 9)".

Die Trennung zwischen Wirklichkeit und Schein, die durch die Guckkastenbühne, die Typisierung der Gestalten und den Klischeecharakter der Handlungen das lebendige Spiel zu einer „Theaterkonserve" (MARCEL 1971), zu einem toten Produkt der Kultur (*cultural conserve,* MORENO 1970, 105) gemacht hatte, sollte durchbrochen werden, um der spontanen und lebendigen Wirklichkeit in gegenwärtigem personalem Geschehen Raum zu geben. Dramatisches Spiel als „theometrischer Ort", an dem die Wirklichkeit geschaffen und der Mensch zum Schöpfer wird, ist das wahre Theater, und nur in diesem Sinne ist das „Theater der wahre deus ex machina" (MORENO 1923; 1970, 10) und das Äußerste an Wirklichkeit. Der Spieler reproduziert nicht mehr eine literarisch fixierte Wirklichkeit — ein in sich schon fragwürdiger und widersprüchlicher Begriff — sondern er handelt in ihr, ja er *wirkt* sie mit jedem Augenblick im *Hier und Jetzt*. Im Spiel als aus dem Augenblick geborenem schöpferischen Akt (PETZOLD 1971, *dieses Buch*) wird er zum *creator*, zum Gott.

Diese theologisch-philosophische Konzeption wird für das Verständnis des Gesamtwerkes von MORENO, sei es in theatertheoretischer, therapeutischer oder soziologischer Hinsicht, von entscheidender Bedeutung[1]. Nach dem anthropologischen Grundgedanken MORENOs ist der Mensch ein δραματουργός[2], ein schöpferisch Handelnder, ein Ich-Gott (persönlichkeitstheoretischer Aspekt), der in der Begegnung mit dem anderen, dem Du-Gott, in den zwischenmenschlichen Beziehungen[3] (gesellschaftlicher Aspekt) das „Theater aller mit allen" auf der Bühne der Welt (kosmologischer Aspekt) verwirklicht.

MORENO entwickelt hier in recht eigenständiger und radikaler Weise Ansätze, die sich in den philosophischen Konzeptionen[4], den literarischen Strömungen[5] und Theaterreformen[6] der expressionistischen Epoche vielfach ausgedrückt finden. Die theoretischen Postulate für eine „Revolution des Theaters" hat MORENO in verschiedenen Schriften erläutert und in seinen Wiener Theaterexperimenten — sie werden von PÖRTNER (1971) in diesem Buch behandelt — zu realisieren versucht. Vier Forderungen nimmt er als grundsätzlich an:

1) »Die Ausschaltung des Theaterschriftstellers und des geschriebenen Stücks.

2) Teilnahme des Publikums, gewissermaßen das „Theater ohne Zuschauer". Jeder ist ein Teilnehmer, jeder ist ein Schauspieler.

3) Die Schauspieler und die Zuschauer sind jetzt die einzig Schaffenden. Alles wird improvisiert, das Spiel, die Handlung, die Motive, die Worte, die Begegnungen und die Lösung der Konflikte.

4) Die alte Bühne ist verschwunden, an ihre Stelle tritt die offene Bühne, die Raumbühne, der offene Platz, der Lebensraum, das Leben.« (MORENO, Das Stegreiftheater, 1970[2], III).

Diese vier Forderungen, von denen die dritte, selbst wenn man sie im bewegten Panorama der Reformbestrebungen des expressionistischen und surrealistischen Theaters betrachtet, von einzigartiger revolutionärer Radikalität ist, finden sich schon, ganz im Stile der Zeit, ausgedrückt, in MORENOs „Königsroman" (1923): „O mein Theater wird ein Hohngelächter sein! Ich werde vor die Rampe eines jeden treten und ihn bemüßigen, hier im Komödienhaus ein Komödiant zu sein. Lachgründe, Scheingründe, Wahngründe, schlimme Gründe, Theatergründe, Abgründe genug, Komödie als selbstdiktierter allerheiligster Weltuntergang, Theater der Selbstzerfleischung, ehrlichster Strafvollzug. Ich wünschte nicht das Theater des guten Gedächtnisses, der kreisförmigen Behaglichkeit, des Selbstvergessens. Die Idee des reinen Theaters fordert die einmalige Zeit, den einmaligen Raum, die einmalige Einheit, den Schöpfer. An Stelle der alten Dreiteilung tritt unsere

Einheit. Es gibt keine Dichter, Schauspieler und Zuschauer mehr. Fort mit den Augen der Gaffer und den Ohren der Horcher. Ihr alle seid meine Komödianten. Die Bühne ist dort, wo ihr seid, wie hier, wo ich stehe. Ich grüße euch Schauspieler der Galerie, der Stehplätze, der Logen und Parkettreihen, hinter den Kulissen, Souffleure! Unser Theater ist *Einheit des Seins und Scheins*. Wir spielen das Theater des Augenblicks, der identischen Zeit, comédie immédiate, den Scheinwerfer unseres gegenwärtigen Geistes. Unser Theater ist théâtre immédiate, des identischen Raumes, des Scheines an Ort und Stelle unseres Seins, des einzigen Ortes. Unser Theater ist das der Vereinigung aller Widersprüche, des Rausches, der Unwiederholbarkeit. Sein Triumph oder Mißlingen ist Funktion unserer augenblicklichen Mächtigkeit. An Stelle der Direktoren, Regisseure, tritt der Spielmächtige."

Aus diesem Text können wir neben den vier von MORENO aufgestellten Postulaten folgende Konzepte für das Stegreiftheater ableiten, die auch für das Psychodrama Gültigkeit besitzen:

Stegreif ist die „Kunst des Augenblicks", ist das Zusammenfallen von Sein und Schein in der *„Stegreiflage"*, einer überhöhten Wirklichkeit *(surplus reality*, MORENO 1971, *dieses Buch*), weil sie alle Möglichkeiten der Wirklichkeit einschließt, der zeitlichen, räumlichen und kosmischen Wirklichkeit. Theater ist für MORENO totales Theater, dessen Bühne das Leben, die Welt ist, und dessen Handlung, dessen „Metapraxis" – „arteigenen Geist und arteigenes Material vereint" (1923; 1970, 19) zu neuen einmaligen und unwiederholbaren Schöpfungen. In diesem „Welttheater" ist der totale Mensch, der „kosmische Mensch" *(cosmic man)*, Spieler und Schöpfer δραματουργός und δεμιουργός, dem „nicht nur Leib, sondern auch die eigene Seele, Vernunft und Geist, das insgesamte Ich, zum Material des Bildners wird" (1923; 1970, 18).

Bei seiner Konzeption des totalen Theaters im Stegreif mußte MORENO konsequenterweise zum Konzept der Therapie von Raum, Zeit, Wirklichkeit und Kosmos kommen (1971 *dieses Buch*). Totales Theater ist immer auch therapeutisches Theater, weil es auf die Freisetzung, die Befreiung oder die Restitution der schöpferischen Fähigkeiten des Menschen und ihre Entfaltung in Raum, Zeit, Wirklichkeit und Kosmos gerichtet ist, wobei pathologische Zustände als Beeinträchtigung oder Verlust der schöpferischen Kräfte, der „Spielmächtigkeit" verstanden werden.

Das totale Theater ist Befreiung des Menschen zu seinem Schöpfertum. Das therapeutische Agens hierzu ist die „totale Katharsis", deren „Grundprinzip Spontaneität und spontanes dramatisches Spiel ist" (MORENO 1970, 18), das den Menschen von allen Hemmnissen und Blockierungen befreit, die seine schöpferischen Fähigkeiten beeinträchtigen.

Man kann nicht umhin, MORENO seinen Anspruch zuzugestehen, daß seine Theaterkonzeption in ihrer Totalität „has apparently no precedent in historic times" (1970, 12), und daß seine Auffassung der Katharsis als „Befreiung zu schöpferischer Spontaneität" dem herkömmlichen Katharsisbegriff von Aristoteles bis Freud (BARRUCAND 1971) wesentlich ergänzt (Z. MORENO 1971).

Aus dieser Sicht kann sich die Frage nach dem Verhältnis von Psychodrama und Theater nur durch das Aufzeigen von Elementen, die beide gemeinsam haben, beantworten lassen.

2. *Psychodramatische Konzeptionen im Theater des Altertums und des Mittelalters*

MORENO selbst weist immer wieder darauf hin, daß er sowohl für die Konzeption als auch für die Techniken seines Psychodramas Anregung und Materialien aus den großen Werken der Literatur und des Theaters erhalten habe. Seine Gewährsmänner sind Sokrates, Aristophanes, Shakespeare, Calderon, Cervantes, Dostojewski (MORENO 1971). Er bezieht sich auf die Thespische Tragödie genauso wie auf das Katharsiskonzept des Aristoteles und die kultischen Riten primitiver Völkerschaften (1970, 12). „Viele psychodramatische Methoden, wie seltsam und phantastisch sie auch erscheinen mögen, können zurückverfolgt werden auf die Sitten und Gebräuche alter Kulturen. Sie werden bereits in den Märchen und Fabeln der Weltliteratur erwähnt" (MORENO 1959, 99).

Den Bezug auf magisch-kultische Spiele, in denen Schein und Wirklichkeit nicht getrennt sind und das spielmächtige Handeln in den Händen aller Beteiligten liegt, stellt MORENO mit guten Gründen her: „In primitive dramatic rites the aboriginal performer was not an actor, but a priest. He was like a psychiatrist engaged in saving the tribe" (1970, 13), und in diesem heilwirkenden Geschehen werden die Menschen, die Götter und Naturgewalten einbezogen (KOURETAS 1962).

Auch das griechische Theater ging aus dem Bereich des Kultischen hervor. Die Feiern des Dionysios (LESKY 1956; ELSE 1957), in denen die Erde von den Fesseln des Winters befreit wird und die Menschen in den mächtigen Frühlingsaufbruch der Natur eintreten, vollziehen sich im ekstatisch-kathartischen Spiel (JEANMAIRE 1951), im „Urmotiv des spontanen Heraustretens eines gottbesessenen Mysten als Gesangs- und Gebärdenführers aus der enthusiastisch ergriffenen Menge der Geweihten zu mimisch-mimetischem Stegreifspiel" (FREY 1946). Ursprünglich waren der Dichter und die im Chor repräsentierte Gemeinde identisch. Der Dichter sprach durch den Chor. In einem griechischen Gedichtfragment führte der Dichter Alkman als Vortänzer und Sänger den Chor an. Er löste sich als Einzelperson aus dem Chor heraus. Die Entwicklung ging einen Schritt weiter durch die Einführung des ὑποκριτής, der zunächst als Erklärer und Deuter des Pantomimespiels (LESKY 1956; SCHRECKENBERG 1960) fungierte. Mit THESPIS (535) trat dann der Dichter-Schauspieler als „Antwortender", ursprünglich wohl als Darsteller des Gottes selbst, dem Chor entgegen: hier liegt der Ausgangspunkt des dramatischen Dialogs, der kultisch-dramatischen *Begegnung,* aber auch eine rituelle Verwirklichung des Anspruchs MORENOs, daß der Mensch lernen müsse „Gott zu spielen" (1970, 6), die Rolle Gottes einzunehmen. Drama (Δρᾶμα) selbst als Synonym für Mimesis (μίμησις) bedeute ja Rolle und Spiel einer Rolle (PLATO, Theaet. 1969 a/b σὺ δὲ κατ' 'Ανταῖον τὶ μοι μᾶλλον δοκεῖς τὸ δρᾶμα δρᾶν.)[7] Δρᾶν, das Verb, aus dem sich Drama ableitet, ist denn auch als das spontane mimetische Handeln zu verstehen. Es ist „die wichtigste Form körperlich-konkreten Agierens, das jede somatische Aktion umfaßt" (SCHRECKENBERG 1960, 68). Es ist das Tun, das „am Anfang des Handelns steht, in der die Macht über Schuld und Unschuld liegt, die Ent-scheidung, in der sich der Zwiespalt der Welt auftut" (SNELL 1928).

Neben dem Bezug zum griechischen Drama, auf das MORENO im Hinblick auf das Psychodrama verweist (1970, 12), stellt er auch die Verbindung zu einer anderen Tradition her, wenn er sich entschieden für ein „Theater des Volkes" erklärt:

„Der alten Bühne als dem Theater des Hofes tritt die Stegreifbühne als Theater des Volkes gegenüber. Die von der Schriftsprache unterdrückten Sprachklassen werden in der Stegreifbühne eine natürliche Stätte ihrer Auswirkung erhalten", (MORENO 1923; 1970, 67). Volks-, Laien- und Stegreiftheater haben in Europa eine ältere und in mancher Hinsicht reichere Tradition als das „literarische Theater": Stegreif und Improvisation wurden Jahrhunderte lang vom Mimus gepflegt, dessen Spuren bis hinein in das 5. Jh. v. Chr. (auf Vasenscherben aus Sizilien) zurückzuverfolgen sind (OLIVIERI 1930). Der Mimus ist, wie das Wort besagt, der Nachahmende. Sein Fach, die Charakterisierung durch Gebärde und Stimme aus dem Stegreif, ist so alt wie die menschliche Zivilisation und wurzelt gleichermaßen im kultischen Ritual. Es gab ihn in Griechenland und im alten Rom. Von der provisorischen Bühne auf Märkten oder inmitten festlicher Gelage ist er auch weiter auf die institutionalisierte Bühne gewandert. In Sizilien handelt es sich vornehmlich um die Travestie von mythischen Erzählungen. Fast genauso alt erscheinen die Phylankenpossen aus Süditalien, von denen ebenfalls Darstellungen auf Vasenscherben erhalten sind: drastische Szenen aus dem täglichen Leben, die die realistischen Elemente aufs äußerste übertreiben. Als Autokábdaloi und Phallophoren singen und spielen sie aus dem Stegreif (PLEBE 1956). Es gibt Mutmaßungen darüber, daß ein Traditionsstrang von diesen Frühformen über die atellanischen Spiele im römischen Weltreich zur Commedia dell'arte führt (KINDERMANN I, 1957). Allerdings wissen wir wenig über die Vorgänge, wie sich aus anfänglich reinem Stegreif bestimmte Typen und Handlungsgerüste herausgestalteten und zur festen Tradition wurden. Die Atellanen wurden ursprünglich als heitere „Exodia" zu den Tragödien bei religiösen Anlässen in der campanischen Stadt Atella aufgeführt (MICHAUT 1912). Es waren drastische aus dem Stegreif gespielte Volkspossen, in denen immer die gleichen festgeprägten komischen Typen auftraten. Die nur leicht hingeworfene Handlung (*trica*-Intrige) drehte sich um Essen, Trinken und derbe Zoten aus dem Landleben (BEARE 1955). Ein großer Teil dieser *„trica"* wurde von zwei römischen Dramatikern, POMPEJUS und NOVIUS, aufgeschrieben — ein Vorgang, der sich im 18. Jh. wiederholte, als GOLDONI die *Commedia dell'arte* und Philipp HAFNER das *Altwiener Stegreiftheater* literarisch festhielten. Hier vollzog sich jeweils, was MORENO allgemein den Komödienschreibern empfehlen möchte: „Theaterwerke nicht auf dem Papier, sondern aus Stegreifversuchen allmählich entstehen zu lassen" (1923; 1970, 69). Nur ging es MORENO kaum um das Resultat des niedergeschriebenen Stückes, wie es „vom Mund in die Schrift gelangt ist", sondern um die Ablehnung des umgekehrten Weges: der Reproduktion literarisch fixierter Handlungen.

In der Epoche des Cäsar und des Cicero wurden die Atellanenspiele von der hochentwickelten Mimenkunst verdrängt (BEAR 1955; REICH 1903). Ihr gelangen nicht nur Tier- und Personencharakterisierungen, sie wandte sich auch der Typisierung von gesellschaftlichen und menschlichen Grundhaltungen zu. Das dramatische Element entstand, wenn dem betreffenden Typus ein Gegenüber zugesellt wurde: dem Arzt ein Patient, dem Wahrsager ein Ratsuchender usw. Man unterschied das „Paignion", das wesentlich improvisierte, oft clownartige Mimusspiel und die „Hypothetis", deren Hauptszenen, wie man vermutet, schon größtenteils vorgezeichnet waren; nur die Arabesken des Dialogs und der Handlung blieben der Improvisation überlassen (KINDERMANN I, 1957). Überliefert sind nur knappe Textbuchstellen. Es scheint, daß auch hier der Übergang vom improvisierten Spiel zum Spiel nach literarischen Vorlagen von den Gebildeten als Fortschritt verstanden wurde. Daß aber in Rom auch der reine Stegreif eine sehr hohe Wertschätzung genoß, beweist eine Geschichte von dem römischen Ritter und Mimographen LABERIUS. Dieser war lebhaft für das Theater tätig, betrat aber aus Standesgründen niemals selbst die Bühne — bis ihn, neugierig auf seine Kunst, im Jahre 46 n. Chr. Cäsar dazu zwang, mit dem berühmten Mimen PUBLIUS SYRUS, einem freigelassenen Sklaven, einen Wettstreit in Form eines *ad hoc* improvisierten Mimus auszutragen. (Laberius erhielt, wie berichtet wird, nicht den ersten Preis, weil er im Verlauf des Spiels nicht mit seiner Empörung über diesen Zwang zurückhalten konnte). (KINDERMANN I, 1957; REICH 1903). Der Mimus war es denn auch, der die Stegreifimprovisation — sei es in der kunstvollen Art des höfischen Mimen, sei es im derben Possenspiel des umherziehenden und vor dem einfachen Volke spielenden Wanderschauspielers — durch die Jahrhunderte bis in die römische Spätantike und den byzantinischen Raum weitertrug. Die Reden der Kirchenväter, die sich gegen die Auswüchse des „zur Unsittlichkeit und Unzufriedenheit anstachelnden" (CHRYSOSTOMOS, in Matth. hom. 68, 4) Mimenspiels, ja gegen das Theater schlechthin wandten, das seinen Ursprung im heidnischen Götzendienst habe (LAKTANTIUS, *Institut. div., c.* 58; TERTULLIAN, *de spectaculis*), geben hiervon beredtes Zeugnis[8]. Die Tatsache, daß die Mimen oft Tod und Leiden der Märtyrer parodierten und die christlichen Mysterien, Taufe und Eucharistie zum Gegenstand ihrer Possen machten (GREGOR NAZIANZENOS, Or. II, 84), mag zu dieser Ablehnung beigetragen haben[9]. Sie führte im abendländischen Raum zu einem Abbruch der Mimen-, ja der Theatertradition. Erst in den mittelalterlichen liturgischen Spielen lebte sie wieder auf, wohingegen wir im byzantinischen Herrschaftsbereich durch die Mysterienspiele und in bestimmten asketischen Strömungen eine ununterbrochene Tradition finden.

Die in der byzantinischen Kirche hochverehrten heiligen Narren (BENZ 1938; PETZOLD 1968) stehen in enger Beziehung zur Mimustradition. Aus dem Stegreif treiben sie ihr „Narrenspiel" τὸν σαλὸν προσεποιήσατο [10], das, trotz aller Derbheit, einen tieferen symbolischen Sinn hat. „Dieser schauspielerische, mimische Charakter der Narren-Existenz kommt praktisch darin zum Ausdruck, daß der Heilige, der den Verrückten spielt, ein vollkommenes Doppelleben führt. Tagsüber streift er auf den Gassen und Märkten und in den Schenken und Tavernen umher und führt seine Possen auf. Des Nachts aber zieht er sich an einen verborgenen Ort zurück ... legt dort die Maske seiner Narrheit ab und versenkt sich in das ununterbrochene Gebet, das bis zum nächsten Morgen dauert" (BENZ 1938, 12). Die Beziehung zum antiken Mimus wird noch durch Berichte über heilige Narren erhärtet, die als Schauspieler und Possenreißer auftraten[11] (PETZOLD 1968). In den Legenden der hl. Narren ist reiches Material über Vorgänge, Verfahren, ja Techniken zu finden, die nicht anders als psychodramatisch bezeichnet werden können.

Aber nicht nur die derbe, sondern auch die hochkultivierte Mimenkunst fand in der byzantinischen Kirche einen Ort. Die byzantinische Liturgie selbst verwendet in reichem Maße Elemente der Mimik und Gestik und hat ausgeprägt dramatischen Charakter. Das „Drama der Liturgie" (CASEL 1960), das sich im Gegenüber von Priester und Gemeinde vollzieht, die *interrogatio* und *responsio* zwischen Priester, Gemeinde und Chor, die Improvisationsteile in den frühen liturgischen Formen (JUNGMANN 1959), all das zeigt sachliche Parallelen zum Theater. Liturgische Feiern wie das Fest der Kreuzerhöhung (SIEPER 1969), der Prozessionszug der Palmsonntagsliturgie, ja der Ablauf der Osternacht (PETZOLD 1967), weisen diesen dramatischen Aufbau auf. Das Enkomion Mariens (LA PIANA 1912) ist nur der Beginn einer reichen Tradition von paraliturgischen Mysterienspielen in Byzanz, in denen auch improvisatorische und pantomimische Elemente Verwendung fanden, wie der Bericht des Theophylaktos Simokattes (*Hist. Mauricii*, ad an. 591) über ein unter Kaiser Maurikios 591 aufgeführtes "Θεανδρικὸν μυστηρίον" ausweist[12].

Das „Drama der Liturgie" (GUARDINI 1918) bestimmte dann auch die Entwicklung des Theaters in Europa. Liturgie in ihren kosmologischen und anthropologischen Dimensionen, wie sie etwa bei MAXIMUS CONFESSOR in seiner „kosmischen Liturgie"[13] zum Ausdruck kommen, erfaßt den ganzen Menschen, und die ganze Welt, die erschaffene, wie die unerschaffene, umfaßt schließlich die Vergangenheit und Zukunft[14], die Kirche der Väter und die Dimension des Eschatologischen (PETZOLD 1971). In der Liturgie ist jeder Teilnehmer Handelnder, λειτουργός, Mitwirkender im göttlichen Spiel. Die Analogien zum Welttheatergedanken liegen auf der Hand und werden durch die Symbolik des Kirchengebäudes klar ausgedrückt.

Das Drama der Liturgie blieb aber nicht im Raum des Symbolischen stehen, sondern wuchs in den mittelalterlichen Mysterienspielen und paraliturgischen Feiern über den Kirchenraum, über die „Kirchraumspiele" (CHAMBERS 1903; COTTAS 1931; HARTL 1937; BRINKMANN 1932), die sich aus den weitgehend improvisierten *Tropen* entwickelt hatten, hinaus. Die Spiele fanden im Verlaufe dieser Entwicklung zunächst auf dem Vorhof der Kirche, später auf dem Marktplatz statt, von dem aus sich die Handlung bis in die anliegenden Privathäuser ausdehnen konnten. Die Forderung MORENOs nach dem Spiel „in situ" (1970), „im Lebensraum der Zuschauer" (1923) wird in vielen mittelalterlichen Mysterienspielen realisiert. In der Gotik sind dann aus den ursprünglich zeichenhaften und symbolischen Handlungen zum Teil sehr drastische Darstellungsformen herausgewachsen. Die Einbeziehung des Publikums geschieht in dieser Zeit vor allen Dingen in Volksszenen und Aufzügen. Alle Teilnehmer werden aufgefordert, sich dem Leidenszug anzuschließen. Es gibt keine Berufsschauspieler. Auf der

Marktbühne erscheinen Menschen aus allen Bevölkerungskreisen, der Klerus, Bürger, Bauern, Handwerker, auch Frauen. Formal vereinigen diese Spiele Verse, gehobene Prosa, Umgangssprache, freie Improvisation. Im Spätmittelalter richten sich kirchliche Erlasse gegen die unangemessenen Reden, gegen die Darstellung der biblischen Ereignisse durch Personen, die über unzureichende Kenntnisse verfügten; als besonders ungebührlich bezeichnen sie die unwürdigen Einschübe von Farcen und Mummenschanz am Anfang und am Ende (KINDERMANN 7, 1957) durch Gaukler und fahrende Schauspieler. Es handelt sich hier nur um Fortführung der alten Mimustradition bei den Joculatoren und Histrionen des frühen Mittelalters (BEUTLER 1926). Anknüpfungspunkt ist das Mimenspiel in der gallischen Spätantike und so finden wir die Joculatores und die Ménétriers zunächst in Frankreich, aber dann auch in England, Deutschland, Italien, wo sie als Gaukler und Possenreißer bei den Kirchweihfesten und den Fastnachtsspielen auftraten, dort allerdings nur als Randfiguren, denn das Fastnachtsspiel war ein Volksspiel, das aus den germanischen Frühlingsfeiern und Bürgerspielen hervorgegangen war. (Anstelle der kultischen Bedeutung war der Ausdruck einer vitalen Lebensfreude getreten.) In der Karnevalsschau und in ihren improvisierten Dialogen blieb vorchristliches Brauchtum erhalten. Manches davon taucht in den berühmten Fastnachtsspielen von HANS SACHS auf. (Allerdings ist nicht einfach zu bestimmen, wo er aus literarischen Quellen schöpft und wo er volkstümlich-mündlich Entstandenes oder schriftlich Erfundenes niederschreibt.) In ihren frühesten Anfängen waren die Nürnberger Fastnachtsspiele gewiß Stegreifspiele (KINDERMANN I, 424, 1957). Auch später wurde im Spiel noch improvisiert.

Die Stationen in den Mysterienspielen, die lockeren Fügungen in den Fastnachtsstücken boten Möglichkeiten nicht nur für Improvisation als Einschübsel und Anhängsel, sondern auch für stegreifnäheres Spiel und die Einbeziehung des umstehenden Volkes. Jeder konnte mitspielen auf der „gemeinsamen Bühne" des Kirchplatzes oder des Marktes, die zum Symbol des gesamten Erdenrundes[15] wird. Es liegt hier eine Vorstellung zugrunde, die in den spätmittelalterlichen Jedermannspielen ihren lebendigen Ausdruck fand und die das Theater der Renaissance und des Barock wesentlich bestimmen sollte: die Welt als Theater, *teatrum mundi.* Vom englischen *„Everyman"* oder vom flämischen „Elckerlijk" ausgehend — die Frage der Priorität ist noch ungeklärt (MIERLO 1948) — verbreitet sich das Jedermannspiel über ganz Europa und übt seinen Einfluß bis ins 20. Jahrhundert aus, und das nicht nur in den bäuerlichen Spielen im Steier- und Kärntnerland, sondern auch den berühmten Salzburger Aufführungen des „Jedermann" von HOFFMANNSTHAL, der von REINHARDT 1920 auf dem Domplatz zu Salzburg zum erstenmal inszeniert wurde.

Das „Elckerlijk-Spiel" betrifft jeden Menschen, sein Leben, seine Freuden und Leiden, seinen Tod. Es bezieht die ganze Menschheit, die Welt, die Engel, Tod und Teufel, Gott selbst in das Geschehen mit ein, allerdings nicht mehr als Mitspiel, sondern als reines Bühnenspiel. Es dokumentiert den Übergang von der existentiell und aktiv vollzogenen Teilnahme des Menschen im frühen und hohen Mittelalter (PETZOLD 1969) am liturgisch bestimmten Drama der Welt zur theatralischen Darstellung von gedanklichen Inhalten und Ideen. „So steht eben dieses Werk, das auch noch zu uns spricht, an der Schwelle zweier Zeitalter: ein großes Finale und eine große Frage zugleich an das Kommende – vor allem aber ein Symbol für das Mitteninnenstehen des Theaters in den Entscheidungen um das Geschick des Menschen an einer Wetterscheide des europäischen Geistes" (KINDERMANN I, 450, 1957).

3. Renaissance, Barock, Klassik und Romantik

Es besteht eine große Kluft zwischen den Aufführungen des mittelalterlichen Theaters als eines rituellen, die Gemeinde oder die Gemeinschaft einbeziehenden Geschehens und den vornehmlich literarischen „Vorführungen" des humanistischen Theaters im 16. Jahrhundert. Die Entwicklung der Bühnentechniken und die Verlagerung des Spielplatzes von Kirche und Marktplatz in Innenräume, auf Bühnengerüste, führte zur konsequenten Trennung der Welt der Bühne von der Welt der Zuschauer[16]. Dennoch behielt das protestantische, später auch das katholische Schultheater, psycho- oder soziodramatische Bedeutung durch seine auf Ausdehnung des individuellen Rollenrepertoires ausgerichtete Zwecksetzung; es sollte nämlich für die Schauspieler, meist Schüler, eine Vorübung auf das Sich-Bewegen und -Betragen im öffentlichen Leben ermöglichen. Zugleich sollten die Schüler durch die Verkörperung der Gestalten aus den alten griechischen, lateinischen, neulateinischen oder humanistischen Dramen deren moralischen Sinn erfassen. Dieses Theater empfahl LUTHER in seinen Tischreden, weil „in Comoedien fein künstlich erdichtet, abgemalet und fürgestellt werden solche Personen, dadurch die Leute unterrichtet und ein Iglicher seines Amtes und Standes erinnert und vermahnet werden, was einem Knecht, Herr, jungen Gesellen und Alten gebühre, wol anstehe, und was er thun soll; ja es wird darinnen fürgehalten und für die Augen gestellt aller Dignitäten Grad, Aemter und Gebühre, wie sich ein Iglicher in seinem Stand halten soll im äußerlichen Wandel wie in einem Spiegel."[17]

Im Unterschied zum deutschen Schultheater ist in der skandinavischen Schulkomödie des 16. Jh. das Element der freien Improvisation nicht ganz verloren gegangen. Es blieb in der Gestalt des Narren – der mittelalterliche Hofnarr stand zweifelsohne immer in der Stegreifsituation – erhalten, der besonders in den Intermedien aus dem Stegreif improvisierte Soloszenen vortrug (KROGH 1940, 201). Noch ausgeprägter bedient sich das süd-slawische Renaissancetheater der freien Improvisation. Die überaus knappen Angaben der Spielbücher von Nicola NALJEŠKOVIĆ sind damit zu erklären, daß vieles der Improvisation der Schauspieler überlassen wurde (KUMBATOVIČ 1959; LOTZOVINA 1936). Der italienische Einfluß in Dalmatien legt nahe, hier Querverbindungen zur Commedia dell'arte anzunehmen. Im italienischen Renaissancetheater selbst finden Pantomime und Improvisation in den Intermedien der Komödien- und Tragödienaufführungen ihren Ort (KINDERMANN II, 70).

Die Trennung der Welten im Theater fand in der Illusionskunst des Barock sinnfällige Ausprägung. Indessen ist für jene Epoche kennzeichnend, daß man sich dieses Gegenüberstehens von Sein und Schein höchst bewußt war: Theater, Welt erschienen eins für das andere als Sinnbild[18]. Dort wurde vor den Menschen, hier vor Gott gespielt. Die wirkliche Welt ist die vom Spielleiter Gott gelenkte Bühne. Der bis in die Antike zurückgehende Gedanke vom Welttheater (CURTIUS 1970) wurde in keiner Epoche so sehr zum Gemeingut wie im Barock[19]. Seine berühmteste Formulierung hat er bei SHAKESPEARE in dem Schauspiel *„Wie es Euch gefällt"* gefunden. Dort gestaltet Jacques die Metapher Welt-Bühne aus, indem er das menschliche Leben von der Wiege an als ein Spiel in wechselnden Rollen beschreibt: (2. Aufzug, 7. Szene).

„Die ganze Welt ist eine Bühne
Und alle Frau'n und Männer bloße Spieler.
Sie treten auf und gehen wieder ab.
Sein Leben lang spielt einer manche Rollen
Durch sieben Akte hin. Zuerst das Kind,
Das in des Vaters Armen greint und sprudelt ..."

(A. W. Schlegel)

Hier fand MORENO die Konzeption für seine Erneuerung des Welttheaters, für seine „Shakespearsche Psychiatrie" (MORENO 1959) und für den Begriff der Rolle.

Welttheater vor kosmischem Hintergrund ist das gesamte dramatische Werk des Spaniers CALDERON. In seinem „Großen Welttheater" verteilt der Spielleiter, Gott, die Rollen an die anonymen Schauspieler, und belohnt oder tadelt sie am Ende, je nachdem, wie sie gespielt und wie sie die ihnen zugeordnete Aufgabe ihrer Rollen verstanden und erfüllt haben.

«Zu Ende ist das Schauspiel „Welttheater",
„Die Probe", wenn ihr wollt, „Das Menschenleben".
Wie Kinder kehren heim zu ihrem Vater
die Spieler, die für euch das Stück gegeben.
Nun denket euch, ihr müßtet selber spielen ...»[20]

Bühne und Zuschauerraum waren voneinander getrennt; dennoch erlebten die Theaterbesucher e i n e beide Welten übergreifende Wirklichkeit und erfuhren sich „am ungewissen Übergang zwischen Sein und Schein" (ALEWYN 1952).

Auch das in Deutschland sehr gepflegte und verbreitete barocke Schultheater verstand sich als Gesellschafts- und Lebensschule, indem es mit seinen Stücken in Grundsituationen des öffentlichen Lebens in Vergangenheit und Gegenwart einführte und Exempel für angemessene und falsche Verhaltensweisen bot. Für Stegreif und Improvisation war dort indessen kein Raum. Diese für niedrig geltende Kunst lebte allein im unzeremoniellen Theater der Wandertruppen auf Märkten und Jahrmärkten. Die ersten deutschen Berufsschauspieler, die dort ihr buntes Repertoire jeweils dem herrschenden Publikumsgeschmack anpaßten, waren arme Verwandte der bedeutenden englischen, niederländischen und italienischen Komödianten, die damals hochgeschätzte Gastvorstellungen in Deutschland gaben. Wir nennen hier nur die Commedia dell'arte — eine besondere Ausprägung einer alten Stegreiftradition. Wir wiesen schon auf den Zusammenhang mit den römischen Atellanenspielen hin, die nur Handlungsskizzen und vorgeprägte Typen voraussetzten.

Die *Commedia dell'arte* entstand um die Mitte des 16. Jahrhunderts in Italien und breitet sich in zwei Jahrhunderten über ganz Europa aus. Wandertruppen bringen sie nach Bayern und Österreich, nach Frankreich, ja nach England, Polen und Rußland. Schon in den frühen Formen der *Commedia dell'arte* war das Stegreifspiel durch Typen und Rollen festgelegt. Die meisten Spieler waren auf die Darstellung einer bestimmten Rolle spezialisiert. Kleine Szenarien, vorgegebene Kostüme und Masken und ein gewisser Klischeecharakter der Dialoge setzten der Improvisation, dem Stegreif, einen festen Rahmen (KINDERMANN, III, 260–290).

Auch auf MORENO übte die Commedia dell'arte eine starke Anziehungskraft aus. Aber er grenzte sein Theater entschieden gegen diese Tradition ab: Die Schauspieler hätten nur sehr beschränkte Möglichkeiten, schöpferisch zu sein, wenn sie sich relativ starren Typen anpaßten; ihnen werde nur ein beengter Raum für Improvisationen, nicht wirklich freie Bewegungsmöglichkeiten zugestanden. Man könnte sich die verschiedenen Darstellungsformen auf einer Sklala eingeordnet vorstellen, deren Hauptglieder Film – Puppenspiel – dogmatisches Theater – Commedia dell'arte – Stegreiftheater wären. Und man könnte die Formel aufstellen: „Der Stegreifanteil einer Form ist proportional seinem Überraschungsquotienten" (MORENO 1923; 1970, 39). Erst die konsequente Befreiung von vorgeformter Sprache und Anpassung an bestimmte Typen, an „Ideenträger" (MARCEL 1971), schaffe die Voraussetzung für wahrhaft freies Theater.

Die Praxis des modernen Stegreifspiels und Psychodramas zeigt indessen, daß es sehr förderlich ist, dann und wann feste Typen (KELLY 1956), z. B. auch von Marionetten dargestellt, einzubeziehen.

Die deutschen Wandertheater konnten sich damals weder mit ihren italienischen noch anderen ausländischen Vorbildern messen. Ihre Improvisationskunst erschien als Notlösung, da die Schauspieler sich kaum auf eine dramatische Literatur in ihrer Sprache stützen konnten. Als Vorlage dienten ihnen schlecht übersetzte Texte, Bruchstücke aus den großen Dramen der Epoche. Die Gebildeten verachteten ihre stümperhafte Zubereitung, das Volk allerdings hatte oft eine lebendige Beziehung zu diesem Theater. Es scheint, daß die Wanderkomödianten in ihren Spielen auf vielfältige Weise den Kontakt zum Publikum herzustellen und dieses ins Spiel einzubeziehen wußten. In einem Schelmenroman des Albertinus Aegidius (1560–1620) findet sich eine Stelle, die an die Warm-up-Technik des Psychodramas erinnert. Ein Komödiant berichtet: „Ungefährlich über ein halbe stund hernacher suchte ich gelegenheit, daß ich sie herfur auff die Binen brachte / auff und nider mit ihr spazieren ging und mit einander konuersirten ..." [21] Es schließt sich eine derbe Posse an.

Eine eigenwillige Schöpfung des Wandertheaters waren die berühmten „Haupt- und Staatsaktionen", zum Teil improvisiert, zum Teil vom Truppenleiter aufgeschriebene Stücke, die das Publikum einluden, am Leben der Großen dieser Welt teilzunehmen. DUVIGNAUD sieht in diesen abenteuerlichen und phantasievollen Variationen über das Leben und die Politik der Herrschenden „eine Art Soziodrama" (DUVIGNAUD 1965, 359).

Die Entwicklung zu einem deutschen Theater der Aufklärung vollzog sich als entschiedener Kampf gegen den „Schlendrian" und die Zuchtlosigkeit der Wandertheater. GOTTSCHED hielt die Improvisation für eine Sklaverei, über die sich die Schauspielkunst erheben solle, um sich dem Geschmack und der schönen Literatur zuzuwenden. Deshalb schrieb er seine Tragödien in Versen. Der Erfolg der Aufführungen war gering. Die Reformer der Aufklärung sahen sich mit dem Problem konfrontiert, daß es nicht nur die Gepflogenheiten der Schauspieler, sondern auch die des Publikums zu verändern galt. Für ein neues Theater war eine Revolution der Kultur nötig. MORENO hat zwei Jahrhunderte später die gleiche Einsicht in einer ähnlichen Lage (PÖRTNER 1971, *dieses Buch*), nur, daß er einen Weg in die umgekehrte Richtung einschlagen will: fort von der Literatursprache und -bildung zu einer mündlichen Kultur der Inspiration. Das literarische deutsche Theater ist also durch einen bewußten Gegensatz zum „mündlichen Theater" gekennzeichnet. Es wurden ihm dadurch zwar neue Dimensionen erschlossen, die der psychologisierenden und moralischen Betrachtungsweise, aber andererseits erfolgte eine Loslösung von den Traditionen des „derben", des „heiligen" und des „unmittelbaren" Theaters (BROOK 1970). Die Veränderungen im Theater dieser Zeit betreffen auch theoretische Konzeptionen. Es ist vor allem der Gedanke des Welttheaters, der seine einstige zentrale Bedeutung verliert, um erst in den von CALDERON und vom mittelalterlichen „Jedermann" inspirierten Dramen von Hugo von HOFFMANNSTHAL für kurze Zeit noch einmal wieder aufzuleben. Während also das literarische Theater keinerlei Bezüge zu psychodramatischen Konzepten aufwies und sich die Scheidung zwischen Zuschauer und Publikum in der Guckkastenbühne verfestigte, zeigten sich auf einem ganz anderen Feld Ansätze, die dem Psychodrama vergleichbar sind. Aus den psychiatrischen Lehrbüchern des ausgehenden 18. und beginnenden 19. Jahrhunderts erfahren wir von Versuchen, Geisteskranke mit Hilfe von Theaterspielen zu kurieren* (SAUVAGE, HOFFBAUER, ERHARD u. a.). – REIL forderte in seinem Entwurf einer „psychischen Kurmethode", daß der Kranke in den verschiedenen Phasen der Kurbehandlung immer wieder mit dramatischen Vorgängen konfrontiert werde, die er zunächst noch passiv, aber mit wachsender Aufmerksamkeit aufnehmen, und in die er bei fortschreitender Besserung seines Zustandes schließlich selbst als aktiver Spieler eingreifen solle. Jede Heilanstalt solle daher ein „besonders eingerichtetes Theater haben ..., das mit allen nötigen Apparaten, Maschinen und Dekorationen versehen wäre. Auf demselben müßten die Hausoffizianten hinlänglich eingespielt sein, damit sie jede Rolle eines Richters, Scharfrichters, Arztes, vom Himmel kommender Engel und aus den Gräbern wiederkehrender Toter, nach den jeweiligen Bedürfnissen des Kranken, bis zum höchsten Grade der Täuschung vorstellen könnten ... Kurz, der Arzt würde von demselben Theater ... nach den individuellen Fällen den mannigfaltigen Gebrauch machen, die Fantasie mit Nachdruck und den jeweiligen Zwecken gemäß erregen, die Besonnenheit wecken ... Furcht, Schrecken, Staunen, Angst, Seelenruhe usw. also entgegengesetzte Leidenschaften als Heilmittel erregen und der fixen Idee des Wahnsinns begegnen können" (REIL 1803, 209 f). REIL forderte auch, daß die improvisierten oder auch textlich festgelegten Psychodramen den individuellen Fällen jeweils angepaßt werden müßten. Eine Praxis, die schon von SAUVAGE (1761) aber auch von HOFFBAUER (1808) geübt wurde.

Bekannter als die Bestrebungen jener Ärzte sind die therapeutischen Theaterstücke, die der Marquis de SADE Anfang des 19. Jh. in der psychiatrischen Klinik von Charenton, in der er jahrelang interniert war, zunächst teilweise und dann ausschließlich mit Kranken aufführte. Die Anregung dazu ging von Dr. de Coulmier aus, der seit 1805 das Krankenhaus leitete[22]; er glaubte, im Theaterspiel und im Tanz ein bedeutendes Mittel gegen den Wahnsinn gefunden zu haben (SCHÜTZENBERGER 1966). Die letzte Vorstellung, die de SADE 1813 vor dem endgültigen Verbot durch die mißtrauische Regierung leitete, begann mit einer Kantate, die der Chor der Geisteskranken sang, und an die sich ein Stegreifspiel anschloß. De SADEs Versuche erlangten heute eine neue Berühmtheit durch das Stück von Peter WEISS, „Die Verfolgung und Ermordung Jean Paul Marats, dargestellt durch die Schauspieltruppe des Hospizes zu Charenton unter der Anleitung des Herrn de Sade" (1965).

Aber kehren wir zunächst zurück in die Zeit der Klassik, in der psychodramatische Elemente, wie wir sie eingangs beschrieben haben, durch die Konzeption der Guckkastenbühne nicht vorhanden sind. Wir finden aber in dieser Epoche ein Theaterstück, das Singspiel „Lila" von GOETHE, das die Heilung einer der Melancholie und dem Wahnsinn verfallenen jungen Frau in einer Weise darstellt, die ganz im Sinne der Konzeption MORENOs liegt. Gottfried DIENER kommt in seiner Monographie über „Lila" zu dem Ergebnis: „Kaum eine andere dramatische Dichtung der Weltliteratur vereinigt in sich so vollständig alle Elemente eines Psychodramas im Sinne MORENOs und der modernen Psychiatrie ... : erstens ein Geistesgestörter, der ... auch Mitwirkender an seinem eigenen Heilungsprozeß im Psychodrama (Drama im Drama) ist; zweitens die Leiden und Phantasien der kranken Seele als Subjekt eines Spieles ... ; drittens eine Gruppe von Hilfs-Ichen, die unter der Regie des Cheftherapeuten im Psychodrama die bewußten Probleme und die halb- oder unbewußten inneren Vorgänge, Gestalten und Bilder des Kranken reproduzieren und ihn als Mitspieler oder sogar als Hauptspieler in die Handlung einbeziehen ... " (1971, 202).

DIENER führt neben GOETHEs „Lila", dem für diesen Kontext wohl bedeutendsten Werk, noch andere Darstellungen psychodramatisch gelenkter Erkenntnis- oder Heilungsprozesse in der Weltliteratur an: vor allem Hamlet, Don Quichote, Dramen von IBSEN und STRINDBERG, und vor allem RAIMUNDs „Alpenkönig und Menschenfeind". Er verweist auf PIRANDELLOs Stück „Heinrich der Vierte" und auf den „Schwarzen Schwan" von Martin WALSER. MORENO (1971) bemerkte zu der Analyse DIENERs, deren Wert er hoch einschätzt, daß dennoch ein entscheidender Unterschied zwischen einem geschriebenen Stück und einem lebendigen und nur gegenwärtigen Psychodrama bestehe. GOETHE gebe in seinem Singspiel eine ausgezeichnete Demonstration für Therapie durch Theater — als Drama im Drama. Er selbst habe von GOETHEs Interesse an therapeutischem Theater nichts gewußt, wohl aber von seinem Interesse für Stegreiftheater.

In der Tat war sich GOETHE wohl bewußt, daß der Aufschwung des literarischen Theaters Gefahren barg und daß die volkstümliche Wanderbühne seiner Zeit etwas zu vermitteln hatte (vgl. dazu „Wilhelm Meister theatralische Sendung"). In den „Lehrjahren", im 2. Buch, 9. Kapitel erzählt er von einer Schauspielergesellschaft, die zu ihrer eigenen Unterhaltung ein Stück improvisiert. Jeder denkt sich eine Rolle aus, die seinem Charakter angemessen ist. Dazu wird, sicherlich im Sinne des Dichters, die Meinung geäußert: „Ich finde diese Übung ... unter Schauspielern, ja in Gesellschaft von Freunden und Bekannten sehr nützlich. Es ist die beste Art, die Menschen aus sich heraus und durch einen Umweg wieder in sich hinein zu führen. Es sollte bei jeder Truppe eingeführt sein, daß sie sich manchmal auf diese Weise üben müßte, und das Publikum würde gewiß dabei gewinnen, wenn alle Monate ein nicht geschriebenes Stück aufgeführt würde ... " (J. W. v. GOETHE).

Mit dieser schlaglichtartigen Darstellung einiger Formen des vorillusionistischen Theaters sind Traditionen angedeutet, die sich in mancher Hinsicht zum Psydrama in Beziehung setzen lassen.

Es ist hier kein Raum, auf das vornehmlich literarische Theater des 19. Jh. einzugehen. Wichtig für unseren Zusammenhang ist die Neuentdeckung des Universaltheaters Shakespeares und die romantisch-ästhetische Wesensbestimmung der Schauspielkunst als eines selbständigen Kunstzweiges, deren Zweck es sei, die Phantasiekraft des Zuhörers so zu entfachen, daß er „mit dem Dichter dichte". In Ludwig TIECKs „Gestiefelter Kater" zum Beispiel, einer satirischen Komödie über das Publikum und seine genormte Erwartungshaltung, sollen die Zuschauer sich selbst gespiegelt sehen und müssen sich gegen alle guten Konventionen einen unsicheren, improvisierenden Dichter, einen Hanswurst und sonderbare Verfremdungen der Bühnenillusion gefallen lassen. — Wir erinnern hier an die kunstvollen Variationen über das Thema des Dichters in seinem Verhältnis zum Theaterstück und zu den Schauspielern von Luigi PIRANDELLO („Sechs Personen suchen einen Autor"; „Heute abend wird improvisiert") und an die Werke des Spaniers UNAMUNO (cf. SARRO, *dieses Buch*).

Die Romantik ist für das Psychodrama insofern sehr interessant, als in der Dichtung jener Epoche einige Motive eine bedeutende Rolle spielen, die in der psychodramatischen Technik wieder auftauchen: z. B. das Motiv des Doppelgängers, des „Doubles" (E. Th. A. HOFFMANN, Der Doppelgänger, 1822 u. a.) — oder das Motiv des Schattens oder des Spiegelbildes (A. v. CHAMISSO, Peter Schlehmihls wundersame Geschichte; HOFFMANN, Die Geschichte vom verlorenen Spiegelbild; später HOFMANNSTHAL, Die Frau ohne Schatten u. a.).[23]

4. Das Theater der Moderne

Ohne hier auf den langen Prozeß der Infragestellung des traditionellen Theaters, der bereits in der zweiten Hälfte des 19. Jh. begann, eingehen zu können, wollen wir überleiten in die Zeit um 1910, in der die Prozesse der entscheidenden künstlerischen Umbrüche begannen, die auch heute noch nicht abgeschlossen sind. Die Programme, die damals und auch in der Zeit zwischen den Weltkriegen formuliert wurden, gelangen zum Teil erst heute zu allgemeiner Aktualität! Wir nennen Gordon CRAIG („On the Art of the Theatere, 1911), der an die Ursprünge des Theaters aus Bewegung und Tanz erinnerte. „Die ersten Dramatiker waren die Kinder des Theaters; die modernen Dramatiker sind die Kinder der Literatur" (zitiert nach KINDERMANN IX, 434). Seine Ideen beeinflußten nachhaltig das westliche und das östliche Europa. In Deutschland nahm besonders

Max REINHARDT CRAIGs Anregungen auf und entwickelte sie in eigenständiger Weise weiter. Im Großen Schauspielhaus in Berlin, das unter seiner Leitung aus dem Gebäude des Zirkus entstanden war, gab es weder Rampe noch Vorhang; die Szene bestand aus der Arena und einem Viertel des Kreises. Bei der Inszenierung von Romain ROLLANDS „Danton" wurde die Szene zum Tribunal umgestaltet, und die revolutionäre Menge mischte sich unter das Publikum. REINHARDT forderte: „Es kommt nicht allein darauf an, die Bühne in den Zuschauerraum vorzurücken und die Kulissen gegenständlich zu machen, sondern die ganze überlebte Tradition, daß Bühne und Zuschauer zwei voneinander getrennte Bereiche sind, muß ausgemerzt werden." [24] In diese Richtung weisen auch die architektonischen Entwürfe von Walter GROPIUS, Henry van de VELDE u. a. Auch MORENO entwarf damals für die bedeutende Ausstellung der Theatertechnik in Wien 1924 einen Plan für ein Raum- und Rundtheater [25], der allerdings über die Forderungen der anderen Künstler weit hinausging: Er wollte ein „Theater ohne Zuschauer". Während es sich in den obengenannten Plänen um die Möglichkeit einer Ausdehnung des Illusionsraumes von der Bühne her handelte, wollte MORENO ein einziges Spielfeld errichten, in dem die Wechselbeziehungen zwischen den Schauspielern und den Zuschauern von beiden Gruppen her gleich wirksam wären. Er wollte „ein Theater aller mit allen ... alle schreiten aus der Bewußtseins- in die Stegreiflage ..." (MORENO 1923; 1970, 15).
In Rußland kam der große Regisseur STANISLAVSKIJ den Ideen CRAIGs entgegen (RÜHLE 1963, 52) und leitete mit seinen Experimenten eine bedeutende Epoche des russischen Theaters ein. Er entwickelte aus seinen langjährigen Erfahrungen eine Methode für die Ausbildung des Schauspielers; seine Aufzeichnungen hierüber erlangten Weltgeltung und werden noch heute in vielen avantgardistischen Theatern als grundlegend angesehen. STANISLAVSKIJs Techniken zielen auf eine Schulung der Intuition, der „genauen Wiedergabe des inneren Lebens" ab und wollen erreichen, daß der Schauspieler über die Klischees und ichfremden Verhaltensweisen hinaus zur schöpferischen Freiheit durchdringt. Die Improvisation wird von ihm in ihrer Bedeutung erkannt und als didaktisches Instrument in dieser Ausbildung eingesetzt. Es fehlen noch Forschungen darüber, ob MORENO von STANISLAVSKIJs Methode beeinflußt wurde. Er selbst weist darauf hin, daß zwischen seiner und STANISLAVSKIJs Wertung der Improvisation ein grundlegender Unterschied bestehe. Bei STANISLAVSKIJ diene sie dazu, bestimmte Fähigkeiten zu erwerben, die wieder in einem vorgegebenen Drama und einer vorgeschriebenen Rolle einzusetzen wären. Aber je fähiger der Schauspieler sei, spontane Impulse aus seinen Erlebnissen und Erfahrungen auszudrücken, desto tiefer müsse er notwendigerweise in einen Konflikt gegenüber den festgelegten Determinationen geraten (MORENO, 1923; 1970, XV) [26]. STANISLAVSKIJ wollte zeitweilig auch ein echtes Theater der Improvisation verwirklichen — aber eines, das nicht erst vor den Augen der Zuschauer entstand, sondern in einem voraufgehenden schöpferischen Prozeß des Ensembles. Die Anregung dazu empfing er von GORKIJ, der unter dem Eindruck von Stegreifspielen in Neapel die Idee hatte, in Rußland die Tradition der *Commedia dell'arte* zu erneuern. Seine Vorstellungen darüber gewannen Gestalt in einer kleinen Experimentierbühne unter der Leitung von SULERSHIZKIJ und WACHTANGOW.

GORKIJ entwarf knappe Szenarien. Aus dem skizzierten Schema der Charaktere entwickelten im Verlauf der Diskussionen und Proben die Schauspieler selbst die Widersprüche und Konflikte des Stückes. Der Autor verfaßte den endgültigen Text während der Einstudierung zusammen mit dem Kollektiv. Dieses Experiment blieb ohne rechten Erfolg – bis endlich das improvisierte Spiel in den Revolutionsjahren einen ungeheuren Aufschwung nahm. Die russische Revolution erschien zugleich als künstlerische Revolution und manifestierte sich in grandiosen Massenschauspielen sowie in zahllosen kleineren „Agit-prop-Truppen", die durch ganz Rußland zogen. Das Theater war mit einem Schlage zu einer Angelegenheit des gesamten Volkes geworden. Fast in jedem Dorf wurde gespielt. Dabei verwischten sich die Grenzen zwischen Schauspielern und Zuschauern, denn alle erschienen ja gleichermaßen einbezogen in die große politische Aktion. WACHTANGOW organisierte 1918 ein Volkskünstlertheater und schrieb: „Wir müssen den aufrührerischen Geist des Volkes spielen ... Es wäre gut, wenn irgendjemand ein Stück schreiben würde, in dem es keine Einzelrollen gibt. In allen Akten spielt nur die Masse ..."[27] Ein Beispiel für die großen weitgehend improvisierten Massentheateraufführungen war das „Gericht über Wrangel" in der Kuban-Staniza-Siedlung, Krimskaja. Daran nahmen etwa 10 000 Rotarmisten und Kosaken teil. Jeder Mitwirkende erhielt nur ein Gerippe seiner Rolle und improvisierte dann. Der Oberbefehlshaber der weißen Südfront, General Wrangel, wurde symbolisch vor das „Gericht" gestellt. Alle Mitwirkenden spielten mit Enthusiasmus, und es hagelte Zwischenrufe aus der Menge. „Du lügst! Du betrügst uns nicht, du Blutsäufer!" und ähnliches (RÜHLE, 1963, 66).

Der Leiter und die treibende Kraft des „Theater-Oktobers" war der vielseitige STANISLAVSKIJ-Schüler MEYERHOLD. Für diesen genialen Regisseur bot die nachrevolutionäre Zeit ein unermeßliches Experimentierfeld. Er konnte in wenigen Jahren ausprobieren und schaffen, wozu in anderen Ländern der Welt noch jahrzehntelange Kämpfe der Avantgardisten notwendig waren – bis der stalinistische Apparat MEYERHOLDs Theater verdrängte. Wir können hier nicht auf die kühnen formalen Experimente und die reiche Produktion dieses Künstlers eingehen. Er erneuerte einerseits volkstümliches Traditionsgut (die Jahrmarktsspiele, die Hanswursttradition) und schuf andererseits eine hochartistische Methode der Darstellung (die „Biomechanik"), die den individuellen Schauspieler dem kollektiven Stil unterordnete.

Sehr wesentliche Erneuerungsbestrebungen hatten schon vor der Revolution andere Schüler STANISLAVSKIJs begonnen. Wir nennen nur TAIROVs „Entfesseltes Theater". Er wollte in das Zentrum des wahren Theaters die Pantomime, die „Emotionsgeste" stellen. JEWREINOW, der sich als Gegenspieler STANISLAVSKIJs verstand, proklamierte 1908 eine „Apologie des theatralischen Theaters" und wollte in seinem „Alten Theater" in St. Petersburg mittelalterliche Mysterienspiele und die *Commedia dell'arte* wiedererneuern. JEWREINOW trieb gründliche theaterwissenschaftliche Forschungen und leitete aus ihnen eine Theorie des Theaters ab, die von einem ursprünglichen theatralischen Instinkt, der vor aller Ästhetik liege und das Leben des Menschen bestimme, ausgeht. In allen Spielarten komme die wesentliche Spielfreude des Menschen zum Ausdruck; das

Theater sei nur ein Sonderfall dieser grundsätzlichen Theatralität. (PÖRTNER 1960, 34). Die Verwandtschaft dieser Ideen mit MORENOs Ansichten ist offensichtlich.

Noch auf einem anderen Feld finden wir in Rußland Theaterpraktiken, die psychodramatischen Charakter haben, z. B. das „therapeutische Theater" von V. N. ILJINE (1908/16), aus dem er in Zusammenarbeit mit ZENKOVSKIJ das „didaktische Theater" entwickelte. ILJINE versuchte, durch improvisiertes Spiel, das innerhalb eines vom Therapeuten aufgrund der Anamnese geschriebenes Rahmenstückes von dem Patienten dargestellt wurde, Geisteskrankheiten zu heilen. Mit seinem Freunde ZENKOVSKIJ wurde dann Improvisation und Rahmenhandlung als pädagogische Methode ausgebaut, durch die nicht nur Konflikte im Unterricht gelöst, sondern auch Lernstoffe vermittelt werden konnten (ILJINE/ZENKOVSKIJ, *dieses Buch*).

Der Einfluß des revolutionären russischen Theaters wurde in Deutschland zunächst durch das Agit-prop-Theater Erwin PISCATORs, der 1920 in Berlin ein „Proletarisches Theater" gründete, wirksam. PISCATOR, der BRECHT nachhaltig beeinflußte, wollte möglichst auf Berufsschauspieler verzichten und die Darsteller aus der Mitte der Zuschauer gewinnen. Er spielte zunächst auch dort, wo er sein Publikum finden konnte, in den Versammlungslokalen der Berliner Arbeiterviertel. Allerdings war diesen Versuchen wenig Erfolg beschieden und PISCATOR kehrte auf die Bühne des Schauspielhauses zurück (PÖRTNER 1960, 132).

Die psychodramatische Komponente im Agit-Prop-Theater ist die Aufhebung der Rampe zwischen Zuschauer und Publikum, das Durchsichtigwerden des Spiels als Geschehen, das die Person des Zuschauers betrifft und in das er eingreifen kann. Grundsätzlich aber unterscheidet sich das agitatorische Improvisationstheater vom reinen Stegreiftheater dadurch, daß ein ideologischer Überbau von vornherein die Handlung determiniert.

In Frankreich stand an der Spitze der Erneuerungsbestrebungen das „Théâtre du Vieux Colombier", das seit 1913 Jacques COPEAU als Experimentiertheater diente. Auch COPEAU wollte die ursprünglichen Grundlagen des Theaters wiederfinden, die *„rethéatralisation"* verwirklichen, indem er dem Mimen seine Bedeutung zurückgab. Auch er begeisterte sich wie CRAIG und STANISLAVSKIJ für die Commedia dell'arte. Es ging ihm darum, dem Schauspieler wieder eine eigene schöpferische Aufgabe zu geben und er hatte sogar den Plan, eine „Nouvelle Comédie Improvisée", ein modernes Stegreiftheater also, zu erproben. Darüber berichtet André GIDE, der mit COPEAU befreundet war, in seiner Tagebucheintragung vom 21. 1. 1916: Er habe mit COPEAU über die Möglichkeit gesprochen, eine besondere Stegreiftruppe zu engagieren, die in der Lage wäre, „de raviver la commedia dell'arte, à la manière italienne, mais avec des types nouveaux: le bourgeois, le marchand de vins, la suffragette remplaceraient Arlequin, Pierrot et Colombine. Chacun de ces types aurait son costume, son parler, son allure, sa psychologie. Et chacun des acteurs n'incarnerait qu'un type, s'y tiendrait, et ne s'en départirait point, mais l'enrichirait et l'amplifierait sans cesse." [28] Dieser Plan wurde im Ansatz von den *„Copiaux"*, einem kleinen Wandertheater, verwirklicht. COPEAU hatte diese Truppe gegründet, um fern von Paris auf dörflichen Jahrmärkten und Winzerfesten eine neue Beziehung zwischen den Schauspielern und dem Publikum zu finden. Doch das Hauptgewicht seiner Arbeit legte er weiterhin auf große Inszenierungen, in denen er stets das mimische und auch das improvisatorische Element wirken ließ. Neben COPEAU und in seiner Nachfolge gab es eine Reihe interessanter Theaterexperimente auf der Suche nach dem „theâtre pur" (cf. DULLIN, JOUVET, PITOEFF, BATY)[29].

Ein wichtiger Aspekt des neuen Theaters war die Vorliebe für Stücke, die die Problematik des Schauspiels selbst, die sonderbaren Beziehungen zwischen Sein und Schein zum Gegenstand hatten: Man spielte SHAKESPEARE, CALDERON, JEWREINOW und vor allem immer wieder PIRANDELLO, der wie kein anderer moderner Autor die Überlagerung von Fiktion, Wahnsinn und Wirklichkeit dargestellt hat. In den zwanziger Jahren brach in Paris ein wahres „Pirandello-Fieber" aus (KINDERMANN IX, 207).

Ein neuer Aspekt war auch die Pflege der tänzerischen, musikalischen, pantomimischen Elemente und das Streben nach schauspielerischer Leichtigkeit, die wie improvisiert wirken sollte, ein Postulat, das besonders Charles DULLIN vertrat. Er suchte auf vielfältige Weise, eine „schöpferische Gemeinschaft von Autor, Spieler und Publikum" zu erreichen, z. B. durch Diskussion bei Zusammenkünften und durch eine gemeinsame Zeitschrift, die „Correspondances". In seinem Vermächtnis „Ce sont les dieux qu'il nous faut" sind die Götter das Publikum, das die Macht zur Erneuerung des Theaters besitzt: „J'ai toujours pensé que le public était notre principal collaborateur ..." (DULLIN 1969).

Wir haben hier nur beispielhaft einige große Regisseure, theatertheoretische Konzepte und praktische Experimente aus der Zeit der revolutionären künstlerischen Umbrüche aufgeführt, um zu zeigen, daß MORENOs Stegreiftheater, das er seit 1909 zunächst mit Kindern in den öffentlichen Gärten Wiens erprobte (LEUTZ 1967), durchaus im Rahmen der theaterreformerischen Bewegungen seiner Zeit steht und daß seine Konzeptionen als eigenständige zu äußerster Konsequenz aufrufende Postulate hier einen bedeutenden Platz haben; MORENO durchbrach radikal die Schranken zum anonymen Publikum, indem er das „Theater im Theater", das Spiel um das Spannungsverhältnis zwischen Sein und Schein, wie es z. B. PIRANDELLO zeigt, von der Bühne herunterholte und das anwesende Publikum und nicht nur fiktive Zuschauer dazu aufforderte, den Übergang selbst zu vollziehen.

Wir wollen noch kurz auf einen bedeutenden Regisseur und Theatertheoretiker eingehen, der mit MORENO zunächst gemeinsam hat, daß er erst heute allgemein bekannt und seiner Verdienste entsprechend gewürdigt wird: Antoine ARTAUD. Er prägte in seinem Manifest „Le téâtre et son double" (dtsch. Ausg. 1971) wichtige Begriffe, die gerade heute als Schlagworte im revolutionären Theater gelten: „Theater als Ritual, als Provokation, als virtuelle Revolte, als Schock". Er konzipierte ein Theater, das mit den wahrhaft theatergemäßen Praktiken ritueller Herkunft, mit Pantomime, Tanz, Musik, Geräusch und den neuen Mitteln der Technik eine Atmosphäre von gewaltiger Wirkkraft herstellen sollte, um die „Zuschauer" durch die elementare Magie der Vorgänge in einen

„poetischen Zustand", in eine Art Trance zu versetzen, in der die verdrängten Wünsche, die Abgründe des Unterbewußtseins aufbrechen: „Der Geschmack am Verbrechen, die erotischen Besessenheiten, die Chimären, der utopische Sinn für das Leben und die Gegenstände, selbst der Kannibalismus" (ARTAUD 1938; 1964, 139). Allein auf diese Weise könnten die Menschen aus dem Zustand der Alltagsbeschaffenheit herausgelockt werden und die magische Freiheit des Traums wiederfinden[30]. Das Aufwecken der grausamen und schrecklichen Mächte, die auf dem Grund unserer Zivilisation wirksam sind, entbindet aber nach der Auffassung ARTAUDs zugleich im einzelnen spontan aufbrechende Gegenkräfte. Die literarische Vorlage bezeichnet ARTAUD als zweit- oder drittrangig und stellte es dem Regisseur anheim, sie vollkommen beliebig zu verwenden und zu gestalten. ARTAUD hat mit MORENO die zentrale Einschätzung der Katharsis im Theater gemein, nur, daß er dem Zuschauer nicht die Möglichkeit zu aktiv handelnder Mitbeteiligung gibt. Insofern kann er bei aller Genialität seiner Ideen nicht, wie es so oft geschieht, als der Urheber der Konzeption des „autonomen Theaters" bezeichnet werden, das schon von CRAIG und den russischen Theoretikern gesucht und gefordert wurde, und das MORENO in der psychodramatischen Praxis in einer ganz spezifischen Form verwirklicht hat.

Wir weisen nochmals darauf hin, daß sich das avantgardistische zeitgenössische Theater zum großen Teil noch auf die revolutionären Programme aus der zweiten und dritten Dekade des 20. Jh. bezieht. Die Krise des Theaters schreitet weiter, und viele Stimmen fordern die dringend notwendige Erneuerung, die BROOK (1970, 62) als „Wandel zu einem weniger tödlichen Theater" sieht. „Fast überall in der Welt hat das Theater keinen genauen Platz in der Gesellschaft und kein klares Ziel" (1970, 55), und „fast alles, was das Theater noch hat, muß weggefegt werden, um das Theater zu retten ... Das Theater braucht seine permanente Revolution" (BROOK, 1970, 159). Über die Form einer solchen Revolution gehen die Vorstellungen allerdings auseinander, wobei man sich vielleicht doch darin einig ist, daß das Theater „eine Stätte der Kommunikation, der lebendigen Einflußnahme der Schauspieler auf die Zuschauer und der Zuschauer auf die Schauspieler ist"[31]. Im Sinne dieses Postulats zeigt es sich, daß gegenwärtig mehr und mehr die von MORENO im reinen Stegreiftheater und Psychodrama vorgebildeten Ansätze im experimentellen Theater Einfluß gewinnen; teilweise gehen sie direkt oder indirekt auf MORENO zurück, teilweise gelangen wohl auch ganz unabhängig von ihm Einsichten, Konsequenzen, die MORENOs Konzeption verwandt sind, zum Durchbruch. Eine bedeutende Rolle nicht nur für das experimentelle Theater in Amerika spielt das *„Actor's Studio"* in New York. Es wurde gegründet, um interessierten Künstlern eine Möglichkeit zu bieten, sich auf der Grundlage der Lehren von STANISLAVSKIJ und anderer großer Regisseure systematisch zu schulen und neue Experimente zu wagen. Wie weit MORENO diese Gruppe beeinflußt hat, muß noch untersucht werden. Das Ziel der Schauspieler des *„Actor's Studio"* geht dahin, alle Klischee-Imitationen abzulegen und „in sich nach größerer Wirklichkeit zu fahnden" (BROOK 1970, 53). Lee STRASBERG, der Leiter des *„Group Theatre"*, das aus dem *„Actor's Studio"* hervorging, erwartet von dem Schauspieler hohe schöpferische Fähigkeiten: „Ich glaube, daß das Wort nicht das Zentrum des Stückes ist, sondern die Situation.

Ich glaube auch, daß unsere Kunst, die Kunst des Schauspielers, eine kreative Kunst ist und nicht eine rekreative." [32]

Wir wollen anhand einiger Beispiele aus den kleineren und kleinsten experimentellen Theatern des *„Off-off-broadway"*, die zum Teil auch durch Gastspiele in Europa bekannt geworden sind, Aspekte des „psychodramatischen Theaters" zeigen:

Beinahe eine Gattung für sich ist das Verbrüderungsspiel: Auf verschiedenste Weise wird versucht, Schauspieler und Zuschauer eine Gemeinschaft werden zu lassen. Dazu dienen mystische Versenkung, Gruppeneurhythmie, quasi religiöse Kommunikation. Das STOMP-Ensemble am *Off-Broadway*[33] gebraucht die multimedialen Mittel der Happenings und Beat-Shows, um alle Teilnehmer einzustimmen. Die jungen Schauspieler spielen sich selbst, ihre Eltern, ihre Großmütter, Kellner, Polizisten. Sie unterbrechen ihr Spiel und erzählen von sich selbst, woher sie kommen, warum sie hier sind, was sie so denken; sie fordern dabei die Zuschauer heraus, wiegeln sie auf, loben sie auch; am Ende tanzen alle miteinander, Schauspieler und Zuschauer. Dieses Theater will eine Kommunikationsform bieten, die durch eine geschickte lernprozeßbedachte Regie organisiert wird. Es ist die Regieführung, in der sich diese Formen des experimentellen Theaters vom *Happening* unterscheiden. Das Happening (TARRAB 1968) bricht mit allen vorgegebenen theatralischen Traditionen und steht in dieser Hinsicht dem Psychodrama sehr nahe: „Als jüngstes Kind der Ausdrucksweisen geboren und noch lallend, stellt das Happening doch schon eine Kunstform dar, indem es einen allgemeinen Traum in die Erscheinung transponiert. Weder komisch noch tragisch, weder abstrakt noch figurativ, erzeugt es sich bei jeder Gelegenheit neu. Jeder, der einem Happening begegnet, spielt mit. Es gibt kein Publikum mehr, keine Schauspieler, keine Exhibitionisten, keine Zuschauer, jeder kann sein Verhalten nach Belieben wechseln. Jedem einzelnen sind seine Grenzen und seine Verwandlungen überantwortet. Niemand wird mehr zum Nichts reduziert wie im Theater" (BECKER/VOSTELL 1965, 358). Bei der Lektüre solcher Postulate ist man geneigt, eine weitgehende Übereinstimmung zwischen Happening und Psychodrama anzunehmen und in diesem den „künstlerischen", in jenem den „therapeutischen" Ausdruck der Augenblickskunst zu sehen (TARRAB 1970). Mag das auch für bestimmte Formen des Happenings zutreffen, deren Konzeptionen so vielfältig sind, wie die augenblicksgeborenen Ereignisse selbst, so stellt doch die für das Happening geforderte „anarchistische Haltung des Geistes" (BECKER/VOSTELL 1965, 358) und die Selbstbezogenheit der teilnehmenden Individuen einen wesentlichen Unterschied dar, auf den auch MORENO nachdrücklich hinweist: „Jeder wird (im Happening) auf sich selbst verwiesen, auf sein völlig beliebiges Verhalten. Ja, man kann sagen, daß die Beziehungslosigkeit das hervorragende Merkmal der ‚Happenings' ist, während das Psychodrama gerade die Beziehung des einzelnen zur Gruppe und zur Gesellschaft zum Thema hat" ... und „auf eine kreative Selbstverwirklichung im Spiel, auf eine Strukturierung des Raumes, eine Realisation der menschlichen Beziehungen im szenischen Handeln" abzielt (MORENO 1970, IX).

Happening und experimentierendes Theater gehen in den kleinen Untergrundtheatern des *Off-off-Broadway* oft ineinander über. Häufig finden wir die gleiche Zahl an Schauspielern und Zuschauern; umso leichter lassen sich dann Formen des kollektiven Rituals oder Lernspiele veranstalten. Als Beispiel mögen Planspiele im UNITY-Theatre in Chicago stehen[34]. Der Leiter dieses Theaters geht von den Methoden MORENOs aus, versucht aber, diesen Techniken weniger eine therapeutische als vielmehr eine agitatorische Wirkung abzugewinnen: Die Menschen, die in dieses Theater gehen, werden angeleitet, Situationen, wie sie der Alltag bereithält, durchzuspielen und dabei die politischen und gesellschaftlichen Implikationen zu durchschauen und verändernd in sie einzugreifen.

Das *„Cramercy Arts Theatre"* am *Off-Broadway* inzenierte *„The Concept"*, ein Stück, das in einem Rehabilitierungszentrum für Rauschgiftsüchtige entworfen wurde. Einige Patienten gründeten die „Daytop Theatre Company", die es sich zur Aufgabe macht, Theater als Verlängerung und Konkretisierung der Daytop-Therapie zu betreiben (DURAND-DASSIER 1970). Die Darsteller erzählen und spielen vor dem Publikum ihre persönlichen Schwierigkeiten und leiten so ein Gespräch aller mit allen ein.

Viele kleine Theater wollen ihre Kunst vor allem als existentielles Anliegen verstanden wissen. Oft verdienen sich die Schauspieler ihr Geld mit irgendwelchen Jobs. Ihre Stücke entwerfen sie vornehmlich kollektiv, sie brauchen keinen Produzenten und keinen Apparat. Als Vorbild wird sehr oft das „Open Theatre" und das „Living Theatre" (BINER 1968) von J. BECK und J. MALINA betrachtet, eine Schauspielergemeinschaft, die nach eigenen Gesetzen lebt, und sich den verschiedensten Traditionen und Quellen, von der Psychoanalyse bis zum Zen, zuwendet, um nach Vollkommenheit zu streben. Diese eklektische Haltung ist sehr verbreitet. Die großen Theatervorbilder der kleinen experimentellen Gruppen sind besonders ARTAUD und GROTOWSKI. Für GROTOWSKI (1968) ist das Theater ein Mittel zur Selbst-Erforschung, ja, eine Möglichkeit zur Erlösung (BERG 1971). „Der Schauspieler ruft das an und entblößt, was in jedem Menschen steckt — und was das Alltagsleben verdeckt" (BROOK 1970, 104).

Die *„Tom O'Horgen — New Troup"* in New York schuf aus einem kirchlichen mittelalterlichen Drama (The Apocalypse) und aus einem derben mimischen Tudor-Stück *(Gammer Gurton's Needle) Gurton's Apocalyptic Needle* — ein Versuch der Synthese von Traditionen[35].

Diese Beispiele mögen zeigen, in welcher Richtung die jungen Theater experimentieren. Bei ihrer Ablehnung des „tödlichen Theaters" geht es ihnen um die Neubelebung der verschütteten Elemente des volkstümlichen, mimischen, des derben und des ekstatischen oder des „sichtbar gemachten unsichtbaren", des „heiligen Theaters" (BROOK 1970).

Ein seltenes Beispiel für ein rein improvisatorisches Theater ist die *„Theatre Machine"* in Hampstead[36], eine experimentierende Gruppe, die aus dem *Royal Court Theatre Studio* in London hervorgegangen ist. Zweimal wöchentlich spielen vier oder fünf Schauspieler des ca. 20köpfigen Ensembles fast ausschließlich komische Szenen. Sie halten sich dabei an vorgegebene Spielverabredungen, die unter der Leitung von Keith JOHNSTON erarbeitet wurden, sind aber gehalten, über ihre Themen jeweils frei und spontan zu improvisieren. Die Thematik schöpfen sie vornehmlich aus dem Alltag, wagen sich aber auch an die Darstellung von Absurdem oder Übernatürlichem. Die Formen der Realisation sind Pantomime, Sprechtheater, Harlekinade, Tragikomödie.

Alle genannten Versuche bemühen sich darum, das Verhältnis zum Publikum zu verändern. Das Stegreiftheater stellt Schauspieler und Zuschauer fast in dieselbe Situation: niemand weiß, was geschehen wird, und jeder kann auf seine Weise dazu beitragen. Das Spiel entsteht unmittelbar aus dem gegenwärtigen Augenblick. Peter BROOK gesteht in seiner Darstellung über das moderne Theater dem Psychodrama diese Qualität des „unmittelbaren Theaters" zu.

> „Ein echtes Bild von dem notwendigen Theaterbesuch, das ich kenne, ist eine Psychodrama-Sitzung in einem Irrenhaus ..., weil die Menschen aus dem Stegreif über wichtige Probleme sprechen, die allen Anwesenden am Herzen liegen, und zwar in einer Weise, die diese Probleme wirklich lebendig werden läßt. Im unmittelbaren Geschehen steckt ein unverkennbares Resultat. Zwei Stunden nach Beginn jeder Sitzung sind die Beziehungen zwischen den anwesenden Menschen ein wenig verändert ... So verstehe ich ein notwendiges Theater: eins, in dem zwischen Schauspieler und Publikum nur ein praktischer Unterschied besteht, aber kein grundlegender" (BROOK 1970, 213—215).

Es ist bezeichnend, daß MORENOs Ideen vor allem beim Kindertheater Eingang gefunden haben — also dort, wo er begann. In der gegenwärtig lebhaft geführten Diskussion über die Erneuerung des Kindertheaters stehen Konzeptionen, die sich von ihm herleiten oder seinen Ideen verwandt sind, im Zentrum[37].

Es gibt einen kaum bekannten Aufsatz von Walter BENJAMIN aus dem Jahre 1928, der sehr viele Gemeinsamkeiten mit MORENO aufweist[38]. Er trägt den Titel: „Das Theater als die vergängliche Kunst ist die kindliche" und entwickelt die Vorstellung von einem rein improvisierten Kindertheater. Kein anderes Theater hätte für die Kinder irgendeine Berechtigung. Kinder seien fähig zu einer radikalen Entbindung des Spiels, dem der Erwachsene nur zuschauen könne. Was etwa als runde „Leistung" aus Kindern herausgequält werde, könne sich nie an Echtheit mit der Improvisation messen. „Nicht auf die ‚Ewigkeit' der Produkte, sondern auf den Augenblick der Geste stellt alle kindliche Leistung es ab. Das Theater als die vergängliche Kunst ist die kindliche."

Ein Theoretiker des Kindertheaters, Melchior SCHEDLER[39], stellte eine Reihe von Thesen auf, die Anlaß zu heftigen Auseinandersetzungen gaben, z. B.: „Der autonome Verfertiger einer hermetischen Spielvorlage ist auf dem Theater für sehr junge Zuschauer abgeschafft." — „Die Spielvorlagen müssen so beschaffen sein, daß sie sich durch das Eingreifen der Kinder verändern können. Es muß dem Theater für sehr junge Zuschauer darauf ankommen, kindliche Spontaneität freizusetzen und den Kindern durch ihre aktive Mitbestimmung Selbstbewußtsein und Kombinationsfreude zu geben ... Vor allem aber: Die Handlungen auf dem Theater müssen so angelegt sein, daß sie nur Beginn und Einstimmung jener Spiele sind, die die Kinder hinterher unter sich selbst inszenieren." Die Kinder sollen das Recht haben, den Schauspielern Ratschläge zu geben, wie die Handlung weiter gehen soll.

An den offiziellen Theatern stellen sich der Realisierung solcher Ideen einige

Schwierigkeiten entgegen. Wirklich radikale Konsequenzen können auch hier nur am Rande der Institutionen in kleineren Gruppen gezogen werden.

Zu den bedeutsamsten Leistungen auf dem Gebiete des Kindertheaters zählt die Arbeit von Elisabeth GORDING (1971), die im Laufe der Jahre mit mehr als 2500 Kindern Theater, Stegreif, Tanz, Pantomime und Mime praktiziert hat. In ihrem System nimmt das „themenzentrierte" Improvisationsspiel eine besondere Stellung ein. Zu einem vorgegebenen Thema (Feuersbrunst, im Zuge, in der Schule, im Spielzeugladen) improvisieren die Kindergruppen mit dem Ziel der „individuellen Aktivierung und Persönlichkeitsbildung" (1971, 10). Später wird dann auch mit festen theatralischen Formen gearbeitet. GORDINGs Auffassung der Improvisation als Instrument der „Entfaltungsaktivität" steht dem „creative drama for children" (DURLAND 1969) und dem psychodramatischen Kreativitätstraining, wie es unter Verwendung von Puppen seit 1969 von PETZOLD und GEIBEL (1971; *dieses Buch*, GEIBEL 1971) in der Vorschulerziehung betrieben wird[40], nahe. In diesem Ansatz suchen die Kinder gemeinsam ein Thema, das frei improvisiert wird. Sie orientieren sich dabei an ihrem Erlebnisbereich und an den zahlreichen vorhandenen Puppen. Aus diesen Stegreifspielen werden dann oft von den Kindern ganze Stücke spontan gestaltet.

Sehr interessante Experimente sind im Kindertheater des Märkischen Viertels in Berlin durchgeführt worden. Auch sie gehen von dem Grundgedanken aus, daß die Kinder ein Versuchsfeld brauchen, um Fähigkeiten für die Bewältigung ihrer Konflikte auszubilden. Dieses Theater wird von einem Team von Psychologen und Pädagogen beraten. Praktisch geht das Spiel etwa folgendermaßen vor sich: Zunächst wird eine kurze Geschichte mit einem vertrauten Konflikt erzählt. Die Kinder werden in Gruppen eingeteilt und aufgefordert, nach Lösungen zu suchen und diese vorzuspielen. Nicht die Erwachsenen bewerten diese Lösungen, sondern die Kinder korrigieren sich selbst und suchen immer weiter nach besseren Lösungen. Der Text wird frei improvisiert. Die Zuschauer mischen sich mit Fragen ein und veranlassen die Spielenden zu Erklärungen und zu genauerer Darstellung.

Das Beispiel dieses Kindertheaters soll Schule machen. So entschied z. B. die Tagung der Evangelischen Akademie im Dezember 1970 in Hamburg und stellte ein entsprechendes Förderungsprogramm auf. Die Mitspielwelle im Kindertheater wird in verschiedenen Gremien anerkannt und unterstützt. Auf der dritten Generalversammlung der ASSITTEJ in Venedig im Oktober 1970 wurde der Beschluß gefaßt, ein internationales Informationszentrum für die Erfahrungen mit Formen des „creative drama" und der Mitarbeit von Kindern einzurichten.

Es bleibt uns noch, auf das Mitspiel im Theater hinzuweisen, wie es zuerst von GELBER und SPOERRI versucht und dann von PÖRTNER, BUTOR, KNILLI und BREMER weiterentwickelt wurde. In einem Mitspiel erhalten die Zuschauer die Gelegenheit und die Aufgabe, persönlich in das Stück auf der Bühne einzugreifen und das Theater entscheidend mitzugestalten. Auf diese Weise öffnet sich die Bühnenwirklichkeit dem Erfahrungsbereich der Zuschauer, die Rampe wird überwunden und schöpferischen Impulsen ist Raum gegeben. Ein eingehender Bericht über diese Theaterform von Paul PÖRTNER findet sich in *diesem Buch*.

Zusammenfassung und Ausblick

Die vorliegende Studie konnte und wollte nicht mehr beabsichtigen, als einen kursorischen und zuweilen recht fragmentarischen Überblick über die Geschichte psychodramatischer Elemente im Theater zu geben, um an diesem Material Gemeinsamkeiten, Divergenzen und wechselseitige Einflußnahme aufzuzeigen. Dabei wurde deutlich, daß, obgleich psychodramatische Elemente in allen Jahrhunderten mehr oder weniger stark ausgeprägt vorhanden waren, sich erst in den vergangenen Dezennien mit den Experimenten avantgardistischer Regisseure und Theatergruppen eine immer größere Annäherung zu psychodramatischen Strukturen beobachten läßt. In dieser Entwicklung manifestiert sich ein prinzipielles Problem, das sich durch die Geschichte des Theaters bis hin zu den Anfängen literarisch fixierter Dramen verfolgen läßt. Es handelt sich um den Gegensatz zwischen dem aus dem Augenblick geborenen und in einem Situationskontext entstehenden Stegreifspiel und der künstlerisch gestalteten Form eines literarisch festgelegten Theaterstücks. Es ist dieses Dilemma, das — durch die radikalen Postulate MORENOs offengelegt — die gegenwärtige Situation des Ringens um das *„théâtre pur"* kennzeichnet.

Ohne auf das dahinterstehende klassische philosophische Problem des Verhältnisses von Sein und Schein und die Fragen nach den Qualitäten und Dimensionen der Wirklichkeit, die jedes Theaterschaffen immer wieder aufwirft, eingehen zu können, bleibt festzustellen, daß die Bestrebungen des modernen Theaters die *aktive Gegenwärtigkeit* der Teilnehmer fordern. Das Theater muß jeden im Spiel Anwesenden erreichen, für ihn belangvoll sein, in ihm Engagement wecken. MORENO sieht diese Postulate nur dadurch gewährleistet, daß er jeden zum Mitspieler macht. Der Teilnehmer ist der Mitspielende, dessen spontane Kreativität das Spiel im Hier und Jetzt, die „Kunst des Augenblicks" hervorbringt. Für MORENO ist aktive Gegenwärtigkeit immer eine handelnde, die das Hier und Jetzt gestaltet.

In welcher Beziehung steht aber eine solche Kunst des Augenblicks zur Kultur, d. h. aber auch: inwieweit ist der Begriff Kunst auf das im Jetzt für das Jetzt ablaufende Stegreifspiel überhaupt anwendbar — ist Psychodrama Kunst?

MORENO selbst (1923; 1970, XIV) ist der Auffassung, daß höchstens ein Prozent der praktizierenden Psychodramadirektoren „die Qualität, die Spontaneität, das Charisma, die durchdringende Kraft haben, um eine Produktion zu inspirieren, die dasselbe Niveau erreicht wie etwa die Vorführung eines Dramas von Shakespeare oder Ibsen". Es scheint also möglich, daß durch die Kooperation von Direktor und Protagonist — man muß MORENOs Feststellung auf die Protagonisten, ja auf die Gruppe ausweiten — der schöpferische Impuls eine solche durchdringende Klarheit gewinnt, daß er neben seinem Realitätsbezug und der Bindung an eine konkrete Person eine gewisse Eigenwertigkeit erhält — die eines Kunstwerkes —, das den Bestand der Kultur bereichert. Allerdings wäre das nur über eine Medientransposition, etwa durch Film- oder Videoaufzeichnung, also durch „Konservierung" möglich. Das Dilemma zwischen der unwiederholbaren persongebundenen Kunst des Augenblicks und des durch feste Gestaltung eigenwertigen Kunst-Werkes, das in seinen Reaktualisierungen, sei es auf der Bühne oder der Leinwand, die Zuschauer erreicht und sie an einer Illusionswelt teilnehmen läßt, bleibt also bestehen und wird wohl keine Lösung erfahren. Der Realitätsbezug eines gestalteten Kunstwerks wird immer von seinem Inhalt abhängen, der an eine bestimmte Zeit und ein bestimmtes kulturelles Umfeld gebunden ist. Aber ist Realitätsbezug Kriterium für das Maß der inneren, ja der äußeren Beteiligung? Wir glauben, daß die Bejahung des Theaters ein *Bekenntnis zur Illusion* erfordert. Die Welt der Träume, Illusionen, Phantasien und Fantasmen besteht nun einmal in uns und auch in mancher Hinsicht um uns und gerade das Psychodrama wird – besonders in seiner analytischen Form – Ausdruck dieser Welt – es sei nur auf die Techniken der Zukunftsprojektion, des „magic-shop", der „judgement scene" (PETZOLD/LEUTZ 1972) verwiesen. Das literarische Theater als gestaltete Wirklichkeit, festgehaltener Traum, Konkretisierung der Fantasmen, Welt der Illusion und der Phantasie wird, solange es bedeutungsvoll und fesselnd ist, immer seinen Ort haben. Das Theater des Augenblicks muß seinen Ort immer neu gewinnen. Beide Formen des Theaters sind also in der Kultur beständig gegenwärtig und wirksam: das literarische Theater als ein Spiegel der Kultur, als Reaktion auf gesellschaftliche Zustände und dadurch als Mittel zu ihrem Wandel – das Psychodrama als ein Instrument zur Veränderung der Kultur und der Gesellschaft, dadurch, daß das Bewußtsein des einzelnen geweckt und seine Fähigkeit zur eigenschöpferischen Mittätigkeit belebt wird.

Beide Prozesse sind für das Leben der Kultur notwendig: das literarische Theater als schöpferische Leistung eines einzelnen aus der Kultur (und in Reaktion auf sie) für die Kultur, für die anderen – das Theater des Augenblicks als Leistung eines einzelnen und einer Gruppe von Individuen für sich selbst, als Leistung von Menschen, die innerhalb der Kultur stehen und ihr durch ihr schöpferisches Handeln Leben geben. Stegreifspiel ist die Dimension theatralischer Gegenwärtigkeit in der Kultur. Literarisches Theater ist die Dimension theatralischer Vergangenheit in der Kultur, die, in der Inszenierung reaktualisiert, einen mehr oder weniger intensiven Gegenwartscharakter erhält. Beide Formen sind in der Dimension der theatralischen Zukunft der Kultur miteingeschlossen, insofern sie individuelle und gesellschaftliche Veränderung bewirken.

Versuche, beide Formen des Theaters zu verbinden, hat es verschiedentlich gegeben, wenn ihnen auch kein großer Erfolg oder keine Verbreitung beschieden waren. GORKIJs Idee, mit den nach einem Szenarium frei improvisierenden Künstlern im Laufe der Proben ein durchgestaltetes, literarisch fixiertes Stück zu schaffen, hatte sich nicht durchsetzen können, obgleich sie auf Anregung STANISLAVSKIJs von SULERSHIZKIJ und dann besonders von WACHTANGOW aufgenommen wurde. ILJINEs und ZENKOVSKIJs Arbeiten waren auf den pädagogischen und therapeutischen Bereich beschränkt geblieben. Und doch sehen wir gerade in diesen frühen russischen Versuchen einen bedeutenden Ansatz für ein „théâtre pur et total", in dem es keine Zuschauer und Schauspieler mehr gibt, sondern jeder schöpferisch handelt, aber nicht nur als einzelner für sich, sondern in der Gruppe mit der Gruppe, und nicht nur aus dem Augenblick, sondern aus Gegenwart und Vergangenheit für die Zukunft. Diese Konzeption geht über die der „Mitspiele" (PÖRTNER 1971) hinaus, die wie bei GORKIJ ein vorgefaßtes

Szenarium anbieten; denn das Thema wird mit den Zuschauern gemeinsam erarbeitet und das Rahmenstück mit ihnen gemeinsam geschrieben, gespielt, besprochen. Sie sind Autoren, Schauspieler, Kritiker zugleich. Hier wird Theater als Geschehen verstanden, in dem der schöpferische Impuls des Individuums in einen kreativen Gruppenprozeß integriert wird. Er führt zu literarischen und theatralischen Formen, die aufgrund ihres improvisatorischen Elements wieder neue Stoffe bieten, wodurch das Rahmenstück im Verlaufe mehrerer Spielphasen gänzlich umgestaltet wird. Wir haben hier ein Theater, das aus sich selbst beständig neues Theater gebiert und nach einem Ausdruck von PETZOLD zum *„théâtre permanent"* wird.

Wir sehen hier eine Möglichkeit, eine Brücke zwischen der radikalen und für die moderne Theatersituation revolutionierenden Stegreifkonzeption MORENOs, dem Psychodrama und dem literarischen Theater zu schlagen (PETZOLD, ILJINE, SCHMIDT 1971): mit den Zuschauern gemeinsam ein Thema zu erarbeiten, es literarisch als Rahmenstück zu gestalten, zu spielen und aus der Auswertung des Spiels (feedback) wieder zu weiterem Spiel zu finden (PETZOLD, ILJINE, ZENKOVSKIJ 1971, *dieses Buch*).

Das Verhältnis von Psychodrama und Theater stellt sich als ein Beziehungsgefüge theatralischer Elemente dar, die sich in keiner Weise gegenseitig ausschließen, sondern die in mehr oder weniger ausgeprägter Form aufeinander eingewirkt haben. Idealerweise können sie in einem schöpferischen Spannungsverhältnis zueinander stehen. Aus dieser Sicht möchten wir wagen, trotz des in der historischen Überschau zutage getretenen Dilemmas zwischen literarischem und Stegreif-Theater ein Konzept für ein „totales Theater" zu formulieren:

Totales Theater, das ist das schöpferische Handeln jedes Teilnehmers als Autor, Schauspieler und Kritiker, das ist das Spiel „aller mit allen", das ist gemeinsames Ringen um gestaltete Form und ständige Veränderung im Selbst und in der Gesellschaft. Totales Theater ist das Schaffen im Spannungsfeld zwischen Statik und Dynamik.

Anmerkungen

1. Vgl. hierzu MORENO selbst (1959, 104), der auf die grundlegende Bedeutung seiner Philosophie für das Verständnis seines Gesamtwerkes immer wieder hinweist.
2. In diesem Sinne ist der Begriff Dramaturgos dem des Demiurgos synonym und entspricht auch dem Begriff des Leiturgos, des schöpferisch Handelnden (PETZOLD 1970, 1971).
3. Der Begriff der „zwischenmenschlichen Beziehungen" wurde von MORENO in die wissenschaftliche Terminologie eingeführt (cf. WEINER/KNEPLER, *dieses Buch*).
4. An solchen Konzeptionen wären zu nennen: BUBER: das „Du"; KIERKEGAARD: das Ich und die Angst; BERGSON: Intuition und Spontaneität; BERDJAEV: der „schöpferische Akt"; MARCEL: die „Intersubjektivität". MORENO selbst (1959, 103—104) bezieht sich ausdrücklich auf die drei erstgenannten Philosophen.
5. Es sei hier nur an die Mitarbeiter der von MORENO herausgegebenen Zeitschrift DAIMON erinnert, zu denen BUBER, KAFKA, WERFEL, SCHNACK, BROD gehörten.
6. Max REINHARDT, Walter GROPIUS, H. van de VELDE u. a.

7. Den genauen Sinn trifft folgende Übersetzung: „Du aber scheinst mir die *Rolle* des Antaios zu spielen (zu mimen)."
8. Vgl. z. B. TATIANUS, Rede gegen die Griechen, ed. E. SCHWARTZ, Texte und Untersuchungen 4, 1 (1888); ATHENAGORAS, c. 35, ed. SCHWARTZ, TU 4, 2 1891); MINUTIUS FELIX, Dial. Oct. XXXVII, 11, CSEL 2, 1/71 (1867). THEOPHILUS, ad Autolyk. c. 15. CYPRIAN, ad Donat. c. 8; BASILIUS, in hexam. hom. 4, 1; CHRYSOSTOMOS, Contra circenses, ludos, et theatra, Predigt, gehalten am 3. Juli 399 zu Konstantinopel, PG 56, 263—270. Vgl. auch AUGUSTINUS (Civ. Dei I, 32; II, 4, 13, 26), der in seiner Jugend, genauso wie CHRYSOSTOMOS (de sacerd. I, 4) eine ausgesprochene Leidenschaft für das Theater hatte und eine für unseren Zusammenhang interessante Analyse der Vorgänge im Spiel gibt: „Es nahmen die Theateraufführungen meine Sinne gefangen, voll von Bildern meiner Leiden und von Brennstoff für das, was mich verzehrte. Was ist es nur, daß der Mensch dort schmerzlich bewegt werden will, wenn erschütternde Tragödien über die Bretter gehen, während er doch nichts davon am eigenen Leibe erleiden wollte? Und dennoch will er als Zuschauer dabei Schmerz empfinden, und der Schmerz ist's, der seine Lust ausmacht" (Confessiones III, 2). Vgl. zum ganzen G. J. THEOCHARIDIS, Beiträge zur Geschichte des Profantheaters im 4. und 5. Jh., Thessaloniki 1940; VANDENBERGHE, Zeitschr. f. Religions- u. Geistesgesch. Jg. 1955, 34—46.
9. Als Beispiel mag der Mime GENESIUS stehen, der auf der Bühne, statt die Taufe zu parodieren, sich taufen ließ und deshalb hingerichtet wurde. Es handelt sich um eine typische Schauspielerpassio. Vgl. S. CAVALLIN, Eranos Lostedtianus (Göteborg 1945) 150—175; W. MOSTET, E. STENGEK, L'histoire et la vie de s. Genis, Marburg 1895. B. v. d. LANGE, Studien zur Genesiuslegende, Berlin 1898, 1899.
10. Vita des ANDREAS SALOS, Boll. Acta Sanct. Maii die 28 tom. VI (PG 111, 621—688). Sc. I, 6 S. 1676; Sc. V, 31 S. 1709; Sc. XI, 62 S. 1746 etc.
11. So das Gauklerpaar, das Johannes von Ephesus in c. 52 seiner Sammlung beschreibt. Pat. Or. 19, 164.
12. Historia Mauricii, ed. C. de BOOR, Leipzig 1887.
13. Vgl. H. U. v. BALTHASAR (1961).
14. Man könnte hier Parallelen zu den psychodramatischen Techniken der Zukunfts- und Vergangenheitsprojektion (PETZOLD/LEUTZ 1972) ziehen; vgl. auch MORENO (1971, *dieses Buch*).
15. Vgl. die Bühnenanweisung eines Innsbrucker Spiels. Es werden Boten um das ganze Erdenrund gesandt werden: „Et sic nuntius currit hinc et inde in circulo" (KINDERMANN I, 279).
16. Hier sei besonders auf die gründliche Studie über die Veränderung der Raumverhältnisse im Theater von D. FREY (1946) verwiesen. In dem Aufsatz „Zuschauer und Bühne" stellt FREY sehr eingehend die Konsequenzen, die daraus für das Theatererlebnis entstanden, dar.
17. Zitiert nach KINDERMANN, Bd. II, 303.
18. Vgl. hierzu besonders ALEWYN (1952).
19. Eine geschichtliche Darstellung der Idee vom Welttheater findet sich in dem Aufsatz von E. R. CURTIUS (1969).
20. Zitiert nach CALDERON, List T., München 1961, 389.
21. A. SCHÖNE, Das Zeitalter des Barock, Texte und Zeugnisse. Die deutsche Literatur, 2. Aufl. München 1968, 1885.
22. Vgl. SCHÜTZENBERGER (1966). Die erhaltenen Texte sind bei D. ANZIEU, Le psychodrame chez l'enfant, Paris 1956, wiedergegeben.
23. Im Verlauf des 19. Jh. tauchten andere Varianten des Verkaufs eines Bestandteiles der Persönlichkeit auf: als verkaufter Schlaf (F. Brunold, d. i. A. F. MAYER, Wald-

geist, 1845), als verkaufter Appetit (A. v. UNGERN-STERNBERG, Die Erzählung des dicken Herrn, 1847), als verkaufter Name (K. SPINDLER, Der Mann ohne Namen, 1833). Weitere Beispiele finden sich bei E. FRENZEL, Stoffe der Weltliteratur, Stuttgart 1970.

24. Bezeichnend für REINHARDTs Versuch, die Zuschauer in die Welt der Bühne einzubeziehen, ist die Ausbreitung der Kulissen im ganzen Raum. D. FREY (1946) berichtet von einer Aufführung von Hoffmanns Erzählungen, in der der ganze Zuschauerraum als Alt-Berlin ausgestaltet war. REINHARDT forderte: „Man muß (dem Zuschauer) die Suggestion aufoktroyieren, daß er in innigem Zusammenhang mit dem, was auf der Bühne vorgeht, steht ..." Hier wird der Unterschied zu MORENOs Konzeption des aktiven Zuschauers ganz deutlich.
25. Andere Entwürfe siehe bei PÖRTNER, *(dieses Buch)*.
26. Das Spannungsverhältnis im Schauspieler zwischen dem Ich seiner Person und der Rolle seiner Erscheinung ist als Problem sehr alt. Seine berühmteste Darstellung findet sich in einer Schrift von Denis DIDEROT, „Über das Paradox des Komoedianten". Der Autor schildert dort die beiden Extremfälle: den empfindsamen Schauspieler, der sich vollkommen identifiziert und der vor allem sich selbst erlebt, und den kühlen Schauspieler, der bewußt nachahmt und sich dabei mit innerer Distanz beobachtet. DIDEROT selbst war der Meinung, daß es kein gewisseres Mittel gäbe, dürftig und armselig aufzutreten, als wenn man seinen eigenen Charakter spiele. Das gab den Anstoß zu einer Jahrhunderte währenden Diskussion. MORENO gibt dem ersten Schauspielertypus den Vorzug, kann den zweiten im Psychodrama aber nicht entbehren. Die Distanz zum Gespielten stellt er in der nachträglichen Auseinandersetzung her.
27. Zitiert nach RÜHLE, 1963, 90.
28. Zitiert nach KINDERMANN, IX, 195.
29. Siehe dazu das ausführliche Literaturverzeichnis bei KINDERMANN, IX, 717 f.
30. Vergl. hierzu die Antwort MORENOs an FREUD: „Sie analysieren die Träume der Menschen, ich aber gebe ihnen den Mut, wieder träumen zu können und lehre sie, Gott zu spielen." (MORENO, 1970, 6).
31. K. VÖLKER, Die Herausforderung Brechts, Th. H. 10 (1970) 35.
32. Zitiert nach F. HALTINGER, Gibt es eine Methode? Bericht über das Actor's Studio, in: Th. H. 9 (1966) 27.
33. J. SCHMIDT, Theater links und rechts vom Broadway, Th. H. 2 (1970). 31—32. In diesem Artikel finden sich weitere für unseren Zusammenhang interessante Beispiele.
34. W. SCHULZ-KEIL, Theater als Taufe, Th. H. 9 (1969) 30. Siehe auch hier weitere Beispiele.
35. W. SCHULZ-KEIL, Das Spielhaus der Narren und andere Truppen: Spielformen des amerikanischen Untergrundtheaters, Th. H. 8 (1970). 20—25. Siehe auch hier weitere Beispiele.
36. Berichte von SCHULZ-KEIL, 1970.
37. Vgl. hierzu M. SCHEDLER, Sieben Thesen zum Theater für sehr junge Zuschauer, Th. H., 8 (1969) 34; EBERT-VOLKHARD, Theater mit Kindern im Märkischen Viertel Berlin, Th. H. 4 (1970). Kindertheater, Folgerungen in Marl, Th. H. 12 (1970) 61.
38. Abgedruckt in Th. H. 8 (1969) 31—33.
39. SCHEDLER 1969, a. a. O., setzt sich in seinem Artikel ausführlich mit einer Reihe von seiner Meinung nach völlig unzulänglichen Erneuerungsversuchen auseinander.
40. Vgl. die Programme der von PETZOLD geleiteten Volkshochschulen der Stadt Meerbusch und der Gemeinde Büttgen, Jg. 1969—1971, besonders Arbeitsplan Frühjahr/Sommer 1970, 32—33; Arbeitsplan Büttgen, Herbst/Winter 1971, 18—19.

Literaturverzeichnis

ALEWYN, R., Vom Geist des Barocktheaters, in: Festschr. F. Strich, Bern 1952.

ARTAUD, A., Le théâtre et son double, Paris 1964 (1. Aufl. 1938; dtsch. Ausg. Frkf. a. M. 1969).

ASKEW, N. W., Classical tragedy and psychotherapeutic catharsis, *Psycho-anal. Rev.* 47, 3 (1960) 116—123.

— Catharsis and modern tragedy, *Psycho-anal. Rev.* 48, 3 (1961) 81—88.

BALTHARSAR, H. U. v., Kosmische Liturgie, Einsiedeln 1961.

BARRUCAND, D., La catharsis dans le théâtre, la psychoanalyse et la psychothérapie de groupe, Paris 1970.

BEARE, W., The Roman Stage, London 1955².

BECKER, J., VOSTELL, W., Happenings, Hamburg 1965.

BENJAMIN, W., Das Theater als die vergängliche Kunst ist die kindliche, *Theater Heute* 8 (1969) 31—33.

BENTLEY, E., Das lebendige Drama, Velber 1967.

BENZ, E., Heilige Narrheit, *Kyrios* III, 1/2 (1938) 1—55.

BERG, J., Grotowskis Schauspielertheorie, *Diskurs* 1 (1971).

BEUTLER, E., Die Comedia Bile, ein antiker Mimus bei den Gauklern des 15. Jh., *Germ. Rom. Monatsschr.* XIV (1926) 81.

BINER, P., Le Living théâtre, Lausanne, 1968.

BRINKMANN, A., Liturgische und volkstümliche Formen im geistlichen Spiel des deutschen M. A., Münster 1932.

BROOK, P., Der leere Raum, Möglichkeiten des heutigen Theaters, Hamburg, 1970.

CASEL, O., Das christliche Kultmysterium, Regensburg 1960.

CHAMBERS, E. K., The Medieval Stage, Oxford 1903.

CLARK, B. H., European Theories of the Drama, New York 1947.

COPEAU, J., Le théâtre populaire, Paris 1941.

COTTAS, N., Le théâtre à Byzance, Paris 1931.

CRAIG, G., The Theatre Advancing, London 1921.

CURTIUS, E. R., Welttheater — Zur Geschichte einer Idee, *Areopag* IV, 4 (1969) 241—49 (unter dem Titel „Schauspielmetaphern", auch abgedruckt in: Europäische Literatur und Lateinisches Mittelalter).

DIATKINE, R., GILLIBERT, J., Psychodrame et théâtre, *Esprit* 5 (1965) 931—42.

DIDEROT, D., Le paradoxe du comédien, De la poésie dramatique, Oeuvres, Paris 1951 (1. Publ. 1830).

DIENER, G., Goethes „Lila", Frankfurt a. M. 1971.

DRACOULIDES, N., Psychoanalyse d'Aristophane, Paris 1958.

DULLIN, Ch., Ce sont les Dieux qu'il nous faut, Edition établie et annotée par Ch. Charras, Paris 1969.

DUVIGNAUD, J., Sociologie du théâtre, Paris 1965.

EBERT-VOLKHARDT, Theater mit Kindern im Märkischen Viertel Berlin, *Theater Heute* 4 (1970).

ELSE, G. F., The origin of ΤΡΑΓΩΙΔΙΑ, *Hermes* 85 (1957) 17 ff.

FANCHETTE, J., Hamlet au coeur même de la catharsis shakespearienne, *Ann. Méd. Psychol.*, 127, 3 (1969) 369—374.

— Psychodrame Thérapeutique et Théâtre Moderne, Paris 1971 (im Druck).

FERENCZI, S., Lampenfieber und narzistische Selbstbeobachtung, in: Bausteine Bd. III (1964) 55, Bern.

FRENZEL, E., Stoffe der Weltliteratur, Stuttgart 1970.

FREUD, S., Psychopathic Characters on the stage, *The Psychoanalytic Quarterly*, 11 (1942) 459—64.

FREY, D., Kunstwissenschaftliche Grundfragen, Wien 1946.

GEIBEL, Ch., Psychologische Gruppenarbeit mit Kindern im Rahmen der Volkshochschule, *Volkshochschule im Westen*, Jg. 1971.

GORDING, E., Dramatisches Spiel. Von kindlicher Improvisation zum Jugendtheater, Stadthagen 1971.

GREEN, A., Un oeil en trop. Le complexe d'Oedipe dans la tragédie, Paris 1969.

GROTOWSKI, J., Vers un théâtre pauvre, Lausanne 1969; dtsch. bei Friedrich Velber 1970.

GUILHOT, J., Histoire des spectacles, Encyclopédie de la Pléïade, Paris 1965.

GUARDINI, R., Vom Geist der Liturgie, Freiburg 1918.

HALTINER, F., Gibt es eine Methode? Bericht über das Actor's Studio, *Theater Heute* 9 (1966) 27.

HARTL, E., Das Drama des M. A., Leipzig 1937.

HOFFBAUER, J. Ch., Untersuchungen über die Krankheiten der Seele und die verwandten Zustände, 3. Bd.: Psychologische Untersuchungen über den Wahnsinn, die übrigen Arten der Verrückung und die Behandlung derselben, Halle 1807.

— REIL, J. Ch., Beiträge zur Beförderung einer Kurmethode auf psychischem Wege. Halle 1808—12.

HUIZINGA, J., Homo ludens, Harlem 1938.

JEANMAIRE, H., Dionysios, Histoire du culte de Bacchus, Paris, 1951.

JUNGMANN, J. A., The Early Liturgy, Notre Dame 1959.

KELLY, G., The Psychology of Personal Constructs, New York 1955.

KESTING, M., Panorama des zeitgenössischen Theaters, München 1962.

KINDERMANN, H., Theatergeschichte Europas, Bd. I—IX, 1957 — 70.

KOURETAS, D., Aspects modernes de cures psychothérapiques pratiquées dans les sanctuaires de la Gréce antique, *Rev. fr. psychanal.* 26, 2—3 (1962) 299—309.

KROCH, Th., Eldere Dansk Teater, Kopenhagen 1940.

KUMBATOVIČ, F. K., Das Theater der Renaissance in Dalmatien, Maske und Kothurn, Jg. 1959.

LA PIANA, G., Le Rappresentazione Sacre nella Litteratura Bizantina dalle Original al Seculo IX, Grottaferrata 1912.

LESKY, A., in: *Speculum, A Journal of Medieval Studies* 11 (1936). Die tragische Dichtung der Hellenen, Göttingen 1956.

LEUTZ, G., Vom kindlichen Spiel zum Psychodrama, *Schweizer Theater-Jahrbuch* XXXIII (1967).

LOTZOVINA, V., Dalmacija u Hrvatskoj Kujizevnosti (800—1890), Zagreb 1936.

MARCEL, G., Die psychagogische Kraft des Theaters, *dieses Buch.*

MELCHINGER, S., Theater der Gegenwart, Frankfurt a. M. 1956.

TARRAB, G., Le Happening: essai d'étude psychosociologique, *Revue d'Histoire de*

MICHAUT, G., Histoire de la Comédie romaine, Paris 1912.

MIERLO, J. v., De Prioriteit von Elckerlije tegenover Everyman gehandhaafd, Turnhout 1948.

MORENO, J. L., Königsroman, Kiepenheuer, Potsdam 1923.

— Das Stegreiftheater, Kiepenheuer, Potsdam 1923, 2. Aufl. Beacon 1970.

— Gruppenpsychotherapie und Psychodrama, Thieme, Stuttgart 1959.

— Psychodrama, Vol. I, Beacon 1970[4].

— Goethe, the leading precursor of psychodrama in Europe, Paper on the Sixth International Congress for Psychodrama and Sociodrama, Amsterdam, 22.—27. August 1971.

— Comments on Goethe and Psychodrama, *Group Psychotherapy and Psychodrama* XXIV, 1/2 (1971) 14—16.

— Zur Funktion der Universalia Zeit, Raum, Wirklichkeit und Kosmos in der Psychotherapie, *dieses Buch.*

MORENO, Z., Beyond Aristotle, Breuer and Freud: Moreno's contribution to the concept of Catharsis, *Group Psychotherapy* XXIV, 1/2 (1971) 34—43.

NIETZSCHE, F., Die Geburt der Tragödie, Goldmann T, München 1959.

OLIVIERI, G., Framenti della commedia greca et del mimo nella Magna Graecia, 1930.

PAPANOUTSOS, E. P., La catharsis des passions d'après Aristotle, *Coll. Inst. Français d'Athènes,* Athen 1953.

PETZOLD, H., Das Osterfest in der orthodoxen Kirche, *Stimme der Gemeinde* 8 (1967) 263.

— Gottes Heilige Narren, *Hochland* 2 (1968) 97—109.

— Die altdeutsche Predigt als geschriebenes und gesprochenes Wort, *Theologie und Philosophie,* 2 (1969) 196—232.

— Die eschatologische Dimension der Liturgie, *Kyrios* 4 (1971).

— Eschatologie und Anthropologie, Diss. Paris 1970.

— GEIBEL, Ch., Psychodrama und Puppenspiel in der vorschulischen Erziehung, 1971, *dieses Buch.*

— ZENKOVSKIJ, B., ILJINE, V. N., Das didaktische Thater in der schulischen Erziehung, 1971, *dieses Buch.*

— ILJINE, V. N., SCHMIDT, I., Didaktisches „théâtre permanent" in der Erwachsenenbildung, *Volkshochschule im Westen* Jg. 1971.

PINEL, Ph., Traité medico-philosophique sur l'aliénation mentale, Paris 1801.

PLEBE, A., La nascita del comico nella vita e nell'arte degli antchi Greci, Bari 1956.

PÖRTNER, P., Experiment Theater, Zürich 1960.

— Psychodrama: Theater der Spontaneität, *Theater Heute* 9 (1967) 13.

— Moreno und das moderne Theater, 1971, *dieses Buch.*

RANK, O., FERENCZI, S., The development of Psychoanalysis, New York 1925.

REICH, H., Der Mimus, Berlin 1903.

REIL, J. Ch., Rhapsodien, Über die Anwendung der psychischen Curmethode auf Geisteszerrüttungen, Halle 1803.

— Entwurf einer allgemeinen Pathologie, 3 Bd. Halle 1816.

RISCHBIETER, H., Theater im Umbruch, dtv.-report, München 1970.

RÜHLE, J., Theater und Revolution, dtv, München 1963.

SCHEDLER, M., Sieben Thesen zum Theater für sehr junge Zuschauer, *Theater Heute* 8 (1969) 34.

SCHMIDT, J., Theater links und rechts vom Broadway, *Theater Heute* 2 (1970) 31—32.

SCHRECKENBERG, H., Drama. Vom Werden der griechischen Tragödie aus dem Tanz, Würzburg 1960.

SCHULZ-KEIL, W., Theater als Taufe, *Theater Heute* 9 (1969) 30.

— Das Spielhaus der Narren und andere Truppen: Spielformen des amerikanischen Untergrundtheaters, *Theater Heute* 8 (1970) 20—25.

SCHÜTZENBERGER, A. A., Marquis de Sade, a French Precursor of Psychodrama, *Group Psychotherapy* XIX, 1/2 (1966) 46—48.

SIEPER, J., Das Mysterium des Kreuzes in der Typologie der alten Kirche, *Kyrios* 1 (1969) 1—30.

SNELL, B., Aischylos und das Handeln im Drama, *Philol. Supp.* 20 (1928) 1.

— Das Bewußtsein von den eigenen Entscheidungen, *Philol.* 85 (1930) 141.

STANISLAVSKIJ, C., Ma vie dans l'art, Paris 1953.

— La construction du personnage, Paris 1966.

SZONDI, P., Theorie des modernen Dramas, Suhrkamp, Frankfurt 1969.

TARRAB, G., Le Happening: essai d'étude psychosociologique, *Revue d'Histoire de Théâtre*, Numéro spécial 1 (1968).
— Happenings et psychodrames, *Bull. Psychol* XXIII, 13—16 (1969/70) 915—922.
TEMKINE, R., Grotowski, Lausanne 1968.
VILLIERS, A., La psychologie de l'art dramatique, Paris 1951.
VÖLKER, K., Die Herausforderung Brecht, *Theater Heute* 10 (1970) 35.

---

* (Nachtrag): In GRIMMELSHAUSENs „Simplizissimus" (1669) findet sich im II. Buch, 13. Kapitel berichtet, daß Simplicius, von seinem Herren zum *Narren* bestimmt, in einem Himmel-Hölle-Spiel fast gänzlich um den Verstand zu kommen droht. In dieser Situation rät ein Pfarrer dem Feldherrn: Vielleicht ließe sich Simplicius wieder zurück verwandeln... Er habe gelesen (und das hat GRIMMELSHAUSEN sicherlich, denn die Beispiele wirken ganz literaturentnommen), wie jemand, der sich für einen Geist hielt und nichts mehr aß, geheilt worden sei. *„eyn anderer vermeynete nichts anders / als seye er bereits gestorben / und wandere als eyn Geist herumb / ... bis endlich ein kluger Arzt zween Kerle anstellete, die sich auch vor Geister ausgaben ... und ihn überredeten / daß jetziger Zeit die Geister auch zu essen und zu trinken pflegten / wodurch er dann wieder zu recht gebracht worden."* Vgl. Kapitel 14 wie Simplicius verwandelt werden soll.

Moreno und das moderne Theater

Paul Pörtner, Zürich

Die Psychodrama-Konzeption Jakob Levy Morenos verleugnet nicht ihre Herkunft aus den frühen Stegreiftheaterexperimenten (Wien 1919–24), aber obwohl eine spezielle Form des Impromptu-Theaters sich über die amerikanischen Versuche der Dreißiger Jahre (1) bis heute erhalten hat (im Moreno-Institut, New York), kann man noch nicht von einem „Psychodrama-Theater" sprechen, eher von einer Anti-These Psychodrama zu den Konzepten des bestehenden Theaters. Das will aber nicht heißen, daß die – außerhalb des Theaters entwickelten – Psychodrama-Methoden nicht für eine Erneuerung des stagnierenden Theaters, das in der heute üblichen Form jede Spontaneität ausschließt, verwendet werden könnten. Einige Ansätze weisen in diese Richtung einer Aktualisierung des therapeutischen Theaters (Ewreinow, Artaud, Grotowski, das Living Theatre, das Happening, das Mitspiel u. a.). Morenos bedeutender Aufsatz – in diesem Zusammenhang müßte präzise von „Soziodrama" gesprochen werden – ist kein vereinzelter Versuch gewesen, sondern stand und steht in einer umfassenden Bestrebung, die von einer Rückbesinnung auf die Ursprünge des Theatralischen, über Neuentdeckungen des „Theaters im Leben", des homo ludens, der vielfältigen Spielformen des Volkstheaters, des Kindertheaters zu einem „lebendigen Theater", zu einem „Theater der Spontaneität" kommen will. Da diese Richtung des modernen Theaters noch nicht in ihren mannigfachen Wechselbeziehungen dargestellt worden ist, kann ich im folgenden nur einige Hinweise geben, um Morenos wichtigen Anteil in diesen größeren Plan einzuordnen und die Wirkungslinien aufzuzeigen.

Moreno hat dies Frühstadium des Psychodramas in Wien 1911–24 mehrfach beschrieben (2). Es ist aber selbst für einen Leser, der alle die verschiedenen Versionen kennt, schwierig, die Grundzüge dieser Experimente zu erkennen.

Der Anfang wird mit Kindern gemacht, die in Wiener Gärten spielen. Ob nun Moreno – damals noch Student, ein Zwanzigjähriger mit Vollbart – aus der Beobachtung der Kinderspiele die Grundrisse des heilenden Spiels gewann (Identität von Leben und Spiel) oder ob eine aktive Spiel-Leitung erst die Grundform des „Théatre immédiat" schuf, bleibt eine offene Frage.

„Der Erzähler beginnt. Rasch ordnen sich die Kinder um ihn: er ist in der Mitte. Wir haben das Urbild des Theaters vor uns." (3)

In seinem „Königsroman" (4) schildert Moreno die Königs-Spiele, die er im „Königreich" der Kinder initiierte. Bezeichnend ist der erhöhte Ort, von dem aus er agierte: einmal war es eine Steinlinde, dann eine riesige Eiche, einmal saß Moreno allen unsichtbar auf einem hohen Ast und ließ nur seine Stimme erschallen, dann wählte er einen dicken Ast – immerhin zwanzig Fuß über der Erde –, allen sichtbar.

Nur am Rande vermerkt: das erste kindliche Psychodrama, das Moreno als Vierjähriger selbst spielte, handelte auch von einem hohen Ort: hochgestapelten Stühlen, von denen der selbsternannte Kind-Gott Moreno seine divinatorische Macht erweisen wollte, als er – getreu dem spielerischen Ansatz: Ich bin Gott, also kann ich auch fliegen, wenn ich will – herabflog und sich den Arm brach. Diese Ermutigung für jeden Mitspieler: Gott zu spielen, hat eine fatale Seite, ebenso wie die Aufforderung zum Königsein. Der junge Moreno begann seine Königsspiele mit Kindern, indem er ihnen neue Namen gab, eine neue Zeitrechnung einführte, Königsmärchen erzählte, in denen die Großen in Kinder verwandelt werden und die Kinder in Große, um diese (Eltern) zu belehren, was man ißt, wieviel man spricht, wielange man schläft. Erst als Moreno seine kleinen Zuhörer aufforderte, sich neue Eltern zu wählen, kam er in Konflikt mit den „Oberlehrern", die ihm Verführung der Kinder zum Ungehorsam vorwarfen: obwohl die Kinder, die auszogen, um sich neue Eltern zu suchen, schließlich doch ihre alten Eltern wählten und in dieser Wahl die Wahllosigkeit des Geborenseins, der Zugehörigkeit tilgten.

Es ist nicht als Schrulle oder Absonderlichkeit anzusehen, daß Moreno zuerst mit Kindern spielte und das kindliche Spiel zum Vorbild des heilenden Spiels nahm. Die Neuorientierung der Kunst und Literatur um 1910 stand im Zeichen einer Neuentdeckung der Kindlichkeit (5); erst im weiteren Umkreis entsteht mit dieser wesentlichen Umwertung die neue Sicht der Kunst der Primitiven, der Volkskunst und der Kunst der Geisteskranken. Es ist diese bedeutende Wende zu beachten, wenn die Maßgabe des Kinderspiels – die übrigens heute wieder in den Mittelpunkt der Theaterexperimente rückt – richtig verstanden werden soll: es ist nicht die romantische Verherrlichung der „heilen" kindlichen Welt gemeint, sondern das Modell des Lebensspiels, also: der engen und echten Wechselbeziehung zwischen Fiktion und Realität, Spiel und Leben. In dieser Hinsicht ist auch Morenos frühes Manifest „Die Gottheit als Komödiant" aufschlußreich, das den Untertitel „Kinderbühne 1911" trägt (6). Hier wird der Rückgang auf das ursprüngliche Theater gefordert, eine radikale Vernichtung aller bisherigen Mittel des Theaters, „Verdammnis der gesamten Maschinerie", auch Tilgung der Bestandteile „Schauspieler, Zuschauer, Dichter". Was bleibt? Das Chaos. Und was soll werden? Das vollkommene Drama, dessen Held der identische Mensch ist, verkündet der ICH-Gott in Morenos Dialog mit dem Dichter, der übrigens auch abgeschafft werden soll. „Ausräumung aller nicht praktizierenden Bewußtseinsbestände" zugunsten einer Praxis, die ihre Beziehungen im Raum darstellt: Erlebnislagen, Vollziehungen, Begegnungslagen schafft – ohne Umweg über das Wort.

In diesem frühen, von Prophetengestus bestimmten Text ist ein Ansatz radikalisiert, der im frühexpressionistischen Drama thematisiert worden war: in Alfred Döblins Farce „Lydia und Mäxchen" (1906) und in Oskar Kokoschkas „Sphinx und Strohmann" (1907). Die demonstrative Abkehr vom Literatur-Theater führt zu einer Vertreibung des Dichters von der Bühne, einer Entfesselung der Bühnenmittel und -gegenstände, zu einer Selbstvernichtung der Szenerie, zur Wiederherstellung des ursprünglichen Chaos. Die bis heute perpetuierte Verzweiflung der Theaterautoren über die Unbrauchbarkeit der Bühnenmittel (zuletzt in vielen Varianten demonstriert auf der „Experimenta 4" in Frankfurt am Main 1971) führt zu einer Infragestellung der Handlung durch die Handlung und einer Vernichtung der Bühnenmittel durch die Bühnenmittel, also einer mehr oder weniger effektvollen Destruktion der traditionellen Bestandteile einer Aufführung. Um Morenos Worte zu zitieren: „Das historische Theater ist Totendienst, Auferstehungskult" (7). Morenos zweiter Schritt zu einer konstruktiven Lösung, die auf ein „synthetisches Psychodrama" (8) ausgeht, war die Gründung eines eigenen Stegreiftheaters in der Maysedergasse 2, nahe der Wiener Oper. Er berichtet selbst in einer „Rede vor dem Richter" (9): „Im Saale des Stegreiftheaters war ich im Jahre neunzehnhundertdreiundzwanzig bemüht, eine Art Gesellschaftsspiel mit Erwachsenen zu proben — eine Erinnerung an Hunderte von Kindern, welche sich in der Zeit vor dem Krieg auf diese herrliche Weise in öffentlichen Gärten zu ergötzen wußten. Reden und Gespräche fanden statt, welche als ihre geringste Folge die Idee des Theaters darlegten." Hier ist also die unmittelbare Beziehung von Kinderspiel und Gesellschaftsspiel benannt und der bescheidene Ansatz beim Reden, bei Gesprächen: bei der „Einladung zu einer Begegnung", die selten ist und kaum provoziert werden kann. Moreno hat in seinem „Königsroman" und seinem Stegreiftheaterbuch das Material dieser frühen Theatererfahrungen verarbeitet, aber in einem dichterischen überhöhten Stil, der nur selten faktische Details erkennen läßt, die für eine theatergeschichtliche Untersuchung erst herausgeschält werden müssen. Wie das Stegreiftheater Morenos aussah, ist aus zeitgenössischen Kritiken zu rekonstruieren (10).

Ein kleiner Theatersaal. Die Stühle stehen locker, ungeordnet herum. Das Publikum nimmt Platz, wo es will; zwanglos lockere Formation. Die Bühne enthält einige Versatzstücke zur Markierung von Spielorten: Tische, Stühle, Wandschirm u. a. Moreno fordert das Publikum auf, Themen für die Stegreifspiele vorzuschlagen und selbst mitzuspielen. (Zu den Gästen gehörten übrigens einige Berufsschauspieler wie Peter Lorre, Elisabeth Bergner, ja sogar Alexander Moissi, und Autoren wie Georg Kaiser, Franz Theodor Csokor, Arthur Schnitzler, Bela Balasz, F. T. Marinetti.)

Die Stegreifhandlungen (z. B. „Mörder aus Angst", „Die Blinden", „Die Bärte") (11) werden zwischen Spielleiter und Spielern besprochen, in Motive zerlegt, Koordinaten bestimmt, Rollen verteilt. Die Spielzeit wird in einem Diagramm festgelegt. Die Spieler schminken sich, legen Kostüme oder Markierungen von Kostümen an, eventuell wird das Bühnenbild vor den Augen des Publikums durch Kulissen oder Versatzstücke hergestellt und im Verlaufe des Spiels verändert.

Der Regisseur des Stegreifspiels stellt den Kontakt von Bühne und Publikum her. Er handelt sub specie momenti, d. h. er greift notfalls in die Handlung ein. Er hat Reservespieler bereit, die er in gefährlichen Situationen auf die Bühne schickt, er gibt das Schlußsignal, wenn es nötig ist, ein rasches Ende zu machen (oder er schickt den „Schlußspieler" heraus). Er kann auch am Höhepunkt des

Spiels vor die Rampe treten und das Publikum fragen, ob es eine komische oder tragische Lösung wünscht.

„Der Stegreifregisseur muß ebenso wie die Spieler von Augenblick zu Augenblick seine Entscheidung fällen. Er muß immer wach sein, sprungbereit, auf der Lauer, Fehler wiedergutzumachen und Ideen ins Spiel zu werfen." (11) Moreno zieht selbst die Bilanz seiner Versuchsbühne: „Als sich eine überwiegende Anzahl mißlungener Versuche selbst im Zusammenspiel geeigneter Schauspieler zeigte, mußte die primitive Vorstellung des Stegreifspiels einer Kritik unterzogen werden. Wo sitzt der Haken? Warum vermag ein Schauspieler ein Motiv unter bestimmten Umständen zu erfüllen, wogegen er bei scheinbar geringfügiger Änderung der Spielerzahl, des Motivs und des Schauplatzes versagt? Der Instinkt reicht im Stegreifvortrag des Einzelnen aus. Das Zusammenspiel ist ein Gesellschaftsproblem." (11)

Das ist eine der Grundregel jedes Stegreifspiels, die der bisherigen Technik des Schauspielers fremd ist: aus dem Zuhören spielen, den anderen ausreden lassen, aufnehmen, was der andere macht, auf ihn reagieren, statt nur aus seinem Rollenhorizont zu agieren. Das war auch die Lehre aus meinen eigenen Experimenten mit Stegreifspielen („Stücke, deren Ablauf nicht festgelegt ist", Ulm 1962): diese entspannte und souveräne Spielverfassung zu erreichen, die offen ist für das Umweltgeschehen, offen für das, was andere tun und reden, sich einläßt auf ein geistesgegenwärtiges Reagieren, das dem Agieren vorausgeht. Jeweils die angemessene Antwort finden auf eine sich stets verändernde, immer neue und überraschende Situation oder Konstellation, das ist nur möglich, wenn Spontaneität im Spiel geweckt wird. Soweit sich das nach den Scenarios in Morenos Stegreifbuch beurteilen läßt, waren die Spiele zu sehr an Theaterhandlungen, Fabeln, literarischen Motiven orientiert, um die Mitspieler echt beteiligen zu können. Erst wenn persönliche Erfahrungen, Anliegen, Wünsche, Strebungen, Emotionen ins Spiel eingebracht werden, wird das Spiel ernst: erst wenn etwas für die Spieler auf dem Spiel steht, das sie selbst, auch in ihrem Leben, betrifft, über das Spiel hinaus Gültigkeit hat, erst dann wird das Spiel spannend und lebendig, dann ist es kein bloßes unverbindliches Spiel mehr, dann ist es sinnvoll für alle Beteiligten. Dieser „existentielle Rapport des Darstellers zum Dargestellten" (Moreno) ist eine Grundbedingung des gesamten modernen Stegreiftheaters. Und hier läßt sich ganz deutlich eine Fehleinschätzung der Methoden Stanislawskis und Grotowskis zeigen: Moreno beurteilt diese gründlichen Reformer der Schauspielkunst nur unter dem Aspekt der Bindung an geschriebene Texte, vorgegebene Rollen, in denen der Schauspieler nicht er selbst ist, sondern sein Selbst aufgibt zugunsten des vom Autor geschaffenen Rollenwesens. Dieser Selbstaufgabe und Selbstverleugnung des Schauspielers setzt Moreno die Selbsterfüllung und Selbstverwirklichung des Psychodrama-Spielers entgegen. Dieser Gegensatz trifft aber nur für eine besondere Unart der schlechten, allerdings heute sehr weit verbreiteten Art des Schauspielens zu, die gerade von Stanislawski und Grotowski bekämpft wird. Der Rollenumriß, der vom Autor dem Schauspieler vorgegeben wird, läßt immer Kreativität der Verkörperung zu und erlaubt dem selbstbewußten Schauspieler eine Selbstdarstellung, die ebenso wahrhaftig und spontan sein kann wie eine Psychodrama-Darstellung.

„Die Rolle muß als Absprungbasis betrachtet werden, als ein Instrument, mit dem das, was sich hinter der Alltagsmaske verbirgt, untersucht werden kann – der innerste Kern der Persönlichkeit – damit er geopfert, bloßgelegt werden kann." (12)

Wenn Moreno den Dichter-Schauspieler fordert, der seine Einfälle rasch verkörpern kann, dann trifft er sich in diesem Punkt mit Stanislawski, dessen „Methode" auf eine Re-aktivierung der schöpferischen Kräfte im Darsteller zielt und die noch unentwickelten dichterischen Fähigkeiten fördern will zugleich mit den körperlichen Prozessen. Wenn Moreno statt Rollenstudium Freiübungen für die Schauspieler fordert, eine gleichzeitige Schulung der Geistesgegenwart wie der Körpergegenwart (der instrumentalen Beherrschung aller körperlichen Mittel), so könnte er keinen besseren Verbündeten finden als Stanislawski. Er hat als einziger die Mittel vorbereitet, die geeignet sind, die Klischees und Schablonen abzubauen, die den Schauspieler hindern, zu sich selbst zu finden, und er hat eine Vielfalt an Trainingsmethoden erfunden, um Kreativität und Spontaneität zu wecken. Allerdings muß gesagt werden, daß die Anwendung der Stanislawski-Methode in den Schauspielschulen weit hinter dem zurückbleibt, was Stanislawski eben nicht als „System", sondern als Vorbild und Vorschlag entwickelt hat. Aber zumindest in Jerzy Grotowski hat Stanislawski einen Schüler gefunden, der diesen Ansatz weiterführte: in Richtung auf das, was Moreno – aus einer ganz anderen Sicht – Psychodrama nennt. Nur wenige Zitate mögen das belegen: „Ich glaube, der Schauspieler, dem Disziplin und Spontaneität fehlen, ist zu keinem wahrhaftigen schöpferischen Prozeß fähig. Meyerhold gründete sein Werk auf Disziplin und äußere Form, Stanislawski auf die Spontaneität des täglichen Lebens. Tatsächlich sind das die beiden komplementären Aspekte des schöpferischen Vorgangs." „Was verstehen Sie unter dem ‚totalen Akt' des Schauspielers?" „... Dieser Akt bedeutet, sich innerlich bloßzulegen, sich die Alltagsmaske abzureißen, sich zu entäußern ... ich meine den ernsten und feierlichen Akt der Offenbarung. Der Schauspieler muß zu absoluter Aufrichtigkeit bereit sein." (13)

„Der Zuschauer begreift, bewußt oder unbewußt, daß ein solcher Vorgang eine Aufforderung an ihn ist, das gleiche zu tun, was oft Widerstand oder Entrüstung in ihm provoziert, da wir alle täglich bemüht sind, die Wahrheit über uns selbst zu verbergen, nicht nur vor der Öffentlichkeit, auch vor uns selbst." (14)

„Im großen Ganzen bin ich überzeugt, daß die Vorstellung sogar im letzteren Fall eine Form der Gruppentherapie darstellt ..." (15) „Der Kern des Theaters ist eine Begegnung ... Begegnung zwischen schöpferischen Menschen ... ich will noch weiter gehen: Theater ist ein aus menschlichen Reaktionen und Impulsen erzeugter Vorgang, es entsteht aus dem Kontakt zwischen Menschen." (16)

Hier wird die Nähe dieser Theaterauffassung zu Morenos Konzeption deutlich. Wenn Moreno im Vorwort zum Neudruck des Stegreiftheaterbuches bedauert, daß die meisten Aufführungen des Impromptu-Theaters und auch viele Psychodrama-Sitzungen nicht das ästhetische und therapeutische Niveau erreichen wie Vorstellungen von Stücken Shakespeares oder Ibsens, so verweist dieser Vergleich auf ein Maß, das sowohl für geschriebene Stücke wie für Stegreifproduktionen gilt: das Maß der Kreativität. Und wenn Moreno anmerkt, nur etwa ein Prozent der Psychodrama-Direktoren hätten die „Qualität, die Spontaneität, das Charisma, die durchdringende Kraft, eine Produktion zu inspirieren," so trifft er den wunden Punkt der gesamten Stegreiftheater-Erneuerung: der Dichter wird zwar von der Bühne verbannt, der Schauspieler wird aus seiner Vormundschaft entlassen, auf sich selbst gestellt, aber nun muß er zugleich Dichter und Schauspieler sein. Und das ist weder durch Übung noch durch Analyse (wie Moreno vorschlägt) zu erreichen. Moreno bezeichnet das Dilemma genau, wenn er in seinem Stegreifbuch auf die grundsätzlich verschiedenen und sich durchkreuzenden Vorgänge des Dichtens (Wort-Findens) und des Spielens (Mimesis) eingeht: „Die Tendenz des mimischen Anteils ist zentrifugal, die Lage wird von innen nach außen entwickelt, die des sprachlichen zentrifugal mit einer zentripedalen Inversion. Die mediale (Medial-Verständigung durch unbewußte Zeichen) Tendenz wird durch eine antimediale gebrochen. Der Spieler rollt von innen nach außen die Lage auf, im Augenblick aber, wo er Worte produziert, tritt eine rückläufige Bewegung ein. Das dichterische Produzieren zentriert ihn und er wird abwesend." (17)

Diese Gleichzeitigkeit verschiedener kreativer Momente wird durch das Zusammenspiel kompliziert: die Aufmerksamkeit ist auf das Hören gerichtet, das Zuhören auf das, was andere sagen, „er muß alle geistigen Reize, die von seinem Gegenspieler ausgehen, auffangen, auf sie sinnvoll reagieren." (18) Hinzukommt, daß der Spieler die bevorstehenden Gesten des Mitspielers nicht kennt und die Idee seiner eigenen Antwort nicht voraussehen kann, er also nicht nur auf die gegenwärtige Situation sich einstellen muß, sondern eine gewisse Voraussicht, Vorausahnung haben sollte. Im bloßen Aufzählen dieser Schwierigkeiten der Stegreifproduktion scheinen die Anforderungen kaum erfüllbar, aber es zeigt sich im lebendigen Zusammenspiel, daß diese Fähigkeiten den Spielern zuwachsen aus der erhöhten Spannung der emotionalen und rezeptiven Kräfte. Der „horror vacui", der am Anfang des freigestellten Handelns als Angst wirkt, verursacht gleichzeitig einen Sog: auf sich gestellt, dem Unvorhersehbaren gegenüber, auf ein angemessenes Handeln angewiesen, um zu bestehen, kann nur Spontaneität retten: sie wird hervorgerufen, weil sie notwendig wird und dann ist sie plötzlich da und wirkt ansteckend: Kettenreaktionen entstehen, einer befeuert den anderen. „Selbst die kunstvollste, großartigste Konserve, die beste Simulation von Realität im Theater kann nicht den Augenblick ersetzen, wo Spontaneität in einer realen Person zum Ausdruck kommt: der Blitz der Wahrheit." (19)

Das ist der Angelpunkt der gesamten Theaterkonzeption Morenos, aber gleichzeitig auch die von Ewreinow, Artaud und nicht zuletzt meines Mitspieltheaters. Die Erfahrungen mit Schauspielern, die ich oben zu beschreiben versuchte, ermutigen immer wieder zu neuen Mitspiel-Übungen. Auch hier ist — vom literarischen Theater her gesehen — das Niveau der Produktion unterhalb der schöngeistigen brillant formulierten Repräsentation. Aber diese Senkung der erhöhten

Spielebene ist auch technisch, nicht nur psychologisch erforderlich, um den Abstand zwischen Spielern und Mitspielern zu verringern, den Wechsel beider Bereiche des Theaters zu ermöglichen, die Trennung zwischen Zuschauer und Schauspieler aufzuheben. Das wurde zum erstenmal architektonisch umgesetzt in Morenos „Theater ohne Zuschauer" (Internationale Ausstellung Neuer Theatertechnik, Wien 1924). Es kam übrigens anläßlich dieses architektonischen Modells, das nach Morenos Skizze von Rudolf Hönigsfeld ausgeführt wurde, zu einem öffentlichen Skandal: Moreno bezichtigte den Leiter der Wiener Ausstellung, Friedrich Kiesler, des Plagiats (Kiesler war als Erfinder des „endlosen Theaters" hervorgetreten). In seiner „Rede vor dem Richter" (20) argumentiert Moreno: „Wer eine solche Bühne fordert, wird auch um das Theater dafür wissen. Und wer das Theater dafür fordert, wird auch um die Gesellschaft wissen, welche es beansprucht." Diese Folgerung bestimmt bis heute die Situation des „Theaters ohne Zuschauer", in dem jeder ein potentieller Spieler ist. Eine Architekturlösung setzt eine Theaterlösung voraus und diese wiederum muß von einer gesellschaftlichen Gegebenheit ausgehen. Sowohl in der Soziologie wie in der Psychologie ist in den letzten Jahrzehnten der Begriff der Rolle und des Spiels immer wieder thematisiert worden (21). Die alte These des homo ludens, die vor allem Nicolas Ewreinow in Hinblick auf ein mögliches Publikums-Theater untersuchte, ist maßgebend für eine Theaterform, die als „Mitspiel" bezeichnet wurde (22). Der gesellschaftliche Aspekt kann nur stichworthaft bezeichnet werden: Mitspiel ist anti-autoritär, wendet sich gegen ein bloßes Hinnehmen dessen, was von oben herab geboten wird (sei es von der Bühne, sei es im Leben), postuliert ein Mitverantwortlichsein für alles, was geschieht (nicht nur auf der Bühne), eine daraus abgeleitete Beteiligung (Partizipation) an den Entscheidungsspielen, eine Mitbestimmung des Geschehens.

Philosophisch gesehen bedeutet es eine Absage an jede Art Absolutismus (Meta-Physik). In einer üblichen Theateraufführung erfährt das Publikum in erster Linie etwas über den Autor; der herausgehobene Einzelne wird dargestellt (Moreno hat recht, wenn er darauf hinweist, daß in Pirandellos „Sechs Personen suchen einen Autor" nur der Autor real ist im Sinne des Stegreifspiels, alles andere bleibt fiktiv und fixiert (23). Die gemeinsame Basis des Mitspieltheaters wie des Psychodramas ist eine gesellschaftliche Umstellung: vom Einzelnen zur Gruppe (oder in Hinblick auf russische Theaterversuche: vom Subjektivismus zum Kollektiv). In Morenos anthropologischen Theorien, vor allem in seiner Theorie der Spontaneität (24), wird diese gesellschaftliche Voraussetzung ausgeführt. In anderer Weise hat Nicolas Ewreinow wissenschaftliche Grundlagen erarbeitet, die bisher weitgehend unbekannt sind, sowohl in Theaterkreisen wie auch in den Kreisen, die sich mit dem Thema Psychodrama befassen. Deshalb ein kurzer Hinweis auf diesen Initiator, der sowohl als Autor, Regisseur, Theatergründer hervorgetreten ist wie auch als Historiker und Theoretiker des „spontanen Theaters". Nicolas Ewreinow, der mit sogenannten „Monodramen" begann (einer totalen Psychologisierung der Szene, die den Innenraum des einzigen Subjektes darstellt, seelische Zustände ausdrückt wie im Traum) kam nach der Revolution zur Organisation sogenannter Massenschauspiele, an denen mehr als 20 000

Spieler beteiligt waren. Diese Entwicklungslinie des Theatermannes Ewreinow wird begleitet von theoretischen Erörterungen und antropologischen und biologischen Forschungen: von der „Apologie des Theatralischen" (1908) bis zum „Theater im Tierreich" (1925) und „Theater im Leben" erstreckt sich ein Werk, das mehr als zwölf Bücher umfaßt, u. a. Untersuchungen über die Ursprünge des Theaters bei den Semiten („Azazel und Dionysos") (25). Um hier nur eine Querverbindung zu Morenos „Theater in situ" aufzuzeigen (ohne eine direkte Einflußlinie zu ziehen, denn beide Theaterleute arbeiteten völlig unabhängig und ohne Kenntnis voneinander): die Massenschauspiele fanden an den realen Orten statt, an denen sich die revolutionären Ereignisse abgespielt hatten (z. B. „Die Erstürmung des Winterpalais in Sankt Petersburg 1920"). Die Wiederholung des Geschehenen im vollkommenen Schein bedeutet bei Ewreinow eine Einweihung der Massen in den Kult der „Revolution", eine Einschwörung auf das Ritual der revolutionären Aktion: alle Beteiligten werden durch das Nachvollziehen der Revolution zu Revolutionären und die Revolution lebt auf als Feier. Moreno formuliert 1920 sein „Drama in situ" (26): „Die Personen spielen sich, wie einst aus Not, in selbstbewußter Täuschung dasselbe Leben vor. Der Ort des Konfliktes und des Theaters ist gleich: das Haus, in dem sie leben. Sein und Schein werden gleichnamig und gleichzeitig. Die ganze Vergangenheit, ausgefahren in einem Augenblick. ... Diese Aufrollung des Lebens in Schein wirkt nicht wie ein Leidensgang, sondern bestätigt den Satz: jedes wahre zweite Mal ist die Befreiung vom ersten ... man gewinnt zu seinem eigenen Leben, zu allem, was man getan hat und tut, den Aspekt des Schöpfers, das Gefühl der wahren Freiheit von seiner Natur."

Dieses Spielen eines gelebten Geschehens, das nicht einfach repetiert wird (nichts Lebendiges läßt sich wiederholen), sondern im Spielvorgang vergegenwärtigt wird, bedeutet immer zugleich auch eine Transposition: statt der literarischen Vorlage dient hier die Realität als Vorgabe, aber da die Realität als erinnertes, durch ein Bewußtsein hindurchgegangenes Geschehnis evoziert wird, ist es nicht eine Faktographie, die geboten wird, kein Dokumentarismus, sondern eine Umsetzung von Lebenserfahrung in Spielform — und nichts anderes ist ja das elementare Theater. Es kann vor allem zur Bewußtmachung gesellschaftlicher Verhältnisse und einer Thematisierung von Verhaltensweisen dienen (also analytischen Zwecken). So habe ich einmal ein „Börsenspiel" angeregt: nach einer Tonbandaufzeichnung eines Börsengeschehens wurde am selben Tag, einige Stunden später, die „Börse" am Originalort mit den Originalspielern, nämlich den Börsianern, nachgespielt. Die Aufzeichnung des realen Börsenablaufes diente sozusagen als Libretto (und Gedächtnisstütze) für die Spieler, die sich hier als Spieler begriffen und das gleiche Handeln, das in begrenzten Gesichtswinkeln und auf reale Werte bezogen stattgefunden hatte, nun als Ensemblespiel, als Gruppendynamik erkennbar machten (27). Ein anderes Experiment dieser Art war Daniel Spoerris „Ja, Mama, das machen wir", wo die Tonbandaufnahme eines realen Geschehnisses (vier Freunde treffen sich in einem Hotel in Nizza, kochen und reden) als Vorlage einer szenischen Rekonstruktion genommen wurde, die wiederum auf Band aufgenommen und dann diskutiert wurde (28).

Ich weise nur darauf hin, daß dieses Verfahren genau genommen uralt ist und auch ohne direkten Bezug auf Morenos Entwurf zum Beispiel in der Republik China praktiziert wird, wo in Dorfgemeinden strittige Fälle oder Delikte als Spiel vor der Gemeinde rekonstruiert werden, sozusagen der „Rechtsfindung“ dienen.

Für ein „Theater als Gesellschaftsspiel“ zeichnen sich folgende Möglichkeiten ab: in Kneipen, Büros, auf Plätzen, an Arbeitsstellen wird das dort alltäglich Geschehene in bestimmten Intervallen als Spiel von den Beteiligten nachvollzogen. Die Spieltage oder Spielstunden dienen nicht dem bloßen Amüsement: der Ulk, die schwankhafte Übertreibung werden als falsch verstandene Komödiantenhaftigkeit auszuschließen sein: sie verdecken die eigentliche Beziehung, verhindern das Bewußtwerden der Wirkungslinien, Aufdeckung von Verhaltensweisen, der Konfliktstoffe. Gerade in einem diskreten genauen Überprüfen aller Gesten und Worte, Reaktionen und aktiven Momente kann ein Prozeß der Wahrheitsfindung in Gang gesetzt werden, der nicht „große Fälle“ enthüllt, sondern die kleinen, verdeckten Fehleinschätzungen, Fälschungen, Schikanen, Sticheleien, die winzigen Spuren von Mißtrauen, Argwohn, Neid, Eifersucht, die „die Atmosphäre vergiften“, die dem Einzelnen „das Leben zur Hölle machen“ – ohne daß strafbare Handlungen geschehen. So habe ich zum Beispiel in meinem Mitspiel „Entscheiden Sie sich!“ (29) die Wechselwirkung von Berufsrolle (Funktion) und Privatrolle (Ich) thematisiert. In einem Büro arbeiten vier Personen miteinander, die jeweils falsch besetzt sind, also ihre Berufsrolle nicht ausfüllen können und deshalb ihre privaten Spannungen unterschwellig austragen. Es zeigte sich, daß die Bühne für solche Feinstrukturen, solche alltäglichen, verschwindend kleinen und getarnten Aktionen nicht taugt: sie verlangt eine gewisse Vergröberung, Verdeutlichung, Übertreibung, um das Handeln überhaupt über die Rampe zu bringen. Schon eine Dämpfung des Sprechens, eine langwierige banale Entwicklung, werden als unverständliche und abweisende Form wahrgenommen: solche Realitätsspiele sind nichts für Zuschauer, die etwas konsumieren wollen. Sie sind nur spannend für Beteiligte.

Es ist vorstellbar, daß sich Zuschauergewohnheiten abbauen lassen und neue Verhaltensweisen auch im Theater entstehen können: wenn man davon ausgeht, daß jede Lebensäußerung, jede menschliche Regung, jede alltägliche Verrichtung bedeutend wird, wenn man sie bewußt wahrnimmt: als Symptom, als Indiz einer Unstimmigkeit, als Zeichen. Die „wahren Dramen“ spielen sich ja nicht auf der Bühne ab, sondern im Leben, und sie werden erst wahrgemacht, das heißt: als Drama erkennbar ausgeführt, wenn sie gespielt werden: als Realitätsprobe. Um diese Zuschauergewohnheit durch eine List zu gewinnen, habe ich eine banale alltägliche Szene in einem Frisiersalon unter den Aspekt der Kriminalistik gestellt: hier wird die Aufmerksamkeit des Zuschauers auf unmerkliche, verdeckte, kaum wahrnehmbare Feinheiten und Kleinigkeiten gelenkt: es gilt Indizien, Spuren zu sammeln und zusammenzufügen zu einem Beweismaterial in einem Kriminalfall (30).

Moreno hat im Bereich der Gruppenpsychotherapie und des Soziodramas diese Formen des ortsgenauen und realitätsgetreuen Spielens entwickelt. Da die

Handlungszeit nicht wie im Theater verkürzt ist, dauern diese Sitzungen um ein mehrfaches länger als ein Theaterabend. Auch ist die Aufmerksamkeit für unscheinbare und unattraktive Begebenheiten durch die diagnostischen und therapeutischen Hinsichten erhöht. Auf dem Theater ist diese Spielform noch nicht etabliert. „Die Wandlung der Zuschauer in Zuschauspieler, des Zuschauerraumes in ein Zuschautheater versetzt die Regie in ein neues Versuchsfeld. Die Teilnahme des Publikums muß von Willkür befreit und ästhetischen Gesetzen gefügig gemacht werden. Einem bestimmten Zuschauerdirektor wird die Führung übertragen. Um ihn schart sich eine mittätige Gruppe, während die große Mehrheit den Hintergrund bildet. Die Zwiespaltung des Publikums in einen aktiven und einen passiven Teil, Spieler und Statisten, Darsteller und Chor erfährt durch folgende Einrichtung Sinn: an die Spitze des Publikums tritt jene Gruppe von Zuschauern, die auch im alten Theater eine anonyme Würde, wenn auch nach der Vorstellung, mimt: die Kritiker. Diese, der Areopag, übernehmen die Lenkung des Publikums im Kampf gegen die Schauspieler." (31)

In diesem Vorschlag Morenos, der vor seinen Psychodrama-Experimenten zu datieren ist, wird ein Theaterschema von der Bühne auf den Zuschauerraum übertragen, dem Publikum die Rolle des antiken Chores zugesprochen. Aber schon die Wahl des Chorführers (Zuschauerdirektors) ist problematisch wie auch die optimistische Überschätzung der Rolle von Kritikern, die als typische Literaten ihre Arbeit eben *nach* der Vorstellung verrichten, als je Einzelne ihre Kritik schreiben aus der Überlegenheit des Überlegenden (bestenfalls); sie sind wohl gerade durch ihr eingeübtes distanziertes Kritikerverhalten die am schwersten zu bewegende Zuschauergruppe, sie reagieren am wenigsten spontan. Das erfuhr Moreno selbst in seinem Stegreiftheater-Experiment vom 1. April 1921 im Komödienhaus der Stadt Wien. Da es das einzige ausführlich dokumentierte Beispiel der Theaterversuche Morenos ist, versuche ich diese einmalige Aufführung näher zu beschreiben.

Moreno kündigt das „Narrentheater des Königsnärren" ganz im Stil der expressionistischen Zeit an: „Ich werde in der Nacht vom 1. April mit meinem weltberühmten Ensemble, dem gesamten Theaterpublikum, in meinen Königsstiefeln, mit meinem Königsbart, unter meinem Königshut in das Komödienhaus kommen." (32) „Ich wollte mich zur Schau stellen . . .just aber entführte mich der Gedanke: nicht mich, sondern das Publikum zur Schau zu stellen, bloßzustellen." (33) Die „Einladung zu einer Begegnung" wäre leichter gewesen, hätte sie von Person zu Person stattfinden können, aber das Publikum war eine Vielzahl von Personen, die dem einen, herausgehobenen Einzigen (Moreno als Königsnarr) gegenüberstanden. Nun hatte sich die Spielmächtigkeit des Einzelnen zu erweisen. Die Aufforderung an jeden, König zu spielen, reicht nicht aus, um das Königsspiel in Gang zu bringen. Auch das angeschlagene Generalthema: „Weltuntergang auf dem Theater" bietet noch kein Handlungsgefüge, das Mitspiel ermöglicht. Offensichtlich hatte Moreno eine Fülle von Spielideen, aber kein festes Programm für diesen Abend. Er hatte auf die Mitte der kahlen Bühne einen goldenen Königsthron stellen lassen, sich selbst ein schwarzes Leichenhemd übergezogen. Ehe der Vorhang aufging, sah er noch einmal vom Seitengang in die brodelnde Menge des erwartungsvoll gestimmten Publikums. Noch wußte er nicht: soll das Spiel politisch akzentuiert werden (Thema: Beisetzung des unbekannten Soldaten, der im Jenseits um einen Sarg schreit, lebt und dennoch tot ist) oder das Theater, das hier allabendlich gespielt wird, zum Thema machen? Oder Moreno selbst, den Königsnarren? Der Vorhang öffnete sich, und Moreno hielt seine Ansprache an der Rampe: „Ich hatte Angst, daß mir jemand zuvorkommt. Nun stehe ich da und sehe niemand, bin aber von allen zu sehen. Mich hat das Licht geholt, Euch die Finsternis." (34) Moreno läßt sich vom Augenblick, von der Situation inspirieren (geblendet vom Licht der Scheinwerfer ist das Publikum weggeblendet). Er gibt zu, daß er noch nicht weiß, was beginnen soll, welches Spiel. Moreno proklamiert das Theater des Augenblicks und in dieser Proklamation ist sozusagen der Prolog seines Theaters gesprochen: „Es gibt keine Dichter, Schauspieler und Zuschauer mehr. Jeder ist Dichter, Schauspieler und Zuschauer in Person. Es gibt keine Zuschauer mehr. Fort mit den Augen der Gaffer und den Ohren der Horcher!

Ihr seid alle meine Komödianten! Die Bühne ist ebenso dort, wo ihr seid, wie hier, wo ich stehe. Ich grüße Euch, Schauspieler der Galerien, der Stehplätze, der Logen und Parkettreihen, hinter den Kulissen, Souffleure! ... Unser Theater ist das der Vereinigung aller Widersprüche, des Rausches, der Unwiederholbarkeit. Sein Triumph oder Mißlingen Funktion unserer augenblicklichen Mächtigkeit. An Stelle der Direktoren, Regisseure tritt der Spielmächtige, der als erster den Theatermund auftut, der in den Stoff bläst, das Spiel beginnt, mich." (35).

Genau in diesem Zirkelschluß bewegt sich die Stegreiftheaterkonzeption Morenos: sie ist ganz an die „Spielmächtigkeit" seiner eigenen Person gebunden, er selbst ist ja tatsächlich Dichter, Schauspieler, Zuschauer, er selbst kann sich zum König erklären (oder zum Ich-Gott), er kann die anderen zwar aufrufen, ihm nachzufolgen, sie auch ermutigen, aber die Spontaneität ist nicht durch ein Beispiel und auch nicht durch einen Aufruf zu wecken, sondern nur durch eine immer stärkere Beteiligung am Spiel, das zum Mitspielen einladen muß. Die Emotionen und Spannungen der Zuschauer werden aufgeladen in einer Wechselwirkung zwischen Spielern (Vorspieler, die Spielfreude stimulieren und Spielanlässe bieten) und Mitspielern (Nachspieler, die das Angebot der Vorspieler aufnehmen, antworten, reagieren und sich in ein Spiel verwickeln lassen, das zu einem Rollentausch von Spielern und Mitspielern führt).

Moreno steht im ersten Akt seines Stegreifspieles als „Königsrabe in schwarzem Leichenhemd" auf der Bühne und ruft die Namen der Volkstribunen, Könige, Kaiser auf: „Präsident von Frankreich, Präsident von Amerika, Kaiser von Deutschland, Zar von Rußland, Mikado von Japan, Großrabbiner von Jerusalem, Metropolit von Moskau." Er läßt diese Großen in Masken auftreten, schneidet ihnen den Lebensfaden durch, feiert als lachender Bestatter das Totenfest.

Diese Demonstration, die an König Ubus Hinrichtungsorgie der Fürsten erinnert, ist die erste Stegreifaktion. Sie endet mit einem Black out und wird vom Publikum abgelehnt. (Empörung, Zuschauerproteste, einige wollen bereits gehen.)

Moreno fordert im Dunkeln alle Zuschauer mit außergewöhnlichen Masken auf, sich zu ihm zuzugesellen. Sie kamen herauf ins Bühnenlicht: Männer mit Kaiserbart, mit Monokel, schön gekleidete junge Männer, Fußballspieler. Kritiker machten sich auf der Bühne Notizen (Schnelldenkermanier). Pfuirufe der im Saal verbliebenen Mehrheit des Publikums. Der Vorhang fällt. Hinter den Kulissen streiten sich Kritiker und Theaterleute. Der Theaterdirektor hat Spaß an dem sich anbahnenden Skandal. Ein als Astrologe maskierter Berufsschauspieler mischt sich in die Diskussion ein, verkündet, ein riesiger Komet werde in einer Stunde und dreißig Minuten herabstürzen, genau auf das Komödienhaus fallen und „den Inhalt vergasen." (Diese zeitgenössische Weltende-Vision, die von fast allen expressionistischen Dichtern beschworen wurde, basiert auf dem tatsächlichen Vorgang der Weltuntergangsprognosen anläßlich des Halleyschen Kometes 1910.) Zweiter Akt: Aufforderung an die Frauen: Suche nach der Königin. Viele Frauen betreten die Bühne. Sie werden dem Alphabet nach aufgestellt. Eine absichtlich häßlich kostümierte Berufsschauspielerin gerät in Streit mit einer Zuschauerin, die vorgibt, Königin von Spanien zu sein. Dauerlärm des Publikums: Applaus, Protest, Buhrufen, Rauschen. Der Vorhang fällt. Die Mehrzahl des Publikums ist enttäuscht: wochenlang hatte man sich auf diesen Abend gefreut, der Überraschungen zu bieten versprach, etwas Außergewöhnliches, Aufregendes. Und nun geschieht nichts, was sich an den Handlungen der Bühne messen läßt. Moreno bemerkt: das Publikum sei blind gewesen für den verborgenen Sinn des Spiels, eben weil es mit falschen Erwartungen gekommen sei. Die heftige Ablehnung des Publikums reizte Moreno zu einem Haßausbruch gegen das Publikum (das Natterngezücht im Parkett). Er tritt im dritten Akt an die Rampe und schreit: „Ich verfluche Euch! ... Ich verfluche Euch, an diesem Augenblick zu nagen, immer wenn kurzweilige Lust Euch leer verläßt. Ich verfluche Euch, hier zu bleiben, hier zu erstarren, ewiges Mal meines Schmerzes ... ich verfluche Euch zu bleiben, wie ihr in diesem Augenblick seid: Du dort in der Ecke, du in der ersten Reihe oben, du im Pfiff, du im ironischen Entsetzen, du im Geräusch des Zungenschlages ... Zieht Euch zusammen zu Klumpen. Torso. Rührt Euch nicht ... So ... Der Vorhang fällt nicht mehr (36).

Diese vom Augenblick inspirierte wahrhaftige Reaktion Morenos bezeichnet nicht so sehr das Desastre des mißlungenen Mitspiels, sondern die Diskrepanz zwischen dem spielmächtigen Einzelnen, der sich selbst zum Thema des Spiels macht, die Teilnahme der anderen zwar fordert, aber zugleich auch ausschließt durch seinen Vorrang, seine Selbsterhöhung (Königsspiel). Das Theaterpublikum erwartet von einer Stegreifproduktion immer ein Super-Theater, eine Steigerung des bisher Gebotenen, eine Hypertrophierung. Die Senkung der Bühne auf das Niveau des Zuschauerraumes bedeutet immer zuerst eine Nivellierung nach unten: wird als Minderung und Aufhebung der Spannung empfunden. Deshalb bewegt sich das Mitspieltheater, solange es noch im Theater stattfindet und die räumlichen Gegebenheiten der gehobenen Bühne und des mit Stuhlreihen in Kolonnen geordneten Zuschauerraumes annehmen muß, in einer Situation, die schwer zu überspielen ist: diese Raumverhältnisse sind Ausdruck eines autoritären Gegensatzes: die unten in diese feste Sitzordnung sich einfügen, haben sich schon eingelassen auf ein System, das die Einzelinitiative lahmlegt, dem Einzelnen in der

Vielheit keinen Spielraum läßt. Daß trotz dieser ungünstigen Voraussetzung Mitspiele in Gang kommen, beweisen die Aufführungen des „Scherenschnittes" zum Beispiel (37), bei dem die Mitspielbereitschaft des Publikums jedesmal hoch brandet und auch die Beschränkungen der Sitzordnung partiell überwindet. Obwohl es äußerst lästig ist, aus der Mitte einer Sitzreihe sich bis zum Rand durchzuzwängen, um über den Mittelgang zur Bühne zu gehen, tun das immer wieder einzelne Zuschauer. Es ist damit noch nicht viel erreicht, auch nicht wenn — wie das in einem anderen Mitspiel geschah (38) — fast das gesamte Publikum auf die Bühne kommt, die Bühne überfüllt ist und der Saal fast entleert — es sind dies nur Anfänge, die nach Maßgabe der festgefahrenen Theaterverhältnisse beurteilt werden müssen. Es läßt sich nicht die Wandlung eines Theaters in ein Mitspieltheater in einem Handstreich vollziehen (wie dies Moreno in seinem Wiener Königsnarrenspiel versuchte). Die Öffnung des Spiels und die Beteiligung der Zuschauer muß auf Grund des Vorhandenen stufenweise geschehen und kann nicht völlig auf Theatermittel verzichten. In Morenos New Yorker Impromptu-Theater scheint mir das Thema „The Living Newpaper" eine ergiebige Spielvorlage zu bieten: es kommt darauf an, daß Publikum wie Spieler dasselbe Material als Ausgangsbasis des Spiels haben. Die skizzenhaften Darstellungen der „wahren Geschichten", der Faits divers, die ironisch apostrophiert werden als„ Geschichten, die das Leben schrieb", ergeben Stoffumrisse, die nicht als Kitsch parodiert, sondern in ihrer Rückbeziehung auf „das Leben selbst" bloßgelegt und vorgestellt werden.

Was Moreno vom Psychodrama sagt, daß es ein „lebendiges Labor für Experimente mit dem Leben in all seinen Begleitumständen" sei, gilt auch für viele Experimente des russischen und französischen Theaters, die ich in diesem Zusammenhang nur nennen kann: Sergej Eisensteins Realitätsspiele („Gasmasken", „Die Boxer"), Serge Radlows Stegreiftheater der volkstümlichen Komödie, die Agitproprevuen der Foregger-Werkstätten, die „Comédie Spontanée", die Louise Autant-Lara (im Theaterlabor „Art et Action" am Montmatre) (1924) entwickelte und ausführte. Die Grundzüge des Psychodramas und der meisten Anti-Kunst-Theater-Experimente (von Schwitters i-kunst bis zum Happening, von Hugo Balls Dada-Soireen bis zu Schawinskis „Spectodrama") (39) stimmen in wesentlichen Punkten überein: es wird eine Augenblickskunst postuliert, eine unwiderholbare originale Spielwirklichkeit, die unmittelbar lebensbezogen ist, Spontaneität und Kreativität wecken und zu einem möglichst unmittelbaren Ausdruck bringen soll, der alle Beteiligten einbezieht. Was das Psychodrama Morenos diesen Experimenten voraus hat, ist das Arsenal an erprobten Methoden des Warming up, der Spielleitung und die therapeutischen Raster. Bedenkt man aber die Eingrenzung des Psychodramas und seine Abgrenzung vom Theater, so tritt das Dilemma zutage, das Moreno selbst als Dilemma zwischen Mimesis und Antimimesis beschrieb. „Je mehr sich das Psychodrama dem Theater nähert, um so mehr wird es Mimesis. Je echter und realer eine Begegnung ist, um so weniger ist sie mimetisch. Das eigentliche Psychodrama ist antimimetisch." (40) Da Moreno das Psychodrama aus dem Stegreifspiel entwickelte, zuerst eine Schauspielerin (der Fall Barbara) (41) mit Psychodrama-Methoden heilte, die kreativen Kräfte des schauspielerischen „Acting out" für die Therapie erschloß, frage ich mich, ob die scharfe Abgrenzung Mimesis—Antimimesis überhaupt möglich ist. Das therapeutische Theater jedenfalls, solange es sich noch als Theater versteht und die Grenzen zum Leben nicht völlig aufgehoben sind, kann auf Mimesis nicht verzichten. So einfach wie Moreno das in seinem Stegreiftheaterbuch formulierte, funktioniert diese Beziehung: „Das Leben ist Einatmung, Stegreif Ausatmung der Seele. Durch Einatmung entstehen Gifte (Konflikte), durch Stegreif werden sie wieder frei. Stegreif läßt das Unbewußte unverletzt (durch das Bewußtsein) frei steigen. Diese Lösung tritt nicht durch fremden Eingriff ein, sondern autonom. Darauf beruht seine Bedeutung als Heilmittel. An Stelle der Tiefenanalyse tritt die Tiefenproduktion, für den Arzt Selbsthilfe. Absicht ist, die Krankheit sichtbar zu machen; nicht gesund, sondern krank werden. Der Kranke treibt selbst seine Krankheit aus. Die Wiederholung in der Illusion macht ihn frei, wie die Schutzimpfung die Entstehung der Blattern koupiert. Der Kranke geht den Weg des Dichters." (42) Hier bietet sich noch einmal ein Hinweis auf die fast gleichlautenden Konzeptionen des therapeutischen Theaters bei Ewreinow und Artaud an. Ewreinow fordert, daß im Theater alles das ausgelebt werden soll, was im Alltagsleben zu kurz kommt, tabuisiert ist; was der Mensch kaum zu träumen wagt, soll im Spiel ausgetragen werden als Purgatorium. Diese an frühe Exorzismus-Riten erinnernde Therapie wird in Artauds „Theater der Grausamkeit" (43) ebenfalls gefordert: die Schattenseiten des Lebens, die verdrängten geheimen Wünsche und Instinkte sollen im Theater freigesetzt werden, exzessive Handlungen sollen stattfinden: das Abseitige, Krankhafte, Wahnsinn, Verbrechen sollen beschworen werden, um das Theater wieder zum „Ereignis des Lebens" zu machen. „Wir leben im Spiel unser Leben", dieser Satz von Artaud bezeichnet die paradoxe Beziehung von Spielrealität und Lebensrealität, die nicht einfach gleichzusetzen sind (auch nicht in Morenos „Realitätsprobe des Spiels" im Psychodrama). Die mehr an Artaud als Moreno orientierten Theaterversuche des Living Theatre und des Open Theatre praktizieren diese Form der exzessiven Bühnenaktion, allerdings fungieren die Schauspieler hier stellvertretend für das Publikum, sie lassen keine unmittelbare Beteiligung zu (wenn sie einige Male unbeabsichtigt geschah, so störte sie die Exclusivität der Gruppenspannung.) Sie entwickeln eine in sich geschlossene Form, die beispielhaft wirken kann als Form, aber trotz aller anarchistischen Praktiken elitär und esoterisch wirkt. Die schöpferischen Prozesse finden auf den Proben statt und selbst wenn die Gruppe eine kollektive Improvisation erarbeitet (Open Theatre „Terminal" 1970), so wird dieses Ergebnis zelebriert wie ein Akt der erhöhten Spielwirklichkeit, nicht integriert in die Publikums-Session. Ann Halprin versuchte in ihrem „Dancers Workshop" (San Francisco Okt. 1967) eine kreative Publikumsbeteiligung zu erzielen durch strukturierte Spielräume, ein Angebot an Spielanlässen und ein stimulierendes Anspielen der Spieler (Warming up-Technik), die Kontakt aufnahmen zu den Nichtprofessionals und sie zu ermutigen suchten. Ähnliche Anfänge hat John Arden mit seinem „freien öffentlichen Entertainment in seinem Haus in Kirbymoorside" versucht. Aber zum eigentlichen Mitspiel gehört mehr als nur ein Anlaß zum Spielen, mehr als ein unverbindliches Material als Vorgabe. Mitspiel ist nur sinnvoll, wenn etwas verhandelt wird, was alle Beteiligten angeht. Die Begegnung von Schauspieler und Zuschauer kann zuerst in der Thematisierung ihres spezifischen Rollenverhaltens als Schauspieler und als Zuschauer stattfinden: beide müssen sich zu erkennen geben, auch ihren Gegensatz ausführen, ehe sie sich als gleichberechtigte Partner begegnen können. Das habe ich z. B. in meinem Mitspiel „Scherenschnitt“ erzielen wollen. Hier wird, sozusagen als Warming up, eine alltägliche Situation in einem Frisiersalon bis zur kriminalistischen Studie hin möglichst nahe an der Alltagsrealität des jeweiligen Spielortes vorgegeben. Dann setzt das Verfahren der „Rekonstruktion der Tatumstände“ ein: das, was soeben mit sehr viel realistischer Detailgenauigkeit gespielt worden ist, muß kurze Zeit später aus dem Gedächtnis rekonstruiert werden. Die Zuschauer rücken in die Rolle von Augenzeugen ein, die nun die spielende Szene mit der gespielten vergleichen, ihr eigenes Zuschauen und Zuhören überprüfen können, ihre Identifikation oder ihre Distanz zu den Spielern in einem direkten Dialog oder einem Rollentausch mit den Spielern darstellen können, schließlich auch durch Verdächtigung oder Beschuldigung direkt an der Spielhandlung beteiligt werden. Ich führe dieses simple Schema an, um die praktikablen Zwischenformen zwischen bisherigem Theaterspiel und freiem therapeutischen Stegreiftheater zu markieren: das Ereignis, daß sich bei jeder Aufführung gerade dieses Mitspiels „Scherenschnitt“ neu einstellt, ist die aktive Beteiligung der Zuschauer, ihr entlarvendes Sichaussprechen und Kundtun ihrer unbewußten Beziehung zum Gespielten. Gefährliche Momente entstehen, wenn Schauspieler in der freien Improvisation vergessen, daß sie spielen und das Spiel in Ernst umschlägt. So ist es einmal passiert, daß ein Schauspieler, der in die Enge getrieben war, von den anderen durch boshafte Sticheleien so getroffen war, daß er unwillkürlich und blindwütig reagierte: einen Stuhl auf den Kopf eines Gegenspielers schmetterte; in einem anderen Fall fiel ein Betroffener, der lächerlich gemacht worden war, aus der Rolle und würgte seinen Angreifer tatsächlich. Ich halte diese Fehlleistungen für bedenkliche Symptome: die Realitätsprobe des Spiels muß im Bereich des Spielbewußtseins geschehen und nicht in einem einfachen Realnehmen des Gespielten. Eine Erfahrung, die auch Moreno machte, ist die: viele Berufsschauspieler neigen dazu, im Stegreifspiel auf den Fundus bereits gespielter Rollen, erprobter Effekte, mimischer Klischees zurückzugreifen. Ein kombinatorisches Spiel, wie es in meiner Etüde „Drei“ angelegt ist, gibt zwar ein kaleidoskopisches Schablonenspiel, das die Schablonen als Schablonen entlarvt, aber hinter den Masken kommt nur selten ein Gesicht zum Vorschein. Ich habe das in Einzelübungen mit Schauspielern immer wieder neu erprobt, zum Beispiel in einem Stegreifspiel zwischen Autor und Schauspieler (44). Thema war das Ich der jeweiligen Person und das Abreißen der Masken, Ablösen der Rollen, die als Rollen durchschaut werden können. Es erwies sich, daß das Ich des Schauspielers zwar als „Cluster von Rollen“ bestimmbar war, aber nicht so nackt und direkt sich aufs Spiel setzte, wie das vom Autor aus geschehen konnte. Diese Vorübungen dienen einem neuen Selbstverständnis des Schauspielers wie des Autors wie auch des Publikums. Noch spielen sich die Theaterversuche, die eine echte Publikumsbeteiligung erzielen wollen und Realität ins Spiel einzubeziehen trachten, im

Vorfeld des Psychodramas ab. Die Kreativität, die bisher nur den Anteil des Autors oder des Spielleiters oder auch der Schauspieler bestimmte, soll freigesetzt werden: über die konservierbaren Energien der Spontaneität sollen unmittelbar wirkende Kräfte geweckt werden: schöpferische Kräfte, die in jedem schlummern. Sie nicht nur den privilegierten „Künstlern" vorzubehalten und nicht nur in Kulturkonserven zur Geltung zu bringen, sondern für das Leben selbst und für die Veränderung der gesellschaftlichen Verhältnisse zu erschließen, ist das Ziel des Mitspieltheaters wie des Psychodramas.

Anmerkungen

1. Xanti Schawinski, der letzte Leiter der Bauhausbühne und Bühnenlehrer am Blackmountains College (USA), machte mich zuerst auf Morenos „Impromptu-Theater" aufmerksam, das er als das wichtigste amerikanische Theaterexperiment der Dreißiger Jahre bezeichnete. Die ersten Aufführungen fanden 1929 in der Carnegie-Hall New York statt, 1930/31 im Civic Repertory Theatre in der 14 th Street, N. Y. (mit Howard DaSilva, John Garfield, Eva La Galiena, Burgess Meredith u a.) 1931 im „The Guild Theatre" eine Vorstellung „The Living Newspaper" mit 2000 Zuschauern. Elia Kazan, Lee Strasberg, Franchot Tone und John Crawford studierten die Psychodrama-Methoden im Moreno Institut.
2. Moreno: Gruppenpsychotherapie und Psychodrama, Thieme Verlag Stuttgart 1959, Seite 10—15. Moreno: Preludes to my autobiography, Beacon 1955, S. 19 ff. Moreno: The First Psychodramatic Family, Beacon 1964 u. a.
3. Das Stegreiftheater, Erstausgabe Potsdam 1924, im „Verlag des Vaters" (Gustav Kiepenheuer Verlag) zweite Auflage Beacon House Beacon N. Y. 1970, S. 15.
4. „Der Königsroman", Potsdam 1923, Seite 105—127. (Dieses Werk erschien, wie alle Werke Morenos in der Wiener Zeit, anonym. Seine signierten Beiträge in der von ihm herausgegebenen Zeitschrift „Daimon" tragen den Namen Jakob Moreno Levy, erst in Amerika stellte er den Namen um zu J. L. Moreno.)
5. In „Der Blaue Reiter", „Der Sturm" — hier vor allem Herwarth Waldens „Briefe an Signe das Kind" — Paul Klee u. a.
6. Morenos drei Dialoge „Die Gottheit als Komödiant", „Die Gottheit als Autor", „Die Gottheit als Redner" erschienen zuerst in einem Privatdruck Wien 1911, und „Die Gottheit als Autor" soll 1911 in einem Privattheater uraufgeführt worden sein.
7. Das Stegreiftheater, s. o. S. 10.
8. Vorwort zur Neuausgabe 1970, Stegreiftheater S. XII.
9. Rede vor dem Richter, Kiepenheuer Verlag Potsdam 1925.
10. Robert Müllers Aufsatz über das Stegreiftheater Morenos erschien zuerst in der Prager Presse am 13. 3. 1925. Abgedruckt in „The Impromptu" Vol. I. Nr. 1. Januar 1931 New York.
    Weitere Kritiken wurden geschrieben von Prof. H. Knudsen, Berliner Börsenzeitung 15. 3. 1925.
    Richard Smekal in: „Wiener Neues Journal", 16. 6. 1924.
    Paul Stefan in „Die Stunde", Wien 5. Mai 1924. Auch Arnold Zweig soll über das Stegreiftheater berichtet haben in „Münchner Neueste Nachrichten", Mai 1921.
11. Das Stegreiftheater, s. o. Seite 89—92 / Seite 60 / Seite 41.
12. Jerzy Grotowski: Das arme Theater, Friedrich Verlag Velber 1970, Seite 34.
13. Grotowski, s. o. Seite 202/03.
14. Grotowski, s. o. Seite 34.
15. Grotowski, s. o. Seite 41—42.
16. Grotowski, s. o. Seite 50/51 (auszugsweise).

17. Das Stegreiftheater, a. a. O. Seite 40/41.
18. Das Stegreiftheater, a. a. O. Seite 55.
19. Moreno: The Roots of Psychodrama, in Group Psychotherapy, Vol. XIX, Nr. 3/4 1966, Seite 143.
20. Rede vor dem Richter, s. o. Seite 14.
21. Roger Caillois: Die Spiele und die Menschen, Paris 1958.
Martin Shubik (Hrsg.) Spieltheorie und Sozialwissenschaften, Frankfurt 1965.
Erving Goffman: Wir alle spielen Theater. Die Selbstdarstellung im Alltag, München 1969.
22. Claus Bremer erfand diesen Terminus für diese Art des Publikumsmitspiels, das zum erstenmal bei „Drei" (Paul Pörtner) am Ulmer Theater 1962 stattfand.
23. Die Beziehung Pirandello-Moreno ist u. a. von Prof. Enrico Fulchignoni in Corriere della Sera am 25. 7. 1967, S. 3 dargestellt worden. Pirandello soll Moreno schon 1915—17 kennengelernt haben, es gibt deutliche Einflußlinien von Morenos Königsroman (Sechs Leser suchen einen Autor) und dem Dialog „Die Gottheit als Komödiant" zu Pirandello.
24. Theory of Spontaneity in „Psychodrama I" Beacon 1964, Seite 47—150.
25. Nicolas Ewreinow (oft auch als Jewreinoff zitiert) 1879—1953. Seine Monodramane wurden u. a. von F. T. Cskokor ins Deutsche übersetzt. Ausführliche Bibliographie in Paul Pörtner: Experiment Theater, Chronik und Dokumente, Zürich 1950.
26. Gruppenpsychotherapie und Psychodrama, s. o. Seite 88/89.
27. „Börsenspiel" an der Rheinisch-Westfälischen Börse zu Düsseldorf, am 17. 10. 1969. Dokumentiert in „Börsenspiel", Westdeutscher Rundfunk Köln 1970.
28. Aufgeführt im Rahmen der „Spiele, deren Ablauf nicht festgelegt ist", am Ulmer Theater 1962.
29. „Entscheiden Sie sich!" Mitspiel von P. Pörtner, Ulmer Theater 1965.
30. „Scherenschnitt", Kriminalstück zum Mitspielen von P. Pörtner, uraufgeführt Ulmer Theater 1963, erschienen in „Collection theater Nr. 20", Verlag Kiepenheuer & Witsch, Köln 1964.
31. Das Stegreiftheater, a. a. O. Seite 12.
32. Der Königsroman, a. a. O. Seite 138.
33. Der Königsroman, a. a. O. Seite 141.
34. Der Königsroman, a. a. O. Seite 149.
35. Der Königsroman, a. a. O. Seite 151/51.
36. Der Königsroman, a. a. O. Seite 159/60
37. Das Mitspiel „Scherenschnitt" wurde in den Jahren 1963—1971 an 38 verschiedenen Theatern, in sechs verschiedenen Ländern ca. 1700 mal gespielt. Weitere Mitspiele von P. Pörtner: „Spielautomat" (Staatstheater Kassel 1967) „Test" (in Vorbereitung).
38. „Entscheiden Sie sich!" s. o.
39. Dokumentiert in P. Pörtner „Frühe russische Theaterexperimente" (Neue Zürcher Zeitung 30. 6. 1963) und „Theater der Spontaneität" (Frankfurter Rundschau vom 19. 11. 1966).
40. Moreno: The Roots of Psychodrama, a. a. O.
41. Moreno: Gruppenpsychotherapie und Psychodrama. a. a. O. Seite 14/15.
42. Das Stegreiftheater. a. a. O. Seite 71.
43. Antonin Artaud: Das Theater und sein Double, S. Fischer Verlag Frankfurt a. M. 1969, und P. Pörtner: Antonin Artaud und das Theater, in „Theater heute", 1965, Nr. 8, Velber.
44. Paul Pörtner: „Ich höre ich spreche", Psychodrama-Hörspiel, Hessischer Rundfunk 1970.

Das Psychodrama als Methode der psychologischen Gruppenarbeit *

H. Petzold, Düsseldorf

1. *Historische Entwicklung*

Dramatisches Spiel wurde seit dem Altertum als Instrument der Erziehung (COGGIN 1956) und der Therapie (BARRUCAND 1971) verwandt. In den kultischen Feiern des Dionysius wurzelnd, hat das Theater in der griechischen und römischen Antike, im byzantinischen und abendländischen Mittelalter neben seinem kultischen Charakter (Mysterienspiele, vgl. HARTL 1937; COTTAS 1931) eine edukative Funktion eingenommen, die im didaktisch-instruktiven geistlichen Schauspiel und im *Schultheater* des 16. Jh. besonders deutlich zum Ausdruck kam (vgl. KINDERMANN, vol. II). Das Theater war dabei nicht immer vorgegebenes Werk eines Autors, das von professionellen Schauspielern für die Zuschauer aufgeführt wurde, sondern es bezog in seinen mittelalterlichen Formen die Zuschauer mit ein, machte sie zu Mitspielern auf der gemeinen (common) Bühne des Marktplatzes oder Kirchraumes (DUVIGNAUD 1965).

Dieser soziodramatische Charakter des edukativen Dramas ging mit der Institutionalisierung des Theaters, mit der Trennung von Spielern und Zuschauern durch die „Guckkastenbühne" verloren. Der erzieherische Charakter des Theaters war auf einen instruktiven Prozeß reduziert worden, der in Einweg-Kommunikation den Zuschauer zum passiv-rezeptiven Empfänger des Dargebotenen machte. Die kreative Interaktion zwischen allen am Spiel Beteiligten fand sich nur noch in den Stegreifspielen der Wandertheater, den Ausläufern der *Commedia dell' arte* und in den Fastnachtsspielen (vgl. PETZOLD, SCHMIDT dieses Buch).

Systematische Ansätze, die Möglichkeiten des Theaters in pädagogischer und therapeutischer Hinsicht zu nutzen, wurden aber erst im ausgehenden 19. und beginnenden 20. Jh. gemacht.

1.1 *Russische Theaterexperimente*

Eine wichtige Quelle sind die Theaterexperimente, die in Rußland durch STANISLAVSKIJ und seine Schüler SULERSCHIZKIJ und WACHTANGOW, die in großen soziodramatischen Aktionen des Revolutionstheaters ihren Fortgang nehmen sollten. Auch JEWREINOW und MEYERHOLD sind hier zu nennen.

WACHTANGOW schrieb 1918: „Wir müssen den aufrührerischen Geist des Volkes spielen . . . es wäre gut, wenn irgendjemand ein Stück schreiben würde, in dem es keine Einzelrollen gibt. In allen Akten spielt nur die Masse."

Realisiert wurden diese Vorstellungen in weitgehend improvisierten Massenaufführungen, an denen bis zu zehntausend Rotarmisten teilnahmen (RÜHLE 1963).

* Erstveröffentlichung in: H. Petzold, Gestalttherapie und Psychodrama, Kassel 1973.

1.2 *Therapeutisches Theater ILJINEs*

Eine zweite Quelle sind die Versuche der russischen Professoren Vladimir ILJINE und ZENKOWSKIJ, die in Kiew in den Jahren 1909 bis 1917 improvisiertes und nur durch Rahmenhandlungen vorgeformtes Theaterspiel in der Behandlung von Geisteskranken (ILJINE 1909, 1910, 1942) und zum Unterricht von Studenten verwandten (ZENKOWSKIJ 1935) und so das *„therapeutische"* und das *„didaktische"* Theater entwickelten. Dabei waren sie zweifelsohne von den zeitgenössischen Theaterexperimenten beeinflußt, etwa von den Rahmenstücken GORKIJs (PETZOLD/SCHMIDT, dieses Buch; vgl. zum Therapeutischen Theater S. 228).

1.3 *Analytisches Rollensiel FERENCZIs*

Eine dritte Quelle ist das psychoanalytische Rollenspiel Sandor FERENCZIs. Schon S. FREUD hat sich mit „psychopathologischen Charakteren auf der Bühne" in seiner 1906 verfaßten Studie beschäftigt – sie verblieb mehr als 30 Jahre in Privatbesitz und wurde erst 1948 veröffentlicht. Obgleich FREUD die therapeutischen Möglichkeiten des Theaterspiels deutlich aufzeigt, ist er später nicht mehr auf diesen Ansatz zurückgekommen. FERENCZI hingegen hat es nicht nur bei fragmentarischen Aufzeichnungen zum Theater belassen (z. B. Bausteine III, 55), sondern er hat zu Beginn der zwanziger Jahre in seiner „aktiven Technik" der Psychoanalyse Rollenspiele verwandt, wie im Fall der kroatischen Sängerin anschaulich beschrieben ist (Bausteine II, 67—74).

Die genannten Versuche blieben in Randbezirken oder wurden vergessen, wie das analytische Rollenspiel FERENCZIs. STANISLAVSKIJs Impulse haben in neuerer Zeit bei GROTOWSKI (1968) und in vielen Experimentiertheatern des Off-Off-Broadway ihre Fortführung gefunden. ILJINE und ZENKOWSKIJ schließlich konnten in Paris ihre Arbeit in kleinem Kreise im Milieu der russischen Emigration fortsetzen. (ZENKOWSKIJ 1935; ILJINE, PETZOLD, SCHMIDT 1971; PETZOLD, ILJINE, ZENKOWSKIJ, dieses Buch).

1.4 *Das Psychodrama MORENOs*

Der Ansatz, der szenischem Spiel als Instrument der Therapie und Pädagogik umfassende Geltung verschaffen sollte, ist in den frühen Theaterexperimenten J. L. MORENOs zu Beginn der zwanziger Jahre zu sehen.

MORENO, der 1889 in Rumänien geboren wurde und in Wien Philosophie und Medizin studierte, berichtet aus seiner Kinderzeit, daß er schon als Vierjähriger Theateraufführungen der Nachbarskinder geleitet habe (LEUTZ 1967).

Den eigentlichen Ursprung des Psychodramas finden wir in den Spielen, die der junge Medizinstudent Jakob Levy MORENO mit Kindern in den Gärten Wiens veranstaltete. In der Beobachtung des kindlichen Spiels fand MORENO die Elemente seiner späteren Psychodramatherapie: spontane Improvisation, szenische Darstellung und kreative Lösungen von Konflikten, Rollenübernahme, Rollentausch und Rollenspiel (MORENO 1968).

Die nachfolgenden Theaterexperimente MORENOs sind von diesen Stegreifspielen mit Kindern eindeutig geprägt, trägt doch eines seiner frühen Theatermanifeste „Die Gottheit als Komödiant" den Untertitel „Kinderbühne 1911", und auch die „Rede vor dem Richter" (1927) macht diesen Bezug deutlich: „Im Saale des Stegreiftheaters war ich im Jahre neunzehnhundertdreiundzwanzig bemüht, eine Art Gesellschaftsspiel mit Erwachsenen zu proben – eine Erinnerung an Hunderte von Kindern, welche sich in der Zeit vor dem Krieg auf diese herrliche Weise in den öffentlichen Gärten zu ergötzen wußten. Reden und Gespräche fanden statt, welche als ihre geringste Folge die Idee des Theaters darlegten". Im Stegreiftheater, das MORENO 1921 in der Maysedergasse in Wien gründete, sind dann die psychodramatischen Techniken, die „Lebendige Zeitung" als improvisierte Verarbeitung aktueller Tagesereignisse und das Soziodrama geboren worden. Das Wiener Stegreiftheater muß damit als eine der wesentlichsten Wurzeln der modernen psychologischen Gruppenarbeit und der Gruppenpsychotherapie angesehen werden.

MORENOs Experimente, denen nach seiner Emigration in die USA (1925) in New York Aufführungen mit der „Living Newspaper" folgten, hatten zwar eine deutliche therapeutische Ausrichtung, aber auch in gleicher Weise einen starken pädagogischen und soziotherapeutischen Akzent. Letzteres zeigt sich schon in MORENOs Vorschlag, ein Flüchtlingslager, das er 1916 in Mittendorf bei Wien ärztlich betreute, soziometrisch zu organisieren. 1934 verwendete er soziotherapeutisch ausgerichtetes Psychodrama bei seinen klassischen soziometrischen Arbeiten in einer Zöglingsanstalt in Hudson, die er mit Hilfe von Soziometrie und Psychodrama in eine „therapeutische Gemeinschaft" umgestaltete.

Die Gründung des ersten Psychodramatheaters in Beacon 1936 und des Psychodramainstituts in New York 1942 hat sich auf die Entwicklung von Psychodrama, Soziodrama, Rollenspiel, Gruppendynamik, also auf die psychologische Gruppenarbeit schlechthin, außerordentlich fruchtbar ausgewirkt.

MORENOs kreativer Elan und die Vielfalt seiner Ideen haben zahlreiche Theoretiker und Praktiker der psychologischen Gruppenarbeit inspiriert und angeregt, seine Ansätze weiterzuentwickeln oder eigene Wege zu verfolgen. So wurde z. B. die psychologische Gruppenarbeit von Männern vorangetrieben, die Kurt LEWINs Forschungen und MORENOs Impulse in eigenständiger Weise zu dem entwickelten, was heute als das elaborierte System der Gruppendynamik bekannt ist. Ronald LIPPITT, Kenneth D. BENNE, Leland B. BRADFORD experimentierten in den vierziger Jahren mit Psychodrama, Soziodrama, Rollenspiel und Soziometrie (LIPPITT 1943, 1947; BRADFORD, BENNE, LIPPITT 1947).

Alvin ZANDER (1947), Alex BAVELAS (1947) und zahlreiche andere Wissenschaftler, die auf dem Felde der psychologischen Gruppenarbeit einen Namen gewinnen sollten, haben in diesen Jahren als Studenten am Psychodramainstitut die kreative Atmosphäre um MORENO erfahren, die auch auf einen Mann wie F. S. PERLS einen befruchtenden Einfluß ausgeübt hat.

2. *Schulen und Formen des psychodramatischen Spiels*

Die meisten Schulen und Formen des psychodramatischen Spiels sind von J. L. MORENO inspiriert und beeinflußt. Dennoch finden sich zahlreiche Ausprägungen, die einen eigenständigen Ansatz aufweisen:

2.1 *Das therapeutische und didaktische Theater*

Das „Therapeutische Theater", wie es von V. N. ILJINE 1909 in der Arbeit mit psychisch Kranken verwandt wurde, und aus dem er etwa gleichzeitig in Zusammenarbeit mit B. ZENKOWSKIJ das „Didaktische Theater" als Instrument des Unterrichts entwickelt hat, geht von einer Rahmenhandlung aus, die das Gerüst des Geschehens festlegt und innerhalb dessen der freien Improvisation Raum gibt. Im therapeutischen Theater wird das Rahmenstück vom Therapeuten aufgrund der Anamnese konfliktzentriert für die jeweilige Situation des Patienten geschrieben. Im didaktischen Theater schreibt die Gruppe das Rahmenstück selbst. Sie erarbeitet gemeinsam ein Thema, das für alle relevant ist. Dieses Thema wird zu einem Rahmenstück gestaltet, das im nachfolgenden Spiel realisiert wird. Anschließend wird das Spielgeschehen analysiert und aus dem gewonnenen Material ein neues Rahmenstück geschrieben. Für pädagogische Aufgaben bietet das „Didaktische Theater" nicht nur ein Instrumentarium zur Förderung der Kreativität und zur Verbindung von Sach- und Affektlernen, sondern die Möglichkeit, Wissensstoff gemeinsam zu erarbeiten und in einer faszinierenden Weise zu vermitteln, (PETZOLD, ILJINE, ZENKOWSKIJ, dieses Buch).

2.2 *Gestaltdrama*

Fritz PERLS hat im Rahmen der von ihm entwickelten Gestalttherapie Elemente des Psychodramas verwandt, um gestalttherapeutische Prozesse zu verdeutlichen. Dabei lehnt PERLS die Verwendung von Hilfsichen und die Doppelgängertechnik ab (PERLS 1970), um etwaige Projektionen anderer Gruppenteilnehmer im therapeutischen Prozeß auszuschließen. Der Protagonist übernimmt alle Rollen seines Spiels selbst. Ein leerer Stuhl ist sein Interaktionspartner. Neben diesem Rollenspiel verwendet die Gestalttherapie eine Art „internes Psychodrama". In Dialogen zwischen Gefühlen, Bildern aus Trauminhalten, werden Konflikte (= offene psychische Gestalten) identifiziert, ausagiert und die emotionalen Gestalten geschlossen.

2.3 *Fixed Role Therapy*

George KELLYs „Psychology of Personal Constructs" (1956) ist eines der wenigen Werke, die eine originelle Persönlichkeitstherapie und Anthropologie und zudem ein diagnostisches und therapeutisches Instrumentarium vorlegen (RILLAER 1969/70). KELLY weist den persönlichen Konzepten (personal constructs), wie sie im Verhalten des Individuums zum Ausdruck kommen, entscheidende Bedeutung zu. Die therapeutische Arbeit beginnt mit einer Bestandsaufnahme der Konstrukte, mit einer Art Rolleninventar, von dem ausgehend für den Patienten eine „feste Rolle" entwickelt wird, die er über mehrere Wochen konsequent zu spielen hat (BONARIUS 1967). Er übernimmt für diesen Zeitraum die Rolle einer anderen Persönlichkeit mit dem Ziel, verfestigte Rollenklischees zu durchbrechen, Verhaltensalternativen zu erfahren, neue Verhaltensweisen einzuüben. KELLYs „Fixed Role Therapy", die er seit 1939 mit seinen Mitarbeitern entwickelte, ist von MORENO inspiriert, hat sich aber sowohl in theoretischer als auch in praktischer Hinsicht zu einer eigenständigen Form der Therapie herausgebildet.

2.4 *Analytisches Psychodrama*

FERENCZIs analytisches Rollenspiel ist nicht die einzige Form geblieben, dramatisches Spiel und Psychoanalyse zu verbinden. In Frankreich haben sich verschiedene Schulen des analytischen Psychodramas herausgebildet. LEBOVICI und Mitarbeiter (1958, 1972) vertreten den Standpunkt, daß im Psychodrama das wesentlichste therapeutische Agens die Übertragung ist, die durch das Spielen verdeutlicht wird. Aber erst die analytischen „Interpretationen des psychodramatischen Geschehens machen aus dieser Form der Therapie mehr als ein Ausagieren oder eine symbolische Wunschverwirklichung" (LEBOVICI 1972). ANZIEU (1956; 1969/70) und seine Schule inkorporieren in die analytische Arbeit stärker Konzepte der Rollentherapie. Sie sehen die Deutung zwar als wichtig, aber nicht als unerläßlich an. Besondere Varianten des analytischen Psychodramas werden von Paul und Genie LEMOINE (1972), PETZOLD (1969), FRIEDEMANN (1972) und WIDLÖCHER (1961) praktiziert.

2.5 *Triadisches Psychodrama*

Dieses ist auf MORENOs triadischem Konzept von Gruppenpsychotherapie, Soziometrie und Psychodrama gegründet und versucht, diese drei Elemente zu verbinden. Im französischen Modell des triadischen Psychodramas (SCHÜTZENBERGER 1968; 1969/1970; PETZOLD 1971; 1973) geschieht dies, indem szenisches Spiel, gruppendynamisches Setting und gruppenanalytische Verfahrensweise miteinander kombiniert werden, um auf diese Weise die Möglichkeiten der genannten Methoden in einem integrativen Stil zu verbinden. In der praktischen Durchführung verlaufen die Sitzungen so, daß einmal mehr die gruppendynamische, analytische oder psychodramatische Arbeit betont wird.

2.6 *Tetradisches Psychodrama*

Das tetradische Psychodrama wurde von PETZOLD (1971) konzipiert. Es gliedert sich in vier Phasen: 1. Die diagnostisch-anamnestische Phase, in der der Konflikt des Patienten psychodramatisch diagnostiziert wird (Erinnern). 2. Die psychokathartische Phase, in der konfliktbesetzte Situationen ausagiert werden mit dem Ziel, eine emotionale Erfahrung zu vermitteln (Wiederholen). 3. Die analytisch-kommunikative Phase dient dem Sharing, d. h. der emotionalen Kommunikation der Gruppenmitglieder untereinander, sowie dem Feedback zum vorangegangenen Geschehen. Letzteres wird, falls notwendig, verbal oder im Spiel gedeutet (psychodynamischer Aspekt) und darüber hinaus aus lerntheoretischer Sicht untersucht. Ziel ist eine rationale Einsicht (Durcharbeiten). 4. In der vierten Phase wird versucht, aus der gewonnenen emotionalen Erfahrung und rationalen Einsicht eine unmittelbare Konsequenz zu ziehen, die sich in der Konzipierung und Einübung von neuen Verhaltensweisen zeigt (Verändern), wobei verhaltenstherapeutisches Rollenspiel (Behaviourdrama) als Instrument dient (PETZOLD, SCHULWITZ, dieses Buch).

2.7 *Behaviourdrama*

Das Behaviourdrama wurde von PETZOLD (1969, 1977) als eine Form des verhaltenstherapeutischen Rollenspiels unter konsequenter Anwendung lerntheoretischer Prinzipien entwickelt. In hierarchisch abgestuften Situationsspielen wird systematisch desensibilisiert (PETZOLD, OSTERHUES 1972) oder selbstbehauptendes Verhalten eingeübt (assertive training). Durch Vorspielen von Situationen wird die Möglichkeit zu Imitationslernen (BANDURA 1968) gegeben. Beim Nachspielen von Situationen wird gewünschtes Verhalten belohnt, unerwünschtes nicht beachtet (um zu extingieren) oder bestraft.

Unerwartete Konfrontation mit traumatischen Situationen durch psychodramatischen Schock (MORENO 1939; MANN 1966) sind als eine Art Implosionstherapie (HOGAN 1968) zu verwenden.

2.8 *Rollenspiel*

Die verschiedenen Formen des Rollenspiels wurden in den vierziger und fünfziger Jahren vornehmlich in den USA entwickelt, und zwar im wesentlichen für drei Bereiche: *Therapie, Pädagogik, Industrie und Wirtschaft.*

Unter dem Einfluß MORENOs entwickelten LIPPITT (1943), BRADFORD und BENNE (1946; 1947), BAVELAS (1947) und MAIER (1952) Rollenspieltechniken zum Training von Führungskräften und zur Schulung von Personal in Industrie, Wirtschaft und Verwaltung. Derartige Rollenspieltechniken, die später von FRANKS (1959), CORSINI, SHAW, BLAKE (1961), von PETERS und PHELAN (1959) u. a. weiter vervollkommnet wurden, haben im wesentlichen einen didaktischen und verhaltensmodifizierenden Charakter. Sie sollen einerseits soziale Verhaltensweisen deutlich machen, zum anderen Verhaltensalternativen einüben. Ähnliche Ziele hat das pädagogisch orientierte Rollenspiel. Als „Realitätspraxis" (ZANDER, LIPPITT 1944), zur Verdeutlichung zwischenmenschlicher Beziehungen (LIPPITT, HUBBEL 1956) haben Rollenspiele in der Unterrichtssituation hohen Wert. In der Regel werden sie zu fest vorgegebenen Themen durchgeführt (CHESLER, FOX 1966). Das hat den Vorteil, daß die therapeutischen Variablen des Rollenspiels auf ein Minimum reduziert werden und auf alle Fälle gut zu steuern sind. Es können weiterhin sachliche Lerninhalte gezielt vermittelt werden. Rollenspiele benötigen durch die vorgegebene Themenstellung ein weniger intensives Warm Up, da sie geringere Widerstände hervorrufen als dies beim therapeutischen Vorgehen oftmals der Fall ist. Neben CHESLER und FOX haben sich besonders George und Fannie SHAFTEL (1967) um das pädagogische Rollenspiel verdient gemacht. SHAFTELs Ansatz besteht darin, Erzählungen vorzulesen, die eine bestimmte soziale Situation konstellieren, für die eine Lösung gefunden werden muß. Die „problem stories" müssen dann von der Gruppe vervollständigt werden, indem sie als Spiel weitergeführt werden.

Beim *pädagogisch-didaktischen* Rollenspiel, wie es in Industrie und Unterricht verwandt wird, finden wir als theoretische Grundlagen im wesentlichen lernpsychologische und sozialpsychologische Theoreme. Lern-, Rollen- und Kommunikationstheorie haben zur Erklärung der beim Rollenspiel abgelaufenen Prozesse gedient (Lerntheorie: SCOTT 1957, 1959; STURM 1965; PETZOLD 1969,

1972 – Rollentheorie: SARBIN, ALLEN 1964; BIDDLE, THOMAS 1966), aber auch Theorien, die von der wissenschaftlichen Untersuchung des Rollenspiels selbst stark geprägt wurden: die kognitive Dissonanztheorie (FESTINGER, CARLSMITH 1957) und die Inzentivetheorie (JANIS, GILMORE 1965); ja der Streit zwischen diesen beiden sozialpsychologischen Schulen wurde im wesentlichen an der unterschiedlichen Erklärung des Rollenspiels ausgetragen (ELMS 1969).

Dem *therapeutischen* Rollenspiel wurden die verschiedenen psychotherapeutischen Theorien zugrundegelegt. CORSINI (1966) bezieht sich in seinem Handbuch „Role Playing in Psychotherapie" auf MORENOs Kreativitätstheorie und Konzepte der Rollentheorie — er spricht von „role therapy". Die Rollentheorie legt auch SARBIN (1945) zur Erklärung therapeutischer Prozesse zugrunde. SOLOMON und FENTRESS (1947), BROMBERG (1958), DERBOLOVSKY (1969) u. a. haben das Rollenspiel in der analytischen Psychotherapie verwandt, O'CONNELL (1963), SHOOBS (1956, 1964) u. a. in der adlerianischen Psychotherapie. Auch ROGERS' Schule (GOODMAN 1962) und die Verhaltenstherapie (WOLPE, LAZARUS 1966) haben das Rollenspiel in das Arsenal ihrer Behandlungstechniken aufgenommen.

3. *Anwendungsgebiete des Psychodramas*

Es gibt wohl kaum ein Verfahren der psychologischen Gruppenarbeit, das in so verschiedenen Bereichen Anwendung gefunden hat wie das Psychodrama. Die Vielzahl und Variabilität seiner Techniken ist hierfür genauso bestimmend wie die realitätsbezogene Verfahrensweise. Dem Umgang mit realen Situationen *in situ* und der Bearbeitung von Phantasien auf der Psychodramabühne sind kaum Grenzen gesetzt. Einen nur annähernden Überblick über die reiche Literatur zu den einzelnen Anwendungsgebieten zu geben, ist an dieser Stelle nicht möglich. Deshalb sei nur einiges herausgegriffen und auf weiterführende Literatur verwiesen.

3.1 *Das Psychodrama in der Psychotherapie von Neurosen und Psychosen*

Das Psychodrama wurde als psychotherapeutisches Instrument in der Therapie von Neurosen und Psychosen in zahlreichen Untersuchungen beschrieben. STRAUB (1969, 1972) behandelte Zwangsneurosen, Depressionen und Phobien mit Psychodrama erfolgreich, DEDNE und HANKS (1967), CHASE (1962), PARRISH (1958) u. a. haben Psychotiker im Rahmen psychiatrischer Kliniken mit guten Ergebnissen durch Psychodrama behandelt.

Auch im Rahmen von therapeutischen Gemeinschaften hat sich das Psychodrama, nachdem es 1936 von MORENO zum erstenmal zum Aufbau einer derartigen Gemeinschaft verwendet wurde, bewährt (SIROKA 1967; SEABOURNE 1972; PLOEGER 1972). Lit.: BLATNER 1970.

3.2 *Das Psychodrama in der Behandlung von Alkoholikern und Drogenabhängigen*

Seitdem TIERNEY (1945) Psychodrama in der Behandlung von Alkoholikern eingesetzt hat, fand die psychodramatische Therapie mit Süchtigen immer weitere Verbreitung (WEINER 1965, 1966; BONABESSE 1970; PETZOLD 1970). Auch in der Arbeit mit Drogenabhängigen hat sich Psychodrama als therapeutisches Instrument bewährt (ELIASOPH 1955; FRIEDMANN 1967; PETZOLD dieses Buch, dort weitere Lit.).

3.3 *Psychodrama im Strafvollzug*

Als soziotherapeutisches Instrument hat das Psychodrama in der Arbeit mit Strafgefangenen (HASKELL 1957, 1960; LASSNER 1950) und mit jugendlichen Delinquenten Anwendung gefunden (HEAD 1962; ELIASOPH 1963). Dabei geht es nicht allein um die Behandlung von Soziopathien, sondern auch um die Einübung neuer, sozial adäquater Verhaltensweisen, um Konfliktintervention innerhalb der belastenden Gefängnissituation und um eine Vorbereitung auf Situationen nach der Entlassung (Lit.: BLATNER 1970).

3.4 *Psychodrama in der Arbeit mit Vorschulkindern*

Nicht nur in der Kinderpsychotherapie von verhaltensgestörten Kindern (STRAUB 1972; ANZIEU 1956; WIDLÖCHER 1962) oder Retardieren (FONTAINE 1972) wurde das Psychodrama mit Erfolg eingesetzt, auch in der Vorschulpädagogik und der Kindergartenarbeit (LIPPITT 1954) hat es Verwendung gefunden. Das improvisierte Spiel kommt gerade dem Vorschulkind sehr entgegen (GORDING 1971) und fördert seine kreativen Fähigkeiten. Die Kombination mit Puppen (KORS 1964) und Kreativitätstechniken (KRANTZ 1971) hat sich besonders bewährt (Lit.: PETZOLD, GEIBEL, dieses Buch).

3.5 *Psychodrama in der Schule*

Das Psychodrama hat sich neben dem Rollenspiel (vgl. 2.10) als Technik eines modernen Unterrichts einführen können (HAAS 1949; CARPENTER 1968). Zur Verdeutlichung sozialer Interaktionen, zur Vermittlung von Lerninhalten, als Kommunikations- und Perzeptionstraining ist es in der Hand des Lehrers sowohl ein hervorragendes didaktisches Instrument als auch ein Verfahren zur Amelioration der Klassenstruktur und des schulischen Klimas (PETZOLD, SCHULWITZ, dieses Buch, dort weitere Lit.).

3.6 *Psychodrama an der Hochschule*

Das Psychodrama ist an Hochschulen, Fachhochschulen und Universitäten bei der Ausbildung von Studenten der Pädagogik (SCHÖNKE 1971), Studierenden sozialfürsorgerischer und pflegerischer Berufe (CUVELIER 1972), Medizinern, Psychologen, Theologen u. a. verwandt worden. Dabei wurde einerseits eine therapeutische Selbsterfahrung bezweckt, zum anderen sollte neben einem Kommunikationstraining eine Einführung in die psychologische Gruppenarbeit gegeben werden (PETZOLD 1973 dort weitere Lit.).

3.7 *Psychodrama in der Erwachsenen- und Altenbildung*

Mit ähnlichen Zielsetzungen wie in der Arbeit mit Studenten hat man Psychodrama in der Andragogik (STURM 1967; PETZOLD, SIEPER 1970), in der Geragogik (LEVEEN, PRIVER 1963) bzw. Geriatrie verwandt. Gerade in der Erwachsenenbildung läßt sich das flexible Instrumentarium des Psychodramas für ein optimales Sach- und Affektlernen vorteilhaft einsetzen (BLATNER 1970 dort weitere Lit.).

3.8 *Psychodrama in der Elternarbeit, der Ehepaar- und Familientherapie*

Für die Arbeit mit ambulanten Elterngruppen (WEBSTER 1968; WOLPE 1957) bietet das Psychodrama zahlreiche Möglichkeiten. Die Plastizität des Geschehens vermittelt in kürzester Zeit Verständnis für Problemsituationen. Die Beratungstätigkeit als begleitende Maßnahme zur therapeutischen und pädagogischen Arbeit mit Kindern wird auf diese Weise sehr vereinfacht. Für die Ehepaar- und Familientherapie bietet das Psychodrama ähnliche Vorteile (MORENO 1940, 1952). Techniken wie der Rollentausch vermitteln Einblick in die Situation des anderen und fördern das Problemlösungsverhalten (Lit.: BLATNER 1970).

3.9 *Psychodrama in Pastoraltherapie und Seelsorge*

Sowohl in der Pastoraltherapie (STURM 1963; ZACHER 1961) als auch in der Seelsorge (GREEN 1961; BOBROFF 1966) hat Psychodrama Verwendung gefunden. Zielsetzungen waren, den Prozeß der Kommunikation zwischen Geistlichen und Gemeindemitgliedern und den Gemeindemitgliedern untereinander zu fördern und in den pastoraltherapeutischen Situationen eine Möglichkeit der Selbstfindung und -verwirklichung bereitzustellen (PETZOLD, dieses Buch, dort weitere Lit.).

3.10 *Psychodrama in Industrie, Wirtschaft und Verwaltung*

Auf die Verwendung von psychodramatischem Rollenspiel in diesen Bereichen wurde unter 2.8 schon hingewiesen.

4. *Das klassische Psychodrama nach MORENO*

Psychodrama, Gruppenpsychotherapie und Handlungslernen *(action learning)* haben also im Wiener Stegreiftheater MORENOs ihren Ursprung. Wenn der Wiener Psychiater FREUD sich im wesentlichen der individuellen Dimension des Menschen zugewandt hat, so war das Augenmerk des Wiener Psychiaters J. L. MORENO hauptsächlich auf die soziale Dimension gerichtet. Legt man die Annahme zugrunde, daß die *Therapie pathologischer Zustände auch immer die Therapie des pathogenen Umfeldes erfordert,* so kann man die gruppenpsychotherapeutischen und soziometrischen Forschungen MORENOs nicht als Antithese zur Psychoanalyse, sondern als eine wesentliche Komplettierung jeder Form individueller Psychotherapie ansehen.

Das Psychodrama ist in seinem therapeutischen und pädagogischen Bemühen auf die Wirklichkeit gerichtet, die individuelle Wirklichkeit der Einzelpersonen mit ihrer spezifischen Dynamik, und die soziale Wirklichkeit der dem Individuum zugehörigen Gruppe mit den in ihr wirksamen gruppendynamischen Prozessen.

Der Umgang mit der Realität ist komplex, vielschichtig wie die Wirklichkeit selbst, in der die Dimensionen der Gegenwart, der Vergangenheit und der Zukunft *(time factor)* genauso zum Tragen kommen wie die des Raumes, der Umgebung *(environment factor)* und in der kulturelle, soziale und religiöse Faktoren wirksam werden.

Psychodramatisches Geschehen als Reflektierung und Vollzug der Wirklichkeit in ihren polymorphen Dimensionen wird damit selbst zu komplexem Geschehen (SARRO 1971).

Für den therapeutischen Bereich bedeutet das, daß wir mit dem Psychodrama ein Instrument besitzen, das für den Umgang mit der individuellen und kollektiven Wirklichkeit des Patienten in seiner pathogenen Vergangenheit, seiner gestörten und durch Krankheitssymptome belasteten Gegenwart und seiner sich in positiven oder negativen Prognosen abzeichnenden Zukunft in besonderer Weise geeignet ist.

Das Psychodrama ist in seiner von MORENO konzipierten Form eine psychotherapeutische Methode, die ausgesprochen vielseitig ist, was sich allein an dem reichen Arsenal von Techniken zeigt, die für die unterschiedlichsten diagnostischen und therapeutischen Erfordernisse spezifisch einsetzbar sind; um diesen spezifischen, auf die Realität des Patienten bezogenen Einsatz therapeutischer Mittel geht es dem Psychodrama in erster Linie. Die psychodramatische Methode muß deshalb selbst ausgesprochen wandelbar sein.

Die klassischen psychotherapeutischen Schulen und Methoden fußen auf einer ausgeprägten Neurosenlehre und dahinterstehend auf einer festgefügten, differenzierten anthropologischen Konzeption. Auch das Psychodrama besitzt eine weitgestreckte therapeutische Theorie und Anthropologie, nur daß MORENO seiner Methode kein starres „once and forever"-Konzept mitgegeben hat, sondern die permanente schöpferische Veränderung selbst zum zentralen Funktionsprinzip des Psychodramas gemacht hat. Das Psychodrama, dessen therapeutischer Ort par excellence sich *in situ* in der konkreten Wirklichkeit des Lebens befindet (MORENO 1959), versucht, diese Wirklichkeit in ihrer Vielfalt zu explorieren und ihre Verzerrungen und Verformungen zu behandeln, indem es sich der verschiedensten diagnostischen und therapeutischen Ansätze bedient und auf unterschiedliche therapeutische Modelle, z. B. das der Psychoanalyse, der Verhaltenstherapie oder auf Konzepte der Gestalttherapie und Sozialpsychologie zurückgreift. Dies geschieht aber nicht aus einem Mangel an eigener theoretischer Grundlage noch aus einem methodischen Synkretismus heraus, sondern das variable technische Instrumentarium des Psychodramas und die vielfältigen Möglichkeiten der Verfahrensweisen implizieren per se einen multilateralen theoretischen Ansatz.

4.1 Aufbau des klassischen Psychodramas

Das klassische Psychodrama gliedert sich nach seinem Verlauf in drei Phasen: die Initial- oder Warm-Up-Phase, die Handlungs- oder Spielphase, die Abschluß- oder Gesprächsphase (LEUTZ 1970). In jeder dieser Phasen kommen spezifische Techniken zur Anwendung (cf. infr.).

4.1.1 Die Initialphase ist darauf gerichtet, diagnostisches Material zu sammeln, Widerstände zu reduzieren und ein Kommunikationsfeld aufzubauen, in dem die Gruppenteilnehmer offen und ohne Ängste miteinander umgehen können. Im Verlauf der Erwärmungsphase kristallisiert sich die Thematik der Gruppe heraus oder wird ein Protagonist für ein psychodramatisches Spiel gefunden. Es erfolgt die Konstellierung der Szene, d. h. der Aufbau des Raumes (z. B. elterliches Wohnzimmer) und die Zuweisung bzw. Auswahl der Rollen.

4.1.2 Die Handlungs- oder Spielphase kommt in Gang, sobald die Konstellierung der Szene vollzogen ist. Die Situationen werden durchgespielt. Vergangenes wird gegenwärtig. Zukünftiges in das Hier und Jetzt geholt. Lebenswirklichkeit gewinnt auf der Psychodramabühne Gestalt. Der Protagonist und die Gruppe durchleben das Geschehen im Spiel in einer Intensität, die sich von der Realsituation kaum unterscheidet. Ziel ist die Katharsis des Protagonisten und der Gruppe.

4.1.3 Abschlußphase: Ist das Spiel beendet, so erwacht der Protagonist wie aus einem Traum. Er tritt aus der psychodramatischen Realität seines Spiels wieder in die Realität der Gruppe, die sich stützend und bergend um ihn versammelt. Jeder Teilnehmer gibt im nun folgenden *sharing* seine Gefühle und Erlebnisse während des Spiels wieder. Dabei bleiben die Äußerungen nicht auf den verbalen Bereich beschränkt. Eine freundliche Geste oder eine Umarmung sind als Ausdruck spontaner Emotionalität nicht selten. Ein Tabu im Hinblick auf körperliche Berührung, wie wir es in den klassischen Formen der Psychotheraphie finden (FORER 1969), besteht nicht.

4.2 *Das Psychodrama als Einzel- und Gruppenpsychotherapie, als Langzeit- und Kurzbehandlung*

Ob das Psychodrama als Einzel- oder Gruppenbehandlung, als Langzeit- oder Kurztherapie eingesetzt wird, hängt letztlich allein von der Frage der Indikation ab, auf die wir an dieser Stelle nicht detailliert eingehen können. Sicherlich werden periphere neurotische Verformungen der Persönlichkeit eine kürzere Behandlungsdauer erfordern als etwa Kern- oder Charakterneurosen, und sicherlich wird man den suizidalen Depressiven psychodramatisch anders angehen müssen als den Hysteriker. Grundsätzlich kann man sagen, daß in der psychodramatischen Kurztherapie die Elemente des Kreativitäts- und Spontaneitätstrainings, der Verhaltenstherapie, der Handlungskatharsis sowie stützende und suggestive Verfahren stärker zum Einsatz kommen als in der psychodramatischen Langzeittherapie, die im wesentlichen analytisch ausgerichtet ist, ohne daß damit die im Vorangegangenen genannten Komponenten ausgeschlossen würden.

Es ist eine allgemeine und nichtsdestoweniger unzutreffende Annahme, daß das Psychodrama ausschließlich eine Form der Gruppenpsychotherapie sei. Das Psychodrama wurde von MORENO seit seinen ersten therapeutischen Versuchen in dreifacher Form eingesetzt: als Einzelbehandlung, als Einzelbehandlung in der Gruppe und als Gruppentherapie. Darüber hinaus wurde das Psychodrama als Instrument der Gruppenpädagogik verwandt.

Das Psychodrama als Einzeltherapie verwendet Rollenspiele zwischen dem Therapeuten und Patienten oder behandelt einen Patienten mit einer Gruppe von Therapeuten oder therapeutischem Personal, wie es MORENO in verschiedenen Fällen beschrieben hat (MORENO 1969) und wie die französischen Schulen des analytischen Psychodramas bevorzugt verfahren (LEBOVICI et col. 1958; ANZIEU 1956). Auch hier ist die Frage der Indikation ausschlaggebend. In der Regel wird man schwer gehemmte Patienten und Psychotiker, die man in einer Gruppe nicht oder noch nicht angehen kann, für eine psychodramatische Einzelbehandlung auswählen oder Personen, deren Problematik der Gruppe nicht zugemutet werden kann, etwa bei massiv sexuell deviatem Verhalten.

Die Einzelbehandlung in der Gruppe finden wir bei protagonistzentriertem Vorgehen. Die Problematik eines Patienten wird aufgegriffen und in der Gruppe behandelt, wobei die übrigen Gruppenmitglieder als *auxiliary egos* dem Protagonisten bei der Realisierung *seines Psychodramas* zur Verfügung stehen. Durch das damit verbundene Training der Rollenflexibilität und Spontaneität, durch die Schulung der Handhabung von Emotionen, der Einfühlung und der Verantwortung, nicht zuletzt aber durch die Partizipation an der Katharsis des Protagonisten durch Identifikation *(vicarious catharsis*, GREENBREG 1968) ergibt sich natürlich auch für die teilnehmenden Gruppenmitglieder eine mehr oder weniger intensive therapeutische Wirkung; dennoch handelt es sich um das spezifische Psychodrama des Protagonisten, auf dessen Problematik der Therapeut besonders gerichtet ist.

4.3 Anwendungsweisen des Psychodramas

Das klassische Psychodrama kommt in zwei Formen zur Anwendung: als *protagonistzentriertes* und als *gruppenzentriertes Spiel* (LEUTZ 1970; MORENO 1959). Wir selbst haben zwei weitere Verfahrensweisen unterschieden: den *gruppengerichteten* und *themenzentrierten* Ansatz.

4.3.1 Person- bzw. Protagonistzentriertes Vorgehen:

Ist der Protagonist auf die Psychodramabühne getreten, so ist er mit dem Therapeuten allein. Die Gruppe tritt zurück, was besonders bei beleuchteter Psychodramabühne und abgedunkeltem Raum deutlich wird. Aber auch in einem anderen Setting verschwindet durch die Interaktion zwischen Protagonist und Therapeut im Warm-up-Prozeß die Anwesenheit der Gruppe aus dem Bewußtsein des Protagonisten. Durch verschiedene Techniken, etwa die des *dialogischen Interviews*, wird eine Situation geschaffen, die der Einzeltherapie durchaus vergleichbar ist. Je nach den therapeutischen Zielsetzungen und Konzepten kann nun der Therapeut eine konfliktzentrierte Exploration *(focussed analysis)* vornehmen oder ein nondirektives Gespräch im Sinne der *client-centred-therapy* (ROGERS 1951) führen. Für das letztgenannte Vorgehen hat sich die Wiederholung von Aussagen des Patienten im *„Echoeffekt“* zur Anregung der Produktion bewährt.

4.3.2 Gruppengerichtetes Vorgehen:

Im protagonistzentrierten Psychodrama werden immer wieder Techniken eingesetzt, die auf die Behandlung des Patienten als Individuum ausgerichtet sind, so daß berechtigterweise von einer *„Einzeltherapie in der Gruppe"* gesprochen werden kann. Wir haben schon darauf hingewiesen, daß durch die Mitbeteiligung am Spiel und die Identifikationsvorgänge die Gruppe bis zu einem gewissen Maße vom therapeutischen Geschehen in einem *protagonistzentrierten* Psychodrama mitbetroffen wird. Bei homogenen Gruppen kann das so weit gehen, daß die Problematik eines Protagonisten gleichsam paradigmatisch für die ganze Gruppe aufgerollt wird, als Problematik, die für alle relevant ist. Der therapeutische Prozeß ist also auf die Gruppe *gerichtet* oder bezogen. Wenn auch noch das spezifische Spiel eines Protagonisten das formale Zentrum des Geschehens ist, so hat sich das eigentliche Geschehen vom Protagonisten hin auf die Gruppe verschoben, ohne nun ausgesprochen auf die Gruppe im Hier und Jetzt zentriert zu sein. Wir haben schon an anderer Stelle auf die Wichtigkeit der Unterscheidung zwischen *protagonistzentriertem, gruppengerichtetem* und *gruppenzentriertem* Vorgehen hingewiesen. (PETZOLD/SCHULWITZ, dieses Buch), die nicht nur für das Psychodrama, sondern auch für andere Formen der Gruppenpsychotherapie zutreffend und wichtig zu sein scheint. Erst wenn das Psychodrama gruppengerichtet oder gruppenzentriert ist, kann man es als Gruppentherapie im eigentlichen Sinne ansprechen.

Im *gruppengerichteten* Verfahren und bei der *protagonistzentrierten* Behandlung verbinden sich in vorteilhafter Weise Möglichkeiten der Einzeltherapie mit den Möglichkeiten der Gruppenpsychotherapie. Man vermag den einzelnen Patienten mit genügender Intensität anzugehen, verfügt dabei aber noch über die therapeutischen Wirkweisen der Gruppensituation und vermag auch für die anderen Gruppenmitglieder eine therapeutisch wirksame Situation zu schaffen.

4.3.3 Gruppenzentriertes Vorgehen:

Das *gruppenzentrierte* Psychodrama ist mit der Situation der Gruppe im *hic et nunc* befaßt. Die Interaktion zwischen den einzelnen Gruppenmitgliedern und das Verhalten der Teilnehmer in der Gruppe wird Gegenstand der Analyse und Bearbeitung. Durch das Aufgreifen und Spielen allgemeiner Thematik, etwa der Autoritätsproblematik, werden die Grenzen zum Soziodrama oft fließend.

4.3.4 Themenzentriertes Vorgehen

Dieses Verfahren läßt die psychodramatische Arbeit um ein Thema kreisen, das vom Leiter vorgegeben wurde oder das die Gruppe selbst erarbeitet hat und zu verfolgen bereit ist. Der themenzentrierte Ansatz kann problemorientiert sein, aber auch didaktischen Zielen dienen. Z. B. können die Themen „Autorität", „Vorurteile", „Sexualität" in *ad hoc* konzipierten Psychodramen exploriert werden.

Ganz gleich, welche der beschriebenen Formen des Vorgehens man auch wählt, so sind doch dem psychodramatischen Prozeß gewisse diagnostische und therapeutische Komponenten inhärent, die zwar je nach Ausrichtung und Verfahrensweise des Psychodramatherapeuten zu der einen oder anderen Seite hin betont sein können, sich in der Regel aber in jedem *lege artis* ausgeführten Psychodrama finden.

4.4 Instrumente des Psychodramas

Das klassische psychodramatische Spiel nach MORENO (1959) benötigt sechs Instrumente:

4.4.1 Die Bühne oder Spielfläche

4.4.2 Die Protagonisten

4.4.3 Den Leiter des Psychodramas

4.4.4 Die psychodramatischen Techniken

4.4.5 Die Hilfstherapeuten (auxiliary egos)

4.4.6 Die Teilnehmer der Gruppe

4.4.1 *Die Bühne* oder Spielfläche, vom Gruppenkreis deutlich abgesetzt (LEUTZ 1970), bietet einen Raum, in dem die Wirklichkeit der Gruppe, das *Hic et Nunc* der Interaktion zwischen den einzelnen Teilnehmern ausgedehnt und erweitert wird, in dem die individuelle Vergangenheit und Zukunft des Protagonisten, die Außenbezüge seiner Lebenssituation, aber auch seine Phantasien und Träume Gestalt annehmen können. Die Realität wird vermehrt, sie wird zur *surplus reality,* um diesen Ausdruck MORENOs (1971) zu verwenden. Die Psychodramabühne stellt die Möglichkeiten zur Exploration der Wirklichkeit bereit, die die Konstellationen von Interaktionskonflikten, das Rollenverhalten der Beteiligten und den Aufbau von Verhaltensmustern plastisch vor Augen führt. Eine Analyse des Verhaltens nach lerntheoretischen Prinzipien (KANFER/PHILLIPS 1970) gibt dem Psychodrama einen hohen diagnostischen Wert für die Aufschlüsselung und das Verständnis von Individual- und Sozialverhalten.

4.4.2 *Der Protagonist* im Psychodrama kann seinen Konflikt darstellen. Er begrenzt sich nicht nur auf die verbale Schilderung, sondern kann auf der Psychodramabühne den Ort, die Umgebung und die Zeit seines Konfliktgeschehens realisieren, d. h. ihm wieder einen gewissen Wirklichkeitscharakter verleihen. Durch diese Nähe zur Wirklichkeit, die den ganzen nonverbalen Ausdruck, Bewegung, Gestik und Mimik mit einbezieht, wird die affektive Beteiligung soweit mobilisiert, daß die emotionale Erfahrung in der *„Semirealität"* des Psychodramas dem realen emotionalen Erleben nicht nachsteht. Und dennoch ist die psychodramatische Wirklichkeit nicht die Wirklichkeit des realen Konfliktes, sie vermittelt vielmehr einen gewissen Abstand von ihm, ein Erleben aus der Distanz, durch das dem Protagonisten eine vertiefte Einsicht in seine Probleme, aber auch ein besseres Handhaben seiner Gefühle ermöglicht wird. Der Protagonist vermag aber nicht nur seine persönliche Wirklichkeit besser kennenzulernen, indem er sie in Verbindung mit dem Leiter/Therapeuten und der Gruppe exploriert, er vermag auch mit sich zu experimentieren, seine Potentiale zu erforschen und seine Fähigkeiten auszudehnen und zu entwickeln.

4.4.3 *Der Leiter* des Psychodramas hat die Funktion, in der Gruppe ein Klima zu stimulieren, in dem sich psychodramatische Prozesse entwickeln können. Durch Warm-Up-Übungen strukturiert er die Initialsituation der Gruppe und akzelleriert damit das Gruppengeschehen, so daß in kurzer Zeit zu wesentlicher, persönlicher Problematik vorgestoßen werden kann. Ihm kommt bei protagonistzentriertem Vorgehen die Aufgabe zu, im diagnostischen Eingangsspiel konfliktzentriert mit dem Protagonisten auf seine eigentlichen Probleme hinzuarbeiten. Der Leiter/Therapeut des Psychodramas stellt dem Protagonisten das technische Instrumentarium der psychodramatischen Methode zur Verfügung, soweit es zur Bearbeitung der Situation förderlich ist. Bei direktivem Vorgehen liegt die Führung des Spiels weitgehend in den Händen des Psychodrama-„Direktors", der, auf die Impulse des Protagonisten eingehend, diesem bei der Realisierung seiner Vorstellungen hilft, wobei er die Entscheidungen und Regungen des Protagonisten zu respektieren hat. Dieser ist der Autor seines Psychodramas, doch die Regie führt er zusammen mit dem Leiter/Therapeuten. Je größer die Eigenaktivität des Protagonisten in der Regieführung wird, desto mehr kann der Direktor sich zurückziehen (z. B. im Autodrama völlig). Bei gruppenzentriertem Vorgehen übernimmt der Leiter/Therapeut die Funktion eines Katalysators oder eines Relais', über das bestimmte Aktionen ablaufen, das verstärkt, verdeutlicht, unklare oder störende Impulse zurückgibt, damit sie modifiziert werden können.

4.4.4 *Die psychodramatischen Techniken* dienen dem Psychodramaleiter als Werkzeuge, therapeutische Prozesse in Gang zu setzen, zu steuern und aufzufangen. Nach ihrer Funktion unterscheidet man Initial-, Handlungs- und Abschlußtechniken (warm-up-, action-, sum-up-techniques) (vgl. dieses Buch S. 138). Hinzu kommen die „Rahmentechniken".

4.4.4.1 *Initialtechniken* („warm-up-techniques") dienen dazu, in der Gruppe ein Klima der Kooperation zu stimulieren, die Widerstände herabzusetzen und den Protagonisten spielbereit zu machen. Ihnen kommt überdies eine hohe diagnostische Bedeutung sowohl in projektiver als auch in verhaltensanalytischer Sicht zu. Der „leere Stuhl", die „psychodramatische Vignette", die „katatyme Szene" lassen Bilder aufsteigen und Handlungen ins Spiel kommen, die auf verborgene Konflikte hinweisen (projektiver Aspekt). Sie zeigen aber auch Verhaltensmuster, die charakteristisch sind und zu fixierten und inadäquaten Responsen bzw. Responsketten hinführen (verhaltensdiagnostischer Aspekt).

4.4.4.2 *Handlungstechniken* (action methods) kommen im eigentlichen Spiel zum Tragen. Sie helfen, das Spielgeschehen voranzutreiben, Situationen zu verdeutlichen, Bericht in Handlung umzusetzen. Der „Rollentausch", der „Doppelgänger", der „hohe Stuhl" haben eine verdeutlichende Funktion. Andere Techniken wie der „Spiegel" oder das „behind-your-back" sollen eine Konfrontation des Teilnehmers mit seinem Verhalten bewirken (confrontation techniques). Zukunfts- und Vergangenheitsprojektion sind auf Exploration bestimmter Lebensabschnitte gerichtet.

4.4.4.3 *Abschlußtechniken* (sum-up-techniques) haben die Aufgabe, emotionale Prozesse aufzufangen und in ihrer Bedeutung zu evaluieren, Bilanzen zu ziehen und Ausblicke in die Zukunft zu ermöglichen. Das „Playback" von Szenen, das

„Changing" von Situationen im Sinne einer Neuorientierung und wiederum die Zukunftsprojektion sind als derartige Techniken zu nennen.

4.4.4.4 *Die Rahmentechniken* stellen ein spezifisches Feld bereit, innerhalb dessen die verschiedenen Handlungstechniken verwendet werden können. Im Magic-Shop (vgl. dieses Buch, S. 159) z.B. kann man sich alle möglichen Dinge und Werte kaufen, sie erproben, zurückkehren, um das Gekaufte umzutauschen oder zu ergänzen. Der Zauberladen gibt somit den Rahmen für einen ganzen psychodramatischen Prozeß ab. Das Spektrogramm (PETZOLD 1971, 1973) ermöglicht den Gruppenteilnehmern, ihre Selbst- und Fremdeinschätzung im Hinblick auf bestimmte Situationen und Auffassungen zu fixieren, und zwar zu Beginn und am Ende der Gruppenarbeit. Das Handlungssoziogramm (SEABOURNE 1963) stellt zu Beginn, während und zum Abschluß der Gruppenarbeit die Veränderung des soziometrischen Status in und mit der Gruppe fest und gibt auf diese Weise einen Rahmen für den psychodramatischen Verlauf einer Sitzung oder einer Sitzungsperiode.

4.4.5 *Die Hilfstherapeuten* dienen dem Protagonisten und dem Psychodramaleiter bei der Realisierung des Psychodramas. Sie nehmen die Funktion und die Rollen von Personen aus dem sozialen Atom (MORENO 1967) oder dem Konfliktfeld des Protagonisten ein. — Als das soziale Atom wird das Beziehungs- und Interaktionsgefüge der Personen in der nächsten Umgebung des Protagonisten bezeichnet (z. B. Eltern, Geschwister, nahe Verwandte, Bekannte etc.). Als das Konfliktfeld wird der konfliktbesetzte Bereich des Protagonisten mit den am Konfliktgeschehen beteiligten Personen bezeichnet »Eltern, Verwandte, Kollegen, Komilitonen), wobei wir einen *Konfliktkern* und eine *Konfliktperipherie* mit den dazugehörigen Personen unterscheiden.

Indem die Hilfstherapeuten im Spiel die Bezugspersonen des Protagonisten verkörpern, ermöglichen sie die Wiederholung und Gegenwärtigsetzung von traumatischen bzw. konflikthaften Ereignissen der Vergangenheit oder die Realisierung von Vorstellungen und Phantasien des Protagonisten. Die *auxiliary egos* haben sich in die ihnen vom Leiter oder vom Protagonisten zugewiesenen Rollen einzufinden und sie so adäquat wie möglich zu übernehmen (role taking). Die Rolle der *auxiliary egos* kann von ausgebildeten Therapeuten oder von den anwesenden Gruppenmitgliedern übernommen werden, von denen dann Rollenflexibilität, Einfühlung, spontanes Handeln und situations- bzw. rollenadäquates Reagieren verlangt wird. Damit wird eine intensive Schulung dieser Fähigkeiten bewirkt.

4.4.6 *Die Teilnehmer der Gruppe* haben die schon erwähnte Funktion der *auxiliary egos.* Sie kann von ausgebildeten Therapeuten oder von den anwesenden Therapeuten wahrgenommen werden. Die Teilnehmer sollen ein tragfähiges Klima schaffen, in dem therapeutische Prozesse wirksam werden können. Erst in einem Klima des gegenseitigen Vertrauens und Annehmens wird es möglich, persönliche Konflikte „ins Spiel" zu bringen. A. SCHÜTZENBERGER (1970) hat das Psychodrama als „thérapie en profondeur du groupe; une thérapie par l'action de groupe, dans le groupe, par le groupe, avec le groupe et du groupe" bezeichnet und damit die Bedeutung der Gruppe und ihrer Teilnehmer für den psychodramatischen Prozeß herausgestellt. Die Gruppe bietet das Setting für das Psychodrama, und die Teilnehmer nehmen folgende Funktionen wahr:

4.4.6.1 Sharing: Die Teilnehmer tragen den Protagonisten durch ihre Anteilnahme (supportative Funktion) und geben ihm das *Gefühl,* daß er mit seinen Problemen nicht allein ist und die *Einsicht,* daß er mit ihnen nicht einzig dasteht. Die affektive Kommunikation (*sharing*) der Gruppe vermag die oft virulenten emotionalen Prozesse des Psychodramas aufzufangen.

4.4.6.2 Feedback: Die Gruppe teilt dem Protagonisten mit, wie sie ihn und seine Probleme erlebt hat, wie sie sein Rollenverhalten, seinen Interaktionsstil, seine Haltungen und Auffassungen beobachten konnte. Die Teilnehmer geben ihre persönliche Sicht wieder. Der Protagonist vermag auf diese Weise von den Eindrücken und den Erfahrungen anderer zu profitieren.

4.4.6.3. Analyse: Die Gruppe analysiert die im Spiel erkennbar gewordenen Verhaltensmuster auf ihr Zustandekommen und ihre Persistenz. „Wo wird Verhalten ausgelöst und verstärkt?" ist eine zentrale Fragestellung. Bei analytisch ausgerichtetem Vorgehen übernimmt die Gruppe einen Teil der Deutungsarbeit. Die Analyse des psychodramatischen Prozesses geht demnach auf psychodynamische aber auch auf verhaltenstherapeutische Aspekte ein.

4.4.6.4 Katharsis: Die Gruppe partizipiert am Spiel des Protagonisten. Wo Identifikationsmöglichkeiten mit dem ablaufenden Spielgeschehen gegeben sind, erfahren die Teilnehmer eine ähnliche persönliche Katharsis wie der Protagonist. Im Prozeß des affektiven Mitteilens (sharing) vollzieht sich darüber hinaus eine Gruppenkatharsis (MORENO 1959).

4.4.6.5 Kommunikation: Die Gruppe stellt im Spiel und in der nachfolgenden Gesprächsphase (LEUTZ 1970) ein Lernfeld für Kommunikationsprozesse bereit.

5. Triadisches Psychodrama

5.1 Das „triadische System" MORENOs und das „triadische Psychodrama" der Französischen Schule

Das Psychodrama MORENOs weist, wie wir gesehen haben, in seiner klassischen Form eine triadische Struktur auf: die Initial- (*warm up*), Handlungs- (*action*) und Abschlußphase (*sum up*). Dieser Aufbau ist vom Ablauf des Psychodramas her gegeben. Er erfaßt damit zwar die dem Spiel inhärente Dynamik, ohne jedoch Aussagen über die diagnostischen und therapeutischen Komponenten dieses Prozesses zu machen; deshalb muß man noch in einer anderen Hinsicht von einem triadischen System MORENOs sprechen, in dem therapeutische und diagnostische Konzepte deutlich werden, nämlich von der Triade psychodramatisches Spiel, Soziometrie und Gruppenpsychotherapie. MORENO hat die unlösliche Verbundenheit dieser drei Elemente immer wieder betont: *das szenische Spiel,* das sich mit der individuellen Wirklichkeit des Patienten in seiner Gegenwart, Vergangenheit und Zukunft diagnostisch und therapeutisch befaßt, *die Soziometrie* und Sozioanalyse als diagnostisches Instrument zur Untersuchung von gruppendynamischen Prozessen und *die Gruppenpsychotherapie* als therapeutische Methode zur Behandlung der Pathologie des Individuums in der Gruppe und durch die Gruppe und zur Behandlung von pathologischen Zuständen, die sich in der Gruppe selbst, d. h. in ihrem Sozialgefüge, vorfinden. Auch hier wird – vom soziometrischen Vorgehen abgesehen – keine präzise Aussage über das diagnostische Procedere und die therapeutisch wirksamen Methoden gemacht. Das „triadische System" MORENOs hat deshalb im „triadischen Psychodrama" der französischen Schule (SCHÜTZENBERGER 1968, 1977; LEMAY 1970; PETZOLD 1971, 1973) eine spezifische Ausprägung erfahren, indem für den szenischen Teil die Katharsis- und Spontaneitätstheorie MORENOs zugrunde gelegt wird, man in den soziometrischen Teil gruppendynamische und sozialpsychologische Konzepte integriert und der gruppentherapeutische Teil schließlich im wesentlichen auf der psychoanalytischen Theorie gründet – wir selbst haben hier versucht, einige Elemente aus der Gestalttherapie (PERLS 1970) und der *„human-potential*-Bewegung" zu integrieren, die besonders die Erfahrung der Körperlichkeit zugänglich machen (BERGER 1971; PETZOLD/BERGER 1974, 1977). Das triadische Psychodrama stellt also, auf den Konzepten MORENOs fußend, eine Verbindung von szenischem Spiel, gruppendynamischem Setting und gruppenpsychotherapeutischer Arbeit dar. Diese drei Komponenten können in jeder Sitzung zum Tragen kommen, da bei jedem Psychodrama in Gruppen auch gruppendynamische Faktoren und Übertragungs- und Gegenübertragungsphänomene wirksam werden. In der Praxis sieht das so aus, daß in manchen Sitzungen mehr gespielt wird, andere aber auch als reine T-Gruppen ohne szenisches Geschehen verlaufen.

5.2 Verlauf des triadischen Psychodramas

Gruppenverlauf im triadischen Psychodrama über eine Sequenz von 16 Sitzungen.

Diagramm I

S	GT	GT	GTP	TP	P	TP	T	T	TP	GTP	GTP	G	GP	P	GTP

S = Sitzungen
G = Gruppenanalytische Arbeit
T = Gruppendynamische Arbeit (T-Group)
P = Psychodramatische Arbeit

Das triadische Psychodrama ist eine Therapieform, die sowohl langfristig (hundert Sitzungen und mehr), aber auch mittelfristig (dreißig bis sechzig Sitzungen) eingesetzt werden kann. Im Unterschied zum klassischen Psychodrama ist der Stil der Therapeuten weniger direktiv und die Gruppe, was die Wahl und die Realisierung der Themen anbetrifft, autonomer. Das Thema und der Protagonist gehen aus der Gruppe ohne besondere Warm-up-Übungen durch den Therapeuten hervor. Die Rollen werden dem Protagonisten ohne Eingreifen des Leiters zugewiesen. Diese

Vorgänge gewinnen damit als Ausdruck der gruppalen und individuellen Dynamik diagnostische und therapeutische Relevanz.

Die Phantasien der Gruppe oder des Einzelnen, die im klassischen Psychodrama durch die gezielte Steuerung oftmals verdeckt werden, bringen Themen hervor, in denen sich die dynamischen Konflikte konkretisieren. Es ist für das triadische Psychodrama charakteristisch, daß in reichem Maße Themen ins Spiel kommen, die auf einer symbolischen Ebene liegen. Man fliegt als Vogel in ein fernes Land (Flucht vor der Gruppe), baut ein Paradies, in dem es keine Grenzen und Beschränkungen gibt (Flucht vor den Instanzen des Überichs), spielt das kranke Kind im Hospital – die Therapeuten werden in die Rolle der heilenden Magier gestellt (infantile Dependenz). Eine Studentengruppe „verheiratet" die Therapeutin mit dem Vorsitzenden des Studentenbundes (ödipale Situation, die Auflehnung gegen den übermächtigen Vater/Therapeuten wird durch die Wahl des Vorsitzenden des Studentenbundes akzentuiert), um dann in der nächsten Sitzung spontan einen Verkehrsunfall als Thema durchzuspielen (Kastrationsängste). Die Deutung des Spielgeschehens stellt sich die Gruppe als Aufgabe; sie wird gemeinsam mit den Therapeuten angegangen, die selbst nur selten deutend eingreifen. Im triadischen Psychodrama arbeiten wir, wo immer möglich, mit zwei Therapeuten, einem männlichen und einem weiblichen, die das Elternpaar typisieren. Im Unterschied zum klassischen Psychodrama treten die Therapeuten ins Spiel und übernehmen Rollen (ANZIEU 1969/70). Wir selbst lassen uns nur bei Themen mit symbolischen Inhalten in ein Spiel ein, nicht aber (oder nur in besonders indizierten Fällen) in Szenen, die Realkonflikte zum Gegenstand haben und erfahrungsgemäß virulenter verlaufen, was zuweilen ein direktes Eingreifen erforderlich macht (Anordnung von Rollentausch, Doppeln etc.). Diese Regel erleichtert nach unseren Erfahrungen auch die Handhabung der Gegenübertragung. Die vorstehend genannten Themen findet man in klassischen psychodramatischen Prozessen kaum oder nur in verdeckter Form. Sie bilden aber auch im triadischen Vorgehen nicht die vorherrschenden Spielinhalte, sondern es kommen vielfach Themen zum Spiel, die aus der individuellen Realsituation oder aus der Interaktion der Gruppe erwachsen.

Die vorwiegend gruppenzentrierten oder gruppengerichteten Verläufe wechseln in der Form ihrer Bearbeitung vom szenischen Spiel zum verbalen, gruppendynamischen setting, in dem das Material des *hic et nunc*, wie es sich in der Interaktion zwischen den Teilnehmern manifestiert, bearbeitet wird, um an markierenden Punkten wieder in die individuelle Biographie einzugehen. Diese kann verbal auf analytischem Hintergrund oder im Spiel angegangen werden. Das triadische Vorgehen ist also „centrée sur le groupe, mais aussi sur l'individu" (SCHÜTZENBERGER 1969/70). Die Analyse der Interdependenz zwischen individuellen und gruppalen Anliegen stellt einen Schwerpunkt der triadischen Arbeit dar: „Wie beeinflussen die individuellen Bedürfnisse, Belange und Äußerungen die Gruppe und wie beeinflußt die Gruppe das Individuum?" Die Beantwortung dieser Frage zeigt vier Ebenen auf, die sich für das Gruppengeschehen als bestimmend erweisen: a) Die Beziehung des Individuums zu sich selbst (biographischer Aspekt); b) die Beziehungen der Individuen in der Gruppe zueinander (person-to-person-

relation) – unter Einschluß der Beziehung zu den Therapeuten; c) die Beziehung des Individuums zur Gruppe als Ganzes; d) die Beziehung der Gruppe zu einzelnen Individuen.
Diese Ebenen erscheinen zuweilen klar gesondert. In der Regel sind sie eng miteinander verflochten. Dennoch ist es wichtig, besonders im Hinblick auf spezifische Übertragungsphänomene, die einzelnen Schichten im Auge zu behalten.

5.3 Übertragung im triadischen Psychodrama

Im triadischen Psychodrama treten wie in jeder Gruppenpsychotherapie Übertragungsphänomene auf, die sich in verschiedener Weise manifestieren. Im psychodramatischen Spiel wird die Übertragung durch den direkten Umgang mit den eigentlichen Bezugspersonen *manifestiert.* Der Protagonist tritt z. B. seinem Vater, dargestellt durch ein Gruppenmitglied bzw. ein *auxiliary ego,* im Spiel entgegen. Dabei kann sich die Übertragung derart „substantialisieren", daß der Protagonist im Antagonisten tatsächlich seinen Vater sieht und zuweilen seine Stimme zu hören glaubt. „Für ein echtes Psychodrama ist kennzeichnend, daß Übertragungen in kürzester Zeit ausagiert und die Projektion auf die Hilfsiche (auxiliary egos) rasch als solche erkannt werden. Sie können sich oft derart verdichten, daß die Imago leibhaftig gesehen wird" (LEUTZ 1972). Neben der *manifesten Übertragung* entwickelt sich aber auch ein Netz *latenter Übertragungen,* die das Gruppengeschehen beeinflussen. Sie können in der verbalen und nonverbalen Interaktion zwischen den Patienten und im Verhalten zum Therapeuten hin als *multilaterale Übertragungen* zum Ausdruck kommen und werden nicht zuletzt in den Rollenzuweisungen erkennbar. Es geschieht nicht von ungefähr, daß der Protagonist für sein Spiel dieses oder jenes Gruppenmitglied oder die Therapeuten als Vater, Mutter, Geschwister aussucht, sondern hier werden in der Mehrzahl der Fälle *latente* Übertragungen zu *manifesten* Übertragungen, die sich in der psychodramatischen Rolle *substantialisieren.* Bei der Auswertung des Spiels in der Gesprächs- bzw. analytisch-kommunikativen Phase wird daher der Reflexion der Rollenwahl und -zuweisung besondere Aufmerksamkeit geschenkt. Dies ist auch im Hinblick darauf notwendig, daß vorhandene Übertragungen nicht noch durch das Spiel zementiert werden, indem sie als „Übertragungsreste" über die Spielzeit hinausgetragen werden, was natürlich immer wieder vorkommt. Die Rollenzuweisungen geben dem Therapeuten einen diagnostischen Einblick in das Netz multilateraler Übertragungen und führen sie dem Patienten besonders plastisch vor Augen. Die Übertragungen in der triadischen Gruppenarbeit zeigen eine parallelgeschichtete Struktur: a) Übertragungen zum Therapeuten, b) Übertragungen zu Gruppenmitgliedern, c) Übertragungen zur Gruppe als Ganzer. Wir konnten immer wieder feststellen, daß eine Vater(Mutter)-Übertragung zu den Therapeuten eine Vater(Mutter)-Übertragung zu einem oder gar zu mehreren Gruppenmitgliedern nicht ausschloß, sondern daß parallele Übertragungslinien von unterschiedlicher, zeit- und situationsabhängiger Intensität vorhanden waren. Hinzu kam oftmals noch eine Übertragung zur Gruppe als der „großen Mutter" (BATTEGAY 1970) oder als der ordnenden Vaterinstanz. Die Bearbeitung der Übertragungen hat auf allen drei Ebenen zu erfolgen und kann verbal oder im Spiel geschehen. Die Deutungsarbeit wird in der jeweiligen Situation von Gruppentherapeuten angeregt und von der Gruppe selbst geleistet, wobei die Leiter nur soweit notwendig ergänzend und erhellend eingreifen. Aufgabe der Deutungsarbeit ist die Auflösung der individuellen und gruppalen Phantasmen mit dem Ziel eines realitätsadäquaten Umgangs mit der Wirklichkeit und dem Aufbau unbelasteter „telischer" Beziehungen von Mensch zu Mensch; denn nur so ist eine direkte und offene Interaktion im Sinne von MORENOs „Tele-Konzept" (1967; LEUTZ 1972) möglich.

5.4 Traumarbeit im triadischen Psychodrama

Bietet das Spiel, wie die Arbeiten Melanie KLEINs, Anna FREUDs, Madeleine RAMBERTs u. a. gezeigt haben, einen unmittelbaren Zugang zum Unbewußten – hier liegt ein besonderer Vorteil des Psychodramas –, so wird doch in der triadischen Arbeit der „königliche Weg" des Traumes (S. FREUD) nicht vernachlässigt. In der Behandlung von Träumen unterscheidet sich unser Vorgehen von der psychoanalytisch ausgerichteten Verfahrensweise des triadischen Psychodramas der Französischen Schule. Träume werden psychodramatisch oder gestalttherapeutisch angegangen. Der Traum wird nicht erzählt, sondern psychodramatisch ausgespielt oder gestalttherapeutisch durchlebt. Die psychodramatische Traumarbeit versetzt den Klienten in das emotionale Klima des Traumes, der im Spiel weiterentwickelt werden kann oder zur Verbindung mit Realsituationen führt. Es entwickelt sich eine *Selbstdeutung aus dem Spiel,* der nichts von dem oftmals krampfhaften Bemühen nach Aufschlüsselung symbolischer Inhalte anhaftet. Fremddeutungen während des Spiels durch Gruppenmitglieder finden nicht statt. In seltenen Fällen kann der Therapeut durch „Doppeln" deutend eingreifen. In der auf das Traumspiel folgenden Gesprächsphase liegt der Akzent der Gruppenarbeit auf dem Mitteilen eigener Erlebnisse und Erfahrungen während des Spiels (sharing). Massives Deuten der Gruppe ist zu vermeiden.

In der gestalttherapeutischen Traumarbeit (PERLS 1971; PETZOLD 1970) wird Fremddeutung kaum verwendet. Der Protagonist wird dazu angehalten, sich mit den Bildern und Bildinhalten seines Traumes selbst zu identifizieren und sie sprechen zu lassen.

6. Das Psychodrama im „tetradischen System"

Das klassische Psychodrama mit seinem dreigeteilten Aufbau schließt in jeder dieser drei Phasen verschiedene diagnostische und therapeutische Möglichkeiten ein. Um diese im Behandlungsverlauf auftauchenden Komponenten besser für den gezielten Einsatz verfügbar zu machen, haben wir versucht, den psychodramatischen Prozeß zu strukturieren, indem wir das „triadische Konzept" MORENOs und der Französischen Schule zu einem vielgliedrigen Aufbau, dem „tetradischen System", ausweiteten und, eine Anregung MORENOs (1963) aufgreifend, dem Psychodrama einen verhaltenstherapeutisch ausgerichteten Teil angliederten.

Wir unterscheiden folgende Phasen:

6.1 die diagnostisch-anamnestische oder Initialphase
6.2 die psychokathartische oder Aktionsphase
6.3 die analytisch-kommunikative oder Integrationsphase

Diagramm II

Tetradisches System
der Integrativen Therapie

INITIALPHASE

diagnostisch-anamnestische Zielsetzung

Erinnern / Stimulieren

Warm Up — Kontakt — Kohäsion

Analyse von Bewegung, Ausdruck, Verhalten, verbalen Äußerungen

aus psychodynamischer Sicht
projektive Auswertung

aus lerntheoretischer Sicht
Verhaltensanalyse

aus gestalttheoretischer Sicht
Kontext- u. Prägnanzanalyse

konfliktzentriertes oder erlebniszentriertes Vorgehen

↓ ↓

AKTIONSPHASE

psychokathartische Zielsetzung

Wiederholen / Explorieren

ernstes Spiel ἀγών
konfliktorientierte Arbeit mit Atem,
Stimme, Expressivität, Imagination etc.
Katharsis

heiteres Spiel παιδιά
erlebnisorientierte Arbeit mit freier
Bewegung, Tanz, Phantasie, Sensibilität
Peak Experience

Öffnungs-, Schließungs-, Prägnanzerlebnisse

emotionale Erfahrung

Erfahrungslernen (emotional learning)

↓ ↓

INTEGRATIONSPHASE

analytisch-kommunikative Zielsetzung

Durcharbeiten / Integrieren

Rückschau — Sharing — Feedback — Analyse

Aufhellung psychodynamischer Zusammenhänge, Übertragungskonstellationen,
Abwehr

Analyse von Verhaltensmustern und
Kommunikationsstrukturen

Reflexion im Hinblick auf Kontext, Kontinuität und Geschlossenheit

rationale Einsicht

Einsichtslernen (insight learning)

↓ ↓

NEUORIENTIERUNG

verhaltensmodifizierende Zielsetzung

Verändern / Erproben

Training der
Sensibilität, Expressivität, Flexibilität,
Entspannungstechniken u. a.

Verhaltensprogramme, Shaping,
Desensibilisierung, Imitationslernen,
Behaviourdrama, Transfertraining u. a.

Experimentieren, Neuformierung
von Gestalten

Verhaltens-Änderung

Verhaltenslernen (behavioral learning)

6.4 die verhaltensmodifizierende Phase oder Neuorientierung
Vgl. Diagramm II

6.1 Die Initialphase im tetradischen Psychodrama

Jeder psychodramatische Prozeß wird durch eine Erwärmungsphase (warm up) eingeleitet, die einerseits die Funktion hat, Widerstände abzubauen und Spielhemmungen zu beseitigen, die andererseits aber einen hohen diagnostischen Wert besitzt. Für das Warm-up stehen dem Psychotherapeuten zahlreiche Techniken zur Verfügung, die spezifisch auf die Erwärmung eines Protagonisten gerichtet sind, wie z. B. der Dialog, das dialogische Interview, aber auch auf die Gruppe abzielen können, wie das Einleitungsgespräch (BLATNER 1970; CORNYETZ 1945) oder das Warm-Up durch Untergruppen (YABLONSKY/ENNEIS 1956). Die meisten Warm-Up-Techniken sind für beide Aufgaben geeignet, wie z. B. die *Spektrogramme* (KOLE 1967), der *magic shop* (PETZOLD, dieses Buch), der *leere Stuhl* (LIPPITT 1959), die *katathyme Szene* u. a. Warm-Up-Techniken (WEINER/SACHS 1969) können im Sinne eines projektiven Tests verwandt werden, indem sie die Produktion des Patienten anregen und ihn dazu stimulieren, erinnerte oder frei erfundene Szenen spontan ins Spiel zu bringen. In der katathymen Szene oder beim leeren Stuhl etwa werden die Teilnehmer der Gruppe aufgefordert, sich Ereignisse, Personen oder Dinge vorzustellen. Beim Gespräch, das sich an die Imaginationsübungen anschließt, werden dann die Inhalte der Tagträume und Vorstellungen verbalisiert und geben damit den Ansatzpunkt für eine psychodramatische Exploration ab. Sieht etwa jemand auf dem leeren Stuhl seinen Vater, so wird er aufgefordert, ihn genau zu beschreiben, um die Vorstellung zu verdeutlichen. Wird dann nach der Situation gefragt, in der man den Vater sieht, so kommt regelhaft eine Szene zustande, die recht wesentliche Problematik aufzeigt und oft schon auf den Kern der Schwierigkeiten verweist. Es ist auf diese Weise möglich, von einer an sich belanglosen Initialszene (zuweilen innerhalb einer Sitzung) zu traumatischen Kindheitserlebnissen vorzustoßen. Oft werden auch spontan kleine, anscheinend belanglose Szenen aus dem Alltagsleben vom Teilnehmer vorgeschlagen und wie *freie Assoziationen* als *freie Aktionen* ins Spiel gebracht. Von derartigen Randszenen, etwa aus dem beruflichen Alltag, kann in konfliktzentrierter Exploration Material, das im Spiel zum Ausdruck kommt, weiter verfolgt werden. Ein Patient zeigt z. B. die Szene einer Autofahrt mit einem Kollegen. Im Spiel wird deutlich, daß er sich gegen den Kollegen nicht durchsetzen kann, sondern daß dieser immer wieder den Verlauf der Fahrt bestimmt, obwohl er nicht am Steuer sitzt. Der Therapeut fragt den Patienten, ob ihm das öfter so gehe. Die Antwort: „Eigentlich nicht, aber manchmal" gibt den Schlüssel zu einer neuen Szene in der Schule, von der in einem dritten Spielabschnitt zu dem schwierigen Verhältnis zum Vater übergeleitet wird.

Die diagnostischen Möglichkeiten des Psychodramas können durch die Inszenierung von vorgegebenen kleinen Rollenspielen, sogenannten „psychodramatischen Vignetten", gezielt eingesetzt werden. Wir verwenden hierzu eine Reihe von „Standardsituationen", z. B. *Einkauf in einem Lebensmittelgeschäft, Szene aus der Schule, Szene aus dem Berufsleben, Szene mit dem Vater, Szene mit den*

Geschwistern oder Eltern. Diese kleinen, vom Therapeuten vorgeschlagenen Situationsspiele bringen nicht nur projektives Material, sondern ermöglichen auch einen Einblick in den Sozialbereich des Patienten, der oft genug für den Therapeuten unzugänglich bleibt. Das Psychodrama stellt damit in seiner Initialphase ein hervorragendes Instrument für die Verhaltensdiagnose (BAYER 1974) dar. In Szenen werden die Reaktionsweisen des Patienten erkennbar und die *Stimulus-Response-Konstellation* in seiner beruflichen und familiären Umgebung transparent. Durch weiteres Vordringen in die Vergangenheit läßt sich das Zustandekommen und der Aufbau von Verhaltensmustern diagnostizieren. Aus dieser Verhaltensanalyse gewinnt der Therapeut Daten für sein weiteres Vorgehen in den verhaltenstherapeutisch ausgerichteten Phasen des Psychodramas.

6.2. Die Aktionsphase

Ist die Initialphase darauf ausgerichtet, Konfliktszenen festzustellen, die in der persönlichen Dynamik des Patienten und seiner Lebensgeschichte situiert sind, und weiterhin Aufbau und Zustandekommen von Verhaltensmustern zu diagnostizieren, die aus der individuellen Lerngeschichte des Patienten resultieren, so steht in der zweiten Phase des Psychodramas das kathartische Ausagieren der konfliktbesetzten Szenen im Zentrum des therapeutischen Prozesses. Die im Warm-Up-Prozeß *erinnerten* Szenen werden in der psychokathartischen Phase *wiederholt,* um dann in der Integrationsphase des tetradischen Psychodramas rational *durchgearbeitet* zu werden. Die psychodramatische Wiederholung von positiven und negativen lebensgeschichtlichen Ereignissen stellt den Protagonisten wieder in Situationen, die er in der Vergangenheit einmal erlebt hat. Durch verschiedene technische Kunstgriffe wird versucht, die Szenen so realitätsgetreu wie möglich zu konstituieren. Die von uns entwickelte *„katathyme Verdeutlichung"* läßt den Protagonisten den Raum des Geschehens so deutlich wie möglich bei geschlossenen Augen imaginieren. Durch Fragen, etwa nach dem Mobiliar, der Farbe von Vorhängen, dadurch, daß man das katathyme Erlebnis ausdehnt auf das Wahrnehmen von Gerüchen und das Fühlen von Gegenständen und Sachen (etwa das Schreiten auf dem weichen Teppich des elterlichen Wohnzimmers), wird eine psychodramatische Szene von höchster Erlebnisintensität vorbereitet. Das Geschehen im Spiel kann dann so emotionsdicht werden, daß die Wirklichkeit der Gegenwart verschwindet und die Wirklichkeit der Vergangenheit gegenwärtig wird. In einem sehr bewegten Psychodrama mit einer jüdischen Protagonistin, die aufgrund ihrer Bekanntschaft mit einem SS-Mann aus dem Auffanglager fliehen konnte, wohingegen ihre Mutter und ihr kleiner Bruder zurückbleiben mußten, um in ein Konzentrationslager abtransportiert zu werden, spielte ich mit einem älteren Kollegen Mutter und Bruder in der Szene. Obwohl die Mutter also von einem Mann dargestellt wurde und ich selbst ja nicht einen 10jährigen Buben verkörpere, waren die projektiven Kräfte der Protagonistin in der von uns unter großer Mitbeteiligung und Einfühlsamkeit gespielten Szene so stark, daß sie in diesem Spiel ihre Mutter und ihren Bruder sah und sprechen hörte. Das geschilderte Beispiel verdeutlicht ein in emotionsintensiven Psychodramen bekanntes Phänomen (BUXBAUM 1971): die psychodramatische Gegenwärtigsetzung, die für ein kathartisches Erlebnis unerläßlich ist. Bei allem Wirklichkeitscharakter derartiger Szenen aber ist es wesentlich, daß es sich um die psychodramatische Wirklichkeit im Spiel handelt und nicht um die Realität, in die der Spieler zu jedem Moment des Psychodramas allein oder mit Hilfe des Therapeuten zurückkehren kann. Die Entladung von Ängsten und Aggressionen in der *„surplus reality"* des Spiels, um einen Ausdruck MORENOs zu gebrauchen (1972), einer Realität also, die über die Wirklichkeit hinausgeht, ermöglicht die Katharsis. Die von MORENO 1923 in seinem Buch über das Stegreiftheater aufgestellte These „Jedes wahre zweite Mal ist die Befreiung vom ersten", trifft ganz eigentlich den therapeutischen Mechanismus der psychodramatischen Katharsis, die eben nicht nur eine „passage à l'acte" ist, ein bloßes Ausagieren aufgestauter Emotionen, sondern die eine *emotionale Erfahrung* vermittelt, die befreien kann. Zwischen dem, was wir in der psychoanalytischen Situation als Übergang zum Handeln bezeichnen würden, und dem psychodramatischen Agieren besteht ein wesentlicher Unterschied. Das eine Mal handelt es sich um ein Agieren aus einer unaufgearbeiteten Übertragungssituation an der Bezugsperson der Übertragung, die ja nicht mit wirklich gemeinten Personen identisch ist – der Analytiker ist eben nicht der Vater oder die Mutter, ganz gleich wie intensiv die Übertragung des Patienten auch sei. Das andere Mal, im Psychodrama nämlich, vollzieht sich das Agieren in einer Situation, die im Aufbau der Szene die vergangene Wirklichkeit für eine Spielzeit gegenwärtig setzt, sie wieder erfahrbar macht, und in der die Mitspieler den von ihnen verkörperten Bezugspersonen, dem Vater, der Mutter, den Geschwistern oder wem auch immer, einen gewissen Wirklichkeitscharakter verleihen. Man könnte sagen, die Übertragung wird substantieller, sie erstreckt sich nur über die zeitliche Dauer des Spiels und erlischt bei seiner Beendigung (LEUTZ 1972). Ist ein intensives Psychodrama zu Ende, so erwacht der Protagonist oft wie aus einem Traum. Die Gestalten der Vergangenheit sind verschwunden, die Erlebnisse durchlebt worden, und die Realität der Gruppe und der in ihr anwesenden Personen ist wieder gegenwärtig. Dieses Zurückkehren aus der Spielsituation hat oftmals einen eigenen kathartischen Effekt. Während die Katharsis in der Szene durch das Ausagieren aufgestauter bzw. verdrängter Emotionen bewirkt wird, ist hier das Erlebnis, eben nicht in der traumatischen Vergangenheit, sondern in der Gegenwart der vertrauten Umgebung und Gruppe zu sein, eine Befreiung. Die in der psychokathartischen Phase des Psychodramas gewonnene *emotionale Erfahrung* aber darf nicht frei im Raum stehenbleiben, sie muß durchgearbeitet, auf ihren Inhalt untersucht und im Leben des Patienten eingeordnet werden. Dies geschieht in der analytisch-kommunikativen bzw. Integrationsphase des Psychodramas.

6.3 Die Integrationsphase

In den Prozessen der Spiel- oder Handlungsphase des Psychodramas, in denen die Katharsis der Emotionen (ARISTOTELES) erlebt und erfahren wird, kommen Ereignisse zum Ausdruck, die zunächst den Protagonisten und sein persönliches Schicksal betreffen, die aber auch die Gruppe miteinbeziehen, und das aus zweifachem Grunde. Erstens geschieht hier etwas mit einem Teilnehmer, der als Gruppenmitglied der Gruppe und den in ihr anwesenden Individuen in irgendeiner Form verbunden ist, und zweitens bieten die meisten Psychodramen die Möglichkeit zu einer Beteiligung der Zuschauer und Mitglieder, sei es aufgrund von Identifikationsvorgängen, Projektionen oder durch das Gefühl innerer Ergriffenheit, das durch das Miterleben eines menschlichen Schicksals bei den Teilnehmern aufkommt. Die Mitspieler im Psychodrama des Protagonisten stehen dabei in einem besonderen Erlebnisbereich, der durch die tätige Partizipation gekennzeichnet ist. Auch diese Vorgänge schaffen ein emotionales Klima, das Bearbeitung verlangt. Sie soll in der dritten Phase des Psychodramas geleistet werden, die von Psychodramatikern der amerikanischen Schule als *„sharing"*, von der triadisch orientierten Französischen Schule oft als „Feedback-Phase" (SCHÜTZENBERGER 1968), von anderen wiederum als Gesprächs- oder Diskussionsphase (LEUTZ 1974) bezeichnet wird. All diesen Bezeichnungen, die mehr oder weniger differierende Auffassungen der dritten Phase des Psychodramas erkennen lassen, ist der Faktor der Kommunikation gemeinsam, wobei MORENOs *„sharing"* sich nicht allein auf verbale Kommunikation begrenzt, sondern nonverbale Mitteilungen und Äußerungen, Gestik und körperliche Berührung mit einschließen kann. Das Feedback umfaßt hier sowohl die emotionale als auch die rationale Ebene. Die Bezeichnung des dritten Abschnitts im Psychodrama als analytisch-kommunikativ haben wir im Hinblick auf die Funktionen dieser Phase gewählt, dient sie doch einerseits dazu, die Kommunikation unter den Teilnehmern zu vertiefen, andererseits aber auch dazu, die Vorgänge im Spiel transparent zu machen. Die psychokathartische Phase des Psychodramas vermittelt emotionale Erlebnisse und Erfahrungen. Diese können aber nur im Sinne eines *„Erfahrungslernens"* fruchtbar werden, wenn sie überdacht und geordnet werden. Die so oft gestellte Alternative „Einsichtslernen versus Erfahrungslernen" wird meines Erachtens dem Lernprozeß nicht gerecht. Erfahrungslernen ist ohne ein Mindestmaß von Einsicht nicht möglich, und Einsichtslernen wird immer auf konkrete Erfahrungen zurückgreifen müssen.

Die emotionalen Erfahrungen der psychokathartischen Phase des Psychodramas müssen also verdeutlicht und transparent gemacht und gegebenenfalls auf ihren Hintergrund hin analysiert werden, und das sowohl für den Protagonisten als auch für die Gruppe und die in ihr anwesenden Teilnehmer, damit eine Integration des Erlebten erfolgen kann.

Der Protagonist bedarf, besonders nach emotionsintensiven Psychodramen, zunächst einmal der Stütze und des Haltes durch die Gruppe. Dem *sharing*, der affektiven Kommunikation, kommt hier zentrale Bedeutung zu. Die anwesenden Gruppenmitglieder teilen dem Protagonisten ihre Erlebnisse und Empfindungen mit, die sie während des Psychodramas erfahren haben. Sie berichten von ähnlichen Situationen aus ihrem eigenen Leben und zeigen dem Protagonisten auf diese Weise, daß er mit seinen Problemen nicht einzig dasteht, denn es gibt Menschen, die an seinen Schwierigkeiten teilnehmen. Dieses Feedback der Gruppe, das durch einen Händedruck, durch nahes Zusammenrücken der Teilnehmer, durch freundliche Gesten oder durch eine Umarmung unterstrichen werden kann, stellt einen *social reinforcer*, einen sozialen Verstärker dar, der in seiner therapeutischen Effektivität gar nicht hoch genug veranschlagt werden kann. Das sharing bezieht darüber hinaus die gesamte Gruppe aktiv in das Geschehen mit ein, was von besonderer Wichtigkeit ist, weil während des Spiels durch Identifikationen Prozesse in Gang gekommen sein können, die intensiver und tiefgreifender sind als beim Protagonisten selbst. Im Vorgang des Verbalisierens und Mitteilens in der dritten Phase des Psychodramas werden derartige Prozesse erkennbar und können therapeutisch gegebenenfalls durch ein neues Psychodrama aufgefangen werden. Das Gruppengespräch geht, nachdem das emotionale Miterleben mitgeteilt wurde, unter Berücksichtigung der Beiträge aus dem *sharing* zu einer sachlicheren Betrachtung des Spielgeschehens über. Die Szene wird auf ihren Inhalt hin vom Protagonisten zusammen mit der Gruppe und dem Therapeuten durchgesprochen, wobei in diesem Gespräch gruppendynamische Faktoren zum Tragen kommen. In diesem Stadium des Durcharbeitens der Szene kann der Therapeut deutend eingreifen, was entweder durch verbale Interpretationen oder durch kurze psychodramatische Interludien geschieht, die auf seine Anweisung hin von den *auxiliary egos,* Hilfstherapeuten also, wie z. B. psychodramatisch geschulte Pfleger und Schwestern, inszeniert werden. Diese auf Einsicht zielenden Interpretationen legen die psychoanalytische Theorie zugrunde und sind für den therapeutischen Prozeß von wesentlicher, wenn auch keineswegs von allein ausschlaggebender Bedeutung, wie manche Schulen des analytischen Psychodramas in Frankreich (LEBOVICI/DIATKINE/KESTEMBERG 1959; LEBOVICI 1972) behaupten. Die Einsicht soll aber nicht nur im Hinblick auf psychodynamische Faktoren erreicht werden, sondern auch im Hinblick auf den Aufbau und das Zustandekommen von Verhaltensweisen. Wir haben schon bei der Behandlung der Eingangsphase des Psychodramas seine diagnostischen Möglichkeiten im Hinblick auf projektives Material einerseits und im Hinblick auf die Analyse des Verhaltens andererseits betont. Dieser zweifache Ansatz, nämlich der analytische und der verhaltenstherapeutische, wird im Psychodrama über den diagnostischen Bereich hinaus zum therapeutischen weitergeführt. MORENO selbst hat sowohl die Bedeutung psychoanalytischer (1957) als auch verhaltenstherapeutischer Elemente (1963) im Psychodrama betont, und in der Tat sind beide Komponenten in der psychodramatischen Handlung wirksam. Das Psychodrama geht sowohl kausal-aufdeckend wie auch symptomgerichtet vor. Er vereinigt emotionale Erfahrung und Einsicht und die damit verbundenen Lernprozesse. Sicherlich kann man das Verfahren nach der einen oder anderen Richtung hin akzentuieren, wie die Entwicklung eines analytischen Psychodramas (LEBOVICI et col. 1959; ANZIEU 1956; LEMOINE 1972) einerseits und eines verhaltenstherapeutischen Psychodramas (STURM 1965) bzw. „Behaviour-dramas" (PETZOLD 1971, 1977) andererseits zeigt. Die verschiedenen Techniken der Handlungsphase sind sowohl in analytischer als auch in verhaltenstherapeutischer Zielsetzung einsetzbar. In der Regel geht beides nebeneinander her.

6.3.1 Amplifizierte Verhaltensanalyse

Die Integrationsphase des Psychodramas ist den im Spiel zum Ausdruck gekommenen Verhaltensmustern genauso aufmerksam zugewandt wie den diesen etwaig zugrundeliegenden oder mit ihnen verbundenen psychodynamischen Faktoren; denn es ist z. B. für einen durchsetzungsschwachen Menschen nicht nur wichtig, zu erkennen, daß seine Schwierigkeiten auf die beständige Repression durch seine dominierenden Eltern zurückzuführen sind, sondern es ist für ihn zunächst auch wichtig zu sehen, wo bestimmte Verhaltensweisen bei ihm selbst dominierende Reaktionen stimulieren und verstärken und andererseits festzustellen, durch welche Stimuli seine eigenen Responsen hervorgerufen und verstärkt werden. Diese Analyse bleibt in der dritten Phase des Psychodramas nicht auf den Situationskontext der gespielten Szene beschränkt, sondern wird auf den Situationskontext des Gruppengeschehens im *hic et nunc* ausgedehnt, indem Parallelen zum Verhalten des Protagonisten in der Gruppe gezogen werden. Es wird damit eine Lernsituation von besonderer Art geschaffen, die eine *amplifizierte Verhaltensanalyse* (PETZOLD 1971) ermöglicht, amplifiziert, weil sie dem Protagonisten, der Gruppe und dem Therapeuten Einblick in das *tum et olim* der persönlichen Vergangenheit, das *hic et nunc* der Gruppenwirklichkeit ermöglicht und sie auch durch die Technik der Zukunftsprojektion in das *Futurum* führt, in künftige Situationen, die zu erwarten sind und die es zu explorieren gilt. Das Feedback, das über die rein verbale Äußerung hinausgeht, gewinnt an Durchschlagskraft dadurch, daß der Protagonist sein Verhalten selbst sieht. Die besondere Plastizität der *amplifizierten Verhaltensanalyse* kommt zum Tragen, wenn in kurzen Playbackszenen das Spielgeschehen von den Beteiligten nochmals aufgerollt wird oder man eine Videoaufzeichnung abfährt. Die affektiven Prozesse mit ihrer kathartischen Wirkung, die im Spiel erlebt wurden, werden auf diese Weise mit einem gewissen Abstand und in ihren Strukturen gesehen. Zur *emotionalen Erfahrung* gesellt sich die *rationale Einsicht, die aufgrund ihrer augenfälligen Deutlichkeit* – die Vorgänge können ja gesehen, beobachtet werden – auch Menschen mit geringem Intelligenzniveau erreicht, die bei einem rein verbalen analytischen Vorgehen oder in non-direktivem Verfahren ad modum ROGERS (1951) nur mit größten Schwierigkeiten erreicht werden können. Andererseits werden durch das intensive affektive Geschehen auch Menschen angehbar, die durch ihre starke rationale Abwehr für eine analytische Therapie weniger geeignet sind.

6.4 Die verhaltensmodifizierende Phase der Neuorientierung

Bei der emotionalen Erfahrung und der rationalen Einsicht soll aber nicht stehengeblieben werden. Nachdem in der diagnostisch-anamnestischen Phase des tetradischen Psychodramas *erinnert*, in der psychokathartischen Phase *wiederholt* wurde, der analytisch-kommunikativen Phase schließlich die Aufgabe des *Durcharbeitens* zukam, müßte im Sinne eines echten Lernprozesses eine Konsequenz aus Erfahrungs- und Einsichtslernen gezogen werden, die in einer *Verhaltensänderung* ihren Ausdruck finden soll. Greifen wir auf das schon einige Male angesprochene Beispiel des durchsetzungsschwachen jungen Mannes zurück: In der Initialphase des Psychodramas wurden seine Selbstbehauptungsschwierigkeiten diagnostiziert und im Verlauf der psychodramatischen Exploration sein Konflikt mit dem Vater festgestellt, der in mehreren Spielen während der Handlungsphase entfaltet wurde und in einer Szene kulminiert, in der der Vater dem Fünfjährigen vor der Mutter und den Spielkameraden für ein geringfügiges Vergehen die Hose herunterläßt und den Hintern versohlt. Die Ohnmachts- und Haßgefühle gegen den rauhen, ja manchmal brutalen Vater, die Verlassenheit nach der Prügelszene wurden im

Psychodrama nochmals durchlebt und fanden in einem kathartischen Aggressionsausbruch gegen den Vater, der in der Wirklichkeit nie stattgefunden hatte, ihre Lösung. Die analytisch-kommunikative Phase vermittelte dann im *sharing* die affektive Anteilnahme der Gruppe und zeigte bei anderen Teilnehmern ähnliche Schwierigkeiten. Die einzelnen Szenen der Spielphase wurden daraufhin durchgesprochen. In einer Szene, in der der Patient im elterlichen Betrieb gegen seine Absicht ständig Fehlanweisungen gibt, die seinen Vater bei Geschäftspartnern in prekäre Situationen bringen, werden dem Protagonisten durch ein kurzes vom Therapeuten angeordnetes Interludium seine schuldbesetzten Bestrafungstendenzen gegen den Vater gedeutet. Bei der Analyse einer Szene, die eine der auf solche Fehlentscheidungen folgende Auseinandersetzung zeigte, wird dem Patienten deutlich, daß sein zögerndes und unterwürfiges Verhalten, mit dem er den Vater besänftigen möchte, nur noch dessen Unmut verstärkt, da er von seinem einzigen Sohn, den er in seiner Weise auch gern hat, ein männlicheres Verhalten erwartete. Die Gruppe stellt fest, daß der Patient sich in gewissen Situationen im Gruppengeschehen ähnlich verhält. Bei der skizzenhaften Reinszenierung einer solchen Situation wird die Ähnlichkeit der Stimulus-Response-Konstellation deutlich erkennbar.

Als Reaktion auf das Geschehen werden in der Gruppe Stimmen laut, die die Auffassung vertreten, daß der Protagonist doch einmal versuchen solle, die für ihn schwierigen Situationen in einer anderen Art zu meistern. Der Patient nimmt diesen Vorschlag an, worauf der Therapeut in das Geschehen eingreift und eine Reihe von Situationsspielen vorschlägt, die er als „Hierarchie" für ein desensibilisierendes (PAUL 1969) und gleichzeitig assertives Training (SALTER 1950) im Sinne einer schrittweisen Annäherung (successive approximation, shaping, modelling, YATES 1970; WOLPE/LAZARUS 1966) aus der Situation konzipiert hat.

6.5 Das Behaviourdrama

Das „Behaviourdrama" (PETZOLD 1971, 1977) zeigt folgende Szenen. Der Patient muß sich mit einem Schaffner (gespielt von einem älteren Gruppenmitglied), der ihm zu wenig Wechselgeld herausgegeben hat, auseinandersetzen. Da er bei dem geringfügigen Betrag von einer Mark sehr zögert und erkennen läßt, daß er lieber auf die Mark verzichtet, als den Schaffner darauf anzusprechen, wird die Szene abgebrochen und mit einem Betrag von 20 Mark wiederholt. Es zeigt sich die gleiche Haltung. Erst durch die Interjektion eines Doppels: „Das ist mein letztes Geld, und die Banken sind schon zu. Ich stehe ganz ohne Bargeld da", spricht der Protagonist den Schaffner zögernd und dann zunehmend sicherer an. Der Schaffner beginnt, unfreundlich zu reagieren. Die aufkommende Unsicherheit des Protagonisten wird durch helfendes Doppeln abgefangen. Er wirft dem Schaffner sogar Unkorrektheit vor, droht, sich zu beschweren und erhält sein Geld wieder. Die Gruppe applaudiert und gibt damit eine Verstärkung (social reinforcement).

In einer zweiten Szene wird dem Protagonisten von seinem Lehrherrn vorgeworfen, einen Auftrag nicht ausgeführt zu haben, der aber in Wirklichkeit einem anderen Lehrling gegeben worden war. Durch stützendes Doppeln kann der Protagonist die Situation in mehreren Anläufen zunehmend besser bewältigen, wobei von der Gruppe und vom Therapeuten durch anerkennende Worte und während des Spiels durch anfeuernde Zurufe verstärkt wird.

In dieser Szene hat der Patient sich vor dem Vater wegen einer vermeintlichen Fehlbestellung für den elterlichen Betrieb zu rechtfertigen. In die Situation gestellt, befallen den Protagonisten seine alten Angst- und Ohnmachtsgefühle. Der Therapeut unterbricht die Szene und befragt den Patienten, was er in den vergangenen Phasen des Psychodramas erkannt und gelernt habe. Dadurch wird das Resultat der therapeutischen Arbeit vergegenwärtigt. Der Patient wiederholt kurz die für ihn wesentlichen Einsichten und Erfahrungen und tritt wieder in das Rollenspiel. Der den Vater spielende Hilfstherapeut verhält sich auf ein Zeichen des Gruppenleiters relativ freundlich und zugänglich, so daß es dem Protagonisten gelingt, in der Situation seinem Vater den Irrtum zu erklären. Die Gruppe gibt ihm entsprechende Anerkennung. – Abschluß der Therapiesitzung.

Die nächste Sitzung wird mit einem Rollenspiel zur gleichen Situation begonnen, nur daß es sich diesmal um eine echte Fehlbestellung handelt und der Vater heftig reagiert. Der Patient fällt im Spiel in sein altes Verhalten zurück. In dem Moment, wo dies erkenntlich wird, unterbricht der Therapeut die Szene. Wir haben diese Technik des *action stopping* im Behaviourdrama analog zum *thought stopping* (WOLPE 1969) zur Unterbrechung unerwünschten Verhaltens entwickelt (PETZOLD 1969, 1977), wobei die Mißbilligung des Therapeuten („das war nicht gut genug, das Ganze noch einmal") als negativer Stimulus (punishment) wirkt. Die ganze Szene wird wiederholt, wobei die Rolle des Protagonisten von einem Hilfsich eingenommen wird, das den Streit mit dem Vater ausficht (vicarious acting) und der Patient, als stiller Begleiter hinter dem Hilfsich stehend, die Szene miterlebt. In der nächsten Phase greift der Protagonist aus der Position hinter dem „schützenden Rücken" des Hilfsichs den Vater an. Im folgenden Schritt nimmt der Patient wieder seine Rolle ein und setzt sich direkt mit dem nun recht aggressiv spielenden Vater auseinander, wobei, sobald Unsicherheiten erkennbar werden, das nun als Doppel fungierende Hilfsich stützend eingreift und der Vater seine Aggressivität etwas reduziert. Der Patient wird zunehmend sicherer und nimmt schließlich einen recht bestimmenden und herausfordernden Ton an. An diesem Punkt lenkt der Vater ein und verstärkt auf diese Weise das Verhalten des Sohnes. Die Gruppe applaudiert, der Kotherapeut gibt dem Protagonisten eine Cola (*instrumental reinforcement*). Es wird eine Trinkpause eingelegt.

Auch auf ein Behaviourdrama kann, falls erforderlich oder therapeutisch indiziert, ein weiteres Feedback folgen – das unmittelbare Feedback hat ja nur Lob und Tadel für die gespielte Situation zum Inhalt –, in dem die behaviourdramatische Situation in ihren emotionalen Strebungen aufgearbeitet werden kann. Z. B. wurde in dem geschilderten Fall dem Protagonisten deutlich gemacht, daß das Einlenken des Vaters als Zeichen der Anerkennung für ein Verhalten zu werten sei, das er schon immer von seinem Sohn gewünscht und erwartet hatte. Ein Gruppenmitglied teilt mit, daß bei ihm, nachdem er den Vater so „besiegt" gesehen hatte und er dann noch dazu applaudiert habe, heftige Schuldgefühle aufgetaucht seien. – Ein neues Psychodrama mit einem neuen Protagonisten kommt in Gang. Ob in der verhaltensmodifizierenden Phase des tetradischen Psychodramas ein *erweitertes Feedback* über die konkrete Situation des verhaltensmodifizierenden Rollenspiels zugelassen wird, hängt von den therapeutischen Intentionen des Gruppenleiters ab. In der Regel ist es im tetradischen Vorgehen anzuempfehlen, da ja auch gruppenorientiert gearbeitet wird und auf diese Weise oftmals neue Anknüpfungspunkte gefunden werden. Bei reinen Behaviourdramen, die nicht aufdeckend, sondern als Aversions- oder Selbstbehauptungstraining, zur Desensibilisierung, zum Imitations- oder Diskriminationslernen nach einem klar vorkonzipierten Therapieplan eingesetzt werden, stört erweitertes Feedback das konsequente therapeutische Vorgehen.

6.6 Verlaufsbild einer tetradischen Therapiegruppe

Der viergestufte Ablauf im „tetradischen System" kann bei *person-* und *gruppenzentriertem* und auch bei *gruppengerichtetem Vorgehen* innerhalb einer Therapiesitzung ablaufen oder sich über eine Sequenz von Sitzungen hinziehen, die wir dann als „therapeutische Einheit" bezeichnen. Dabei kann es vorkommen, daß sich die einzelnen Phasen, etwa die diagnostisch-anamnestische *(=d)* oder die analytisch-kommunikative *(=a)* auf mehrere Sitzungen ausdehnen. [Nur die psychokathartische *(=k)* bleibt auf eine Sitzung beschränkt]. Ist dies bei der Phase *a* der Fall, so nehmen die Sitzungen oftmals einen gruppenanalytischen bzw. gruppendynamischen Charakter an. Wir finden dann einen Verlauf vor, wie wir ihn aus dem *triadischen Psychodrama* (franz. Modell) kennen, nur mit dem Unterschied, daß der tetradische Ansatz einer therapeutischen Einheit in der Regel konsequent durchgeführt wird, d. h., daß die verhaltensmodifizierende Phase (=*v*) auch noch nach einer Sequenz von Sitzungen der Phase *a* angestrebt wird. Bei *v* ergibt sich eine Besonderheit dadurch, daß eine Verhaltensmodifikation in einer Sitzungseinheit kaum erreicht werden kann, wenn es sich etwa um eine systematische Desensibilisierung, ein *shaping* bzw. *assertive training* handelt. In *v* werden die Ergebnisse aus *d, k* und *a* umgesetzt und zwar in einer Form, die ein kontinuierliches Üben, ein systematisches Training notwendig macht. Zu diesem Zweck laufen entweder separate Sitzungen, in denen mit dem Behaviourdrama das Programm von *v* realisiert wird, oder es werden im Anschluß an die normale Gruppensitzung ein oder zwei Behaviourdramen (=*b*) als Ausführungen von *v*-Phasen angehängt. In Anbetracht der Tatsache, daß für eine *b*-Einheit nur 10–20 Minuten erforderlich sind, kann dies ohne allzugroße Belastung des sonstigen Therapieverlaufs geschehen, wenn sich auch nach unseren Erfahrungen separate b-Sitzungen als vorteilhafter erwiesen haben.

Wir können demnach im „tetradischen System" zwei Dimensionen im therapeutischen Verlauf feststellen: eine *horizontale* und eine *vertikale.* Die vertikale gibt den vierstufigen Aufbau einer „therapeutischen Einheit" wieder, die horizontale den Verlauf nach dem Akzent der Gruppenarbeit. Die horizontale weist starke Ähnlichkeiten zum Verlaufsbild von Gruppen auf, die mit dem *triadischen Psychodrama* arbeiten, eben weil der tetradische Ansatz den triadischen weitgehend inkorporiert.

Diagramm III

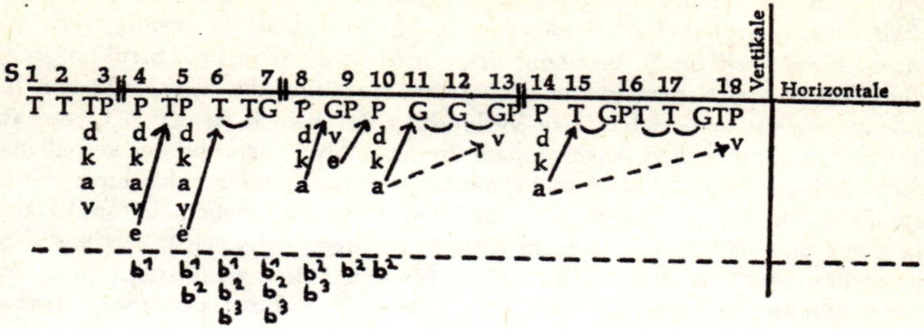

Legende:

S = Sitzung
T = T-Group
P = Psychodrama
G = analytische Gruppenpsychotherapie
II = Grenze einer Therapieeinheit

d = diagnostisch-anamnestische Phase
k = psychokathartische Phase
a = analytisch-kommunikative Phase
v = verhaltensmodifizierende Phase
e = erweitertes Feedback
b = angehängtes Behaviourdrama mit den Protagonisten der ersten drei Sitzungen (b¹, b², b³)

Sitzung (= S) 1 und 2 verlaufen als T-Gruppen. In 3 bringt nach einleitender T-Gruppensituation ein Teilnehmer ein Problem, das „tetradisch" durchgespielt und abgeschlossen wird. 4 beginnt mit einem Problem, das „tetradisch" durchgespielt und abgeschlossen wird, durch das „erweiterte Feedback" jedoch zu einer neuen T-Group-Situation in 6 führt, die sich nach 7 fortsetzt und einen starken gruppenanalytischen Akzent erhält. Die auslösenden Situationen in S 3—6 erfahren eine gewisse Abklärung, so daß man S 3—7 als eine therapeutische Einheit in der Horizontalen des Therapieverlaufs ansehen kann. S 8 beginnt mit einem protagonistzentrierten Psychodrama, das die ersten drei Phasen des tetradischen Systems durchläuft. Die dritte, analytisch-kommunikative Phase dehnt sich aus, zunächst im Feedback (T), dann in der analytischen Arbeit, die sich nach S 9 fortsetzt, um hier zur vierten Phase mit einem Behaviourdrama zu führen, auf das ein „erweitertes Feedback" gegeben wird. Aus diesem kommt dann das Material für ein gruppenzentriertes Psychodrama in S 10, das die Phasen d, k, a durchläuft und zur Aufarbeitung des Geschehens in k noch S 11—13 benötigt, die als analytisch orientierte Gruppensitzungen verlaufen, wobei in S 13 die aus S 10 ausstehende Phase v in einer psychodramatischen Übung mit Sensory-Awareness-Techniken geleitet wird, (das Problem des Kontaktes und der Kommunikation der Gruppenmitglieder untereinander aus S 10 d, das in S 10 k schmerzlich offengelegt und in S 10 a, S 11—13 G bearbeitet wurde, findet, nachdem es die Gruppe emotional erfahren und rational beleuchtet hat, in dem Entschluß zu Kontakt- und Partnerübungen seinen verhaltensmodifikatorischen Ausdruck 13 v). Mit S 14 beginnt dann eine neue Einheit mit einem gruppengerichteten Prozeß, der sich in Ausdehnung von 14 a über 15 T, 16 GPT (P = Situationsspiel zur Verdeutlichung von G) und 17 T zu 18 GTP erstreckt, wobei es in S 18 mit Pv zur Verhaltensänderung im Behaviourdrama kommt.

7. Therapeutische Komponenten in psychodramatischen Prozessen

Das tetradische Psychodrama, wie wir es auf der Grundlage des klassischen Psychodramas konzipiert haben, strukturiert das therapeutische Vorgehen in der psychodramatischen Situation. Die Behandlung weist einen konsequenten Aufbau auf, der von der therapeutischen Logik *(Erinnern, Wiederholen, Durcharbeiten, Verhaltensänderung)* und Methodik *(Diagnose, emotionale Erfahrung, rationale Einsicht, Neuorientierung)* bestimmt ist. Durch eine derartige Strukturierung werden die therapeutischen Prozesse überschaubarer und die therapeutischen Instrumente gezielter einsetzbar. Die Verbindung der beiden so oft in Gegensatz gebrachten therapeutischen Ansätze, nämlich des analytischen und des verhaltensmodifizierenden, ist zumindest in behandlungstechnischer Hinsicht durch die in jedem Psychodrama vorhandenen Komponenten selbst gegeben. Diese Verbindung – und dies sei betont – liegt im Bereich der therapeutischen Praxis und geht von der Prämisse aus, daß beide Ansätze für den Patienten hilfreich sind. Die Bewußtmachung verdrängter traumatischer Ereignisse durch psychoanalytisches Vorgehen stellt *eine* therapeutische Dimension dar, die Vermittlung von Einblick in das Zustandekommen und den Aufbau von Verhaltensmustern eine *andere*. Die deutende Offenlegung der Ursachen psychischer Störungen ist als ein wesentliches therapeutisches Agens zu betrachten und die Veränderung (*modification*) gestörten Verhaltens durch übendes Umlernen (*training*) als ein anderes. Beide Ansätze schließen sich in ihrer praktischen Applikation im Psychodrama – und sicher nicht nur in diesem – keineswegs grundsätzlich aus, mögen auch auf theoretischer Ebene die Divergenzen noch erheblich sein. Dies muß auch für eine ganze Reihe anderer therapeutischer Komponenten, die in psychodramatischen Prozessen auftauchen und zum Teil einen recht unterschiedlichen theoretischen Hintergrund haben, gesagt werden. Ohne irgendeine Vollständigkeit zu beanspruchen, sei ganz kurz auf einige dieser Komponenten – weitere hat BLATNER (1970) zusammengestellt – eingegangen.

7.1 *Symbolische Wunscherfüllung durch die Dimensionalisierung von Zeit, Raum und Wirklichkeit*

MORENO (1972) hat in der psychodramatischen Therapie dem Raum, der Zeit und der Realität besondere Bedeutung zugeschrieben. Er zählt sie zu den *Universalia* jeder Psychotherapie. Das psychodramatische Geschehen ermöglicht die freie Verfügung über die Zeit. Es wendet sich nicht nur der Gegenwart des Protagonisten zu, sondern auch seiner Vergangenheit, indem es diese im Spiel *gegenwärtigsetzt*. Es nimmt in gegenwärtigem Spiel Zukünftiges vorweg. Das *Hic et Nunc* der psychodramatischen *Zeit* wird durch das *Tum et Olim* und durch das *Futurum* der individuellen Lebenswirklichkeit dimensioniert.

Die Psychodramabühne ermöglicht die Konstellierung jeglicher Örtlichkeit. Dadurch, daß Landschaften und Baulichkeiten, weite Zimmerfluchten und winkelige Kammern am Ort des Psychodramas Gestalt gewinnen, wird der psychodramatische *Raum* dimensioniert.

Das psychodramatische Spiel befaßt sich nicht nur mit dem realen Geschehen aus dem Leben des Individuums oder der Gruppe, sondern auch mit dem Möglichen, dem Imaginären, dem Phantastischen. Die Dimensionen der *Wirklichkeit* werden also im Psychodrama gleichermaßen ausgedehnt, über das Reale hinaus vermehrt.

Dieser in der Dimensionierung von *Zeit, Raum und Wirklichkeit* zum Ausdruck kommende „Mehrwertfaktor" (*surplus factor*) stellt sich als ein Spezifikum des Psychodramas dar, durch das besondere therapeutische Wirkungen erreicht werden können. Neben kathartischen Effekten und „insight learning" wird *symbolische Wunscherfüllung* ermöglicht.

So kann eine Szene, in der ein Kind Verlassenheitsängste durchlebte, weil seine nachlässige Mutter, wie so oft, abends fortgegangen war, korrigierend wiederholt werden, dergestalt, daß die Mutter an das Bett des weinenden Kindes tritt und es tröstet. In anderen Szenen, etwa bei stark schuldhaft besetzter Elternproblematik, kann z. B. ein Gespräch mit dem verstorbenen Elternteil psychodramatisch inszeniert werden, in dem Dinge gesagt werden, die immer unausgesprochen geblieben waren. Das kathartische Erlebnis in derartigen Szenen, die den irreversiblen Fakten etwas von ihrer Härte nehmen und sie besser ertragbar machen, läßt die Erfüllung von Wunschvorstellungen auf der Ebene der psychodramatischen *surplus reality* therapeutisch außerordentlich effektiv werden, wobei die Wunscherfüllung sich auch in Szenen vollziehen kann, die einen symbolischen Charakter haben und die eigentliche Situation über eine andere Ebene erreichen, wie es z. B. oft in der Magic-Shop-Technik (PETZOLD, dieses Buch) der Fall ist.

7.2 *Die suggestive Einflußnahme*

Suggestive Einflußnahme findet in verschiedenen psychodramatischen Techniken Verwendung. Im *direktiven* und *persuasiven* Doppeln wird unter verbalsuggestiver Einflußnahme nach einem klar konzipierten therapeutischen Plan der Patient in Richtung seines Konflikts geführt. Auch ein persuasives Doppeln während eines Selbstgespräches bzw. Monologs (*soliloquy*) impliziert suggestive Komponenten, ebenso wie die „Wiegenszene" (BLATNER 1970), in der der auf dem Boden liegenden Gruppe suggeriert wird, daß man wieder ein Baby in der Wiege sei, das von der Mutter umsorgt und gestreichelt wird – eine Technik, die durch Auslösen tiefer Regressionen ein vorzügliches *warm up* für Psychodramen mit Problematik aus der frühen Kindheit darstellt. Die vielfältigen Imaginationstechniken vom *leeren Stuhl* (LIPPITT 1959) über die *katathyme Szene* (LEUTZ 1974) und die verschiedenen *fantasy exercises* (FINE 1970) verwenden suggestive Einflußnahme, die bis zum Hypnodrama (MORENO 1951; ENNEIS 1951; NARUSE 1959; KROJANKER 1963; GREENBERG 1973; PETZOLD 1973) vertieft werden kann. In der klassischen Form des Hypnodramas befindet sich ein Protagonist unter Hypnose, wohingegen in der von uns und GREENBERG praktizierten Verfahrensweise die gesamte Gruppe unter Hypnose steht und agiert. Das Verfahren hat sich zur Überwindung von Widerständen und bei schwer gehemmten Patienten bewährt. GREENBERG berichtet über die Zunahme der Einfühlungs- und Perzeptionsfähigkeit bei den Mitspielern.

7.3 *Stärkung des Körperbewußtseins*

Bei vielen Formen psychischer Erkrankungen ist das Verhältnis der Patienten zum eigenen Körper gestört. Das Psychodrama als eine Methode, die nicht nur verbalen Ausdruck verlangt, sondern Mimik und Gestik, Berührung und Bewegung inkorporiert, bietet vielfache Möglichkeiten, die Fähigkeiten zu körperlichem

Ausdruck zu schulen und sich der Wahrnehmung der Körpersinne (sensory awareness, GUNTHER 1968) bewußter zu werden. Die Techniken der Pantomime (HORETZKI 1965), der Psychogymnastik (JUNOVA/KNOBLOCH 1966), der Integrativen Bewegungstherapie (PETZOLD 1974) des Psychotanzes und der *expression corporelle* (FINE 1963; DROPSY/SHELEEN 1969) sind sowohl in der Warm-up-Phase des Psychodramas als auch im Handlungsteil mit guten Ergebnissen einzusetzen. Sie bewirken eine allgemeine Lockerung, bringen sehr oft projektives Material, überwinden Verbalisierungsschwierigkeiten und schaffen ein neues Verhältnis zum eigenen Körper und zum Körper des anderen. Die vorwiegend nonverbale Schulung der Kommunikationsfähigkeit durch die Entwicklung der Sprache des Körpers (*body language* FAST 1970) bereitet eine adäquate verbale Interaktion vor. Wie im Psychodrama überhaupt kann man besonders bei den genannten, den körperlichen Ausdruck involvierenden Techniken sowohl direktiv als auch nondirektiv, verbal und nonverbal (FINE 1970) vorgehen.

7.4 *Förderung der Rollenflexibilität und Erweiterung des Rollenrepertoires durch Spontaneitätstraining*

Die Einschränkung des Rollenrepertoires ist für die Mehrzahl neurotischer Erkrankungen charakteristisch. Hinzu kommt in der Regel die Fixierung auf bestimmte Rollen und die mit ihnen verbundenen Verhaltensmuster, wie es etwa beim Zwangsneurotiker besonders deutlich wird (STRAUB 1969, 1971). Der Erweiterung des Rollenrepertoires und der Schulung der Rollenflexibilität kommt deshalb wesentliche therapeutische Bedeutung zu. Die Übernahme von Rollen, die von Therapeuten oder aus einer Spielsituation vorgegeben sind, mobilisiert nicht nur die Fähigkeit der Einfühlung, der Selbst- und Fremdwahrnehmung, sondern gibt der Möglichkeit Raum, daß die Perzeptionen Inhalt und Gestalt gewinnen. Das Feedback der Gruppe setzt bei Rollenversagen oder inadäquatem Spiel die Korrektive. Sie werden verbal oder psychodramatisch, etwa durch ein *behind-your-back* (CORSINI 1953) gegeben. Die Mitspieler werden während der Handlung durch den Rollentausch oder in der Doppelgängertechnik (Z. MORENO 1948) bzw. Übernahme des „Spiegels" (BLATNER 1970) immer in neue Rollen und Situationen gestellt. Es bleibt keine Zeit zur Vorbereitung und Konzeptionierung, sondern es gilt, rollen- und situationsadäquat zu reagieren. Nach anfänglichen Schwierigkeiten der Rollenannahme und des Rollenwechsels gelingt es den Teilnehmern, sich immer rascher und gemäßer in Rollen einzufinden, Schwierigkeiten in der Annahme bestimmter Rollen werden von der Gruppe im Feedback konstatiert und auf ihre Ursächlichkeit analysiert. Die Fähigkeit, sich in andere Rollen bzw. in die Rolle eines anderen einzufinden, führt zu einer größeren Flexibilität der Persönlichkeit im individuellen (Umgang mit Situationen) und im sozialen Bereich (Verhalten in der Interaktion). Im Spielen von Rollen (*role playing*) wird aber nicht nur das Rollenrepertoire im Hinblick auf die Aquisition von Fremdrollen ausgedehnt, sondern das individuelle Rolleninventar wird bewußter und damit verfügbarer gemacht. Brachliegende, wenig benutzte, vergessene Rollen werden durch den psychodramatischen Rückgriff in die

Vergangenheit, in der Exploration der verschiedenen Bereiche der Gegenwart und in der Experimentation möglicher Zukunftssituationen zugängig gemacht, und zwar sowohl die physiologischen Rollen (Schläfer, Arbeiter, Esser, Liebhaber, Läufer etc.) als auch die psychologischen (Träumer, Liebender, Trauernder, Zorniger etc.) und sozialen Rollen (Ehepartner, Erwachsener, Staatsbürger – mit den verschiedenen Funktionen –, Berufstätiger – mit den verschiedenen Positionen und Statusmerkmalen).

Der besondere therapeutische Wert liegt dabei nicht nur in der Erfahrung und Erkenntnis des eigenen Rollenkonzeptes, sondern im Erkennen der eigenen Rollenerwartung (*role ecxpectancy*, WEINER/KNEPLER 1972), in der Analyse des Rollenverhaltens *(role analysis)*, im Ausüben des Rollenspiels *(role play)* und der Entwicklung neuer Rollenmöglichkeiten *(role creation)* und den Aufbau der Fähigkeit zur *Rollendistanz*.

Neben den aufgeführten therapeutischen Komponenten sind im psychodramatischen Prozeß sicherlich noch andere Variablen effizient, die zum Teil schon beschrieben wurden (BLATNER 1970; GREENBERG 1968) oder noch näher untersucht werden müssen, wobei man feststellen muß, daß wissenschaftlich exakt gearbeitete Untersuchungen bei weitem noch nicht in so ausreichender Zahl vorliegen, daß relevante Aussagen über die Spezifika der einzelnen therapeutisch wirksamen Faktoren gemacht werden können.

Das Psychodrama in seiner klassischen, triadischen und tetradischen Form beansprucht nicht, divergente anthropologische und therapeutische Theorien zu harmonisieren, sondern verbindet therapeutisch wirksame Praktiken miteinander, und zwar zunächst nicht aus einem pragmatischen Eklektizismus heraus, sondern aufgrund der vielschichtigen Faktoren, die dem spontanen Spiel inhärent sind. Bei einer Untersuchung der therapeutisch wirksamen Faktoren in der analytisch oder wie auch immer orientierten Spieltherapie bei Kindern wird man in gleicher Weise tiefenpsychologische, lerntheoretische und sozialpsychologische Theoreme finden, wobei man auch hier noch weit davon entfernt ist, die Frage nach der Wertigkeit der einzelnen therapeutischen Komponenten beantworten zu können, zumal dabei noch das Problem der individuellen Ansprechbarkeit eine Rolle spielt. Auf der anderen Seite werden natürlich auch im Psychodrama Techniken inkorporiert, die aus anderen Formen der Therapie entlehnt sind. In der Regel greifen sie schon im Spiel vorhandene Komponenten auf. In diesem Zusammenhang müssen wir SARASON und GANZER (1968) in ihrer pragmatischen Haltung zustimmen, wenn sie als das wesentlichste Kriterium für die Wahl und Applikation therapeutischer Techniken, das Wohl und die Erfordernisse der Patienten ansehen: „In a sense, psychologists cannot develop new techniques and approaches for us with troubled people and keep them exclusively for their own use. Anything good that they come up with will be borrowed, plagiorized, or stolen. To this we say: Fine!"

Technische Innovation oder Entlehnungen aus anderen therapeutischen Schulen haben ihren Verfechtern immer die Skepsis und die Angriffe des eigenen Lagers eingetragen, auch wenn die theoretischen Konzepte davon unberührt blieben. Für die Psychoanalyse sei auf das Beispiel FERENCZIs (BALINT 1933; BROME 1968) verwiesen, für die Verhaltenstherapie auf LAZARUS (1967), der mit seinem

Plädoyer für ein „breites Spektrum" therapeutischer Techniken sich die Kritik der Puristen eingehandelt hat. Wir sehen aber gerade das Psychodrama als eine Methode der Therapie an, die von ihrer Anlage her einengendem und den therapeutischen Fortschritt hinderndem Purismus keine Chance gibt. Für den Psychodramatherapeuten gilt, was RAMSEY (1971) für den Verhaltenstherapeuten postuliert: „He will have to look closely at all possible techniques in the field ... test out new combinations of old techniques, and devise new and more efficient ways of working", denn nur ein breites Spektrum erlaubt ein breites Feld des Einsatzes, und ein solches ist nicht nur im Hinblick auf die vielfachen Erfordernisse notwendig, die mit den unterschiedlichen Aufgaben an den Psychotherapeuten herangetragen werden (Behandlung von Neurotikern, Psychotikern, Süchtigen, Defekten etc.), sondern auch im Hinblick auf die viel zu wenig beachtete Tatsache, daß eine psychische Störung sich nicht nur in einem Bereich der Persönlichkeit auswirkt, sondern immer eine Störung der Gesamtpersönlichkeit ist, daß einem psychopathologischen Erscheinungsbild immer vielfache pathogene Faktoren zugrundeliegen und daß die Behandlung deshalb immer eine multifaktorielle und multidimensionale sein muß. Von der Frage nach dem theoretischen Konzept werden wir durch die Probleme, die multidimensionale und multifaktorielle Therapieformen wie z. B. das Psychodrama, die art therapy, die Spiel- und Gruppenpsychotherapie aufwerfen, nicht entbunden, sie stellt sich vielmehr als *Aufgabe*, die mit wissenschaftlicher Genauigkeit angegangen werden muß, wobei von der Natur der Sache her jeglicher theoretische Purismus von vornherein ausgeschlossen ist. Die zentrale *Aufgabe* der therapeutischen Theorie und Praxis ist die Verpflichtung zu ständigem Weiterforschen und zur kritischen Überprüfung von bereits vorhandenen Theorien und Ergebnissen.

8. Bedingtheitsanalyse und persönliche Freiheit

Abschließend einige Bemerkungen zu unserer Auffassung der therapeutischen Arbeit mit Psychodrama und Gestalttherapie: Es ist das Problem der meisten psychotherapeutischen Schulen, daß sie in ihrer Anthropologie und Neurosenlehre Konzepte inkorporieren, die wissenschaftlich nicht verifizierbar sind, sondern einen weltanschaulichen oder ideologischen Charakter haben. Wir glauben, daß diese Schwierigkeit sich in der Axiomatik aller Systeme der philosophischen Anthropologie findet; denn die naturwissenschaftlich überprüften Axiome – etwa die des Behaviourismus oder der reflexologisch orientierten Psychologie – reichen allein nicht aus, um ein umfassendes Menschenbild zu entwickeln, in dem den somatischen, seelischen, geistigen, sozialen und kulturellen Aspekten in ausreichender Weise Rechnung getragen wird (vgl. etwa SKINNERs „Futurum II"). Dieser weltanschauliche Hintergrund der therapeutischen Theorien schafft Werte und Normen, die in der Behandlungsmethode zum Tragen kommen und an die sich der Patient anzupassen hat. Er wird auf diese Weise im Verlaufe der Therapie nach dem Freud'schen, Jung'schen, Frankl'schen, Moreno'schen usw. Menschenbild gestaltet. Wir sind uns bewußt, daß es eine wertfreie Psychotherapie wohl nie geben wird; daß das Problem der Normen und der Anpassung sich immer stellen wird – auch für die vom individuellen Wertsystem des Therapeuten weitgehend befreite Verhaltenstherapie. Aber gerade deswegen erscheint es uns um so notwendiger, daß der Therapeut sich seiner eigenen Normen und anthropologischen Prämissen sowie der gesellschaftspolitischen Situation, in der er sich befindet kritisch bewußt ist und sie — soweit sie den therapeutischen Prozeß betreffen — auch mit dem Patienten zu einem geeigneten Zeitpunkt der Behandlung reflektiert.

Psychodrama und Gestalttherapie, so wie wir sie verstehen und zu verwenden suchen, haben als wesentlichstes therapeutisches Ziel die *Freiheit* und *Autonomie*, die *„gute Gestalt"* der Persönlichkeit im Auge. Dabei fassen wir diese Objekte nicht als statische Zielsetzung auf, sondern als *Aufgabe*, als Prozeß. Autonomie ist ein Prozeß, in dem das Individuum zeit seines Lebens steht. Sie wird nicht ein für allemal gewonnen, sondern sie wächst beständig, sie muß verteidigt werden und zuweilen Einbußen hinnehmen. In gleicher Weise ist Freiheit nicht Ziel, sondern eine Aufgabe, die sich als ständige *Befreiung* des Menschen von den *Bedingtheiten* der Lebens- und Lerngeschichte, den soziokulturellen und ökonomischen Determinierungen zu seiner eigenen Form und *„guten Gestalt"* darstellt. Mit dem szenischen Spiel auf der Psychodramabühne wollen wir dem Patienten ein Instrument und einen Raum zur Verfügung stellen, in dem er mit sich selbst experimentieren kann, in dem er seine Vergangenheit durchschauen, seine Gegenwart leben und seine Potentiale erproben und erweitern kann. Wenn MORENO (1959) das Psychodrama als „Instrument zur Forschung der Wahrheit" bezeichnet, so ist damit ähnliches ausgesagt.

Das Psychodrama als Methode, die dem Individuum im Prozeß der Selbstfindung und Selbstverwirklichung eine Hilfe bietet, hat instrumentalen Charakter. Es ist den jeweiligen individuellen Erfordernissen angepaßt und nur mit wenigen klaren und überschaubaren Zielvorstellungen verbunden: *spontanes Verhalten, situationsadäquates Reagieren, Autonomie und persönliche Freiheit.*

Die anthropologischen Konzepte MORENOs vom *„spontaneous man"* (1956) und vom *„cosmic man"* (1971) kommen hier ebenso zum Tragen wie die Gedanken von Fritz PERLS vom *„man who has come to his senses – who got in touch with himself"* (PERLS 1970), ohne daß damit verfestigte Normen aufgestellt werden sollen. Um zu sich selbst zu finden und sich selbst zu verwirklichen, muß man um die determinierenden Faktoren seines Lebens wissen, die traumatisierenden, aber auch die positiven Einwirkungen kennen. Wir versuchen, dieses Wissen durch einen Prozeß zu vermitteln, den wir als *„Bedingtheitsanalyse"* bezeichnet haben. In der therapeutischen Situation lernt der Patient die Bedingtheiten seiner Verhaltens- und Reaktionsweisen, seiner Anschauungen und Wertvorstellungen zu überschauen. Das Psychodrama, die Gestalttherapie, Körperarbeit und Formen der Kreativitätstherapie und andere Methoden dienen uns hierzu als Instrument. Durch eine *szenische Bestandsaufnahme* der Lebenssituation wird eine existentielle Klarstellung erreicht, indem der Patient die für seine Persönlichkeit prägenden Situationen noch einmal durchlebt, sie in ihrem emotionalen Gehalt erfährt und die Mechanismen ihres Zustandekommens und ihrer Auswirkung rational erfaßt. In diesem Prozeß von „vitaler Evidenz" lernt er seine psychosomatischen Vorgegebenheiten sehen und akzeptieren, die Faktoren also, die direkt nicht zu ändern sind (Körpergestalt, Aussehen, besondere Fähigkeiten und Begabungen, etwaige Schäden und Mängel). Dem Patienten werden darüberhinaus die bedingten Faktoren in seinem Elternhaus, in der Schule, in seinem Lebensraum, kurz in seinem soziokulturellen Umfeld transparent. Er vermag Bezüge zwischen Situationen der Vergangenheit und der Gegenwart herzustellen. Dabei gehen wir in *erster* Linie davon aus, was in den vergangenen Situationen klar ersichtlich und dem Patienten selbst erkenntlich ist. Interpretationen haben hier nur Raum, wenn sie situationsbezogen sind, jeglicher Ambiguität entbehren und ohne komplizierte theoretische Konstrukte dem Patienten einsichtig werden. Nur so sind Deutung und Feedback hilfreich.

Die *Bedingtheitsanalyse* schafft für den Patienten eine Situation, in der er seine Werte, Anschauungen und Verhaltensweisen überprüft, in Frage stellt und dann in einem Prozeß der Neuorientierung sich entscheidet, was er *annehmen, abweisen* oder *ändern* will. Nach unserer Auffassung kann man sich zu einer Haltung nur *frei* entscheiden, wenn man über ihr Zustandekommen im klaren ist, wobei den emotionalen Strebungen genauso Rechnung getragen werden muß wie der rationalen Transparenz; denn mit einer rein intellektuellen Analyse ist nichts gewonnen.

Die Bedingtheitsanalyse, wie wir sie mit dem Psychodrama, der Gestalttherapie und verwandten Methoden durchführen, kann und will dem Patienten keine vorgefertigten ideologischen Modelle für die Gestaltung und Bewältigung seines Lebens, für seine Haltung und Einstellung zu religiösen, politischen und sozialen Fragen geben. Sie will ihn vielmehr in die Lage versetzen, Situationen zu durchschauen und zu beurteilen, die Bedingtheiten in seinem subjektiven Urteil zu erkennen – um sie zu bejahen, zu verneinen oder zu ändern – und die bedingenden Faktoren in neuen Situationen zu sehen. Nur auf diese Weise wird es ihm möglich, *adäquat*, d. h. der Situation *und* seiner eigenen Struktur entsprechend, zu reagieren, ohne von sinnlosen Konventionen, begrenzenden Normen, gesellschaftlichen Zwängen eingeengt und neurotisiert zu werden.

Die individuelle Freiheit und die Autonomie der Persönlichkeit als therapeutische Ziele par excellence können nicht auf die therapeutische Situation begrenzt bleiben. In ihr werden lediglich Anfänge gesetzt, Anstöße gegeben, Teilziele erreicht, als deren wesentlichstes Ergebnis wir den Moment ansehen, in dem der Patient erkennt, daß *Freiheit permanente Aufgabe ist* und daß *Autonomie* sich im Prozeß der *beständigen Selbstbefreiung* von den Bedingtheiten der persönlichen, gesellschaftlichen und kulturellen Vergangenheit und Gegenwart verwirklicht und erweist.

Literatur in der Bibliographie am Schluß dieses Bandes.

Die Psychiatrie des Zwanzigsten Jahrhunderts als Funktion der Universalia Zeit, Raum, Realität und Kosmos*

J. L. Moreno, M. D.
Moreno Akademie, Beacon, New York

Im Folgenden sollen vier Universalia der Psychotherapie untersucht werden, nämlich der Begriff *Zeit*, der Begriff *Raum*, der Begriff *Realität* und der Begriff *Kosmos*.

Das Psychodrama als psychotherapeutische Methode hatte von seinen ersten Anfängen an die Schaffung einer therapeutischen Situation nach dem Modell des Lebens zum Gegenstand, in welcher angefangen von den Universalia Zeit, Raum, Realität und Kosmos bis hinunter zu den Einzelheiten des Alltagslebens alle Lebensmodalitäten integriert werden können.

Psychopathologie und Psychotherapie der Zeit

Beginnen wir unsere Untersuchung mit der *Zeit*, so müssen wir uns fragen, was im Laufe der Entwicklung der Psychotherapie in unserem Jahrhundert mit der Zeit als therapeutischem Begriff geschehen ist. Die Zeit als philosophischen, mystischen oder phänomenologischen Begriff ziehe ich hierbei nicht in Betracht. In welchem Maße tritt also die Dimension Zeit in die psychotherapeutische Situation ein, und welche Funktion kommt ihr innerhalb derselben zu? Der Mensch lebt in der Zeit. Er lebt in Vergangenheit, Gegenwart und Zukunft und mag unter einem pathologischen Zustand leiden, der zu diesen Aspekten der Zeit in Beziehung steht. Es stellt sich daher die Frage, wie diese drei Dimensionen in ein wirksames therapeutisches Vorgehen einbezogen werden können. Natürlich genügt es nicht, sich ihrer lediglich als abstrakte Referenzen zu bedienen. Während der Behandlung müssen sie in ihrer lebendigen Bedeutung zum Tragen kommen und in toto als psychologische Aspekte der Zeit in Erscheinung treten.

Fassen wir zunächst die Psychoanalyse ins Auge. Dabei beziehe ich mich auf den orthodoxen Gesichtspunkt FREUDs. In psychoanalytischer Sicht fällt die Zeit vornehmlich in Form der Vergangenheit ins Gewicht, denn FREUD als Exponent der genetischen Psychologie und Psychobiologie fand es interessant, sich an dieser Dimension der Zeit zu orientieren und in ihr nach den Ursachen der in Frage stehenden Probleme zu suchen. Je weiter er seine Forschungen in die Vergangenheit zurück verlegte, desto vielversprechender schien ihm die Suche nach den Ursachen. Die Psychoanalytiker wandten sich daher immer intensiver der Vergangenheit zu. Sie dehnten ihre Untersuchungen bis zum Mutterleib aus und noch weiter zurück, bis sie schließlich dieser wenig fruchtbaren „recherche du temps perdu" müde wurden und allmählich wieder zurückzukehren begannen.

* Referat J. L. MORENOs auf dem 2. Internationalen Kongreß für Psychodrama 1966 in Barcelona.

Trotz ihrer Wichtigkeit bedeutet die Vergangenheit eine „Reduktion der Zeit". Durch eine einseitig auf sie bezogene Stellungnahme wird der Gesamteinfluß der Zeit auf die Psyche verkannt und entstellt. Hier erhebt sich mein erster Konflikt mit dem Gesichtspunkt FREUDs. Unter ihm werden nämlich die fortlaufend im „Jetzt und Hier" stattfindenden Erlebnisse übersehen, falsch beurteilt oder gänzlich außer Acht gelassen. Ich habe dagegen schon immer auf die Bedeutung der anderen Phasen Zeit hingewiesen und die Dynamik der Gegenwart, des Jetzt und Hier, hic et nunc, aufgezeigt. Bereits in meinen frühen Schriften (1914—1924), ja sogar in meinem ersten Buch aus dem Jahre 1914, schickte ich mich an, den Augenblick in seiner ganzen Dynamik zu erfassen, und sowohl die Erwärmung für den Augenblick als auch die Dynamik der Gegenwart, des Jetzt und Hier, mit allen unmittelbaren, persönlichen, sozialen und kulturellen Implikationen herauszuarbeiten. Wiederum verlor ich mich nicht in philosophische oder phänomenologische Gedankengänge, sondern schenkte meine Aufmerksamkeit dem therapeutischen Prozeß der *Begegnung,* so wie er in Bezug auf Patienten und Patientengruppen in Erscheinung tritt. Die Begegnung ist ein Tele-Phänomen. Sein Charakteristikum ist Gegenseitigkeit, — Gegenseitigkeit der Anziehung, Gegenseitigkeit der Abstoßung, Gegenseitigkeit der Erregung, Gegenseitigkeit der Hemmung sowie Gegenseitigkeit der Gleichgültigkeit.

> „Ein Gang zu zweit: Auge vor Auge, Mund vor Mund. Und bist du bei mir, so will ich dir die Augen aus den Höhlen reißen und an Stelle der meinen setzen, und du wirst die meinen ausbrechen und an Stelle der deinen setzen, dann will ich dich mit den deinen und du wirst mich mit meinen Augen anschauen." (1914)

Eine weitere Dimension der Zeit, die bis vor kurzem vernachlässigt wurde, ist die *Zukunft.* Für das Leben ist sie dennoch von besonderer Bedeutung, denn wir leben normalerweise viel mehr in der *Zukunft* als in der Vergangenheit. Ereignisse der Zukunft zu erwarten, ist dennoch etwas anderes als sie vorwegzunehmen. Für therapeutische Zwecke habe ich daher Techniken entwickelt, die es uns gestatten, bereits in der Gegenwart „à la recherche du temps de l'avenir" zu handeln, so als spiele sich die Zukunft „gerade hier" ab. Mittels unserer therapeutischen Zukunftstechniken kann ich schon heute eine Situation mit meinem neuen Freund erleben, von der ich erwarte, daß sie morgen eintreten werde, z. B. die Begegnung mit ihm oder die Verabredung mit dem künftigen Arbeitgeber. Wir simulieren das Morgen so konkret wie möglich und kommen dadurch in die Lage, künftige Ereignisse besser einschätzen und uns auch besser auf sie vorbereiten zu können.

Oft hatte ich Klienten, die von einer Beschäftigungs- oder Arbeitslosigkeitsneurose befallen waren. Ihre Ängste kreisten um ihre Anstellungsmöglichkeiten, vielleicht auch um höhere Lohnforderungen, die sie an ihren Chef zu stellen gedachten. Mit solchen Klienten üben wir in einer Art „Lebensprobe" manchmal eine Woche im voraus, was alles eintreten könnte. Auch für Klienten mit Herzensangelegenheiten ist diese Technik bedeutungsvoll. Sie sorgen sich vielleicht wegen einer künftigen Heirat oder Scheidung, eines weiteren Kindes u. a. m. Ihre Erwartungen und Befürchtungen müssen daher als Aktualität in den therapeutischen Prozeß einbezogen werden und dort für Klient und Therapeut an Wichtigkeit gewinnen. Im Laufe der Zeit wurde die Bedeutung der Zukunft als Begriff und dynamischer Faktor auch von anderen, z. B. ADLER, HORNEY und SULLIVAN, betont. Die spezielle Konstellation der zukünftigen Lage blieb jedoch unstrukturiert und unpersönlich.

Im Psychodrama dagegen werden alle drei Dimensionen der Zeit – Vergangenheit, Gegenwart und Zukunft – dem wirklichen Leben entsprechend unter dem Gesichtspunkt einer funktionellen Therapie berücksichtigt.

Psychopathologie und Psychotherapie des Raumes

Wenden wir uns nunmehr dem Begriff des Raumes zu. Auch der *Raum* ist in allen Psychotherapien beinahe unbeachtet geblieben. Dies gilt zwar nicht im semantischen oder psychologischen Sinne, wohl aber wiederum für die Einbeziehung des Raumes in den therapeutischen Prozeß. Begeben wir uns in eine psychoanalytische Praxis, so finden wir ein abstraktes Bett, die *couch*. Der übrige Praxisraum steht in keiner Beziehung zum therapeutischen Vorgang. Der Klient zentriert sich auf das Sprechen, der Therapeut auf das Zuhören. Aber obgleich in allen Psychotherapien der Raum vernachlässigt worden ist, taten Physiker, Astronomen und Astronauten nichts dergleichen. In der kosmischen Affluenz unserer Zeit sind Raum und physikalische Kommunikation im Raum zu äußerst wichtigen Kategorien für den Menschen geworden. Sie beschäftigen seinen Geist, bestimmen seine Sicht des Lebens und Universums sowie seine kühnsten Pläne bezüglich des Griffs nach dem Mond, den Planeten und möglicherweise den Sternen.

Ein Praxisraum, in welchem irgendeine Variation gegenwärtiger Psychotherapie (z. B. ROGERs client-centered therapy) praktiziert wird, bietet uns einen Stuhl. Dem Raum der früheren oder momentanen Traumata des Leidenden wird auch hier keine Beachtung geschenkt. Die Idee einer räumlichen Therapie ist erst im Psychodrama verwirklicht worden. Aktionszentriert wie es ist, umfaßt es begreiflicherweise sämtliche Dimensionen des Lebens so konkret wie möglich. Psychodrama ist nicht nur eine „recherche du temps vécu, présent et de l'avenir, sondern auch „recherche de l'espace concret, vécu."

Betritt der Klient den therapeutischen Raum, so bestehen wir auf der Beschreibung, Andeutung und Aktualisierung des Raumes, in welchem die darzustellende Szene stattfindet. Wir lassen uns seine horizontale und vertikale Ausdehnung ebenso angeben wie die sich in ihm befindlichen Gegenstände und deren Entfernung voneinander.

Als Beispiel diene folgender Fall: Der Klient, ein pubertierender Jüngling, sagt mir: „Herr Doktor, ich fürchte mich, heute abend heimzugehen." Ich frage, was geschehen sei. „Nun, meine Eltern sind heute nachmittag in heftigen Streit geraten. Der Vater schlug auf meine Mutter ein und stieß sie dabei die Treppe hinab. Als ich sie unten an der Treppe liegen sah, packte mich eine solche Wut, daß ich den Vater schlug. Dann aber bekam ich Angst. Ich nahm meine Kleider und machte mich aus dem Staub. Jetzt bin ich hier und wage mich nicht zurück." Was ist zu tun? Wie ist dieser Vorfall psychodramatisch aufzugreifen? Ich frage den Jungen kurzerhand: „Jack, wo ist die Treppe? Wo die Mutter?" Jack geht nun auf der Bühne umher und beschreibt den Platz der Treppe, die Richtung des Hausflurs, seine Wände und Fenster, die Haustür, sowie die Lage des Schlafzimmers, Badezimmers etc. Während er sich in seinem Erlebnisraum bewegt, strukturiert er ihn vor unseren Augen.

An diesem Punkt bedienen wir uns der Zukunftstechnik. „Jack, du gehst jetzt heim, aber anstatt dich wirklich zu deinen Eltern zu begeben, gehst du hier in diesem Raum nach Hause. Sagen wir, du triffst in einer Stunde dort ein. Wen wirst du um diese Zeit vorfinden? Stelle dir die räumlichen Konstellationen so genau wie möglich vor!" Jack erklärt und konstruiert nun den erwarteten Lebensraum: „Zuerst gehe ich durch die Haustüre und betrete dann das Wohnzimmer. Ich nehme an, mein Vater wird recht ärgerlich dort drüben in der Ecke in seinem Sessel sitzen. Die Mutter weint oben im Schlafzimmer." Jack beschreibt nun den übrigen Raum: die Decke, Türen, Fenster, die Lage der anderen Zimmer des Hauses, den Garten, alle ihm wichtig erscheinenden Bereiche des häuslichen Raumes. Bald sieht er die Bilder an den Wänden; er bemerkt das Kleid seiner Mutter, die Zigarre des Vaters. Die Konfigurationen des Raumes werden zum Parameter der therapeutischen Umgebung.

Es ist nicht nötig, sich zu sehr ans Detail zu verlieren. Dennoch kann ich nicht genug betonen, welche Wichtigkeit bei unserer Forschung der Konfiguration des Raumes als eines Teils des therapeutischen Prozesses zukommt; denn sie erwärmt den Protagonisten, sich in einer seinem Lebensraum entsprechenden Umgebung so zu geben, wie er ist.

Psychopathologie und Psychotherapie der Realität

Wir kommen nun zum dritten der vier Universalia, nämlich der *Realität.* Auch sie hat sich während der letzten dreißig bis vierzig Jahre erheblich verändert. Nachdem unsere Psychiatrie in zunehmendem Maße in der natürlichen Lebensgemeinschaft des Patienten und nicht mehr in Hospitälern stattfinden soll, gewinnt die Realität eine neue Bedeutung, Konfrontation und Konkretisierung entsprechend dem Zuge unserer Zeit.

a) I n f r a - R e a l i t ä t (oder Realitätsmangel)

Vom therapeutischen Standpunkt aus ist die Realität in der psychoanalytischen Situation als „reduzierte Realität" oder „Infra-Realität" zu bezeichnen. Der Kontakt zwischen Therapeut und Patient ist kein echter Dialog, sondern eine Art Interview, gewissermaßen eine Forschungssituation oder ein Projektionstest. Was immer den Patienten bewegen mag, z. B. eine suizidale Idee oder sonst ein Fluchtplan, wird nicht in direkter Aktualisation oder Konfrontation aufgegriffen, sondern verbleibt auf der Ebene des Denkens, Fühlens, Befürchtens. Dies gilt bis zu einem gewissen Grade auch für die Realität in der klientenzentrierten, existentiellen oder gesprächstherapeutischen Praxis.

b) L e b e n u n d t a t s ä c h l i c h e R e a l i t ä t

Der nächste Schritt führt uns in die Realität des eigentlichen Lebens, des Alltags von dir und mir; er führt in das Leben aller Menschen mit ihren mannigfaltigen Beziehungen zueinander und allen Individuen, Ehemännern, Frauen, Arbeitgebern, Lehrern, Pfarrern usw., die in irgendeiner Weise unser Leben beeinflussen, also in unserer eigentlichen Welt leben.

Es kann jedoch sein, daß die Art und Weise, auf die wir in der uns eigenen Realität leben und zu den für unsere Existenz wichtigen Menschen in Beziehung treten, defekt oder inadäquat ist, so daß wir eine Veränderung herbeisehnen und neue Lebensweisen versuchen möchten. Ein Wechsel kann jedoch derart bedrükkend und schwierig erscheinen, daß wir uns lieber im alten Geleise bewegen als Schwierigkeiten riskieren, deren Bewältigung wir nicht sicher sind. Daher wird eine therapeutische Situation zum Erfordernis, welche eine Simulation der Realität erlaubt und den Menschen gestattet, neue Lebensweisen zu entwickeln und zu lernen, ohne ernstliche Konsequenzen oder gar eine Katastrophe zu riskieren, wie dies im wirklichen Leben der Fall sein könnte.

c) „Surplus-Reality" oder Realitätsüberschuß

Wir erreichen nun eine noch andere Ebene der Strukturierung, welche den imponderablen, unsichtbaren Dimensionen unseres intra- und extra-psychischen Lebens entspricht und die ich „Realitätsüberschuß" genannt habe. Bei der Prägung dieses Terminus wurde ich von einem anderen Terminus, nämlich dem des „surplus value" (Mehrwertes) beeinflußt, den MARX in seinem Werk „Das Kapital" benützte, um zu beschreiben, wie Kapitalisten die Überschußeinnahmen der Arbeiter für sich beschlagnahmen. MARX sah hierin den Grund für eine Revolution, welche die Herstellung der Rechte des Arbeiters zum Ziele hatte. „Surplus-reality" oder Realitätsüberschuß hat in der Psychotherapie jedoch nicht ganz dieselbe Bedeutung. „Surplus-reality" ist lediglich ein analoger Terminus. Er besagt in unserem Fall, daß gewisse unsichtbare Dimensionen unserer Lebensrealität nicht voll erlebt oder dargestellt werden und wir sie daher mit „Überschuß-Methoden" und Instrumenten in die therapeutische Situation hereinholen müssen. Eine der wichtigsten und beliebtesten Techniken des Realitätsüberschusses ist der *Rollentausch*. Befinden sich beispielshalber ein Mann und seine Ehefrau im Alltagsleben in ständigem Streit, so verharrt bekanntlich jeder der beiden in seiner Rolle. Ihre Wahrnehmungen, Erwartungen, Ängste und Enttäuschungen unterliegen keiner Veränderung. Selbst wenn die Partner eine neue Harmonie oder klare Distanzierung erreichen, sind sie nach wie vor darauf bedacht, ihren relativen Lebensstatus zu erhalten. Der Gatte bleibt Gatte, die Ehefrau Ehefrau. Anders verhält es sich beim Rollentausch: Wir bitten die Frau, die Rolle des Mannes zu spielen und den Mann, in der Rolle seiner Frau aufzutreten. Dieser Positionswechsel hat nicht nur in Rede und Antwort zu geschehen, sondern die Beteiligten werden angehalten, sich ganz in die Gedanken, Gefühle und Verhaltensweisen des anderen hineinzuversetzen.

Ein solches Vorgehen hat sich in Streß-Situationen als besonders vorteilhaft erwiesen und soll an einem konkreten Fall veranschaulicht werden: Es ist morgens acht Uhr, und der als Filialleiter beschäftigte Ehemann kommt die Treppe herunter, saust in die Küche und brüllt seine Frau an: „Was ist los mit dir, Mary, bist du verrückt geworden? Warum hast du mich nicht geweckt?" Zur Antwort schreit sie: „Aber ich koche doch schon deine Eier, außerdem habe ich vor einiger Zeit ausgiebig an deine Tür geklopft. Warum schreist du mich so an? Ich tu, was ich kann. Was ist mit dir los?" Sie bricht in Tränen aus und er bekommt einen Wutanfall. Dies ist der gegebene Moment für einen Rollentausch. Der Therapeut schaltet sich ein mit den Worten: „Du, Bob, übernimmst die Rolle Mary's, und Mary, Du spielst Bob! Bob, Du stehst nun in der Rolle der Frau am Herd und weinst bitterlich, weil Mary in der Rolle des Ehemannes so sadistisch ist." Denn nun ist sie es, die den Wutausbruch bekommt, in die Küche rennt und „dumme Kuh, was ist los mit Dir?" schreit.

Bekanntlich ist es während gewisser Lebensphasen nicht leicht, aber dennoch die Regel, in ausschlaggebenden Situationen die Identität mit sich selbst herzustellen und seine Gefühle und Verhaltensweisen mit dem eigenen Leben in Einklang zu bringen. Dies gilt insbesondere für das Kind und den Jugendlichen. Wie können wir nun die Identität mit einer anderen Person erlangen, wie es beim Rollentausch von uns gefordert wird? Unserer Erfahrung nach ist dies möglich, besonders für Menschen, die lange Zeit in einer engen Beziehung zueinander gestanden haben wie Ehegatten, Mutter und Kind, Vater und Sohn, Bruder und Schwester oder gute Freunde.

Kürzlich sprach ich mit einer Gruppe von Theologen. Sie richteten an mich die Frage, wie sich die christliche These „Liebe deinen Nächsten wie dich selbst" von der unsrigen unterscheide. Meine Antwort war: „Nun, wir haben keine bemerkenswerten Fortschritte in der Verwirklichung dieses Gebotes gemacht, abgesehen von dem, was der Rollentausch dazu beiträgt!"

Von den Techniken des Realitätsüberschusses wird im Alltagsleben so gut wie nie Gebrauch gemacht. Um so wichtiger erschien es mir, sie in die Therapie einzuführen. Allerdings habe ich von Anfang an vorausgesagt, daß sie eines Tages so selbstverständlich sein werden wie das Düsenflugzeug, welches uns von einem Teil des Landes zum anderen und einem Kontinent zum nächsten trägt. In fernster Zukunft werden die Menschen den Rollentausch nicht nur unter sich, sondern vielleicht mit Bewohnern anderer Planeten spielen. Gegenwärtig benötigen wir diese Technik aber noch zur Verbesserung der menschlichen Interaktion.

Ein wichtiges Instrument für den Aufbau der psychodramatischen Welt eines Patienten ist das Hilfs-Ich (auxiliary ego), das wir im Psychodrama als Repräsentant abwesender Bezugspersonen oder möglicher Halluzinationen, Täuschungen, Symbole, Ideale, Tiere und Gegenstände kennengelernt haben. Sie machen die Welt des Protagonisten wirklich konkret und greifbar. Bei dieser Konkretisierung und Dynamisierung seiner Welt ergeben sich allerdings zahlreiche Probleme, z. B. das des körperlichen Kontaktes. Körperlicher Kontakt ist bis zu einem gewissen Grad in allen Psychotherapien tabuisiert gewesen. Sieht eine Krankenschwester jedoch einen Patienten leiden, so kann sie nicht umhin, ihn tröstend zu berühren und zu sagen: „Sei unbesorgt, Jack, es wird schon wieder werden!" Ihre Berührung mag dem Patienten mehr bedeuten als ihre Worte, und zwar nicht in sexueller Hinsicht, sondern als Ausdruck ihrer mütterlich beschützenden Haltung ihm gegenüber. Ein Psychoanalytiker hingegen, der in irgend einen physischen Kontakt zu seinen Patienten träte, würde geächtet.

Bei der psychodramatischen Behandlung menschlicher Beziehungen bemühen wir uns, dem Modell des Lebens zu folgen, und in Grenzen auch von der Körperkontakttechnik Gebrauch zu machen. Diese Technik ist selbstverständlich dann kontraindiziert, wenn sie der Befriedigung von Bedürfnissen des Therapeuten dient, aber in hohem Maße indiziert, sofern sie dem Patienten nicht nur in Worten, sondern auch in Taten Wärme und unmittelbar pulsierendes Leben zu vermitteln vermag, in Situationen, da er ihrer am meisten bedarf.

Leidet eine junge Frau z. B. unter einer tiefen Entfremdung von ihrem Mann oder ihrer Familie, so werden wir ihr ein Hilfs-Ich geben und — egal ob männlich oder weiblich — erwarten, daß es seinen Arm um der Patientin Schulter legt und, sofern indiziert, noch weiter geht. Wo die ethische, ästhetische und therapeutische Grenze gezogen werden muß, ist nicht leicht zu sagen. Sie können aber als Hilfs-Ich nicht Mutter, Vater oder Sohn sein, wenn Sie diese Rolle nicht leben. Scheuen Sie davor zurück, so wird Ihr Tun gefühllos, abstrakt und untherapeutisch. Allerdings kann der Therapeut aber auch in Schwierigkeiten geraten. Ich möchte deshalb einen Fall berichten, der sich in einem großen Hospital in Amerika zugetragen hat. Es handelt sich um eine junge Patientin, die verlobt war. Sie befand sich in einer tiefen Depression und war der Zuwendung bedürftig. Ein Hilfs-Ich sollte ihren Verlobten darstellen. Den psychodramatischen Regeln entsprechend brachte dieses Hilfs-Ich in der Rolle des Verlobten der Patientin viel Wärme entgegen, legte die Arme um sie und küßte sie. Er ging nicht zu weit, das kann ich versichern, dennoch weit genug, um den Zorn des Vaters der Patientin zu erregen, der zufällig auch noch ein Senator war. Kaum hatte er von dieser Psychodrama-Sitzung gehört, so telefonierte er in heller Empörung dem Direktor des Krankenhauses und fragte, welchen Sinn es habe, einem Fremden zu erlauben, seiner Tochter auf der Bühne in Liebe zu begegnen? Des Direktors Antwort lautete: „Senator, dies ist Therapie, nichts als Therapie. Wir versuchen, Ihre Tochter zu behandeln. Schicken Sie sie und Ihre Frau nicht auch zum Gynäkologen, Geburtshelfer und anderen Spezialisten, deren Eingriffe nicht weniger bedenklich erscheinen? Was haben Sie gegen eine wirklichkeitsnahe Psychotherapie?" Dank dieser Entgegnung konnte der Vater beruhigt, seiner Tochter Zustand gebessert und sogar ein Senator beschwichtigt werden.

Das *Rollenspiel* ist eine weitere wichtige Technik des Realitätsüberschusses. Im Rollenspiel kann ein Mensch effektiveres Verhalten in realen Rollen üben, z. B. in der des Arbeitgebers, Angestellten, Studenten, Lehrers, Kindes, Liebhabers oder Freundes. Der therapeutische Rahmen ermöglicht dem Patienten das Wagnis des Versuches mit möglichem Versagen in seiner Rolle, weiß er doch, daß ihm die Gelegenheit zu weiteren Versuchen und so vielen Alternativen gegeben wird, bis er schließlich einen neuen Zugang zu der gefürchteten Situation lernt, den er später *in situ*, im wirklichen Leben, wird anwenden können.

Die Technik der *Wirklichkeitssimulation*, die wir so oft im Psychodrama verwenden, wird jetzt in der Ausbildung unserer Astronauten angewandt. Astroingenieure simulieren im Laboratorium die Bedingungen des Weltalls. Wir alle haben im Fernsehen beobachtet, wie Astronauten zum Schweben im Raum, zum Leben in Raumschiffen und zur Begegnung mit anderen Mondschiffen trainiert werden.

Es gibt noch zahlreiche hochwirksame Techniken des Realitätsüberschusses, wie z. B. den leeren Stuhl, die leere Wiege, die leere Bank, das leere Bett, den hohen Stuhl, den Zauberladen, die Gott-Technik, die Zukunftsprobe, die existentielle Wertung und die therapeutische Gemeinschaft.

Psychopathologie und Psychotherapie des Kosmos

Zuletzt kommen wir zum Kosmos! In meiner Jugend zu Beginn des 20. Jahrhunderts erfreuten sich zwei Philosophien der menschlichen Beziehungen besonderer Popularität. Die eine entsprach der Vorstellung, das ganze Universum sei in das Individuum, die individuelle Psyche „gepackt". Sie wurde insbesondere von FREUD vertreten, welcher die Gruppe lediglich für ein Epiphänomen hielt. Ihm war alles Epiphänomen. Bedeutung hatte allein das Individuum.

Die andere Philosophie war jene von Karl MARX. Für MARX endete alles beim sozialen oder genauer bei sozio-ökonomischen Menschen. Der Sinn der ganzen Welt schien sich hierin zu erschöpfen.

Ich selbst erkannte schon früh einen anderen „Bereich", eine größere Welt hinter der Psycho- und Soziodynamik der menschlichen Gesellschaft, nämlich die *„Kosmodynamik"*. Der Mensch ist ein *kosmischer Mensch*, nicht nur ein sozialer oder individueller Mensch. Als ich diese Ansicht vor ungefähr fünfzig Jahren erstmals aussprach, klang sie nach übertriebener Mystik. Heute ist sie beinahe ein Allgemeinplatz. Der Mensch i s t ein kosmisches Wesen.

Seit undenklichen Jahren hat der Mensch versucht, seine Stellung im Universum als Ganzem zu begreifen und, sofern möglich, jene Phänomene unter seine Kontrolle zu bringen, welche seine Position und Evolution bestimmen wie Geburt, Tod, Sexualität oder gar die Funktion des Weltenschöpfers. Zu diesem Zweck hat der Mensch in der Vergangenheit Religionen angehangen, Mythen, Fabeln erfunden. Er hat sich sogar strenger Reglementation unterworfen, um mit den Weltgesetzen, die er erkannt zu haben glaubte, in Einklang zu kommen. BUDDHAs Regeln, die zehn Gebote MOSEs, die zahllosen Riten verschiedenster primitiver Kulturen sprechen für das tiefe Bedürfnis des Menschen, einem unsichtbaren Wertsystem zu genügen.

Durch den Eintritt in das Zeitalter der Atombombe und des Computers hat sich die menschliche Begriffswelt grundlegend verändert. Die Proklamation „Gott ist tot" mag bedeutungslos sein. Wichtig hingegen ist die Möglichkeit, IHN zu schaffen. Die zukünftige Evolution gibt Anlaß zu weitreichenden Spekulationen. Geburt und Tod mögen ihren endgültigen Charakter verlieren und durch wissenschaftliche Entdeckungen eine neue Bedeutung erhalten. Sogar die Geschlechtsunterschiede werden vielleicht nicht mehr feststehen, sondern variabel sein. Die mögliche Existenz von Millionen anderer Wesen auf anderen Gestirnen wirft Fragen auf, die wir nie zuvor so klar umrissen haben wie heute.

Entsprechend den Funktionen von Zeit, Raum und Realität muß auch die Funktion des Kosmos dergestalt der therapeutischen Situation integriert werden, daß sie für den Protagonisten experimentellen und existentiellen Wert bekommt. Im Rahmen des Psychodramas können, dank seinen zahlreichen Techniken, kosmische Phänomene in den therapeutischen Prozeß einbezogen werden. Eine therapeutische Methode, welche sich nicht mit den ungeheuren kosmischen Implikationen, der eigentlichen Bestimmung des Menschen, befaßt, ist unvollkommen und inadäquat. Wie unsere Vorfahren den kosmischen Phänomenen mit Mythen und Fabeln begegneten, habe ich versucht, den gegenwärtigen kosmischen Veränderungen mit neuen Mitteln („devices") gegenüber zu treten. In diesem Zusammenhang kommt den Techniken des Realitätsüberschusses besondere Bedeutung für die Behandlung der Kosmodynamik zu. In der psychodramatischen Welt wird z. B. über Geschlechtsunterschiede hinweggesehen, oder sie werden überwunden. Es gibt kein Geschlecht im Psychodrama. Auch die Unterschiede des Alters werden ignoriert. Es gibt kein Alter im Psychodrama. Geburt und Tod verlieren ebenfalls ihre hergebrachte Bedeutung. Es gibt keinen Tod im Psychodrama. Die Ungeborenen und Toten werden auf der Psychodramabühne ins Leben gerufen. Im Psychodrama wird eine Art Überschuß-Kunst (surplus art) auf die Kosmodynamik angewandt.

Diese Externalisationen stehen jedoch in Beziehung zur Subjektivität und den Vorstellungen des Protagonisten. Eine Frau, die lieber als Mann geboren wäre, kann auf der Psychodramabühne einen Mann darstellen usw., die von ihr als Ungerechtigkeit empfundene kosmische Gegebenheit ausgleichen. Umgekehrt kann ein Mann eine Frau spielen, ein Greis ein Kind und dadurch zumindest teilweise den Verlust seiner Kindheit ersetzen oder das Erlebnis einer glücklichen Kindheit nachholen, das ihm bislang abgegangen sein mag. Anatomische, psychologische und biologische Unterschiede haben auf der Bühne keine Bedeutung. Bedeutungsvoll ist die Expansion des Menschen entsprechend seinen persönlichen Bedürfnissen und Fantasien. Er ist im Psychodrama Herr und nicht Knecht seines anatomischen und physiologischen Zustandes. Im psychodramatischen Kosmos kann der Mensch auch Tiere verkörpern, — Hunde, Tiger, Bären, Fische, Vögel, Insekten, — überhaupt jedwede Imagination, und zwar nicht in Form einer Regression, sondern in Form *schöpferischer Aktion.* Er ist frei von den Fesseln der Aktualitäten und Tatsachen, zollt ihnen aber trotzdem höchsten Respekt. Dank seiner bisherigen wissenschaftlichen Erfahrungen hat er guten Grund, an die Änderung und Weiterveränderung der Dinge zu glauben und sich vom Wechsel gewisser, sogar über Jahrtausende konstant gebliebener Bedingungen ergreifen zu lassen. Hierdurch soll keine Lanze für Illusionen oder die Flucht aus der Wirklichkeit gebrochen werden, sondern das genaue Gegenteil, eine Lanze für die Kreativität des Menschen und des Universums. Durch des Menschen Glauben an die unendliche Kreativität des Kosmos mag er das, was er in seiner psychodramatischen Welt verkörpert, eines Tages in die Wirklichkeit umsetzen. Wie GOETHEs Faust am Ende seines Lebens die Zukunft als Vision schaut und spricht: „Was künftig sein wird fühle ich schon jetzt.", wird der Mensch im Psychodrama das Leben einer fernen Zukunft voraussehen und erfahren können. Die zukünftige Realität hat er hic et nunc.

Eines der größten Dilemmas des Menschen unserer Zeit ist der Verlust seines Glaubens an ein höchstes kosmisches Wesen, der oft vom Verlust des Glaubens an ein höheres Wertsystem als Richtschnur für das menschliche Handeln begleitet ist. Wird das Universum nur von Zufall und Spontaneität beherrscht? Die psychodramatische Antwort auf das Postulat „Gott ist tot" heißt: wir können ihn leicht wieder lebendig machen. Dem Beispiel Christi folgend, können wir Gott neues Leben geben, allerdings nicht in der Form, die unseren Ahnen heilig war. Wir sehen anstelle des toten Gottes Millionen von Menschen, die Gott in ihrer eigenen Person verkörpern können.

Diese Ansicht bedarf der Erläuterung: Das große Ereignis der Religionsgeschichte war ein einfacher Mensch, Jesus Christus, der sich Gottes Sohn nannte und die Beziehung eines großen Teils der Menschheit zu dem kosmisch entrückten Supergott des Alten Testamentes grundlegend veränderte. Seine Kraft lag nicht in seiner Klugheit oder der Schärfe seiner Intelligenz, sondern in der *Verkörperung.* Viele seiner Zeitgenossen zeichneten sich durch größere Intellektualität aus, waren im Vergleich zu Christus aber nur schwächliche Intellektuelle. Anstatt die Wahrheit, die sie fühlten und erkannten, zu verkörpern, zerredeten sie sie.

Zentral, axiomatisch und universal in der psychodramatischen Welt steht die *Verkörperung.* Ihr gehört der Primat. Jeder darf seine Version Gottes durch seine Handlungen zum Ausdruck bringen und den anderen mitteilen. Hierin liegt die Bedeutung meines ersten Buches, in dem ich den „Ich-Gott" proklamierte. Keine meiner Inspirationen und Aussagen ist jedoch gröber mißverstanden und ins Lächerliche gezogen worden als die Idee, mich selbst als Gott, als den „Vater meiner Mutter, meines Vaters, meiner Ahnen und alles Lebendigen" zu bezeichnen. Hätte ich Gott als „IHN" bzw. als „ER" präsentiert oder zumindest als „DU", gleich Christus, so wäre mein Buch gepriesen worden wie etwa von dem englischen Dichter Christopher Isherwood, der es nach der Lektüre für das größte prophetische Gedicht unserer Zeit hielt. Aber die Ich-Form sollte zum Stein des Anstoßes werden. Das „Ich" war neu und provokatorisch. Und doch ist es der „Ich-Gott", mit dem alle verbunden sind. Es ist das *Ich,* welches zum *Wir* wird.

Rückblickend amüsiert es mich, daß gerade die Proklamation des „Ich" als der auffälligste Beweis einer Megalomanie meinerseits gewertet worden ist. Wird jedoch, wie es in meinem Buch geschieht, der Ich-Gott universalisiert, so erweist sich dieser ganze Gottesbegriff als ein Bild der Demut und Schwäche. Ihm liegt viel eher eine „Micromanie" als eine Megalomanie zugrunde. Gott ist nie zuvor so umfassend auch in der Niedrigkeit beschrieben worden, so universal in seiner Abhängigkeit! Bedeutungsvoll ist die Wandlung des kosmischen Gottes der Juden, des ER-Gottes zum lebendigen Gott Christi, dem DU-Gott. Noch herausfordernder ist jedoch die Wandlung des DU-Gottes zum ICH-Gott, der alle Verantwortung auf uns legt, auf das Ich und die menschliche Gemeinschaft, die Gruppe. Ein anderer Aspekt der Mikromanie des Autors meines Buches ist seine Anonymität*, die unmißverständlich beweist, daß nicht das Ich eines individuellen einsamen Menschen, sondern unser aller ICH gepriesen wird. Seine Verkörperung wurde von mir im Leben versucht, lange bevor dieser Versuch psychodramatische Form annahm.

Propheten, Führer und Therapeuten haben sich schon immer bemüht, „Gott" zu spielen und ihre Macht und Überlegenheit armen einfachen Menschen zu oktroyieren. In der psychodramatischen Welt hat sich die Lage verkehrt. Nicht mehr der Meister, der Hohe Priester oder Therapeut verkörpert Gott. Das Bild Gottes kann in jedem Menschen Gestalt annehmen, – durch den Epileptiker, den Schizophrenen, die Prostituierte, die Armen und Unterdrückten verkörpert werden. Sie alle können im Augenblick der Inspiration auf die Bühne treten und ihre Version von der Bedeutung des Universums verkünden. Gott ist ewig in und um uns – wie für die Kinder! Steigt er nicht mehr vom Himmel herab, so kann er doch durch die Bühnentür treten ...

Gott ist nicht tot. Er lebt im Psychodrama!

Ich möchte meine Ausführungen in folgenden Thesen und Postulaten zusammenfassen:

I. Wir leben in Zeit, Raum und Realität. Den Umgang mit diesen Universalia können wir nicht lernen oder verbessern, sofern wir ihn nicht in einer experimentellen Situation testen, in welcher Zeit, Raum und Realität zum Ausdruck gebracht, erlebt, geübt und reintegriert werden, nämlich im Rahmen einer dem wirklichen Leben nachgebildeten Psychotherapie.

II. Die Konkretisierung realer und fantasierter Erlebnisse hat besondere Bedeutung für die Erforschung der Psychopathologie der Zeit. Abstrakte und spontane Zeit unterscheiden sich bei ihrer Untersuchung im Psychodrama durch Intensität, Dauer und Perspektive. Einige Hauptschwierigkeiten im menschlichen Verhalten sind auf Unzulänglichkeiten im Umgang mit der Zeit, den Mangel an ergänzenden Erwärmungsprozessen (warm-ups) und richtiger Einschätzung künftiger Konsequenzen des gegenwärtigen Verhaltens zurückzuführen.

III. Die Erforschung der Psychopathologie der räumlichen Konfiguration sollte unter Laboratoriumsbedingungen durchgeführt werden, welche die praktische Untersuchung von Nähe und Distanz (Entfernung), Hin- und Herbewegungen sowie horizontale und vertikale Fortbewegung erlauben.

IV. Die Psychopathologie der Realität und realitätsbezogenen Fantasien wird ebenfalls unter psychodramatischen Laboratoriumsbedingungen untersucht, besonders durch die Konkretisation von Symbolen, Traumbildern, Täuschungen, Halluzinationen. Der Prozeß der Symbolisation wird aus dem Bereich der Sprache und Interpretationen herausgenommen und in den inclusiven Bereich konkreten Handelns verlegt.

V. Die Psychopathologie kosmischer Erlebnisse kann im Psychodrama exploriert und bearbeitet werden.

---

* Die früheren Schriften MORENOs erschienen alle anonym. Anm. d. Übersetzerin.

Zusammenfassung

Vier Universalia, Zeit, Raum, Realität und Kosmos, werden im Rahmen der Psychotherapie, insbesondere des Psychodramas, herausgestellt. Im Psychodrama wurde von seinen ersten Anfängen an der Versuch gemacht, eine therapeutische Situation nach dem Modell des Lebens zu konstruieren, die, angefangen bei diesen Universalia, bis zu den Einzelheiten und Nuancen des Alltags und der Realitätspraxis alle Modalitäten des Lebens umfaßt.

Übersetzt von Dr. med. G. A. Leutz, Überlingen

Das Wesen des Psychodramas — Versuch einer Psychodramatischen Trilogie*

Ramon Sarro, Barcelona

I. Die Bejahung des Psychodramas

Um dem Psychodrama den ihm zukommenden Platz in der modernen Psychotherapie zu geben, müssen wir den Begriff Psychodrama in einem breiten Rahmen sehen. Er geht über den rein medizinischen Bereich hinaus. Darum ist es unerläßlich, den augenblicklichen Stand der Psychotherapie zu diagnostizieren. Das große Interesse, das man der Psychotherapie entgegenbringt, kommt besonders klar in dem Buch von HARPER (1959) „Thiry Six Schools of Psychotherapy" zum Ausdruck. Bei kritischer Betrachtung stellen wir fest, daß auch dieses Werk noch immer unvollständig ist.

Das Problem wird uns in seiner Schwere bewußt, wenn wir uns die Frage stellen, auf die Mediziner in der ganzen Welt, ob Psychiater oder nicht, eine Antwort suchen, um den Bedürfnissen ihrer Patienten gerecht zu werden:

Man hatte der „World Association of Psychiatry", den Organisatoren des 4. Weltkongresses für Psychiatrie, der kurz nach dem Psychodramakongreß in Barcelona in Madrid abgehalten wurde, die Diskussion von Kurzformen der Psychotherapie vorgeschlagen. Gibt es überhaupt Kurzformen, die uns in die Lage versetzen, den Millionen Neurotikern, die unserer Aufmerksamkeit bedürfen, zu helfen? Sie sind es doch, die am meisten vom Fortschritt der modernen Psychotherapie profitieren würden.

Derartige Erwägungen würden allerdings dazu führen, die augenblicklich praktizierte Psychoanalyse zu eliminieren. Ich versuche, mich für einen Augenblick im Geiste zurück nach Wien zu versetzen, wo ich als Psychoanalytiker in FREUDs Team arbeitete. Es war einige Jahre, nachdem MORENO Wien verlassen hatte.

Damals maß ich der Psychoanalyse eine große Bedeutung bei. Ich möchte mich jedoch im Augenblick noch jeder Kritik enthalten, wenngleich ich im zweiten Teil meines Exposés nicht umhin kann, kritisch zur Psychoanalyse Stellung zu nehmen.

Man kann nicht behaupten, daß die Psychoanalyse den Psychiatern in der ganzen Welt die Hilfe bietet, die sie suchen. Seit Jahren ist die Psychoanalyse eine teure und kostspielige Technik. Einige psychoanalytische Schulen sind nicht in der Lage, die Dauer einer solchen Behandlung vorauszusagen. Es scheint, daß sie sich nicht immer der ungeheuren Schnellebigkeit unserer Zeit bewußt sind. Man gewinnt den Eindruck, daß die Psychoanalyse durch das bloße Streben, eine in die Tiefe gehende Form der Therapie zu sein, sich in den Tiefen verliert und ihren Weg an die Oberfläche nicht wiederfindet.

---

* Vortrag gehalten auf dem sechsten internationalen Kongreß für Psychodrama, Barcelona, 29. August bis 3. September 1966. Hier mit freundlicher Genehmigung des Autors übersetzt und veröffentlicht.

Aus diesen Gründen müssen auch die größten Anhänger der Psychoanalyse zugeben, daß die Psychoanalytiker überall in der Welt lediglich in der Lage sind, einige Hundert Personen *„lege artis"* zu behandeln.

Wie kann nun dieser Prozentsatz zufriedenstellen, wenn wir uns vor Augen führen, daß fast ein Drittel der fast drei Milliarden Menschen, die augenblicklich unseren Globus bevölkern, psychotherapeutische Behandlung benötigen würden? Es ist augenscheinlich, daß wir als Psychoanalytiker im Augenblick nicht in der Lage sind, den weltweiten Anforderungen zu genügen. Das heißt nicht, daß die vergangenen Jahrzehnte, die vom Symbol der Psychoanalyse beherrscht wurden, verlorene Zeit waren. Wenn auch analytische Psychotherapie eine zwar mögliche, jedoch nur einem erschreckend niedrigen Prozentsatz von Neurotikern zugängliche Behandlungsform ist, so muß doch in diesem Zusammenhang erwähnt werden, daß die „Psychologisierung" unserer gegenwärtigen Zeit und Gesellschaft das Werk FREUDs war. FREUDs Name wurde genau so universell wie der von EINSTEIN oder von MARX und niemand kann und wird leugnen, daß er zu den Persönlichkeiten gehört, welche die Weltwissenschaft beeinflußt haben. Wenn wir auch feststellen, daß FREUD der Urheber der modernen Psychotherapie ist, müssen wir zugleich zugeben, daß die klassische Freud'sche Psychotherapie nicht in der Lage ist, den wirklichen Bedürfnissen unserer Zeit Rechnung zu tragen.

Welche Form von Psychotherapie sollte jedoch „lege artis" angewandt werden, wenn die Psychoanalyse den Anforderungen nicht gerecht wird? Zwei große Möglichkeiten stehen uns hier offen:

1. Die der Rückkehr und Vervollkommnung einer Psychotherapie, wie sie vor FREUD praktiziert wurde, besonders der Hypnose und Suggestion unter Einschluß der Freud'schen Therapie, wie sie in ihren ersten Anfängen zu Beginn des zwanzigsten Jahrhunderts praktiziert wurde.

2. Die modernen Formen der Psychotherapie anzuwenden, die in den letzten Jahrzehnten entwickelt wurden.

Was die Rückkehr zur vor-Freud'schen Psychotherapie oder zur Therapie des jungen FREUD anbetrifft, die in W. STEKEL einen besonderen Vertreter gefunden hat, so habe ich an anderer Stelle darüber gehandelt (*l'Agonie de la Psychoanalyse, Evolution Psychiatrique 1966, 423–440*). Hier möchte ich mich jedoch nur mit solchen Therapien beschäftigen, die man nicht als nachfreudianisch bezeichnen kann, weil dies sie ausschließlich an FREUDs Werk binden würde, was nicht mit den Tatsachen übereinstimmt.

Ich könnte sie als „extrafreudianische Psychotherapien" bezeichnen, die sich zusätzlich und unabhängig von FREUDs Psychotherapie entwickelt haben. Im allgemeinen sind sie von der Gruppenpsychotherapie bestimmt. Aus Gründen, die ich später darlegen werde, ziehe ich es vor, ihnen eine doppelte Bezeichnung zu geben: „Gruppenpsychotherapie und Psychodrama".

Man kann gar nicht genug den Ernst der gegenwärtigen Krise der Psychotherapie betonen. Nach 60 Jahren müssen wir erkennen, daß das Instrument, auf das wir unsere größten Hoffnungen gesetzt haben, uns in die Irre geleitet hat. Wenn immer eine Krise solchen Ausmaßes auftaucht, besteht die Tendenz, nach ihrem

Ursprung zu suchen. An anderer Stelle werden wir die Anfänge der Freud'schen Arbeit analysieren in der Absicht, den entscheidenden Moment aufzufinden, an dem FREUD beginnt, den Kontakt mit der psychischen Realität zu verlieren und sich in einer Welt von Hypothesen zu verstricken.

FREUD schrieb: „Die der Wahrnehmung zugänglichen Phänomene müssen zugunsten der Triebe eine zweite Stufe passieren, selbst wenn diese hypothetische Einheiten bilden." Mit diesen Sätzen beginnt er die Phänomenologie des Bewußtseins zu unterschätzen. Das Psychodrama protestiert gegen diese Unterschätzung. Diese Tendenz ist der größte Gegensatz zur Psychoanalyse. Das Psychodrama will nicht die Realität reduzieren, sondern ihr Potential zu einem Maximum vergrößern.

Die Phänomenologie der Lebenskonflikte ist nicht in der Lage, das Psychodrama in die Mechanismen von „cathexis" und „gegencathexis" umzuformen, obwohl es eine Realität ist, die sich uns folgendermaßen darstellt: eine Situation mit der Tendenz, die größtmögliche Konfiguration dadurch zu erreichen, daß „Realität" und „Phänomenalität" betont werden. Diese Tendenz zur Konfiguration schließt die Betonung der „Phänomenalität", des „eidetischen Charakters" des Phänomens ein. Statt des „Prototraumas", das von der Psychoanalyse aufgefunden worden ist, sucht man hier nach dem „Protophänomen" unter Akzeptierung von „Goethiana und Husserliana".

Der Gebrauch einer Formel, – selbst wenn dies nicht der phänomenologischen Tradition entspricht –, wird uns die Orientierung erleichtern. Wir stehen damit also nicht in der phänomenologischen Tradition, sondern in der Tradition der Soziometrie MORENOs, in der er, ohne von seinem Gedanken, daß „der Sozius wichtiger als das Metron sei", abzugehen, nicht zögerte, mathematische Methoden anzuwenden.

Diese Formel – sie ist von großer Bedeutung für die „behavioral sciences" – hat zwei Versionen: eine spanische, die des Arztes und Philosophen Josè de LETAMENDI, dem Begründer der medizinischen Anthropologie in Spanien und eine amerikanische, nämlich die der Neobehavioristen.

V = f (I. C.)

V	bedeutet	life
f	„	function
I	„	individual
C	„	cosmos or environment

Die amerikanische Formel lautet:

R = F (S. P.)

R	bedeutet	„behavioral response"
f	„	„determinal function"
S	„	„situational stimulus"
P	„	nature of personality"

I und C sind so eng miteinander verbunden, daß, wenn wir direkt auf das Individuum einwirken, wir indirekt auch die umgebende Welt beeinflussen.

Es ist das Konzept des „In-der-Welt-seins" der Existenzialanalyse, womit aber nicht die Möglichkeit ausgeschlossen wird, betont auf die eine oder andere Größe einzuwirken.

Die Psychoanalyse und charakterologischen Psychotherapien geben vor, hauptsächlich auf den Faktor I einzuwirken.

Beim Psychodrama und überhaupt bei Gruppen wird der Faktor C beeinflußt. Die Gruppe modifiziert das Individuum (I) dahingehend, daß es sich von der Masse abhebt. Während die Masse etwas Unpersönliches ist, ist die Gruppe ein persönliches Element. Das Mitglied einer Gruppe wird zu einem Sender und Empfänger von nicht-anonymen individuellen Botschaften. Dadurch wird eine Situation geschaffen, in der die Persönlichkeit bereichert werden kann.

Das Psychodrama

Ich möchte hier nicht von der hohen technischen Perfektion sprechen, die das Psychodrama erreicht hat. Wenn wir es von JACOB und ZERKA MORENO ausgeführt sehen oder von Anne SCHÜTZENBERGER, von J. ENNEIS, von Rojas BERMUDEZ, vermittelt es uns den Eindruck, daß es einen hohen Grad an Vollkommenheit erreicht hat. Wir wissen heute, daß das Können der Psychodramatiker und der ausgebildeten *auxiliary egos* in der Gruppe auf der psychodramatischen Bühne von einer kaum zu überbietenden Präzision ist. Ich werde mich nicht auf diese technischen Aspekte beziehen, meine Absicht ist anderer, theoretischer Natur: Was im wesentlichen unterscheidet das Psychodrama von anderen Psychotherapien?

Meine Auffassung von Psychodrama kann mit Hilfe von drei Definitionen, die mehr oder weniger dasselbe besagen, ausgedrückt werden.

A. Übergang *(transition)* von der Welt der Erfahrung zur Welt der Repräsentation.

B. Umwandlung *(transformation)* des lebendigen Dramas zum repräsentativen Drama.

C. Form von besonders wirksamer Gruppentherapie, die „Mimesis" und „Katharsis" im Rollenbereich ermöglicht.

Die letzte Definition dient mir als Leitfaden für eine phänomenologische Analyse. Das Psychodrama hat Aspekte, die an andere Formen der Psychotherapie erinnern, und zudem noch Aspekte, die nur ihm eigen sind.

Die Katharsis bildet einen Teil der Psychoanalyse dahingehend, daß es möglich ist, die Psychoanalyse als eine Ausdrucksform *(derivation)* der „Katharsis" zu interpretieren. Diese war und ist das Hauptkonzept der Psychoanalyse und es ist nur schwer zu erklären, warum die Psychoanalytiker dieser Tatsache nicht mehr Aufmerksamkeit gewidmet haben. Vielleicht, weil die Entwicklung der Psychoanalyse weithin von einem Kriterium bestimmt wurde, das augenscheinlich wichtiger war als die phänomenale Katharsis.

Da das bloße Erinnern nicht genügt, um eine wirksame Katharsis zu erlangen, dachte FREUD, daß die Katharsis in Übertragungssituationen erreicht werden könnte. Er ersetzte das „Erinnern" durch das „Wiederholen" in der Übertragungssituation. Durch das Psychodrama ermöglicht MORENO eine plastischere und schneller wirkende Katharsis, als sie durch die Psychoanalyse erreicht werden kann. Wir könnten sagen, daß die Freud'sche Katharsis im Bereich der Schatten verbleibt, während die von MORENO sich im Licht des Tages bewegt.

MORENO stellt die ursprünglich aristotelische Bedeutung der Katharsis wieder her, die eine soziale Dimension hat, die so wesentlich ist, wie das Publikum für das Theater wichtig ist. Die Aristotelisch-Moreno'sche Katharsis besteht nicht im Entladen von Spannungen, sondern in einer Reinigung durch tiefes Eindringen in die Gefühlswelt. Die Reinigungskatharsis ist nicht reinigend, weil sie von Leidenschaften befreit hat, sondern weil sie sich zu ihrem Verständnis erhoben hat. Es wäre nicht gerechtfertigt, die Katharsis, selbst in ihren stärksten Manifestationen, als den alleinigen Kern des Psychodramas zu betrachten, – sie wird ja auch auf der Couch des Psychoanalytikers verbal ausgedrückt –, sondern die Fülle psychodramatischen Spiels muß in ihrer Gesamtheit als Therapeutikum angesehen werden. Zweifelsohne trägt die Katharsis entscheidend zur therapeutischen Wirksamkeit des Psychodramas bei, aber wir halten daran fest, daß sie nicht die zentrale Position einnimmt.

Die wesentliche Dimension des Psychodramas ist nach unserer Auffassung das, was wir als *„Prinzip der Mimesis"* bezeichnen. Der Patient lebt sein Leben nicht, sondern imitiert und simuliert es.

Mit dem Augenblick, in dem er die psychodramatische Bühne betritt, erfährt seine Persönlichkeit eine größere Veränderung als durch die bloße Tatsache, ein Mitglied der Gruppe zu sein. Den französischen Satz: *„C'est le premier pas qui cout"* könnten wir abwandeln und sagen: „was zählt, ist der erste Schritt zu dem, was transzendental ist". Obwohl die physische Barriere, die den Spieler vom Zuschauer trennt, nahezu aufgehoben ist, ist eine Distanz geschaffen worden. Das Individuum hat die reale Welt verlassen und bewegt sich in einer nicht wirklichen Welt. Es *repräsentiert* sein Leben, aber es durchlebt es nicht.

Der Mensch, der das Drama seines eigenen Lebens darstellt, hört nicht auf, ein Spieler zu sein, und indem er sich spielt, erreicht er neue psychologische Dimensionen. Es sind dies die Dimensionen einer großen Distanz und Bewußtheit des Lebens. Sogar wenn er die Kontrolle im Spiel verloren zu haben scheint, bleibt er als Spieler auf der Bühne. Es geschieht hier eine besondere Transformation der Persönlichkeit des Schauspielers, die in unübertrefflicher Weise von DIDEROT ausgedrückt worden ist: „C'est l'extreme sensibilité qui fait les acteurs mediocres; c'est la sensibilité mediocre qui fait la multitude des mauvais acteurs; et c'est le manque absolu de sensibilité qui prépare les acteurs sublimes."

Die Hilfsiche sind nicht nur fiktive Personen, sondern können Teile des Ichs des Patienten darstellen, und damit kommen wir zu einem Punkt, an dem wir zu einer Kritik des Psychodramas überleiten können, wobei wir nachdrücklich betonen möchten, daß das Psychodrama im Gegensatz zu anderen psychotherapeutischen Schulen die Kritik nicht zu fürchten braucht, sondern aus der Auseinandersetzung mit kritischen Einwänden gestärkt hervorgeht.

II. Die Negation des Psychodramas

Bevor wir die Kritik am Psychodrama formulieren, die im Wesentlichen aus dem Vorwurf besteht, daß es nur „Fiktion sei", halten wir es für nützlich, über die enorme Häufigkeit nachzudenken, mit der große Gestalten in der Geschichte der Psychotherapie bei der Interpretation der Neurosen ihrer Patienten Fehler begangen haben.

Statt sie in die Realität einzubeziehen, wie es ihrer Absicht hätte entsprechen müssen, reduzierten sie sie zu einem nur fiktiven Substitut dessen, was sie feststellten. In Übertreibungen dieses Prozesses könnte man sagen, daß dieser Fehler der Behandlung vergleichbar war, die man vor langer Zeit in der Therapie von Rauschmitteln gebrauchte. Anstelle des gewohnten Gifts empfahl der Arzt dem Patienten zu glauben, daß das Gegengift ihn von seiner Abhängigkeit befreien würde. In der Regel stellte es sich jedoch als ebenso versklavend wie das ursprüngliche Suchtmittel heraus.

Der am wenigsten diskutierte Fall in der Geschichte der Kalamitäten des therapeutischen Einflusses gerade im Hinblick auf die Theorien der medizinischen Behandlung ist der von CHARCOT. Statt seine Patienten von Hysterie zu befreien, verstärkte er die Hysterie nachdrücklich. Er ersetzte plötzlich Hysterie durch Hysterie à la CHARCOT. Der Patient profitierte in keiner Weise davon.

CHARCOT glaubt auf diese Weise die Heilung zu fördern. In Wirklichkeit tat er genau das Gegenteil. CHARCOT handelte wie ein „iatrogenes Agens". Dieser Fehler (wie sollte man es sonst nennen?), soll uns nicht davon abhalten, ihn als den Schöpfer der Neurologie anzuerkennen und zu verehren, und durch die Aufmerksamkeit, die er der Hysterie und der Hypnose widmete, und auf die FREUD später zurückgriff, als einen der Väter der modernen Psychotherapie. Der andere Fall ist der von FREUD selbst. Wir sind zwar immer noch in einer apologetischen Phase der Geschichte der Psychoanalyse, die in der Biographie von JONES gipfelt — sie wäre großartig, wenn ich sie nicht als einen Fall von Personenkult zitieren könnte — doch parallel zu der enthusiastisch überlieferten Geschichte der Psychoanalyse verläuft auch die kritisch überlieferte Geschichte.

Ihr erster Initator war FREUD selbst, als er erkannte, daß die Verführungsphantasien, die seine Patienten ihm berichteten, Artefacte waren, die durch seine eigene Technik hervorgerufen wurden. Heute, nach mehr als einem halben Jahrhundert Psychoanalyse, können und sollten wir uns fragen, ob die Theorien FREUDs nicht dazu beigetragen haben, den Patienten in einen realitätsfernen Bereich zu bringen und dadurch die Schwierigkeiten der Anpassung eher zu vergrößern als zu verringern.

Nach meiner Meinung wäre dies der Grund für das immer wieder vorgebrachte Argument, daß Psychoanalyse in ihrem Anfangsstadium wirklich heilsam sei, in der Mitte abträglich und desto schädlicher, je länger sie dauert.

Meiner Meinung nach — man braucht sie nicht zu teilen — verursachte FREUD bei seinen Patienten eine fünffache Neurose, lediglich dadurch, daß er seiner eigenen wissenschaftlichen Überzeugung treu blieb.

1. Die Familien-Neurose. – Man kann häufig feststellen, daß die Psychoanalyse familiäre Beziehungen stört.

2. Die Sexual-Neurose. – Es ist eine Tatsache, daß die Psychoanalyse die Bedeutung des Sexuallebens überschätzt.

3. Die Arzt-Patienten-Neurose. – Die Psychoanalyse verstärkt die Überschätzung des Arzt-Patienten-Verhältnisses.

Zu diesen Neurosen können wir noch eine vierte und fünfte hinzufügen und dem Psychoanalytiker vorwerfen, daß er den Patienten der Gegenwart zugunsten der Zukunft entfremdet und das Bewußtsein durch die Hypothese des Unbewußten ersetzt.

Der Fall JUNG ist ebenso illustrativ. Seine Patienten scheinen Archetypen und „Mandalas" zu sein und nicht jenen Patienten vergleichbar, die man bei der Behandlung durch Spezialisten anderer Schulen findet.

Man könnte diese Aufzählung im Hinblick auf die verschiedenen psychotherapeutischen Schulen beliebig fortsetzen. Nennen wir als letztes die Therapie mit Halluzinogenen. Im Fall von LSD bringen die Patienten die Erscheinungen hervor, die den jeweiligen Versuchsleitern gefallen.

Der Einfluß des Arztes auf den Patienten ist ebenso beträchtlich wie im Bereich der Hypnose, nur mit dem Unterschied, daß bei der Hypnose der Arzt den Patienten bewußt beeinflußt, während er es in den zitierten Fällen unbewußt tat.
Um zum Ende zu kommen, möchte ich nur noch auf einen Fall hinweisen, der uns als Brücke zum Problem des Psychodramas dienen kann. Ich verweise auf die Technik des „rêve éveillé" von DESOILLE. Sie besteht darin, den Patienten einzuladen, in einem imaginären Raum herabzusteigen bzw. zu ihm hinaufzusteigen, ihn zu betrachten und die Bilder, die ihm auf diesem Wege durch die Welt der Imagination begegnen, dem Therapeuten zu erzählen. Der Einwand, den ich einmal gegenüber meinem Freund DESOILLE machte, war der, daß ich bezweifelte, daß die Siege in der imaginären Welt in Erfolge in der realen Welt umgewandelt werden könnten. Denn die hundert Drachen, denen der Patient in der imaginären Welt standhaft begegnete, bedeuten nicht, daß er auch nur einen einzigen kleinen Drachen in der realen Welt zerstört.

Dies ist ein Vorwurf, den man auch dem Psychodrama machen kann, dessen Kern nach unserem Dafürhalten die „mimesis" darstellt. Dieses griechische Wort bedeutet Imitation. Die größte Kritik an der Mimesis ist von keinem Geringeren als PLATO geleistet worden.

Wie man weiß, verachtete PLATO die Poesie einschließlich der dramatischen Formen der Kunst. PLATO war ein erbitterter Gegner der Metaphysik. Statt uns in die Welt der Ideen und des „Eidos" zu ziehen, entfremdete er uns ihr. Für PLATO wäre das Drama eine „Mimesis der Mimesis" gewesen. Wenn die erfahrbare Welt die Welt der Ideen imitiert, ist die dramatische Poesie eine Imitation einer Imitation.

Diese kritische Aussage, die vor fünfundzwanzig Jahrhunderten gemacht wurde, kann auch heute noch Gültigkeit beanspruchen. Auf der Bühne des Psychodramas läuft ein Prozeß ab, in einer Sphäre, die von der Realität sehr verschieden ist. Mit welchem Recht nehmen wir an, daß das, was im Psychodrama geschieht, in die Lebensgeschichte eingeht und nicht außerhalb des Individuums verbleibt wie die Geschehnisse in Träumen? Gibt uns die Handlung, mit der der Patient-Schauspieler eine schwierige Situation im dramatischen Spiel meistert, das Recht anzunehmen, dasselbe würde sich in einer realen Lebenssituation wiederholen? Das was in der Phantasie geschieht, im psychodramatischen Zwischenspiel, muß sich nicht unbedingt auf die Realität, auf den Raum und auf die authentische Zeit übertragen. Zusammenfassend können wir sagen, daß der Mensch im Psychodrama der *„homo ludens“* ist und nicht der *„homo faber“*. Er ist nicht der Mensch aus Fleisch und Blut, der geboren wurde, leidet und stirbt — und vor allen Dingen stirbt — der ißt und trinkt und spielt, der schläft und denkt und liebt, der Mensch, der gesehen und gehört wird, der Bruder, der wirkliche Bruder. Dieser Mensch aus Fleisch und Blut ist das Subjekt und das wichtige Objekt der Psychotherapie, und dieser entkommt mir, wenn er die Welt der Fiktion betritt, ein Spiel, das zu nichts verpflichtet.

Um die Kritik am Psychodrama mit anderen Worten zu formulieren: Wir wissen, daß der Mensch zur Hysterie fähig ist und das bedeutet, sich von den Realitäten lösen und sich unbewußt zu verlieren, sich in eine imaginäre Sphäre zu begeben. Diese Sphäre könnte eine Krankheit sein, ein geistiges Phänomen, eine andere Ausdrucksform desselben Phänomens wie bei CHARCOT oder JUNG, aber auch ein psychodramatisches Ausweichen. In all diesen Fällen tut die Hysterie nicht mehr, als sich selbst darzustellen. Wenn das Psychodrama hier eine Lösung bietet, dann nicht, *weil* es Psychodrama ist, sondern *trotzdem* es Psychodrama ist, nämlich dadurch, daß persönliche Probleme sich selbst in anderer Weise und unbehindert durch die „psychodramatische Neurose“ darstellen könnte.

III. Die Wiederbejahung des Psychodramas

Dem Einwand, daß das Psychodrama sich in der Welt der Fiktion und des Spiels vollzieht, und das, was die psychodramatischen Szenen vom wirklichen Leben trennt, in einer gründlichen Auflösung der Kontinuität bestehe, daß weiterhin die Geschehnisse in einem Lebensbereich nicht auf einen anderen übertragen werden könnten, soll auf der Grundlage einer „Analyse des menschlichen Lebens“ begegnet werden.

Es könnte sehr gut sein, daß der „ontologische Unterschied“ (wobei wir diesen Terminus in einer von HEIDEGGER unterschiedlichen Bedeutung gebrauchen) zwischen Theater und Leben überschätzt worden ist.

Unter den Analysen des menschlichen Lebens ist für unsere Zwecke die des existentialistischen spanischen Philosophen Miguel de UNAMUNO die geeignetste, gerade weil in seiner Konzeption die theatralischen Aspekte des menschlichen Lebens mit außerordentlicher Betonung beschrieben werden. Folgende Formulierung könnte als Summe von UNAMUNOs Werk gelten: „Das Leben ist ein Theater. — Ich hoffe aber, daß es etwas mehr ist.“ Als eine Reaktion auf die drohende Verzweiflung versucht UNAMUNO, etwas Sicheres und Substantielles zu finden, das *nicht* Theater ist.

Das Leben UNAMUNOs ist durch eine religiöse Krise in zwei Abschnitte geteilt. Sein ganzes Leben als Philosoph war eine „Agonie". Er versucht, durch Philosophie die Sicherheit in den Grundfragen der Existenz zurückzugewinnen, die er in seiner Kindheit durch den Glauben besessen hatte. Der zentrale Punkt seiner Überlegungen war die Unsterblichkeit der Persönlichkeit. *„Das tragische Gefühl des Lebens"*, eines seiner berühmtesten Bücher, drückt die Verzweiflung des Menschen aus, der unsterblich sein möchte, sich aber nicht sicher ist, ob er es ist.

UNAMUNO suchte unermüdlich den substantiellen Kern der Persönlichkeit, aber er erkannte ihn nicht oder war unfähig, ihn zu finden. Andererseits fand er eine Vielzahl von „Ego-Satelliten", aber er fand nicht das zentrale und luminose Ego, von dem jene ihren Impuls und ihr Licht empfangen sollten.

Das Konzept der Vielzahl von Egos drückte UNAMUNO in der humorvollen Geschichte des Oliver Wendell Holmes aus, in der, wenn zwei Männer, Johannes und Thomas, miteinander sprechen, in Wirklichkeit sechs Personen ins Spiel kommen: der wirkliche Johannes, den nur Gott kennt, Johannes, der glaubt, Johannes zu sein und der Johannes des Thomas. Diesem entsprechen drei verschiedene Thomasse. Diese humorvolle Geschichte des Nordamerikaners spiegelt in tragischer Weise die Situation des iberischen Philosophen wieder.

Das Werk UNAMUNOs ist zum großen Teil eine Übertragung dieser Gedankengänge, die für einige nur humorvoll und für andere eine bloße psychologische Betrachtung sind, ins Tragische.

Viele seiner Romane sind in ihrem Wesen eine kunstvolle Form, die das zentrale philosophische Thema ausdrücken, das hinter seinem Denken steht.

Einer dieser Romane ist „Der Andere". Diese Geschichte hat ebenfalls eine humoristische amerikanische Version – Nordamerika scheint eher das Land des Humors als das Land der Tragödie zu sein. Es ist die Geschichte von Mark Twain, der einen Zwillingsbruder hat. Nachdem einer der Zwillinge in der Badewanne ertrank, als er noch ein Kind war, weiß Mark Twain nicht, ob er er selber ist oder der andere.

In dem Werk UNAMUNOs hat ein Zwilling den anderen getötet. Dieser Brudermord spielt auf das Thema Kain an, das nicht nur in dem Werk UNAMUNOs so beharrlich auftritt, sondern auch in seinem Land, durch die Bürgerkriege schmerzhaft bestraft. Das Wichtigste aber ist nicht das Verbrechen, sondern daß der Überlebende nicht weiß, ob er der Eine oder der Andere ist. Ihre Frauen wissen es ebensowenig, wie sie wissen, wessen Sohn es ist, den eine von ihnen in sich trägt; es ist der Zweifel der persönlichen Identität. Das Thema könnte generalisiert werden durch die Substitution von Anderen durch Andere, gleichsam als Pluralisierung. Es ist dies der zentrale Gedanke in dem Werk *„Uno, Nessuno E Centomilla"*, von Luigi PIRANDELLO, dem italienischen geistigen Bruder UNAMUNOs.

Ein anderes Werk *„Der Bruder Don Juan"* oder *„Die Welt ist ein Theater"* vermittelt uns eine einzigartige existentialistische Version des Themas Don Juan.

Don Juan erscheint in dem Stück als Rolle, die die Frauen ihm zugewiesen haben. Er hat „für sie" dazusein, nicht „für sich selbst". Er spielt eine *Rolle* für sie, aber besitzt und findet sein eigenes Sein nicht.

In einem seiner berühmtesten Romane „*Wolke*", auch „*Nievola*" benannt – neologisch von „*Niebla*" abgeleitet – erhält der Mensch Agusto Perez im Leben mehr als eine traurige, nebulöse Konsistenz. Er wird ermutigt, wie Shakespeare sagen würde, durch den Stoff, aus dem Träume gemacht sind. Der Höhepunkt des Werkes ist der Moment, in dem die Hauptfigur, als sie voraussieht, daß der Autor sie zu Tode verdammen will, dem Autor entgegentritt, um ihren Wunsch nach Weiterleben auszudrücken. Diesen überprüfend, besteht Don Miguel auf seinem Vorhaben und spricht die Worte „auch du bist aus Papier" –, die in ihrem Kern ausdrücken, daß, wenn Agusto aus einen transitorischen oder theatralischen Material besteht, alles Fiktion ist, wie eben auch Don Miguel selbst. Der Schöpfer und sein Geschöpf erscheinen als gleichwertig real oder gleichwertig unreal.

Auf der gleichen Ebene könnten wir hier Analogien mit PIRANDELLO aufzeigen, dessen „Sechs Personen, die einen Autor suchen" theatralische Gestalten sind, die ihr Leben zu leben wünschen. Die Grenzen zwischen den erdichteten und den realen Personen werden in den Werken von UNAMUNO und PIRANDELLO beständig verschoben. Bei UNAMUNO erreicht diese Entwicklung einen Höhepunkt. Als er völlig verzweifelt durch das Leben in einer Welt der Schatten ist, wünscht er eine vollständige Persönlichkeit zu empfngen: den Mann der Tugendhaftigkeit, der in Don Quichotte und besonders in seinem Ausspruch: „Ich bin der ich bin" gefunden wird. UNAMUNO beneidete Don Quichotte, weil er selbst nicht wußte, wer er war.

Es ist eigenartig zu sehen, wie Miguel de UNAMUNO von den gleichen Problemen gequält wird, die auch andere spanische Dramatiker fesselten, z. B. Don Pedro CALDERON de la Barca in seinen Stücken „Das Leben ein Traum" und „Das große Welttheater". Aber während der Dramatiker des „Goldenen Zeitalters" Antworten auf seine Qualen in der Theologie fand, fand UNAMUNO sie in der Philosophie nicht. In seiner ontologischen Verzweiflung nahm er Don Quichotte als Modell, praktisch als eine andere, aber erhabenere Fiktivperson. Trotz seiner Macht bleibt Don Miguel de CERVANTES eingekerkert, im gleichen Gefängnis wie seine Charaktere, in einem Kerker, der „El Mundo Es Teatro" genannt wird.

Ein Werk UNAMUNOs ist für Psychoanalytiker von außergewöhnlichem Interesse. Es ist so wichtig, daß es zu seiner Pflichtlektüre während der Ausbildung gehören müßte. Sein Titel: „Wie schreibt man einen Roman". Viele Seiten dieses Buches scheinen von MORENO zu sein. UNAMUNO realisiert auf dem Gebiet des Romans die Revolution, die MORENO für den Bereich des Theaters gebracht hat: der Zuschauer verwandelt sich in den Schauspieler und den Autor. Den Leser anredend sagt UNAMUNO: „Sie selber müssen Ihre eigene Geschichte erschaffen." Der vollendete Leser, der Mensch an sich, ist Autor dessen, was er liest und was da gelesen wird. Der Mensch an sich, der innere Mensch – und dieser ist göttlicher als Nietzsches Übermensch – wird er selbst, wenn er sich zum Leser macht. Er ist zugleich Schauspieler oder Leser-Schauspieler.

Die Analogie zu MORENO springt sofort ins Auge. Die Grenze zwischen Schauspieler, Autor und Zuschauer verschwimmt. Es ist nicht genug, daß der Schauspieler sich in den Autor verwandelt – eine Revolution, die nur MORENO aufgestellt und erreicht hat –, sondern auch der Zuschauer verwandelt sich in den Schauspieler und den Autor. MORENO möchte, daß wir die göttliche Dimension, die jeder Autor, jeder Urheber und Schöpfer in sich selbst erkennt, in allen Menschen wiedererkennen. Allen Menschen ist es möglich, über sich zu sagen, was ein frühes religiöses Werk MORENOs aussagt: „Ich bin Gott". Dieses Wesen des Menschen ist göttlicher als NIETZSCHEs Übermensch. Vielleicht wurde auch dieser gleiche Übermensch von NIETZSCHE nicht ganz verstanden. Muß er wirklich nur ein Mythos sein und nicht eine authentische Person?

Die Betonung, die UNAMUNO auf die kreative Aktivität des Zuschauers legte, blieb im Feld der Reflexion. Er transzendierte sie nicht in Handlung. Das, was in UNAMUNOs Vorstellung blieb, verwandelte sich bei MORENO in Realität.

In einer anderen Dimension geht MORENO weiter als UNAMUNO. Für UNAMUNO trifft der größte Grad der Realität nicht auf Miguel de CERVANTES, sondern auf Don Quichotte zu. CERVANTES als „Autor seines Lebens" war ein mittelmäßiger Schauspieler im Unterschied zu Don Quichotte; es ist Don Quichotte, der UNAMUNO interessierte, nicht CERVANTES, es sind Hamlet, Macbeth, Othello, die ihn interessierten, nicht SHAKESPEARE. MORENO würde diese Betrachtungsweise nicht akzeptieren. Sein Interesse ging über Don Quichotte hinaus zu Don Alfonso Quijano und von ihm zu Don Miguel de CERVANTES selbst, wenn er auch nur ein „armer Teufel" gewesen sein mag. – Vielleicht war er es, vielleicht sind wir es alle – das, was MORENO vorgeschlagen hat, ist, diesen armen Teufel plastisch zu formen, um einen „noblen Teufel" aus ihm zu machen oder einen „armen Engel", ihn in jedem Fall über sich selbst zu erheben.

Die Vision des spanischen Poeten UNAMUNO kann in folgender These zusammengefaßt werden: Das menschliche Leben ist zu einem großen Teil als Drama konstituiert, und die Rollen, die wir in der Gesellschaft repräsentieren, sind nicht unser Halt. Aber bis zu dem Punkt, zu dem wir sie dazu aufbauen, ist es für uns leichter, von ihnen zu sprechen, als von unserem wirklichen innerlichen Halt, unserem eigentlichen Sein. Das bedeutet, daß das, was in der Psychodramaszene geschieht, Leben, und was in der Lebensszene geschieht, Psychodrama ist.

Die moderne Psychologie bestätigt die Intuition der Philosophen. Die Psychologen sind ebenfalls der Meinung, daß wichtige Aspekte der Psychologie Konzepte zu ihrer Formulierung benötigen, die ursprünglich der Welt des Theaters zugehörten, und das zentrale Konzept der Sozialpsychologie ist nun einmal das Rollenkonzept und der Rollenbegriff.

Die Sozialpsychologie hat die Transposition des Konzeptes der „Theaterrolle" zur „sozialen Rolle" klar erkannt. Die Rolle wird als das Ausdrucksmittel bezeichnet, das sozialen Erwartungen entspricht. Der Schöpfer des Konzepts der Rolle ist gleichfalls Jacob MORENO. Das Werk MEADs war bedeutend, (es würde ebenso interessant sein, es mit UNAMUNOs Werk zu vergleichen), aber es hat einen anderen Weg verfolgt und erschien jedenfalls nicht vor dem Werk MORENOs. ALLPORT, MURPHY und die Legion der Sozialpsychologen haben die Konzepte MORENOs entwickelt und verfeinert.

Der Zweifel, um nicht zu sagen die Qualen UNAMUNOs, daß Persönlichkeit nichts mehr als „Rolle" sein könne, das heißt, daß der Mensch aus der Rolle und sonst nichts gemacht sei, ist ebenso von den Sozialpsychologen akzentuiert worden. ALLPORT sagt: „Eine Person ist nicht nur ein Konglomerat von Rollen." Persönlichkeit erschöpft sich für uns nicht in ihren Rollen.

Worin liegt hier die die Ähnlichkeit zum System MORENOs? Meines Erachtens in der ersten poetisch-wissenschaftlichen Arbeit seiner Jugend: „Einladung zu einer Begegnung" (1914). Wenn zwei Geschöpfe im Moment der *Begegnung* übereinstimmen, sind sie nicht nur „Rollen". Die Begegnung wird nicht in künstlichen Situationen erstellt, wie das Psychodrama, ja selbst seine Kulminationspunkte sie in sich schließen. Wenn zwei Individuen in der „Begegnung" übereinstimmen, erlangen sie die größte Wahrheit ihres Lebens. Sie sind real, „sie sind Fleisch und Blut", wie UNAMUNO sagen würde. Jeder von ihnen könnte über sich selbst den Satz Don Quichottes sagen: „Ich bin der ich bin".

Literatur

(1) B. J. BIDDLE, E. J. THOMAS, Role Theory, Concepts and Research, 1966.
(2) R. A. HARPER, Psychoanalysis and Psychotherapy. Thirty-Six Systems, 1959.
(3) MORENO, J. L., Einladung zu einer Begegnung, Wien 1914.
(4) — Die Gottheit als Komödiant, Wien 1919.
(5) — Das Testament des Vaters, Potsdam 1922.
(6) — Psychodrama, vol. I, Beacon 1946.
(7) — MORENO, Z., MORENO, J., The first psychodramatic family, Beacon 1964.
(8) R. SARRO, L'Agonie de la Psychanalyse, *Evolution Psychiatrique*, April/Juni 1966, 423—440.

Übersetzt von U. Hindel, Düsseldorf

Übertragung, Einfühlung und Tele im Psychodrama

G. A. Leutz, Überlingen/Bodensee

Übertragung, Einfühlung, Tele als Mechanismen zwischenmenschlicher Beziehungen wurden von FREUD, LIPPS und MORENO hinreichend definiert. Dennoch werden sie im wissenschaftlichen Sprachgebrauch nur selten im präzisen Sinne ihrer Definition verwendet. Die dadurch zustande gekommene Begriffsverwirrung ist erheblich. Sie stört das Erfassen der psycho- und gruppendynamischen Vorgänge im Psychodrama und erschwert deren Vergleich mit den entsprechenden Vorgängen innerhalb der psychoanalytischen Situation. In dieser Arbeit wird der Begriff der Übertragung ausschließlich im Sinne der von FREUD gegebenen Definitionen (cf. infr.) verwendet. Von seiner neuerdings häufigen Anwendung auf jegliche Form zwischenmenschlicher Beziehungen soll bereits an dieser Stelle Abstand genommen werden.

Die genannten Begriffe können als Mechanismen zwischenmenschlicher Beziehungen nur im Rahmen einer Analyse der menschlichen Gesellschaft, d. h. des zwischenmenschlichen Beziehungsgefüges im engeren Sinne erfaßt werden. Sigmund FREUD hatte seine Studien hauptsächlich auf die analytische Erforschung der individuellen Psyche gerichtet. Es sind ihm jedoch auch einige wichtige affektive Grundlagen für das Verhältnis des Einzelnen zur Gesellschaft nicht entgangen[1]. Auf sie soll an anderer Stelle hingewiesen werden.

Für das Verständnis psychogen entstandener seelischer Leiden ist die Kenntnis des zwischenmenschlichen Beziehungsgefüges mit der ihm eigenen Dynamik und Gesetzmäßigkeit von größter Bedeutung. Es ist das Objekt der empirischen Untersuchungen MORENOS. Im Unterschied zum phänomenologisch-deskriptiven Vorgehen der klassischen Soziologie richtet er seine Aufmerksamkeit nicht nur auf die an der Oberfläche des *sozialen Bereiches* zu beobachtenden „offiziellen" Rollen und Strukturen, sondern auf die diesem zugrundeliegende Tiefen- oder Innenschicht zwischenmenschlicher Emotionen. Sein Aufbau ist etwa dem der Erde vergleichbar. Beide Gebilde haben an ihrer erkalteten Oberfläche starre Formen, in ihrem Inneren dagegen eine warme, in Fluß befindliche Substanz. In diesem inneren Bereich der Gesellschaft vollziehen sich die gruppendynamischen Prozesse zwischenmenschlicher Anziehung und Abstoßung. Seit der Einführung der *Soziometrie*[2] durch MORENO zu Anfang der dreißiger Jahre können sie empirisch erfaßt werden. In vierzig Jahren soziometrischer Forschung wurde ihre Bedeutung für die Entwicklung und Erhaltung der Kohäsion jeglichen Gruppengefüges bebewiesen.

Eine gewisse Kenntnis der beiden genannten Hauptschichten der Gesellschaft ist unerläßlich für das Verständnis von *Einfühlung, Tele* und *Übertragung.* Mit der Oberfläche oder Außenschicht sozialer Aggregate befassen sich Soziologie und

und Demoskopie. Die Tiefenschicht wird durch *Soziometrie* untersucht. Wir setzen die theoretischen Grundlagen und praktischen Applikationen der Soziologie und Demoskopie als bekannt voraus und werden im Folgenden nur die soziometrische Arbeitsweise kurz skizzieren:

Zwischenmenschliche Gefühle der Sympathie und Antipathie lassen sich auf Kräfte der Anziehung und Abstoßung zurückführen. Diese kommen in Wahl und Ablehnung zum Ausdruck. Im *Soziometrischen Test*[3] werden die Mitglieder einer Gruppe durch ein zu einem gegebenen Zeitpunkt für sie alle wichtiges Kriterium zu Wahlen und Ablehnungen untereinander motiviert. Ihre schriftlich gegebenen Entscheidungen werden im *Soziogramm*[4] graphisch dargestellt. Kreise repräsentieren im allgemeinen Frauen, Dreiecke Männer. – Zur Kennzeichnung der einzelnen Individuen werden ihre Initialen oder Zahlen in die Kreise und/oder Dreiecke eingetragen. Hat z. B. in der abgebildeten Zehnergruppe Individuum acht = I. 8 nur von zwei der im Text gegebenen fünf Wahlmöglichkeiten Gebrauch gemacht, so werden seine beiden auf die Gruppenmitglieder I. 6 und I. 5 fallenden Wahlen mit durchgehenden Verbindungslinien in das Soziogramm eingetragen. Gegenseitige Wahlen oder Paarstrukturen wie auch gegenseitige Ablehnungen kommen durch einen kleinen Querstrich in der Mitte der Verbindungslinien zur Darstellung wie in unserem Beispiel dies zwischen I. 6 und I. 5, I. 5 und I. 4 der Fall ist. Dabei wird zwischen erster, zweiter, dritter u. s. f. Wahlfolge unterschieden und die Wahlfolge oder Ablehnungsfolge im Test durch kleine Zahlen neben den Linien des Soziogramms gekennzeichnet. Gestrichelte Linien bedeuten Ablehnung. –

Schlüssel:
Durchgehende Linie = Anziehung = positiv
Unterbrochene Linie = Abweisung = negativ
Beiderlei Linien = Anziehung/Abstoßung = ungleich

Analyse:
1 Star der Anziehung (I. 5)
3 Positive Paare (I. 2 — I. 6, I. 6 — I. 5 — I. 4)
1 Negatives Paar (I. 2 — I. 7)
1 Ungleiches Paar (I. 3 — I. 5)
1 Kettenstruktur (I. 2 — I. 6 — I. 5 — I. 4)
(I = Individuum)

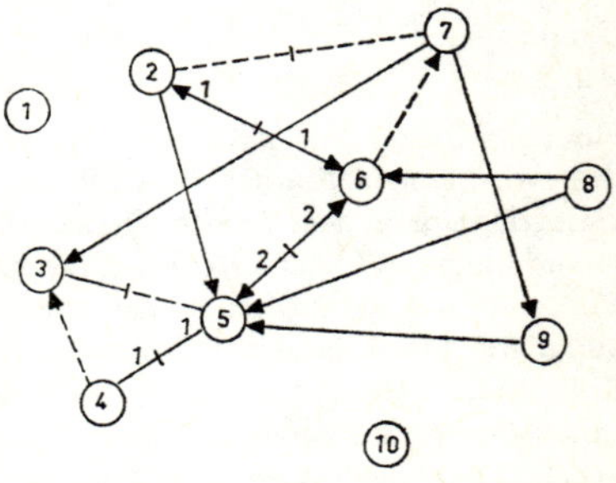

Das Soziogramm enthüllt auf den ersten Blick die dynamischen Vorgänge bzw. emotionalen, oft auch „inoffiziellen" Strukturen einer Gruppe. Zum Beispiel kann ein technisch kompetenter Mann im soziometrischen Bereich ein isoliertes Individuum ohne Einfluß auf die emotional bedingten Interaktionen der Gruppe sein, obgleich er im offiziellen Bereich eine leitende Stellung bekleidet. Ein an der „Oberfläche" dieser Gruppe unbedeutend erscheinendes Individuum mag sich als häufig gewählte soziometrische Schlüsselfigur erweisen, welche das Verhalten der Gruppe weitgehend bestimmt. In der Verteilung der Wahlen auf oft wenig oder gar nicht gewählte (isolierte) Individuen spiegelt sich eine Gesetzmäßigkeit. Wiederholungen des Tests bewirken keinen Ausgleich in den Wahlverteilungen, sondern bringen in diesem Phänomen des sog. *soziodynamischen Effektes*[5] höchstens noch eine Verschärfung der Gegensätze zum Ausdruck.

Da die Häufigkeit gegenseitiger Wahlen und Ablehnungen selbst unter fremden Versuchspersonen die Wahrscheinlichkeit signifikant übersteigt, mußte ein spezifisches soziales Perzeptionsvermögen in Form gegenseitiger Einfühlung bzw. Gegeneinfühlung oder „Zweifühlung" postuliert werden. *Einfühlung*[6] ist gemäß der Definition von Theodor LIPPS „ein Eindringen in die private emotionale Welt eines Individuums oder in die ästhetische Struktur eines Objektes". Als psychischer Vorgang ist sie *perzeptiv*. Sie erklärt jedoch nicht das schnelle, zwei-, viel- und gegenseitige Einfühlen in die private Welt verschiedener Individuen und die daraus entstehenden reziproken Strukturen im Soziogramm. Für Soziologen und Soziometristen aber ist gerade dieser Prozeß von größter Wichtigkeit, da der Kohäsionsgrad einer Gruppe von ihm bestimmt wird. Er wurde von MORENO „Zweifühlung" oder *Teleprozeß*[7] genannt. In diesem Prozeß manifestiert sich das oben postulierte Vermögen reziproker Perzeption (mutual perception) und kreativer Interaktion. Durch umfassende soziometrische Studien während der vergangenen vierzig Jahre konnte eine den verschiedenen menschlichen Entwicklungsstufen parallel verlaufende Entfaltung des *Tele-Perzeptionsvermögens* („Zwei- und Mehrfühlungsvermögen") nachgewiesen werden. Es ist im frühen Kindesalter gering. Die Soziogramme von Kindergartengruppen haben eine gewisse Ähnlichkeit mit Wahrscheinlichkeitssoziogrammen[8]. Sie fallen durch viele unerwiderte Wahlen auf. Bis zum Erwachsenenalter werden diverse altersspezifische soziometrische Stadien durchlaufen. Deutliche Regressionen zeigen sich im Soziogramm psychisch Erkrankter, dessen Strukturen auf das früheste Stadium der „horizontalen Differenzierung[9] absinken können. In seinen empirischen soziologischen Untersuchungen hat MORENO nämlich festgestellt, daß einerseits die sozioemotionale Struktur der Gruppen debiler Erwachsener dem Differenzierungsgrad kindlicher Gruppen entspricht, andererseits Gruppen von in reiferem Alter psychisch erkrankter Menschen eine zunehmende soziometrische Regression, oft bis zu Stadien frühkindlicher Gruppenstrukturen aufweisen. MORENO regte aufgrund dieser Feststellungen soziometrische Untersuchungen primitiver Völkerschaften an und verglich deren sozioemotionalen Gesellschaftsstrukturen mit jener gesunder und psychisch kranker Bevölkerungsgruppen verschiedenen Alters in den USA. Erstaunliche Entsprechungen veranlaßten ihn, eine Übereinstimmung der phylogenetischen und ontogenetischen Entwicklung des Menschen als sozialem Wesen, bzw. des sozialen Bereiches, anzunehmen und entsprechend dem biogenetischen Grundgesetz das *Soziogenetische Grundgesetz*[10] zu formulieren. Die dynamischen Prozesse innerhalb einer soziometrischen Konfiguration oder, wie wir später sehen werden, im Doppelerlebnis einer psychodramatischen Lage stellen Interaktionsstrukturen dar. Es handelt sich bei ihnen um ein soziologisches Phänomen. Weder der von LIPPS definierte Mechanismus der *Einfühlung* noch der von FREUD beschriebene Beziehungsmechanismus der *Übertragung*[11] als unbewußte Projektion früherer Bezugspersonen, Erlebnisse und erotischer Wünsche auf die Person des Arztes konnten der Erklärung dieses Phänomens genügen. Sucht die Einfühlung in etwas Reales einzudringen und seinen Inhalt zu erfassen, so wird bei der Übertragung die Beziehung zwischen zwei Menschen durch das Irrationale der Projektion nicht konkret vorhandener Menschen auf ein konkretes Gegenüber verzerrt. Nach der Hypothese MORENOS sind Einfühlung und Übertragung Komponenten eines umfassenderen Prinzips des *„Tele"* [12]. Dieser Telebegriff befriedigt die methodischen Ansprüche des Psychologen, Psychiaters *und* Soziologen. MORENO definierte ihn als einen *„sozialen Prozeß mit Übertragung als pathologischer und Einfühlung als psychologischer Abzweigung"*. Einfühlung ist zwar kein psychopathologischer Vorgang, sie bringt in ihrer Bedeutung aber nicht die Gegenseitigkeit des gruppendynamischen Geschehens zum Ausdruck. Übertragung im Sinne der ursprünglichen FREUDschen Definitionen [13] (cf. infr.) ist ein psychopathologischer Prozeß. Er wirkt auf die Auflösung und den Zerfall sozialer Beziehungen; denn im *Übertragungsvorgang* wird keine wechselseitige und soziale Kohäsion schaffende Beziehung mit dem Gegenüber als Person aufgerichtet, sondern es wird auf sie die Projektion eigener Erwartungsvorstellungen, Erlebnisinhalte oder früherer Bezugspersonen übertragen. Die Individualität des Gegenübers wird dabei nicht berücksichtigt. *„Tele"* dagegen ist verantwortlich für die zunehmende Interaktion zwischen den Gruppenmitgliedern und eine die Wahrscheinlichkeit signifikant übersteigende Gegenseitigkeit der Wahlen. – Sowohl der Psychologe als auch der Psychoanalytiker würden die Bedeutung der Begriffe *Einfühlung* und *Übertragung* ins Unkenntliche verzerren, wenn sie sie nicht mehr im Sinne ihrer ursprünglichen Definition verstehen und verwenden würden. Zwei bedeutsame Begriffe gingen dadurch verloren und der *Tele*-Mechanismus als dritter Begriff würde in seinem theoretischen und praktischen Wert nicht erkannt.

Kommen wir auf das Beispiel des technisch kompetenten, soziometrisch jedoch isolierten Mannes in leitender Position zurück, so können wir uns vorstellen, daß er seine Rolle im Berufsleben eventuell befriedigend und fast automatisch spielen wird, daß zwischen ihm und seinen Mitarbeitern aber nie jene gelöste und inspirierende Zusammenarbeit zustande kommt, wie sie unter emotional gut aufeinander bezogenen Menschen möglich ist.

Ein gewisser Typ meist jüngerer Menschen mit hohen emotionalen Ansprüchen, aber noch nicht erfolgter Erfüllung der ihnen möglichen sozialen Rollen beantwortet die soziometrische Isolation auf entgegengesetzte Weise. Die Enttäuschung ihrer emotionalen Erwartungen bleibt ihnen aufgrund ihres soziometrischen Status selten erspart. Ist ihre Frustrationstoleranz ohnehin gering, so flüchten sie häufig in den Rausch oder Wahn. Sie verlegen im Gegensatz zu den neurotisch Dekompensierten den Schwerpunkt ihrer Persönlichkeit nicht auf die Ebene sozialer Strukturen und Rollen, sondern nehmen oft ihre Vorstellungen über die von ihnen bewunderten Rollen in den emotionalen Bereich hinein. Dort beginnen diese Rollenvorstellungen auf dem Boden der egozentrischen Phantasie dieser Individuen zu wuchern, was häufig zu Erscheinungsbildern des Größen- und Verfolgungswahns führt.

Wie bereits erwähnt, ist auch FREUD ein gewisser Zusammenhang zwischen den psychischen Leiden einzelner Menschen und ihrem jeweiligen Verhältnis zum sozialen Bereich nicht entgangen. Er schreibt:

„Die Psychoanalyse hat zwar die individuelle Psyche zum Objekt genommen, aber bei der Erforschung derselben konnten ihr die affektiven Grundlagen des Einzelnen zur Gesellschaft nicht entgehen. Sie hat gefunden, daß die sozialen Gefühle regelmäßig einen Beitrag von seiten der Erotik führen, dessen Überbetonung und nachfolgende Verdrängung zur Charakteristik einer bestimmten Gruppe von Seelenstörungen wird. Sie hat den asozialen Charakter der Neurosen überhaupt erkannt, welche ganz allgemein dahin streben, das Individuum aus der Gesellschaft zu drängen und ihm das Klosterasyl früherer Zeiten durch die Krankheitsisolierung zu ersetzen. Das intensive Verschuldungsgefühl, welches so viele Neurosen beherrscht, erwies sich als soziale Modifikation der neurotischen Angst.

Andererseits deckt die Psychoanalyse den Anteil, welchen die sozialen Verhältnisse und Anforderungen an der Verursachung der Neurose haben, im weitesten Ausmaße auf. Die Kräfte, welche die Triebeinschränkung und Triebverdrängung von seiten des Ichs herbeiführen, entspringen wesentlich der Gefügigkeit gegen die soziale Kulturforderung. Dieselbe Konstitution und dieselben Kindheitserlebnisse, welche sonst zur Neurose führen müßten, werden diese Wirkung nicht hervorrufen, wenn solche Gefügigkeit nicht vorhanden ist, oder solche Anforderungen nicht gestellt werden."[14])

FREUD veröffentlichte diese Gegenüberstellung des Individuums und der Kultur bzw. der Gesellschaft im Sinne des „sozialen Außenbereiches" zu einer Zeit, da deren sozioemotionaler Innenbereich von wissenschaftlicher Seite noch nicht entdeckt, geschweige denn empirisch erforscht worden war. Die klassische Form der Psychoanalyse ist daher die Einzeltherapie, ihr wichtigster Wirkungsmechanismus die Übertragung. Letztere ist von FREUD u. a. mit folgenden Worten beschrieben worden:

„Es ist also völlig normal und verständlich, wenn die erwartungsvoll bereitgehaltene Libidobesetzung des teilweise Unbefriedigten sich auch der Person des Arztes zuwendet. Unserer Voraussetzung gemäß, wird sich diese Besetzung an Vorbildern halten, an eines der Klischees anknüpfen, die der Leidende bisher gebildet hat. Es entspricht den realen Beziehungen zum Arzte, wenn für diese Einreihung die Vater-Imago (nach Jungs glücklichem Ausdruck) maßgebend wird. Aber die Übertragung ist an dieses Vorbild nicht gebunden, sie kann auch nach der Mutter- oder Bruder-Imago usw. erfolgen. Die Besonderheiten der Übertragung auf den Arzt, durch welche sie über Maß und Art dessen hinausgeht, was sich nüchtern und rational rechtfertigen läßt, werden durch die Erwägung verständlich, daß eben nicht nur die bewußten Erwartungsvorstellungen, sondern auch die zurückgehaltenen oder unbewußten diese Übertragung hergestellt haben.

Über dieses Verhalten der Übertragung wäre weiter nichts zu sagen oder zu grübeln, wenn nicht dabei zwei Punkte unerklärt blieben, die für den Psychoanalytiker von besonderem Interesse sind. Erstens verstehen wir nicht, daß die Übertragung bei neurotischen Personen in der Analyse soviel intensiver ausfällt als bei nicht analysierten, und zweitens bleibt es rätselhaft, weshalb uns bei der Analyse die Übertragung als der *stärkste Widerstand* gegen die Behandlung entgegentritt, während wir sie außerhalb der Analyse als Trägerin der Heilwirkung, als Bedingung des guten Erfolges anerkennen müssen."[15])

Nach unseren bisherigen Betrachtungen leuchtet es ein, daß dieses Rätsel sich nur aus FREUDs Verwechslung der imaginären Übertragungsmechanismen mit den schöpferischen Teleprozessen hatte ergeben können. Im Teleprozeß beziehen sich zwei oder mehr Menschen gegenseitig auf ihre innere und äußere Realität. Sie tragen ihren Mängeln ebenso Rechnung wie ihren Qualitäten und schaffen hierdurch die Voraussetzung für eine harmonische, situationsgerechte Zusammenarbeit bzw. Interaktion. Treten in der Psychoanalyse zwei Menschen hingegen nur durch Übertragungen miteinander in Beziehung, so sehen sie (gemäß den FREUD'schen Definitionen der Übertragung) den Beziehungspartner nicht im Lichte der Realität, sondern bedienen sich seiner als Träger ihrer projizierten Phantasien und Erinnerungen. Dies ist nicht das Ende, sondern *der Anfang einer Illusion*, deren unangenehme Folgen selten ausbleiben. Der Beziehungspartner ist nämlich, abgesehen vom ganz idealen Therapeuten im Falle einer lege artis ausgeführten Psychoanalyse, nie ein Mensch ohne persönliche Eigenschaften und muß daher den Projizierenden nicht nur frustieren, sondern aufgrund der realen Gegebenheiten provozieren. Wie in anderen neurotischen Partnerschaften resultieren daraus Aggressionen sowie Störungen und Stockungen der Produktion bzw. Therapie, die ihrerseits als negatives feedback den „circulus vitiosus" des Neurotikers noch verstärken. Dieser auch außerhalb der psychoanalytischen Situation weit verbreitete Beziehungsmodus wurde in seiner gefährdenden und zersetzenden Wirkung auf jedes Beziehungsgefüge und die menschliche Kreativität von MORENO klar erkannt und deutlich vom Einfühlungs- und Teleprozeß abgegrenzt. Wie bereits erwähnt, sah er in ihm einen bedeutenden Faktor für die Auslösung sozialer und psychischer Störungen und machte ihn für die allgemeine soziometrische Regression psychisch gestörter Personen verantwortlich. Obwohl FREUD den Teleprozeß zeitlebens verkannte, erkannte er die Übertragung doch als eine für Nervöse charakteristische Verhaltensweise. Er schrieb:

> „Es scheint auf den ersten Blick ein riesiger methodischer Nachteil der Psychoanalyse zu sein, daß sich in ihr die Übertragung, sonst der mächtigste Hebel des Erfolges, in das stärkste Mittel des Widerstandes verwandelt. Bei näherem Zusehen wird aber wenigstens das erste der beiden Probleme weggeräumt. Es ist nicht richtig, daß die Übertragung während der Psychoanalyse intensiver und ungezügelter auftritt als außerhalb derselben. Man beobachtet in Anstalten, in denen Nervöse nicht analytisch behandelt werden, die höchsten Intensitäten und die unwürdigsten Formen einer bis zur Hörigkeit gebundenen Übertragung, auch die unzweideutigste erotische Färbung derselben. — Diese Charaktere der Übertragung sind also nicht auf Rechnung der Psychoanalyse zu setzen, sondern der Neurose zuzuschreiben."[16])

Da es sich nach MORENOs Definitionen der Übertragung um einen psycho- und soziopathologischen Vorgang handelt, ist es begreiflich, daß FREUD unter hospitalisierten Nervösen eine dem Übertragungsvorgang in der Psychoanalyse vergleichbare Intensität des Übertragungsphänomens beobachten konnte.

„Daß die Übertragung bei neurotischen Personen in der Analyse so viel stärker ausfällt als außerhalb derselben," ist unter Zuhilfenahme des Telekonzeptes leicht zu verstehen. Unter einigermaßen normalen Lebensumständen werden, im Gegensatz zur psychoanalytischen Situation, die Übertragungsvorgänge nur selten auf eine Person konzentriert. Ferner ist der nicht hospitalisierte Nervöse weit weniger in der „Gespensterwelt" seiner Übertragungen gefangen, als der hospitalisierte, da er noch in der Lage ist, selbst mit verkümmertem Tele- oder

Einfühlungsvermögen die Realität teilweise zu erfassen und halbwegs befriedigende Beziehungen aufrecht zu erhalten. Dieses unterentwickelte oder rückgebildete Televermögen nannte MORENO *Infratele*[17].

In diesem Zusammenhang erhebt sich nun die Frage, auf welche Weise der Patient durch den therapeutischen Eingriff der Psychoanalyse von seinem Leiden befreit werden soll. Wir wissen, daß der Weg über die *Übertragungsneurose* in der psychoanalytischen Behandlung führt. Erst nach ihrer oft sehr mühsamen Auflösung und weiterhin bestehender Symptomfreiheit des Patienten kann die Therapie als Erfolg verbucht werden. FREUD schrieb hierzu:

> „Die Antwort auf diese hier wiederholt gestellte Frage wird nicht durch weitere Überlegung gewonnen, sondern durch die Erfahrung gegeben, die man bei der Untersuchung der einzelnen Übertragungswiderstände in der Kur macht. Man merkt endlich, daß man die Verwendung der Übertragung zum Widerstande nicht verstehen kann, solange man an „Übertragung" schlechtweg denkt. Man muß sich entschließen, eine „positive" Übertragung von einer „negativen" zu sondern, die Übertragung zärtlicher Gefühle von der feindseliger, und beide Arten der Übertragung auf den Arzt gesondert zu behandeln. Die positive Übertragung zerlegt sich dann noch in die solcher freundlicher oder zärtlicher Gefühle, welche bewußt seinsfähig sind, und in ihrer Fortsetzung ins Unbewußte. Von den letzteren weist die Analyse nach, daß sie regelmäßig auf erotische Quellen zurückgehen, so daß wir zur Einsicht gelangen müssen, alle unsere im Leben verwertbaren Gefühlsbeziehungen von Sympathie, Freundschaft, Zutrauen und dergleichen seien genetisch mit der Sexualität verknüpft und haben sich durch Abschwächung des Sexualzieles aus rein sexuellen Begehrungen entwickelt, so rein und unsinnlich sie sich auch unserer bewußten Selbstwahrnehmung darstellen mögen. Ursprünglich haben wir nur Sexualobjekte gekannt; die Psychoanalyse zeigt uns, daß wir die bloß geschätzten oder verehrten Personen unserer Realität für das Unbewußte in uns immer noch Sexualobjekt sein können.
>
> Die Lösung des Rätsels ist also, daß die Übertragung auf den Arzt sich nur insofern zum Widerstande in der Kur eignet, als sie negative Übertragung oder positive von den verdrängten erotischen Regungen ist. Wenn wir durch Bewußtmachen die Übertragung „aufheben", so lösen wir nur diese beiden Komponenten des Gefühlsaktes von der Person des Arztes ab; die andere bewußtseinsfähige und unanstößige Komponente bleibt bestehen und ist in der Psychoanalyse genau ebenso die Trägerin des Erfolges wie bei anderen Behandlungsmethoden. Insofern gestehen wir gerne zu, die Resultate der Psychoanalyse beruhen auf Suggestion; nur muß man unter Suggestion das verstehen, was wir mit Férenczi darin finden: die Beeinflussung eines Menschen vermittels der bei ihm möglichen Übertragungsphänomene. Für die endliche Selbständigkeit des Kranken sorgen wir, indem wir die Suggestion dazu benützen, ihn eine psychische Arbeit vollziehen zu lassen, die eine dauernde Verbesserung seiner psychischen Situation zur Folge hat."[18])

Inwieweit sich in diesem Zitat Übertragung und Suggestion verwischen und den nicht erkannten Teleprozeß als „den eigentlichen Träger des Erfolges" überdecken, ergibt sich aus dem bisher Gesagten.

FREUD wies überdies deutlich darauf hin, daß der Erfolg der psychoanalytischen Therapie im wesentlichen von zwei Phänomenen im Ablauf der Behandlung abhängt; nämlich vom *Ausagieren* verdrängter traumatischer Inhalte in der Übertragung und noch mehr vom bewußtem *Erkennen* des Verdrängten. Er schildert die Lage folgendermaßen:

> „Die unbewußten Regungen wollen nicht erinnert werden, wie die Kur es wünscht, sondern sie streben danach, sich zu reproduzieren, entsprechend der Zeitlosigkeit und der Halluzinationsfähigkeit des Unbewußten. Der Kranke spricht ähnlich wie im Traume den Ergebnissen der Erweckung seiner unbewußten Regungen Gegenwärtigkeit und Realität zu; er will seine Leidenschaften agieren, ohne auf die reale Situation Rücksicht zu nehmen. Der Arzt will ihn dazu nötigen, diese Gefühlsregungen in den Zusammenhang der Behandlung und in den seiner Lebensgeschichte einzureihen, sie der denkenden Betrachtung unterzuordnen und nach ihrem psychischen Werte zu erkennen. Dieser Kampf zwischen Arzt und Patienten, zwischen Intellekt und Triebleben, zwischen *Erkennen und Agierenwollen* spielt sich fast ausschließlich an den Übertragungsphänomenen ab. Auf diesem Felde muß der Sieg gewonnen werden, dessen Ausdruck die dauernde Genesung von der Neurose ist. Es ist unleugbar, daß die Bezwingung der Übertragungsphänomene dem Psychoanalytiker die größten Schwierigkeiten bereitet, aber man darf nicht vergessen, daß gerade sie uns den unschätzbaren Dienst erweisen, die verborgenen und vergessenen Liebesregungen der Kranken aktuell und manifest zu machen, denn schließlich kann niemand in *absentia* oder in *effigie* erschlagen werden."[19])

Die Ergebnisse fünfundzwanzigjähriger Arbeit bestärkten FREUD nur noch in dieser Annahme und veranlaßten ihn zu folgender Bemerkung:

> „Der Kranke kann von dem in ihm Verdrängten nicht alles erinnern, vielleicht gerade das Wesentliche nicht und erwirbt so keine Überzeugung von der Richtigkeit der ihm mitgeteilten Konstruktion. Er ist vielmehr genötigt, das Verdrängte als gegenwärtiges Erlebnis zu wiederholen, anstatt es, wie der Arzt es lieber sähe, als Stück der Vergangenheit zu erinnern. Das Verhältnis, das sich zwischen Reproduktion und Erinnern herstellt, ist für jeden Fall ein anderes. In der Regel kann der Arzt dem Analysierten diese Phase der Kur nicht ersparen; er muß ihn ein gewisses Stück seines vergessenen Lebens wieder erleben lassen und hat dafür zu sorgen, daß ein Maß von Überlegenheit erhalten bleibt, kraft dessen die anscheinende Realität doch immer wieder als Spiegelung seiner vergessenen Vergangenheit erkannt wird. Gelingt dies, so ist die Überzeugung des Kranken und der von ihr abhängige therapeutische Erfolg gewonnen."[20])

Diese von FREUD für den Therapieerfolg so wichtig erachtete Reproduktion der Vergangenheit des Patienten erfolgt im Psychodrama durch spontanes Agieren. Dem Vergleich der psychodynamischen und therapeutischen Vorgänge im Psychodrama mit jenen der Psychoanalyse sei vorausgeschickt, daß in der psychodramatischen Handlung Erinnern und Agieren eine Einheit bilden. Diese Erinnerungshandlung wird nach Ablauf des Spiels und stattgehabter Katharsis durch rationales Erkennen ergänzt.

Das *Psychodrama* vollzieht sich in drei Phasen:

I. Phase der Erwärmung
II. Phase des Spiels
III. Phase des Gruppengesprächs

Die Phänomene der Einfühlung, Übertragung und des Teleprozesses verteilen sich in unterschiedlicher Weise über diese drei Phasen und sollen hier sowohl unter psychodynamischem wie auch gruppendynamischem Aspekt untersucht werden: denn „Psychodrama ist Tiefenpsychotherapie der Gruppe", auch dann, wenn es je nach Ausgangslage eher protagonist-zentriert als gruppenzentriert ist.

Betrachten wir zum Beispiel eine ambulante Patientengruppe, deren sozioemotionale Struktur das Soziogramm auf Seite (5) illustriert, so erweist sich I. 5 als „Star". Da von ihr ein heftiger Widerstand gegen die Therapie ausgeht, sind auch die anderen Gruppenmitglieder dem Therapeuten nur schwer erreichbar, solange dieser Widerstand nicht überwunden ist. Ein kleines, alle Gruppenmitglieder mehr oder weniger betreffendes Ereignis, in das vornehmlich I. 5 verwickelt war, wird als Thema für ein *gruppenzentriertes Psychodrama* gewählt. Während der *I. Phase* des Psychodramas obliegt es dem Therapeuten, den Protagonisten für das Spiel zu *erwärmen*. Selbstverständlich fühlt dieser sich zunächst nur unangenehm herausgefordert und *überträgt* z. B. das Bild seines stets fordernden Vaters auf ihn. Durch die in diesem Augenblick intensivierte Übertragung verdichtet sich sein Widerstand. In dieses Geschehen dringt der Therapeut mit seiner *Einfühlung*. Soweit entspricht die Situation dem Anfang der analytischen Situation, bei dem, laut FREUD, „der Arzt auch keinen anderen Standpunkt einnimmt als den der Einfühlung"[21].

Die durch Einfühlung erhaltenen Informationen über den momentanen Zustand des Protagonisten diktieren dem Psychodramadirektor den nächsten Schritt. Vielleicht ist es ein Scherz oder ein kleines Kompliment, vielleicht eine Frage oder bereits das Antippen jener nicht nur I. 5 sondern mehr oder weniger die ganze Gruppe betreffenden Episode. Durch das in einem sehr persönlichen Ton geführte Gespräch fühlt sich I. 5 trotz seines Widerstandes irgendwie angesprochen. Er läßt sich vom Therapeuten sogar beim Arm fassen und in den psychodramatischen Aktionsraum, die sog. „Bühne", im Kreise der Gruppe führen.

Hier wandern Patient und Therapeut wie bei einem kleinen Spaziergang weiter. Es tritt eine deutliche Lockerung ein. Unter rasch sinkendem Widerstand möchte der auf die zuvor genannte Episode hin angesprochene Patient diese gerne genauer berichten. Im gleichen Augenblick unterbricht ihn der Therapeut mit der Bitte, jetzt nicht mehr zu erzählen, sondern das Ereignis psychodramatisch zu zeigen. *„Wo hat es stattgefunden?"* — Im Wartezimmer des Arztes. — Rasch wird mit drei oder vier Stühlen das Wartezimmer, so gut es geht, vorstellungsgetreu auf der „Bühne" eingerichtet. Mit Gesten werden die Tür, das Fenster und weitere Besonderheiten des Raumes geschildert. *„Wer war zugegen?"* Pat. I. 5, I. 6, I. 4, I. 8, die Sprechstundenhilfe. Von den Gruppenmitgliedern werden die seinerzeit Anwesenden zur Mithilfe bei der dramatischen Schilderung des Vorfalls gebeten. Protagonist I. 5 bedeutet der damals Abwesenden I. 10, die Arzthelferin darzustellen. Die in der Gruppe sonst immer recht isolierte Pat. I. 10 wird zum erstenmal aktiv in ein Gruppengeschehen miteinbezogen, was für ihre Weiterbehandlung recht wichtig ist.

Die zweite Phase des Psychodramas beginnt. Schon nach wenigen Minuten erkennen wir durch einen Rollenwechsel, wie sehr sich I. 5, jetzt in der Rolle der Sprechstundenhilfe durch deren forsches Auftreten provoziert fühlt: Noch im

Wartezimmer vor der letzten Gruppensitzung wettert er über den Unsinn der therapeutischen Situation und läßt an Sprechstundenhilfe und Arzt keinen guten Faden. Die Szene geht rasch zu Ende. Sie wird zunächst von den vor dem Spiel noch beklommen gestimmten Anwesenden als eine Art reinigendes Gewitter empfunden und während der dritten Phase des Psychodramas unter lebhafter und entspannter Beteiligung der ganzen Gruppe diskutiert. Zwei Gruppenmitglieder kritisieren ebenfalls das Benehmen der Sprechstundenhilfe, andere finden es ganz normal; eine Patientin sagt, wie lächerlich ihr die heftige Reaktion von I. 5 auf die Arzthelferin vorkomme und erhält die erregte Antwort: „Ich finde sie dennoch furchtbar. Sie benahm sich gerade so selbstherrlich wie meine Frau." In diesem Moment schaltet sich der Therapeut mit der Frage ein: „Wann hat sich Ihre Frau denn zum letztenmal so benommen?" Ohne jeglichen Widerstand entsinnt sich I. 5 jetzt der betreffenden Szene und geht gleich zur Darstellung über, die sein aktuelles Problem deutlich illustriert.

Wir können in diesem Fall das kleine gruppenzentrierte Psychodrama über die Arzthelferin mit seinen drei Phasen, der Erwärmung, des Ausagierens mit Gruppenkatharsis und der anschließenden klärenden Diskussion nicht nur als gelungene Behandlung einer akuten „atmosphärischen" Störung des Gruppenklimas ansehen, sondern auch als eine große *Erwärmungsphase* für das jetzt beginnende, auf die Problematik des Protagonisten zentrierte Psychodrama. Der für das Spiel erwärmte Protagonist zeigt unter Mithilfe eines sog. Hilfs-Ichs — wieder wird I. 10 aufgrund ihrer äußeren Ähnlichkeit mit der Sprechstundenhilfe und der Frau des Protagonisten gewählt! — einen ähnlichen kleinen Vorfall, der sich vor kurzem zwischen ihm und seiner Frau zugetragen hat. Seine Reaktion auf die erwähnte Selbstgefälligkeit der Frau ist dabei laut des späteren „consensus omnium" überschießend. Der Therapeut fragt nun den Protagonisten, wann er sich denn zum erstenmal in seinem Leben so maßlos über eine Frau geärgert habe. Nach einigem Überlegen erhält er vom Protagonisten die Antwort: „als kleiner Junge über meine Mutter." Die nächste Szene zeigt uns, wie der Protagonist als achtjähriger Knabe nach Ladenschluß allein mit der Mutter im väterlichen Kolonialwarengeschäft ihr auf zärtlich schmusende Weise seine Liebe bekennt. In der Rolle der Mutter erwidert er diese Liebkosung auf angemessene Weise. Erst in der folgenden Szene reproduziert der Protagonist den unauslöschlichen Eindruck, den ein Vertrauensbruch von seiten der Mutter in ihm hinterlassen hat. Wir sehen, wie die Mutter — in dieser Phase der psychodramatischen Reproduktion vom Protagonisten gespielt — bei einem Sonntagnachmittagskaffee den versammelten Gästen höchst selbstgefällig das innige Liebesgeständnis des kleinen Sohnes preisgibt und alle Gäste sich darüber amüsieren. Angesichts dieser Szene wird der Protagonist nach einem Rollenwechsel vom Psychodramadirektor aufgefordert, in der Rolle des kleinen Jungen jene Gefühle zu verbalisieren, die damals in ihm aufgestiegen sind. Er bringt sie in einem Monolog zum Ausdurck: „Mutter, Mutter, was tust Du nur, das darfst Du nicht erzählen, ich habe es doch nur für Dich gesagt. Jetzt hast Du es verraten, Du hast damit geprahlt, ohne mich zu fragen. Die Leute lachen . . . ich hasse Dich, Mutter ich hasse Dich." Im selben Moment bringt ein vom Psychodramadirektor als *„Doppel"* eingesetztes

Hilfs-Ich, hinter dem Protagonisten stehend, seine von Haß und Wut unterdrückten zärtlichen Gefühle zum Ausdruck: „Mutter, meine liebste Mama, ich habe Dich ja noch immer so lieb, nur werde ich es Dir nie mehr zeigen können, ohne Deine Selbstgefälligkeit fürchten zu müssen. Mutter, das ist ja schrecklich!" In großer innerer Erregung dreht sich der Protagonist nach dem Doppel um: *„genau so, ja genau so ist es damals für mich gewesen. . ."*
Während dieser Szene hat sich die innere Anteilnahme der Gruppenmitglieder auffallend verdichtet. Alle haben sich mit dem Protagonisten in die Rolle des kleinen Jungen versetzt. Erst eine weitere Szene, welche an einem banalen Vorfall die gleiche Gefühlszwiespältigkeit des jetzt zwölf Jahre älteren an der Universität studierenden Sohnes seiner Mutter gegenüber zum Ausdruck bringt, läßt die Gefühlsintensität der Gruppe etwas abflauen.

Fassen wir rückblickend die verschiedenen Szenen des Psychodramas ins Auge, so erkennen wir, wie der Patient von der belanglosen Szene mit der Sprechstundenhilfe, erinnernd und agierend, zu immer tieferen Schichten seines Konfliktes mit Frauen vorgedrungen ist, um zuletzt unter großer Gefühlsbewegung das traumatische Ereignis zu reproduzieren. Hier erhebt sich die Frage nach den *Beziehungsmechanismen,* die bei diesem Geschehen in Gang gesetzt worden waren. Während der *ersten Phase* des Psychodramas oder *Erwärmungssphase* erlebt der Protagonist seinen Widerstand gegen die Therapie als heftigen *Widerstand* gegen den Therapeuten, auf den er unbewußt das Bild seines dominierenden Vaters *überträgt.* Der *Therapeut* als Psychodramadirektor *fühlt sich* gleichzeitig *ein* in die momentane Verfassung des Protagonisten. Der Widerstand wird augenblicklich überwunden.

Es kommt zu einem *gruppenzentrierten Psychodrama.* In diesem Spiel überträgt der Protagonist das Bild seiner Frau auf die Sprechstundenhilfe. Während der zweiten oder Spielphase des späteren, protagonistzentrierten Psychodramas erleben wir mit ihm, daß auch seine Beziehung zur Gattin keine Telebeziehung ist, sondern durch die ständige Übertragung der Mutter-Imago gestört wird. Für ein echtes Psychodrama ist es kennzeichnend, daß *Übertragungen* in kürzester Zeit augenfällig ausagiert und die Projektionen auf die Hilfs-Iche (auxiliary egos) rasch als solche erkannt werden. Sie können sich oft derart verdichten, daß die Imago leibhaftig gesehen wird. In unserem Beispiel gewahrte der Protagonist während des Monologs nach dem Vertrauensbruch der Mutter diese mit aller Deutlichkeit im Kreise ihrer Gäste. Während der Protagonist im Spiel zunächst Übertragungen ausagiert, bieten die Hilfs-Iche ihre ganze *Einfühlung* auf, um die jeweiligen Bezugspersonen des Protagonisten und nach *Rollenwechsel* ihn selbst möglichst richtig darzustellen. Die Einfühlung eines Hilfs-Ichs erfährt beim „Doppeln" während des Monologs eine außerordentliche Steigerung. Die von der momentanen Wut verdrängten zärtlichen Gefühle für die Mutter werden nachgefühlt und ausgesprochen. Sie kommen nach Jahrzehnten dem Protagonisten auf diese Weise erstmals wieder zu Bewußtsein. Das dem Protagonisten eigentlich fremde Hilfs-Ich ist als sein Doppel in der Lage, die eine Komponente seiner damaligen Gefühlsregungen genauer zu reproduzieren als seine Erinnerung ihm dies je erlaubt hätte. Wut und Zärtlichkeit werden von den beiden Personen simultan ausgedrückt und erlebt. Protagonist und Doppel reagieren mit jener frappierenden Geschwindigkeit und Präzision aufeinander, welche für die gegenseitige Einfühlung in den momentan realen Zustand des anderen im *Teleprozeß* charakteristisch ist. Während der ganzen Spielphase ist der *Therapeut* als Direktor des Psychodramas *ein Außenstehender*, Beobachtender. Seine *Einfühlung* richtet sich nun auf sämtliche Spieler. Im Gegensatz zu den im Psychodrama agierenden Hilfs-Ichen und erst recht zum Protagonisten bleibt ihm ein Maß von *Überlegenheit* erhalten, „kraftdessen er schon während des Spiels die Spiegelung einer vergessenen Vergangenheit auf die anscheinende Realität des gegenwärtigen Konfliktes des Protagonisten zu beziehen vermag"[22]. Die Überlegenheit des Außenstehenden ermöglicht ihm überhaupt erst die sensitiv-direktive Leitung des Psychodramas.

Die *dritte oder Diskussionsphase des Psychodramas* beginnt mit Erlöschen des Spiels. Protagonist und Hilfs-Iche erwachen wie aus einem Traum. Gleichzeitig schalten sich die Übertragungs- und Einfühlungsvorgänge automatisch ab. Die Akteure sind plötzlich wieder Gruppenmitglieder. Das gemeinsam Erlebte verbindet sie noch immer in lebendiger Gefühlsresonanz. Dennoch sitzen sie einander freier und unbefangener gegenüber als vor dem Spiel. Ebenso frei und unbefangen sitzt der Therapeut in ihrem Kreise. Gruppenmitglieder, die nicht aktiv am Drama teilgenommen haben, beschreiben jetzt ihre oft starken *Identifikationserlebnisse* mit dem Protagonisten oder einer seiner Bezugspersonen während des Spiels. Protagonist und Hilfs-Iche nehmen rückblickend mit der Distanz ihrer wieder gewonnenen Identität Stellung zum Reproduzierten. Allmählich *erkennen* sie aus dem Erlebten heraus die Zusammenhänge mit dem gegenwärtigen Leiden des Protagonisten und ziehen, wo sie sich anbieten, bewußt Parallelen zu ihrer eigenen Lage. Im Unterschied zur Spielphase gibt der Psychodramadirektor jetzt keine Direktiven, sondern hilft je nach seiner therapeutischen Zielsetzung bei der Interpretation des Erlebten. Die Gruppenmitglieder erleben ihn als Arzt und Menschen. In dieser Phase ist er nicht mehr Träger ihrer Projektionen. Therapeut und Patienten sehen einander als die Menschen, die sie in der augenblicklichen Lage sind, sie begegnen sich im *Teleprozeß*.

Zusammenfassung

Die Untersuchung der zwischenmenschlichen Beziehungsvorgänge in Psychoanalyse und Psychodrama unter sauberer Abgrenzung von Übertragungs-, Einfühlungs- und Televorgängen ermöglicht einen Vergleich beider Methoden. Eine prinzipielle Übereinstimmung findet sich in der Reproduktion und dem Bewußtwerden vergangener traumatischer Erlebnisse des Patienten während des psychotherapeutischen Prozesses. Ihre Reproduktion kommt in der Psychoanalyse durch die *Übertragungsneurose* zustande. Dieser Vorgang verläuft protrahiert in einem intellektuellen „Behandlungsklima". Die irreale Übertragungsbeziehung zum Arzt kaschiert bis zur Überwindung der Übertragungsneurose die projizierten Imagines ebenso sehr wie diese das wahre Wesen des Arztes verdecken. Seine Überlegenheit wird durch gelegentlich in Gang kommende Gegenübertragungen gefährdet. Im *Psychodrama* erfolgen Reproduktion und Bewußtwerden des ausschlaggebenden traumatischen Vergangenheitsereignisses oft in wenigen Stunden oder Sitzungen und mit einer solchen Intensität der Übertragungen, daß vergleichsweise von einer in einem höchst „emotionalen Behandlungsklima" ablaufenden *„schubartigen Übertragunghalluzinose* gesprochen werden könnte. Sie erlischt sui generis mit dem Spiel. Ihre Ursache und Bedeutung werden sofort im Anschluß an das Psychodrama kritisch beleuchtet, *erkannt* und interpretiert. Das gemeinsame Spielerlebnis und rasche Herausgerissenwerden aus den Rollen oder Identifikationen ermöglicht den Gruppenteilnehmern nach dem Psychodrama eine von Übertragungen weitgehend befreite *Begegnung* im *Teleprozeß*. Diese gesunde zwischenmenschliche Verhaltensweise wird während der dritten Phase des Psychodramas von manchen Gruppenmitgliedern überhaupt zum erstenmal erlebt und ihre Existenz mit Erleichterung bewußt erkannt. Sie kann durch psychodramatische Übung im verhaltenstherapeutischem Sinne weiter entwickelt werden und schafft dem Patienten die Voraussetzung für ein frustrationsfreies und realitätsbezogenes Weiterleben nach abgeschlossener Behandlung.

Bibliographie

1) FREUD: „Das Interesse an der Psychoanalyse", G. W., Bd. VIII, p. 418, 1964.
2) MORENO: „Die Grundlagen der Soziometrie", Westdeutscher Verlag, Köln und Opladen 1967.
3) MORENO: ibid., p. 34.
4) ibid., p. 144.
5) ibid., p. 117.
6) Theodor LIPPS: „Das Wissen von fremden Ichen", Psychologische Untersuchung I, p. 694, 1907.
7) MORENO: op. cit., p. 167.
8) ibid., p. 78.
9) ibid., p. 75.
10) ibid., p. 363.
11) FREUD: „Zur Dynamik der Übertragung" G. W., Bd. VIII, p. 364—374, 1964.
12) MORENO: op. cit., p. 167, 356, 393.
13) FREUD: Zur Dynamik der Übertragung" G. W., Bd. VIII, p. 364—374, 1964.
14) idem, „Das Interesse an der Psychoanalyse", G. W., Bd. VIII, p. 418, 1964.
15) idem, „Zur Dynamik der Übertragung", G. W., Bd. VIII, p. 365, 1964.
16) ibid., p. 366.
17) MORENO: op. cit., p. 410.
18) FREUD: „Zur Dynamik der Übertragung", G. W., Bd. VIII, p. 370, 1964.
19) ibid., p. 374.
20) FREUD: „Jenseits des Lustprinzips", Kap. III, G. W., Bd. XIII, p. 16, 1964.
21) idem, „Zur Einleitung der Behandlung", G. W., Bd. VIII, p. 474, 1964.
22) idem, „Jenseits des Lustprinzips", Kap. III, G. W., Bd. XIII, p. 16, 1964.

Teil II: Das Psychodrama in der Psychotherapie

Einige psychodramatische Initial-, Handlungs- und Abschlußtechniken*

H. Petzold, Düsseldorf

Das Psychodrama als eine Sonderform der Gruppenpsychotherapie [1] (BERNER, HOFF 1967) darf nicht als *eine* gruppentherapeutische Technik (DELAY, PICHOT 1966) aufgefaßt werden, sondern als eine elaborierte Methode, die über vielfältige Techniken verfügt[2] (MORENO 1959), die mit unterschiedlichen therapeutischen Zielsetzungen im psychodramatischen Ablauf zum Einsatz kommen. Wenn A. ANCELIN-SCHÜTZENBERGER (1970) von hundert „techniques classiques" spricht und J. L. MORENO und P. RENOUVIER 350 Techniken zählten (MORENO 1959), so mag das einen Eindruck von den vielfältigen technischen Möglichkeiten geben, die im Psychodrama Verwendung finden können.

Das technische Instrumentarium des Psychodramas ist für die verschiedenen Aufgaben im Rahmen einer Gruppenpsychotherapie unterschiedlich einsetzbar. So gibt es Techniken, die im Sinne gewisser projektiver Testmethoden [3] (*Sceno-*, Welt-Test u. a.) „diagnostische und therapeutische Anliegen miteinander verbinden" (HEINELT 1964). Der diagnostische Wert psychodramatischer Techniken ist verschiedentlich betont worden [4] (WIDLÖCHER 1962, SPITZNAGEL 1964), und z. B. Methoden wie der „leere Stuhl"[5], die „Hilfs-Stühle"[6], der „Zauberladen"[7], „Wähle ein Tier" [8] u. a. geben oft überraschenden Einblick in unbewußte Problematik. Im psychodramatischen Spielverlauf bietet das Verhalten des Patienten reiches Material zur Persönlichkeits- und Konfliktdiagnostik, und zwar nicht nur im Sinne einer Ergänzung zur biographischen Anamnese, sondern auch hinsichtlich einer verhaltenstherapeutischen Diagnostik und einer Erhellung der sozialen Bezüge[9] des Patienten, d. h. seiner Situation in der Familie, der Schule, am Arbeitsplatz usw. In ähnlicher Weise vermag das Psychodrama auch Aufschluß über Prozesse innerhalb einer Gruppe zu geben (PETZOLD, SIEPER 1970). Neben dieser diagnostisch-anamnestischen Seite verschiedener Techniken, ja des gesamten psychodramatischen Spielgeschehens, und neben dem therapeutischen Schwerpunkt des Psychodramas finden sich Methoden, die wesentlich als „pädagogische Techniken" Lernvorgänge verwenden, erleichtern und beschleunigen sollen (SHAFTEL 1967; CHESLER, FOX 1966). Hierhin gehören vornehmlich die verschiedenen Formen des Rollenspiels[10] (SHAW, BLAKE 1961, SHAFTEL 1967). Da aber gerade die Bedeutung der Lernprozesse für die Psychotherapie immer klarer erkannt wurde, stellt auch das auf Lernprozesse abzielende bzw. sie verwendende psychodramatische Rollenspiel ein wertvolles therapeutisches Instrument dar (CORSINI 1966, STURM 1965, SWELL 1967, PETZOLD 1969). Bei der Gliederung in *diagnostisch-anamnestische, pädagogische* und *therapeutische* Techniken — womit natürlich keine starren Abgrenzungen ausgesagt sein sollen, da oft alle drei Komponenten einbezogen werden –, ist der Komplex der thera-

* Erstveröffentlichung in: Zeitschr. Psychother. med. Psychol. 6 (1971).

peutischen Techniken nach der Aufgabenstellung der Behandlungssituation zu spezifizieren. So finden sich auflockernde Verfahren zur Lösung von Widerständen und Verspanntheiten bei der Gruppe und beim Protagonisten (*warming up*), direktive[11] und non-direktive (GOODMAN 1962), verbale und non-verbale (FINE 1970) Verfahren.

Blickt man auf die Vielzahl der technischen Möglichkeiten und die Klassifizierung nach Funktionsprinzipien, so stellt sich die Frage nach dem Ort dieser Techniken im psychodramatischen Geschehen. Hier können wir Einleitungs- (warm up), Handlungs- (action methods) und Abschlußtechniken (sum up) feststellen, die im dreigestuften Ablauf des klassischen Psychodramas: Erwärmungs-, Spiel- und Gesprächsphase = *Initialphase — Handlungsphase — Abschlußphase* (LEUTZ 1970, b, c) ihren festen Platz haben. Bei einer Beschreibung wichtiger psychodramatischer Techniken[12] wird diese Struktur des klassischen Psychodramas nach MORENO die Auswahlkriterien abgeben müssen, da sie weder von den therapeutischen Erfordernissen spezifischer Patientengruppen noch von der individuellen Verfahrensweise des einzelnen Therapeuten determiniert ist – denn „es benutzt ja jeder die Techniken, die er am sichersten zu handhaben weiß" (BONABESSE 1970).

I. Initialtechniken (warm up techniques)[13]

Die Initialtechniken haben die Aufgabe, eine therapeutische Situation zu schaffen. Beim Zusammenkommen einer Gruppe treten regelhaft bestimmte Widerstandsphänomene auf, die bei einer neugebildeten Gruppe mit geringem Kohäsionsgrad stärker ausgeprägt sind, aber auch bei seit langem konstituierten Gruppen deutlich feststellbar werden.

Bei häufiger Sitzungsfrequenz, etwa in einem Trainingslaboratorium, sinkt der Initialwiderstand der Gruppe und des Einzelnen. Therapeutisch effektives Arbeiten wird erst mit der Überwindung oder besser mit der Auflösung der Widerstände und der mit diesen verbundenen Spannungen und Ängsten möglich. Der Eingangsphase jeder Gruppenpsychotherapie kommt daher grundlegende Bedeutung zu, denn von ihr wird der Verlauf der Sitzung, d. h. aber auch der Verlauf der Therapie wesentlich bestimmt.

Mit der Auflösung der Widerstände geht der Aufbau des Zusammengehörigkeitsgefühls, der Kommunikation innerhalb der Gruppe einher. An die Stelle der in archaischen Verhaltensmustern wurzelnden Angst vor neuen, ungewohnten Situationen, vor fremden, unbekannten Individuen muß eine Vertrautheit, ein Gefühl der Sicherheit treten, das nur in *gemeinsamem Handeln und Erleben* erreicht werden kann.

Die Initialtechniken zielen also darauf ab, eine emotionale Verbindung unter den Gliedern der Gruppe zu schaffen, indem sie die Abwehrhaltung der einzelnen reduzieren. Das individuelle „warming up" ist demgemäß mit dem „warming up" der Gruppe eng verbunden, jedoch mit diesem nicht gleichzusetzen. Eine Gruppe kann sich durchaus in gelöster und spielbereiter Verfassung befinden und doch kann der Widerstand des einzelnen Teilnehmers, was die Behandlung seiner persönlichen Problematik anbelangt, noch erheblich sein und muß spezifisch angegangen werden.

Aber nicht nur die Gruppe und der Protagonist, sondern auch der Leiter des Psychodramas und – sofern vorhanden – sein Co-Therapeut (*trained auxiliary ego*) benötigen ein *warming up* (ENNEIS 1951, PANKRATZ 1969, BLATNER 1970, SEABOURNE 1970), um gelöst mit der Gruppe bzw. dem als Protagonist fungierenden Patienten in Kontakt treten zu können. Ein kurzes Gespräch mit dem Co-Therapeuten vor Beginn der Sitzung und besonders die Aktivitäten am Anfang der Therapiestunden tragen zur Auflockerung der persönlichen Haltung des Therapeuten bei, womit eine Sensibilisierung seiner Selbst- und Fremdwahrnehmung einhergeht.

Das Einleitungsgespräch (introductory talk) [14]

Das Einleitungsgespräch geht in der Regel bei neuen Gruppen vom Leiter des Psychodramas aus. Er stellt sich der Gruppe vor. Diese Vorstellung kann kurz, aber auch ausführlich sein und damit in ein *„personal warm-up"* (SACKS 1965, 1967) einmünden, indem der Therapeut erklärt, was er der Gruppe geben möchte und was er von der Gruppe an Mitarbeit erwartet. Hieraus entwickelt sich leicht ein Gespräch über die Zielsetzung der Therapie, in dessen Verlauf ganz selbstverständlich von den Patienten Beispiele aus ihrer persönlichen Problematik oder von Konflikten in ihrer Umgebung gebracht werden, die dann als Ansatzpunkt für eine psychodramatische Handlung dienen können. Indem also der Therapeut seine Erwartungen darlegt, motiviert er die Teilnehmer der Gruppe, über ihre Wünsche und Vorstellungen zu sprechen. Dies kann sich nun *dialogisch* im Gespräch zwischen Therapeut und Patient vollziehen oder als Gruppengespräch, bei dem sich der Therapeut zurückzieht. Die Teilnehmer tauschen ihre Ansichten untereinander aus. Gewisse Themen und Berichte ziehen das Interesse jeweils mehrerer Personen auf sich, die sich zu Untergruppen (*cluster*) formieren. Die Interaktionen zwischen den einzelnen Untergruppen ergeben eine Vermischung, Umschichtung und Präzisierung der Themen, von denen sich schließlich eines als dominant, d. h. als die gesamte Gruppe fesselnd, erweist und den Stoff für das Psychodrama bietet. Neben dieser Form des *„cluster warm-up"* (YABLONSKY, ENNEIS 1956) als nondirektiver Initialtechnik kann aber auch das Gruppengespräch nach der Selbstvorstellung des Therapeuten von diesem dergestalt gelenkt werden, daß er die einzelnen Teilnehmer der Reihe nach auffordert, sich kurz unter Angabe ihres Namens und einiger persönlicher Daten (Herkunft, familiäre und berufliche Situation) der Gruppe vorzustellen und vielleicht zu berichten, wie sie in die Gruppe gekommen sind. Das hier gebrachte Material ermöglicht dem Leiter oder der Gruppe, den einen oder anderen Vorgang herauszugreifen und in Szene zu setzen.

Das gelenkte Warm-Up (directed warm-up) [15]

Nach der allgemeinen Vorstellung, die eine gewisse Lockerung der Gruppenatmosphäre bewirkt (*group-centered warm-up*), fragt der Therapeut, ob die Gruppe oder einer der Anwesenden ein Problem habe oder sich eines Ereignisses erinnere, das man darstellen könne. Hier setzt nun in der Regel der Widerstand des einzelnen ein, der in der Angst wurzelt, persönliche Probleme der Gruppe zu unterbreiten, d. h. aber, sich der Gruppe auszuliefern. Eine allgemeine Spielbereitschaft mag durchaus vorhanden sein, aber niemand will den Anfang machen. In dieser Situation ist es möglich, auf eine Initiative der Gruppe zu warten. Der Therapeut schweigt mit der Gruppe. Es breitet sich eine wachsende Spannung aus, die nach einer gewissen Zeit regelhaft spontan von einem der Teilnehmer unterbrochen wird (volunteer), indem er – unwillig über „das unproduktive Herumsitzen" – selbst ein Thema anbietet oder sein Interesse für die persönliche Situation eines anderen Gruppenmitgliedes bekundet. Diese Initiative wird zumeist von der Gruppe aufgenommen. Es kommen weitere Vorschläge, auf die sich die Gruppe einigt (*group-directed warm-up*) oder aus denen der Leiter des Psychodramas ein Thema auswählt (*leader-directed warm-up*), (YABLONSKY, ENNEIS 1965), das ihm im Sinne seiner therapeutischen Zielsetzung geeignet erscheint. Er hat hier überdies die Möglichkeit, Gruppenprozesse abzufangen, in denen noch nicht spielbereite Teilnehmer von der Gruppe gedrängt werden, sich zu exponieren. Das gelenkte *warm-up* kann aber auch vom Leiter des Psychodramas innerhalb eines vorher konzipierten Therapieplanes eingesetzt werden, und zwar in *gruppenzentrierter* und *protagonistzentrierter* Form. Von den auftauchenden Problemkreisen wird dann ganz gezielt ein Konfliktstoff aufgegriffen, der die ganze Gruppe betrifft – (etwa eine Autoritätsproblematik, PETZOLD/SIEPER 1970) – oder der spezifisch auf einen Patienten gerichtet ist.

Interview, Dialog und Selbstgespräch [16]

Hat der Therapeut oder die Gruppe ein Thema ausgewählt, so gilt es, den individuellen Widerstand der in die psychodramatische Handlung eintretenden Personen zu überwinden. Der Therapeut nimmt hierzu z. B. den Patienten freundlich beim Arm und tritt in den Spielkreis oder – wo vorhanden – auf die Psychodramabühne. (Es ist immer darauf zu achten, daß der Sitzkreis – am besten ein Halbrund – und die Spielfläche deutlich voneinander geschieden sind; denn die psychodramatische Szene ist ein eigener Bereich, der zwischen Realität und Fiktion steht und für den die Anwesenheit der Gruppe konstitutives Element ist, der aber oft über das *hic et nunc* der Gruppensituation hinausgeht, in die Welt der Vergangenheit und der Zukunft eines Individuums vorstößt und dabei die Gruppe mit in diese Bereiche einbezieht.)

Sind Therapeut und Patient auf der Spielfläche, so tritt die Gruppe in der Wahrnehmung des Protagonisten zurück; ein Geschehen, das durch die Verwendung von Lichteffekten, die nur die Psychodramabühne beleuchten und die Gruppe im abgedunkelten Raum belassen, verstärkt wird. Therapeut und Patient sind allein, schreiten auf der Spielfläche auf und ab und sprechen miteinander (*Dialog*). Es kommt hier innerhalb der psychodramatischen Gruppentherapie eine Komponente der Einzeltherapie mit ins Spiel, das therapeutische Gespräch, wie wir es in verschiedenen Techniken des Psychodramas vorfinden. Dieses Gespräch wird in der Regel als *dialogisches Interview* geführt. Der Therapeut versucht, sich in die Persönlichkeit und die Probleme des Patienten einzufühlen (S. FREUD) [17] und ihm Wege zu eröffnen, seine Schwierigkeiten nicht nur auszusprechen, sondern auch auszuspielen (ROSEN 1965) und damit zu „exterritorialisieren" (PETZOLD 1969).

Bei ihrem Gespräch gehen Patient und Therapeut auf der Fläche langsam auf und ab. Das beruhigende Hin- und Herschreiten stimuliert den Gedankenfluß und läßt längst vergessene Erinnerungen aufsteigen, die in einem Selbstgespräch verbalisiert werden. In diesem Stadium zieht sich der Therapeut aus seiner dialogischen Haltung unmerklich zurück und übernimmt die Rolle eines Doppels (cf. infr.), das durch kurze Einwürfe oder Fragestellungen in der Ich-Form Impulse zu intensivierter Reflexion gibt. Diese Form des *warm-up* über das Selbstgespräch (*soliloquy*) erfordert ein hohes Maß von Einfühlung (LEUTZ 1970). Die Stimuli des Therapeuten müssen zum richtigen Zeitpunkt placiert werden und dürfen die Intentionen des Patienten nicht verfälschen. Sicherlich können und müssen sie zuweilen aber auch im Sinne einer suggestiven Einflußnahme (FINE 1970) eingesetzt werden, wenn es darum geht, Barrieren abzubauen oder dem Patienten zu helfen, in Richtung seines Problems (sofern es dem Therapeuten aus der psychodramatischen Situation, der Krankengeschichte, Mitteilungen von Verwandten oder der biographischen Anamnese bekannt ist) vorzustoßen.

Katathyme Szene

Im Verlauf des *Dialoges* und vornehmlich des *Selbstgespräches* wird vom Protagonisten Material gebracht, das Möglichkeiten zur psychodramatischen Bearbeitung bietet. Hier nun liegt es bei dem therapeutischen Einfühlungsvermögen des Psychodramaleiters und seinen Absichten innerhalb seines Therapieplanes, welchen Anknüpfungspunkt er auswählt, um etwa in die Kindheit, die familiäre oder berufliche Situation des Patienten vorzustoßen.

Ist ein derartiger Anknüpfungspunkt gefunden, so unterbricht der Therapeut das Selbstgespräch etwa folgendermaßen: „Sie haben gerade berichtet, daß es oft Ärger gab, wenn ihr Vater abends nach Hause kam. Können Sie sich an eine konkrete Situation erinnern?" Wird dies vom Protagonisten verneint, so fordert ihn der Therapeut auf, sich vorzustellen, wie die Situation gewesen sein könnte. Bei diesem Vorgang, spätestens aber im Verlauf des aufgrund dieser theoretisch konstruierten Situation inszenierten Psychodramas, kommen dann spontan Erinnerungen an die Oberfläche des Bewußtseins und werden ins Spiel eingebracht. – Kann sich aber der Protagonist an einen bestimmten Vorfall erinnern, so bittet ihn der Therapeut, die Szene so genau wie möglich zu beschreiben und zu arrangieren, wobei er die Erinnerung durch Fragen nach Details, etwa nach der Farbe der Vorhänge oder der Stellung des Mobiliars anregt.

Ausgehend von einer von uns entwickelten Technik (PETZOLD 1969), die im Rahmen einer verhaltenstherapeutischen Desensibilisierung *katathyme Imagination* und *psychodramatisches Rollenspiel* verbindet (OSTERHUS 1970), haben wir die Methode des *katathymen Bilderlebnisses* (LEUNER 1970) dazu benutzt, das individuelle *warm-up* des Protagonisten zu intensivieren, indem das Selbstgespräch an einem geeigneten Punkt etwa folgendermaßen unterbrochen wird: „Schließen Sie die Augen! Stellen Sie sich die Szene genau vor!"

Es wird jetzt aus dem Selbstgespräch bekanntes Material verwandt: „Ihr Vater und Ihre Mutter sitzen im Zimmer. Beschreiben Sie uns, wo sie sitzen! Schildern Sie uns den Raum!" Nun kann die Beschreibung des Protagonisten als Basis für eine Vertiefung der Erinnerung benutzt werden, indem der Therapeut suggestiv „doppelt“ (cf. infr.); z. B. Patient: „Auf dem Tisch liegt eine rote Decke“ – Therapeut: „Ich sehe sie ganz deutlich, diese rote Farbe“. In dieser Form kann die Erlebnisdichte und -realität bis zur Wahrnehmung von Geräuschen und Gerüchten intensiviert werden. Hier besteht natürlich die Möglichkeit, das katathyme Bilderleben zur Einleitung eines *Hypnodramas*[18] zu benutzen (KROJANKER 1963, 1966). Wird die *„katathyme Szene“* als Warm-up-Technik für den Protagonisten verwandt, so genügt es, wenn er zu einer klaren bildhaften Erinnerung der in Rede stehenden Situation gelangt. Wird die Frage des Therapeuten: „Sie können jetzt die Situation ganz deutlich sehen?“, bejahend beantwortet, erfolgt die Aufforderung: „Dann versuchen Sie die Szene hier zu arrangieren! Wo steht der Tisch? – Wo ist die Tür? – Wer von den Anwesenden könnte Ihre Mutter spielen?“

Bei Gruppen, die mit der Technik vertraut sind, genügt es, den Protagonisten in kurzen, formelhaften Sätzen aufzufordern: „Erinnern Sie sich! – Stellen Sie sich die Situation genau vor!“, und nach einer kleinen Pause: „Arrangieren Sie jetzt die Szene!“ Damit werden die Aktivitäten weitgehend in die Hände des Protagonisten gelegt.

Katathyme Szenen können auch als *warm-up* für die Gruppe verwandt werden. Die Teilnehmer sitzen mit geschlossenen Augen im Halbkreis. Nach einigen auf Ruhe und Entspannung zielenden Suggestionen bietet der Therapeut das Bild der saftig grünen Sommerwiese an (LEUNER 1970), das von der Mehrzahl der Teilnehmer rasch realisiert wird. Zur Kontrolle und zur Intensivierung des „katathymen Gruppenprozesses“ fragt der Therapeut kurz jeden der Anwesenden über sein Bilderlebnis; dabei ist zu beobachten, daß Patienten, die zunächst keine oder nur sehr undeutliche Bildvorstellungen hatten, durch die Kurzberichte der anderen Gruppenmitglieder zu katathymer Imagination stimuliert werden. Der Therapeut greift nun, nachdem er einen Überblick gewonnen hat, einen Patienten heraus und läßt ihn seine Bilderlebnisse berichten. Bei Absinken der Stimme oder wichtigen Passagen wiederholt er die Sätze des Erzählenden laut und eindringlich (Echoeffekt), um dann bei einer Stockung oder Zäsur im Bericht einen anderen Patienten aufzufordern, seine Bilderlebnisse vorzutragen. Hier kann man nun interessante Zusammenhänge und Bezogenheiten feststellen, die für eine Gruppentherapie mit dem katathymen Bilderleben (PETZOLD 1971) und für ein analytisch orientiertes Psychodrama von Bedeutung sind. Als *warm-up* für die Gruppe aber sollen die *katathymen Szenen* nur Material für das nachfolgende Psychodrama bieten. Die Technik hat den großen Vorteil, daß sie als *projektives Verfahren* an schwer zugängliche Konfliktbereiche heranführt. Durch den Bericht innerhalb der Gruppe wird diese mit in das *Symboldrama* hineingenommen, da die einzelnen Teilnehmer innerhalb eines spezifischen „katathymen Gruppenprozesses“ in ihrer emotionalen Gestimmtheit vom Bilderleben des Protagonisten in erheblichem Maße motiviert werden; ein Vorgang, der bis zur simultanen Reproduktion der geschilderten Bildinhalte durch manche Patienten führen kann (ASSAGIOLI 1965).

Die anschließende psychodramatische Darstellung von katathymen Szenen gewinnt nicht nur durch das intensive *warm-up* des Protagonisten und der Gruppe, sondern stellt auch eine Dynamisierung des Therapieverlaufs dar, indem von der *imaginativen* Ebene des *Symboldramas* in den *semirealen* Raum des psychodramatischen Agierens übergegangen wird, dem nur noch der Bereich der *Realität* folgen kann, für den der Patient durch die Therapie tauglich gemacht werden soll.

Der leere Stuhl (empty chair)[19]

Die Technik des „leeren Stuhls" hat gewisse Ähnlichkeiten mit der *katathymen Szene.* Beide sind imaginative und projektive Verfahren; beide bilden ein vorzügliches *warm-up* für die Gruppe als Ganzes und für die einzelnen Teilnehmer.
Ein leerer Stuhl wird vor die Gruppe gestellt, und der Therapeut fordert die Anwesenden auf: „Stellen Sie sich jemanden auf diesem Stuhl vor. – Vielleicht jemanden, der Ihnen nahesteht, jemanden, den sie kennen, oder irgendeine Person, einen Gegenstand oder ein Tier". Nach einer Weile befragt der Therapeut der Reihe nach die Teilnehmer der Gruppe, und wieder kann man beobachten, daß ein Teil der Patienten, die zunächst nicht in der Lage waren, bildhafte Vorstellungen zu realisieren, bei nochmaligem Nachfragen Bilderlebnisse berichten können. Nun wählt der Therapeut einen Patienten aus, läßt ihn erzählen, was er im Augenblick sieht, und versucht, die Vorstellung durch Detailfragen anzuregen, z. B.: „Was tut Ihr Bruder gerade? Was hat er an?" Für den Übergang zum Psychodrama bieten sich nun zwei Möglichkeiten. Der Therapeut fordert den Patienten auf, einen „Rollenwechsel" (cf. infr.) mit der vorgestellten Person vorzunehmen, d. h., sie in ihrem augenblicklichen Tun und ihrer Umgebung darzustellen. Diese Verfahrensweise ist natürlich nicht einsetzbar, wenn eine Person ohne jeden Kontext, ein Gegenstand oder ein Tier auf dem Stuhl gesehen wird. In derartigen Fällen wird nach Erlebnissen oder Erinnerungen gefragt, die der Patient mit den vorgestellten Bildern verbindet, um eine Handlungsgrundlage für das Psychodrama zu gewinnen.

Non-verbale Techniken[20]

Von den verschiedenen non-verbalen Techniken zur Einleitung eines Psychodramas ist zu sagen, daß hier Elemente der Pantomime (HORETZKY 1963, 1965, WEISE, ALBERT 1965, 1967), des körperlichen Ausdrucks (DROPSY, SHELEEN 1970, FAST 1968), des Psychotanzes (CHACE 1945, FINE, R. 1962, BRANHAM-RUDHYAR 1958) oder ähnlicher Verfahren (z. B. Psychogymnastik, KNOBLOCH 1974) zum Einsatz kommen.

Non-verbale Techniken haben sich besonders bei schwer gehemmten Patienten (z. B. Zwangsneurotikern und Schizophrenen) bewährt, da hier die Möglichkeiten verbaler Kommunikation zunächst sehr eingeschränkt sind (PETZOLD 1974). Im schweigenden Miteinanderhandeln und in der Darstellung von Situationen durch Gestik, Bewegung und zuweilen Mimik wird in der Gruppe eine Kohärenz geschaffen, die die Wege zur sprachlichen Mitteilung eröffnet. Für ein derartiges *warm-up* empfiehlt es sich, bestimmte Themen vorzugeben (z. B. den Besuch in einem Kaufladen), die pantomimisch realisiert werden. Wenn dann das Pantomimespiel gut in Gang gekommen ist, beginnen auf ein bestimmtes Zeichen des Therapeuten die mitagierenden *auxiliary egos* ihre Rollen sprechend fortzusetzen. Die themengebundene Pantomime wird so zu einem *„improvisierten Psychodrama"* (BLATNER 1970), in dessen Verlauf sich therapeutische Ansatzpunkte ergeben, die Problematik des einen oder anderen Patienten aufzurollen. Um die Aktivitäten im Sinne eines non-direkten Vorgehens möglichst in die Hände der Gruppe zu legen, haben wir eine Technik verwandt, in der die Anwesenden als *„Statisten"* fungieren. Eine Szene – etwa wieder ein Kaufhausbesuch – wird gestellt, indem einzelne Plätze ausgewiesen werden, z. B.: „Hier ist eine Theke, dort ein Regal, drüben ist die Kasse. Gehen Sie an den Platz, der Ihnen am sympathischsten ist!" Bleiben einige Patienten auf ihrem Platz, wird dieser als Packtisch, Gemüsestand o. ä. deklariert. Nach vollzogener Placierung erfolgen vom Therapeuten keine Instruktionen mehr. Schweigend stehen die Teilnehmer der Gruppe an ihren Plätzen. Nach einer gewissen Zeit wird dann regelhaft von einem oder mehreren eine Initiative ergriffen, pantomimisch oder sprechend ein Spiel zu beginnen, in das nach und nach die gesamte Gruppe einbezogen wird. Der non-direkte Ansatz, der mit der Auswahlmöglichkeit der Statistenrollen durch die Patienten beginnt und in der spontanen Entwicklung des Spielgeschehens seinen Fortgang nimmt, bietet dem Therapeuten wichtige Einblicke in die Struktur der Gruppe und das Verhalten der einzelnen Patienten. Ist dann ein psychodramatischer Ablauf in Gang gekommen, können die üblichen psychodramatischen Handlungstechniken je den Erfordernissen entsprechend zum Einsatz kommen.

II. Handlungstechniken (psychodramatic action methods)[21]

Die in der Spielphase des Psychodramas verwendbaren Techniken variieren nach den therapeutischen Zielsetzungen, der Struktur und dem Stand der Gruppe. Sie sind im wesentlichen situationsbezogen. In Gruppen mit Kindern (WIDLÖCHER 1962, ANZIEU 1956, SEGLOW 1969, STRAUB 1970) wird man andere Techniken einsetzen als in klinischen Gruppen (PLOEGER 1965, STRAUB 1969) z. B. mit Psychotikern (CHASE 1966, RABINER 1967, DEDNE 1967), in Gruppen mit Süchtigen (BLUME 1968, PETZOLD 1970 a, b, 1971, WEINER 1959, 1965, 1967), in Schulklassen (CHESLER, FOX 1966, SHAFTEL 1967), in der Industrie (SHAW, BLAKE 1961), in der Erwachsenenbildung (PETZOLD/SIEPER 1970, STURM 1967) oder in Gefängnissen (PANKRATZ 1969, HERMAN 1968, CORSINI 1951).

Dennoch gibt es einige Grundtechniken, die zu den wesentlichen Elementen fast jeden Psychodramas gehören. Die wichtigsten seien im folgenden kurz beschrieben:

Selbstgespräch (soliloquy) und Doppelgängermethode (double technique) [22]

Die schon kurz beschriebene Technik des Selbstgespräches (*soliloquy* cf. supr.) ist eng mit der des Doppelgängers verbunden. Sie dient nicht nur als *warm-up* zur Vorbereitung und Einleitung eines Psychodramas, sondern wird in diesem als Handlungstechnik während des Spielgeschehens häufig eingesetzt. Das Selbstgespräch dient z. B. dazu, im Spiel spontan aufkommende Erkenntnisse und Einsichten zu reflektieren oder solche aus einer Szenenkonstellation zu erarbeiten. Es können aber auch im Anschluß an ein emotionsdichtes und deshalb Blockaden zerschlagendes Spielgeschehen Gedankenketten monologisch entwickelt werden, die den psychodramatischen und damit den therapeutischen Prozeß vorantreiben. Es wird auf diese Weise gleichzeitig ein diagnostischer Einblick in den Verlauf bzw. die Entwicklung dieses Prozesses geboten, so daß Möglichkeiten für eine therapeutische Einflußnahme erkennbar werden, z. B. durch die verschiedenen Anwendungsweisen der Doppelgängermethode.

Der Doppelgänger steht in der psychodramatischen Handlung als *alter ego* den Spielenden zur Seite. Er begleitet den Protagonisten in den verschiedenen Situationen und regt durch seine Impulse die verbale und emotionale Produktion an. Die Funktion des Doppels kann dem Patienten etwa mit folgenden Worten erklärt werden: „Betrachten Sie diese Person als ihren Doppelgänger, Ihr unsichtbares Selbst mit dem Sie zuweilen sprechen, das aber nur in Ihnen selbst existiert. Der Doppelgänger wird Dinge sagen, die Sie vielleicht fühlen, aber sich scheuen, sie auszudrücken. Nehmen Sie an, daß die Worte des Doppels Ihre Worte sind. Sie brauchen sie deshalb nicht für die anderen in der Gruppe zu wiederholen. – Wenn die Aussagen des Doppelgängers nicht mit Ihren Gefühlen übereinstimmen, können Sie ihn ungehindert korrigieren" (BLATNER 1970). Die hier beschriebene Form des Doppelns kann man als *einfühlend, reproduzierend* im Unterschied zur *therapeutisch, direktiven* Form des Doppelgängers bezeichnen. Bei ihr kommt es darauf an, sich in die Situation und Gestimmtheit des Patienten so genau wie möglich einzufühlen und ihm zu helfen, Überlegungen und Gefühlsregungen zu verbalisieren. Dieser Vorgang erfordert vom Doppelgänger ein hohes Einfühlungs- bzw. Identifikationsvermögen; denn es geht nicht darum, irgendwelche therapeutischen Konzepte zu suggerieren, sondern die Gedankenläufe und Gefühlsvorgänge des Protagonisten zu erkennen und so vorzutragen, daß der Patient sie klar erfaßt, annimmt und er zu weiterer Produktion angeregt wird. Der hierzu erforderliche enge Rapport zwischen Doppel und Protagonisten wird durch *körperlichen Kontakt* und körperliche Haltung gefördert und intensiviert. Der Doppelgänger steht oder geht seitlich hinter dem Protagonisten, so daß er dessen Mimik noch beobachten kann (und auch um keine phobischen oder paranoiden Reaktionen auszulösen), und legt ihm eine Hand auf die Schulter, wobei er sich bemüht, die Haltung des Patienten (etwa den müden, vorgebeugten Gang des Depressiven) einzunehmen. Im körperlichen Kontakt (*bodily contact*, MORENO 1949, FORER 1969) werden Gefühlsregungen des Protagonisten für den Doppelgänger besser wahrnehmbar und wird dem Patienten eine gewisse Sicherheit und Stütze gegeben, die besonders bei emotional sehr aufwühlenden Techniken (*SPIEGEL, behind-your-back, judgement*)[23] unbedingt erforderlich sind. Damit ist der Doppelgänger wesentlich auch Ich-stützende (*ego-building*) Technik, die besonders bei stark gehemmten Patienten eine gute Möglichkeit bietet, sie in eine psychodramatische Handlung zu integrieren.

Der Doppelgänger hat in seiner Rolle als *alter ego* grundsätzlich in der Ich-Form zu sprechen, um nicht in einen Dialog oder ein Interview zu verfallen. Seine Impulse müssen so placiert sein, daß dem Protagonisten Zeit bleibt, auf sie zu reagieren, bevor die nächste Interjektion den Vorgang der (Selbst)exploration –

denn um einen solchen handelt es sich zumeist – weiter vorantreibt. Wird durch Patienten und nicht durch ausgebildete *auxiliary egos* gedoppelt, so ist eine intensivere direktive Führung des Psychodramas durch den Therapeuten notwendig, der wiederum durch die Verhaltensweisen der einzelnen Patienten beim Doppeln wichtige Einblicke in die Persönlichkeitsstruktur der verschiedenen Gruppenmitglieder gewinnen kann. Beim Doppeln durch Patienten wird deren Einfühlungsvermögen und Kommunikationsfähigkeit außerordentlich gefördert. Ihnen wird eine gewisse Verantwortung übertragen, und sie werden als Doppel manchmal in Rollen gestellt, die sie als Protagonist nicht bewältigen könnten. Alle diese Aspekte machen die Doppelgängertechnik zu einem therapeutisch effektiven Werkzeug. Achtung ist geboten, daß nicht zu intensive Identifikationsvorgänge den als Doppel fungierenden Patienten zur Unzeit in Prozesse stellen, die nicht verarbeitet werden können, oder daß das Doppel sich des Protagonisten „bemächtigt", d. h. seine eigene Problematik auf ihn derart massiv überträgt, daß der Protagonist sich mit dieser Problematik des Doppels identifiziert. Dieser Vorgang ist allerdings relativ selten und nur bei ausgesprochen suggestiblen, Ich-schwachen Protagonisten zu beobachten. In beiden Fällen kann der Therapeut durch den Einsatz weiterer Doppel die Situation im Griff behalten.

Während des Doppelns kommt es – auch bei guter Einfühlung – immer wieder vor, daß der Doppelgänger Gefühle und Gedanken zum Ausdruck bringt, die nicht mit denen des Protagonisten übereinstimmen. Hier erfolgt nun fast immer die spontane Reaktion: „Nein, so war es nicht! – Das habe ich nicht gedacht!" Diese „Fehlgriffe" erweisen sich für den Vorgang des Doppelns nicht als abträglich. Im Gegenteil, sie regen den Protagonisten an, neues Material zu bringen, nämlich den Vorgang so darzustellen, wie er sich in Wirklichkeit abgespielt hat, seine Gedanken und Gefühle so auszudrücken, wie sie wirklich sind. Die spontane Korrektur von Fehlinterpretationen des Doppelgängers kann nun als technischer Kunstgriff benutzt werden, um über gewisse Bereiche Aufschluß zu erhalten, indem bewußt und gezielt „falsch" gedoppelt wird.

Damit kommen wir zur *therapeutisch-direktiven* Form der Doppelgängermethode, die allerdings nur durch ein geschultes *auxiliary ego* zum Einsatz kommen sollte. Direktives Doppeln vermag, gegebenenfalls unter Verwendung suggestiver Einflußnahme, die Gefühle des Protagonisten zu dramatisieren, zu übertreiben, abzuspalten oder zu spiegeln. Auf diese Weise können Reaktionen provoziert werden, oder es ist möglich, den Patienten an seinen Konflikt heranzuführen und massive Widerstände und Abwehrmechanismen zu durchbrechen.

Eine Variante dieser Methode ist die *„multiple Doppelgängertechnik"* [24]. Hier werden mehrere Doppelgänger einem Protagonisten beigegeben, die seine verschiedenen Gefühlsregungen, Einstellungen und Haltungen zum Ausdruck bringen. Die Technik hat sich besonders in der Therapie mit Psychotikern und in der Form der *„gegensätzlichen Doppelgänger"* (PETZOLD 1970) zur Bearbeitung von Ambivalenzen bewährt.

Der Rollentausch (role reversal) [25]

Die Technik des Rollentausches im Psychodrama läßt den Protagonisten in die Rolle eines Antagonisten, eines Mitspielers, treten, wobei der Mitspieler die Rolle des Protagonisten übernimmt. Dieser Vorgang impliziert *diagnostische* und *therapeutische* Aspekte.

Ist ein Psychodrama in Gang gekommen, so werden – zumindest wenn es protagonist-zentriert ist – Szenen aus dem Leben eines Patienten gespielt, die dem Therapeuten und den Mitspielern gänzlich oder doch weitgehend unbekannt sind. Allein aus der Konstellation der vom Protagonisten arrangierten Situation und aus einigen kurzen Angaben, die er damit verbindet, ergeben sich gewisse Anhaltspunkte, die es ermöglichen, ein Spiel zu beginnen. Für einen psychodramatischen Ablauf sind diese knappen Angaben durchaus zureichend, ja detailliertere „Regieanweisungen" des Protagonisten sind gar nicht wünschenswert, da die intellektuelle Rekonstruktion einer Situation ihn von der emotionalen Reproduktion, die im Psychodrama angestrebt wird, abzieht. Für die Mitspielenden ist es möglich, aufgrund allgemeiner sozialer Muster (*psycho-social framework*) die vom Protagonisten aufgezeigte Szene (z. B. eine Auseinandersetzung mit den Eltern) bis zu einem gewissen Punkt mitzuspielen. Dann aber kommen größere Abweichungen vom realen Verlauf, mit denen sich der Protagonist nicht einverstanden erklärt: „Das hat meine Mutter aber nicht gesagt! – So hätte mein Vater nie gehandelt!" Dies ist der Moment, in dem der Therapeut einen Rollenwechsel anordnet. Der Protagonist wird aufgefordert, die Person so zu spielen, wie er sie in Erinnerung hat. Aus dem vorausgegangenen Spielabschnitt kennt der nun in der Rolle des Protagonisten stehende Antagonist dessen Verhalten und kann diese Rolle für eine gewisse Zeit übernehmen, bis eine erneute Diskrepanz wiederum zu einem Rollenwechsel führt. Auf diese Weise kann eine Szene realitätsnah oder besser dem subjektiven Realitätserlebnis des Protagonisten entsprechend dargestellt werden. Der Therapeut gewinnt Einblick in familiäre und soziale Bereiche des Patienten, die ihm sonst nicht zugänglich sind, und sieht die Reaktions- bzw. Verhaltensweisen des Protagonisten in verschiedenen Situationen. Neben diesen *diagnostischen* Effekt tritt der *therapeutische.*

Dem Patienten wird es ermöglicht, seine Rolle zu verlassen, ein Vorgang, der besonders für die Therapie von Zwangsneurosen (STRAUB 1969) bedeutungsvoll werden kann, und eine andere – vielleicht ersehnte oder erstrebte – Rolle anzunehmen. Auf diese Weise können positiv verstärkende Erlebnisse (*reinforcements*) vermittelt werden, die den Patienten in die Lage versetzen, ein größeres Selbstwertgefühl zu gewinnen und sich in einer realen Situation besser zu behaupten. Hier bieten sich alle Möglichkeiten eines verhaltenstherapeutischen Rollenspiels (PETZOLD 1977; PETZOLD, OSTERHUES 1971).

In jedem Fall ist mit dem Rollenwechsel ein Spontaneitäts- und Kreativitätstraining verbunden, das für den therapeutischen Prozeß von größtem Nutzen ist, denn es hilft, Anankasmen zu durchbrechen, Hemmungen abzubauen und eine größere Beweglichkeit und Sicherheit in der Handhabung und Kontrolle der Affekte zu gewinnen.

Der Rollenwechsel aber erlaubt es auch, den Protagonisten in eine Rolle zu stellen, die für ihn mit Problemen verbunden ist (etwa die Rolle des autoritären Vaters, von dem er immer unterdrückt wurde). Das Erlebnis dieser Rollen, die oft nur unter Einsatz von stützenden Doppelgängern gespielt werden können, vermag

Verständnis für die Position des anderen zu wecken und zu toleranteren Haltungen zu führen. Gleichzeitig werden Probleme klarer gesehen und in ihrer Mehrschichtigkeit erkannt.

Während des Rollentausches sieht sich der Protagonist durch den Antagonisten, der seine Rolle übernommen hat, gespiegelt. Er sieht sein Verhalten aus der Perspektive seiner neuen Rolle und vermag zu sich und seinen Problemen eine gewisse Distanz zu gewinnen, die notwendig ist, um Fehlverhalten zu erkennen und in einem nachfolgenden „Rollentraining" zu korrigieren. Im Rollentausch vermag der Patient Fähigkeiten zu entwickeln, die ansonsten für ihn kaum zu realisieren sind. So ist es z. B. einem aggressionsschwachen, gedrückten Patienten oftmals möglich, in der Rolle etwa des lauten, cholerischen Vaters Aggressionen zu zeigen und energisch und bestimmt aufzutreten. Auf diese Art und Weise können verfestigte Verhaltensmuster nach und nach abgebaut werden, indem man den Patienten im Verlauf einer längeren Frequenz von Sitzungen immer wieder in Rollen stellt, die ein Verhalten von ihm verlangen, das er in seinem persönlichen Leben nicht zu leisten vermag. In der Rolle eines anderen aber verlieren sich häufig diese Schwierigkeiten.

Für den Rollentausch können demnach folgende Punkte als wesentlich festgehalten werden:

1. Er gibt dem Antagonisten bzw. dem Hilfs-Ich und damit dem Therapeuten und der Gruppe Möglichkeiten, eine Situation, die nur der Protagonist kennt, realitätsnah in Szene zu setzen. Damit kann tiefer und wirkungsvoller in die Problematik der Situation eingedrungen werden. Die Spontaneität des Gesamtgeschehens wird erhöht.
2. Er gibt dem Protagonisten eine Hilfestellung, sich selbst, seine Reaktionen und Haltungen gleichsam in einem lebendigen Spiegel zu sehen. Er sieht sich als „Außenstehender" und erhält so die Möglichkeit neuen oder vertieften Selbstverständnisses.
3. Der Rollentausch läßt den Protagonisten die Schwierigkeiten und Probleme der Menschen erkennen, deren Rolle er übernommen hat, und gibt damit Anstoß zur Reflexion.
4. Der Rollentausch schließlich setzt den Protagonisten in eine von ihm ersehnte, aber unerreicht gebliebene Situation (etwa die Position des Chefs) und vermittelt damit verstärkende Erlebnisse.
5. Er kann den Protagonisten aber auch in eine bisher unbewältigte Situation versetzen, die durch Fluchtreaktion (z. B. durch Alkoholabusus) umgangen wurde. Es kann dann in der Spontaneität des Spiels zu einem kathartischen Emotionsausbruch kommen, von dem her ein Neuansatz möglich ist, oder: die problematische Situation wird direkt im Spiel angegangen und „spielerisch" gelöst, womit eine wesentliche Hilfestellung für die Bewältigung realer Problematik geboten wird.

Der Rollentausch hat darüber hinaus eine wesentliche therapeutische Effektivität für die mitspielenden Antagonisten, da man hier gehemmte Patienten in Nebenrollen einsetzen kann, die an sich unbedeutend sind, durch einen Rollenwechsel aber wichtig werden können. In der Dynamik des Spiels werden dann oft Rollen angenommen, die zu übernehmen man die Patienten sonst kaum bewegen könnte.

Konfrontationstechniken: „Spiegel" und „Hinter-dem-Rücken" [26]

Der Spiegel (*mirror*) und „Hinter-dem-Rücken" (*behind-your-back*) (CORSINI 1953) gehören wie etwa der „Psychodramatische Schock" (MORENO 1939, MANN 1966), das „Hypnodrama" (MORENO, ENNEIS 1950, KROJANKER 1963), die „Psychodramatisch gelenkte Aggression" (PETZOLD 1971) zu den Techniken, die schwierig zu handhaben sind und entsprechender Erfahrung bedürfen. Beide Methoden konfrontieren nämlich den Patienten mit Wirklichkeiten, die für ihn kaum zu ertragen sind.

In der Spiegeltechnik, die natürlich beim *Rollentausch* in mancher Hinsicht schon impliziert ist, wird ein Patient in seiner Haltung und seinem Verhalten von einem *auxiliary ego* dargestellt. Seine Eigenheiten und Handlungsweisen werden ihm imitierend vorgeführt. Er wird mit seiner eigenen Persönlichkeit *konfrontiert*, so wie sie von den anderen Gruppenmitgliedern gesehen wird. Diese Erfahrung kann äußerst schmerzlich, ja schockierend für den Patienten sein, und der Therapeut muß sich bei der Verwendung von Konfrontationstechniken Rechenschaft geben, wieviel er dem Patienten zumuten kann. Die Effektivität des Spiegels kann, wird die Technik mit einem ausgebildeten *auxiliary ego* eingesetzt, entsprechend dosiert werden, indem gewisse Charakteristika des Patienten abgeschwächt dargestellt oder aber überakzentuiert werden. Im zweiten Fall hat der Spiegel zuweilen einen grotesken, lächerlichen oder verletzenden Effekt, durch den Gefühlsausbrüche (Aggressivität, Weinkrämpfe usw.) ausgelöst werden können, die nur schwer abzufangen sind. Hier liegt die Gefahr der Konfrontationstechniken, die bei all ihrer Wirksamkeit therapeutisch sinnvoll erst ins Spiel gebracht werden sollten, wenn eine gute Gruppenkohärenz vorliegt und die einzelnen Gruppenmitglieder sich vom Therapeuten und der Gruppe angenommen fühlen. Bei richtigem Einsatz vermittelt der Spiegel eine äußerst konstruktive Erfahrung. Er kann dem Patienten zeigen, was an seinem Verhalten krank und änderungsbedürftig ist und ihm, da er sich gleichsam „von außen" sieht, Perspektiven vor Augen führen, die er an sich selbst nicht wahrnehmen konnte. Der Spiegel bietet darüber hinaus die Gelegenheit, dem Patienten zu zeigen, wie er sein sollte oder besser: welche Möglichkeiten er hätte, anders zu sein. Hier kommen verhaltenstherapeutische Elemente der positiven Verstärkung und einer gewissen Aversionskonditionierung zur Wirkung (STURM 1968, PETZOLD 1969, 1977), die sich als äußerst wirksam erweisen. Durch eine verzerrende, ins Lächerliche gehende Darstellungsform kann der Spiegel dazu benutzt werden, Aggressionen zu provozieren; durch Überakzentuierung gewisser Eigenheiten (z. B. Tics) vermag er spontane Reaktionen des Gespiegelten hervorzurufen, so etwa eine Korrektur der Übertreibungen durch einen Rollentausch mit dem spiegelnden *auxiliary ego* und eine entsprechende *Selbstdarstellung.*

„Hinter-dem-Rücken" ist eine Technik, die annimmt, der Protagonist sei nicht in der Gruppe anwesend. Er wird symbolisch „aus dem Zimmer" geschickt, d. h., er erhält einen Platz außerhalb des Gruppenkreises. Die Gruppe beginnt sich nun über den „Abwesenden" zu unterhalten, deckt seine Schwächen auf und bringt Unbehagen und Ressentiments zum Ausdruck. Dem Protagonisten wird so klar, wie die anderen ihn sehen, was die Gruppe von ihm denkt, wie er auf die einzelnen Gruppenmitglieder wirkt. Die Konfrontation ist bei dieser Methode weniger direkt und agitierend [27] und kann deshalb bei empfindlichen Patienten zur Vorbereitung auf den Spiegel dienen, denn diesen kann sie nicht ersetzen, da *„behind-your-back"* nicht das massive visuelle Erlebnis der Darstellung der eigenen Persönlichkeit durch einen anderen vermitteln kann. Weiterhin wird dem Protagonisten nicht die Möglichkeit geboten, mit dem spiegelnden Hilfs-Ich zu tauschen und damit den Spiegel in eine *Selbstdarstellung* zu verwandeln. Spiegel und „behind-your-back" sind diffizile, aber bei richtigem Einsatz äußerst konstruktive therapeutische Methoden. Sie führen den Patienten zu einer realistischen Selbstschau, geben Anstoß zur Reflexion und vermitteln Erfahrungen, die ihm ermöglichen, zu einer adäquaten Selbstdarstellung und Korrektur von Verzerrungen seiner Persönlichkeit zu gelangen.

III. Abschlußtechniken (sum up)

Der Abschluß einer Sitzung wirft in jeder Gruppentherapie (und natürlich auch in der Einzeltherapie) besondere Schwierigkeiten auf, die sich beim Psychodrama gegenüber anderen Formen der Gruppentherapie noch verschärft darstellen, da im psychodramatischen Geschehen in kurzer Zeit virulente emotionale Prozesse in Gang kommen, die mit einer Intensität und Heftigkeit verlaufen, wie wir es kaum bei anderen therapeutischen Verfahren erleben. In dieser raschen Aufdeckung verdrängter Erlebnisse, diesem heftigen Zerbrechen neurotischer Verfestigungen und in der intensiven Bewegung des gesamten Emotionalbereiches liegt der große Vorteil und die Problematik des Psychodramas [28], denn es geht nicht um ein uneingeschränktes *„acting out"*; und eine tiefgreifende psychodramatische Katharsis ist bei allem therapeutischen Wert oft nur ein Schritt auf dem Weg zur Heilung. Die im Psychodrama etwa durch Konfrontationstechniken oder direktives Doppeln in Gang gesetzten Prozesse müssen geklärt, in feste Bahnen gelenkt werden und durch Ich-stützende und übende psychodramatische Verfahren („behaviourdrama" [29], Hilfs-Welt [30], Zukunftsprojektion [31]) im Sinne einer Neustrukturierung und Festigung des Persönlichkeitsgefüges therapeutisch nutzbar gemacht werden. Im Rahmen dieser therapeutischen Zielsetzungen kommt den Abschlußtechniken besondere Bedeutung zu. Sie haben darüber hinaus die Aufgabe, das emotional sehr stark stimulierte Gruppenklima zu beruhigen. Im Psychodrama wird nicht nur der Protagonist in seinem affektiven Bereich ganz massiv angesprochen, sondern auch die übrigen Teilnehmer werden durch den psychodramatischen Prozeß intensiv berührt – ein Vorgang, der sich bei homogenen Gruppen mit oftmals ähnlich gelagerter Problematik verstärkt bemerkbar macht. Die hiermit aufkommenden Spannungen und Gefühlswallungen aber drängen nach Lösung. Diese vollzieht sich zum Teil in der Mitbeteiligung am Spielgeschehen durch Nebenrollen und durch Doppeln, wesentlich aber durch die Identifikation mit dem Protagonisten und im abschließenden Gruppengespräch, das den wichtigsten Teil der dritten bzw. Abschlußphase des Psychodramas ausmacht. Man spricht daher auch von der Gesprächs- oder Diskussionsphase (LEUTZ 1970 a, b, 1974).

Im abschließenden Gruppengespräch werden der Verlauf des Psychodramas, markante Situationen und die Abschlußszene mit der Gruppe bearbeitet. Im Prozeß der Verbalisierung des Erlebten werden angestaute Emotionen weitgehend abgebaut. Der Therapeut muß dabei bemüht sein, jeden der Anwesenden nach seinen Reaktionen und Empfindungen zu befragen, denn es geschieht nicht selten, daß bei Patienten mit ähnlich gelagerter Problematik während des Psychodramas durch die intensiven Übertragungsvorgänge, durch Projektion oder Identifikation weitaus heftigere emotionale Prozesse angeregt bzw. ausgelöst werden als bei dem im Spiel stehenden Protagonisten selbst (LEUTZ 1970 b). Hier kann es sogar notwendig werden, diesen Vorgang psychodramatisch aufzugreifen, um den Patienten nicht in einem frustrierten oder aufgewühlten Zustand aus der Gruppe zu entlassen. Die im Gruppengespräch zum Ausdruck kommende Beteiligung aller Anwesenden am psychodramatischen Geschehen, d. h. aber an der Problematik des Protagonisten, vermittelt diesem das positive Erlebnis, mit seinen Schwierigkeiten nicht allein zu stehen. Er sieht sich der affektiven Anteilnahme (*sharing*) der Gruppenmitglieder versichert und steht mit ihnen in einer *Erlebnisgemeinschaft*, die ihn aus seiner Einsamkeit und Isolation nimmt. Der Vorgang des *„sharing"* ist als der Kernpunkt der Abschlußphase im klassischen Psychodrama nach MORENO anzusehen.

Für die Methodik der Gesprächsführung in der Abschlußdiskussion wie überhaupt für die Methodik von Gruppengesprächen bestehen bislang noch keine auf breiter empirischer Grundlage gewonnenen Modelle. Die nondirektiven von ROGERS und direktiven gestalttherapeutischen (PASSONS 1974) Prinzipien haben sich für das Gruppengespräch im Psychodrama als ausgesprochen nützlich erwiesen, und auch von den Ansätzen von R. COHN (1975) läßt sich Positives für die Gesprächsführung im Psychodrama entnehmen. Die Richtung der Abschlußdiskussion wird weitgehend vom theoretischen Konzept des Therapeuten bestimmt. Ein analytisches Vorgehen (LEBOVICI 1958, HELD 1969) bietet sich in vielen Fällen geradezu an.

Als besonderes Verfahren im abschließenden Gruppengespräch sei die „themenzentrierte Bestandsaufnahme" (ILJINE 1955) genannt. Hier werden die in den verschiedenen psychodramatischen Szenen angeschnittenen Problemkreise aufgewiesen und analysiert, wobei auch auf vorangegangene Psychodramasitzungen zurückgegriffen werden kann. So läßt sich etwa aufweisen, daß innerhalb einer Sitzung mit mehreren Szenen, ja über eine bestimmte Sitzungsfrequenz immer wieder Themen mit einer Vaterproblematik aufgetaucht sind, in deren Gefolge sich regelhaft Themen fanden, die eine allgemeine Autoritätsproblematik zum Gegenstand hatten und im Bereich beruflichen und familiären Konfliktgeschehens situiert waren.

Wenn auch durch das abschließende Gruppengespräch die emotionale Bewegtheit in der Gruppe abklingt, wenn auch im Prozeß des Verbalisierens Spannungen abgebaut und im Erlebnis des *„sharings"* Frustrationen entgegengewirkt wird, so besteht doch immer noch die Möglichkeit, daß bei dem einen oder anderen Gruppenmitglied eine *latente Restspannung* vorhanden ist, die besonders bei Patienten mit geringer Frustrationstoleranz, z. B. Alkoholikern, eine ernsthafte Gefährdung darstellt, die um so schwerer wiegt, wenn es sich um ambulante Gruppen handelt, denn selbst bei sorgfältiger Bearbeitung des *feed back* und *sharing* können latente affektive Prozesse verbleiben, einfach weil es manchen Patienten nicht möglich ist, in einer relativ kurzen Zeit die durch das Psychodrama so heftig in Gang gebrachten Bewegungen im emotionalen Bereich zu kanalisieren.

Um derartige latente affektive Prozesse aufzufangen und etwaig vorhandene Restspannung zu sedieren, besteht die Möglichkeit, an den Schluß des Gruppengespräches eine konzentrative Selbstentspannung mit dem autogenen Training zu stellen (ROTHMAN 1961), wobei sich folgende Formeln bewährt haben: „Ich bin ganz ruhig, bin meiner ganz sicher, ich bin ganz frei und gelöst". In ähnlicher Weise kann eine Beruhigung durch einige beruhigende und auf Entspannung zielende Suggestionen erreicht werden oder durch die von uns entwickelte Technik der *Hypno- oder Signalbilder* (PETZOLD 1970 a, b), Bildserien, die im abgedunkelten Raum an die Wand projiziert und von therapeutisch spezifizierten Formeln begleitet werden.

Literatur:

ABLESSER, H.: Role reversal in a group therapy session. Group Psychotherapy 15 (1962), 321.

ALEXANDER, F.: The dynamics of psychotherapy in the light of learning theory. Amer. J. Psychiat. 120 (1963), 440.

ANCELIN-SCHÜTZENBERGER, A. (Hrsg.): Le Psychodrame. Sondernummer des Bulletin de Psychologie 22 (1969/70).

— Précis de Psychodrame; Paris 1970.

ANZIEU, D.: Le psychodrame analytique chez l'enfant, Paris 1956.

ASSAGIOLI, R.: Psychosynthesis, New York 1965.

BARBARA, D.: The value of nonverbal communication in personality understanding. J. Nerv. Dis. 123 (1956).

BERGER, M. M.: Nonverbal communications in Group Psychotherapy. Int. J. Gr. Psychother 8 (1958), 161.

BERNER, P., H. HOFF: Zum Problem der Begegnung im Psychodrama. In: Die Begegnung mit dem kranken Menschen. (Hrsg. A. Friedemann.) Bern 1967.

BLATNER, H.: Psychodrama, Role-Playing and Action Methods: Theory and Practice, Thetford, Norfolk 1970.

— The Warm-Up. In: BLATNER (1970), 19.

— Some notes on the technique of the double. In: BLATNER (1970), 75.

BLUME, S.: Psychodrama techniques in therapy of alcoholism. Group Psychotherapy 4 (1968), 21.

BONABESSE, M.: L'utilisation du psychodrame dans le traitement des alcooliques. In: ANCELIN-SCHÜTZENBERGER (1969/1970), 834.

BOYD, G. A.: Role-Playing Bibliography. Social Education 21 (1957), 267.

BRANHAM-RUDHYAR, E.: Ton und Tanz als Erweiterung des Psychodramas. In: Musik in der Medizin. (Hrsg. H. R. Teirich.) Stuttgart 1958.

CARPENTER, J. R.: Role reversal in the classroom. Group Psychotherapy 3/4 (1968), 155.

CARSTENSON, R.: The auxiliary chair technique. Group Psychotherapy 3 (1951), 50.

CHASE, M.: Rhythm and movement as used in St. Elisabeths Hospital. Sociometry 8 (1945), 481.

— B. FARNHAM: Psychodrama in a mental hospital. Ment. Hyg. 50 (1966), 262.
CHESLER, M., R. FOX: Role playing methods in the classroom. Chicago 1966.
COHN, R.: Von der Psychoanalyse zur themenzentrierten Interaktion, Stuttgart 1975.
CORNYETZ, P.: The warming up gross of an audience. Sociometry 8 (1945), 218.
CORSINI, R.: The method of psychodrama in prison. Group Psychotherapy 3 (1951), 321.
— The "behind-your-back" technique in psychodrama. Group Psychotherapy 4 (1953), 102.
— Roleplaying in Psychotherapy. Chicago 1966.
CZAPOW, G., C. CZAPOW: Psychodrama, geneza i historia teoria i praktyka, próba oceny. Warschau 1969.
DEDNE, W., V. HANKS: Psychodrama in a mental hospital. Group Psychotherapy 17 (1967).
DELAY, J., P. PICHOT: Medizinische Psychologie. Stuttgart 1966.
DROPSY, J., L. SHELEEN: Expression corporelle et relations humaines. In: ANCELIN-SCHÜTZENBERGER (1969/1970), 750.
ENNEIS, J. M.: The hypnodramatic technique. Group Psychotherapy 3 (1950), 11.
— J. L. MORENO: Hypnodrama and Psychodrama. Beacon House, New York 1950.
EYSENCK, H. J., S. RACHMAN: Neurosen — Ursachen und Heilmethoden. Berlin 1970 (London 1965).
FAST, J.: Body Language. Evans, Lippincott 1970.
FAUCHEUX, C.: Théorie et technique du groupe de diagnostic. Bull Psychol. 12 (1959), 397.
FINE, L. J.: Nonverbal Aspects of Psychodrama. In: J. MASSERMAN, J. L. MORENO (Hrsg.), Progress in Psychotherapy, New York 1959. (Repr. in: ANCELIN-SCHÜTZENBERGER (1969/1970), 930.
FINE, L. J.: Non-Verbal Aspects of Psychodrama. In: BLATNER (1970) 30.
— Psychodance. Group Psychotherapy 15 (1962), 203.
FORER, B.: The taboo against touching in psychotherapy. Psychotherapy: Theory, Research and Practice 6 (1969), 225.
FRIEDEMANN, A.: Vorbereitung von Kindertherapeuten zur Spieltherapie über das Psychodrama. Z. prakt. Psychol. 8 (1970).
GOLDSTEIN, S.: Effects of Doubling on Involvement in Group psychotherapy. Psychotherapy. Theory Research and Practice 4 (1967), 57.
GOODMAN, J. M.: Nondirective psychodramatic play therapy. Amer. J. Orthopsychiat. 32 (1962), 532.
HAAS, R., J. L. MORENO: Psychodrama as a projektive technique. In: H. Anderson, An introduction to projective techniques. New York 1951.
HASKEL, M.: Group psychotherapy and psychodrama in prison. Group Psychotherapy 1 (1960), 22.
-- The Psychodramatic Method, Long Beach 1968.
HEINELT, G.: Bildwahlverfahren. In: Handbuch der Psychologie, vol. VI. (Hrsg. R. Heiss, Göttingen 1964).
HELD, T.: Das analytische Psychodrama. Z. psychosom. Med. Psychoanal. 4 (1969).
HERMAN, L.: An exploration of psychodrama with institutionalized delinquents. Group Psychotherapy 21 (1968), 211.
HÖHN, E.: Spielerische Gestaltverfahren. In: Handbuch der Psychologie, vol. VI. (Hrsg. R. Heiss, Götingen 1964).

HORETZKY, O.: Pantomime in der Gruppenpsychotherapy. Prax. Psychother. 5 (1960), 122.
— Pantomime in Grouppsychotherapy. Int. J. Sociometry and Sociatry 1 (1960), 99.
— Die Pantomime als Methode der Gruppenpsychotherapie. Z. Psychother. med. Psychol. 15 (1965), 130.
ILJINE, V. N.: Die Effekte des therapeutischen Theaters und ihre Verarbeitung. Paris 1955 (russ.)
KNOBLOCH, F.: Psychogymnastik, in: Petzold, Hrsg. (1974): Psychotherapie und Körperdynamik, Junfermann, Paderborn 1974. 2. Aufl, 1976.
KROJANKER, R.: Some new techniques in psychodrama and hypnodrama. Archives de Criminologia, Neuro-Psiquiatria y Dis. Connexa. Quito, Equador 11 (1963), 411.
— Leuner's Symboldrama. Amer. J. Hypnosis 9 (1966), 56.
LEBOVICI, S.: Psychoanalytic Applications of Psychodrama. J. soc. Ther. (jetzt Corrective Psychiatry) 2 (1958), 280.
— Uses of Pschodrama in Psychiatric Diagnosis. Int. J. Sociometry and Sociatry 3 (1960), 175.
LEUNER, H.: Leistungen, Indikationen und Grenzen des Symboldramas. Z. Psychother. med. Psychol. 10 (1960), 65.
— Katathymes Bilderleben — Unterstufe — ein Seminarkurs, Stuttgart 1970.
LEUTZ, G. A.: Übertragung, Einfühlung und „Tele" im Psychodrama. Z. prakt. Psychol. 8 (1970 a)
— Psychodrama. In: Vidareutbildningskurs i psykiatri. (Hrsg. E. Franzke.) S : T Sigfrids Sjukhus, Växjö 1970 b.
— Soziometrie und Psychodrama. In: Vidareutbildningskurs i psykiatri. (Hrsg. E. Franzke) S: T Sigfrids Sjukhus, Växjö 1970 c.
— Psychodrama. Bd. 1, Heidelberg 1974.
LIPPITT, R.: The Auxiliary Chair Technique. Group Psychotherapy 11 (1958), 8.
LUBIN, B., A. LUBIN: Bibliography of Group Psychotherapy 1956—1963. Group Psychotherapy 4 (1964), 177.
MANN, J.: The incidental and the planned psychodramatic shock and its therapeutic value. In: International Handbook of Group Psychotherapy. (Hrsg. J. L. Moreno.) New York 1966.
MARGOLIS, H.: Psychodramatic approach to diagnosis in casework. J. Social Casework 21 (1946), 291.
MATSUMURA, K., L. FINE: Psychodrama in Japan: The nonverbal session. J. Psychodrama, Group Psychotherapy and Role Playing 1 (1964 Tokyo) 23.
MORENO, J.-L.: Gruppenpsychotherapie und Psychodrama. Thieme, Stuttgart 1965.
— Die Grundlagen der Soziometrie, Köln-Opladen 1967.
— Psychodrama, New York, Vol. I, 1949, 1964; Vol. II, 1959; Vol. III, 1969.
— The auxiliary ego, double and mirror techniques, Sociometry 9 (1946), 178.
— The double situation in psychodrama. Sociatry 1 (1948), 436.
— A survey of psychodramatic techniques. Acta psychother. (Basel) 7 (1959), 197. Repr. in: Group Psychotherapy I (1959), 5.
NARUSE, G.: Recent developement of psychodrama and hypnodrama in Japan. Group Psychotherapy 12 (1959), 258.
OSTERHUES, U. J.: Desensibilisierung durch gelenkte katathyme Imagination und psychodramatisches Rollenspiel in einem Lebenshilfezentrum. Z. prakt. Psychol. 8 (1970).

PANKRATZ, L., G. BUCHAN: Techniques of warm-ups in psychodrama with the retarded. Ment. Retardation 4/5 (1966), 12.

PASSONS, W. R.: Gestalt Approaches in Counseling, Holt, Rinehard & Winston, New York 1975.

Die Arbeiten von PETZOLD und Mitarbeitern finden sich in der Bibliographie am Schluß dieses Buches.

PLOEGER, A.: Das Psychodrama in der klinischen Psychotherapie. Z. Psychother. med. Psychol. 15 (1965), 202.

— Die Stellung des Psychodramas in der Psychotherapie. Gruppenpsychotherapie und Gruppendynamik 2 (1968), 62.

— Möglichkeiten und Grenzen der Therapie mit dem Psychodrama. Gruppenpsychotherapie und Gruppendynamik 3 (1969), 63.

ROGERS, C. R.: Client-centered therapy. Cambridge, Boston 1951.

— R. F. DYMOND: Psychotherapy and personality change. Chicago 1954.

— Client-centered therapy. In: American Handbook of Psychiatry, Vol. III. (Hrsg. S. Arietti.) New York, 1966.

ROSEN, J.: Acting-out et acting-in. Evol. Psychiatr. 30, Fasc. 2 (1965), 215.

ROTHMAN, G.: Psychodrama and autogenic relaxation. Group Psychotherapy 14 (1961), 26.

RUESCH, J., W. KEES: Nonverbal Communication, Univ. of California Press 1956.

SACKS, J. M.: The Judgement Technique. Group Psychotherapy 19 (1966), 29.

— Psychodrama: The Warm-Up. Group psychotherapy 20 (1967), 118.

SEABOURNE, B.: Warm-Up of Protagonist and Auxiliaries. In: BLATNER (1970), 36.

— The Role of the Auxiliary. In: BLATNER (1970), 42.

— Some Hints on Dealing with Various Kinds of Protagonists. In: BLATNER (1970), 49.

SEGLOW, J.: Psychodrama mit emotional gestörten Kindern, in: Handbuch der Kinderpsychotherapie, (Hrsg. G. Biermann) Vol. II, Basel 1969.

SHAFTEL, G., F. SHAFTEL: Role-Playing for Social Values, Englewood Cliffs N. J. 1967.

SHAW, M. E., R. R. BLAKE, R. J. CORSINI: Roleplaying in Business and Industry, New York 1961.

SPEROFF, B. J.: Empathy and role-reversal factors in industrial harmony. J. Soc. Psychol. 37 (1953), 117.

SPITZNAGEL, A.: Diagnostik sozialer Beziehungen. In: Handbuch der Psychologie, Vol. VI. (Hrsg. R. Heiss.) Göttingen 1964.

STRAUB, H,: Das Morenosche Psychodrama und seine Anwendungsmöglichkeiten im Rahmen einer psychiatrischen Klinik Z. Psychother. med. Psychol. 13 (1963), 117.

-- Erfahrungen mit psychodramatischer Behandlung von Zwangsneurosen. Z. Psychother. med. Psychol. 19 (1969), 192.

— Über die Anfangsphase psychodramatischer Kinderbehandlung mit Puppentheaterfiguren. Z. prakt. Psychol. 8 (1970).

STURM, I. E.: The behavioristic aspects of psychodrama. Group Psychotherapy 18 (1965), 50.

– Psychodrama in an adult education program. Group Psychotherapy 20 (1967), 181.

SWELL, L.: Role playing in the context of learning theory in casework teaching. Education for Social Work, (1968), 70.

TAUSCH, R.: Gesprächspsychotherapie, Göttingen 1970.

TRUAX, C. B.: The process of group psychotherapy: Relationships between hypothesized therapeutic conditions and intrapersonal exploration. Psychol. Monogr. 75 (1961), 7.

-- Therapist empathy, warmth, and genuineness and patient personality change in group psychotherapy: A comparision between interaction unit measures, time sample measures, patient perception measures. J. clin. Psychol. 22 (1966), 235.

— R. R. CARKHUFF, J. DOUDS: Relationships between therapist — offered conditions and patient change in group psychotherapy. J. clin. Psychother. 21 (1965), 327.

WEINER, H.: Psychodrama and the chronic alcoholic with a discussion of the magic shop technique, Michigan Institute of Group Psychotherapy and Psychodrama, 1959 (mimeograph).

— Treating the Alcoholic with Psychodrama. Group Psychotherapy 18 (1965), 27.

— Psychodramatic Treatment for the Alcoholic. In: Alcoholism: Behavioral Research, Therapeutic Approaches. (Hrsg. R. Fox.) New York 1967.

WEISE, K., H.-D. ALBERT: Pantomime als Bestandteil der Soziotherapie in der psychiatrischen Klinik. Nervenarzt 36 (1965), 463.

— Pantomime im Rahmen der Gruppentherapie. Z. Psychother. med. Psychol. 17 (1967), 17.

WEITBRECHT, H. J.: Psychiatrie im Grundriß. Berlin 1968.

WIDLÖCHER, D.: Le psychodrame chez l'enfant. Paris 1962.

YABLONSKY, L.: The Future Projection Technique. Group Psychotherapy 7 (1954), 303.

— J. ENNEIS: Psychodrama, Theory and Practice. In: Progress in Psychotherapy (Hrsg. Fromm-Reichmann, F., Moreno, J.-L.) I (1956 New York). Repr. in: ANCELIN-SCHÜTZENBERGER (1969/1970), 765.

Anmerkungen

[1] Es soll hier noch einmal darauf hingewiesen werden, daß Moreno als Begründer der Gruppenpsychotherapie (Friedemann 1970, Weitbrecht 1968) im Psychodrama den „Prototyp" therapeutischer Gruppenarbeit geschaffen hat.

[2] Ancelin-Schützenberger (1969/70) spricht deshalb auch von einer „Introduction au(x) psychodrame(s)".

[3] Cf. Haas, R. B. und J. L. Moreno (1961). Auch im „O.S.S. Construction Test" (1948) fanden psychodramatische Elemente im Sinne eines projektiven Verfahrens Verwendung.

[4] Cf. Lebovici (1960), Margolis (1946), Faucheux (1959).

[5] Lippitt (1959), Carstenson (1951).

[6] Blatner (1970), Ancelin-Schützenberger (1970).

[7] Weiner (1959), Ancelin-Schützenberger (1970), Petzold (1971).

[8] Blatner (1970).

[9] Cf. Margolis (1946).

[10] Zur umfangreichen Literatur über das Rollenspiel cf. die Bibliographien von Boyd (1957), Shaw/Blake (1961), Lubin (1946), Petzold (1970).

[11] Das Psychodrama ist im wesentlichen ein verbales und ein direktives therapeutisches Verfahren, was auch in der Bezeichnung des Therapeuten als „Direktor" zum Ausdruck kommt. Weiterhin ist das Miteinander von körperlicher Darstellung und sprachlichem Ausdruck für die psychodramatische Gruppenpsychotherapie kennzeichnend. Es können allerdings ohne weiteres non-verbale Elemente (Fine 1970) eingesetzt werden, genau wie ein nicht direktives Vorgehen (Goodman 1962) möglich ist, ja im analytischen Psychodrama (Lebovici 1958, Anzieu 1956, Held 1969) vorherrscht.

[12] Für die Techniken des Psychodramas cf. Ancelin-Schützenberger (1970), Blatner (1970), Czapow (1969), Corsini (1966), Moreno (1959), Haskel (1968).

[13] Zur Initialphase, auch Erwärmungsphase genannt cf., die Arbeiten von Cornyetz (1945), Pankratz (1966), Sacks (1967), Seabourne (1970), Blatner (1970), Enneis (1951).

[14] Cf. Blatner (1970, 22) Cornyetz (1945).

[15] Cf. Blatner (1970, 26) Yablonsky/Enneis (1970), Seabourne (1970), Ancelin-Schützenberger (1970).

[16] Ibid.

[17] S. Freud, Gesammelte Werke, Bd. VIII (1964) 474. „Zur Einleitung der Behandlung" (cf. Leutz 1970).

[18] Cf. Moreno/Enneis (1950), Enneis (1950), Naruse (1959).

[19] Cf. Lippitt (1959), Carstenson (1951).

[20] Cf. Fine (1970), Matsumura (1964) Berger (1958), Barbara (1956), Ruesch/Kees (1956).

[21] Cf. zur Handlungsphase, auch Spielphase genannt, die bei 12 angegebene Literatur.
[22] Blatner (1970), Moreno (1946, 1948), Goldstein (1967).
[23] Sacks (1966).
[24] Ancelin-Schützenberger (1970, 102).
[25] Carpenter (1968), Ablesser (1962), Moreno (1955), Speroff (1953).
[26] Corsini (1954), Moreno (1946, 1948).
[27] Die Behind-your-Back-Technik kann aber auch zur Vermittlung positiver Erfahrungen eingesetzt werden, indem der Patient erfährt, daß die Gruppe ihn schätzt und sich um ihn sorgt.
[28] Die Vielzahl der Techniken, die hohen Anforderungen an das Einfühlungsvermögen und das Engagement des Therapeuten stellen, die Virulenz psychodramatischer Prozesse, machen das Psychodrama zu einer ausgesprochen schwierigen psychotherapeutischen Methode, die gründliche Schulung und therapeutische Erfahrung erfordert. Nur unter diesen Voraussetzungen kann die außerordentliche Effektivität des Psychodramas in diagnostischer, analytischer, kathartischer und verhaltensmodifizierter Hinsicht für die Psychotherapie voll ausgenutzt werden und sind Gefährdungen der Patienten vermeidbar.
[29] Petzold (1971).
[30] Moreno (1959), Ancelin-Schützenberger (1970), 109).
[31] Yablonsky (1954).

Die therapeutischen Möglichkeiten der psychodramatischen „Magic-shop-Technik" *

H. Petzold, Düsseldorf

Der Zauberladen (*magic shop*) ist eine psychodramatische Technik, die vornehmlich diagnostisch eingesetzt wurde, die aber bei entsprechender Handhabung ein ausgezeichnetes therapeutisches Instrument z. B. für die Behandlung akuter, permanenter oder zyklischer Angstzustände darstellt. Wie alle Phantasietechniken (vgl. LEUTZ 1974) ist auch der Zauberladen kein einfaches, leicht zu handhabendes Verfahren. Er wird in seinem diagnostischen und therapeutischen Wert erst voll verwendbar, wenn eine gewisse Gruppenkohäsion vorliegt und wichtiger noch, wenn der Therapeut durch vorausgegangene psychodramatische Arbeit mit der Gruppe einen gewissen Einblick in die Reaktions- und Verhaltensweisen der einzelnen Teilnehmer gewonnen hat.

Der Zauberladen als Erwärmungstechnik in fortgeschrittenen Gruppen bietet Möglichkeiten, stagnierende Gruppenprozesse in Gang zu bringen, aber auch bei protagonistzentriertem Vorgehen Bereiche zu eröffnen, die der Therapie bisher nicht zugänglich waren, da sie, im Unbewußten situiert, für den Protagonisten und den Therapeuten nicht greifbar wurden. Insofern ist der Zauberladen einem projektiven Test vergleichbar (DEL TORTO/CORNYETZ 1944, MORENO/HAAS 1951), nur mit dem Unterschied, daß die *Projektion* ohne Unterbrechung in therapeutische *Aktion* übergeht, etwa wie bei Scenotest und Scenodrama (STAABS 1957, 1964; ZIERL 1959).

Um die Phantasie zu stimulieren, empfiehlt es sich, den magic shop gleichsam in einen „magischen Kontext" zu stellen. Die Märchenphantasie der Kindertage ist auch noch im Erwachsenen lebendig, lebendiger als gemeinhin angenommen wird, und die Rolle des Magischen im täglichen Leben und insbesondere in der Psychotherapie ist bei weitem noch nicht ausreichend untersucht worden. Für eine Technik, wie sie der Zauberladen darstellt, und für eine Reihe anderer Phantasietechniken, aber auch für die therapeutische Verwendung von Märchenspielen (CLAUSER 1959; KIENLE 1959) wäre eine gründlichere Untersuchung dessen, was wir unter dem Begriff des Magischen zu verstehen haben, notwendig, um den *modus operandi* unseres therapeutischen Instrumentes besser zu verstehen und es somit auch effektiver einsetzen zu können. Ohne an dieser Stelle umfassendere theoretische Konzeptionen zu entwickeln und zu erörtern [1], scheint es notwendig, sich bei der Verwendung des magic shop einiger Kriterien bewußt zu sein, die für den Begriff des Magischen in unserem Kontext von Wichtigkeit sind.

Die Erfahrung des Magischen, das Gefühl, im Banne des Magischen zu stehen, ist personinhärent. Das Individuum erlebt eine Situation als magisch, wenn seine Phantasie – durch bestimmte äußere Einflüsse stimuliert – zur Produktion ange-

---

* Erweiterte Fassung des in Zeitschr. f. klin. Psychother. 3 (1971) erschienenen Beitrages.

regt wird, wenn sich Vorstellungen, Gefühle, Wünsche, Sehnsüchte, Hoffnungen, aber auch Ängste verdichten und auf der emotionalen Ebene „bewußt", d. h. erfahren werden. Die äußeren Stimuli sind in ihrer Wirksamkeit von der individuellen Perzeption abhängig. So kann ein und dieselbe Situation von dem einen als in höchsten Grade magisch erlebt werden, wohingegen der andere von ihr kaum oder gar nicht angesprochen wird. Die individuelle Perzeption jedoch ist determiniert: einerseits von lebensgeschichtlichen Ereignissen, wie sie in Erziehung, Erlebnissen, Erfahrungen angesammelt werden und zum anderen durch offenbar genetisch verankerte, archaische Verhaltensmuster und Ängste, die als allgemein zur menschlichen Natur gehörig anzusprechen, wenn auch bei dem einen oder anderen in verschiedener Intensität vorhanden sind. Dunkelheit, besonders in einem fremden, unbekannten Raum, Verlassenheit – überhaupt Situationen, die voller Ungewißheit sind, gehören in diesen Bereich, der in der Welt des Märchens, in seinen Szenen und Bildern, sinnfälligen Ausdruck fand, und zwar nach den beiden Richtungen, die als Reaktion des Menschen auf das Ungewisse möglich sind: das Grauen einerseits und das Wunderbare andererseits oder in philosophischen Kategorien gesprochen: die existentielle Angst (KIERKEGAARD, HEIDEGGER) und die existentielle Hoffnung (MARCEL, BLOCH, BERDJAEV). Der Zauberladen als diagnostisches Verfahren hat die Aufgabe, uns an Ängste und Hoffnungen des Patienten heranzuführen, uns über seine Wünsche, Sehnsüchte, aber auch über seine Belastungen aus Vergangenheit, Gegenwart und seine Erwartungen in der Zukunft zu informieren, wie sie von ihm als Person erfahren werden. Diese im Unbewußten situierten, in der Regel verdrängten Ängste und Sehnsüchte müssen sichtbar, erfahrbar gemacht werden. Der magische Kontext als Bereich, in dem die Grenzen zum Unbewußten fließend werden, kann hier als Stimulans verwandt werden. [2]

Beim Zauberladen läßt sich diese ins Magische spielende Atmosphäre durch eine Einleitung mit der gelenkten Tagtraumtechnik (DESOILLE 1945) erreichen:

„Setzen Sie sich so bequem wie möglich hin! Schließen Sie die Augen! Versuchen Sie sich zu entspannen! Sie sind jetzt ganz locker, ruhig und entspannt; ruhig und entspannt! — Stellen Sie sich vor, Sie befinden sich auf einer Sommerwiese, einer grünen Sommerwiese. Die Sonne scheint auf die Wiese und den Wald. Wir gehen über die Wiese zum Waldrand. Hohe Stämme. Die Sonne scheint durch die Blätter. Es ist ganz still, ruhig, friedlich. Das Laub raschelt, raschelt unter den Füßen, braun und warm. Wir schreiten weiter voran in die Stille. Kaum ein Vogel singt. Wir sind ganz erfüllt von Ruhe und Stille, wandern weiter und kommen zu einer Lichtung. Eine kleine Waldwiese. Ein Haus steht auf der Waldwiese, ein kleines freundliches Haus. Es ist der Zauberladen. Öffnen Sie die Augen!"

Während der gelenkten katathymen Imagination (LEUNER 1970) werden die Lichter mit dem Stufenregler heruntergeschaltet und – sofern vorhanden – farbiges Licht eingeschaltet. Die Veränderung des Lichteinfalls, der durch die Augenlider wahrgenommen wird, fördert die Realisierung der angebotenen Bildinhalte, die darauf abzielen, einen „magischen Kontext" zu erstellen, eine Märchenatmosphäre zu schaffen, wie sie uns aus Jorinde und Joringel, Pelleas und Melisande, Hänsel und Gretel vertraut ist. Dabei ist zu beachten, daß durch die Schilderung freundlicher Szenen und die Betonung einer friedlichen Atmosphäre, das Aufkommen von Ängsten vermieden werden muß.

Der Zauberladen selbst ist nur durch einige Requisiten, etwa einen Tisch und einige leere Stühle, angedeutet. Sein Besitzer ist der Therapeut, der Co-Therapeut oder – falls die Technik der Gruppe durch häufigere Anwendung bekannt ist – vielleicht auch ein Teilnehmer. In welcher Form vorgegangen wird, hängt weitgehend von der therapeutischen Zielsetzung ab.

Während man bei der Verwendung der Technik in Pädagogik und Andragogik oder in der Arbeit mit Patientengruppen, die in der Therapie fortgeschritten sind und etwa in der Rehabilitation stehen, die ludische Seite des Zauberladens betonen kann und soll – in diesem Fall wird der beschriebene Aufbau eines magischen Kontextes überflüssig – empfiehlt es sich, in der spezifisch therapeutischen Arbeit einen Mangel an Erstwertung (SCHULTE 1963, 1964) zu vermeiden.

Der Zauberladen bietet alle nur erdenklichen Dinge und Werte zum Kauf oder besser zum Tausch an: Fliegende Autos, Ehemänner nach Maß und Wunsch, ein halbes Pfund Gedächtnis, ein Riegel Selbstvertrauen, ein Quäntchen Zuneigung. Der Besucher des Zauberladens wird aufgefordert, sich umzusehen und auszusuchen, was ihm gefällt oder eine Bestellung aufzugeben. Die Art und der Charakter der Kaufwünsche geben vielfachen Einblick in die Persönlichkeitsstruktur des Patienten und in seine Problemkreise. Durch Fragen, die auf genauere Beschreibung des gewünschten Gegenstandes zielen und durch Exploration der Kaufmotivation wird dieser Einblick vertieft und der diagnostische Prozeß weiter vorangetrieben. Es gehört zu den Spielregeln des Zauberladens oder besser zu den Kaufbedingungen, die dem Besucher vom Inhaber des Ladens dargelegt werden, daß die Wünsche genau begründet werden. Diese Auflage ist jedoch erst nach der Äußerung eines Kaufwunsches zu machen, um dessen Spontaneität nicht zu beeinträchtigten. Mit der Reflexion über die Motivation des Kaufwunsches beginnt beim Patienten der therapeutische Prozeß der Selbstexploration, in deren verbalem Verlauf der Therapeut durch weiterführende Fragen und gegebenenfalls durch kurze Interpretationen den Protagonisten zu neuen oder vertieften Einsichten führen kann. Inwieweit dieser analytisch interpretative Weg zu verfolgen ist, hängt von der Situation und dem gebotenen Material ab. In jedem Fall kann man nicht bei der *Analyse* stehenbleiben, sondern muß zur *Handlung* übergehen, d. h. zur Aushändigung der gewünschten Dinge und zur Vereinnahmung der Tauschobjekte. In der Regel wird man bemüht sein, dem Patienten Werte und Haltungen abzuverlangen, die in einem angemessenen Verhältnis zum Wert des eingehandelten Gegenstandes stehen, so daß dieser tatsächlich etwas kostet und ein Opfer verlangt. Die Wertschätzung des Erworbenen wird hierdurch gesteigert. Es ist aber zu beachten, daß die Forderungen des Besitzers des Zauberladens nicht übersteigert sind und einen deprivativen Charakter annehmen, es sei denn, es läge hierfür eine spezifische therapeutische Indikation vor.

1. *Beispiel:* Janette, eine 24jährige Kinderkrankenschwester, freundlich und warmherzig, nimmt an einer ambulanten Psychodramagruppe im Rahmen der AA teil, die als *slow open group* (FOULKES 1964) geführt wird. Die Teilnehmer: Alkoholiker. Janette kommt wegen zyklischem Alkoholabusus, verbunden mit Depressionen und Suizidabsichten. Eine genaue Anamnese war aufgrund der Anonymitätsregel der AA nicht zu erheben. Janettes Verhalten in der Gruppe war aufgeschlossen und hilfsbereit, was sie soziometrisch in eine ausgesprochene Starposition brachte. Im übrigen war sie

sehr zurückhaltend und vermied ängstlich, in eine Protagonistenrolle zu geraten. Im Zauberladen verlangte sie ein starkes, warmes Tier, das auch sprechen könne. Der Therapeut fragte, welche Art Tier sie denn wünsche. Da die Patientin sich hierzu nicht äußern will, bietet er ihr eine Reihe von Tieren an: einen Bernhardiner, einen Widder, ein Pferd, einen freundlichen Löwen, Janette entscheidet sich für den freundlichen Löwen. Nach den Gründen für ihren Kauf befragt, antwortet Janette: „Dann kann ich mich immer, wenn die Depressionen über mich kommen, bei dem Löwen anlehnen und mit ihm sprechen." Therapeut: „Wie mit einem Vater!" Janette: „Ja, wie mit einem Vater!" Die Patientin bricht in Tränen aus. Im Verlauf des nun folgenden therapeutischen Gesprächs berichtet Janette, daß sie ihren Vater im Alter von fünf Jahren verloren habe und bei einer überstrengen Großmutter aufgezogen wurd, während die Mutter tagsüber arbeiten ging.

Im vorliegenden Fall wurde durch einen kurzen interpretierenden Einwurf des Therapeuten der Schlüssel für den wesentlichen lebensgeschichtlichen Hintergrund des Krankheitsbildes der Patientin gefunden. Das Material wird bis zu einem psychodramatisch günstigen Punkt im Dialog zwischen Therapeut und Patientin verbalisiert und dann in Szene gesetzt. Bei der folgenden psychodramatischen Bearbeitung des Problems tritt der Zauberladen in den Hintergrund. Erst bei Abschluß des Psychodramas vor dem *sharing* [3] wird Janette wieder in den Zauberladen geführt. Der Inhaber bietet ihr nun einen Vater oder den anfänglich gewählten Löwen zum Kauf an. Die Patientin meint: „Eigentlich brauche ich jetzt nicht mehr zu kaufen", entscheidet sich aber dann doch für den Löwen. Als Preis verlangt der Inhaber ein Stückchen ihrer Warmherzigkeit und Freundlichkeit für jeden Gruppenteilnehmer, ein Vorschlag, den die Patientin gerne annimmt und der das *sharing*, die affektive Kommunikation, einleitet, in dessen Verlauf der Therapeut analysierend und interpretierend auf das Geschehen zurückkommt. Dabei wird versucht, ein zu rationalisierendes Verfahren zu vermeiden.

2. Beispiel: Ein 42jähriger sehr erfolgreicher Geschäftsmann nimmt an einer Psychodramagruppe im Rahmen einer Eheberatungsstelle teil. Seit siebzehn Jahren verheiratet, zwei Kinder (männl. 12, weibl. 16), trägt sich seine Frau mit der Absicht, die Scheidung einzureichen. Sie habe sich im Laufe der Jahre immer mehr ihrem Mann entfremdet und schließlich auch andere Partner gefunden, die ihr mehr Zuneigung und Aufmerksamkeit entgegengebracht hätten. Der Patient hingegen ist der Überzeugung, ein guter und fürsorglicher Familienvater zu sein, Die Geschäfte gingen gut; er und auch seine Frau haben einen Wagen. Ein großes Haus, ausgedehnte gemeinsame Urlaubsreisen, kurz: alles sei vorhanden, um eine Familie glücklich zu machen. Die Reaktionen seiner Frau seien ihm unverständlich, zumal er sie wirklich liebe.

Im Zauberladen versucht der Patient ein Mittel zu kaufen, das ihm die Zuneigung seiner Frau wiederbringt. Der Therapeut bemerkt hierauf, daß er da einen teuren Wunsch habe. Der Patient: „Das spielt gar keine Rolle. *Ich zahle jeden Preis!*" Der Inhaber des Zauberladens macht nun geltend, daß er in diesem Falle seine Geschäftspartner (Gruppe) hinzuziehen müsse. Von diesen kommen nun Tauschbedingungen. Es werden verlangt: 30 % des Sozialprestiges, eine Stunde von seiner täglichen Geschäftszeit usw.

Der Patient sieht sich mit einer Reihe von Forderungen konfrontiert, die notwendig wären, wenn eine Sanierung der Ehe noch eine Chance haben soll. Ihm wird damit eine klare Einsicht in die Situation vermittelt und die Notwendigkeit einer Entscheidung vor Augen geführt. Der Patient bittet darum, den Kauf noch aufschieben zu dürfen, und geht an seinen Platz zurück. Im Verlauf einer der folgenden Sitzungen wird die im Zauberladen zutage getretene Situation psychodramatisch bearbeitet. Nach Abschluß der Handlungsphase schlägt der Therapeut vor, „noch kurz einmal beim Zauberladen hereinzuschauen". Der Vorschlag wird angenommen. Das Licht wird zur Restitution der Atmosphäre heruntergeschaltet. Die Kaufforderungen werden wiederholt und vom Patienten nach offensichtlichen inneren Kämpfen angenommen. Der Patient tritt an einen Tisch und legt die von ihm verlangten Dinge symbolisch darauf nieder. Dann erhält er von dem Inhaber des Ladens das gewünschte Mittel mit der Versicherung, daß es bei sachgemäßer Anwendung bestimmt guten Erfolg zeitigen werde.

In beiden geschilderten Fällen wurde der Zauberladen als Erwärmungs- (*warm up*) und Abschlußtechnik (*sum up*) [4] verwandt, wobei im zweiten Fall die Gruppe aktiv mit in das Geschehen einbezogen wurde. Es kam hier auch ein starkes deprivatives Element ins Spiel, das therapeutisch durchaus indiziert war. Der *magic shop* vermag so auch Hilfestellung bei der Behandlung von Fehlhaltungen zu geben und die Bearbeitung von Ambivalenzen zu fördern. Indem einem gewünschten Wert ein entsprechender Gegenwert als Kaufpreis gegenübergestellt wird, hat der Patient eine Entscheidung zu fällen, die ihn entweder zum Verzicht auf seinen Wunsch oder zur Aufgabe des im Kaufpreis verlangten Objektes oder Wertes motiviert.

3. Beispiel: Zur Illustration dieses Vorganges greifen wir auf einen Fallbericht aus einer *magic shop session* unter der Leitung von J. RANDOLPH zurück (MORENO 1970, XI). Maria, eine depressive junge Frau, wurde wegen eines *tentamen suicidi* in die Klinik Morenos eingewiesen. Sie war seit einiger Zeit verlobt, weigerte sich aber, die Ehe einzugehen. Obgleich sie sehr kinderlieb war, wies sie alles, was mit Sexualität und Geburt zu tun hatte, weit von sich, da sie mit dem Geburtsvorgang Todesphantasien und Vorstellungen von unerträglichen Schmerzen und Torturen verband. Die Ambivalenz von Geburtsängsten einerseits und dem Wunsch nach einem Kind in einem erfüllten Eheleben andererseits konnte im Zauberladen aufgegriffen werden. Die Patientin verlangte vom Inhaber „Seelenfrieden". Der Therapeut/Inhaber fragte sie darauf: „Was wollen Sie mir dafür geben? Sie wissen, wir können Ihnen hier nichts geben, ohne daß Sie bereit wären, etwas anderes zu opfern." P.: „Was wünschen Sie?" T.: „Es gibt etwas, wonach viele Menschen, die diesen Laden aufsuchen, fragen: Fruchtbarkeit, die Fähigkeit und die Möglichkeit, Kinder zu gebären. Wollen Sie mir das hinterlassen?" Die Patientin nach kurzem Zögern: „Nein, dieser Preis ist mir zu hoch, dann will ich lieber keinen Seelenfrieden!" Mit diesen Worten verließ die Protagonistin die Psychodramabühne und ging an ihren Platz zurück. Die Konfrontation im Zauberladen erwies sich als der Wendepunkt im Verlauf der Therapie.

Es ist bei der Verwendung dieser Technik darauf zu achten, daß nur tatsächliche Ambivalenzen aus dem Problemkreis des Patienten aufgegriffen werden und keine künstlichen Konfliktkonstellationen kreiert werden. Das Handeln um den Kaufpreis gibt, sofern es nicht mit der notwendigen therapeutischen Vorsicht und durch einen unerfahrenen Ladeninhaber geschieht – wir stehen deshalb der Verwendung von Patienten als Inhaber des Zauberladens skeptisch gegenüber und setzen sie lieber als Helfer des Inhabers ein – leicht zu Konfliktsituationen Anlaß, die sich bei der geringen Frustrationstoleranz vieler Patienten sehr negativ auswirken können (SCHÜTZENBERGER 1970, 95). Ist es deshalb bei der gezielten Bearbeitung von Ambivalenzen zu einer Entscheidung im Sinne einer Ablehnung oder Annahme der Kaufbedingungen gekommen, bleibt zu erwägen, ob es nicht vom therapeutischen Standpunkt her sinnvoll ist, durch einen „Preisnachlaß" oder eine Gratisgabe etwaige Härten zu mildern.

In unserer Erörterung der therapeutischen Möglichkeiten des Zauberladens ist neben seiner diagnostischen Seite das therapeutische Element bisher nur in der analytisch-interpretierenden oder durch direkte Einflußnahme auf *Einsicht* zielenden Form zur Sprache gekommen. Hinzu kam, zumindest im ersten Beispiel, die *Katharsis* als therapeutisches Agens, und in der Tat bildet sie in der Arbeit mit dem *magic shop* eine wichtige therapeutische Möglichkeit; denn der Zauberladen ist der Ort, an dem man jeden Wunsch aussprechen, allen emotionalen Druck ablegen und Sehnsüchte realisieren kann. In diesem Zusammenhang bietet der Zauberladen eine weitere Behandlungsmöglichkeit, die der *symbolischen Wunscherfüllung*.

4. Beispiel: Der 36jährigen Frau H. wurde nach ihrer dritten Fehlgeburt endgültig eröffnet, daß es für sie nicht möglich sei, ein Kind zu bekommen und eine weitere Schwangerschaft mit größten Gefährdungen verbunden sei. Das Ansinnen ihres Ehemannes, doch ein Kind zu adoptieren, wurde von ihr zunächst heftig abgewiesen mit der Begründung: das sei nicht „ihr eigenes Fleisch und Blut". Die Patientin begann in der Folgezeit über heftige Leibschmerzen zu klagen, die nach gründlicher internistischer Untersuchung und einer stationären Beobachtung als „psychogen" eingestuft wurden. Nach Kenntnisnahme des Befundes entwickelte die Patientin eine nervöse Depression, die psychotherapeutische Behandlung erforderlich machte. Eine Gesprächstherapie ad modum *Rogers* führte nach 34 Stunden zu dem Ergebnis, daß die Patientin sich entschloß, ein Kind zu adoptieren.

Die Annahme eines drei Monate alten Mädchens wandelte die Situation vollkommen. Die Depressionen und die krampfartigen Leibschmerzen verschwanden. Die Patientin ging sichtlich in ihrer Mutterrolle auf. Ein halbes Jahr später traten die Depressionen erneut und verstärkt auf. Die Patientin weigerte sich, mit dem Kind allein in einem Raum zu sein. Wiederum wurde eine Behandlung notwendig, die als analytische Gesprächstherapie und mit Teilnahme an einer Psychodramagruppe durchgeführt wurde. Im Verlauf der Exploration berichtete die Patientin, daß sie das dringende Verlangen habe, das Baby fallen zu lassen! Dieser Wunsch sei vor einigen Wochen zum erstenmal beim Wickeln des Kindes aufgetreten und dann in der Folgezeit immer stärker geworden, so daß sie nicht wage, mit dem Kind allein im Zimmer zu sein. Oft spüre sie nachts einen Zwang aufzustehen und an das Kinderbettchen zu gehen, um das „Baby fallen zu lassen". Ihrem Mann wage sie nicht, die Gründe für ihr Verhalten zu sagen. Sie könne sich selbst nicht mehr verstehen, denn sie liebe Christine (Name des Kindes) über alles.

Im Zauberladen verlangte die Patientin ein Baby! Auf die Frage des Inhabers/Therapeuten, ob sie ein Negerbaby oder einen kleinen Vietnamesen oder ein deutsches Kind haben wolle, reagierte die Patientin aufgeregt und aggressiv: sie wolle ein Kind, das sie selber geboren habe, von ihrem „eigenen Fleisch und Blut". T: „Das ist ein recht anspruchsvoller Wunsch. Natürlich können wir ihn erfüllen, aber da müssen Sie schon ein großes Opfer als Gegenwert geben." P: „Ich würde alles geben, alles was ich habe; meine Gesundheit, alles!" T: „Ihre Gesundheit können wir nicht brauchen, die müssen Sie für Ihr Kind behalten. Aber wenn Sie ein neues Baby haben wollen, müssen Sie uns schon Christine dalassen!" P: „Nein! Niemals, niemals." Die Protagonistin ist in höchstem Maße erregt, verbleibt aber auf der Spielfläche und bricht plötzlich in Tränen aus: „Ich will *mein* Baby!" T: „Wenn Christine nun Ihr Baby wäre, von Ihnen selbst geboren, wäre das nicht eine wunderbare Sache?" — Die Patientin nickte unter Tränen. In der Folge wird mit der Patientin psychodramatisch eine Schwangerschaft realisiert, wobei zum Teil unter suggestiver Einflußnahme typische Stadien, Gefühle, Beschwerden der Gravidität erlebt werden: morgendliche Übelkeit, Schmerzen und Spannungen in den Brüsten, die Bewegungen des Kindes (P. spontan: „Ja, ich spüre Christine!"), schließlich die Geburt und das Stillen von Christine. (P: „Christine mein Baby!").

Durch die *symbolische Wunscherfüllung* als psychodramatische Realisierung im Rahmen des Zauberladens konnte die anankastische Haltung gänzlich beseitigt werden. Die Patientin vermochte eine neue, ungestörte Beziehung zu dem adoptierten Kind als „ihrem eigenen Baby" zu finden. Die Depressionen verschwanden erst im Verlaufe weiterer Therapie, in der ein traumatisches Kindheitserlebnis und ein latenter Ehekonflikt psychodramatisch bearbeitet wurden. Dabei stellte sich heraus, daß die Patientin während der Kriegszeit ein Jahr bei einer Tante leben mußte, die bei den Kindern „von ihrem eigenen Fleisch und Blut", was Nahrung und Zuwendung anbelangte, es an nichts fehlen ließ, wohingegen die Patientin (8 Jahre alt) völlig vernachlässigt wurde.

Wir hatten schon zu Eingang darauf hingewiesen und möchten es an dieser Stelle wiederholen, daß der Zauberladen mit therapeutischer Ausrichtung nicht in einer Gruppe verwandt werden soll, deren Teilnehmer dem Therapeuten aus vorausgehenden Sitzungen oder aus der Einzeltherapie nicht bekannt sind. Welche therapeutische Ausrichtung der *magic shop* nämlich haben soll oder welche Kombination seiner therapeutischen Möglichkeiten vorteilhaft ist, wird ansonsten schwer überschaubar. D. h. die Indikation hat aufgrund von Diagnose und Prognose zu erfolgen. Die symbolische Wunscherfüllung, wie sie etwa für die Tagtraumtechniken (DESOILLE 1945, FRETIGNY/VIREL 1968) charakteristisch ist, kann therapeutisch sehr effektiv sein. Sie schließt aber gleichzeitig die Gefahr ein, regressiven bzw. Infantilisierungstendenzen Raum zu geben. Einer bloßen „magischen Befriedigung" (SCHÜTZENBERGER 1970, 95) kann durch entsprechende Analyse und verbale oder psychodramatische Interpretation entgegengewirkt werden.

5. Beispiel: Ein 25jähriger Student, athletischer Typus, zwei Jahre verheiratet, kommt wegen einer seit drei Monaten andauernden Impotenz zur Behandlung. Er gibt an, sexuell sehr aktiv gewesen zu sein, und auch jetzt noch habe er häufig das dringende Verlangen nach Verkehr. Sobald ihn aber seine Frau oder irgendein anderes Mädchen berühre, verliere er die Erektion. Im Zauberladen spielte sich folgende Szene ab: P: „Grüß Gott! Bin ich hier richtig im Zauberladen?" T: „Ja, hier sind Sie richtig. Womit kann ich dienen?" P: „Also ich möchte einen guten Zentner Manneskraft kaufen." T (erstaunt): „Warum denn das? Sie sind doch ein Bär von einem Mann!" P: „Verdammt, aber es klappt nicht!" T: „Nun, ich will sehen, was sich tun läßt."

In dem sich anschließenden explorativen Gespräch *(dialogisches Interview)*[5] wird der Patient aufgefordert, sich vorzustellen, was er mit der Potenz, die er zu kaufen gedenkt, anfangen wolle. Ohne emotionale Beteiligung entwickelt er eine Reihe von sexuellen Phantasien. Plötzlich wird er erregt: „Ja, ich möchte mit Hellen (seine Frau) schlafen. Aber ohne ihren Kopf, ohne ihren Mund. Sie soll mich nicht küssen! Sie hat Pferdezähne!" T: „Nun, eine Hellen ohne Kopf habe ich am Lager![6] Moment, ich lasse sie holen!"

Ein weibliches Mitglied der Gruppe kommt als *auxiliary ego*[7] auf die Bühne. Ihr Gesicht ist mit einem Schal verhüllt. Der Protagonist ist sichtlich erregt und seine Erregung steigert sich noch, als er den Körper der Antagonistin berührt. T: „Meinen Sie, Sie könnten mit dieser Hellen ohne Kopf schlafen?" P: „Ja, ich bin ganz erregt. Sie kann mich anfassen und es geht nicht weg!" T: „Nun, dann werde ich Ihnen diese Hellen mitgeben. Ihre Manneskraft haben Sie inzwischen erhalten!" P: „Ja, ich habe sie wieder, sie ist wieder da!" T: „Oder wollen Sie lieber eine Hellen mit Kopf aber ohne Pferdezähne?" P (sichtlich abkühlend): „Ich will keine Zähne!" T: „Nun gut, ich lasse sie zum Versand fertig machen[6], wir können ja inzwischen noch einen Drink zu uns nehmen."

In dem folgenden Gespräch berichtet der Protagonist, daß er bei der Vorstellung, mit einer Hellen ohne Kopf zu schlafen, sehr erregt wurde und daß bei der Berührung des *auxiliary ego* nicht nur die Erektion geblieben sei, sondern er eine Emission gehabt habe. Der Therapeut versucht, die Ursachen für die Aversion des Patienten gegenüber Zähnen, insbesondere Pferdezähnen, zu ergründen. Auf die Frage, ob er einmal von einem Pferd gebissen worden sei, lacht der Patient und bemerkt, die Zähne seiner Frau würden ihn so an das Pferdegebiß seines Vaters erinnern. Früher sei ihm das nie aufgefallen, bis . . . Es wird festgestellt, daß der Zeitpunkt seiner Impotenz mit dem Zeitpunkt zusammenfällt, in dem der Patient bemerkt, daß seine Frau ein Pferdegebiß wie sein Vater habe. Der Therapeut gibt darauf eine Interpretation, die auf Kastrationsängste des Protagonisten zielt; er fürchte, von seiner dominierenden Frau wie von seinem dominanten Vater unterdrückt und gleichsam entmannt zu werden. Diese Interpretation wirkt auf den Patienten wie ein Schock. Er berichtet, daß er mit seiner Frau vor einigen Monaten zum ersten Mal oralgenitalen Kontakt gehabt und er dabei seine Erektion verloren habe. Zu diesem Zeitpunkt seien auch die Potenzstörungen aufgetreten, die immer gravierender wurden und schließlich zur völligen Impotenz führten. Auf den Einwurf des Therapeuten, da sei ja eine ganz konkrete Angst, daß Hellen ihn mit ihren Zähnen entmannen wollte, berichtet der Patient, ihm falle ein Film über Lappland ein, den er vor langer Zeit im Fernsehen gesehen habe. Dort hätten die Lappen die jungen Renbullen mit den Zähnen kastriert (cf. CROTTET/MENDEZ 1968).

Das vorliegende Beispiel und der geschilderte Fall einer Kastrationsangst vermittelt ein Bild von den diagnostischen Möglichkeiten, die der Zauberladen bietet. Durch die symbolische Wunscherfüllung wurde dem Patienten eine Erektion möglich. Die Erfahrung, daß er seiner Potenz nicht völlig verlustig ist, gewinnt für den späteren Verlauf der Therapie als verstärkter Faktor Bedeutung. Analyse und Interpretation lassen dieses Erlebnis nicht im Raum des Magischen stehen, sondern vermitteln einen Einblick in die Bedingtheit der Impotenz. In späteren Sitzungen wird dann die Beziehung zum Vater und das Verhältnis zu seiner Frau psychodramatisch bearbeitet. Neben diesem kausalen Vorgehen wurde eine Symptombehandlung durch Rollenspiel im Sinne einer verhaltensmodifizierenden Desensibilisierung durchgeführt, wobei die Technik des Rollentausches mit bestem Erfolg verwandt werden konnte. Im vierstufigen Ablauf (*tetradisches Psychodrama,* PETZOLD 1971) über die *diagnostisch-anamnestische* Phase (Zauberladen), die *kathartische* Phase (symbolische Wunscherfüllung im Zauberladen), die *analytisch-interpretierende* Phase (verbal und durch psychodramatische Darstellung) bis zur *verhaltensmodifizierenden* Phase (Rollenspiel) konnte der Fall erfolgreich behandelt werden.

Der Zauberladen aber ist nicht nur der Ort, an dem man Dinge kaufen oder eintauschen kann. Er ist auch der Ort, an dem Dinge abgeladen und zurückgelassen werden: Fehlverhalten, Ängste, Aggressionen, somatische Reaktionen, Kopfschmerzen, Übelkeit, Schlaflosigkeit etc. Nach getätigtem Kauf wird der Protagonist vom Inhaber des Zauberladens gefragt, ob er nicht etwas dazulassen habe, etwas, das ihn störe oder das er einfach nicht mehr brauche und wünsche. Dabei ist es möglich und notwendig, dem Protagonisten zuweilen eine kleine Hilfestellung zu geben. Hat er z. B. Selbstvertrauen eingekauft, liegt es nahe, ihn zu fragen, ob er nicht seine Unsicherheit dalassen wolle. Neben den spontan zum Abladen angebotenen Dingen kommt der Wegnahme „therapeutischer Abfallprodukte" besondere Bedeutung zu. So sollte nie versäumt werden, beim Kauf eines positiven Verstärkers (z. B. Sicherheit) dessen negativen Widerpart (Unsicherheit, Angst) zurückzubehalten. So wichtig für diesen Prozeß der „magische Kontext" ist, so kann doch nicht auf das beim Kauf sichtbar gewordene diagnostische Material und seine in Analyse und Interpretation und die in der Reaktion des Patienten auf beides gewonnene Vertiefung verzichtet werden. Die Behandlung eines Symptoms im Zauberladen (z. B. eines Angstzustandes) muß, wenn irgend möglich, einen kausalen Ansatz haben, d. h. sie muß versuchen, zumindest die Ursachen mit anzusprechen.

6. Beispiel: Eine 18jährige Schülerin ist wegen schwerer Angstzustände in Behandlung, die sich zu einem Teil in einer Claustrophobie äußern, zum anderen sich in einer die Atmung beeinträchtigenden Globusbildung zeigen, sobald sie irgendwelchen Streßsituationen ausgesetzt ist. Im Zauberladen kauft sie eine Lampe, die nicht verlöscht, und nach einiger Überlegung eine Portion Selbstvertrauen. Der Therapeut verlangt eine genaue Beschreibung der Lampe und nach deren Erhalt weitere Angaben, für welche Zwecke und Situationen die Lampe dienen soll. Im Verlauf dieser Exploration berichtet die Protagonistin, daß sie als Sechsjährige mit einer Taschenlampe ausgerüstet (der Lichtschalter lag außerhalb der Reichweite) in den Keller ging, um Eingemachtes zu naschen. Kaum sei sie die Treppe zu den ausgedehnten Kellergewölben herabgestiegen, als die obere Tür ins Schloß gefallen sei. Ihr Schreien habe niemand gehört, und die wohl schon sehr schwache Lampe sei schließlich verlöscht. Da habe sie sich in eine Ecke gekauert und nur noch geweint. Bis sie plötzlich ein Rascheln wahrgenommen habe. Scharrende Geräusche um sie her, und dann seien Wesen über sie hinweggerannt. Sie habe schreien wollen, aber ein Kloß sei in ihrer Kehle gesessen.

Das Kind wurde erst nach Stunden im Keller völlig verstört entdeckt. Das Ereignis hatte, abgesehen von der Tatsache, daß die Protagonistin später ungern einen Keller ohne Begleitung aufsuchte, keine weiteren Folgen, bis dann im Alter von fünfzehn Jahren ausgeprägte Dunkelängste, Beklemmungen in kleinen abgeschlossenen Räumen, z. B. der Toilette, auftraten, jeweils verbunden mit einem atemabschneidenden Globusgefühl. Dieses Globusgefühl und die Erstickungsängste generalisierten sich in der Folge dergestalt, daß sie bei den verschiedensten Situationen (Streßsituation) in der Schule und zu Hause auftraten. Die Protagonistin war in der Folge ständig in psychotherapeutischer Behandlung und, bevor sie zu uns kam, zwei Jahre in Analyse. Das Erlebnis im Kellergewölbe ist verschiedentlich durchgearbeitet worden, ohne daß eine Besserung eingetreten ist. Dieser Umstand bestimmte den Therapeuten, die Szene nicht einfach psychodramatisch aufzugreifen und das traumatisierende Ereignis zu reproduzieren mit der Absicht, einen kathartischen Effekt zu erlangen, sondern vielmehr einen therapeutischen Ansatz innerhalb des Zauberladens zu finden, der eine Katharsis impliziert:

T: „Nun, du hast eine Lampe gekauft und das Selbstvertrauen, aber damit beide richtig zur Wirkung kommen können, wäre es doch ratsam, eine gute Portion Angst hierzulassen. Was meinst du?" P: „Wenn das bloß ginge." T: „Hier im Zauberladen geht alles. Wir werden die Angst einfach wegnehmen. Komm, leg dich hier auf die Couch. Es ist nur eine Kleinigkeit und tut nicht weh." Das Licht wird heruntergeschaltet. Der Therapeut sitzt am Kopfende nahe bei der Protagonistin, um in dem folgenden Verfahren den Angstdruck durch seine Gegenwart in tolerierbaren Grenzen zu halten. T: „Es wird ganz dunkel. Ich bin hier. Es kann dir also nichts passieren. Es wird immer dunkler, wie damals im Keller. Du hast doch Angst im Dunkeln? Spürst du sie?" P: „Ja, ich habe Angst. Machen Sie doch das Licht an! Licht, bitte Licht!" Die Patientin wird sehr erregt und bekommt sichtlich Atembeschwerden. Das Licht wird auf ein Zeichen vom Kotherapeuten ein wenig heraufgeschaltet und die Protagonistin wird etwas ruhiger. T: „All deine Angst ist jetzt in deinem Hals. Als ein dicker Klumpen in deinem Hals, der dich nicht atmen läßt. Ich werde den Klumpen wegnehmen, ihn herausreißen!" Bei diesem Wort legt der Therapeut seine Hand auf die Kehle der Protagonistin und macht eine heftige, herausreißende Bewegung. T (sehr direktiv): „Der Klumpen ist jetzt weg. Alle Angst ist verschwunden. Atme frei und tief, frei und tief!"
Das geschilderte Vorgehen versucht zunächst die Angst, die im Zauberladen zurückgelassen werden soll, körperlich zu lokalisieren und zu konkretisieren. Im vorliegenden Fall bot sich die Globusbildung an. So sollte stets versucht werden, die körperlichen Reaktionen, die mit Gefühlen wie Angst, Zorn, Unsicherheit verbunden sind, in den therapeutischen Prozeß zu integrieren, d. h. falls notwendig, die entsprechenden Gestimmtheiten durch suggestive Einflußnahme zu provozieren. Hierbei empfiehlt es sich, soweit bekannt, den Kausalkontext mit anzusprechen – in unserem Beispiel das Erlebnis im Keller.

Der suggestive Einfluß, der „magische Kontext" der Situation, verdichtet sich im Moment, in dem der Therapeut das Übel interveniert und gewinnt für den Patienten eine Erlebnisrealität von äußerster Intensität. Auf diese Weise lassen sich auch ohne Einbeziehung der Genese Kopfschmerzen, Übelkeit, Beklemmung im *magic shop* beseitigen. Wenn auch durch das kathartische Erlebnis, den suggestiv-hypnotischen Einfluß bei einem ausgewählten Klienten (z. B. sind hysterisch strukturierte Patienten im Zauberladen sehr gut angehbar) und entsprechender Indikation gute Behandlungserfolge erzielt werden können, die auch von Dauer sind (so in geschildertem Beispiel), so wird man vielfach nicht ohne den auf Einsicht zielenden analytischen Prozeß und die verhaltensmodifizierende psychodramatische Bearbeitung auskommen. Der Zauberladen als Ausgangspunkt und oft auch als Endpunkt, als *warm-up* und *sum-up*, bietet hier einen ausgezeichneten Rahmen für eine *integrative Kurztherapie*, die je nach den therapeutischen Erfordernissen analytisch-aufhellend und suggestiv-beruhigend oder nach lerntheoretischen Prinzipien vorgehen kann.

Die Zauberladentechnik braucht sich daher nicht notwendig auf eine Sitzung zu erstrecken. Vielmehr gibt sie in einem diagnostischen Warm-up-Prozeß das Material für den therapeutischen Ansatz und bestimmt seine Ausrichtung. So kann

z. B. ein im Zauberladen gekaufter Wert, etwa Selbstvertrauen, zur „Probe" gegeben werden. Der Therapeut exploriert, warum, zu welchem Zweck und für welche Situation das Selbstvertrauen benötigt wird. Die gewonnenen Daten werden sodann psychodramatisch verarbeitet, indem der Patient das gekaufte Selbstvertrauen in der für ihn kritischen Situation „probiert" (Verhaltensprobe WOLPE/LAZARUS 1966). Das psychodramatische, auf Verhaltensmodifikation zielende Behaviourdrama (PETZOLD 1977) gewinnt damit eine vorzügliche Ausgangsbasis. Versagenssituationen, die wir im *behavioral roletraining* (WOLPE 1958, WALTON 1960) sehr schwer meistern können, ohne einen entsprechenden Rückschlag im therapeutischen Prozeß in Kauf nehmen zu müssen, können gut mit dem Hinweis abgefangen werden, daß die Menge des im *magic shop* eingehandelten Selbstvertrauens zu gering war, daß noch etwas hinzugekauft oder noch mehr Angst und Unsicherheit dagelassen werden müsse. H. WEINER hat ein ähnliches Verfahren entwickelt. Sie begnügt sich nicht damit, die im *magic shop* gekauften Werte psychodramatisch zu erproben, sondern versucht den therapeutischen Einfluß auf den Bereich außerhalb der Gruppensitzung auszudehnen, indem sie die Erprobung als „home exercise" zur Aufgabe stellt, was besonders bei ambulanten Gruppen sich als sehr effektiv erweist. Erfolge oder Mißerfolge werden zum Gegenstand der nächsten Gruppensitzung mit der Zauberladentechnik.

Im Verlauf einer Folge von Sitzungen kann immer wieder in den Zauberladen zurückgegangen werden. Der besondere Aufbau eines „magischen Kontextes" ist hierfür nicht mehr notwendig. Die Atmosphäre des Zauberladens wird durch eine einfache Veränderung der Lichtverhältnisse erreicht. Der Abschluß einer derartigen Kurztherapie bietet gleichfalls keine Schwierigkeiten. Der Patient verläßt den Zauberladen mit den neu erworbenen Dingen und bei erfolgreicher Behandlung ohne die ihn bisher behinderten Schwierigkeiten.

Magic Market

Der Magic Market ist eine vom Autor entwickelte Variante, durch die die Arbeit mit Großgruppen ermöglicht wird. Voraussetzung ist eine Equipe von Mitarbeitern, die die Magic-Shop-Technik beherrschen. Eine fortgeschrittene Ausbildungs- oder Trainingsgruppe, mit der der Zauberladen schon öfters praktiziert wurde, ist hierfür geeignet. In einer kurzen Vorbesprechung der Equipe einigt man sich darauf, „welche Waren an welchen Ständen" verkauft werden. Es empfiehlt sich, daß an jedem Stand ein Verkäuferpaar arbeitet und daß man an einem Stand immer nur ganz bestimmte „Artikel" erwerben kann. Will der Käufer mehr oder etwas anderes, so wird er zum nächsten Stand auf dem Markt weiter geschickt.

In einer großen Halle oder verteilt auf mehrere Räume werden die Stände aufgebaut. Ein Tisch und zwei Stühle genügen als Requisiten. Die Besucher des Zaubermarktes schlendern von Stand zu Stand und wählen unter den angebotenen „Waren" aus. Diese sind durch ein Schild, das auf jedem Verkaufstisch liegt, kenntlich gemacht. Da findet sich ein Stand mit der Aufschrift „Autos, Raumschiffe und andere Transportmittel", „Eltern in großer Auswahl", „Kinder im Sortiment", „Liebe, Haß und andere starke Gefühle (in kleinen Mengen)". An anderen Ständen werden „Berufe", „Lebensziele" und „Idealfrauen" verkauft.

Von den Inhabern der Stände wird in gleicher Weise gearbeitet, wie in der Zauberladentechnik. So kommen auf dem Zaubermarkt zahlreiche Psychodramen in Gang, die ganz nach den Intentionen und der Qualifikation der Leiter einen ludischen oder konfliktorientierten Charakter haben können. Mit einer guten Equipe kann man Großgruppen von mehreren hundert Personen in den Bann schlagen. Es herrscht eine ausgesprochen dichte Atmosphäre auf dem ganzen Markt, an einem Stand eine heitere, an einem anderen Stand eine ernste, wieder an einem anderen Stand eine aufwühlende. Das Zirkulieren der Besucher von Stand zu Stand vermittelt ihnen die verschiedensten emotionalen Erfahrungen. Ist an einer Stelle ein intensiveres Geschehen in Gang gekommen, so bildet sich in der Regel eine Gruppe, die während des gesamten Psychodramas zusammen bleibt. Es empfiehlt sich, die Spielsequenzen nicht zu lange auszudehnen und keine allzu große Tiefung zu forcieren. Konflikthaftes Material kommt ohnehin genug auf. Die Möglichkeit, zwischen verschiedenen Waren zu wählen, die an den einzelnen Ständen angeboten werden, stimuliert bei den Käufern eine innere Auseinandersetzung und einen Prozeß der Entscheidung, der aus therapeutischer Sicht den Teilnehmer an diesem Spiel zu Fragestellungen führt, die für sein persönliches Wachstum relevant sein können. Es empfiehlt sich, daß einige Therapeuten der Equipe auf dem Zaubermarkt umhergehen, um die Interaktionen und das Gesamtgeschehen zu beobachten und, wo angezeigt, einzelne Personen anzusprechen oder für Krisenintervention zur Verfügung zu stehen.

Eine pädagogische bzw. lernzielorientierte Variante des Zaubermarkts wird durch die Begrenzung der Kaufartikel in einem bestimmten Bereich ermöglicht. So habe ich z. B. auf einer Architektentagung die Zaubermarkt-Technik themenbezogen eingesetzt. An den Ständen konnten nur Häuser, Pläne für Häuser und Bauzubehör gekauft werden. An jedem Stand befand sich eine Gruppe von drei Architekten als Leiter, die versuchten, mit den Protagonisten und den umstehenden Kollegen die „Wünsche" des Käufers zu erfüllen. An jedem Stand lief ein Tonband mit. Die Arbeit wurde nach jeder Szene unter Zugrundelegung fachlicher Gesichtspunkte ausgewertet. Es stellte sich heraus, daß sich sehr viele Ideen und Einfälle in die Praxis umsetzen ließen. In dieser Form eingesetzt, ist die Zauberladen-Technik ein hervorragendes Instrument kreativer Problemlösung in der sachorientierten Arbeit. Für Tagungen von Psychotherapeuten und Psychologen kann der Magic Market als „Konkreßtechnik" eingesetzt werden, um Kommunikationen und Kontakte zu fördern, einen emotionalen Zusammenhalt unter den Teilnehmern zu schaffen und um lernzielorientierte Arbeit mit Selbsterfahrung zu verbinden.

Wie so viele andere psychodramatische Techniken kann der Magic-Shop in der Variante des Magic Market im Soziodrama (MORENO 1949; PETZOLD 1973) Verwendung finden. Soziale Gruppen finden sich zusammen, und äußern beim „Großen Zauberer" am Verkaufsstand ihre Wünsche. Der Inhaber des Zauberladens versucht aus diesen Wünschen ein gemeinsames Anliegen mit der Gruppe herauszuarbeiten. Es wird dann nach Wegen gesucht, wie die Wünsche zu erfüllen sind, welche Hindernisse im Wege stehen, welche Haltungen und Einstellungen man ablegen muß, um das Gewünschte zu erlangen. Es ist auch möglich, mit zwei unterschiedlichen Gruppen zu arbeiten, die sich durch Äußern gemeinsamer Wunsch- und Zielvorstellungen herauskristallisiert haben. In einer solchen Konstellation können die Techniken des Spiegels, des Rollentausches und des Doppelgängers als Großgruppentechniken soziodramatisch eingesetzt werden. Es tauscht jeweils die ganze Gruppe die Rollen, oder eine Gruppe spiegelt die andere oder eine Gruppe agiert als Doppelgänger für die andere.

Magic house

Eine weitere, vom Autor entwickelte Variante, die sich auch für die Arbeit mit Großgruppen eignet, ist das Zauberhaus. Das verzauberte Schloß, das verhexte Haus, verwunschene Orte und Gebäude schlechthin spielen in den Mythen, Sagen und Märchen aller Völker eine große Rolle. Die Faszination, die sie ausüben ist so groß, daß verwunschene Häuser auch im literarischen Genre der „Schwarzen Romantik“ und in den Horror- und Spukgeschichten unserer Zeit immer wieder auftauchen. Ich habe mir die Vorstellung vom verwunschenen Haus und sein eminentes Aktivierungspotential zunutze gemacht, um Intensivseminare durchzuführen, die die Teilnehmer besonders mit der Welt des Magischen, mit archaischen Gefühlen und archetypischen Vorstellungen in Verbindung bringen sollten. Diese Bereiche, die in jedem von uns ein verstecktes und schwer zugängliches „inneres Schattenreich und Zauberland“ bilden, können in der therapeutischen Arbeit nur sehr schwer erschlossen werden. Am besten gelingt es noch über das Gestalten mit kreativen Medien. Die Technik des Zauberhauses ist dazu geeignet, einen unmittelbaren Einstieg in diesen Bereich zu ermöglichen. Erforderlich ist wiederum eine Equipe von therapeutisch versierten und mit der Zauberladentechnik erfahrenen Mitarbeitern. Ich habe das „Zauberhaus“ zum ersten Mal in einer alten Villa praktiziert, die als Abbruchhaus einer Drogenberatungsstelle vor einigen Jahren zur Verfügung gestellt wurde. Das Gebäude war mit alten Möbeln aus dem Sperrgut ausstaffiert worden. Es lag in einem parkartigen Gelände und bei Anbruch der Dämmerung lag über dem gesamten Anwesen eine Edgar Alan Poe-Atmosphäre. Der Workshop begann abends um 19.30 Uhr, das Ende war mit „Sonnenaufgang“ ausgeschrieben. In den verschiedenen Räumen des Hauses hatten die Therapeuten „Hexenküchen“ eingerichtet, die ganz unterschiedlich ausstattet waren. Im Dachstuhl wurde eine Orakelkammer eingerichtet und im Kellergewölbe war die „Katakombe des Großen Zauberers“. In allen Räumen stehen die verschiedensten Materialien, Masken, farbiges Papier, große Zeichenbögen, Fingerfarben, Wachsmalstifte, Kostüme, Materialien für Kollagen usw. zur Verfügung. In den Hexenküchen befinden sich große Töpfe und verschiedene Kochgerätschaften sowie alle möglichen Sorten von Gemüsen. Hier haben die Teilnehmer Gelegenheit, zusammen mit den „Magiern“ Zaubertränke zu brauen. Schon im ersten Experiment mit dem „Zauberhaus“ zeigte sich das ungeheure Aktivierungspotential dieser Technik. In der Orakelkammer konnten die Besucher ihre Zukunft erfragen. Die nähere Exploration der Fragestellung brachte regelhaft unbewußte Wünsche, Sehnsüchte und Befürchtungen zum Vorschein, die psychodramatisch oder auch gestalttherapeutisch aufgearbeitet wurden. Dabei kam häufig die Technik der Zukunftsprojektion (PETZOLD 1975) zur Andung. Wir konnten die Feststellung machen, daß bei fast allen Teilnehmern die Dimension der Zukunft mit sehr massiven, zum Teil überspielten oder verdrängten Ängsten besetzt war, durch die das Handeln in der Gegenwart wesentlich beeinflußt wurde. Die Arbeit in der Orakelkammer des Zauberhauses wechselte sehr stark zwischen übermütigem, scherzhaften Geschehen und therapeutischen Sitzungen von großer Tiefung.

In den Hexenküchen wurden Zaubertränke für die verschiedensten Zwecke bestellt und mit den Teilnehmern gemeinsam „zusammengebraut". Dabei kam häufig Material mit aggressiver Thematik zum Ausdruck, die auf der Ebene der Zerstörung von Materialien und ihrer „Einverleibung" bearbeitet wurden. Es wurde das gestalttherapeutische Theorem der oralen Aggression zugrunde gelegt, nach dem das aktive Aufnehmen von Nahrung, über Zerkleinerung und schließlich ihrer Assimilation die Basis für Wachstumsprozesse abgibt. Diese Annahme gilt insbesondere auch für die Integration von Projektionen und die Assimilation von Introjekten. Ähnliche Überlegungen finden wir in der Bemächtigungstherapie von DERBOLOWSKY (1974). Die zur Verfügung stehenden Nahrungsmittel, Brot, Gemüsesorten usw. geben die Möglichkeit zum projektiven Ausdruck von Gefühlen. Ähnlich wie wir es aus dem Gemüsetheater der Kinderpsychotherapie kennen, wurden Kohlrabi und Möhren als Substitute für Personen genommen, die zerstört und vernichtet werden konnten. Die massive Aggressivität, die im Prozeß der Zerkleinerung von Materialien aufkam, wurde gestalttherapeutisch aufgenommen und verarbeitet, indem die Gefühle mit konkreten biographischen Ereignissen verbunden wurden. Ein weiterer Höhepunkt bestand in dem Verzehren der zerstörten Materialien, in ihrer Assimilation. Es stellte sich heraus, daß gerade diese Form der Arbeit sehr intensive therapeutische Prozesse ausgelöst hat, die in nachfolgenden Gruppen weiter verfolgt und aufgearbeitet werden konnten. Im Kellergewölbe des Hauses residierte der „Große Magier", der ausgewählte Teilnehmer nach einem jeweils neu improvisierten Initiationsritus in die Kunst der Zauberei einführte. Mit den vorhandenen Materialien mußte der jeweilige Famulus dem Meister beim Zaubern assistieren. Dabei galt es kreative Möglichkeiten zu entwickeln, Phantasien gestalteten Ausdruck zu verleihen und sich mit dem Auditorium auseinanderzusetzen. Diese Arbeit hatte vorwiegend einen ludischen, heiteren Akzent, sofern es sich um gruppenzentriertes Vorgehen handelt. Nur bei der Auswahl eines neuen „Schülers" kam es zu tiefergehenden emotionalen Prozessen.

Alles in allem kann gesagt werden, daß das Experiment dazu beigetragen hat, Kreativität freizusetzen, kathartische Entladung von Emotionen zuzulassen und therapeutische Prozesse auf der Ebene der symbolischen Wunscherfüllung zu ermöglichen. In den konfliktzentrierten, aufdeckenden Sitzungen konnte biographische Thematik angegangen werden mit der Zielsetzung einer weiteren Verarbeitung. Das Magic-house-Experiment wurde durch eine intensive Aufarbeitung mit allen Beteiligten abgeschlossen. Am folgenden Abend bestand die Möglichkeit an einer Follow-up-Gruppe teilzunehmen. Diese Maßnahme erwies sich als unbedingt notwendig, wenn auch bei keinem der Teilnehmer ein derartiger Überhang festzustellen war, daß er als gefährdet angesehen werden mußte. Wir haben die Technik des Magic house in den verschiedensten Situationen und Settings wiederholt. Dabei konnten wir feststellen, daß sie sich besonders im Rahmen von Langzeitseminaren dazu eigneten, stagnierende Prozesse zu aktivieren. Ein besonderer Vorteil, das Verfahren in einem solchen Rahmen anzuwenden, besteht darin, daß genügend Zeit zur nachfolgenden Aufarbeitung besteht. Es muß nochmals betont werden, daß das Magic house ein Team von geschulten und erfahrenen Therapeuten voraussetzt, die mit den aufkommenden sehr intensiven emotionalen Prozessen umgehen können.

Der Zauberladen, von J. L. MORENO seit 1943 verwandt, ist von seinen Schülern entwickelt und abgewandelt worden (WEINER 1965), wobei in jedem Falle der Charakter einer Warm-up-Technik und die diagnostische Zielsetzung gewahrt wurden. Die ludische Seite der Technik ist verschiedentlich akzentuiert worden (L. FINE, St. Louis) als „diagnostic projective technique, often used with reluctant groups since it seems to be more fun and fancy than reality" (SACHS/WEINER 1969). In der von WEINER praktizierten Form kommt diese ludische Komponente besonders zum Tragen; denn jeder Teilnehmer der Gruppe wählt sich einen Zauberladen aus, beschreibt ihn und lädt die Anwesenden zum Kauf ein. So kann jeder bei jedem kaufen. Ein derartiges Verfahren ist für die Beurteilung der Gruppenstruktur und der soziometrischen Position der einzelnen Teilnehmer von großem Nutzen, es hebt die Zahl der Interaktionen und bei entsprechendem Vorgehen auch deren Intensität (SCHÜTZENBERGER 1970, 95). Die Erwärmung und Kohäsion der Gruppe werden damit forciert. Der Phantasie, der Spontaneität und Kreativität (MORENO 1958) des einzelnen und der Gruppe als Ganzes wird Raum gegeben. Allerdings besteht die Gefahr, daß der diagnostische Einblick in persönliche Problematik bei zu starkem theatralisch-ludischem Ablauf verwischt oder unmöglich wird. In jedem Fall ist die Verwendung des Zauberladens als Phantasieübung, als Spontaneitäts- und Kreativitätstraining bei entsprechender Gruppenstruktur durchaus von therapeutischem Wert. Das Vorgehen ist weniger protagonistzentriert als auf die Gruppe gerichtet, und die Szene des *magic shop* wird nicht durch psychodramatische *Vergangenheits-*[8] oder *Zukunftsprojektionen*[9] therapeutisch ausgeweitet. Vielmehr verbleibt das Geschehen im Rahmen der *psychodramatischen Vignette*[10] oder Kurzszene. Die Szenen im Zauberladen wechseln relativ schnell und mit ihnen die Protagonisten, dabei ist es durchaus möglich, daß ein- und dieselbe Person mehrfach zum Kauf kommt oder daß ganze Gruppen den Zauberladen aufsuchen, daß der Laden seinen Besitzer wechselt oder neue Läden aufgemacht werden. Die gesamte zuweilen recht turbulente Situation nähert sich mehr und mehr dem Bereich des Phantastischen, des Irrationalen und stimuliert die schöpferische Phantasie, das spontane Agieren. Eine allgemeine Lösung und Lockerung wird bei den Teilnehmern der Gruppe spürbar. Die Wünsche und Forderungen nehmen häufig einen bizarren, fremdartigen Charakter an. In diesen Situationen empfiehlt es sich besonders, das Geschehen auf Band oder mit dem Videorekorder aufzuzeichnen, da hier für späteres analytisches Vorgehen oft wertvolles Material gebracht wird, das ähnlich wie in der Traumarbeit angegangen wird: durch Gestalttherapie, verbale und/oder psychodramatische Interpretation (ANZIEU 1956). In dem geschilderten Stadium der allgemeinen Beteiligung (general involvement) entwickelt sich der Gruppenprozeß ohne Eingriff des Therapeuten. Die non-direktive Haltung wird noch betont, indem der Therapeut seine Rolle als Ladeninhaber abgibt. – Wird der Zauberladen als Spontaneitäts- und Kreativitätstraining verwandt, empfiehlt es sich von vornherein, daß die Rolle des Ladeninhabers nicht vom Therapeuten eingenommen wird, sondern von geschultem Hilfspersonal. – Der Therapeut verweilt in der Rolle des Beobachters. Die Praxis verschiedener amerikanischer Psychodramatherapeuten, die selbst aktiv in das Spielgeschehen eingreifen, sei es als Inhaber einer der verschiedenen Läden oder sei es als Käufer, hat vielleicht den gewünschten Effekt der Verminderung von Spontaneitätshemmungen in der Gruppe, birgt aber die Gefahr, daß der Therapeut die Übersicht über das Geschehen verliert. Je dynamischer das Spielgeschehen wird, um so mehr wird der Therapeut in seiner Beobachterrolle vergessen. Es ist dies ein Zeitpunkt im Verlauf des Gruppenprozesses, in dem die Wünsche, die an den Inhaber des Zauberladens herangetragen und von ihm erfüllt werden, oftmals spontan psychodramatisch realisiert werden, d. h. es entwickeln sich Szenen aus der Situation, und je phantastischer die Wünsche sind, desto schwieriger, aber auch schöpferischer gestaltet sich ihre Realisierung. Wir konnten bei derartigen Verläufen ein Übergehen von der Ebene des Verbalen zur Ebene des Symbolischen feststellen. Gefühle, Ideen, Werte werden durch Haltung, Mimik und Gestik, durch Pantomime ausgedrückt, zuweilen werden sie getanzt. Diese schöpferische Konkretisierung von Gefühlen und Gestimmtheiten und die damit geforderte und geschulte Variabilität der Ausdrucksmöglichkeiten und -fähigkeiten stellt einen bedeutsamen therapeutischen Zugang dar, zumal die Aktionen spontan aus einer Situation erwachsen und die Patienten nicht wie in der Anfangsphase des Psychotanzes (CHACE 1945; FINE, R. 1962; BRANHAM RUDHYAR 1958) oder der Pantomime (HORETZKY 1963, 1965; WEISE/ALBERT 1965, 1967) zu bestimmten Darstellungen angeregt werden müssen. Die Bedeutung von Spontaneität und Kreativität für die seelische Gesundheit und die Förderung spontanen, schöpferischen Handelns ist von MORENO (1970) wieder und wieder betont worden und stellt den Kernpunkt seiner therapeutischen Theorien und seiner Anthropologie dar. Der Zauberladen ist eine psychodramatische Technik, in der diese Objektive besonders zur Wirksamkeit gebracht werden können.

Zusammenfassung

Die psychodramatische Technik des Zauberladens, von MORENO 1943 entwickelt, kann zur Einleitung des *warm-up's* oder auch als Handlungstechnik verwandt werden (PETZOLD 1970, 1971), und zwar in gruppenzentrierter und protagonistzentrierter Form. Je nach Ausrichtung stellt der Zauberladen ein vorzügliches diagnostisches Instrument für den Einblick in Gruppenprozesse oder, im Sinne eines projektiven Tests verwandt, in die Persönlichkeitsstruktur und die Probleme von Patienten dar, wobei der diagnostische Prozeß stufenlos und ohne abträgliche Unterbrechungen in den therapeutischen übergeht. Die therapeutische Wirksamkeit des *magic-shop* kann sich auf verschiedenen Ebenen vollziehen. Für einige dieser Möglichkeiten ist der Aufbau eines „magischen Kontextes" empfehlenswert, insbesondere für die diagnostisch-projektive Absicht, für Therapie durch hypnotisch-suggestive Einflußnahme oder durch symbolische Wunscherfüllung. Der projektive Charakter der Szenen im Zauberladen erfordert indessen in der Regel Analyse und Interpretation, die verbal oder psychodramatisch gegeben wird, d. h. eine Interpretation kann psychodramatisch in Szene gesetzt werden, damit sie konkreter erlebt wird. So sollte denn auch die Verwendung der symbolischen Wunscherfüllung oder der Suggestion nicht von dem analytischen Prozeß losgelöst sein. Der Zauberladen als Rahmen für eine Kurztherapie gibt für diese die Eingangs- (warm-up) und die Abschlußsituation (sum-up) ab. Im Sinne des *„tetradischen Psychodramas"* (PETZOLD 1974) liefert der Zauberladen 1. diagnostisches Material, von dem ausgehend 2. die auf eine Katharsis zielende psychodramatische Handlung eingeleitet wird. 3. schließt sich Analyse und Interpretation des Geschehens in der vorausgegangenen Stufe an mit dem therapeutischen Objektiv der Einsicht. 4. wird versucht, die im emotionalen Erlebnis (2.) und der rationalen Einsicht (3.) gewonnene Erfahrung therapeutisch umzusetzen, um eine Verhaltensmodifikation zu erreichen. Als therapeutisches Werkzeug dienen lerntheoretische Prinzipien verwendendes Psychodrama oder Rollenspiel.

Eine weitere therapeutische Möglichkeit bietet der Zauberladen als Spontaneitäts- und Kreativitätstraining.

Die psychodramatische Technik des Zauberladens erweist sich damit als ausgesprochen vielseitiges therapeutisches Instrument, das bei entsprechender Handhabung in der gruppenzentrierten und der protagonistzentrierten Gruppenpsychotherapie mit oftmals erstaunlichen Erfolgen eingesetzt werden kann.

Literatur:

ANZIEU, D.: Le psychodrame analytique chez l'enfant, Paris, P. U. F. 1956.

BLATNER, H.: Psychodrama, Roleplaying and Action Methods, Thetford 1970.

BERDJAEV, N.: Essai de métaphysique eschatologique, Paris 1946, e 1971.

BERTA, M.: Reve éveillé, Lisergico Dirigido, V. Congreso medico del Uruguay 1962.

— Psicoterapia por „reve éveillé dirigé", V. Congreso medico del Uruguay 1962.

BLOCH, E.: Das Prinzip Hoffnung, Frankfurt 1959, II vol.

BRANHAM-RUDHYAR, E.: Ton und Tanz als Erweiterung des Psychodramas, in: H. R. TEIRICH (Hrsg.), Musik in der Medizin, Stuttgart 1958.

CHACE, M.: Rhythm and movement as used in St. Elisabeths Hospital, Sociometry 8 (1945), S. 451.

CLAUSER, G.: Märchen als Rollenspiel, in: Arzt im Raum des Erlebens, Festschrift für Speer, Lehmann, München 1959.

CROTTET, R., E. MENDEZ, Lappland, Hamburg 1968.

Del TORTO, J., P. CORNYETZ: Psychodrama as Expressive and Projective Technique, Psychodrama Monorgraphs 14, Beacon 1945.

DESOILLE, R.: Le reve éveillé en psychotherapie, Paris 1945.

-- Psychoanalyse et reve éveillé dirigé, Information Psychologique 8 (1962).

-- La méthode du reve éveillé, Information Psychologique 10 (1963).

— Psychoanalyse et reve éveillé dirigé, Information Psychologique 8 (1962).

— La méthode du reve éveillé, Information Psychologique 10 (1963).

FINE, R.: Psychodance, *Group Psychotherapy* XV 3 (1962), S. 203—223.

FOULKES, S. H., Therapeutic Group Analysis, Allen & Unwin, London 1964.

FRETIGNY, R., A. VIREL: Imagerie mentale. Introduction à l'onirothérapie, Ed. Mont-Blanc, Genf 1968.

FERENCZI, S.: Bausteine zur Psychoanalyse, 4 vol., Bern/Stuttgart 19.

HEIDEGGER, M.: Gelassenheit, Pfullingen 1959.

HORETZKY, O.: Pantomime in der Gruppenpsychotherapie, *Prax. Psychother.* 5 (1960), S. 122.

— Die Pantomime als Methode der Gruppenpsychotherapie, Zeitschr. Psychoth. med. Psychol. 15 (1965), S. 130.

KIENLE, G.: Das Märchen in der Psychotherapie, Zeitschr. Psychoth. med. Psychol. 9 (1959), S. 47.

KIERKEGAARD, S.· Der Begriff der Angst, 1844, Kopenhagen 1920 sqq.

LEUNER, H.: Leistungen, Indikationen und Grenzen des Symboldramas, Zeitschr. Psychoth. med. Psychol. 10 (1960), S. 45.

— Katathymes Bilderleben — Unterstufe — ein Seminarkurs, Stuttgart 1970.

MARCEL, G.: Homo Viator. Philosophie der Hoffnung, Düsseldorf 1949.

— Philosophie der Hoffnung. Die Überwindung des Nihilismus, München 1964.

MORENO, J. L.: Who shall survive?, Beacon House, Beacon 1953[2]; trad. G. Leutz, Die Grundlagen der Soziometrie, Köln/Opladen 1967[2].

— Psychodrama, vol. I, 1970[3]; II, 1959; III, 1969 Beacon.

— Gruppenpsychotherapie und Psychodrama, Thieme, Stuttgart 1959.

MORENO, J. L., R. HAAS: Psychodrama as a projective technique, in: H. ANDERSON (Hrsg.), An Introduction to Projective Techniques, New York 1951.

PETZOLD, H.: Some important techniques of psychodrama, in: Vidareutbildningskurs i psykiatri, Hrsg. E. Franzke, S: Sigfrids Sjukhus, Växjö 1970 a.

— Psychodramatische Techniken in der Therapie mit Alkoholikern, Zeitschr. für praktische Psychologie 8 (1970 b), S. 387—408.

— Bibliographie zur Gruppentherapie und zum Psychodrama, Zeitschr. für prakt. Psychol. 8 (1970 c), S. 454—474 (650 Titel).

— Einige wichtige psychodramatische Intial-, Handlungs- und Abschlußtechniken, Zeitschrift für Psychotherapie und med. Psychologie 6 (1971 a). Repr. dieses Buch.

— Die diagnostischen und therapeutischen Möglichkeiten des Psychodramas im „tetradischen System", Referat vor dem Österreichischen Arbeitskreis für Gruppenpsychotherapie und Gruppendynamik, Wien, 20. 10. 1971 b, in: Dynamische Psychiatrie 3 (1974) 151—181.

— Triadisches Psychodrama in der Erwachsenenbildung, Volkshochschule im Westen 3 (1971 j) 129—132.

— Behaviourdrama im „tetradischen System" des Psychodramas, Integrative Therapie 1 (1977). Weitere Arbeiten von PETZOLD in der Bibliographie am Schluß dieses Bandes.

SACKS, J. M., H. WEINER: Warm-Up and Sum-Up, Group Psychotherapy XXII1/2 (1969), S. 85—102.

SCHULTE, W.: Über das Herausgeraten aus der Neurose und den Gewinn einer neuen Unbefangenheit zu leben, Prax. Psychother. 8 (1963), S. 201.

SCHÜTZENBERGER-ANCELIN, A.: Précis de Psychodrame, Editions Universitaires Paris 1970.

STAABS, G. v.: Die Wirkungsweise des Scenotests in der Gruppentherapie, in: Ber. 2. int. Kongr. Gruppenpsych. Zürich 1957, Teil 2; S. 350, Basel 1959.

— Der Scenotest, Bern/Stuttgart, [3] 1964.

WALTON, D.: Strengthening of incompatible reactions and the treatment of a phobic state in a schizophrenic patient, in: Behaviour Therapy and the Neuroses (Hrsg. H. J. Eysenck) Pergamon, Oxford 1960.

WEINER, H.: Psychodrama and the chronic alcoholic with a discussion of the magic shop technique, Michigan Institute of Group Psychotherapy and Psychodrama, 1959 (mimeogr.).

— Treating the alcoholic with psychodrama, Group Psychotherapy 18 (1965), S. 27.

WEISE, K., H.-D. ALBERT: Pantomime als Bestandteil der Soziotherapie in der psychiatrischen Klinik, Nervenarzt 36 (1965), S. 463.

— Pantomime im Rahmen der Gruppentherapie, Zeitschr. Psychother. med. Psychol. 1 (1967), S. 17.

WOLPE, J.: Psychotherapy by Reciprocal Inhibition, Stanford 1958.

A. LAZARUS, J. WOLPE, Behaviour Therapy Techniques, Oxford 1966.

ZIERL, W.: Therapeutisches Rollenspiel im Scenotest (Scenodrama), Prax. Kinderpsychol. 8 (1959), S. 113.

Anmerkungen

[1] Zur Magie cf. die grundlegende Literatur: Frazer, Magic and Religion, London 1901; K. Beth, Religion und Magie bei den Naturvölkern, Leipzig ²1927; C, Read, The Origin of Man and his Superstitions, Cambridge 1920; L. Levy=Bruhl, La mentalité primitive, Paris 1922, ²1947; W. J. Perrby, The Origin of Magic and Religion, London 1923; T. W. Danzel, Der magische Mensch, Potsdam 1928; R. Allier, Magie et Religion, Paris 1935; F. Gräber, Das Weltbild der Primitiven, München 1924; K. H. Ratschow, Magie und Religion, Gütersloh 1947, ²1955. E. de Martino, Il mondo magico, Turin 1948; G. van der Leeuw, La structure de la mentalité primitive, Straßburg 1928; A. E. Jensen, Magie und Kult bei den Naturvölkern, Wien 1951, ²1959; K. Seligmann, Das Weltreich der Magie, Stuttgart 1958; M. Eliade, Schamanismus und archaische Ekstasetechnik, Zürich 1954.

[2] Der magische Kontext, in dem die „intellektuellen Mitteilungstendenzen" zurücktreten, dient aber nicht nur als Stimulans für projektives Material, sondern auch als therapeutisches Agens, da er der „Imitationsmagie" (Ferenczi 1964 IV, 278) Raum gibt, deren spezifische Elemente der „Abreaktion durch Wiederholung" und der „Verdünnung durch Mitteilen" (ibid.) in der psychodramatischen Realisation vergangenen oder gegenwärtigen Konfliktmaterials und im Vorgang das sharings besonders gegeben sind.

[3] Unter sharing versteht man in der psychodramatischen Terminologie nicht nur die Bearbeitung des Feedbacks der Gruppe, sondern darüber hinausgehend eine affektive Anteilnahme der Gruppenmitglieder an den Problemen des Protagonisten. Ähnliche Erfahrungen werden mitgeteilt, so daß der Patient sieht, daß er mit seinen Schwierigkeiten nicht allein steht.

[4] Cf. Sacks/Weiner 1969; Petzold 1970a, 1971a; der Zauberladen ist also wie das Spektrogramm (Petzold 1971c), die Zukunftsprojektion (Petzold 1971) und das Handlungssoziogramm (Petzold 1971d) eine Rahmentechnik.

[5] Psychodramatische Technik, in der der Therapeut in ausgesprochen permissiver Gesprächsführung dem Patienten ein Du und damit einen Dialog anbietet, in dessen Verlauf eine Exploration ohne direkte Befragung vorgenommen wird (Petzold/Leutz 1972).

[6] Die trivialen Formulierungen werden bewußt verwandt, um die starke Emotionalität der Situation etwas abzudämpfen.

[7] Auxiliary ego = eine Person, die im psychodramatischen Geschehen für den Protagonisten abwesende Personen darstellt und somit konkretisiert. Diese Funktion kann von Teilnehmern der Gruppe oder ausgebildetem therapeutischem Hilfspersonal (trained auxiliary ego) wahrgenommen werden. Der Leiter des Psychodramas vermag über die auxiliary egos therapeutische Einflußnahme auszuüben (Petzold/Leutz 1972).

[8] Psychodramatische Technik, in der Ereignisse aus der Vergangenheit im Spiel vergegenwärtigt werden (Petzold/Leutz 1972).

[9] Technik, die Ereignisse, die in der Zukunft liegen, im Spiel realisiert, entweder um das Verhalten in verschiedenen Situationen zu explorieren oder um bestimmte Verhaltensweisen zu üben (behaviour modification). Die Zukunftsprojektion kann auch als Kreativitätstraining und als Rahmentechnik verwandt werden (Yablonsky 1954; Petzold 1971b).

[10] Die psychodramatische Vignette greift kurze Episoden aus dem Leben des Protagonisten oder aus der Situation der Gruppe auf und beschränkt sich darauf, diese Geschehnisse zu verdeutlichen und zu bearbeiten, ohne weiter in abgrenzende Problemkreise vorzustoßen.

Das psychoanalytische Psychodrama

S. Lebovici, Paris

In der Zeit nach dem Ende des Zweiten Weltkrieges begannen einige Pariser Psychoanalytiker sich für psychodramatische Verfahren zu interessieren, ein Interesse, das im Verlaufe der Jahre beständig zugenommen hat und zur Ausprägung verschiedener Schulen des analytischen Psychodramas führte.

Die Techniken, die von den einzelnen Gruppen angewandt wurden, sind ziemlich verschieden. Einige stehen der Konzeption J. L. MORENOs näher, andere der analytischen Therapie, wobei sie der Übertragung und der Interpretation größte Bedeutung beimessen.

In der vorliegenden Studie werden wir uns nur mit diesem letzten Ansatz befassen, für den sich die Bezeichnung *„analytisches Psychodrama"* nach und nach eingebürgert hat. In Kürze wollen wir versuchen, diese Methode zu spezifizieren und ihre wesentlichsten Merkmale wiederzugeben.

I. Die verschiedenen Formen des analytischen Psychodramas

Das analytische Psychodrama wird sowohl in der Einzeltherapie als auch in der Gruppenpsychotherapie eingesetzt. Wenn es darum geht, einen einzelnen Patienten zu behandeln, arbeitet man mit einem therapeutischen Team, das aus Psychoanalytikern besteht, die mit Ausnahme eines Spielleiters alle als Darsteller im Psychodrama fungieren. Die Rolle des Spielleiters besteht darin, mit dem Patienten die Szenen, die gespielt werden sollen, zu besprechen, sie zu unterbrechen, wenn er es für notwendig hält, und die Interpretationen zu geben, die ihm sinnvoll erscheinen. Die anderen Analytiker stehen für die Rollen zur Verfügung, die der Patient vorgeschlagen hat. Die Sitzungen spielen sich, mit Ausnahme von einigen Stühlen und Tischen, ohne Dekorationen ab. Der Kreis der Mitspieler des Psychodramas zieht die Grenzen, innerhalb derer das Spiel abläuft.

Es ist an dieser Stelle vielleicht sinnvoll, durch ein übersichtliches Beispiel das Vorgehen im *„individuellen analytischen Psychodrama"* zu demonstrieren.

II. Das individuelle psychoanalytische Psychodrama

Jacqueline ist eine junge Frau, deren psychodramatische Behandlung nach dem Scheitern einer Psychoanalyse klassischen Stils begonnen wurde. Wir beschreiben hier den Verlauf einer Sitzung, die nach einer Unterbrechung in der Behandlungsfolge stattfand. Wie immer nach derartigen Unterbrechungen — etwa aufgrund von Ferien — beginnt die Patientin gegen die inhumanen Bedingungen der psychotherapeutischen Behandlung zu protestieren. Sie bemängelt, daß sie zu sehr an die Therapie gebunden sei, und sich auf die Ratschläge, die ihr gegeben würden, blind verlassen müsse. Außerdem habe sie den Eindruck, daß man sie wiederum zurückweise und ihr dabei außerdem noch die wenigen bescheidenen Freuden, die sie besitze, nehmen wolle: nämlich die Möglichkeit, Paris an den Wochenenden zu verlassen oder einen Freund, dessen Identität sie bezeichnenderweise nicht preisgibt, zu besuchen.

In Verlauf der letzten Sitzung vor der Unterbrechung hatte Jaqueline eine Szene gespielt, in der sie ihre Eltern besuchte, die in der Provinz leben und die sie in ihrer Jugend einem Psychiater anvertraut hatten, der ihr Elektroschocks gab und ihr den Hof machte.

In dieser Sitzung hatte sie zum erstenmal im Rahmen einer psychodramatischen Darstellung ihre Eltern nicht abgelehnt und sogar akzeptiert, daß sich beide auf ihre Art mit ihr beschäftigt haben. Um ihr zu zeigen, daß sie ihre eigene Haltungsänderung, die eine bestimmte Modifikation ihrer Elternimagos verriet, nicht angenommen hat, regt der Spielleiter an, daß man diese Szene wieder aufnimmt. Jaqueline wählt den gleichen Psychodramatherapeuten wie in dem voraufgegangenen Spiel, um ihren Vater und ihre Mutter darzustellen, und zeigt sich dieses Mal sehr abweisend, indem sie nämlich ihren Eltern vorwirft, ihre Verantwortlichkeit aufgegeben zu haben, um sie einem zweifelhaften Psychiater anzuvertrauen. Es scheint offensichtlich, daß die voraufgegangene günstige Darstellung der Beziehung zu den Eltern angesichts der „Vernachlässigung", als deren Opfer sich die Patientin aufgrund der Unterbrechung der Psychodramabehandlung sieht, nicht von anhaltender Dauer war. Es ist also festzustellen, daß die gegenwärtige Vernachlässigung durch die Therapeuten früheren Erlebnisinhalten, nämlich der Vernachlässigung durch die Eltern, erlaubt, in ihrer ganzen Bedeutung an die Oberfläche zu kommen.

In unserer Situation schickt der Spielleiter, ohne eine Interpretation zu geben, ein Paar der Psychodramatherapeuten in die Szene, die, ohne ihre Identität kundzutun, seine Rolle und die seiner Frau spielen. Sie schlagen der Patientin vor, sie bei sich aufzunehmen, worauf diese die Therapeuten/Eltern des Mißtrauens bezichtigt, eine zurückweisende Haltung einnimmt und erklärt, sie seien ebenso scheinheilig, wie ihre Eltern gewesen seien.

Das Exposée dieser kurzen Darstellungsfolge zeigt nach unserer Meinung folgendes: 1. daß die psychodramatische Darstellung (in unserem Beispiel der Besuch bei den Eltern) in keiner Weise die Bedeutung der gelebten und nach dem Prinzip des Wiederholungszwanges nachwirkenden Vergangenheit unterdrückt;

2. daß die in der Vergangenheit erlebte Verlassenheit durch die Verlassenheitsgefühle, die mit der therapeutischen Situation verbunden waren, reaktiviert worden sind; (die Ferien werden aufgrund der Übertragung, die den in der Behandlung erlebten Situationen die Bedeutung der Situationen in der Vergangenheit gibt, in einen Zustand der Verlassenheit transformiert);

3. daß die Patientin sich keine andere Situation als die von der Last von der Vergangenheit geprägte vorstellen kann; (die Therapeuten können nicht besser sein, als es die Eltern gewesen sind).

Diese Kommentare, so schematisch sie auch sein mögen, zeigen, daß das psychodramatische Geschehen durch die Übertragung bestimmt ist, deren Interpretation, wie in diesem Fall, aus der Handlung selbst ermöglicht wird.

Auf dieser Grundlage betrachtet, erscheint uns ein unbestreitbarer Vorteil des psychodramatischen Verfahrens darin zu liegen, daß die Deutung der Übertragung die Wichtigkeit der Projektionen in klarer Weise berücksichtigen kann, (dies im Sinne der Freudschen Theorie, die besagt, daß Verdrängtes auf den Gesprächspartner, das äußerste Objekt, projiziert wird und ihm die Eigenschaften des inneren, introjektierten Objektes zugeschrieben werden).

Bei den schwerwiegenden Krankheitsbildern neurotischer oder psychotischer Natur, den Charakteropathien, können die Patienten durch das psychodramatische Geschehen die Funktion und Bedeutung ihrer projektiven Abwehrmechanismen auf jeden Fall viel leichter wahrnehmen, als in den üblichen Formen der verbalen Psychotherapie.

Man wird der Bedeutung der Übertragung nicht gerecht und verkennt ihre Wirkkraft, wenn man sich in der psychodramatischen Behandlung nur auf den Bereich und die Wirkung des szenischen Ausdrucks im Spiel bezieht. Um diese Bedeutung aufzuzeigen, ist es erforderlich, das Wesen der Übertragung zu spezifizieren. Sie tendiert dazu, sich zwischen den Psychodramatherapeuten und dem Haupttherapeuten, dem Spielleiter, zu verteilen. Diese Verteilung der Übertragung im Psychodrama läßt sich am besten mit den Wirkungen des Spiels in der Psychoanalyse bei Kindern vergleichen. Es ist für den Psychodramatherapeuten in der Tat schwierig, eine Haltung wohlwollender Neutralität in einer Atmosphäre kontrollierter Frustration beizubehalten; denn er folgt keineswegs der Empfehlung „nicht das Spiel der Patienten zu spielen", sondern er „spielt *mit* ihnen". Es handelt sich also um eine Situation, die eine Beherrschung der Gegenübertragung erfordert, so daß beeinträchtigende Gegenbewegungen vermieden werden.

Auf der anderen Seite birgt die Übertragung auf den Spielleiter die Gefahr, in der Form von lateralen Übertragungen verteilt zu werden, die im Eifer des Gefechts mehr Angriffsflächen bieten. Im übrigen nimmt der Spielleiter nicht immer eine völlig neutrale Haltung ein; er wird vom Patienten gesehen, er nähert sich ihm, in Extremfällen scheut er sogar nicht vor bestimmten Körperkontakten zurück, deren Zweck es ist, den Patienten wieder aufzurichten und zu trösten oder die Situation wieder „aufzuwärmen".

Innerhalb des Teams der Psychodramatherapeuten selbst treten Umsetzungen auf, die sich im Inneren der Gruppe abspielen. Die „brüderliche Rivalität" und Subgruppen können, indem sie ödipale Situationen reproduzieren, ebenso Faktoren der Desorganisation sein — Faktoren, die einen spezifischen Aspekt der Gegenübertragung in dieser Form der Therapie darstellen. Bei unqualifizierter Arbeit könnte auf diese Weise der Patient in unglücklichen Fällen Gefahr laufen, nichts anderes zu sein, als der Anlaß für transferentiellen Austausch zwischen den Therapeuten.

Diese wenigen Überlegungen erlauben es uns, vielleicht die Bedeutung des psychodramatischen Verfahrens in seinem psychoanalytischen Ansatz zu vertiefen. Um uns besser verständlich zu machen, bringen wir kurz ein zweites Beispiel, nämlich den Fall Gérads.

Es handelt sich um einen Jugendlichen von 18 Jahren, dessen Schwierigkeiten in seiner Unfähigkeit liegen, mit Mädchen Kontakt aufzunehmen und mit ihnen emotionale Bindungen einzugehen. Seine Klagen sind maßlos übersteigert. Über Monate mußten in der Therapie Szenen gespielt werden, in denen er das Bedürfnis hatte, sich vorzustellen; einer der Psychotherapeuten hindere ihn daran, sich einer der anwesenden Psychotherapeutinnen zu nähern, die ihm begehrenswert erschien. Die Projektion seiner Angst hatte eine doppelte Triebkraft, über die er im fortschreitenden Verlauf der Psychodramatherapie Aufschluß erhielt. Er hatte Angst, seine Mutter zu verführen, mit der er seit der Scheidung seiner Eltern allein lebte. Gleichzeitig hatte er ein größenwahnsinniges Bedürfnis, sich mit einer allmächtigen Vater-Imago zu identifizieren. Tatsächlich haben wir ihn mit Verlauf des Psychodramas höchst verwirrt gesehen, als die Handlungen seine projektiven Abwehrmechanismen beseitigen und zwar in einer Szene, in der er mit derjenigen, die ihn verführte bzw. von der er vorgab, daß er sie verführen müsse, um seinem lächerlichen Größenwahn folgezuleisten, alleingelassen wurde. Er hatte in dieser Situation das Bedürfnis, sich vorzustellen, er schlüge seiner künftigen „Eroberung" vor, sie in dem schnellsten und luxuriösesten Sportauto, das man erhalten könne, spazieren zu fahren.

Diese Situation gewann erst dadurch ihre erhellende Kraft, daß die zu verführende Psychodramatherapeutin keine Verlassenheitsängste entwickelte, die durch den Aufbruch ihres Kollegen, dessen Anwesenheit Gérad vorher beanstandet hatte, hätten aufkommen können.

Zu hoffen, daß Gérad seine ersten Flirtversuche mit der von ihm begehrten Psychodramatherapeutin durch ein bloßes Situationsspiel hätte machen können, wäre verfehlt gewesen, da die Bedingungen der Szene nur eine Provokation zur *„passage à l'acte"* darstellen, unter der der Psychoanalytiker eine Handlung versteht, die an eine ungenügend bearbeitete Übertragung geknüpft ist.

In dem aufgeführten Beispiel kann man sagen, daß die Übertragung Gérads nur zustande kam, weil die Psychotherapeutin, die er verführen wollte, nicht mit Angst auf ihn reagierte. Die Übertragung im Psychodrama ist also die Wirkung des richtigen Verhaltens, der richtigen Reaktion innerhalb des Spiels. Man kann sie genauer charakterisieren als diejenige Form des Verhaltens, die völlig frei ist vom Einfluß der Gegenübertragung, welche im strengsten Sinne des Wortes die ödipale Schuldhaftigkeit beschreibt, wie sie vom Psychoanalytiker im Hinblick auf seinen Patienten erlebt wird. Die beste Gegeneinstellung der Psychodramatherapeuten ist, von einer derartigen Haltung Abstand zu nehmen und alle Hilfsquellen, die die therapeutische Allianz im Team bietet, auszuschöpfen. So muß das Psychodrama zur Bearbeitung von sekundären Prozessen führen, wie es beim Spiel von Kindern in der psychoanalytischen Therapie der Fall ist. In den Primärprozessen ist das Objekt während des wechselseitigen Austausches, der auf der Permanenz des Objektes basiert, nicht vom Subjekt unterschieden. Wenn der am Psychodrama teilnehmende Therapeut für den Patienten nur in seiner physischen Präsenz existiert, die doch nur eine unterstützende Funktion für jene Projektions- und Assoziationsprozesse bieten sollte, und wenn man in allen Situationen allein die psychodramatischen Aktionen ins Spiel bringt, ohne den Reichtum an Übertragungsprozessen einzubeziehen, dann schafft man eine Situation, in der der Patient die Übertragung nicht bearbeiten kann und in der er unvermeidbar zur

„passage à l'acte" getrieben wird, wobei sich die bei allen Psychotikern vorliegende Tatsache erschwerend auswirkt, daß das Spiel sich ausschließlich in Primärprozessen vollzieht.

Mit anderen Worten: Das Spiel muß symbolischen Wert haben. — Es handelt sich hier um eine Überlegung, die es angezeigt sein läßt, theatralische und psychodramatische Darstellung zu vergleichen. Die Lektüre des Buches *„Un oeil en trop"* von André GREEN vermag hierzu manche klärende Anregung zu geben.

Nach den Ausführungen dieses Autors ist die Darstellung im Theater „ein Wiederauflebenlassen, daß es Geschehenem erlaubt, wieder Leben anzunehmen: in der Zeit des Schauspiels". Die Darstellung wäre also eine Tätigkeit, die derjenigen der Symbolisierung sehr nahe stünde, da wir in beiden Vorgängen das, was wir darstellen, nicht genau kennen. Ganz offensichtlich trifft das für das Psychodrama zu, wie es FREUD — wenn man so sagen darf — „vorausgefühlt" hat, als er daran erinnert, daß die kollektiven Selbstäußerungen quälenden Spannungen Erleichterung verschaffen und gegen innere Gefahren schützen *(Massenpsychologie und Ich-Analyse).*

Der Unterschied zwischen dem Theater und dem Psychodrama aber ist bedingt durch die Tatsache, daß in der dramatischen Darstellung die Funktion der treibenden Motive und Kräfte sich kompliziert und verformt, während ihre ursprüngliche Funktion vollkommen verborgen bleibt. Das Theater leitet so einen Denkprozeß ein, indem der Zuschauer durch die Identifikation mit dem Helden einen Preis bezahlt: Das Opfer zumindest eines Teiles seiner Fantasmen. Im Gegensatz dazu steht das Psychodrama den Fantasmen weitaus näher als das Theater, das, wie man gerade gesehen hat, ein Stückchen Sublimation impliziert. Hierdurch wird deutlich, daß das Psychodrama direkt mit den antreibenden Kräften, deren Darstellung es in Szene setzt, verknüpft ist. Diese Darstellung allerdings genügt sich nicht und ruft nach Deutung, trotz der kathartischen Erleichterung von Spannungen, die sie herbeiführen kann. Es ist ein wahrer „Deutungszwang" (contrainte interpretative), um einen Ausdruck von GREEN zu benutzen, vorhanden. Die psychodramatische Handlung bringt deformierende Elemente und Zwänge mit sich, die der Therapeut während des Spiels oder nach der Szene geradezu gezwungen ist zu interpretieren.

Im Ödipusmythos, der Grundlage der psychoanalytischen Theorie, wird Ödipus selbst, der Löser aller Rätsel, gezwungen, seinem eigenen Vergehen nachzuforschen. Diese Arbeit der Herausstellung einer Deutung konstituiert die Basis der therapeutischen Allianz zwischen dem Patienten und dem Psychodramatherapeuten. Würde sie nicht geleistet, so wäre das Feld für die Sprache des Körpers oder die Primärprozesse offengelassen, die Ödipus zum Verderben werden, weil er handelt, anstatt seine Handlungen zu verschieben.

Diese aus dem Spiel selbst erwachsende Verpflichtung zur Deutung ist ein weiterer Grund für uns, immer mehr anzunehmen, daß das Psychodrama, um nützlich zu sein, nicht auf die psychoanalytischen Bezüge verzichten darf.

III. Analytisches Psychodrama in Gruppen

Im analytischen Psychodrama in Gruppen arbeitet im allgemeinen eine Patientengruppe mit einem Paar von Psychoanalytikern, einem Therapeuten und einer Therapeutin. Es erübrigt sich zu sagen, daß die Theorie und die psychoanalytische Technik in gleicher Weise Anwendung finden, wie im individuellen analytischen Psychodrama. Indessen — um gleich einen wesentlichen Aspekt der analytischen Gruppenpsychotherapie aufzuzeigen — teilt sich die Übertragung hier zwischen den Patienten der Gruppe. Die Situation ist deshalb komplizierter, weil die Patienten Verschiebungen der Übertragung nicht ohne Schwierigkeiten ertragen und mit Gegenbewegungen und Verhaltensweisen reagieren, die zu einem gefährdeten Gleichgewicht führen, zu dem die unterschwelligen Spannungen durch die der Gruppe gemeinsamen Fantasmen hinzukommen. Eine Sitzung in der analytischen psychodramatischen Gruppenarbeit besteht aus zwei Zeitabschnitten. Der erste ist der Diskussion und der Suche nach einem gemeinsamen Thema gewidmet. Die Rollen werden auf die Patienten und evtl. die Therapeuten verteilt. Es folgt die psychodramatische Aufführung, die selbst wieder eine Interpretation verlangt. Eine solche müßte — jedenfalls im Idealfall — die verschiedenen Positionen der Patienten im Bezug auf die Entwicklung des gewählten Themas und die zum Ausdruck gekommenen Fantasmen klarstellen.

IV. Die Indikation des analytischen Psychodramas

Obwohl das Psychodrama bei Heranwachsenden und Jugendlichen ausgezeichnet eingesetzt werden kann, ist es doch keine Technik, die in ihrer Verwendung nicht auf bestimmte Altersstufen begrenzt ist.

Das individuelle Psychodrama ist besonders bei gehemmten Patienten indiziert, die ihre Konflikte nur schwer verbalisieren können. Es kann hier als Kurzpsychotherapie dienen, wie seine vermehrte Anwendung in psychiatrischen Dienststellen der öffentlichen Hand im Rahmen von zeitlich relativ auseinanderliegenden therapeutischen Maßnahmen dokumentiert. Psychodramatische Sitzungen können überdies eine therapeutische Behandlung vorantreiben, indem sie die Bedeutung von projektiven Phänomenen, die die Entwicklung differenzierter Identifikationen verhindern, augenfällig machen.

Ein einfaches Beispiel: Edouard, 18 Jahre, ist ein sehr gehemmter Junge, der, um seine wöchentlichen Schulnoten zu verheimlichen, jeden Samstag Ausreißversuche unternimmt, die regelhaft bei einer Polizeidienststelle enden, wo sein herbeigerufener Vater ihn schließlich findet. Es ist wichtig, hier zu vermerken, daß Edouards Vater selbst Polizist ist, und daß es ihn sehr bedrückt und beschämt, seinen Sohn bei Kollegen abzuholen.

Edouard kann im Verlauf der Unterhaltung nichts anderes sagen, als daß er vor seinem Vater Angst habe und dessen Vorwürfe fürchte. Er ziehe es vor, zu fliehen, statt der Sache ins Auge zu sehen.

Man kann nicht umhin, mit Überraschung zu reagieren, wenn man dann im Verlauf einer psychodramatischen Szene diesen Jungen, der nur mühsam und mit leiser Stimme sprechen kann, die Rolle seines brutalen und autoritären Vaters mit sehr lauter Stimme spielen sieht. Seine Gehemmtheit ist also ein Aspekt seiner Identifikationsschwierigkeiten und der unterschwelligen Schuldgefühle. Aber das Erstaunen wird noch größer, als in einer zweiten Szene Edouard aufgefordert wird, sich vorzustellen, er sei älter und selbst Vater geworden. Er projiziert sich in die Zukunft und enthüllt sich als noch brutaler als der eigene Vater. Seine Identifikation hatte also einen defensiven Charakter. Sie ist genau das, was die Psychoanalytiker eine Identifikation mit dem Angreifer nennen, ein Vorgehen, bei dem der Patient seine Vernichtungs- und Kastrationsängste verleugnet; aber man versteht auch die tiefe, wenn auch unbewußte Befriedigung, die Edouard empfinden mußte, wenn er seinen Vater, den Polizisten, zwingt, ihn in einer Polizeiwache aufzulesen.

Die Schuldgefühle und die erlebten Hemmungen machen hier „die schöne Seite" der Aggressivität aus. Das jedenfalls konnte durch die psychodramatischen Sitzungen Edouards mühelos verständlich gemacht werden.

Dieses Beispiel demonstriert den Wert psychodramatischen Vorgehens, das dem Patienten zu seinem eigenen Erstaunen die pathogene Kraft seiner Projektionen enthüllt. Er kann sich unter der Wirkung der Schuldgefühle seinen Vater nur bösartig vorstellen und vermag sich selbst nur in einer bösartigen Vaterrolle zu sehen, um diese Schuldgefühle zu leugnen. Wir glauben, daß diese komplexen Mechanismen gehemmten und ausdrucksunfähigen Heranwachsenden kaum besser begreifbar gemacht werden können als durch die Methode des Psychodramas.
Wir setzen das individuelle Psychodrama vor allem bei psychotischen Patienten ein, für die es hervorragende Ausdrucksmöglichkeiten bietet. Wir haben sogar gesehen, daß katatone Kranke mit psychodramatischen Techniken anzugehen sind. Z. B. konnte ein katatoner Patient ohne Schwierigkeiten Ball spielen. Unter Berücksichtigung der Tatsache, daß es sich bei Psychotikern oft um Scheinspiele handelt, die ihnen wichtiger als wirkliche Vorgänge sind — in unserem Fall ein reales Ballspiel, das alle Schwierigkeiten der Technik hätte — können wir mit A. SECHEHAYE von „symbolischer Verwirklichung" sprechen. Das Ballspiel wurde nun zum Gegenstand psychodramatischer Darstellung gemacht, aus der ersichtlich wurde, daß der Patient seine Konflikte, Ängste und Schuldgefühle in seine Handlungen einbrachte. In einer dieser Sitzungen stellte der Patient eine Partie Tennis dar. Er verlor alle Spiele und sagte selbst dazu: „Meine Partner sind immer besser als ich. Sie kriegen alle Bälle." Jetzt war die Deutung seines Konflikts möglich. Die Katatonie hatte ihm erlaubt, der Konkurrenz und der Vernichtung durch seine Gegner auszuweichen. Diese Einsicht ermöglichte dem Patienten, auf sein psychotisches System zu verzichten.

In dergleichen Fällen erlaubt das Psychodrama dem Team, das mit der Behandlung des Kranken betreut ist, ihn detailliert kennenzulernen und gezielt anzugehen. Neben seinem didaktischen Wert erhält es also hier auch den Wert einer klinischen Psychotherapie.

Beim Psychodrama handelt es sich also um ein wirksames therapeutisches Instrument, das eine psychoanalytische Psychotherapie der Psychosen gestattet. Es fehlt ihm jedoch der Bezug zum Alltäglichen, durch das sich die Fantasmen bereichern, und das das geistige Leben restruiert. In vielen Fällen konnten wir feststellen, daß psychodramatische Behandlung für die Durchbrechung eines psychotischen Systems größten Wert hatte und dadurch die spätere Anwendung einer verbalen und der klassischen Psychoanalyse näherstehenden Psychotherapie vorbereitet und ermöglicht wurde.

Die Indikation der Gruppenbehandlung mit dem Psychodrama ist besonders bei Kindern und Jugendlichen in der Latenzphase gegeben. Die geschlossen und kontinuierlich geführten Gruppen von fünf bis sechs Patienten — bei der Zusammenstellung ist eine minutiöse Fallselektion nicht erforderlich — sind sehr leicht zu lenken. Nach unseren Erfahrungen sind bei älteren Jugendlichen gemischte Gruppen nicht anzuraten. Dagegen wird es immer angebracht sein, sich auf ein gutes Gleichgewicht zwischen gehemmten und exitierten Patienten bedacht zu sein. Im Hinblick auf die Effektivität, was die Zahl der Patienten und die Dauer der Behandlung angeht, bleibt festzustellen, daß das Psychodrama als Form der Gruppenbehandlung eine wenig aufwendige und erfolgversprechende moderne Form der Psychotherapie ist. Aus dieser Warte ist das Psychodrama auch in der Familientherapie oder bei der Behandlung einer Gruppe von Familien besonders nützlich, um die so notwendige Kommunikation und wechselseitige Identifikationen zu fördern. Es ist jedoch zu betonen, daß das psychodramatische Verfahren größte Vorsicht und Erfahrung verlangt; wenn man z. B. einem Vater zeigt, wie ihn sein Sohn im Rahmen der alltäglichen Konflikte sieht: als schwache oder tyrannische Person, so kann er durch diesen psychodramatischen *Spiegel* genauso schwere narzistische Wunden erhalten, wie durch wilde Interpretationen eines unerfahrenen Psychoanalytikers.

Aus der gleichen Perspektive betrachtet, ist das Psychodrama ein sehr nützliches didaktisches Werkzeug bei der Ausbildung von Psychonalytikern und Gruppenpsychotherapeuten, wobei dem „Rollenspiel" (role-playing) besondere Bedeutung zukommt.

Diese Technik appelliert an die erzwungene Identifikation, die den *Rollentausch*, der so oft im Psychodrama eingesetzt wird, determiniert. Weisen wir zunächst darauf hin, daß Rollenspiel und Rollentausch in der Therapie oft überraschende Effekte herbeiführen. Hierzu ein Beispiel: Juliette ist ein junges adoptiertes Mädchen, die eine sehr schwerwiegende Zwangsneurose hat. Sie verbringt viele Stunden mit ihrer Toilette und kommt erst am späten Nachmittag dazu, ihr Frühstück einzunehmen. Trozdem leugnet sie jede Krankheit ab und sagt nur, sie sei ein wenig langsam. Grundsätzlich ignoriert sie ihre Adoption, von der sie erst während ihrer Hospitalisierung erfuhr. Die stationäre Behandlung der Patientin war wegen unerträglicher Störungen, die ihre Haltung im Familienleben hervorgerufen hatte, notwendig geworden. Nachdrücklich betont die Patientin, daß ihre Mutter bewundernswert sei, und es zwischen ihnen keinen inneren Konflikt gebe, der ihre Gefühle für sie abschwächen könnte. Angesichts der Unmöglichkeit, einen echten Kontakt herzustellen, beschlossen die behandelnden Therapeuten — übrigens mit viel Skepsis — eine psychodramatische Exploration zu versuchen; denn Juliette war in einem wahrhaften Turm von Gewissensbissen und zwanghaften Zweifeln eingeschlossen und zeigte ein katatones Verhalten. Solange sie ihre Rolle spielte, war jeder Versuch der Mobilisierung unmöglich. Das änderte sich, als die Patientin akzeptierte, die Rolle ihrer Mutter zu übernehmen. Die Szene stellte sie beim Einkaufen von Kleidern dar, die für die Patientin selbst bestimmt waren. Man sah sie aus ihrer Inaktivität heraustreten und in der Rolle der Mutter heftigste Kritik sowohl an den Verkäuferinnen als auch an der Psychodramatherapeutin üben, die die Rolle des Kindes (d. h. ihre eigene) spielte. Dieses Beispiel zeigt wieder einmal mehr, welche erstaunlichen Möglichkeiten das Psychodrama bietet. Die durch den Rollentausch gewissermaßen „erzwungene" Identifikation macht das Rollenspiel zu einem hervorragenden diagnostischen Instrument und nicht nur zu einer Trainings- und Unterrichtstechnik; denn in ihm können emotionale Beziehungen, die unterschiedlich wirksam sind, erkannt, durchlebt und geprüft werden. Aus diesem Grunde möchten wir die Technik des Rollenspiels als Ausbildungs- und Selbstübungsverfahren für alle, die auf dem Feld der Psychiatrie tätig sind, empfehlen. Darüber hinaus bietet das Psychodrama hervorragende didaktische Möglichkeiten, um Verständnis für die psychopathologische Situation der verschiedenen Patienten zu vermitteln. Durch die ausgezeichneten Möglichkeiten zur Identifikation, die das Psychodrama den Teilnehmenden bietet, wird über das intellektuelle Verstehen hinaus Verständnis geweckt, auf dem allein sich eine therapeutischen Beziehung aufbauen kann.

Zusammenfassung

Es war nicht unsere Absicht, an dieser Stelle eine Arbeit vorzulegen, die eine vollständige Übersicht über die Methoden des analytischen Psychodramas vermittelt. Wir haben es vielmehr vorgezogen, durch die Besprechung von Fallbeispielen einige Techniken und Möglichkeiten des analytischen Psychodramas aufzuweisen und damit seinen Reichtum an Ausdrucksmöglichkeiten insbesondere im Hinblick auf die Bearbeitung der Übertragung darzustellen. Die Interpretationen des psychodramatischen Geschehens machen aus dieser Form der Therapie mehr als eine „passage à l'acte" oder eine symbolische Verwirklichung.

Wir hoffen, daß es uns gelungen ist, etwas von den reichen Möglichkeiten des Psychodramas als Form der Einzel- und Gruppenpsychotherapie aufzuzeigen und seinen didaktischen Wert für die psychiatrische Praxis deutlich zu machen.

Literatur

GREEN, A. (1969), Un Oeil en trop, le complexe d'Oedipe dans la tragédie, Paris, Ed. de Minuit.

ILJINE, V. N. (1942), Le théâtre therapeutique, Paris (mimeogr. 1942, russ.).

LEBOVICI, S. (1957), L'utilisation du psychodrame dans le diagnostic en psychiatrie, in: H. HILTMANN, K. H. WEWETZER, H. R. TEIRICH, (Ed) *Gruppenpsychotherapie*, Bern/Stuttgart.

— (1960), Psychothérapies de groupe. *Encycl. médico-chirurgical.* Fr., 37817 A 10.

— (1961), Psychodrama as applied to Adolescents, in: *J. Child. Psychol. Psychiat.* 1 (1961) 298.

— (1966), Le développement du psychodrame. In: J. L. MORENO (Ed.), *The international handbook of group psychotherapy*, N. Y., 1966, 173—180.

— DIATKINE, R., KESTEMBERG, E. (1952), Applications de la psychanalyse à la psychothérapie de groupe et à la psychothérapie dramatique en France, *Evol. Psychiatr.* XVIII 3 (1952) 387.

— DIATKINE, R., DANON-BOILEAU, H. (1956), Das Psychodrama und die Behandlung von Psychosen, *Z. Psychos. Med.* 3 (1956) 220.

– DIATKINE, R., KESTEMBERG, E. (1957), Le psychodrame psychanalytique, in: *Ber. 2. intern. Kongr. Psychiat. Zürich 1957*, Teil IV, 299, Zürich 1959.
– DIATKINE, R. DANON-BOILEAU, R. (1958), Psychodrame et traitement des psychotiques, *Evol. Psychiatr.* XXIII 2 (1958) 499.
– DIATKINE, R., KESTEMBERG, E. (1958), Bilan de dix ans de thérapeutique par le psychodrame, chez l'enfant et l'adolescent, *Psychiatrie de l'enfant*, I (1958) 63; repr. in: *Bull. Psychol.* XXIII 13/16 (1969/70) 839.
PETZOLD, H. (1969), L'analyse progressive en psychodrame psychanalytique, Paris 1969, mimeogr.

Übersetzt von U. Stevens, M. A., München

Das Psychodrama als gestaltungstherapeutisches Verfahren in einer analytisch orientierten psychosomatischen Klinik

E. Franzke, Växjö

An der psychosomatischen Abteilung der Medizinischen Universitätsklinik Freiburg im Breisgau — 9 km vom Stadtzentrum in einem Landhaus untergebracht — wurden bereits vom ersten Abteilungsleiter GÜNTHER CLAUSER (1, 2, 3) gestaltungstherapeutische Verfahren (19) in den Therapieplan eingefügt. Auch nach dem Ausbau der „bipolaren Gruppentherapie" (6) durch HELMUT ENKE hatten Psychodrama, Märchenspiel, Pantomime und Ausdruckstanz, später auch die sogenannte „Psychogymnastik" als darstellerische Formen gestaltungstherapeutischer Verfahren ihren festen Platz. Bis 1966 stand die therapeutische Gemeinschaft (15) im Vordergrund, zu welcher auch analytisch orientierte Gruppen- und Einzelgespräche gehörten. Damals war der Eigeninitiative und Mitarbeit der Patienten breiter Raum gegeben, die gemeinsamen Anstrengungen ermunterten zur Aktivität.

Ab 1965 traten zunehmend psychoanalytische Intentionen in den Vordergrund, die Patienten-Personalgemeinschaft wurde beibehalten, um den Patienten im Rahmen der Klinik gleichsam ein „Übungsfeld" anzubieten, die aktiv mitbestimmende Teilnahme der analytisch arbeitenden Ärzte und Psychologen wurde nach und nach abgebaut. Die Struktur des Hauses und die Gemeinschaftssituation einerseits, sowie die analytische Zielsetzung in therapeutischen Gruppen andererseits, machten eine Auswahl und Anpassung der Psychodramatechniken nötig. So traten bei allen gestalterischen Verfahren, sowohl bei den darstellerischen als auch beim Zeichnen, Malen und Modellieren die Ausnützung der kathartischen und ich-stützenden Möglichkeiten ganz in den Hintergrund, ebenso das Einüben günstigerer Verhaltens- und Reaktionsweisen. Erstrebt wurden dagegen: Verbesserung und Bereicherung von Ausdrucksmöglichkeiten; Konfliktaktualisierung und Impulsmobilisierung; Einsichtsvermittlung bis zum recht häufigen Evidenzerleben des Zusammenhanges zwischen situativen Gegebenheiten, (neurotisch fixierten) Erlebnis- und Reaktionsweisen und Symptomatik; Hinweismöglichkeiten auf Persönlichkeitsstruktur und Übertragungsphänomene; schließlich Deutlichwerden breiterer, gelockerter, sachgerechter Erlebnisverarbeitung im Laufe der Gesamtbehandlung (Hinweise darauf folgen bei den Beispielen).

Bei den darstellerischen Gestaltungstherapieverfahren waren bis 1966 das gezielte Pantomimespiel (HORETZKY 13, 14), danach im zunehmenden Maße die „Psychogymnastik" (JUNOVA und KNOBLOCH, 16) als averbale Ausdrucksmittel im Gebrauch. Beide Verfahren ermöglichen das Ansprechen bestimmter Gefühlsinhalte („ich bin böse", „ich warte ungeduldig" usw.) und die Konkretisierung einfacher Erlebnisabläufe („ich begegne jemanden, den ich nicht treffen möchte", „ein Geschenk machen bzw. bekommen" u. ä.). Die verschiedenartigen Darstellungs- und Lösungsversuche einzelner Teilnehmer zeigen sowohl synonyme und ähnliche, als auch untereinander stark differente Erlebnis- und Verarbeitungsmöglichkeiten. Patienten mit starken Isolierungstendenzen und Befürchtungen, sich völlig falsch zu verhalten, erleben gleichsinnige Darstellungen anderer beruhigend, aus der Vereinsamung wenigstens kurzzeitig befreiend und zur Kontaktaufnahme ermunternd. Die wortlose Darstellung andersartiger Aufgabenbewältigung wird eher als weitere Lösungsmöglichkeit erlebt und lockt weniger als Meinungsäußerungen zu prinzipieller Stellungnahme aus gegenteiligen Idealvorstellungen oder Ideologien. In der Pantomime geben schon die Zuweisung des „Themas" (durch die Mitpatienten), als auch das „Danebenraten" der Mitspieler Hinweise auf besondere Einstellungen, Verhaltens- und Ausdrucksweisen beim Darsteller, bei den „Themagebenden" und den Ratenden. Im Rahmen der Psychogymnastik ist die Vergleichsmöglichkeit verschiedenartiger Erlebnis- und Verhaltensabläufe gerade für die Patienten besonders breit gefächert gegeben.

Einbau von Psychodrama und Märchenspiel in den Behandlungsplan

Bis 1966 waren wöchentlich in zyklischer Vertauschung je zwei Stunden Pantomime, Märchenspiel und Psychodrama angesetzt. Danach wurde Pantomime und Psychogymnastik selbständig von unserer Gestaltungstherapeutin geführt und die dortigen Erlebnisse sowohl von den Patienten in die therapeutische Gruppenarbeit gebracht, als auch in den Teambesprechungen aufgegriffen. Für das Psychodrama waren wöchentlich zweimal etwa sechzig Minuten an zwei aufeinanderfolgenden Tagen vorgesehen. Im Sinne der Eigenverantwortlichkeit des einzelnen Patienten war die Teilnahme freiwillig, die Psychodramazeiten waren im Haus bekannt. Bei der Aufnahme wurde jeder Patient von der Gestaltungstherapeutin auf diese Möglichkeit hingewiesen, häufig wurde von Mitpatienten, gelegentlich auch vom Therapeuten, die gute „Spielbarkeit" einer Begebenheit aus dem Leben eines Patienten herausgestellt. Teilnahmewillige und interessierte Patienten konnten sich am Morgen des jeweils ersten Tages anmelden, wobei sie wußten, daß dies als Bereitschaft aufgefaßt wurde, eine Szene aus dem eigenen Leben zu bringen und jede angebotene Rolle (fast ausschließlich durch Mitspieler) zu übernehmen. Falls mehr als dreizehn Anmeldungen vorlagen (24 Betten in der Abteilung), wurde in zwei Gruppen parallel gearbeitet, so daß die Teilnehmeranzahl zwischen sieben und höchstens dreizehn schwankte. Während der Psychodramazeiten gab es keine anderen therapeutischen Aktivitäten. Die nicht am Psychodrama beteiligten Therapeuten waren in dieser Zeit mit ambulanten Voruntersuchungen beschäftigt. Sowohl Patienten als auch Behandlungsteam hatten die Möglichkeit, statt des Psychodramas ein Märchenspiel vorzuschlagen, wobei das bzw. die gewünschten Märchen anzugeben waren. In Zeiten geringerer Durcharbeitungswilligkeit von Seiten der Patienten kam dies im Sinne des Widerstandes gegen das Anbieten eigenen Erlebnismaterials häufiger vor. Das starke Interesse für die Konfliktbearbeitung innerhalb der Patientengruppe führte dazu, daß nicht so selten Märchen vorgeschlagen wurden, die eine ähnliche bis fast identische Konfliktkonstellation aufwiesen, wie sie eben im Hause oder bei einzelnen bis mehreren Mitpatienten vorlag. Vereinzelt wurden auch vom Behandlungsteam Märchenspiele mit Teilnahme jener Patienten, die sich davon den größten Nutzen versprechen konnten, vorgeschlagen. Besonders das Aufzeigen „nicht gewagter Reifungsschritte" ist im Märchenspiel (1, 5, 7, 9, 10) gut möglich. Über längere Zeiträume gesehen, fand etwa jede fünfte bis siebente Woche ein Märchenspiel statt.

Psychodrama

Im Rahmen einer Klinik mit psychoanalytischen Zielsetzungen kann das Psychodrama nicht einfach in erprobter MORENOscher Weise (17, 18, 20, 21, 22, weitere Literaturhinweise siehe 23) „geführt" werden, wenn der Psychodramaleiter zugleich analytischer Gruppen- bzw. Einzeltherapeut zumindest einiger Teilnehmer ist. Im folgenden soll auf die Modifizierung einzelner und die Akzentverschiebung zwischen verschiedenen Psychodramatechniken während des Psychodramaablaufes näher eingegangen und Beispiele aufgeführt werden.

Vorbereitungs- und Einleitungsphase

Die Bereitschaft oder der Wunsch, eine Begebenheit aus dem eigenen Leben vorzubringen, und die Bereitwilligkeit zur Übernahme jeder angebotenen Rolle ist schon vor der Anmeldung vorhanden. Im Grund beginnt bereits dort die Erwärmungsphase. Mit Rücksicht auf die hohe Eigen-Aktivität und -Verantwortlichkeit einerseits und die weitgehend analytische Haltung des Psychodramaleiters andererseits, wird die Einführung neu hinzukommender Mitspieler überwiegend durch erfahrenere Teilnehmer übernommen und bedarf nur selten der Komplettierung — am besten durch die anwesende Gestaltungstherapeutin. In dieser Einführung wurde die Wahl der Begebenheit völlig freigestellt (von der Bagatelle bis zum für den Patienten lebenswichtigen Problem, von der heiteren Erinnerung aus der Kindheit bis zu tragischen Schicksalsschlägen und -verknüpfungen). Außer dem Protagonisten sollten, wenn möglich, mindestens noch eine Person in die Handlung verwickelt gewesen sein. Die Konkretisierung der damals gegebenen Situation wurde empfohlen und — falls gelegentlich nötig — von der Gestaltungstherapeutin und ganz selten vom Psychodramaleiter angeregt oder vorgenommen. Es wurde auch völlig freigestellt, die Rolle selbst zu übernehmen oder einem Mitspieler anzubieten, wobei auch der spontane Rollentausch die Möglichkeit der kurzzeitigen Rollenübernahme durch andere („abklatschen") und das Doppeln (in Ich-Form) angeboten wurde. Die Trennung von Spielphase und Diskussionsphase war zur Regel erhoben und wurde durch Andeutung eines Spielraumes und eines Diskussionshalbkreises unterstrichen. Um freimütiges Berichten von Begebenheiten und freizügiges Spiel zu ermöglichen, war die weitere Bearbeitung der im Psychodrama gemachten Erfahrungen den analytisch orientierten therapeutischen Gruppen und den Einzelgesprächen vorbehalten.

Am folgenden Beispiel soll aufgezeigt werden, wie etwa ein Psychodramaspiel in Gang kommen konnte, ohne daß eine Führung oder ein nennenswertes Eingreifen durch den Leiter nötig waren. Es zeigt auch, wie der Protagonist aus der Dynamik des Geschehens heraus sowohl ins Spiel wie auch in den Rollentausch kommt.

Zehn Teilnehmer (sechs Frauen und vier Männer) sind anwesend. Ehe der Psychodramaleiter (Th.) in den Raum kommt, sagt Frau P. energisch: „Also, ich habe nichts! Wer hat was?".
Herr W.: „Ja, wer hat was?"
Th. (kurz nach dem Eintreten): „Ja, da können wir anfangen."
Ein bis zwei Minuten Schweigen.
Frau P.: „An sich habe ich nichts, aber ich kann mal erzählen ... es ist so eine gespannte Stimmung in der Gruppe ... ich fuhr mal mit meinem ersten Mann nach N., wir kauften Streichhölzer als Geschenk, mit Bildern drauf. Danach fing der Mann an zu rauchen und wollte Streichhölzer haben. Nahm mir die Handtasche weg und wollte Streichhölzer rausnehmen. Ich wollte aber selbst bestimmen und ihm die Streichhölzer geben. Darauf er, er habe das Recht, selbst die Streichhölzer zu nehmen. Es gab Krach, jeder ging seine eigenen Wege in N., in Lokalen usw., bis der Zug wieder abfuhr."
Die Teilnehmer sitzen und schweigen zu der Geschichte.
Frau P.: „Jetzt muß die Gruppe fragen, ob das zu spielen geht."
Frau I.: „Zu spielen geht es auf alle Fälle, mir ist auch etwas eingefallen, aber ich kann es nachher erzählen."
Frau P.: „Mal gucken, das liegt an der Gruppe ob ..."
Herr N.: „Ne, das liegt an Ihnen."
Frau P.: „Wir können die andere Geschichte anhören und dann erst spielen."
Frau M.: „Erst mal spielen!"
Darauf Frau P. (rasch): „Herrn L. und Frau M. möchte ich mal sehen."
Herr L.: „Erst müssen Sie (wendet sich an Frau P.) selber spielen."
Frau M. (zu Herrn L.): „Wir können ja mal spielen ... (zu Frau P.) wo spielte sich das ab?"
Frau P.: „Wir saßen an einem Tisch in einem Cafe ..."
Frau M., Herr L. und Frau P. stellen die Stühle zurecht, das Ehepaar saß nebeneinander, Frau P. „konkretisiert" mit Hilfe von Frau M.: das Wetter war schön, bis zur Abfahrt des Zuges standen einige Stunden zur Verfügung.
Herr L. (wendet sich an Frau P.): „Wie haben Sie denn reagiert, als Ihr Mann ..."
Th.: „Vielleicht spielen wir erst mal."

1. Szene

Frau M.: „Schönes Wetter heute, gell?"
Herr L. (deutet an, eine Zigarette zu nehmen): „Gib mir doch mal die Tasche."
Frau M.: „Kann Dir auch Streichhölzer geben."
Herr L. (etwas scharf): „Ich kann doch mal in Deine Tasche gehen, oder?"
Frau M. (leicht gekränkt, aber ruhig): „Meinst Du, ich hätte was besonderes drin versteckt? Hast Du kein Vertrauen zu mir?"
Herr L. (braust auf): „Mir reicht's! Wann fährt der Zug? Ich gehe jetzt in N. spazieren!" (geht vor sich hinschimpfend ab).
Frau M. (aus der Rolle tretend): „Also, ich hätte die Tasche hingegeben ... (zu Frau P.) Können Sie es mal machen, damit wir sehen, wie es wirklich war?"
Frau P. wählt für die Rolle ihres damaligen Gatten Herrn Z., einen übergefügigen, sparsamen, uneigennützigen jungen Patienten mit u. a. rezidivierenden ulcera duodeni.

Zweite Szene

Herr Z.: „Hab Zigaretten gekauft, ich hätte gern Streichhölzer, gib mal Deine Tasche."
Frau P.: „Moment ... hier sind Streichhölzer."
Herr Z. (schaut die Schachtel zögernd an): „Ich glaube, ich kaufe neue Streichhöl-

zer, die sind zu schön ... sind besser für ein Geschenk."
Frau P. (aus der Rolle fallend): „So war das nicht!"
Frau M.: „Spielen Sie doch mal selbst die Rolle Ihres Mannes."

In der darauf folgenden Szene übernimmt Frau P. die Rolle ihres Mannes und bittet Frau K., eine Patientin, die auch in Konkurrenz- und Gestaltungskonflikten zu gefügig und nachgiebig reagiert, die Rolle der Frau zu übernehmen.

Spielphase

Während des Spieles ging es uns weniger darum, daß der Psychodramaleiter unter Verwendung geschulter Hilfs-Iche innere Konflikte und Ambivalenzen des Protagonisten diesem deutlich erlebbar machte, da für deren Durcharbeitung die analytisch orientierten Gruppen und gelegentlich auch Einzelgespräche reichlich Gelegenheit boten. Unser Hauptanliegen war, daß bei gesteigerter Ausdrucksmöglichkeit und mit Hilfe von Konfliktaktualisierungen und Impulsmobilisierungen Gehemmtheiten und Haltungen im Sinne von SCHULTZ-HENCKE (28, 29) und die daraus resultierenden Erlebnislücken und die Einengung der Aktions- und Reaktionsweisen evident wurden. Das nähere und genügende Eingehen auf die diesbezüglichen Modellvorstellungen und Erfahrungen würde den Rahmen dieser Arbeit sprengen; neben SCHULTZ-HENCKE sei in erster Linie auf DÜHRSSEN (4), F. RIEMANN (26), SCHWIDDER (31) und F. HEIGL (11) und weitere dortige Literaturangaben hingewiesen. Arbeiten über den antriebspsychologischen Aspekt der Gruppe finden wir besonders bei HEIGL-EVERS (12), und der Verfasser (5, 6, 7, 8) hat sich mit der Verwendung, Ausformung und Indikation gestalterischer Verfahren im Rahmen der analytischen Psychotherapie auseinandergesetzt. Der starke Einfluß der Persönlichkeitsstruktur des Therapeuten auf die Beziehung zum und die Behandlung des Patienten wird von F. RIEMANN (27) besonders anschaulich dargestellt. Die dort beschriebenen Faktoren sind auch für die Wahl des oder der jeweiligen therapeutischen Verfahren bedeutungsvoll (8).

Im folgenden Beispiel wird aufgezeigt, wie Gehemmtheiten und entsprechende Haltungen sowie die resultierenden Lücken im Erleben und in der Erfahrung sich im Spiel herauskristallisieren, in ihrer speziellen Bedeutung dem Protagonisten und in ihrer allgemeinen Relevanz auch den anderen Teilnehmern deutlich werden. Psychodramasitzung am ... : neun Teilnehmer (sieben Frauen, zwei Männer).

Nach kurzer Einleitung berichtet Fräulein T.: „Ich hatte eine Freundschaft, die mein Vater nicht billigte. Der Freund kam abends unerwartet, wollte mich abholen und mit mir wegfahren. Ich mußte erst meinen Vater fragen ..."

Hier wird das Spiel angeregt, das Zimmer, die Tageszeit, die Lage der Haustür usw. konkretisiert und Fräulein T. bestimmt nachdrücklich die Darsteller: „Frau W., Sie spielen mich!"
Frau W.: „Das mußte ja kommen."
Fräulein T.: „Fräulein S. meinen Vater!"
Fräulein S. (stöhnt): „Ich den Vater?"
Fräulein T.: „Meinen Bekannten spielt Herr B.!"
Fräulein S.: „Den Vater kann ich doch gar nicht spielen."
(geht dabei vor und übernimmt die Rolle)

In der Szene und in der darauffolgenden kurzen Diskussion zeigt sich, daß der Vater der Patientin sehr aufgebracht war, daß er ihr deutlich gesagt hatte: „Wenn Du mitfährst, kommst Du mir nicht mehr ins Haus rein". Fräulein T. gibt auch wahnsinnige Angst vor ihrem Vater an, weiters, daß sie dem Bekannten diese Angst mitgeteilt habe, woraufhin er ihr riet, daheim zu bleiben; es würde sich ein andermal noch Gelegenheit finden.

Fräulein T. wird daraufhin von Fräulein Ei. aufgefordert, die eigene Rolle zu spielen. Fräulein Ei. bestimmt auch Herrn K. als Vater, worauf Fräulein M. ihrerseits Fräulein Ei. als Freund vorschlägt (sowohl Fräulein M. als auch Fräulein Ei. sind — wenn auch in verschiedener Weise — eminent abhängig von den Entscheidungen anderer).

Im Spiel unterstreicht Herr K. als Vater den Wunsch, die Tochter zu behalten, deutet auch Eifersucht an und wird von Frau W. abgelöst, die das Spiel zu einer Macht- und Rechtangelegenheit macht: „ich hab Dir doch gesagt, daß Du nicht machen kannst, was Du willst, schließlich bist Du noch nicht einundzwanzig!".

Fräulein T.: „Doch, ich bin wohl einundzwanzig!... (aus der Rolle fallend) Das ist es ja!"

Frau W. als Vater: „Dann entscheide selbst!"

Auch der hereintretende Freund drängt auf Entscheidung. In der nachfolgenden kurzen Diskussion drücken mehrere Teilnehmer ihre Verwunderung darüber aus, daß die Patientin schon 21 Jahre alt gewesen war, sie hätten gemeint, daß das Beispiel aus dem 16. bis höchstens 18. Lebensjahr kommen würde. Danach bekommt Fräulein T. die Vaterrolle angeboten und sagt ratlos: „wie soll ich das machen?". Fräulein S. (etwa 40 Jahre alt) fordert Fräulein A. auf, den Freund zu machen. Fräulein A. (sportlich, zumeist in roten Skihosen) lacht laut auf und akzeptiert. Fräulein Ei. wählt selbst die Rolle der Tochter.

Im Spiel sagt Fräulein T. in der Rolle des Vater bestimmt: „Du weißt, daß ich diese Freundschaft grundsätzlich nicht billige... Du bist alt genug... Du mußt Dich selbst entscheiden... mußt die Konsequenzen tragen."

Fräulein Ei.: „Dann entscheide ich, daß ich mitgehe."

Fräulein T. (deutlich verwundert über die klare Entscheidung): „Daß Du hierbleibst oder mitgehst?"

Fräulein Ei.: „Daß ich mitgehe!"

Fräulein T. bleibt stumm.

Im vierten Spiel wird — von anderen Teilnehmern — die Möglichkeit herausgespielt, daß gerade dieser Freund möglicherweise völlig ungeeignet sei, worauf im folgenden Spiel Fräulein T. die Rolle des Freundes übernehmen soll. In dieser fünften Szene wird die zugleich dem Vater gegenüber unwillige Haltung Fräulein T.s, als auch ihr Wunsch, daß der Vater gut mit dem Freund übereinkommen möge, offenbar. Am liebsten wäre ihr, daß der Vater freiwillig seine Rolle an den Freund delegiert. In ihrer Rolle als Freund verspricht Fräulein T.: „Ich bringe Ihre Tochter wohlbehalten zurück".

In der darauf folgenden kurzen Diskussion sagt Fräulein T. unter anderem: „... Während des Spiels ist mir aufgefallen, daß alle mitgingen, nur ich nicht...". Herr K. versetzt sich in die Rolle des Vaters und fühlt sich als solcher zurückgesetzt und sagt, der Vater habe sich gegenüber der Tochter nicht mehr sicher und durch sie übertrumpft gefühlt.

Darauf Frau W.: „Der Vater war aber sehr streng gewesen!"

Fräulein T. (verteidigt den Vater und dabei fällt ihr erst jetzt ein): „Ich hatte dem

Vater vorher gesagt ‚heute bleibe ich da'; dann kam aber mein Freund unerwartet, dann habe ich gesagt, ich gehe doch mit. Vater war dann sehr dagegen und ich gebe dann immer nach."

Fräulein S.: „Sie lassen sich erpressen."

Fräulein W.: „Nein, sie liebt ihren Vater."

Fräulein S.: „Der Kern der Sache ist, sie liebt ihren Vater mehr als ihren Freund."

Herr K.: „Ist das nicht normal? Das ist doch dann der Beweis, daß das nicht der richtige Freund ist."

Fräulein A.: „Das ist typisch für Sie, Herr K. Für Sie ist ein Freund und ein Vater dasselbe."

Fräulein W. (seufzt): „Das ist nicht einfach, wenn man den Vater gern hat" (schaut nachdenklich).

Fräulein S. (bestimmt): „Wenn es der Richtige wäre, müßte sie sich entscheiden."

Fräulein T. (klagend): „Warum muß man sich so entscheiden, daß man einen der beiden verlieren muß?"

In der weiteren Diskussion zeigt sich, daß Fräulein T. sehr stark in ihren Erwartungen sowohl gegenüber dem Vater als auch dem Freund fixiert ist, sich selbst nicht entscheidet und daß ihr auch sachliche Grundlagen für diese Entscheidungen fehlen. Daraufhin schlägt Fräulein S. eine weitere Szene vor, in welcher sie selbst den Vater übernehmen möchte und Fräulein T. die eigene Rolle. Fräulein T. geht zögernd darauf ein.

Letzte Szene.

Fräulein S. (in der Rolle des Vaters, verstehend, nachdenklich, redet langsam und abgehackt): „Yvonne, Du weißt, es fällt mir schwer ... ich sehe in ihm einen Rivalen ... ich habe immer gesagt, wenn Du heiratest, würdest Du das Elternhaus verlieren. Bin einverstanden, daß Du ihn heiratest. Ich weiß ja nicht, ob er der richtige Mann für Dich ist. Ich meine, wir haben Dich zu fest ans Elternhaus gebunden. Du solltest Dich in Freiheit bewähren. Ob Du Dich sowohl von mir als ihm räumlich trennst, Abstand nimmst, weiterstudierst? Du könntest dort versuchen, das Leben allein zu bewältigen."

Fräulein T.: „Das ist meine Wunschvorstellung ... (stockt, sagt dann zögernd) das ist aber schwer, ich habe Selbständigkeit noch nicht gehabt."

Fräulein S. als Vater: „Und wie wird's mit den Finanzen? Vielleicht monatlich ... Du müßtest auch für Deine Kleidung selber sorgen. Du kannst ja den Betrag selbst vorschlagen."

Fräulein T. (mit großen Augen): „Keine Ahnung."

Fräulein S.: „Du kannst alles selbst beurteilen, selbständig sein."

Fräulein T.: „Das sind ja ganz neue Perspektiven."

Fräulein S.: „Du müßtest schon Nägel mit Köpfen machen. Ich kann nicht immer der Familienvater für Dich sein, der ich sein möchte."

Fräulein T. (wird wütend): „Soll *ich* plötzlich alles sagen, was ich bezahlen soll?"

Fräulein S.: „Kannst doch in etwa etwas nennen."

Fräulein T. (ärgerlich, leicht gekränkt): „Weiß nicht!"

Fräulein Ei. (doppelt): „Wieviel nenn ich denn versuchsweise?"

Fräulein T. (überlegt, wirkt ratlos, zuletzt den Tränen nahe)

Fräulein S. (als Vater): „Ich hab das Gefühl, Du willst gar nicht."

Fräulein A. (doppelt): „Ich möchte 5.000 DM im Monat."

Fräulein T. (schaut Fräulein A. konsterniert an, schüttelt den Kopf, deutlich ratlos)
Fräulein S.: „Da hab ich ja was großgezogen!"

In der nachfolgenden Diskussion bezeichnet Fräulein T. selbst die Vorstellung Lebenspartnerin zu sein, den Haushalt zu führen, eventuell ein Kind zu versorgen, als „reinste Katastrophe". Darauf sagt Frau W.: „Das ist ja gar nicht der Kampf um die Selbständigkeit, sondern die Angst davor, die große Angst". Fräulein S. sagt bewegt: „Ich bin erschüttert über das Spiel von Fräulein T., ich habe versucht, ihr Brücken zu bauen, sie nahm nichts an." Fräulein Ei. und Herr B. unterstreichen, daß dies so plötzlich auch gar nicht zu verlangen sei, daß aber andererseits für einen so sehr abhängigen Menschen die einzige Hoffnung sei, ab sofort im zunehmenden Maße eigene Erfahrungen zu sammeln, wenn er je auf eigenen Beinen stehen möchte.

Diskussionsphase

Obiges Beispiel zeigt mehrfach auch den Übergang in die Diskussionsphase, der durch Platznehmen aller Teilnehmer in der Diskussionsrunde auch averbal markiert wurde. Bei gelegentlich vorkommendem geringerem Engagement der Teilnehmer konnten wesentliche Gehemmtheiten und feinere, nicht auf den ersten Blick merkbare Haltungen entweder durch einfache Fragen: „um was ging es wohl?", „was erlebte Herr N. (oder Frau X.) in dieser Situation nicht?", oder — noch besser — durch vorschlagsweise „statements", wie z. B. „Fräulein X. spielte, als hätte sie bei der Auseinandersetzung mit dem Bruder weder Ärger noch Enttäuschung erlebt" u. ä. aufgezeigt werden. Zur allgemeinen Einleitung der Diskussionsphase wurde von der Gestaltungstherapeutin oder dem Psychodramaleiter zumeist nur gesagt: „was wurde erlebt", „was ist aufgefallen".

Im obigen (zweiten) Beispiel ergab sich die weitere Aufgabe der Patientin innerhalb der therapeutischen Gemeinschaft — selbständige Probeschritte unternehmen und Erfahrungen sammeln — ebenso von selbst, wie die intensive und tiefergehende Bearbeitung des Verhältnisses zum Vater, zum Freund und des inneren Konfliktes zwischen passiv erwartungsvoller Anspruchshaltung und eigenen Selbständigkeitsstrebungen in der analytisch orientierten Gruppenarbeit.

In Anknüpfung an das erste Beispiel, wo Frau P. zuerst erklärt hatte, nichts bringen zu wollen und nach dem Kommen des Therapeuten doch als Erste eine Begebenheit berichtete, konnte in einer weiteren Szene der Übertragungscharakter des Verhaltens für die Patientin völlig evident werden. In Abwesenheit der Eltern sei sie mit einer Verkäuferin im elterlichen Geschäft aneinandergeraten (vergleiche das Aneinandergeraten mit der Gruppe im ersten Beispiel). Sie hätte sich nicht durchsetzen können. In der Diskussion bringt Frau P. folgende Erklärung für das schnippische Verhalten der Verkäuferin: „Vielleicht glaubte sie, weil meine Eltern nicht da sind, wäre etwas freie Luft . . . (und später) ich habe es aber beiden gesagt, als sie aus dem Urlaub kamen. Es hatte mich sehr belastet, ich hatte auch wieder Asthma gekriegt, denn die Verkäuferin und ich haben vier Wochen nicht mehr miteinander gesprochen. Meine Mutter hat nicht viel darauf gegeben, nur gesagt, ‚renke das wieder ein'." (Der Zusammenhang zwischen Symptom der Patientin und ihrem Erleben bzw. ihrer Wortwahl: „Eltern nicht da — etwas freie

Luft“ ist bezeichnend. Vergleiche auch den „erhöhten Druck“ durch die Ankunft des Psychodramaleiters im ersten Beispiel. Nach diesem Evidenzerlebnis begann Frau P. sich in der analytischen Gruppe mit ihrer Beziehung zu von ihr als Autoritäten erlebten Personen im allgemeinen und mit dem Verhältnis zu ihren Eltern im speziellen auseinanderzusetzen.

Für viele Patienten war es sehr ergiebig, während der mehrmonatigen Behandlung den Abbau der Gehemmtheiten und den damit verbundenen Zuwachs an freieren und situationsadäquaten Aktions- und Reaktionsmöglichkeiten im Psychodrama selbst teils direkt zu erleben, teils aus den veränderten Reaktions- und Verhaltensweisen der Mitspieler ablesen zu können. Dazu folgendes Beispiel:

Frau L.: „Mein Mann und ich wollten in Urlaub, wir waren uns vorher nicht einig, ob das Kind mitgeht oder nicht. Ich war dafür, mein Mann dagegen ... mein Mann hatte Bedenken, wenn das Kind mitkommt, dann könne er keine weiten Touren machen. Ich habe gesagt, *wir* müssen ein bißchen zurückstehen, können auch andere Sachen unternehmen. Haben Krach gekriegt. Ich habe gesagt, wenn das Kind nicht mitkommt, gehe ich auch nicht mit.“ (Frau L. bringt die Erzählung, so weit sie den Gatten betrifft, im vorwurfsvollen Ton, was das Mitkommen des Kindes angeht, in sehr entschiedener Weise).

In vier Szenen wird sich die Gruppe klar darüber, daß das Mitkommen des Kindes mehr der Bequemlichkeit von Frau L. dienen soll, die keineswegs selbst lange Touren machen möchte, dies ihrem Gatten gegenüber aber nicht zu vertreten wagt. Ein weiterer Grund für das Mitnehmen ist die befürchtete Verwöhnung des Kindes durch die Schwiegermutter von Frau L. Auch diesen Umstand möchte Frau L. nur höchst ungern mit ihrem Mann diskutieren. Das persönliche Wohlergehen der sechsjährigen Tochter spielt deutlich weder bei Frau L. noch bei ihrem Gatten eine wesentliche Rolle. Frau L. stellt im Spiel ihren Gatten als verständnislos, beherrschend und sehr egoistisch dar, so daß ihr selbst am Ende dieser Szene sein Einlenken: „Na ja, wir schlafen nochmal darüber“ und sein Nachgeben am folgenden Morgen (das Kind ging mit!) überraschend kam. Der Hinweis eines Gruppenteilnehmers in der Diskussion, daß der Mann von Frau L. sich gerade über das *wir* in dem Satz „*wir* müssen ein bißchen zurückstecken“ erregt habe, weil doch deutlich nur er selbst verzichten sollte, stieß bei Frau L. damals auf glatte Ablehnung.

Die Tendenz von Frau L., die Ursachen von Schwierigkeiten ausschließlich im anderen oder in äußeren Umständen zu sehen, wurde in der analytischen Gruppe anhand von vielen Beispielen klar (späteres Bettnässen *nur* wegen früh erlebter Fliegerangriffe, Onanie ausschließlich wegen des akustischen Miterlebens des Verkehrs der Eltern, Anorgasmie *nur* wegen des verständnislosen Betragens des Gatten u. s. f.). Dabei hatte Frau L. das Bedürfnis, immer als „die Gute, die Liebe“ erlebt zu werden, verhielt sich auch an der Abteilung anfangs hilfsbereit und überangepaßt. So wählte sie prompt und spontan für sich selbst die Rolle der guten Fee, als im Märchenspiel Dornröschen „aufgeführt“ wurde. Einige Wochen später stellte sich für Teilnehmer und Frau L. selbst klar heraus, daß sie selbst am Geschehen und den Entwicklungen starken Anteil hatte. In einer Szenenfolge mit der „Mutter“ der Patientin wagte Frau L. nicht, ihren Wunsch, von daheim fortzugehen, zu erwähnen, geschweige denn, ihn durchzusetzen. In der Rolle der Mutter sagte sie: „Ja, wenn Du einmal heiratest und Kinder hast, dann gehst Du ohnehin weg von mir". In der Diskussion ergab sich dann, daß die Patientin wenige Monate später schwanger wurde: „... weil *wir* nicht aufgepaßt haben". Weiter zeigte sich, daß auch die Schwiegermutter mit der Eheschließung zu diesem Zeitpunkt nur einverstanden war, weil ein Kind unterwegs war. Schließlich hatte auch der Gatte von Frau L. vorher mehrfach erklärt, daß sie ja keine Eile hätten, ruhig bis zur Wohnungszuteilung noch einige Jahre mit dem Heiraten warten könnten u. s. f.

Einige Wochen später äußerte Frau L. im Psychodrama in der Rolle einer Angehörigen einer anderen Patientin (nicht zu der Rolle passend): „Ich mag nicht mehr, daß dies alles hinter meinem Rücken geschieht, ich möchte wissen, wie ich dran bin." ... und später „es wird immer schwer sein, daß mehrere Menschen sich einig werden; wenn wir Schwierigkeiten haben, liegt es wohl kaum an einem allein".

Nur eine Woche später brachte Frau L. die „Geschichte mit dem Küchenkasten" ins Psychodrama, in welcher sie sich gegen die wohlgemeinten, aber aufdringlichen Ratschläge ihrer Schwiegermutter nicht durchsetzen konnte und auch mit dem „verständnislos antreibenden" Mann nicht zurechtkam. Sie machte dann selbst den Vorschlag, eine Szene zu spielen, wie sie jetzt in der gleichen Situation handeln würde, was von der Gruppe angeregt aufgenommen wurde. Obwohl die verschiedenen Darsteller in der Rolle des Mannes und der Schwiegermutter zum Teil kräftig überspielten, blieb Frau L. ruhig dabei, daß ihr Küchenkasten ihre eigene Angelegenheit sei. Sie verglich dem Gatten gegenüber die Zeit für das Einräumen des Küchenkastens mit den Stunden, die er mit seinem Auto bastelte und nahm den einen oder anderen Vorschlag der Schwiegermutter an, so weit er nicht ihre eigene Ordnung störte. Schließlich gab zuerst „der Gatte" mit den Worten: „warum soll ich mich aufregen, es ist ja schließlich Deine Zeit" auf und dann beendete „die Schwiegermutter" die Auseinandersetzung, indem sie sagte: „na ja ... es ist ja wirklich Dein Küchenkasten und das da (wobei sie auf ein Detail zeigte) ist nicht mal so dumm".

In der Diskussion meinte noch ein Teilnehmer, daß es ja viel leichter sei, im Spiel mit solchen Dingen zurecht zu kommen, als in Wirklichkeit. Die folgenden Wochen der Behandlung zeigten aber, daß Frau L. jetzt auch mit den Aufgaben der „Hausmutter" der Abteilung und all den damit verbundenen Belastungen, Schwierigkeiten und Auseinandersetzungen sachgerecht und gut fertig wurde. Vier Wochen nach der Entlassung berichtete die Patientin, daß sich im Verhältnis Schwiegermutter—Gatte—Kind—„Patient" vieles entspannt habe und sie damit zurechtkomme, was nach dem geschilderten Verlauf weder den Therapeuten noch ihre damaligen Mitpatienten überraschte.

Wahl der Techniken

An der Abteilung standen therapeutische Techniken völlig im Vordergrund, pädagogisches Einwirken war nicht beabsichtigt und anamnestisch-diagnostische Erkenntnisse wurden nicht angestrebt, kamen aber als „Nebenprodukte" vor und wurden für die Gesamttherapieplanung gegebenenfalls berücksichtigt.

Typische „Warming-up-Techniken“ wurden kaum benötigt, da nach der ambulanten Voruntersuchung überwiegend Patienten in die Abteilung aufgenommen wurden, die an der Einsichtsvermittlung in Zusammenhänge zwischen situativen Gegebenheiten, Reaktions- und Verhaltensweisen und ihren Symptomen interessiert und zur Konfliktbearbeitung motiviert waren. Das Leben im „therapeutischen Übungsfeld“ der Abteilung, die bereits oben erwähnten analytisch arbeitenden Gruppen, Einzelgespräche und die verschiedenen anderen Verfahren der Gestaltungstherapie, schafften sowohl hinsichtlich des Einzelpatienten, als auch im Hinblick auf die Gruppe eine genügend lockere und angeregte Atmosphäre. Die Freiwilligkeit der Teilnahme trug zur jeweiligen Auswahl der im Augenblick für die Arbeit mit dem Psychodrama gut motivierten Patienten bei. So waren sowohl „katathyme Szenen“ (PETZOLD 22) als auch die Technik des „leeren Stuhls“ zumindest in den Jahren 1965 bis 1968 nie notwendig geworden, obwohl gegen deren Verwendung keinerlei Bedenken bestanden. Die Auswahl eines Themas durch den Psychodramaleiter, also ein „leader-directed warm-up“, war auch überflüssig. Da dieses doch recht direktive Vorgehen auch der analytischen Haltung des Psychodramaleiters nicht entsprochen hätte, wäre die Handhabung gegebenenfalls der Gestaltungstherapeutin zugefallen. Interview durch den Therapeuten und Dialog mit ihm kam kaum in der Erwärmungsphase vor, wurde meist in ausreichendem Maße von den Mitspielern übernommen und, soweit sie zur Konkretisierung der Szene führten, begünstigt. Spontane Ansätze zum „Selbstgespräch“ kamen gelegentlich vor, wurden meist von den Teilnehmern der Psychodramagruppe durch interessierte Fragen, Einwendungen und Erweiterungen in Gruppengespräche überführt. Körperlicher Kontakt zum Protagonisten oder einem der anderen Spieler wurde vom Psychodramaleiter und der Gestaltungstherapeutin nicht angeboten. Die Gruppenatmosphäre reichte mit ihrer Schutz- und Stützwirkung immer aus.

Auch bei den Handlungstechniken kamen selbst kürzere Selbstgespräche nur selten vor. Das Doppeln, das auch bei uns in Ich-Form empfohlen war, wurde seltener einfühlend, etwas öfter die innere Gegenposition einnehmend, spontan von den Mitspielern übernommen. Da an unserer Abteilung im Psychodrama der Protagonist — wie bereits erwähnt — nicht im gleichen Ausmaße im Vordergrund des Geschehens stand, kam es häufiger zum Spielen ganzer, allerdings kurzer Szenen, die jeweils von den Patienten selbst besetzt wurden. Damit wurde zugleich ein genügend deutlicher Spiegeleffekt erreicht, ohne daß, wie bei der üblichen Spiegel-, judgement- und behind-your-back-Technik so sehr auf den Protagonisten gerichtete aufwühlende und konfrontative Wirkung erzielt wird. Die „multiple Doppelgängertechnik“ zur Repräsentierung verschiedener Gefühlsregungen, Einstellungen und Haltungen und zur Bearbeitung von Ambivalenzen kam gelegentlich kurzzeitig und spontan zustande, wurde aber mit Rücksicht auf das Nichtvorhandensein geübter Hilfs-Iche nicht angeregt. Ähnliche Wirkungen wie bei der multiplen Doppelgängertechnik wurden durch die kurzzeitige Rollenübernahme durch andere Spieler („Abklatschen“) — allerdings mehr auf Gehemmtheiten und Haltungen gerichtet als auf den Protagonisten — erreicht. Schließlich war auch der „Rollentausch“ den Spielern überlassen, brauchte nur selten nach einer kurzen und kaum je nach einer längeren Szene vom Psychodramaleiter angeregt zu werden. Der jeweilige Erzähler einer Begebenheit hatte die Möglichkeit, schnell andere Spieler für die Rollen zu bestimmen und sich so anfänglich herauszuhalten. Das nicht realitätsgerechte Spiel der anderen oder der ausdrückliche Wunsch der Mitspieler veranlaßte den „Urheber" regelmäßig, sowohl die eigene Rolle, als auch die seiner Kontrahenten zu übernehmen. Dieser veränderte Rollentausch erlaubte, ebenso wie der üblicherweise im Psychodrama vorgenommene, die realitätsnahe Darstellung der Szene, das Erkennen eigener Haltungen aus der Rolle des anderen, das Erspüren der Schwierigkeiten der Situation der Gegenspieler, das Agieren in einer dem Patienten sonst unerreichbaren Position und gelegentlich die spielerische Lösung der Situation. Nach mehreren Szenen wurden des öfteren — und gerade gegen Ende der klinischen Therapie — spontan Zukunftsversionen gespielt.

In den abschließenden Gruppendiskussionen wurde — wie ebenfalls bereits erwähnt — das Hauptaugenmerk auf Gehemmtheiten in bestimmten Antriebsbereichen, die dazu gehörigen Haltungen, die daraus resultierenden Erlebnis- und Erfahrungslücken, gerichtet. Das feed-back der Gruppe reichte immer aus, um besonders heftige emotionale Bewegtheiten aufzufangen. Spezielle spannungsherabsetzende Techniken oder Verfahren wurden nicht angewandt, da für alle Teilnehmer ständig die Möglichkeit bestand, das aktualisierte „psychische Material" in die analytische Gruppen- oder Einzeltherapie zu bringen.

Die von PLOEGER beschriebene *Aktivierungstechnik* (25) konnte mit Rücksicht auf die analytischen Intentionen wegen des dabei doch sehr aktiven Eingreifens des Psychodramaleiters nicht übernommen werden. Dagegen waren auch wir um eine klare Trennung von Spiel- und Diskussionsphase bemüht.

In der hier geschilderten Form war das Psychodrama ein wichtiges und die Gesamtbehandlung in wertvoller, manchmal ausschlaggebender Weise bereicherndes therapeutisches Instrument.

Literaturverzeichnis

1. CLAUSER, G.: Märchen als Rollenspiel. In: Arzt im Raum des Erlebens, München 1959.
2. Ders.: Gestaltungstherapie. In: Praxis der Psychotherapie, 5, 268 (1960).
3. Ders: Lehrbuch der biographischen Analyse. Stuttgart 1963.
4. DÜHRSSEN, A.: Psychogene Erkrankungen bei Kindern und Jugendlichen. Göttingen 1965.
5. FRANZKE, E.: Gestaltningsterapins betydelse i aktiv klinisk psykoterapi. In: Nord. Psykiatr. Tidskrift, Bd. 20 (1966).
6. Ders.: Klinisk psykoterapi vid neuroser och psykosomatiska sjukdomar. In: Sv. Läkartidning 64:5212 (1967).
7. Ders.: Einsichtsvermittlung in neurotisch fixierte Fehlhaltungen durch kombinierte verbale, gestalterische und übende Verfahren. In: 4. Internat. Gruppentherapiekongress, Wien 1968.
8. Ders.: Zur Indikation gestalterischer Verfahren in der analytischen Psychotherapie. In: Z. f. Psychosomatische Medizin und Psychoanalyse (im Druck).
9. FROMM, E.: Märchen, Mythen, Symbole. New York 1951.
10. GÖPPERT, H.: Die menschliche Reifung im Bild der Mythen und Märchen. Vortr. in Lindauer Psychotherapiewochen 1963 und 1971.

11. HEIGL, F.: Persönlichkeitsstruktur und Prognose. In: Z. f. Psychosomat. Med. und Psychoanalyse 10 (1964).
12. HEIGL-EVERS, A.: Die Gruppe unter sociodynamischem und antriebspsychologischem Aspekt. In: PREUSS: Analytische Gruppenpsychotherapie, München/Berlin/Wien 1966.
13. HORETZKY, O.: Das gezielte Pantomimenspiel in der Gruppenpsychotherapie. In: Topic. Problem. Psychoth. 4, Basel/New York 1963.
14. Ders.: Die Pantomime als Methode der Gruppenpsychotherapie. In: Z. f. Psychoth. u. med. Psychol. 15 (1965).
15. JONES, M.: The Therapeutic Community. New York 1953.
16. JUNOVA, H. u. KNOBLOCH, F.: Psychogymnastik als eine Methode der Psychotherapie. In: Praxis d. Psychotherapie 11 (1966).
17. LEUTZ, G. A.: Die Soziometrie in ihrer Beziehung zum Psychodrama. In: Ber. 2 Int. Kongr. Gruppenpsychoth. Zürich 1957, Teil 2, Basel 1959.
18. Dies.: Psychodrama, eine Form der Gruppenpsychotherapie. In: 7: e Vidareutbildningskursprotokoll i Psykiatri, Hrsg. FRANZKE, Växjö 1970, Schweden.
19. MAAS, H.: Theorie und Praxis der Gestaltungstherapie in der Psychosomatischen Klinik. In: Beiträge zur inneren Med., Stuttgart 1964.
20. MORENO, J. L.: Gruppenpsychotherapie und Psychodrama. Stuttgart 1959.
21. Ders.: Das Psychodrama. In: Handb. d. Neurosenlehre und Psychoth. BD IV, München 1959.
22. PETZOLD, H.: Some Important Techniques of Psychodrama. In: Protokoll ang. 7: e Vidareutbildningskursen i psykiatri, Hrsg. FRANZKE, Växjö 1970.
23. Ders.: Bibliographie zur Gruppentherapie und zum Psychodrama. In: Z. f. Prakt. Psychol., Bd. V., H. 8, 454 (1970).
24. PLOEGER, A.: Das Psychodrama als Therapieform in der Klinik. In: Analytische Gruppenpsychotherapie, Hrsg. PREUSS, München 1966.
25. Ders.: Die Aktivierungstechnik. In: Praxis der Psychoth. XIV (1969).
26. RIEMANN, F.: Grundform der Angst. München/Basel 1961.
27. Ders.: Die Struktur des Analytikers und ihr Einfluß auf den Behandlungsverlauf. In: Fortschritte der Psychoanalyse 1, Göttingen 1964.
28. SCHULTZ-HENCKE, H.: Der gehemmte Mensch. Stuttgart 1947.
29. Ders.: Lehrbuch der analytischen Psychotherapie. Stuttgart 1951.
30. SCHULZE, R.: Psykodrama, Stockholm 1957.
31. SCHWIDDER, W.: Neopsychoanalyse. In: Handb. d. Neurosenlehre u. Psychoth., München 1959.

Psychodrama und therapeutische Gemeinschaft

B. Seabourne, St. Louis

Um eine therapeutische Gemeinschaft zu schaffen, müssen Veränderungen in der herkömmlichen Struktur eines Krankenhauses vorgenommen werden. MAXWELL JONES hat die Probleme des Überganges von einem traditionellen medizinischen Modell zu einem sozialen Lern-Behandlungsmodell dargestellt. Unsere Arbeit wird Methoden vorstellen, die einen solchen Übergang erleichtern, und die in der Entwicklung einer wirkungsvollen therapeutischen Gemeinschaft angewandt werden können. Diese Methoden schließen die Verwendung von szenischem Spiel und anderen strukturierten Interaktionstechniken im Sinne des triadischen Psychodramas (SCHÜTZENBERGER, PETZOLD) für Bereiche, die für eine erfolgreiche therapeutische Gemeinschaft äußerst wichtig sind, ein:

Einstellungsänderung, Kommunikations- und Perzeptionstraining, Übung in Entscheidungsprozessen. Der Schwerpunkt unserer Studie ist in der Beschreibung des Erfahrungstrainings *(experiencial training)* innerhalb der „psychodramatischen T-Group" zu sehen. Vorausgestellt wird eine Diskussion der Methoden, durch die das Klinikpersonal mit den vorgeschlagenen Änderungen des Behandlungsmodells vertraut gemacht wird.

I. Einführung des Klinikpersonals (staff) in die therapeutische Gemeinschaft

Jede Veränderung eines Behandlungsmodells wird unter dem Klinikpersonal einige Befürchtungen auslösen. Ganz gleich wie die Veränderung angekündigt wird, kann zur anfänglichen Orientierung sofort die Methode des *social learning* angewandt werden. Wenn das Personal erkennt, daß eine Veränderung bevorsteht, wird es Informationen über den neuen Ansatz wünschen und eine Gelegenheit benötigen, seine Einstellung zu den Veränderungen zum Ausdruck zu bringen.

Die Autorin wendet eine einführende Folge von Sitzungen an, die Informationsvermittlung und Erfahrungslernen in sich vereinigen. Diese Folge hat zwei Abschnitte: einen verbalen und einen psychodramatischen. Abschnitt eins besteht aus zwei Sitzungen, die sich beide mit den Unterschieden zwischen dem medizinischen Behandlungsmodell und dem der therapeutischen Gemeinschaft beschäftigen.

Sitzung eins benutzt einen Text (siehe Anhang A), der einige Hauptunterschiede zwischen beiden Modellen aufführt. Er wird vorgelegt und kurz durchgelesen. Dann werden Untergruppen gebildet, die die beiden Modelle gründlich durchdiskutieren und einander ihre Ansichten über die beiden Formen und über den Übergang von einer zur anderen mitteilen. Die Untergruppen geben dann der ganzen Gruppe eine Zusammenfassung über die wesentlichsten Ansichten.

Sitzung zwei ist mehr persönlicher Art. Das Personal wird gebeten, in einer Liste Dinge anzuführen, die es auf einer psychiatrischen Abteilung für wichtig hält. Diese können Materialien (z. B. Schlösser), Verfahren oder Programme sein. Darauf werden Untergruppen gebildet, denen eine weitere Kopie des papers ausgehändigt wird, das in der letzten Sitzung benutzt wurde. Jede Untergruppe wird aufgefordert, anhand ihrer Liste jedem Mitglied behilflich zu sein herauszufinden, welches Behandlungsmodell am stärksten in seiner Liste wiedergespiegelt wird. Sie werden gebeten, keine Urteile über den Wert oder Unwert abzugeben, sondern vielmehr einander bei der Identifikation der eigenen Einstellung zu helfen. Das Ziel dieser Sitzung ist es, das Personal durch Diskussionen über die beiden Modelle zu unterrichten und ihm zu helfen, den Blick auf seine eigene Einstellung zu lenken. Indem es eine Vorstellung von den Unterschieden zwischen den beiden Modellen bekommt, wird ihm die Möglichkeit zu einer spezifizierteren Reaktion auf die Veränderung gegeben.

Der zweite Abschnitt beinhaltet die Anwendung von Psychodrama in der Exploration von Ängsten, Phantasien und Erwartungen auf Seiten des Personals. Das erleichtert nicht nur die aktive Kommunikation von Gefühlen, sondern hat kathartischen und angstreduzierenden Effekt. Manchmal führt z. B. die Schilderung des „wie es sein wird", etwa aus der Phantasie eines verängstigten alten Wachpersonal-Mitgliedes, zu einem Bild von äußerster Schrecklichkeit. Es kann vorkommen, daß Leute schreien, herumlaufen und das Personal überrennen. Das geschieht vor allem dann, wenn die Spieltechnik: „das Schlimmste, was passieren kann" verwandt wird. Indem die größte erdenkliche Angst durchgespielt und diskutiert wird, läßt die Spannung nach. Die Gruppe hat entdeckt, daß es erlaubt ist, alles zu sagen. Aus irgendeinem Grunde genießen es Personalgruppen oft lebhaft, sich in Szenen über „das Schlimmste, was passieren kann" hineinzuwerfen. Daran sieht man, daß das Personal seine eigenen Ängste vor der Veränderung nicht nur mit gewissem Humor betrachtet, sondern auch versucht, die Ängste durch Überakzentuierung zu entschärfen und zu kompensieren.

II. Einleitung der T-Gruppe: Strukturiertheit versus Unstrukturiertheit

Viele haben die irrige Auffassung, daß T-Groups unstrukturiert sein müßten oder sollten, um Erfahrungslernen zu ermöglichen. Oft werden Gemeinschaftssitzungen in ähnlicher Weise aufgebaut, im guten Glauben, daß die Errichtung eines Systems, das soziales Lernen ermöglicht, genügt, um sicherzustellen, daß auch tatsächlich gelernt wird. Die Autorin möchte als Trainer mit diesen Vorstellungen Schluß machen und schlägt die Verwendung von Psychodrama-Strukturen sowohl für T-Gruppen als auch für Gemeinschaftssitzungen, die in ihrer Art sehr ähnlich sind, vor. Die Verfechter der unstrukturierten T-Gruppe haben offensichtlich das Wort „Struktur" nur mit akademischem oder kognitivem Lernen in Verbindung gebracht. Anscheinend glauben sie auch, daß Struktur gegen die Freiheit der Wahl und Verantwortlichkeit in einer Gruppe verstößt. Das Psychodrama, in den zwanziger Jahren von J. L. MORENO begründet, lieferte das ursprüngliche Modell für Erfahrungslernen. Es ist eine Methode, bei der Strukturierung verwendet wird, um Erfahrungslernen zu erleichtern, indem die Ziellosigkeit vermindert und die Wahlfreiheit und der Spielraum in der Gruppe vergrößert werden. Das Psychodrama, wie es hier verwendet wird, entspricht nicht den inszenierten, protagonist-zentrierten Sitzungen, sondern eher einer aktionalen Annäherung an Erfahrungslernen, im Sinne des triadischen Psychodramas (SCHÜTZENBERGER, PETZOLD). Das Fehlen einer Struktur, vor allem am Anfang einer T-Gruppe, legt zwar die ganze Verantwortung in die Hände der Gruppe, aber birgt das Risiko, das untaugliche Methoden und Verhaltensmuster erlernt werden. Gruppenmitglieder können z. B. lernen, daß man in T-Gruppen nur akzeptiert wird, wenn man meint, daß „Mitgerissensein" eine Art ist, Feedback zu geben. Untaugliche Kommunikationsmuster können sich in fataler Weise ausbilden und das Selbstbild der Teilnehmer kann auf der Basis einer derartig verzerrten Kommunikation negativ modifiziert werden. Eine unstrukturierte T-Group mag sehr heilsam für jemanden sein, aber es ist wahrscheinlich, daß schlechte und effektive Kommunikationsmuster auftauchen, ohne klar voneinander getrennt zu werden. Von daher wird es für ein Gruppenmitglied schwer sein, aus seiner positiven Erfahrung die spezifischen Fähigkeiten herauszuarbeiten, die es für eine Übertragung des Gelernten auf sein Leben außerhalb braucht. Es ist sehr wichtig, daß das Erfahrungslernen ganz spezifische und praktische Fähigkeiten vermitteln muß, wenn man das Personal auf die Einrichtung einer Therapeutischen Gemeinschaft und die Patienten auf ein effektives Leben außerhalb der Klinik vorbereiten will.

In dem hier vorgestellten Trainingsplan wird empfohlen, am Anfang sehr stark zu strukturieren, um die Gruppen auf offene T-Groups vorzubereiten, die weniger strukturiert sind (oder sogar unstrukturiert, wenn einmal eine effektive Kommunikation etabliert ist). Die ersten vier oder fünf Stunden einer T-Group sollten für *Human Relations Exercises* verwendet werden. Diese Übungen kommen aus dem Bereich des Sensitivity Trainings, sind aber vom Konzept her im wesentlichen psychodramatisch. Es sind kleine, strukturierte Aufgaben, die in Paaren, Untergruppen oder in der ganzen Gruppe ausgeführt werden. Es sind Aufgaben, die erstens den Mitgliedern zeigen, was Erfahrungslernen eigentlich ist, zweitens ein Programm einleiten, Gefühle sich selbst gegenüber und Reaktionen auf andere zu identifizieren und diese Gefühle zu einem Teil des Gruppenbestandes zu machen, und drittens ein allmähliches warm-up darstellen, um emotionale Beteiligung zu fördern.

Die Aufgaben werden rasch und zeitlich begrenzt durchgeführt und erfordern körperliche Bewegung. Jeder erlebt viele verschiedene Personen in kurzen Interaktionen. Nach jeder Übung sollen die Mitglieder mit ihrem Partner über die erlebten Gefühle sprechen und dem Partner *Feedback* geben, wie und was sie in bezug auf ihn erlebt haben. Es werden systematisch verschiedene Gefühle angesprochen, die in ihrer Intensität abgestuft sind. Im folgenden sind einige Übungen als Beispiele aufgeführt:

Für die Erfahrung von Vertrauen, Abhängigkeits- und Unabhängigkeitsgefühlen kann man den *„blind or trust walk"* verwenden. Einer Person werden die Augen verbunden und sie wird eine halbe Stunde lang von ihrem Partner geführt. Sprechen ist auf notwendige Äußerungen beschränkt. Wenn die Zeit vorbei ist, werden die Plätze getauscht, so daß jeder einmal führt und geführt wird. Anschließend besprechen die beiden Partner ihre Gefühle und geben einander Feedback. Es ist ganz nützlich vorzuschlagen, daß sich die Teilnehmer mit jemandem zusammentun, dem sie nicht voll vertrauen. Zur Herbeiführung einer Konfrontation ist die „Kraftprobe" eine wirkungsvolle Übung. Zwei Partner halten sich mit ausgestreckten Armen die Hände; sie werden aufgefordert, gegenseitig ihre Kräfte zu messen, indem sie gegeneinanderdrücken. Nach fünf Minuten besprechen sie miteinander ihre Gefühle, wie sie den anderen wahrgenommen haben und ihre persönliche Reaktion auf seinen Stil. Für die Diskussion werden nicht mehr als sieben Minuten gegeben.

Für verbales *sharing* werden Zehn-Minuten-Sitzungen zwischen Partnern abgehalten. Sie erhalten die Instruktion, ihren Partner an zwei Wesenszügen von sich selbst teilhaben zu lassen, die sie als Vorzüge betrachten, und an zweien, die sie als Mängel ansehen.

Zum Bericht und zum Zuhören sitzen die Partner Rücken an Rücken. Eine Person teilt fünf Minuten dem anderen, der nur zuhört, etwas von sich mit. Danach werden die Rollen getauscht. Anschließend trifft sich die ganze Gruppe. Nun stellt sich jeder der Gruppe vor und zwar in der Rolle seines Partners und versucht dabei, das Material und den Stil des anderen zu verwenden. Am Ende wird etwas Zeit gegeben, um Verzerrungen richtigzustellen.

Dies sind einfache Beispiele für *Human Relations Training*, die man verwenden kann, um eine T-Group einzuleiten. Sie vermeiden die Irrtümer, die entstehen können, wenn man mit einer unstrukturierten T-Group beginnt. Eine unstrukturierte T-Group tendiert dazu, einen Handlungsstoff zu suchen. Dabei kann es vorkommen, daß man Teilnehmer, die beginnen, etwas von sich mitzuteilen, analysiert und auseinandernimmt oder in Intellektualisieren hineingerät, bis viele Angst haben, etwas freiweg auszusprechen. Die Muster, die in den „Agonien" einer unstrukturierten Gruppe entstanden sind, können unter Umständen lange nicht gelöscht werden. Das Resultat: Während dieser Zeit werden viele Teilnehmer unnötig erschreckt, gelangweilt oder frustriert.

III. Kommunikationstraining: Die psychodramatische T-Group

Die zwei wesentlichsten Abweichungen der Therapeutischen Gemeinschaft von der Tradition des medizinischen Modells sind wahrscheinlich in der Betonung der individuellen Verantwortlichkeit für sich selbst und für die Gruppe zu sehen und darin, daß Beziehungen zwischen Personen wichtiger sind als zwischen Rollen. Dies wird ganz klar bei den Gemeinschaftstreffen gezeigt. Die wesentlichen Punkte dieser Treffen sind a) Problemlösen bei Verfahrens- und Organisationsfragen oder bei Fragen, die sich auf Personen in der Gemeinschaft beziehen und b) Bewerkstelligung des Gemeinschaftslebens. In diesen beiden Gebieten wird jeder Person Verantwortung auferlegt, sie wird gehalten, sich aktiv am Entscheidungsprozeß zu beteiligen und ihre eigenen Reaktionen beizutragen, um das Wachstum der anderen und der Gemeinschaft zu erleichtern. Diese letztgenannte Aufgabe erfordert die Bereitschaft und die Fähigkeit, Feedback zu geben und anzunehmen. Wir wissen, daß Verantwortlichkeit am besten angenommen wird, wenn die einzelnen spüren, daß ihre Beiträge für andere hilfreich sind und für sie selbst persönlich befriedigend.

Es ist jedoch nicht ungewöhnlich für therapeutische Gemeinschaften, die keine gezielte Trainingsphase haben, daß sie sich monatelang durch frustrierende und fruchtlose Interaktionen quälen, durch entstellte Kommunikation, durch sträfliche Aufrechterhaltung alter Personal-Patient-Muster und durch die „Agonien" einer Gruppe, die von Grund auf den Eindruck hat, daß Feedback strafend oder verunsichernd ist, oder die einfach nicht weiß, wie sie die Treffen so arrangieren kann, daß sie zur Konzeption der therapeutischen Gemeinschaft passen. Eine Einstellung, die aufrichtige Kommunikation hochschätzt, muß in der Regel beim Klinikpersonal erst geschaffen werden.

Es gibt ganz spezifische Feedback-Fähigkeiten, die den Unterschied zwischen konstruktiven und destruktiven oder ineffektiven Gruppenmustern ausmachen können. Wenn diese einmal vom Personal in einer Weise, die zu persönlichem Weiterkommen und zu sinnvolleren Beziehungen führt, durch Erfahrung gelernt worden sind, verschwindet allmählich die Angst vor dem Feedback.

IV. Feedback-Fähigkeiten und Psychodrama

Konstruktives Feedback ist eine Kommunikationsform, die einer anderen Person offen Information darüber gibt, wie sie gesehen wird und dies in einer Weise tut, die andere dazu befähigt, aus dieser Information etwas für sich zu machen; das heißt, daß die mitgeteilten Informationen nicht mit versteckten Folgerungen, Verwicklungen oder Nebenbotschaften belasten sein sollen. Z. B.

unbelastet: „das langweilt mich, wenn Sie so lange sprechen";

belastet: „Sie sollten nicht so viel sprechen und die Aufmerksamkeit die ganze Zeit auf sich ziehen."

Eine komplexe, verschlüsselte Kommunikation ist verwirrend und sinnlos und was am wichtigsten ist, sie kann gegen die Würde, Rechtschaffenheit und das Wollen des anderen verstoßen und ist nicht ganz vertrauenswürdig. Sie läßt eine „unsichere" Atmosphäre in der Gruppe entstehen und kann eine Sieger-Verlierer-Einstellung im Bezug auf Interaktionen erzeugen. Klinikpersonal tendiert besonders zu bewertenden und daher trennenden Feststellungen. Dies sind Mitteilungen, die ganz subtil oder auch drastisch implizieren, was der andere tun oder lassen, denken oder fühlen soll. Einige davon sollen vielleicht helfen („jeder in der Gesellschaft hat dieses Problem"), Einsicht vermitteln („vielleicht hacken Sie auf Mary herum, weil Sie Frauen nicht mögen"), oder raten („glauben Sie wirklich, daß es sinnvoll ist, so zu handeln") — das letzte Beispiel ist nicht nur ein Urteil, sondern es ist auch besonders unaufrichtig, weil hier eine Meinung als Frage verpackt ist. Die erwartete Antwort wird den Standpunkt des Fragers „beweisen". Durch solche Kommunikation entwickeln sich Überdruß, Gewinner-Verlierer-Einstellung oder „Einer bleibt übrig"-Wettkämpfe in einer Gruppe. Es ist aufrichtig, einfach zu sagen, „ich glaube nicht, daß es sinnvoll ist, sich so zu verhalten, weil es mich irritiert". Es ist konstruktiver, weil es zugegebenermaßen die Sicht des Sprechers darstellt (im Gegensatz zu einer Wertung durch eine

Autorität) und den anderen nicht in eine Verteidigungshaltung bringt oder seine Stellung einschränkt. Man spricht zur Person, nicht von obenherab zu einem Patienten, einer Person, die eine Meinung hat und eine Reaktion von einem anderen Individuum erhalten will.

Ein psychodramatisches Doppel kann Irrtümer in der Kommunikation der Gruppe mit einer kurzen Intervention korrigieren. Wenn z. B. eine Fangfrage gestellt wird, kann es doppeln: „Ich habe dazu tatsächlich eine Meinung" oder „ich möchte meinen Standpunkt beweisen" und dadurch die Interaktion auf ein offeneres, aufrichtigeres Niveau bringen. Personal, das füreinander bei Kommunikationsfehlern in der Trainingsgruppe doppelt, wird diese Fehler bei Gemeinschaftstreffen wahrscheinlich nicht mehr machen.

Konstruktives Feedback sollte immer als persönliche Ansicht dargestellt werden. Feedback als persönliche Wahrnehmung darzustellen, ist wahrscheinlich die schwierigste und wichtigste Fähigkeit, die das Personal im Setting einer therapeutischen Gemeinschaft lernen muß. Es ist äußerst schwer, Rollendistanz aufrecht zu erhalten, wenn man sich persönlich äußert.

Feedback sollte deskriptiv und illustrativ sein, so daß der Empfänger genau verstehen kann, was gemeint ist. Es sollte an den beabsichtigten Empfänger gerichtet sein, nicht an die Gruppe oder die Decke oder an irgendjemand anderes. JONES hat das Problem von T-Group-Sitzungen mit Klinikpersonal, wo Feedback zu Sticheleien und Anschwärzen benutzt wird, erörtert, z. B. wenn Joe die Gruppe oder den Arzt ansieht und sagt „Tom hat meinen Kaffee genommen". Wenn Joe Tom ansieht und sagt: „Du hast meinen Kaffee genommen", verschwindet dieser Aspekt einer versteckten Spitze, sondern es wird ein Problem vor die Gruppe gebracht. Betrachten wir in diesem Zusammenhang den psychodramatischen Rollentausch: Schon von seiner Struktur her muß er personbezogen, genau beschreibend und an den anderen gerichtet sein, der die getauschte Rolle spielt. Auch die psychodramatische Spiegeltechnik forciert von ihrer Struktur her die Erfordernisse eines konstruktiven Feedbacks.

Beim Feedback sollte man auch auf die Exaktheit der Wahrnehmungen achten. In den meisten T-Groups und *communication therapy models* wird Paraphrasieren benützt, um sicherzugehen, daß das Feedback genau verstanden wurde, ob es nun angenommen wird oder nicht. Dies geschieht dadurch, daß der Teilnehmer, der Feedback erhalten hat, es erneut dem, der es gegeben hat, ausdrückt, um sicherzugehen, daß das, was er gehört hat, tatsächlich das war, was gesagt wurde. Das Konzept der Paraphrasierung und des Feedbacks wurde zum ersten Male ausführlich von MORENO diskutiert. Es ist eine der wesentlichsten Funktionen des Rollentausches. Rollentausch ist noch effektiver als verbale Paraphrasierung, weil nicht nur die Worte erneut ausgedrückt werden, sondern auch die im Tonfall liegenden und nonverbalen Botschaften. Eine psychodramatische T-Gruppe bringt gerade genug Struktur in eine verbale T-Gruppe, um Lernen zu erleichtern und effektive Interaktionsmuster in der Gruppe zu errichten. Die den jeweiligen Erfordernissen entsprechende Verwendung von Rollentausch, Spiegeln und anderen aktionalen Feedback-Techniken bereichert die T-Group, ohne gegen ihre Autonomie zu verstoßen. In der anfänglichen Trainingsphase ist ein psychodramatisch versierter Trainer nötig. Später braucht man ihn für *„refresher workshops"*, die vielleicht mit der ganzen Gemeinschaft soziodramatisch durchgeführt werden. Die Notwendigkeit eines Leiters verringert sich jedoch, je effektiver die Gruppe funktioniert. Dies alles ist nicht mit der psychodramatischen Arbeit auf der Bühne gleichzusetzen, sondern ein Verfahren, eine Atmosphäre aufzubauen, in der jedes Mitglied ganz natürlich und bequem zu sagen vermag: „laß mich für eine Minute Du sein" und die Rollen tauschen kann. Dasselbe gilt für jede andere aktionale Intervention. Diese werden dann genauso vertraut wie verbale Statements.

V. Psychodramatische Verdeutlichung (literalisation) und Interaktionsprobleme

Viel am Psychodrama beruht auf konkretisierender Darstellung. Sie macht Impliziertes deutlich. Viele Encounter- und T-Group-Trainer verwenden die Verdeutlichung (literalisation) – vielleicht ohne zu realisieren, daß das Psychodrama ist, – um Gefühle oder Situationen zu klären oder um Gruppenprobleme zu lösen. Oft sind in solche Konstellationen zwei Teilnehmer verwickelt, die sich voneinander distanzieren und nonverbal interagieren. Ihre Gefühle sollen konkret „gezeigt" werden. Wenn zwei Teilnehmer sagen, daß eine „Wand" zwischen ihnen sei, wird die Wand als tatsächliche Wand beschrieben, die repräsentativ für ihre Situation ist, und kann durch einen Stuhl oder durch ein anderes Gruppenmitglied dargestellt werden. Dies ist reines Psychodrama. Wenn im Psychodrama zum Beispiel jemand „niedergeredet" wird, wird die überlegene Person gebeten, sich auf einen Stuhl oder auf einen Tisch zu stellen, so daß die zugrundeliegende Einstellung dargestellt wird. Dies geschieht auch in einer psychodramatischen T-Group, bzw. im *triadischen* Psychodrama (SCHÜTZENBERGER, PETZOLD), wenn die überlegene Person bereit ist, ihre Beziehung zu der anderen zu explorieren. Es geschieht nicht, um die Aufmerksamkeit auf einen Protagonisten zu fokussieren, sondern es veranschaulicht die Art der Kommunikation und der Beziehung. Die verbale Interaktion wird von dieser Position aus fortgeführt und der Dialog kann offener und gründlicher geführt werden. Wenn in diesen Positionen Unbehagen verspürt wird, so macht die *Literalisation* dem Teilnehmer immer deutlicher bewußt, daß irgendetwas geschehen muß, um die Beziehung zu verändern.

Ein anderes Beispiel von Literalisation findet man in der sehr nützlichen *„Breaking In"* oder *„Breaking Out"-Übung*, die von SCHÜTZ für *encounter groups* vorgeschlagen wird. Sie wird verwendet, wenn ein Gruppenmitglied sich als „außerhalb" der Gruppe empfindet, aber hinein will oder unschlüssig ist, ob es hinein will oder nicht. Die Gruppe bildet einen engen Kreis, der den betreffenden Teilnehmer ausschließt. Er muß sich seinen Weg hinein erkämpfen, während die Gruppe, die ihre Gefühle als eine geschlossene Gruppe darstellt, darum kämpft, zusammenzubleiben. Der Außenstehende muß buchstäblich seinen Weg in die Gruppe hineinbrechen. Diese aktionale Übung zeigt dem einzelnen und der Gruppe das Ausmaß seiner Gefühle, und daß ein gewisses Maß an Aktion und Engagement von ihm gefordert wird, um ein Gruppenmitglied zu werden. Die Erfahrung selbst kann eine Beziehung zur Gruppe verändern, dadurch, daß sie befähigt, zur Gruppe auf einem bestimmten und direkten Weg Beziehungen aufzunehmen.

Diese Beispiele von psychodramatischen Ansätzen in T-Group-Interaktionen verdeutlichen die Arbeitsweise psychodramatischer T-Groups bzw. triadischem Psychodrama. Aktionale und verbale Ansätze bilden eine Symbiose in der psychodramatischen T-Group, die die Gemeinschaft bereichert.

Die T-Group, genauso wie die so ähnlichen Gemeinschaftstreffen, provoziert individuelle Gruppenverantwortlichkeit. Wir haben festgestellt, daß unstrukturierte T-Groups oft die Entwicklung einer effektiven Gruppenarbeit behindern. Allerdings kann eine forcierte Strukturierung die Gruppe genauso beeinträchtigen. Strukturierung sollte nur sehr überlegt induziert werden, nicht grundlos.

VI. Andere aktionale Wege um Feedback zu lehren

Folgende Methoden können in der T-Gruppe verwendet werden, um Feedback zu erleichtern und zu praktizieren durch die Verwendung einiger ganz strukturierter Sitzungen, die ihrer Art nach aktional sind und die Feedback-Fähigkeiten forcieren und trainieren.

a) Das Handlungs-Soziogramm (SEABOURNE)

Das Action-Soziogramm ist das physische Arrangement der Gruppe durch ein Mitglied, das die Perzeption seiner Beziehungen zu jedem anderen verdeutlicht. Wenn es jeden so aufgestellt hat, wie es der Perzeption seiner Gefühle ihm gegenüber entspricht, reagiert jeder Teilnehmer und kann die Wahrnehmung korrigieren. Die Interaktionen sollten direkt zwischen ihm und der Person geschehen, die auf seine Darstellung reagiert. Kliquen und Parteien können gleichermaßen Gegenstand eines Action-Soziogramms sein.

b) Behind-the-Back-Feedback (CORSINI, PETZOLD)

MORENO hat diese Methode als Möglichkeit konzipiert, Feedback so zu geben, daß es für die Gruppe und den Protagonisten weniger bedrohlich ist, als *face-to-face feedback*. Das geht einfach so vor sich, daß der Protagonist symbolisch den Raum „verläßt", (indem er z. B. seinen Stuhl umdreht). Danach spricht die Gruppe offen über ihn, und zwar sowohl positiv wie negativ.

c) Feedback decision making sessions (Feedback durch Gruppenentscheidung, SEABOURNE)

Die „Kontenkarten" – sie geben bekanntlich über Aktiva und Passiva Aufschluß – sind ein Spiel, das von der Autorin entwickelt wurde. Jeder füllt eine Karte aus, auf der steht: „was mir an meiner Persönlichkeit am meisten gefällt, ist ..." und eine, auf der steht: „was mir an meiner Persönlichkeit am wenigsten gefällt, ist ...". Die Handschrift wird verstellt. Alle positiven Items werden auf den Boden gelegt. Die Gruppe muß nun nach strengen Regeln entscheiden, wer jede Karte geschrieben hat. Der Schreiber selbst verrät nicht, daß er der Autor ist. Wenn die Gruppe jemandem eine Karte zuspricht, muß sie von jedem einzelnen eine Begründung über die Annahme hören, daß man den und den Teilnehmer für den Schreiber hält. Die Karte wird dann durch Mehrheitsentscheidung zugeteilt. Wenn alle Karten vergeben sind, geschieht dasselbe für die negativen Feststellungen. Anschließend liest jeder vor, was ihm von der Gruppe zugesprochen wurde.

Wenn alle durch sind, sucht jeder seine eigenen Karten vom Boden. Diese werden dann vorgelesen. Dasselbe geschieht auch mit den negativen Karten.

Dieses Spiel forciert Feedback, zeigt den Mitgliedern, wieweit die anderen sie wirklich kennen und ermöglicht *sharing*.

Eine sehr gespannte Gruppe kann man zunächst nur positive Karten schreiben lassen, so daß das gesamte Feedback positiv ist.

d) Feedback Cards (SEABOURNE)

Ein ähnliches gleichfalls von der Autorin entwickeltes Verfahren sind die „Feedback Cards". Der Trainer fertigt Karten mit deskriptiven und meist komparativen Sätzen an, wie z. B. „am meisten Humor", „am leichtesten verletzt", „am schwersten zusammen zu leben". Es werden ungefähr 25 Karten angeboten. Nach den Regeln muß jeder seine Meinung darüber abgeben, wer die Karten erhalten soll und ebenso eine Erklärung, warum er gerade diese Person ausgesucht hat. Dabei sollte die ausgewählte Person direkt angesehen und angesprochen werden. Die Mehrheit entscheidet, wer die Karte erhält. Am Ende der Sitzung werden die Reaktionen derer, die die Karten erhalten haben, angehört und diskutiert.

e) Spektrogramme (KOLE, PETZOLD, SIEPER)

Ein Spektrogramm besteht aus zwei definierten Polen, die etwa durch zwei Stühle im Abstand von vier Metern symbolisiert werden. Zwischen ihnen werden mit Kreide Markierungen eingetragen, so daß eine Skala entsteht. Auf dieser Skala können sich die Teilnehmer placieren. Sind die Pole z. B. mit den Werten „Sicherheit/Unsicherheit" definiert und durch ein Kriterium spezifiziert, z. B. „über sich in der Gruppe zu sprechen", so sind drei Verfahrensweisen möglich. Jeder Teilnehmer placiert sich auf der Skala an der Stelle, an der er zu stehen glaubt *(reales Spektrogramm)*. Über diese Darstellung der Selbstperzeption hinaus geht das *ideale Spektrogramm*, bei dem sich der Teilnehmer auf der Skala die Stelle gibt, an der er sich gerne sehen würde. Schließlich wird jedes Gruppenmitglied von jedem einzelnen anderen Teilnehmer gemäß seiner individuellen Perzeption auf der Skala placiert, wobei immer eine Begründung gegeben werden muß, warum dem Protagonisten die jeweilige Stellung zugewiesen wurde. Bei diesem Verfahren des *„perzeptionellen Spektrogrammes"* kommt es oft zu einer Konfrontation zwischen Selbst- und Fremdwahrnehmung, wenn nämlich die Skalenwerte des realen und perzeptionellen Spektrogramms sehr unterschiedlich sind. Auf diese Weise gelangt die Gruppe zu offenen Gesprächen und die Teilnehmer erhalten die Möglichkeit, ihre Beziehungen zueinander und zur Gruppe spektrometrisch zu explorieren. Die Möglichkeiten des Verfahrens, das von PETZOLD sehr detailliert entwickelt wurde, sind so vielfältig, wie die Definitionsmöglichkeiten, die für die spektrometrischen Pole gefunden werden können.

f) Rollentraining

Entsprechend dem traditionellen Rollentraining im Psychodrama (CORSINI) kann man die Fähigkeit, Feedback zu geben und zu erhalten, lehren. Übungen zu Spontaneität können dafür verwendet werden mit einer Betonung des Feedback am Ende der Übungssituation. Ein Rollenspiel, das hauptsächlich auf nichtautoritäre Interaktionen abzielt, kann in Patient-Pfleger- und in Pfleger-Pfleger-Situationen verwendet werden. Es können Untergruppen gebildet werden mit jeweils drei Spielern und zwei Beobachtern, ähnlich wie im intensivierten Rollenspiel (PETERS/PHELAN, PETZOLD).

Auf diese Weise kann jeder alle Positionen durchspielen. Der Mitspieler und die Beobachter sollten dem Mitglied des Pflegepersonals Feedback über seinen Interaktionsstil geben. Vor allem sollte darauf geachtet werden, daß versucht wird, „eher man selbst zu sein als die Rolle", und daß auf eine Art der Interaktion Wert gelegt wird, die nicht Abhängigkeit forciert oder hauptsächlich auf die Krankheit gerichtet ist. Ein alter Pfleger aus dem Wachpersonal wird solche Sitzungen besonders brauchen.

g) Ein Nachmittag Human Relation Exercises mit der ganzen Gemeinschaft

Dieses Vorgehen gibt dem Personal nicht nur direkte Erfahrung mit Patienten, sondern trainiert auch die Patienten selbst. Es trägt dazu bei, die Unterschiede zwischen Pflegern und Patienten zu verringern. Die Kohäsion wird erhöht.

VII. *Aufgaben, um Fähigkeiten in Entscheidungsprozessen zu üben (Decision Making Skills, Experiencial Tasks)*

Da die Fähigkeiten für Feedback und zu affektiver Kommunikation *(sharing)* im allgemeinen für das Personal schwerer zu erlernen sind als für Patienten, (obwohl es auch für Patienten schwer sein kann, dem Personal aufrichtiges Feedback zu geben), haben wir uns vor allem auf Gruppentraining für Personal und die Erweiterung der Techniken eingestellt, die vom Personal in die Gemeinschaftstreffen hineingetragen werden können. Trainingssitzungen für „Entscheidungfällen" sollten jedoch mit der ganzen Gemeinschaft veranstaltet werden, da oft weder das Personal noch die Patienten viel über den Prozeß, der zu gemeinschaftlichen Übereinstimmungen führt, wissen und da Patienten ein besonderes Training brauchen, um zu lernen, daß sie selbst als ein Teil der Gemeinschaft zu betrachten sind, der Entscheidungen fällt.

Obwohl nicht alle Entscheidungen einstimmig getroffen werden, baut die therapeutische Gemeinschaft auf den Glauben an den Wert von einstimmigen Entscheidungen auf. Die Richtlinien des Konsensus sind folgende: jeder ist sich selbst und der Gruppe gegenüber dafür verantwortlich, daß er nur Entscheidungen zustimmt, mit denen er wenigstens in etwa übereinstimmen und leben kann. Die Gruppenmitglieder sollten es als konstruktiv und nicht als destruktiv ansehen, wenn verschiedene Meinungen bestehen. Sie sollten sich der Aufgabe auf der Basis der Logik nähern. Das Problem muß sorgfältig diskutiert werden, bis alle die Entscheidungen akzeptieren können. Konfliktreduzierende Vorgehensweisen wie z. B. Mehrheitswahl oder das Treffen eines Abkommens sollten nicht angewandt werden.

Ein echter Konsensus ist schwer zu erreichen. Konflikte müssen und sollten entstehen. Konflikte werden als konstruktiv angesehen, weil Probleme im Prozeß des Konflikts und seiner Beilegung viel gründlicher diskutiert werden. Zur Konsensfindung und Konfliktlösung folgende Übung:

Ein hypothetisches Problem, wie es in einer Gemeinschaft vorkommen kann, wird aufgeschrieben. Es sollten auch eine Anzahl von Aktionen enthalten sein, für die sich die Gemeinschaft entscheiden kann, um das Problem zu behandeln. Sie können vom „Ignorieren des Problems" bis zu drastischen Maßnahmen reichen. Den Mitgliedern wird gesagt, daß sie ganz logisch ihre Verantwortlichkeit für sich selbst, die Gemeinschaft und die jeweilige in das Problem verwickelte Person (Pfleger oder Patient oder beides) erwägen sollen. Bevor irgendeine Diskussion entsteht, sollten anonyme Wahlen getroffen werden. Nachdem jeder auf einem Blatt Papier gewählt hat, werden Untergruppen gebildet, die zu einem Konsensus über die nötigen Aktionen kommen sollen.

Wenn eine Untergruppe einen Konsensus erreicht hat, schreibt sie die Lösung, für die sie sich entschieden hat, auf ein Blatt Papier und faltet es zusammen. Vertreter der Untergruppen diskutieren dann im Fishbowlverfahren (= eine Außengruppe, die eine Untergruppe beobachtet) die Entscheidungen der Gruppen und deren Gründe. Anschließend wählt die ganze Gruppe durch Handzeichen, worauf sofort eine weitere anonyme Wahl folgt. Die erhaltenen Daten werden der Gruppe vorgestellt: die erste anonyme Wahl mit den individuellen Entscheidungen, die Untergruppenentscheidungen, die sichtbare Wahl durch Handzeichen (unter Einfluß des Gruppendrucks) und die letzte anonyme Entscheidung. Die Übung wird anschließend diskutiert. Diese Sitzung läßt verschiedenes deutlich werden: als wichtigstes zeigt sie durch die Erfahrung die Richtlinien für einen einstimmigen Entscheidungsprozeß. Jeder hat Erfahrung in der Meinungsbildung bekommen. Die Untergruppen haben jedem eine Gelegenheit gegeben, an dem Geben und Nehmen eines Entscheidungsprozesses teilzuhaben mit der ausdrücklichen Instruktion, daß er nur bei etwas zustimmen soll, was für ihn akzeptabel ist. Auf diese Weise kann die konstruktive Verwertung von Konflikten genauso gelernt werden, wie das Schließen von Kompromissen, in denen keiner übervorteilt wird. Durch die wechselseitige Gruppenbeobachtung *(fishbowling)* kann man sehen, wie sich andere entschieden haben, und durch die Handwahl, verglichen mit der letzten anonymen individuellen Wahl, wird die Auswirkung von Gruppendruck, sofern er besteht, auf das Wählen gezeigt. Die Wahlen sollten nicht als falsch oder richtig bewertet, sondern als Alternativen angesehen werden und die Übung als Lehrmethode, um Konsensus zu demonstrieren und zu zeigen, wie sich Meinungen durch verständnisvolle Diskussion verändern oder nicht; ebenso um den Leuten Übung bei der Meinungsbildung zu vermitteln und die Fähigkeit zu schulen, sich beim Problemlösen aktiv zu beteiligen.

Auf diese Sitzung kann gut die Verwendung der NASA folgen, einer Übung zum Entscheidungfällen, die von den National Training Laboratories entwickelt wurde. NASA ist besonders geeignet, um die Verantwortung des einzelnen für die Gruppe und umgekehrt anzugehen. Es handelt sich um eine fernliegende Situation: bei einer Mondlandung 200 Meilen von einem Mutterschiff soll entschieden werden, welche Gegenstände die Beteiligten für diese 200-Meilen-Reise mitnehmen sollen. Da die meisten von uns nur halb oder falsch über den Mond informiert sind, gibt es keinen eigentlichen Experten. So ist es sehr wichtig, bei jedem Item auf jeden zu hören. Zunächst stellen die Gruppenmitglieder einzeln eine Liste auf (d. i. der Anfang eines individuellen Beitrags zu einer Meinung). Diese Listen bilden die Grundlage für die ganze Gruppe zu einer übereinstimmenden Gruppenaufstellung zu gelangen. Im folgenden wird die Gruppenliste mit einer von Astronauten aufgestellten verglichen, die, wie man annimmt, eine korrekte und sachgerechte Liste haben. Wenn irgendein individueller Score besser ist als der Gruppenscore, dann ist offensichtlich, daß die Gruppe nicht auf diese Person gehört hat oder daß die Person ihre Information nicht so dargestellt hat, daß sie auch gehört worden ist. Die Gruppe hat ihre Möglichkeiten nicht voll ausgenutzt. Die Frage: „Wie ist das passiert", wird dann der Gruppe zur Diskussion gestellt, die dann den Prozeß in seinem Ablauf untersucht. Der Self-Reaction-Fragebogen (s. Anhang B), der von der Autorin entwickelt wurde, wird u. a. verwendet, um das Reflektieren dieses Prozesses zu erleichtern. Die Verwendung eines Videobandes bei der NASA-Übung hat sich ausgezeichnet bewährt. Nachdem die Gruppe den Prozeß diskutiert hat, kann das Band zurückgespult und an Schlüsselpunkten angehalten werden, um auf wesentliche Dinge hinzuweisen, z. B. als ein Teilnehmer eine vergebliche Anstrengung machte und sich darauf zurückzog, oder wie die Idee eines anderen abgelehnt wurde, ohne irgendeine Begründung anzuhören. Der Trainer kann die Verantwortung der einzelnen und der Gruppe für alles, was immer geschieht, positiv oder negativ, herausstreichen. Die oben beschriebenen Sitzungen dauern einen ganzen Nachmittag, ein Zeitaufwand, der sich lohnt.

Die Autorin, die mit Nora STERLING zusammenarbeitet, sieht die Verwendung von Psychodrama bei der Einrichtung einer therapeutischen Gemeinschaft als sehr wirksam an. Die psychodramatischen Gruppen- und Gemeinschaftstreffen scheinen aufrichtiger, konstruktiver, kohäsiver und weniger bedrohlich zu sein als andere Trainingsprogramme. Die Zeit, die nötig ist, um volle Teilnahme und Einstellungs- und Verhaltensänderungen durch soziales Lernen zu erreichen, ist wesentlich verringert. Aus der Sicht der Autorin, die über jahrelange Erfahrung verfügt, ist ein intensiver Zehn-Tage-Workshop mit dem hier vorgestellten Design der effektivste Weg, eine therapeutische Gemeinschaft einzuführen. Der Workshop sollte die ganze Gemeinschaft miteinbeziehen, um eine intensive emotionale Bindung zwischen allen Mitgliedern zu erbringen. Je aufrichtiger und offener die T-Groups sind, desto enger wird die Bindung sein. Wenn die Kommunikation konstruktiv ist, können Patienten und Personal eine intensive Erfahrung ertragen und auch genießen. Nach unserer Konzeption soll ein Zehn-Tage-Workshop (Acht-Stunden-Sitzungen am Tag) mit *Human Relation Exercises* beginnen, mit psychodramatischen T-Groups fortfahren und einige *decision making experiences* mit einschließen, wobei Kritik durch die Gruppe und den Trainer erfolgt. So kann erreicht werden, was in Jahren mit unstrukturierten Treffen am Arbeitsplatz nicht erreicht werden konnte. Ein Drei-Tage-Workshop nach demselben Design mit anschließendem wöchentlichen triadischen Psychodrama (psychodramatischen T-Group-Sitzungen) kann die Zeit, die für die Errichtung einer echten therapeutischen Gemeinschaft nötig ist, bedeutend herabsetzen.

	Medizinisches Modell aus der Sicht somatischer Medizin	Modell der Therapeutischen Gemeinschaft aus der Sicht der Sozialpsychologie
A. Bild einer gestörten Person	A. Gestörtes Verhalten ist ein Symptom einer „Krankheit“ im nervösen Bereich. Der Patient ist „krank“, etwas ist mit ihm nicht in Ordnung, das behandelt werden muß. Als ein „kranker“ Mensch ist er nicht in der Lage, sich normal oder verantwortlich zu verhalten, bis daß er behandelt wurde und nach und nach wieder zu sich kommt. Im wesentlichen also ist der Patient krank, in einem schwachen Persönlichkeitszustand und deshalb unfähig, für sich selbst volle Verantwortung zu übernehmen.	A. Verhalten ist erlernt. Wenn eine Person nicht zufriedenstellend mit sich selbst und anderen Menschen ihres Lebensraumes zurechtkommt, hat sie nicht gelernt, ein nützliches und verantwortliches Glied einer Gemeinschaft zu sein. Sie hat nicht gelernt, von ihren Möglichkeiten und Fähigkeiten als Mensch Gebrauch zu machen, in einer Gesellschaft, die auf Geben und Nehmen aufgebaut ist. Lerntheoretische Annahme: Wir lernen durch Erfahrung, auch unser Mißfunktionieren. Nach dem *social learning model* müssen neue Erfahrungen die alten ersetzen oder korrigieren. Aufrichtige Reaktionen anderer Menschen uns gegenüber sind dafür von größter Wichtigkeit.
B. Auffassung über den Behandlungsmodus	B. Die Behandlung besteht aus Dingen, die am Patienten vorgenommen oder ihm gegeben werden, z. B.: das Fernhalten eines normalen Maßes an Belastung und Verantwortlichkeit (er muß umsorgt, gelenkt, kontrolliert werden, mit einem Maß an Verantwortlichkeit, das er nach Auffassung seiner Therapeuten in der Lage ist zu handhaben). Psychische und psychodynamische Behandlung wird nach der Entscheidung der Experten an ihm vorgenommen, z. B. Medikation, Schocktherapie, Psychotherapie etc. Beispiel: Ein Fehlen von Kalzium bewirkt Schwäche; also ist eine Kalziumbehandlung angezeigt. Analog verfährt man bei Geisteskrankheiten: Liebe und Zuwendung mag dem Patienten gefehlt haben, also betont die Therapie „Zuwendung und emotionale Wärme“ oder „Einsicht in das Warum“.	B. Behandlung besteht in der Bereitstellung von Möglichkeiten und Situationen für persönliches Wachstum und Erfahrungslernen. Diese Möglichkeiten werden von der „Gemeinschaft“ gegeben (im gemeinschaftlichen Leben auf der Station bzw. in der Abteilung von Personal und Patienten) und zwar in einem demokratischen Rahmen, der die individuelle Verantwortlichkeit und das Recht, mit anderen Menschen zusammenzuleben, betont. Das Individuum ist Mitglied und Teilnehmer der Gemeinschaftsgruppe und hat damit die Gelegenheit, maximal im Prozeß von Geben und Nehmen zu wachsen. Dabei hat es Verantwortung zu übernehmen und seine Rechte als Individuum zu gebrauchen. Die Medikation ist, sofern notwendig, auf ein Minimum zu beschränken. Jedermann ist für sich selbst, die Gruppe und hinsichtlich der Hilfe für andere verantwort-

		lich. Die Betonung liegt auf der Beziehung von Mensch zu Mensch und zur Gruppe.
C. Organisation	C. Der Arzt betreut den Patienten und fällt alle Entscheidungen oder deligiert sie an entsprechendes Personal. Er ist für den Patienten verantwortlich. Anderes Fachpersonal arbeitet mit dem Patienten nach dem Plan und unter der Supervision des Arztes. Die Autoritätsverhältnisse sind klar nach den Rollen der verschiedenen Disziplinen, die am Behandlungsprozeß beteiligt sind, verteilt. Es gibt klare Unterscheidungen zwischen Rollen und Status innerhalb der Staff und zwischen dieser und dem Patienten. Uniformen dienen im Rahmen der medizinischen Tradition als sichtbare Indikatoren von Rollen, Status, Kompetenzen.	C. Autorität und Entscheidungen liegen in den Händen der Gemeinschaft (Klinikpersonal und anderer Gruppenteilnehmer — der Begriff Patient wird vermieden — haben die Möglichkeit, als verantwortliche Personen an allen Entscheidungen, Plänen, Maßnahmen, Programmen und Problemen teilzunehmen. Die Unterscheidung zwischen Angehörigen und Nichtangehörigen der Staff wird so gering wie möglich gehalten. Jedes Individuum spricht nicht als Rollen- oder Funktionsträger, sondern für sich selbst. Alle Entscheidungen werden von der Gruppe getroffen. Sie bildet den Fokus. Ein Maximum an aufrichtigem Mitteilen von Gefühlen und Feedback, andere oder die eigene Person betreffend, wird angestrebt.
D. Atmosphäre der Umgebung	D. Vom Patienten wird gewöhnlich erwartet, sich zum Klinikpersonal, das Träger der Autorität ist, in passiv abhängiger Weise zu verhalten (die Uniformen spielen hier eine bedeutsame Rolle). Jegliche Verantwortung, die der Patient übernehmen kann, wird in ihm durch die Entscheidung der medizinischen Leitung unter ihrer Überwachung zugewiesen. Dies ist die Atmosphäre auf der Station eines psychiatrischen oder sonstigen Krankenhauses.	D. Die Umgebung wird zu dem Leben in der Realität so ähnlich wie möglich gehalten. Die individuellen Rechte aller Personen der Gemeinschaft — Staff oder Nicht-Staff — werden betont. Gleichermaßen die individuelle Verantwortlichkeit. Die Arbeit wird geteilt, ganz wie es den Entscheidungen oder den Erfordernissen von Notfällen entspricht. Die Menschen leben und arbeiten zusammen und reagieren aufeinander wie gleichgestellte Glieder der Gemeinschaft. Es wird angestrebt, eine geringstmögliche Unterscheidung zwischen Staff und Nicht-Staff, was Kleidung, Haltung und Verhalten anbelangt, zu erreichen. Jedermann ist vollwertiges Mitglied, das seine eigenen Fähigkeiten und Möglichkeiten in weitestem Maße einsetzt und benutzt. Die Atmosphäre ist demokratisch und kooperativ und analog zu einer positiven Außengesellschaft.

Anhang B

Fragebogen für Eigenreaktionen

(Self Reaction Questionaire)

1. Fühlten Sie, daß man Ihnen bei dieser Übung zuhörte und Aufmerksamkeit schenkte? (tragen Sie auf der Linie ein)

1	2	3	4	5	6	7	8
sehr wenig							sehr viel

2. Falls nicht, was fingen Sie damit an?
3. Waren Sie mit dem Vorgehen und den Entscheidungen der Gruppe zufrieden?
4. Falls nicht, was taten Sie dagegen?
5. In welcher Hinsicht fanden Sie sich am effektivsten?
6. Was lernten Sie durch diese Übung über sich selbst?

Dieses Formular haben Sie für Ihren eigenen Gebrauch ausgefüllt. Es steht Ihnen aber frei, seinen Inhalt während der Gruppendiskussion mitzuteilen.

Literatur

BLATNER, H., Psychodrama, Role-Playing and Action Methods, Thetford, Norfolk 1970.

CORSINI, R., Behind-your-back technique in Psychodrama, Group Psychotherapy IV (1953) 102.

— Role Playing in Psychotherapy, Chicago 1966.

JONES, M., The therapeutic community, New York 1953.

— Beyond the therapeutic community, New Haven/London 1968.

KOLE, D., Spectrogram in Psychodrama, Group Psychotherapy 20 (1967) 53.

MORENO, J. L., Psychodrama, vol. I, 3. Aufl., Beacon 1964.

PETERS, G. A., PHELAN, J. G., Relieving Personality Conflicts by a Kind of Group Psychotherapy, Pers. J., 36 (1957) 61—64.

— — Role Playing Technique in Industrial Situations, Sociometry Monographs 16, Beacon 1959.

PETZOLD, H., Triadisches Psychodrama in der Erwachsenenbildung, Volkshochschule im Westen, 3 (1971) 129.

— Some important techniques of psychodrama, Vidareutbildningskurs i Psykiatrie (Hrsg. E. FRANZKE), Växjö 1970.

— Soziometrische Handlungstechniken (Handlungssoziogramm), Paper auf dem 6. Intern. Kongress für Psychodrama, Amsterdam, August 1971.

— La methode spectrométrique en psychodrame, psychothérapie des groupes et dynamique des groupes, Folia Psychodramatica 1971.

— Spektrometrischer Test und spektrometrische Skalen, Neuss 1971.

— Situationsanalyse und intensiviertes Rollenspiel in der Industrie, *dieses Buch* 1971.

— SIEPER, J., Die spektrometrische Methode in der Psychotherapie und der psychologischen Gruppenarbeit, Referat auf der Jahrestagung des DAGG, Göttingen 1971 (voraussichtl. in Gruppenpsychotherapie und Gruppendynamik).

SCHUTZ, W. M., Joy: Expanding Human Awareness, Grove Press, New York 1967.

SCHÜTZENBERGER, A. A., Précis de Psychodrame, Paris, Editions Universitaires 1970, 2. Aufl.

— Triadisch Psychodrama, Folia Psychodramatica 1 (1968).
SEABOURNE, B., The Action Sociogram, Group Psychotherapy 16 (1963) 145; separat, Beacon 1964.
— Warm-Up of Protagonists and Auxiliaries, in: BLATNER 1970.
— The Role of the Auxiliary, in: BLATNER 1970.
— Role-Training, in: BLATNER 1970.
— Some Hints on Dealing with Various Kinds of Protagonists: Some Rough Notes, in: BLATNER 1970. Repr. in: Bull. Psychol. XXIII 13/16 (1969/70) 944: Conseils sur la façon d'agir avec différntes sortes de protagonistes.

Übersetzt von Dipl.-Psych. Kathrin Martin, Würzburg

Psychodrama mit geistig und körperlich Behinderten

P. Fontaine, Löwen

Seitdem MORENO Anfang der dreißiger Jahre in der Gemeinde von Hudson Rollenspiel in der Behandlung von geistig Behinderten einsetzte, ist auf diesem Gebiet in verschiedener Richtung mit Erfolg gearbeitet worden. SARBIN (1945) und TAWADROS (1956) verwendeten das Spontaneitätstraining, LAVALLI und LEVINE (1954) setzten sich die Erforschung von Führungsbedürfnissen Behinderter in einem subkulturellen Milieu zum Ziel. Für unseren Kontext von Wichtigkeit sind noch die Arbeiten von PANKRATZ und BUCHAN (1965–1966) über Behandlungstechniken von defekten Delinquenten, die Forschungen von McDANIEL (1960), PILKEY et col. (1961) über die Wirkungen des Psychodramas und die Beziehungen in der Gruppe sowie über die Rolle der Einfühlung. Die Studien von BRUYER und WAGNER (1963) zur Verbesserung sprachlicher Fähigkeiten und FLIEGLERs Erfahrungen mit dramatischem Spiel in der Klasse (1952) sind gleichfalls für unseren Zusammenhang von Wichtigkeit.

Wir selbst arbeiten seit 1964 in der Behandlung von geistig und körperlich Behinderten mit Psychodrama als Instrument therapeuthischer und pädagogischer Kommunikation, wobei wir an MORENO orientiert, im wesentlichen nach triadischem Stil (SCHÜTZENBERGER 1968, PETZOLD 1971) verfahren und unter Einfluß von DEAN und DOREEN ELEFTHERY intensiven Gebrauch von der Technik des Doppelns machen. Im Folgenden beabsichtigen wir, einen Einblick in unsere Arbeit mit geistig und durch Zerebralschäden motorisch Behinderten zu geben.

Psychodrama mit geistig Behinderten

Die ersten Erfahrungen auf diesem Gebiet konnten wir in einem medizinisch-pädagogisch geführten Heim sammeln, in dem 320 geistig behinderte Mädchen zwischen sechs und zwanzig Jahren (IQ: 50–80) eine spezielle Schul- und Berufsausbildung erhalten. Außerhalb der Ausbildungszeit sind sie in Heimfamilien von ca. 14 Personen, die unter Leitung einer Erzieherin stehen, untergebracht. Bis zum Jahre 1963 wurde kaum Psychotherapie verwendet. Da die Heimleitung aber darauf Wert legte, daß die Mädchen für einen Platz in der Gesellschaft vorbereitet würden, konnte 1964 erstmalig Psychodrama zu diesem Zweck im letzten Ausbildungsjahr eingesetzt werden.

Hier ein kurzer Bericht über die ersten vier Gruppen, die wir in diesem Heim geleitet haben:

Zusammensetzung:

Gruppe I–III jeweils fünf Mädchen, Gruppe IV zwölf Mädchen.

Struktur:

Gruppe I und II kamen nach soziometrischer Wahl zustande, durch die eine zehnköpfige Klasse geteilt wurde. Beide Klassenhälften gruppierten sich um einen

Star, was bei den Betreffenden eine gewisse Unzufriedenheit auslöste, da die Mädchen in Starpositionen lieber als Konkurrentinnen zusammenbleiben als sich mit Mädchen von geringerer Intelligenz und geringerem soziometrischem Status aufhalten wollen. Bei Gruppe III und IV handelte es sich um vollständige Klassen. Das war wahrscheinlich der Grund, weshalb in ihnen vornehmlich soziodramatische Probleme auftauchten: (Sind wir verrückt?, Unsere Akten, Ich bin Epileptikerin etc.). Das Alter variierte zwischen 16 und 20 Jahren, der IQ zwischen 50 und 77, bei einem Mittelwert von 65. Die Mädchen hatten entweder keine Familie gekannt oder stammten aus „broken home"-Situationen. Sie hatten sich zwischen 4 und 16 Jahren, im Durchschnitt 9 Jahre, in Heimen aufgehalten.

Teilnahme:
Im Prinzip war den Mädchen die Teilnahme freigestellt. Allerdings übte die Heimleitung in der Praxis einen gewissen moralischen Druck aus: („Der Arzt opfert seine Zeit, um sich mit euch zu befassen, und du gehst nicht hin?"). Nur wenige Mädchen verließen die Gruppe. Die Abwesenheit betrug zwischen 10 und 20 %.

Rhythmus und Dauer:
Während des laufenden Schuljahres fanden die Sitzungen wöchentlich statt (insgesamt 20 Sitzungen im Jahr). Die Dauer betrug pro Sitzung 45 Minuten, in denen 2—4 mehr oder weniger aufeinander bezogene Szenen gespielt werden konnten. Gruppe IV mit 12 Personen spielte längere und komplexere Szenen.

Gruppenführung:
Die Gruppen wurden von einer gemischten Equipe von 2 (Gr. II) oder 3 (Gr. I, III, IV) Personen — in der Regel zwei Männer und einer Frau — geführt, wobei die Leitung je nach den Bedürfnissen der Gruppe (etwa dem Wunsch, für gewisse Antagonistenrollen Männer zu haben) gewechselt wurde. Ein weiterer Gesichtspunkt war durch die Ausbildung der teilnehmenden Psychodramaassistenten gegeben. Die Zahl der Therapeuten erschien auch für die Fünfergruppen als nicht zu hoch. Die Sitzungen wurden jeweils in der Equipe durchgesprochen und in einem schriftlichen Bericht zusammengefaßt.

Der Ort:
Das Psychodrama fand auf der Bühne der Aula statt, die durch das Schließen der Vorhänge in einen kleinen Raum umgewandelt wurde, der groß genug und isoliert war, um einen ungestörten Verlauf zu gewährleisten. Die Einrichtung beschränkte sich auf einen kleinen Tisch, Stühle, einen Teppich und manchmal einen Plattenspieler.

Techniken:
Da verbale Techniken den geistig Behinderten Schwierigkeiten bereiteten, wurden von ihnen aktive Techniken, wie z. B. Rollentausch, bevorzugt. Gruppe IV hatte eine Vorliebe für feedback, wohingegen die anderen Gruppen es vorzogen, die Szenen unmittelbar aufeinander folgen zu lassen, anstatt in Unterbrechungen feedback zu geben und Auswertungen vorzunehmen.

Entwicklung der Themen:
Die Themen wurden von den Mädchen vorgeschlagen, die sich in der Zeit zwi-

schen den Sitzungen Handlungsstoffe überlegten. Bei mehreren Vorschlägen bemühten sich die Leiter, ein gemeinsames Thema zu finden.

Themen der Gruppe I

Sitzungs-Nr.	Themen:
1	Einführung * Friseur-Gehilfin sucht eine Stelle (vom Therapeuten vorgeschlagen).
2	Mutter empfängt nach der Schule ihr schwieriges Kind. Einfluß schlechter Kameradinnen. Streng oder nicht streng sein. Soll man einen Freund, der Unrecht hat, unterstützen oder soll man ihm Moralpredigten halten?
=	(Weihnachtsferien).
3	Soll man eine Freundin, die Unrecht hat, unterstützen? (Fortsetzung): Kritik der schlechten Schulleistungen der kleinen Schwester. Hilfe eine Freundin bei ihren Aufgaben.
4	Wie schafft man sich Kontakte? Reaktion auf eine Neuigkeit in einer Werkstatt oder in einem Friseursalon.
5	Wie schafft man sich Kontakte? (Folge) Als neue Ladenhilfe in einem Lebensmittelgeschäft.
—	Unterbrechung.
6	Die disziplinlose Unterrichtsstunde einer Nonne. Gespräch zwischen dieser Nonne und der Direktorin.
7	Inspektion an der Schule (zwei Szenen). Die Kinder unterstützen die Schule. * Indiskretion. Entscheidung: Keine Szenen aus dem Heim mehr zu spielen.
8	Der Geburtstag eines mürrischen Vaters.
9	Besuch einer Großmutter, die die Bestrebungen und den Geschmack der Jugend kritisiert.
10	Wohin soll man am Sonntag gehen? Die Wünsche der Kinder entsprechen nicht denen der Eltern.
11	Rückkehr nach Hause nach 10 Jahren Trennung. Man wird umringt und ausgefragt, und ist in der Gefahr, ausgebeutet zu werden.
12	Verlobte drücken ihren Eltern gegenüber den Wunsch aus, ins Kino zu gehen.
13	Ein Junge lädt dich zum Ball ein. Unterstützung des Vaters.
14	* Kritik an dem Verlobungsspiel. Falschmünze in der Gruppe. Eine junge Kranke stört die anderen Kranken im Saal.
=	Osterferien.
15	Frau bei der Taufe ihres Kindes. Der Vater und die älteste Tochter lehnen es ab, ihr beizuwohnen.
—	Unterbrechung.
16	* Diskussion über die Beziehungen in der Gruppe. * Angriff auf eine Teilnehmerin durch den Star.
17	Zwei Schwestern in den Ferien am Meer bei einer Tante. Späte Rückkehr vom Ball.
18	Besuch bei Jungverheirateten.
19	Junges Kindermädchen verliert ein Kind am Strand.
=	Examen und Jahresabschluß.
20	Allgemeine Auswertung.

* Siglen: * Teil einer Sitzung ohne psychodramatisches Spiel.

In den ersten beiden Sitzungen werden in oberflächlicher Weise Berufs- und Familienproblematik behandelt. Man bezieht sich auf die im Unterricht gelernten Normen: „Eine Mutter muß liebenswürdig sein und ihrem Kind aus dem Mantel helfen." Es wird festgestellt, daß es gar nicht leicht ist, immer eine entgegenkommende Mutter zu sein. Normen werden in Frage gestellt: Soll man streng oder verständnisvoll sein, Moral predigen oder einen Freund unterstützen, selbst wenn er Unrecht hat? In den folgenden Sitzungen (3, 4, 5) werden die Beziehungen unter den Schul- und Arbeitskameradinnen erforscht und die Schwierigkeiten der Kontaktfindung und Integration behandelt. Die Teilnehmer sehen ein, daß man selbständige existentielle Entscheidungen wie z. B. die Wahl eines Ehemannes erst fällen kann, wenn man eine gewisse Autonomie gegenüber anderen Autoritäten erreicht hat. Nach der Rückkehr des Seniortherapeuten, der für einige Zeit abwesend war, wird das Problem der Autorität in der Gruppe angegangen, und zwar an einem Beispiel, das nicht zu sehr affektiv besetzt ist: der Autorität einer Lehrerin. Der Star der Gruppe übernimmt deren Rolle und ist entsetzt, daß er gegenüber dem Lärmen der Klasse völlig hilflos bleibt. In der folgenden Sitzung wird die Schule gegen die Autorität des behördlichen Inspektors verteidigt.

Durch Indiskretionen erfährt die Lehrerin von der Szene im Klassenraum und beklagt sich bei den Kindern, was sich auf die weitere Arbeit hemmend auswirkt, dergestalt, daß die Mädchen beschließen, keine Probleme aus der Heimsituation mehr zu spielen. Man kehrt zu familiärer Problematik zurück, als deren Höhepunkt die Ambivalenz gegenüber den Eltern und der Rückkehr nach Hause gespielt wird. Im Mittelpunkt steht die Furcht, ausgebeutet zu werden und über sein Leben nicht frei verfügen zu können. Über die Bearbeitung der Vaterbeziehung gelangt man ganz allgemein zum Problem der Autorität und von dort zur Beziehung zum anderen Geschlecht, deren Darstellung in der dramatischen 15. Sitzung, der Szene einer Ehescheidung, kulminiert.

Diese Entwicklung in den Themen wird durch einen zweiten Aspekt überlagert, den der Gruppendynamik. Die Spannungen zwischen den Mädchen mit hohem oder niederem soziometrischem Status und den völligen Außenseitern kommen besonders in der 3. und 4. Sitzung zum Ausdruck und kulminieren gleichfalls in den Sitzungen 14, 15, 16, als sich herausstellt, daß ein Gruppenmitglied Themen und Geschehen aus den Sitzungen nach außen weitergibt. Die Folge: eine Kritik Außenstehender an der Behandlung sexueller Probleme in der Gruppe. Dieser Vertrauensbruch führt zu einer Krise. Man spielt eine Krankenhausszene, die die innere Verfassung der Gruppe widerspiegelt. Nach einer heftigen Auseinandersetzung, ausgelöst durch den Star der Gruppe, bleibt ein Mitglied den weiteren Zusammenkünften fern. Eine Entspannung tritt ein. Die Thematik der folgenden Szenen (17, 18) wird von den gruppendynamischen Vorgängen deutlich beeinflußt. An weiteren Faktoren erwiesen sich noch als von Bedeutung: Geschehnisse und aktuelle Situationen im Heim und die Anwesenheit oder Abwesenheit bestimmter Gruppenmitglieder.

Hierzu eine Szene zur Illustration:

Gruppe I — Sitzung 15 — 24. 5. 65

Zusammensetzung: 5 Mädchen (Berthe, Denise, Germaine, Nicole, Sabine) und drei Therapeuten (A 1, A 2, A 3).

Initialsituation:

D und B kommen gemeinsam in den Gruppenraum und erzählen sich, daß N fest entschlossen sei, den Mund nicht aufzumachen, D aber ein Thema vorschlagen will: eine Taufszene. S kommt etwas zu spät, gefolgt von N und G.

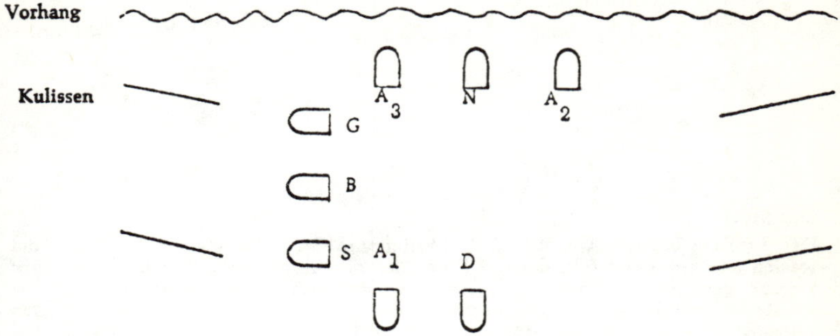

Abbildung 1: Warm-Up-Phase

Themenwahl:

D schlägt sofort die Taufszene vor. Ihre Haltung ist dabei eine Spur zu entschieden, so als ob sie eine innere Unsicherheit zu kompensieren habe. A 1 läßt die Szene zur Erwärmung näher beschreiben.

D sagt: „Es ist eigentlich nicht die Taufe an sich, die mich beschäftigt. Ich möchte eher das darauffolgende Fest spielen."

A 1: „Du willst also vor allem dieses Fest erleben."

Die Gruppe unterbricht dieses Gespräch mit dem Vorschlag, die Rollen zu wählen.

Rollenwahl:

Gruppe: „Wir brauchen ein Baby und einen Priester." „Herr A 3 soll das Baby sein!" D stimmt zu.

A 1: „Und du?" — D will die Mutter spielen. Es ist ihr erstes Kind, auf das sie stolz ist.

D bezeichnet A 2 als Patin.

A 1: „Soll das jemand aus der Familie sein?"

D: „Keinesfalls! Vor allem nicht meine Mutter oder Großmutter. Nein, es soll eine Klassenkameradin sein!"

A 1: „Wie heißt sie? Wie ist sie?"

D: „Lucienne. Ja, das ist meine Freundin. Und die ist es wert, Patin meines Kindes zu sein."

Es entsteht eine Diskussion über den Namen des Kindes. Dadurch, daß D die Rolle *des Vaters* G zuweist, kommen Spannungen und Konkurrenzsituationen besonders zwischen B und S auf.

Aufbau der Szene:

A 1 schlägt vor, die Taufszene im Zimmer der Mutter stattfinden zu lassen, da die Zeremonie selbst ja nicht so wichtig sei. Die Protagonistin wünscht, am Tauftag nicht von Fremden gestört zu werden. Die Szene wird detailliert aufgebaut. G und B stehen vor der Zimmertür.

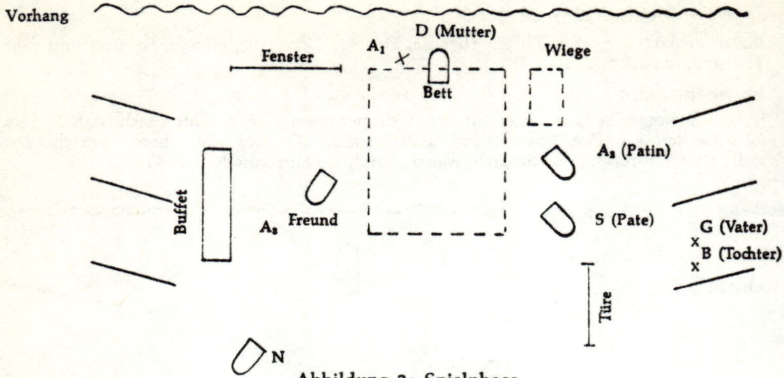

Abbildung 2: Spielphase

Das Spiel:

Das Tauffest beginnt. Die Patin, die Mutter und das Baby sind in der Szene und warten auf den Vater (G), der mit B vor der Zimmertür steht. Da der Vater nicht kommt, geht man ihn holen. – Aber er weigert sich, die Szene zu betreten. Die älteste Tochter (B) bestärkt ihn, gegen den Druck der Gruppe in seiner ablehnenden Haltung zu verharren. Die Mutter und die Patin fühlen sich vor den Gästen beschämt und sind verletzt. D beendet die Szene, indem sie über den Vater sagt: „Er ist gestorben!", worauf B aggressiv antwortet: „Aber er ist in *deinem* Garten begraben!" – Eine peinliche Stille breitet sich aus. Die Szene wird aufgelöst, indem der Therapeut A 3 als Bekannter der Familie auftritt und sich mit den Anwesenden freundlich unterhält.

Feedback-Phase:

N bringt zum Ausdruck, daß sie die Situation von B gut verstehe. D wiederholt noch einmal, daß sie sich besonders „vor den fremden Menschen über das Verhalten des Vaters ausgerechnet am Tauftage geniert habe". Sie sei aber glücklich und zufrieden gewesen, „ein Baby *ganz für sich allein* gehabt zu haben". G und B verharren in ihrer ablehnenden Haltung, die nun Gegenstand der Gruppendiskussion wird.

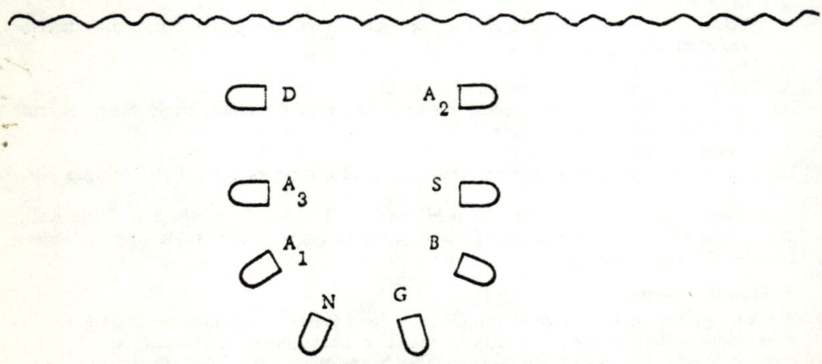

Abbildung 3: Feedback-Phase

Nach der Sitzung:
Auf dem Korridor teilt G mit, daß „sie zu der nächsten Sitzung nicht mehr komme". Etwas später aber klopft sie an das Besprechungszimmer der Therapeuten und verlangt, sofort jemanden zu sprechen. Sie möchte in eine andere Psychodramagruppe eintreten, weil sie sich abgelehnt fühlt. A 3 bespricht mit ihr dieses Problem und schlägt vor, es in die Gruppe zu bringen.

Auswertung der Therapeuten:
Man ist zufrieden darüber, daß D ins Spiel gekommen ist. Die Intensität der Szene, so wird festgestellt, hat sich auf das Verhalten der Therapeuten ausgewirkt. A 1 hat A 3 als ausgleichenden Freund der Familie im Spiel eingesetzt, um die Spannung herabzumindern. Man diskutiert die lebensgeschichtlichen Bezüge im Spiel von D, deren Mutter von ihrem Mann verlassen worden war. Eine gründliche Sondierung dieser Problematik war wegen der gespannten Stimmung in der Gruppe nicht möglich gewesen. Es ist auffällig, daß die Störmanöver von den zurückgewiesenen oder isolierten Teilnehmerinnen ausgingen. A 3, ein noch recht junger Therapeut, wurde offensichtlich in Rollen gestellt, hier in die des Babys, die den Mädchen physische Kontakte erlaubten. Immer wieder wird festgestellt, daß das Heimleben, die Dinge also, die sich außerhalb der Gruppe abspielen, auf die Gruppendynamik fühlbar Einfluß nimmt. In den Themen läßt sich eine Kontinuität ersehen: Berufliche Situationen, Beziehung unter Gleichgestellten, Freundschaft (Sitzung 3, 4, 5), Beziehung zur Schulautorität (6, 7), zum Heim und zur Familie (8, 9, 10, 11), Beziehung zu Jungen, Verlöbnis (12, 13). Es ist, als ob zunächst das Verhältnis zu Schule und Elternhaus abgeklärt sein müsse, bevor man an Heirat denken könne. Gleichzeitig taucht aber auch die Angst auf, verlassen zu werden, so wie die Mutter von D.

Die gruppendynamische Entwicklung zeigt einen ähnlich konsequenten Verlauf. Bis zur 12. Sitzung treten keine Störungen auf; dann aber wird die Situation durch die Indiskretion einer Gruppenteilnehmerin geändert. Die für diesen Abschnitt charakteristische Hospitalszene kann als Ausdruck dafür gewertet werden, daß die Gruppe „krank ist". Die Spannung findet ihren offenen Ausbruch in der Gruppendiskussion der 16. Sitzung.

Entwicklung in den anderen Gruppen
Alle Gruppen nahmen in ihrer Entwicklung einen unterschiedlichen Verlauf. Gruppe III spielte reale Probleme in den Beziehungen zum anderen Geschlecht, und zwar seit Beginn der Gruppenarbeit. Weitere Themen: die Wiederverheiratung von Eltern, das Problem, Epileptikerin zu sein.

Gruppe IV (12 Teilnehmerinnen) begann mit Theaterstücken. „Ninochka und Nana" (Leitthema: Die Liebe ist stärker als die Disziplin) bildete den Ausgang. Es folgten Szenen, die von den Mädchen selbst spontan vorgetragen wurden. Beispiel: Junge und Mädchen gehen ins Kino. Der Film ist langweilig; so beginnen sie, die Liebesszenen selbst zu spielen. Andere Zuschauer betreten den Saal. Die Platzanweiserin kommt ins Spiel. Der Stil erinnert zuweilen an „West-Side Story" und ist voller Symbolismen, deren sich die Mädchen nicht bewußt sind (die letzte Szene stellt eine Totenwache dar).

Der Akzent lag auf den Problemen der Gruppen und der Untergruppen.

Integration des Psychodramas im Heim

Das Problem der Integration soll im Hinblick auf die internen Beziehungen des Personals dargestellt und durch Beispiele von Erfolgen und Schwierigkeiten illustriert werden:

1. Erfolg:

Die vorbereitenden Sitzungen (siebenmal zweieinhalb Stunden) hatten ein doppeltes Ziel: a) Das Team der Psychotherapeuten, die noch nicht miteinander gearbeitet hatten, aufeinander einzustimmen; b) die Heimleitung zu informieren. Sie hatten folgenden Verlauf: Die erste Sitzung diente theoretischer Information. Im psychodramatischen Spiel mit den verschiedenen Mitarbeitern und Leiterinnen der einzelnen Abteilungen wurden Probleme aufgeworfen und durchgearbeitet. Auch die Frage, für welche Kinder und in welcher Art das Psychodrama von Nutzen ist, wurde behandelt. Man spielte Szenen, die voraussichtlich von den Kindern gewählt werden würden. Der Erfolg dieser Sitzungen war, daß das Psychodrama nicht nur in die Struktur des Heimes integriert wurde, sondern daß auch ein Klima des Verständnisses und der freien Aussprache zwischen den Mitarbeitern im Heim entstand.

2. Schwierigkeiten:

Der Mitarbeiterstab bestand aus zwei Gruppen: a) Die Heimleitung, eine religiöse Schwesterngemeinschaft, der die Erziehung der Kinder im täglichen Leben oblag. b) Externes Personal (Psychiater und Psychologen), die als außenstehende Berater die Kinder beobachteten, aber kaum unmittelbaren Kontakt mit ihnen hatten. Zwischen diesen beiden Gruppen entstanden nun Polarisationen, Spannungen, aber auch ein gewisser Ausgleich. Es bestand vornehmlich die Schwierigkeit, daß die Wertvorstellungen beider Gruppen differierten, was nicht ohne Einfluß auf die psychodramatische Arbeit mit den Mädchen bleiben konnte.

Während der ersten beiden Jahre haben wir uns zunächst auf die Beziehungen mit der Heimleitung konzentriert und dadurch mit den Erziehern weniger Kontakte gehabt. Sie erhielten nur eine kurze Information und Demonstration. Später aber haben wir für die interessierten Erzieher eine parallele Gruppe eingerichtet, in der folgende Themen besonders zur Sprache kamen (CUVELIER 1969): 1. Beziehungen zu den Kindern, 2. Beziehung zur Heimleitung, 3. Beziehungen untereinander. Zusammenfassend können wir feststellen, daß das Psychodrama in Heimen mit geistig Behinderten vorteilhaft eingesetzt werden kann. Es ermöglicht, einen offeneren Ausdruck von Gefühlen und schult den Umgang mit Affekten. Das Training der Spontaneität verbessert die Fähigkeit der Perzeption von Gefühlen und Situationen und erleichtern auf diese Weise die Integration in die Gesellschaft. Dem beratenden Fachpersonal wird darüberhinaus die Möglichkeit geboten, sich besser in das innere Leben des Heimes einzufinden.

Psychodrama mit hirnorganisch Geschädigten

Seit 1960 verwenden wir das Psychodrama bei Kindern mit hirnorganischen Schäden. Wir waren immer wieder erstaunt, welche unvermuteten Ausdrucksmöglichkeiten es diesen schwer behinderten Kindern, deren verbale Fähigkeiten fast vollkommen eingeschränkt waren, bot. Eine der größten Schwierigkeiten besteht in den mangelnden Kommunikationsmöglichkeiten, die im wesentlichen auf Mimik und Bewegung reduziert sind.

Besonders bei älteren Kindern und bei Jugendlichen können die Schwierigkeiten, die in der Pubertät auftreten, durch meistens als Einzelbehandlung durchgeführte psychodramatische Szenen (Besuch im Elternhaus, Fahrt mit einem Wagen) erleichtert werden. Die Technik des Rollentausches bietet hier ein hilfreiches Instrument.

Die Arbeit mit sprachlich und motorisch so schwer behinderten Kindern weist noch einen anderen Aspekt auf: den der Erfahrungsvermittlung. Man spielt mit ihnen Szenen, die sie nie erlebt haben, und dehnt auf diese Weise ihren Erfahrungsbereich aus. Im Sinne der symbolischen Wunscherfüllung spielt man auch das Erwachen der Beziehung zum anderen Geschlecht, die Heilungsillusionen nach vielfachen Operationen und die Beziehungen zu Eltern, die das behinderte Kind nicht akzeptieren, durch.

Bei Gruppenbehandlungen stehen die Probleme der Gruppe im Vordergrund, z. B. die Ablehnung einer Erzieherin, das Verhältnis zu anderen Gruppenmitgliedern – hier kann die Technik des Spiegels vorteilhaft eingesetzt werden –, die Beziehung zur Welt der nicht Behinderten. Der Umgang mit den Affekten, die durch die neugierigen Blicke der Passanten bei Stadtspaziergängen bzw. -fahrten aufkommen, stellt eine besondere Problematik dar. Die Zusammensetzung der Psychodramagruppen ist mit der der regulären Heimgruppen identisch. Für die Pflegerinnen und Erzieherinnen bieten parallele Gruppen Möglichkeiten, interne Konflikte und Probleme in der Beziehung zur Heimleitung zu bearbeiten, insbesondere aber die Situationen der Kinder im spezifischen erzieherischen Kontext besser zu verstehen. Wir glauben, daß derartige Gruppen auch mit Eltern recht nützlich sein könnten.

Technische Aspekte

Die psychodramatische Arbeit mit diesen Kindern kann eigentlich nur von dem Personal, das mit ihnen täglich umgeht, durchgeführt werden; denn es sind die kleinen alltäglichen Dinge, die wichtig werden und aufgegriffen werden müssen. (Z. B. erschrecken sich die Kinder oft vor ihrem Spiegelbild, wobei mehr ins Spiel kommt, als ein momentanes Abgestoßensein. Die dahinterstehende Problematik kann sur place von der Erzieherin durch Doppeln aufgegriffen werden, etwa: „Papa findet mich auch immer häßlich".)

Als Hilfs-Ich kann durchaus Personal ohne besondere psychodramatische Ausbildung herangezogen werden. Bei der Einzelbehandlung genügt es oft, die fehlenden Bezugspersonen durch leere Stühle, hinter denen der Psychotherapeut den Erfordernissen entsprechend „doppelt", darzustellen. Der Behinderte sitzt in einem Rollstuhl, der beim Rollenwechsel verschoben werden kann. In den Initialsituationen beginnt man zumeist mit einfachen Fragen, die das Kind mit Ja oder Nein beantwortet (z. B.: Sind wir zu Hause? Ist es am Morgen, am Abend, mit Papa oder Mama etc.?).

Wo es dem Kind an verbalem Ausdruck mangelt und auch die mimischen und gestischen Fähigkeiten nicht ausreichen, springt der Psychodramatherapeut durch ein intensives und einfühlendes Doppeln ein. Allerdings ist es wichtig, nach den Interjektionen immer zu verifizieren, ob das im Doppeln Ausgedrückte mit der Erlebnisrealität des Kindes übereinstimmt. Die Szenen verlaufen langsam, aber in einer dichten Atmosphäre.

Zusammenfassung

Das Psychodrama stellt selbst in der Arbeit mit Schwerstbehinderten ein nützliches Instrument dar. Es vermittelt den Kindern Ausdrucksmöglichkeiten für ihre Gefühle und die Erfahrungen von Situationen, die für sie ungewohnt, schwierig oder gar neu sind. Es werden ihnen neue Erfahrungsbereiche und Kommunikationsmöglichkeiten eröffnet, die ihnen ihr schweres Schicksal erleichtern.

Literaturverzeichnis

BRUYER, S. J. and WAGNER, R., The didactic value of role-playing for institutionalized retardates. *Group Psychotherapy* 1956, *16*, p. 177—181.

CUVELIER, F., Groepwerk met opvoeders van en M. P. I. *Folia Psychodramatica* 1969, *2*, p. 101—106.

FLIEGLER, L. A., Play acting with the mentally retarded. *Except. Child* 1952, *19*, p. 56—60.

FONTAINE, P. J., e. a., The psychodrama among mentally retarded adolescents in an institution (summary). *Acta Paedopsychiatrica* 1966, *33*, p. 205—206.

FONTAINE, P. J., Emploi des techniques de Moreno dans un institut pour enfants débiles mentaux. *Resumenes de comunicaciones II*d *International Congress of Psychodrama Barcelona 1966*, p. 33—34.

FONTAINE, P. J., CASSIERS, A., CUVELIER, F., UYTTENHOVE, M., VANECK, L., and WILLETTE-MINNE, A. M., Psychodrame chez les adolescentes débiles mentales en institution (avec discussion du Dr. Fr. TOSQUELLES). *Revue de psychothérapie institutionnelle* (Paris) 1967 No. 5, p. 111—114.

FONTAINE, P. J., Psychodrame chez les adolescentes handicapées en institution. *Bulletin de psychologie* 1969—1970, *23* (n° 13—16 Spécial Psychodrame), p. 923—926.

LAVALLI, A. u. LEVINE, M., Social and guidance needs of mentally handicapped adolescents as revealed through sociodramas. *Am. J. of Mental Deficiency* 1954, *58*, p. 544—522. Abridged p. 283—293 in STACEY C. L. e. a.

LOUVET-BOURDOUXHE, J., *Psychodrame et débilité mentale. Expérience avec un groupe d'adolescentes en I. M. P. Analyse des thèmes et techniques.* Mémoire lic. psychologie. Louvain 197 pp.

MORENO, J. L., *Who shall survive?* 1st Ed. 1934 Nervous and Mental Disease Publ. C° Washington DC. 2d Ed. 1953. Beacon House, Beacon NY, CXIV + 763 pp.

McDANIEL, J., Group action in the rehabilitation of the mentally retarded. *Group Psychotherapy* 1956, *13*, p. 5—13.

PANKRATZ, L. D. & BUCHAN, G., Exploring psychodramatic techniques with defective delinquents. *Group Psychotherapy* 1965, *18*, p. 136—141.

PANKRATZ, L. D. & BUCHAN, L. G., Techniques of „Warm-up" in psychodrama with the retarded. *Mental Retardation* 1966, *4*s Z, p. 12—15.

PILKEY, L., GOLDMAN, M. and KLEINMAN, B., Psychodrama and empathic ability in the mentally retarded, *Am. J. Mental Deficiency* 1961, *65*, p. 595—605.

SARBIN, T. R., Spontaneity Training of the feebleminded, *Sociometry* 1945, 8, p. 389—393, and abridged p. 279—283 in: STACEY C. L. e. a.

STACEY, C. L., DE MARTINO, M. F. and SARASON, S. B. (Edit). *Counseling and Psychotherapy with the mentally retarded.* Free Press Glencoe (Ill) 1957, 478 pp.

STACEY, C. L., DE MARTINO, M. F. and SARASON, S. B., Introduction to Chap. IV Psychodrama p. 257—278 in STACEY, C. L. e. a.

TAWADROS, S. M., Spontaneity training at the Dorra institute, Alexandria, Egypt. *Group Psychotherapy* 1956, *9*, p. 164—167.

WILLETTE-MINNE, A. M., FONTAINE, P. J. e. a. Psychodrame et engagement dans la vie. *Liaison* (Bruxelles) 1967, 7 (n° spécial: La mise au travail du débile mental et son engagement dans la vie) p. 137—138.

Übersetzt von Dr. H. Petzold, Neuss

Das „therapeutische"Theater Vladimir N. Iljines [1] *

H. Petzold, Düsseldorf

I. Drama und Psychotherapie

Dramatisches Spiel als ein den ganzen Menschen, seine Gedanken, seine Gefühle, seinen Körper und sein Handeln einbeziehendes Geschehen ist seit dem Altertum mit pädagogischer und therapeutischer Wirkung verwandt worden. Besonders bei den primitiven Kultfeiern, in denen es um Reinigung von Schuld, um Angstabwehr, Entladung von Triebenergie, um Versöhnung und um die Verbindung mit dem Numinosen geht, und zwar durch individuell und kollektiv vollzogenes Handeln im kultischen Spiel.

Es finden sich im primitiven Kultdrama all die relevanten emotionalen Bereiche und Konfliktkonstellationen, die uns in der modernen Psychotherapie beschäftigen. Dieses Faktum hat sich als Eigenart des Dramas durch die Jahrhunderte erhalten, ganz gleich, ob es sich um die griechischen Tragödien, das literarische Theater der deutschen oder französischen Klassik, die Bühnenstücke der Romantik oder um die Theaterexperimente der Moderne handelt (PETZOLD, SCHMIDT, dieses Buch). Immer

„ist das eigentlich sinnliche Material der dramatischen Poesie . . . nicht nur die menschliche Stimme und das gesprochene Wort, sondern der ganze Mensch, der nicht nur Empfindungen, Vorstellungen und Gedanken äußert, sondern, in eine konkrete Handlung verflochten, seinem totalen Dasein nach auf die Vorstellungen, Vorsätze, das Tun und Benehmen anderer wirkt und ähnliche Rückwirkungen erfährt oder sich dagegen behauptet" (C. F. W. HEGEL) [2].

Das Theater auf der Bühne kann in diesem Sinne als „Sonderfall einer allgemeinen Theatralität" (ILJINE, 1909) aufgefaßt werden. Der bis in die Antike zurückgehende Gedanke vom *Welttheater* (CURTIUS, 1969), für den „das Leben Theater und das Theater Leben ist", impliziert, daß jede menschliche Regung, jede Schicksalswirklichkeit auf der Bühne Realität gewinnen kann, eine Realität, die „Jedermann" [3] anspricht, denn es könnte ja auch sein Schicksal sein.

Dramatische Kunst steht an den Anfängen moderner Psychotherapie.

Diese Aussage ist nicht unangemessen, blickt man auf die zentrale Bedeutung, die Themen aus der klassischen Theaterkunst für die Entwicklung der psychotherapeutischen Theorie gewonnen haben. Ödipus und Elektra sind beeindrukkende Zeugnisse dafür, daß Dichter unter Einbeziehung ihres eigenen Konfliktpotentials Themen gestalteten, die für die Konfliktdynamik menschlicher Entwicklung weitreichende, wenn nicht allgemeine Relevanz besitzen. Auch im Hinblick auf die Behandlungstechnik steht das Theater an den Anfängen moderner Psychotherapie. Schon in den Praktiken der fahrenden *Doctores* wurde szenisches Spiel zur Behandlung geistiger Störungen verwandt (vgl. GRIMMELSHAUSEN, SIM-

* Erstveröffentlichung in: Gruppendynamik 6 (1975).

PLICISSIMUS, 1669, lib. II, c. 13). SAUVAGE (1761) und REIL (1803) haben dann Versuche unternommen, Theaterspiel in der Behandlung von psychiatrischen Patienten einzusetzen.

Aber nicht allein im Bereich der Psychiatrie hat man dramatische Verfahren zur Beeinflussung psychischer Prozesse verwandt, im Theater selbst wurden zahlreiche Techniken und Methoden entwickelt, die Persönlichkeit des Schauspielers so zu formen und zu entwickeln, daß er ein reiches Repertoire emotionaler Ausdrucksmöglichkeiten erwerben konnte, ohne sich dabei zu verlieren [4]. Die Arbeiten der russischen Theaterinnovatoren STANISLAVSKIJ, MEYERHOLD, TAIROV, JEWREINOV waren hier bahnbrechend (vgl. PETZOLD, 1973; PÖRTNER, 1972 a; RÜHLE, 1963).

Trotz der vielfältigen Möglichkeiten, die das Theater für die Psychotherapie bieten konnte, fanden die Ansätze REILS keine Fortführung. Die verschiedenen Versuche im 20. Jahrhundert, Theaterspiel zur Behandlung psychisch Kranker einzusetzen, blieben im Randbereich der Psychotherapie. Erst in den vergangenen zwanzig Jahren haben sie mehr und mehr Bedeutung erlangt und verbinden sich heute mit Begriffen „dramatischer Therapie" (PETZOLD 1976) wie Theatrotherapie, Psychodrama, analytischer Dramatherapie, verhaltensmodifizierendem Rollenspiel, Gestalttherapie, Expression Scénique und therapeutischem Theater. Das „therapeutische Theater", wie es vor allem V. N. Iljine entwickelt hat, soll im folgenden systematisch dargestellt werden.

II. Das „therapeutische Theater"

Das „therapeutische Theater" wurde in den Jahren 1908–1912 von dem Russen Vladimir Nikolajewitsch ILJINE (29. 8. 1890 bis 23. 10. 1974) entwickelt. Angeregt wurde Iljine durch eigene schauspielerische Aktivitäten als Student, seine Studien zu Philosophie und Literatur der Antike und des Mittelalters und seine Bekanntschaft mit dem STANISLAVSKIJ-Schüler SULERSHITZKIJ, die ihn zu einem Briefwechsel mit dem großen Innovator des Theaters selbst führte. Das Zentrum von ILJINEs Überlegungen liegt in der Wertung des Spiels für das Leben des Menschen. Er schrieb 1909:

> „Das Spiel als eine Qualität der menschlichen Existenz, die aus der *essentia humana* hervorbricht, schafft einen zutiefst menschlichen Bereich, der heil, frei von Zwang und Deformationen ist. Im Spiel ist es möglich, einem Menschen als Menschen zu begegnen, ohne fürchten zu müssen, ohne Bedrohung abzuwehren. Im Spiel kann man frei sein. Aus dem Zwang in das wahre Spiel einzutreten, bedeutet Befreiung, Freiheit, Überwindung der Krankheit zur schöpferischen Selbstverwirklichung."

Später (1972) schreibt ILJINE dazu:

> „Dies waren einige Überlegungen, die mich in den Jahren 1908—1910 dazu veranlaßten, mit Menschen in Lebenskonflikten und seelisch Kranken Theater zu spielen. Ich hatte meine Studien an der naturwissenschaftlichen und medizinischen Fakultät noch nicht beendet, aber schon meine philosophischen und musikwissenschaftlichen Aktivitäten begonnen, und es waren der aristotelische Begriff der Katharsis, Musik und Drama in der Antike und im Mittelalter — beides hat mich dann mein ganzes Leben beschäftigt —, die mir klarmachten, daß das Theaterspiel ein erstrangiger Weg zur Heilung der Seele und des Leibes sein müsse."

Das „therapeutische Theater" ist von den zentralen Interessen seines Begründers geprägt: der Psychiatrie und der Schauspielkunst.

ILJINE sieht das Wesen der psychischen Erkrankung als

„eine tiefgreifende Störung in der Grundqualität der menschlichen Existenz: der Fähigkeit zu spielen. Das Lebensspiel *selbst* zu spielen und nicht zum Spielball der eigenen Lebensumstände zu werden, die der Übersicht, der Steuerung entglitten sind, dies ist die Grundlage einer gesunden Existenz. Nur im *meisterlichen Spiel* des Lebens liegt die Chance zum Gewinn von Freiheit, Verwirklichung der eigenen Person, zum Erreichen von Zielen, aber auch zur Fähigkeit des Sich-Bescheidens oder des Verzichts. Dem Gemütskranken ist das Steuer entglitten, es ist ihm entrissen worden und er hat es sich entreißen lassen. Nun wird er vom Strom der eigenen unkontrollierten Gefühle und der Umweltereignisse fortgerissen. Ihn zu heilen, heißt, ihn wieder spielen zu lehren, nicht nur das heitere, unbefangene Spiel der Kinder, sondern auch das geschickte, beherrschte, meisterliche Spiel . . . des Bootsführers, der unter Einsatz aller seiner Fähigkeiten, der körperlichen, emotionalen und Verstandeskräfte sein Schiff mit spielerischer Leichtigkeit ins Ziel führt" (ILJINE, 1909).

Mit diesen Ausführungen sind die Zielsetzungen des „therapeutischen Theaters" schon klar gekennzeichnet. 1916 schreibt ILJINE an STANISLAVSKIJ:

„Meine Methode hat zwei Grundpfeiler: Dionysius und Apollon, die kathartische Befreiung und die Freiheit, die wir als Frucht ernster Arbeit und Disziplinierung gewinnen, das improvisierte Spiel und die vollkommene Übung. Ist schon beim Schauspieler das eine ohne das andere nicht möglich, wie erst beim seelisch Kranken, dessen Fähigkeiten, wahrzunehmen, sich auszudrücken, sich zu bewegen, eingeschränkt oder gänzlich verlorengegangen sind?" [5]

Zwei Grundpfeiler, das konflikt- oder erlebniszentrierte *Improvisationsspiel* und das übungszentrierte *Improvisationstraining,* bestimmen also das Vorgehen in ILJINEs Methode. Die Therapie verläuft immer zweigleisig, in parallelen Sitzungen.

Das *Improvisationstraining* zielt darauf ab, durch Wahrnehmungsübungen die Sensibilität des Patienten für sich und für andere zu erhöhen, durch Ausdruckstraining ihm die Fähigkeit zu vermitteln, sich mitzuteilen, Gefühlen und Gedanken in Wort, Stimme, Mimik und Gestik Ausdruck zu verleihen. Durch Entspannungsübungen wird dem Patienten ermöglicht, sich zu lösen, funktionales Atem-, Stimm- und Bewegungstraining führt zu einer Restitution körperlicher Kräfte und korrigiert durch physische und psychische Traumatisierung entstandene Fehlhaltungen bzw. Fehlfunktionen. Das Improvisationstraining mit einem Repertoire von vielen hundert Übungen bietet ein elaboriertes System psycho-physischen Trainings, das den ganzen Menschen in seiner körperlichen, seelischen und geistigen Dimension zu erreichen sucht. In seiner heutigen, von mir weiterentwickelten Form [6] finden sich folgende Trainingsbereiche:

1. Entspannungstraining,
2. Bewegungstraining,
3. Atemschulung,
4. Arbeit mit der Stimme,
5. Orientierungstraining,
6. Sensibilisierungstraining,

7. Expressivitätstraining,
8. Flexibilitätstraining,
9. Kommunikations- und Interaktionstraining,
10. Phantasietraining,
11. Kreatives Bewegungsgestalten (unter Verwendung von freier Tanzimprovisation und Musik),
12. Meditative Techniken (vgl. PETZOLD 1974 b; PETZOLD, BERGER, 1974).

Das *Improvisationsspiel* wird vielfach erst durch das *Improvisationstraining* möglich – besonders bei schwer gestörten Patienten – oder gewinnt zumindest an Tiefe und Intensität. Es ist darauf zentriert, im Rahmen von vorgegebenen literarischen Texten, eigens für den Klienten geschriebenen Szenarien (= knappe Handlungsgerüste) oder in Improvisationen ohne Vorgabe

„dem Klienten über den freien spontanen Ausdruck seiner Gefühle Zugang zu konfliktbesetzten Bereichen seiner Vergangenheit oder Gegenwart zu eröffnen, damit er sie im überschaubaren Raum der therapeutischen Bühne *erleben, erkennen* und daraufhin *einordnen* kann. Das Erleben der Wirklichkeit ‚aus dem Gefühl' heraus, die Einsicht in die Gegebenheiten des Lebens durch die Kraft der Vernunft, das sind die Grundlagen für die Integration der Person nach Körper, Seele und Geist. Für den Patienten, der immer zugleich an Leib, Seele und Geist erkrankt ist, kann Integration im therapeutischen Theater geleistet werden, das als Sonderfall des Welttheaters die beängstigende und verwirrende Komplexität des Lebens überschaubar macht, festen Grund schafft, von dem ausgehend wieder mehr Vielfalt zugelassen werden kann und neue Bereiche zugänglich werden" (ILJINE, 1924).

Im „therapeutischen Theater" findet also eine „Reduktion von Umweltkomplexität" statt (vgl. die Konzeption LUHMANNs, 1968), durch die neue Möglichkeiten der Lebensgestaltung erschlossen werden.

Bis zum Jahre 1918 konnte ILJINE in der Arbeit mit Patienten, Schauspielern und Studenten – er war 1917 agregierter Professor an der philosophischen Fakultät der Universität Kiew geworden – das „therapeutische Theater" praktizieren und mit seinem Kollegen Basilius ZENKOWSKIJ das „didaktische Theater" (vgl. PETZOLD, ILJINE, ZENKOVSKIJ, 1972; PETZOLD, ILJINE, SCHMIDT, 1972) als pädagogische Variante entwickeln. Die Revolution brachte eine gewaltsame Unterbrechung, aber sie bedeutete nicht das Ende dieser Arbeit, vielmehr erhielt ILJINE in den ersten Jahren der Emigration entscheidende Impulse. 1922 kommt er nach Budapest und erhält von Sandor FERENCZI seine analytische Ausbildung. 1925 fällt ihm das anonym erschienene „Stegreiftheater" MORENOs in die Hände, das er übersetzt und in einer russischen Ausgabe herausbringt. ILJINE (1972) betont die Bedeutung der Einflüsse FERENCZIs und MORENOs für das „therapeutisches Theater" (vgl. dieses Buch S. 239).

Aufbau und Form des therapeutischen Theaters

Das „therapeutische Theater" weist in seinen beiden Applikationsformen, dem *Improvisationsspiel* und dem *Improvisationstraining*, einen mehrstufigen Ablauf auf, der von den Bedürfnissen des Klienten, der äußeren Situation (Räumlichkeit, Zeit), von den Zielsetzungen des Therapeuten und von der Struktur der Methode abhängig ist.

Die Methodik des Improvisationstrainings zu beschreiben, die vielfältigen Schritte aufzuzeigen, die zum Aufbau einer funktional richtigen Atmung und zur Ausprägung einer starken Expressivität in Mimik und Gestik führen, würde den Rahmen dieser Arbeit sprengen. Angemerkt sei nur, daß verhaltenstherapeutische Prinzipien gezielt eingesetzt werden, wie z. B. Verstärkersysteme, sukzessive Approximation (shaping), Imitationslernen, „flooding". Wir wollen uns daher dem Improvisationsspiel zuwenden. Dieses zeigt folgenden Aufbau:

1. *Konstatationsschritt (Themenfindung)*: Der erste Schritt im Improvisationsspiel des „therapeutischen Theaters" hat diagnostische Zielsetzungen. Die Diagnose bleibt aber nicht auf die Initialsituation beschränkt:

„Diagnose und Therapie sind nicht zu trennen. Das therapeutische Handeln in Improvisationsspiel und -training bringt beständig neues, wichtiges diagnostisches Material hervor, das unmittelbar wieder in die Therapie einfließen muß. Jede Situation, jeder Moment im therapeutischen Prozeß ist durch diese Dialektik von Therapie und Diagnose geprägt" (ILJINE, 1942).

Es geht darum, ein relevantes Thema festzustellen. In der Einzeltherapie geschieht dies durch das Erstellen einer biographischen Anamnese und einer Exploration des aktuellen sozialen Umfeldes. Aufgrund dieser Daten wählt der Therapeut zu den Konfliktkonstellationen des Klienten passende Texte aus literarischen Bühnenwerken aus, solange der Patient im szenischen Spiel noch wenig Freiheit und Spontaneität gefunden hat (was aus dem parallellaufenden Improvisationstraining bekannt ist). Zu früh freie Improvisation zu fordern, führt häufig zu Mißerfolgserlebnissen und hindert den Fortgang der Therapie. Später schreibt der Therapeut aufgrund der therapeutischen Situation Szenarien, Rahmenstücke, für den Klienten, die er spielen und mit seinen Improvisationen füllen muß. Bei noch weiterem Fortschreiten der Therapie werden die Szenarien von Therapeut und Patient gemeinsam erarbeitet und schließlich teilweise vom Patienten selbst geschrieben.

In der Gruppenpsychotherapie wird das Thema aus dem Gruppengespräch gefunden. Die Gruppe beginnt, Einfälle zu sammeln, die zumeist reiches projektives Material bieten. In oftmals sehr intensiven gruppendynamischen Abläufen einigt sich die Gruppe auf ein Thema.

2. *Analyseschritt (Reflexion des Themas):* Hat man sich auf ein Thema geeinigt, so wird es von verschiedenen Seiten her beleuchtet und untersucht. Es werden weitere Einfälle gesammelt, indem zum Thema assoziiert oder gemalt wird. Das Material für das Rahmenstück wird auf diese Weise zusammengetragen, gesichtet und reflektiert. Schon in diesem Prozeß, der wichtige Aufschlüsse über die Situation des einzelnen, die Phantasmen der Gruppe, die gruppendynamischen und soziometrischen Konstellationen gibt, kann der Therapeut durch vorsichtige Deutung, konfrontierende Hinweise oder Bemerkungen bzw. Vorschläge zum Thema, therapeutisch intervenieren.

3. *Transpositionsschritt (Erstellung des Rahmenstückes)*: Das zusammengetragene Material muß in einen festen Rahmen transponiert werden. An dieser Aufgabe die in der Einzeltherapie von Therapeut und Klient geleistet wird, nehmen in der Gruppentherapie alle Anwesenden teil. Das Szenarium wird somit das Produkt

kollektiver, kreativer Interaktion. In ihm werden Rollen skizziert, Handlungsabläufe vorgezeichnet. Die Zusammenarbeit fördert den Austausch, die Kooperationsfähigkeit, die soziale Interaktion. Der Therapeut greift wiederum, wo notwendig und therapeutisch indiziert, mit den verschiedenen Interventionen in das Geschehen ein und setzt so das beständig zum Vorschein kommende diagnostische Material unmittelbar in therapeutische Aktion um.

Ist das Szenarium erstellt – ein Text von zwei bis drei Schreibmaschinenseiten mit knappen, übersichtlichen Angaben –, so wird es vervielfältigt. Jeder Spieler erhält einen Abzug. Ist eine therapeutische Bühne vorhanden, so können noch Kostüme und Masken vorbereitet werden. Ansonsten spielt man mit imaginierten Requisiten.

4. *Realisationsschritt (Spiel des Szenariums):* Die einzelnen Akteure treten ins Spiel und beginnen innerhalb ihrer Rollengerüste frei zu improvisieren [7]. Teilnehmer, die nicht in die Szene involviert sind, können Doppelgängerfunktion übernehmen. Der Therapeut kann selbst als Doppelgänger in das Spiel eingreifen, einen Rollentausch (A wird B und B wird A) oder einen Rollenwechsel (A wird C, C wird A und spielt die zwischen A und B begonnene Sequenz weiter) anordnen. Auch Spiegel und Playback können angeordnet werden. Derartige Interventionen haben immer den Sinn einer Verdeutlichung, einer Interpretation, einer Konfrontation, einer Maximalisierung von Gefühlen. Sie sollen für den Patienten emotionale Erfahrungen und rationale Einsichten im Sinne einer „vitalen Evidenz" (Aha-Erlebnis, Betroffenheit) bewirken. Die Arbeit hat sehr große Ähnlichkeit mit dem Psychodrama Morenos, nur daß nicht von Szene zu Szene gesprungen wird, wie in der Schicht um Schicht abtragenden psychodramatischen Exploration, sondern das Szenarium bietet einen festen Rahmen, der in der Regel nicht ad hoc zugunsten einer anderen Szene verlassen wird. Dem Szenenwechsel geht ein Prozeß des Durcharbeitens voraus; ihm kommt im „therapeutischen Theater" eminente Bedeutung zu.

5. *Reflexionsschritt (Durcharbeiten des Spiels):* Nach jeder Szene setzt sich die Gruppe zusammen, um das Spielgeschehen durchzusprechen – in der Einzeltherapie sprechen Patient und Therapeut (bzw. die mitspielenden Therapeuten) miteinander. Die Ebenen des *Intellektuellen,* des *Emotionalen* und des *Verhaltens* werden in ihrer unlösbaren Verbundenheit erlebt und gesehen. Das Geschehen und Erleben wird oftmals spontan mit Erinnerungen aus der persönlichen Biographie in Zusammenhang gebracht, die während des Spiels und in der nachträglichen Reflexion auftauchen. Durch Deutungen, Anordnung eines Playbacks, Vorschlag eines Stegreifspiels mit einem bestimmten Thema vertieft der Therapeut den Prozeß des Durcharbeitens.

Ist eine Szene durchgesprochen, so wird die nächste angespielt, wenn es sich um ein Rahmenstück mit mehreren Szenen handelt. Eine abschließende Reflexion faßt die Ereignisse zusammen und stellt neue Materialien und Einfälle heraus. Der *Reflexionsschritt* wird damit zum *Analyseschritt,* in dem ein neues Thema gefunden und das zugehörige Material gesammelt und strukturiert wird. Ein erneuter *Transpositionsschritt* führt zu einem neuen Szenarium und damit zu neuem Spiel.

So bringt das „therapeutische Theater" beständig neues Spiel hervor. Ein Stück ergibt sich aus dem anderen, und es entsteht ein *théâtre permanent*, das sich ohne Bruch dem Theater des Lebens beifügt.

Möglichkeiten und Effekte des therapeutischen Theaters

Von Einzeltherapien mit schwergehemmten Patienten abgesehen, wird das „therapeutische Theater" als Gruppentherapie durchgeführt. Das Improvisationstraining geschieht fast ausnahmslos in Gruppen. In dem von mir entwickelten Therapie-Design kommen 8–12 Patienten zu mindestens einer „therapeutischen Einheit" zusammen, d. h. 30 zweieinhalb- bis dreistündigen Sitzungen, von denen 15 auf das Improvisationstraining, 15 auf das Improvisationsspiel entfallen. Am Schluß steht ein dreitägiges Intensivseminar, in dem die Patienten eine Zwischenbilanz ziehen und entscheiden, ob und in welcher Richtung sie weitergehen wollen. In der Regel sind zwei bis fünf „therapeutische Einheiten" eine normale Behandlungsdauer, d. h., daß mit Behandlungszeiten von ein bis zwei Jahren gerechnet wird, je nach Schwere der Störung.

Aufgrund der Kombination von *Improvisationstraining* und *Improvisationsspiel* hat das „therapeutische Theater" ein breites Indikationsspektrum. Besonders mit dem *psychophysischen Improvisationstraining* kann fast jeder Patientenkreis erreicht werden.

Therapeutisches Theater kann mit sehr einfach strukturierten Patienten praktiziert werden, wenn einfache Rahmenstücke vorgegeben werden. Es ist bei den verschiedensten neurotischen Krankheitsbildern indiziert und in der Arbeit mit Suchtkranken hervorragend geeignet. Bei hysterisch strukturierten Patienten ist mit Vorsicht vorzugehen. Durch die disziplinierenden Elemente des Improvisationstrainings, aber auch der Spielfindung (Analyse- und Transpositionsschritt) können indes überschießende Reaktionen aufgefangen und umgeleitet werden.

Bei entsprechendem Vorgehen kann auch bei den verschiedenen psychotischen Krankheitsbildern – Schizophrenie, endogenen Depressionen, Defekten – das „therapeutische Theater" mit guten Ergebnissen eingesetzt werden. Allerdings muß bei manischen Zuständen, akuten Psychosen und akuter Suizidalität eine besonders geschulte Equipe von Therapeuten zur Verfügung stehen. Die Breite der Behandlungsmöglichkeiten liegt in der Vielfältigkeit des „therapeutischen Theaters" begründet, das für eine differenzierte Indikation ein differenziertes Behandlungsinstrumentarium zur Verfügung stellt.

Die Kombination der Aufdeckung von Konflikten und Phantasien auf *tiefenpsychologischer* Grundlage mit *verhaltensmodifizierender* Arbeit verleiht dem „therapeutischen Theater" eine besondere Effektivität. Das Zusammenspiel von Befreiung und Disziplinierung schafft Möglichkeiten zu einer adäquaten Selbstregulation und erschließt über die Therapie hinausgehend Lebensalternativen und Wege zur Selbstverwirklichung.

Es ist für das „therapeutische Theater" charakteristisch, daß es sich nicht nur auf Therapie begrenzt und sich nicht nur als *Psycho*therapie versteht. Es meint immer das *ganze* Leben mit all seinen Möglichkeiten und den *ganzen* Meschen in seiner Haltung und seinem Verhalten, in seiner Körperlichkeit, seiner Emotionalität, seinen geistigen Strebungen und seinen sozialen Bezügen. Das *psychophysische Training,* der zweigleisige Ansatz und das auf einer gründlichen Anamnese oder gemeinsamer Arbeit der Gruppe beruhende Szenarium bilden eine Eigenart, die vom Psychodrama Morenos grundlegend abweicht. Mit dem „therapeutischen Theater" können – zusammengefaßt – folgende Effekte erzielt werden: Aufdeckung verdrängten traumatischen Materials, Erhellung unbewußter Konfliktsituationen, Modifikation von Fehlverhalten, Lernen von Verhaltensalternativen, Verbesserung der Beziehung zum eigenen Körper, funktionale Korrektur körperlichen Fehlverhaltens (Atmung, Bewegung, Haltung). Hinzu kommt die Förderung und Entwicklung von Rollenflexibilität, spontanen und kreativen Handelns, von sozialer Kompetenz (Steigerung der Selbst- und Fremdwahrnehmung und der Kommunikationsfähigkeit) und von Sensibilität und Expressivität.

ILJINE (vgl. PETZOLD, 1975) und ZENKOWSKIJ (vgl. ZERNOV, 1963) lehrten seit Beginn der dreißiger Jahre an den damals bedeutenden Hochschulen der russischen Emigration in Paris. Die zunehmende Isolierung dieser Gruppe und die Sprachbarriere – die wichtigsten Veröffentlichungen sind in russischer Sprache erschienen — können als Gründe dafür angesehen werden, daß die Wirkung ihrer Arbeit auf einen kleinen Schülerkreis beschränkt blieb.

Literaturhinweise

BARRUCAND, D. (1970): La catharsis dans le théâtre, la psychoanalyse et la thérapie de groupe. Paris (Epi)

BASQUIN, M., DUBUISSON, P., SAMUEL-LAJEUNESSE, B., TESTEMALE-MONOD, G. (1972): Le psychodrame: une approche psychanalytique. Paris (Dunod).

BURKART, V. (1972): Befreiung durch Aktionen. Wien (Böhlau).

CLAUSER, G. (1959): Märchen als Rollenspiel. In: Arzt im Raum des Erlebens. Festschrift f. Speer. München.

COGGIN, P. A. (1956): Drama and education, A historical survey from Ancient Greece to the present day. London.

CORSINI, R. (1966): Role playing in psychotherapy: A manual. Chicago (Aldine).

CURTIUS, E. R. (1969): Welttheater — Zur Geschichte einer Idee. *Areopag,* IV, 4, S. 241—249.

DARS, F., BENOIT, J. C. (1973): L'expression scénique. Art dramatique et psychothérapie. Paris (Editions ESF).

DIATKINE, R., GILLIBERT, J. (1965): Psychodrame et théâtre. *Esprit,* 5, S. 931—942.

DIENER, G. (1971): Goethes „Lila". Frankfurt (Athenaeum).

DUSANNE, B. (1933): Le comédien sans paradoxe. Paris (Plon).

ELSE, G. F. (1957): The origin of *ΤΡΑΩΔΙΑ. Hermes,* 85, S. 17 ff.

FANCHETTE, J. (1971): Psychodrame et théâtre moderne. Paris (Buchet/Chastel).

FERENCZI, S. (1964): Bausteine zur Psychoanalyse. Bern, Stuttgart (Huber).

FREUD, S. (1904): Psychopathic characters on the stage. *The Psychoanalytic Quarterly,* 11, 1942, S. 459—464.

HEGEL, G. W. F. (1964): Sämtliche Werke (20 Bände). Stuttgart-Bad Cannstatt (Friedrich-Frommann).

ILJINE, V. N. (1909): Improvisiertes Theaterspiel zur Behandlung von Gemütsleiden. *Theatralny Kurier,* Beilage. Kiew (russ.)

— (1910): Kranke spielen Theater — ein Weg zur Heilung des Leibes und der Seele. *Theatralny Kurier*, Beilage. Kiew (russ.)
— (1923): Die Struktur des menschlichen Körpers, die Charakterologie und Bestimmung des Geistes. Budapest (russ.).
— (1942): Therapeutisches Theaterspiel. Sobor. Paris (russ.).
— (1972): Das therapeutische Theater; dieses Buch.
JEANMAIRE, H. (1951): Dionysios, histoire du culte de Baccus. Paris.
LEBOVICI, S. (1972): Das psychoanalytische Psychodrama; dieses Buch.
— DIATKINE, R., KESTEMBERG, E. (1958): Bilan de dix ans de thérapeutique par le psychodrame chez l'enfant et l'adolescent. *Psychiatrie de l'enfant*, 1, S. 63 bis 179.
LEEDY, J. J. (1969): Poetry therapy. Philadelphia (Lippincott).
LEMOINE, G., LEMOINE, P. (1972): Le psychodrame. Paris (Laffont).
LEUTZ, G. A. (1967): Vom kindlichen Spiel zum Psychodrama, *Schweizer Theaterjahrbuch*, 33.
— (1974): Psychodrama. Theorie und Praxis, Bd. 1. Berlin, Heidelberg (Springer).
LUHMANN, N. (1968): Zweckbegriff und Systemrationalität. Tübingen (Mohr).
MORENO, J. L. (1923): Das Stegreiftheater. Potsdam (Kiepenheuer); russ. Ausgabe durch V. N. Iljine, Berlin 1925.
— (1959): Gruppenpsychotherapie und Psychodrama. Stuttgart (Thieme).
— (1959): Psychodrama. Vol. 1—3. Beacon (Beacon House).
— (1963): Behavior therapy. *Am. J. Psychiatr.*, 120, S. 194—196.
MIERLO, J. v. (1948): De Prioriteit von elckerlije tegenover everyman gehandhaafd. Tornhout.
PERLS, F. S. (1974): Gestalttherapie in Aktion. Stuttgart (Klett).
PETZOLD, H. (1969): Die verhaltenstherapeutische Komponente im Psychodrama. Überlegungen zum Konzept eines Behaviourdramas. Paris.
— (Hg., 1972): Angewandtes Psychodrama in Therapie, Pädagogik, Theater und Wirtschaft. Paderborn (Junfermann).
— (1973): Gestalttherapie und Psychodrama. Kassel (Nicol).
— (1974 a): Das Psychodrama im „tetradischen System". *Dynamische Psychiatrie*, 3, S. 151—181.
— (Hg., 1974 b): Psychotherapie und Körperdynamik. Paderborn (Junfermann).
— (1975): Leben und Werk V. Iljines. Nachruf. *Kyrios*.
— BERGER, A. (1974): Integrative Bewegungserziehung. In: Petzold (1974 b), S. 405—424.
PETZOLD, H., ILJINE, V., SCHMIDT, I. (1972): Didaktisches „théatre permanent" in der Erwachsenenbildung. *Volkshochschule im Westen*, 2.
PETZOLD, H., ILJINE V., ZENKOVSKIJ, B. (1972): Das didaktische Theater in der schulischen Erziehung. *Internationale Zeitschr. f. Erziehungswissensch.*, 2, S. 232—237.
PETZOLD, H., OSTERHUES, J. U. (1972): Zur verhaltenstherapeutischen Verwendung von gelenkter katathymer Imagination und Behaviordrama in einem Lebenshilfezentrum; dieses Buch.
PETZOLD, H., SCHMIDT, I. (1972): Psychodrama und Theater; dieses Buch.
PÖRTNER, P. (1972 a): Moreno und das moderne Theater. In: Petzold, S. 45—61.
— (1972 b): Spontanes Theater. Köln (Kiepenheuer & Witsch).
REIL, J. CH. (1803): Rhapsodien. Über die Anwendung der psychischen Curmethode auf Geisteszerrüttungen. Halle.
RÜHLE, J. (1963): Theater und Revolution. München (dtv).

SALTER, A. (1949): Conditioned reflex therapy. New York (Capricorn).
SCHÜTZENBERGER, A. A. (1970): Précis de psychodrame. Paris (Epi).
STANISLAVSKIJ, C. (1958): La formation de l'acteur. Paris (Olivier Perrin).
— (o. J.): Das Geheimnis des schauspielerischen Erfolges. Zürich (Scientia, Wien (Gallus).
STEVENIN, L (1961): L'expression scénique dirigée: ses applications en psychothérapy. *Ann. Méd. Psychol.*, II, 119, S. 936—944.
— DARS, E., BENOIT, J. C. (1963): L'expression scénique dirigée, méthode nouvelle de psychothérapie. *Société de Recherches Psychothérapique de Langue Francaise*, 2, S. 34—38.
VILLIERS, A. (1942): La psychologie du comédien. Paris (Mercure de France).
ZENKOVSKIJ, B. (1923): Die Psychologie des Kindes. Berlin, Leipzig (Evrasiskij Publ.).
— (1935): Aufführungen und Theaterspiel als Methode religiöser Erziehung. *Byulletin Religiozno-Pedagogicheskago Byuro*, 6, S. 2—12.
— (1960): Die russische Pädagogik im 20. Jahrhundert. Paris (YMCA-Press).
ZERNOV, N. (1963): The russian religious renaissance of the twentieth century. (Darton, Longman & Todd, S. 340.

Anmerkungen

[1] Meinem Lehranalytiker und akademischen Lehrer Vladimir N. Iljine (1890 bis 1974), mit dem ich mehr als zehn Jahre im therapeutischen Theater zusammenarbeiten konnte und der mir auch den Zugang zu Perls und Moreno eröffnete, in Dankbarkeit gewidmet.

[2] Hegel, G. W. F., Vorlesungen über die Ästhetik, Werke Bd. 14, S. 512.

[3] Vgl. das mittelalterliche Elckerlijk-Spiel (Everman), das über ganz Europa verbreitet war und durch den „Jedermann" Hofmannsthals bis in unsere Zeit hineinwirkte (vgl. Mierlo, 1948).

[4] Vgl. Diderot, D., Le paradoxe du comédien. De la poésie dramatique, Oeuvres, Paris 1951 (1. Publ., 1830) und die sich daran anschließende Diskussion zur Psychologie und psychologischen Situation des Schauspielers. Z. B. bei Dusanne (1933) und Villiers (1942).

[5] Briefwechsel Stanislawskij/Iljine, Nachlaß Kat. 81–93.

[6] Die von mir entwickelte „integrative Therapie" mit dem Teilbereich „integrative Bewegungstherapie" (Petzold, 1974 b) hat viele Elemente des „therapeutischen Theaters" übernommen.

[7] Im einzeltherapeutischen Vorgehen des „therapeutischen Theaters" spielen – wie im analytischen Psychodrama – oftmals mehrere Therapeuten als Equipe mit einem Patienten, ein Vorgehen, das besonders bei medikamentös nicht sedierten, akuten Psychosen ausgezeichnete Erfolge zeigte.

Das therapeutische Theater

V. N. Iljine, Paris

Der erzieherische Wert des dramatischen Theaterspiels (COGGIN 1956) und seine heilende Funktion (BARRUCAND 1970, 1971) sind seit dem Altertum bekannt, doch eine systematische Applikation dieser Möglichkeiten für den Unterricht und für die Psychotherapie blieben dem zwanzigsten Jahrhundert vorbehalten. In ihm wurden Psychodrama und Soziodrama (MORENO 1923), therapeutisches Rollenspiel (FERENCZI 1920), didaktisches und therapeutisches Theater (ILJINE, ZENKOVSKIJ 1909) als Methoden entwickelt. Allein unsere bescheidenen Versuche und auch FERENCZIs Ansätze blieben in vergessenen Randbezirken. Die Wirren der Zeit und die sprachlichen Barrieren sind hierfür nur einige Gründe neben anderen. Das Psychodrama MORENOs aber konnte in den vergangenen zwei Jahrzehnten einen verdienten Siegeszug antreten als eine Methode, die die heilenden Kräfte des Spiels zu nutzen weiß. Das Spiel als eine Qualität der menschlichen Existenz, die aus der essentia humana hervorbricht, schafft einen zutiefst menschlichen Bereich, der heil, frei von Zwang und Deformation ist. Im Spiel ist es möglich, einem Menschen als Mensch zu begegnen, ohne fürchten zu müssen, ohne Bedrohung abzuwehren. Im Spiel kann man frei sein. Aus dem Zwang in das wahre Spielen einzutreten, bedeutet Befreiung, Freiheit, Überwindung der Krankheit. Spiel als Therapie bietet Möglichkeiten für alle Menschen: für das Kind (ZULLIGER 1952) wie für die alten (LEVEEN/PRIVER 1963), für die hochbegabten wie für die einfachen.

Dies waren einige Überlegungen, die mich in den Jahren 1908—1910 dazu veranlaßten, mit Menschen in Lebenskonflikten und seelisch Kranken Theater zu spielen. Ich hatte meine Studien an der naturwissenschaftlichen und medizinischen Fakultät noch nicht beendet, aber schon meine philosophischen und musikwissenschaftlichen Aktivitäten begonnen[1], und es waren der aristotelische Begriff der *Katharsis*, Musik und Drama in der Antike und im Mittelalter — beides hat mich dann mein ganzes Leben lang beschäftigt[2] —, die mir klar machten, daß das Theater s p i e l ein erstrangiger „Weg zur Heilung der Seele und des Leibes" sein müsse. Meine Erfahrungen, die ich mit dem Theater als Therapeutikum und Didaktikum als junger Professor an der Universität Kiew bis zum Ausbruch der Revolution sammeln konnte, hatten mich in dieser Auffassung bestärkt. Während ich mich aufgrund meiner ursprünglichen Studienfächer und neurologischen Spezialisierung (ILJINE 1914) mehr mit psychiatrisch Kranken und andererseits, meinen kunstwissenschaftlichen Neigungen folgend, auch mit Theaterleuten und Künstlern bei meinen therapeutischen Versuchen befaßte, hat mein Freund und

[1] Cf. H. PETZOLD, Leben und Werk von V. N. ILJINE, in: K y r i o s Jg. 1975 dort auch Bibliographie der veröffentlichten und unveröffentlichten Werke.

[2] Cf. ILJINES Habilitationsschrift: Probleme der Musikphilosophie bei Prinz Odoevskij, Kiev 1917, und seine Arbeiten zur Philosophie der Wissenschaften und der Musik im Mittelalter. Anmerk. der Übers.

Kollege, Prof. Dr. BASILIUS ZENKOVSKIJ, mehr mit den Möglichkeiten des Theaters in der Erziehung gearbeitet, wobei er, als Psychologe und Pädagoge, sich der medizinisch-psychiatrischen aber auch der künstlerischen Seite weniger zugewandt hat. Die Revolution wehte uns durch Europa, ihn nach Belgrad[3] und und Prag[4], mich nach Konstantinopel[5], Budapest[6] und Berlin[7]. Beide treffen wir zu Beginn der dreißiger Jahre wieder in Paris zusammen. Das „therapeutische und didaktische Theater" war nicht vergessen. Ich hatte durch die Begegnung mit SANDOR FERENCZI entscheidende Impulse erfahren (ILJINE 1923, 1924). Insbesondere seine „aktive Technik" in der Analyse, bei der er des öfteren Rollenspiel verwandte, war für mich beeindruckend und führte mich in meiner eigenen Arbeit zu neuen Ansätzen. Beispielhaft mag der mit analytischem Rollenspiel behandelte Fall einer kroatischen Sängerin sein (Bausteine II, 67—74). An diesem Fall, wie an so vielen anderen, erweist sich die geniale Intuition des großen Therapeuten, die mich an FERENCZI immer fasziniert hat: Im Jahre 1920 verwendet er desensibilisierendes Rollenspiel (II, 69), arbeitet mit Lob und Tadel, deren Bedeutung er verschiedentlich betonte (II, 79; III, 292), als positiven und negativen Verstärkern, bleibt aber nicht bei dieser Symptombehandlung stehen, sondern benutzt die beim Agieren auftretenden kathartischen Prozesse, um in der analytischen Arbeit weiter voranzuschreiten: „Die Katharsis macht es sich zur Aufgabe, Reminiszenzen zu wecken und erzielt durch das Erwecken von Erinnerungen die Abreaktion eingeklemmter Affekte" (II, 83). „Wo also die Katharsis ihre Aufgabe für beendet hält, dort beginnt für den ‚aktiven' Analytiker erst die eigentliche Arbeit" (II, 84). Diese Konzeption, die in der Entwicklung seiner Relaxationstechnik und dem Begriff der „Neokatharsis" (1929, III, 468) später ihren Niederschlag fand und ihre praktische Konsequenz in seiner immer weiteren Verwendung spielerischer Elemente in der Analyse nach sich zog (Kinderanalyse mit Erwachsenen 1931, III, 490), bestimmte mich, es nicht nur beim kathartischen Spiel im „Therapeutischen Theater" bewenden zu lassen und lehrten mich zu sehen, daß „die Aktivität ein Hilfsmittel in der Hand des Erfahrenen ist, das die analytische Arbeit fördern kann"[8]. Einen weiteren entscheidenden Impuls erfuhr ich in Berlin, wo mir das anonym erschienene „Stegreiftheater" (MORENO 1923) in die Hände fiel. Dieses Buch sehe ich, zusammen mit den Arbeiten meines Landsmannes STANISLAVSKIJ und den genialen Ideen ARTAUDs, als den bedeutendsten Beitrag zum modernen Theater an, von seiner Bedeutung für die Gruppenpsychotherapie ganz zu schweigen. Die Spontaneität als therapeutisches Agens systematisch einzusetzen und die Feststellung MORENOs, daß „jedes wahre zweite Mal die Befreiung vom ersten sei", waren für mich die wesentlichen Erkenntnisse, die ich aus dem „Stegreiftheater" gewann.

All diese Einflüsse aber konnten meine ursprüngliche Konzeption zwar bereichern, aber sie nicht ändern. Ein gleiches ist vom „Didaktischen Theater" zu sagen. ZENKOVSKIJ arbeitete mit ihm ausgiebig in der Religionspädagogik

[3] Inhaber der Lehrstühle für Pädagogik und Philosophie (1923—26).
[4] Direktor des pädagogischen Instituts (1923—26).
[5] Professor für Philosophie und Psychologie (1919—1922).
[6] Praxis und Dozent für Philosophie (1922—1924).
[7] Professor für Philosophie und Praxis (1924—1926). Anmerkungen der Übers.
[8] Briefliche Mitteilung an den Autor.

(1935 a b) und in der Studentenbewegung[9]. Wir selbst verwandten es, seit dem wir auch am Konservatorium in Paris lehrten[10], zur Unterrichtung von Studenten. Therapeutisches Theater konnten wir in größerem Maße innerhalb der C. I. M. A. D. E. in den fünfziger Jahren bei Flüchtlingen, sozial Deplacierten und verhaltensgestörten Jugendlichen einsetzen. Später schloß sich die Arbeit mit Neurotiker- und Alkoholikergruppen unter meinen Landsleuten bis in die sechziger Jahre an, um mit dem Tode ZENKOVSKIJS und unserem fortschreitenden Alter in die Hände unserer Schüler H. PETZOLD, I. SCHMIDT, J. SIEPER überzugehen, die, so hoffen wir, jenseits der sprachlichen Barrieren unsere bescheidenen Ansätze fortführen werden, die im folgenden kurz dargelegt seien:

Das Therapeutische Theater als Einzeltherapie

Die Ausgangsbasis des Therapeutischen Theaters ist eine sorgfältige und detaillierte Anamnese und zwar der Lebensgeschichte und des sozialen Umfeldes, sowie nach Möglichkeit genaue Beobachtung und Analyse des Verhaltens des Patienten in seinem Lebensraum und in konfliktträchtigen Situationen. Eine testdiagnostische Untersuchung (Rorschach) wird weitere wichtige Materialien liefern. Aus den so gesammelten Daten vermag der Therapeut ein Rahmenstück zu erarbeiten, das auf den Konflikt des Patienten ausgerichtet ist. Das Rahmenstück muß sprachlich klar und dem Sprachniveau des Patienten angepaßt sein. Es soll eine leicht überschaubare Struktur aufweisen, und je nach Indikation mehr oder weniger literarisch fixiert sein, um damit der freien Improvisation angemessenen Raum zu geben.

Das Therapeutische Theater kann als Form der Einzel- und der Gruppentherapie eingesetzt werden. In der Einzeltherapie wird es, ähnlich wie bei gewissen Formen des analytischen Psychodramas (LEBOVICI et col. 1957, 1958; ANZIEU 1956), von einem oder zwei Therapeuten (möglichst unterschiedlichen Geschlechts) und einigen therapeutischen Hilfskräften (Pfleger, Schwestern) durchgeführt, die die im Rahmenspiel des Patienten notwendige Rolle einnehmen. Es ist dies ein ausgesprochen aufwendiges, aber intensives und lohnendes Verfahren, das sowohl in einem analytisch ausgerichteten Vorgehen (ILJINE 1942) als auch bei einer verhaltenstherapeutischen Orientierung (PETZOLD 1969) reiche Möglichkeiten bietet. Das Spiel mit einem einzelnen Patienten, wie ich es auch bei SANDOR FERENCZI kennengelernt habe, ist natürlich im Therapeutischen Theater im Unterschied zu MORENOs Psychodrama und zum analytischen Rollenspiel in der „aktiven Technik" (FERENCZI 1920) durch das Rahmenstück in eine bestimmte Richtung gelenkt, wenn auch nicht festgelegt; denn die freie Improvisation des Patienten in seiner Rolle bietet gewisse Variations- und Modifikationsmöglichkeiten. Das Rahmenstück ist so angelegt, daß der Patient zunächst in einen vorgezeichneten Kontext gestellt wird. Dieser wird durch mehrere vorbereitende Gespräche vermittelt, in denen der Therapeut den Patienten mit dem Rahmen der Handlung

[9] 1948 cf. zu ZENKOVSKIJ, N. ZERNOV, The Russian Religious Renaissance of the Twentieth Century, Darton, Longman & Todd, London 1963, 340 sq. (allerdings unvollständig) und ausführlicher L. ZANDER, in Kyrios 1 (1967) 15–18.

[10] 1943 cf. zu ILJINE: N. ZERNOV (op. cit. supr.) p. 347 sq. (allerdings unvollständig) und H. PETZOLD, op. cit. supr. Anmerkungen der Übers.

vertraut macht, ihm die Rollenmöglichkeiten des Stückes aufzeigt und die Einleitungssätze der einzelnen Spielabschnitte vorliest. Die Reaktionen des Patienten auf die einzelnen Rollen und das mit ihnen gebotene Material sind sorgfältig zu beobachten, da sie neue Hinweise für die Situation des Kranken abgeben, nach denen unter Umständen auch das Stück modifiziert werden muß. Die Besprechung des Rahmenstückes mit dem Patienten gewinnt damit schon einen projektiven Charakter, der für das therapeutische Theater überhaupt kennzeichnend ist.

Nach den Einführungsgesprächen wird dann mit der „Inszenierung" begonnen. Der Gesamtverlauf des Rahmenstückes, das den mitagierenden Cotherapeuten bekannt ist, wird knapp verlesen bzw. vom Patienten erzählt, der dadurch die Mitglieder in das Stück einführt und, soweit nicht aus einer therapeutischen Zielsetzung bestimmten Personen die Rollen zugewiesen worden sind, die Verteilung der Rollen vornimmt. Der Patient wird damit zu seinem eigenen Regisseur. Sein Vorgehen in dieser Phase bietet wichtige Aufschlüsse. Präferenzen für und Widerstände gegen Rollen sollten *sur place* interpretiert werden, allerdings vorsichtig und zurückhaltend, um das beginnende Spiel nicht zu blockieren. Das Therapeutische Theater als Einzeltherapie ist bei Patienten mit schwersten Kommunikationshemmungen, bei Krankheitsbildern des schizophrenen Formenkreises, besonders Paranoia, bei ausgeprägter Hysterie und beim Vorliegen massiv sexuelldeviaten Verhaltens, dessen Bearbeitung anderen Patienten nicht zugemutet werden kann, indiziert, also alles Krankheitsbilder, für die eine Gruppentherapie nicht oder nur bedingt infrage kommt. Die kommunikationsgestörten Patienten werden im therapeutischen Theater nicht nur durch einen als Hilfs-Ich Ausdruckshilfen gebenden Mitspieler gestützt, sondern auch durch das Rahmenwerk, das Ihnen die Schwierigkeiten zu selbständiger Kommunikation erleichtert. Je größer die Hemmung des Patienten ist, spontan zu agieren, desto ausführlicher muß das Skript der Szene redigiert sein, um im Prozeß vom Ablesen zum freien Vortragen zur selbständigen Ergänzung und zur spontanen Improvisation zu gelangen. Bei Kranken mit torpidem oder vorwiegend katatonem Verhalten hat einer der Therapeuten in engem körperlichen Kontakt – am besten wird eine Hand auf die Schulter des Patienten gelegt – die ganze Rolle zu übernehmen. In derartigen Fällen wird aufgrund der Kommunikationsbarrieren in den das Spiel vorbereitenden Sitzungen dem Patienten das Rahmenstück nur vorgelesen werden können. Dies aber sollte nicht unterbleiben, da es auch bei vorwiegend katatonem Verhalten manchmal zu unerwarteten Äußerungen kommt, die dann umso größere Bedeutung haben. Das Spiel mit derartigen Patienten muß konfliktzentriert sein, es muß einen gewissen provokatorischen Charakter haben, um zu Reaktionen zu motivieren, die dann auch oft ganz unerwartet erfolgen. Bei paranoid strukturierten Patienten erfüllt das Besprechen des Rahmenstückes vor dem Spiel die Aufgabe, aus der Kenntnis der Szene Verfolgungsängsten vorzubeugen. Dadurch, daß der Patient weiß, daß er im Spiel die Rolle des Verfolgers aber auch des Verfolgten einnehmen und natürlich jederzeit einen Rollentausch vornehmen kann, werden die z. B. im freien Situationsspiel oftmals auftretenden virulent paranoiden Reaktionen von vornherein abgedämpft. Hier liegen Möglichkeiten für Patienten, die im Psychodrama nur schwer angehbar sind. Ein gleiches ist von den hochgradigen Hysterikern zu sagen, die ja an sich schon ein ausgesprochen überaktives theatralisches Verhalten aufweisen, das in einer homogenen Gruppe zu kaum kontrollierbaren Situationen führen kann und in heterogenen Gruppen eine ausgesprochene Belastung darstellt. Rahmenstücke mit Hysterikern bedürfen der besonderen Fixierung. Der Improvisationsanteil muß beschränkt sein, um zu einer Disziplinierung des Verhaltens zu führen.

Im Verlauf des Spiels werden immer wieder Abwehrphänomene, Widerstände ersichtlich, die entweder verbal durch die Therapeuten oder im Spiel der jeweils entstehenden Szene *(immediate Interpretation)* oder in einer späteren Sitzung durch eine neue, eigens geschriebene Szene im Rahmenstück *(postponierte Interpretation)* gedeutet werden. Es ist charakteristisch für das Therapeutische wie für das Didaktische Theater (PETZOLD, ILJINE, ZENKOVSKIJ 1971, ILJINE, PETZOLD, SCHMIDT 1971), daß ein Rahmenstück immer neue Szenen und Rahmenhandlungen hervorbringt und es so zu fortlaufenden Handlungen, zum *théatre permanent*, kommt.

Die fortwährende Ergänzung oder Neugestaltung des Rahmenstückes in der Einzeltherapie mit dem Therapeutischen Theater kennzeichnet den Fortgang und den Verlauf der Behandlung. Ist es dem Patienten möglich, in den von ihm gewählten und in den ihm zugewiesenen Rollen zu spielen, und hat er sich in den Modus der Therapie hineingefunden, so werden von ihm zuweilen Wünsche geäußert, die das Spielen von ganz bestimmten Situationen betreffen. Hier ist nun nach dem Stand der Therapie zu entscheiden, ob diese Wünsche als Widerstand bzw. Abwehr gesehen werden müssen, vermittels derer bestimmte Situationen vermieden werden sollen, oder ob es sich um spontane Beiträge handelt, die aus der Situation erwuchsen oder bestimmten emotionalen Bedürfnissen entspringen. Als weitere Frage stellt sich, ob man diese Themenwünsche im psychodramatischen Impromptuspiel ad modum MORENO (1965) realisiert oder ob man den Patienten auffordert, ein Rahmenstück zu schreiben. Als Möglichkeit bietet sich auch, daß die Therapeuten gemeinsam mit dem Patienten eine Szene schreiben. Ist man an einen derartigen Punkt der Therapie gelangt, wird es oft möglich, den Patienten in eine Patienten*gruppe*, die mit dem Psychodrama oder mit dem therapeutischen Theater arbeitet, zu integrieren.

Therapeutisches Theater als Gruppenpsychotherapie

Therapeutisches Theater und Psychodrama sind sehr verwandt und ich habe für meine Methode, wie ich schon betonte, durch MORENOs Schriften wertvollste Anregungen erhalten. Die Unterschiede lassen sich im wesentlichen von der therapeutischen Aufgabestellung her fassen. Das Therapeutische Theater befaßt sich einerseits mit Patienten, die für das Psychodrama aufgrund starker Spielhemmungen und Aspontaneität schwer angehbar sind. Es basiert auf detaillierter anamnestischer Arbeit, die durch das Material des Spiels fortwährend ergänzt wird, und geht damit von einem vorkonzipierten und sich ständig präzisierenden therapeutischen Plan aus, der einen systematischen Verlauf der Therapie ermöglicht, wie er im aus dem Augenblick geborenen Psychodrama schwierig zu erreichen ist oder doch zumindest größte Anforderungen an Konzentration und Qualifikation des Therapeuten stellt. Das *triadische* Psychodrama (SCHÜTZEN-

BERGER 1968; LEMAY 1970; PETZOLD 1971) bietet für ein systematisches Vorgehen leichtere Handhaben.

Das therapeutische Theater schließt in seinen im Rahmenstück ablaufenden freien Improvisationen die Möglichkeiten des klassischen Psychodramas J. L. MORENOs ein, ja versucht, stark gehemmte Patienten durch die Hilfen des fixierten Textes und des Rahmenwerkes auf immer freieres und spontaneres Agieren vorzubereiten (in diesem Sinne kann das therapeutische Rahmenstück durchaus als ein *warm-up* für eine Therapie mit dem Psychodrama aufgefaßt werden). Das Therapeutische Theater hat aber andererseits, was seine gruppenpsychotherapeutische Form anbetrifft, die Zielsetzung, die kreativen, spontanen Impulse zu disziplinieren oder vielleicht besser: zur kontrollierten Handhabung dieser Impulse zu führen. Das Medium der Gruppe ist hier das psycho- und soziotherapeutische Agens. Die größte Schwierigkeit in der Arbeit mit Gruppen ist, diese aktionsfähig zu machen. Erst wenn eine Gruppe gelernt hat, miteinander zu arbeiten, kann sie therapeutisch effektiv sein. Dieses Lernen beginnt mit der Erkenntnis, daß man als Gruppe miteinander arbeiten müsse, und mit den Versuchen, diese Erkenntnis in das Miteinander zu übersetzen. Hindernisse sind die Unsicherheit und Ratlosigkeit. Ist ein Thema vorgegeben oder eine gemeinsam zu lösende Aufgabe gestellt, wird die Gruppe damit zur gemeinsamen Arbeit motiviert. Sie wächst schneller zusammen und lernt eher miteinander zu kooperieren, d. h. aber auch therapeutisch effektiv zu werden. Durch die Aufgabenstellung, im Therapeutischen Theater ein Rahmenstück zu realisieren und zur Thematik des Rahmenstückes eigene Beiträge ins Spiel zu bringen, die man anschließend diskutiert, werden die Patienten zu gemeinsamem Handeln angeregt. Konflikte, die aus der Kooperationsunwilligkeit oder -unfähigkeit erwachsen, treten sofort zutage und können angegangen werden. Das Stück ist, soweit es von Therapeuten aufgrund der Anamnese in seinem Rahmen vorgeschrieben wurde, zumeist personzentriert — es sei denn, ein aktuelles Ereignis aus dem Leben der Gruppe bildet den Gegenstand des Rahmenstückes, das dann gruppenzentriert wird. Um aber dem personzentrierten Therapeutischen Theater mit Recht den Namen „Gruppenpsychotherapie" beimessen zu können und es nicht zur „Einzeltherapie in der Gruppe" werden zu lassen, soll das Kriterium für die Zusammenstellung der Gruppe Homogenität sein — im Unterschied zum Didaktischen Theater, wo auf Heterogenität Wert zu legen ist. Die homogene, in der Problematik ähnlich gelagerte Gruppe bietet den Teilnehmern die Möglichkeit, auch wenn der Konflikt eines Gruppenmitgliedes anhand eines spezifischen lebensgeschichtlichen Ereignisses im Rahmenstück bearbeitet wird, durch die Identifikationsvorgänge am therapeutischen Prozeß teilzunehmen und ihn durch frei improvisierte Beiträge in den Rahmenhandlungen zu dynamisieren. Die pathogenen Konfliktkonstellationen sind in homogenen Gruppen ja nicht so unendlich vielfältig, sondern recht begrenzt, so daß immer ein großer Teil der Anwesenden von dem Geschehen im Rahmenstück betroffen ist. Deshalb ist nach dem Spiel ein intensives Gruppengespräch über das Geschehene notwendig, in dem die Handlungen der Hauptperson des Rahmenstückes und die Aktionen der Personen in den Nebenrollen beleuchtet werden. Hier ist dann auch der Ort, wo der Therapeut, sofern er nicht *immediate Interpretationen* gegeben hat, vorsichtig deutend eingreift. Das Gruppengespräch soll vom Gefühl positiver Zuwendung bestimmt sein. FERENCZI hat die Notwendigkeit von Wärme und Zärtlichkeit im Umgang mit den Patienten nicht ohne Grund so angelegentlich betont und sogar das analytische Tabu gegen den körperlichen Kontakt beiseite geschoben (Die Sprache der Zärtlichkeit und der Leidenschaft 1932, III, 511). Er trifft sich hier wie auch in so manchem anderem mit MORENO, der seine Psychodramen mit einem „sharing" abschließen läßt, indem sich die Anwesenden ihre Anteilnahme und Zuneigung verbal und durch zärtliche Gesten zeigen.

Die ganze Sitzung wird von einem Protokollführer (etwa einer Schwester oder Helferin, die außerhalb des Spielkreises sitzt) aufgenommen. Auch ein Tonband ist sehr nützlich, weil der Therapeut die Sitzung sorgfältig auswerten muß, um das bei den einzelnen hervorgekommene projektive Material zu sichten und in neue Rahmenstücke einzuarbeiten. Eine einzige wohlgelungene Sitzung mit dem Therapeutischen Theater ergibt Stoff für zahlreiche neue Rahmenstücke bzw. für die Modulation schon bestehender. Jeder Patient in der Gruppe bekommt auf die Dauer sein Dossier mit Rahmenstücken, die sich auseinander ergeben haben. Die Beziehungen der einzelnen Dossiers zueinander ermöglichen eine Analyse des Prozeßverlaufs in der Gruppe. All diese Daten sollten ständig beobachtet werden, denn nur auf dieser Grundlage kann ein systematisches therapeutisches Vorgehen erfolgen, das nicht alles dem „kathartischen Zufall" überläßt — sicherlich ein aufwendiges Verfahren, aber ein wissenschaftlich exaktes; sicherlich ein zeitkostendes Vorgehen, aber die Gruppe erlaubt ja auch, ein größeres Klientel zu erfassen als die Einzelbehandlung. Gruppenarbeit aber mit dem gleichen oder nur geringfügig vermehrten Zeitaufwand — was die Auswertung anbelangt — als die Einzelbehandlung zu leisten, halten wir für unverantwortlich. Aus der Auswertung ergibt sich dann die Vorbereitung für ein neues Rahmenstück, das entweder das vorangegangene deuten kann (*postponierte Interpretation*) oder auf einen neu aufgetauchten oder im vorangegangenen Spiel unzureichend bearbeiteten Konflikt zentriert ist.

Ist die Gruppe in der Kooperation und Kohärenz fortgeschritten, kann gewagt werden, zunächst mit ihr über die Anlage von Stücken und Möglichkeiten zu neuen Szenen zu sprechen. Diese Gespräche sind äußerst aufschlußreich, da die Produktion der Patienten durch das Spiel angeregt ist. Wo angezeigt, kann der Therapeut dann Themenwünsche aufgreifen und in einer der folgenden Sitzungen ein entsprechendes Rahmenstück anbieten, das den von den Patienten her bedingten Erfordernissen der Therapie und den Erfordernissen der Gruppe entspricht. Eine Impromturealisierung derartiger Vorschläge, d. h. also ein Psychodrama im Sinne MORENOs, sollte nur mit großer Vorsicht und bei guter Überschau der Situation gewagt werden.

Eine wesentliche Etappe im Verlauf einer Behandlung mit dem Therapeutischen Theater ist erreicht, wenn man mit den Patienten gemeinsam Rahmenstücke erarbeiten kann — ein Ziel, zu dem man bei schwer Gestörten nur selten gelangen kann. Die Schulung des sozialen Verhaltens führt zu ausgesprochen günstigen Ergebnissen. Die Methodik des Vorgehens unterscheidet sich nicht von der des „Didaktischen Theaters", wie sie in diesem Buche beschrieben ist, so daß sich hier ein näheres Eingehen auf sie erübrigt.

Noch einige Bemerkungen zu den therapeutischen Wirkweisen unserer Methode: sie sind ausgesprochen vielfältig. Zunächst ist die Katharsis der Emotionen als Agens vorhanden, die durch das Spielen des Konfliktes oder durch symbolische Wunscherfüllung vermittels eines spezifisch zu diesem Zweck geschriebenen Rahmenstückes erreicht wird. Als zweites steht die Weckung spontanen Handelns da und seine disziplinierte Handhabung, also der Umgang mit den Affekten und sozialen Bezügen. Wie aber die Rahmenhandlung aus dem analytischen Boden der Anamnese der Lebensgeschichte gewachsen ist und in konfliktzentriertem Vorgehen die Störungen angeht, nimmt die Deutung zur Aufhellung der psychodynamischen Zusammenhänge einen hervorragenden Platz ein. Deutungen können verbal und durch Spiel als „immediate Interpretationen" oder durch speziell zu Deutungszwecken verfaßte Szenen als „postponierte Interpretationen" gegeben werden. Die Beobachtung des Verhaltens und seine Analyse schließlich gibt den Schlüssel zu Rahmenstücken, die das Verhalten korrigieren, indem sie den Patienten in Rollen stellen, die ein adäquates Verhalten erfordern. Diesen übenden Aspekt, der auch von FERENCZI (II, 697), wie schon erwähnt, verwendet wurde, hat PETZOLD (1969) in Stücken von gradueller Schwierigkeit ganz im Sinne der Verhaltenstherapie eingesetzt, wobei Lob und Tadel des Therapeuten, Applaus oder Mißbilligung der Gruppe die Verstärker bilden.

Zusammenfassung

Das Therapeutische Theater, wie es von uns im ersten Jahrzehnt dieses Jahrhunderts begonnen und unter dem Einfluß der Arbeiten MORENOs und FERENCZIs weiter entwickelt wurde, ist eine Methode, die mit aufgrund der Anamnese vom Therapeuten geschriebenen Rahmenstücken als Einzel- und Gruppenpsychotherapie verwandt werden kann. Die Rahmenhandlungen sind konfliktzentriert angelegt und lassen, da nur weniges literarisch fixiert ist, der Improvisation der Mitspieler freien Raum. Das im Spiel an die Oberfläche kommende Material wird zu neuen Handlungen verarbeitet und im gemeinsamen Gruppengespräch, in das der Therapeut deutend eingreifen kann, bearbeitet.

Literatur

Die verwendete Literatur findet sich, soweit hier nicht aufgeführt, im Literaturverzeichnis zu PETZOLD, ILJINE, ZENKOVSKIJ „Didaktisches Theater in der schulischen Erziehung" Seite 308.

ANZIEU, D., Le psychodrame analytique chez l'enfant, Paris, P. U. F. 1956.

BARRUCAND, D., Catharsis et psychodrame, *Bull. Psychol.* 13/16 (1969/70) 736.

— La catharsis, Paris, Editions de l'Epi (im Druck).

COGGIN, P. A., Drama and Education. A Historical survey from Ancient Greece to the present day, London 1956.

FERENCZI, S., Bausteine zur Psychoanalyse, Huber, Bern/Stuttgart, 4 Bde. 1964.

LEBOVICI, S., DIATKINE, R., KESTEMBERG, E., Le psychodrame analytique, in: Ber. II. Int. Kongr. Psychiat. Zürich 1957, Teil IV, 299, Zürich 1959.

LEBOVICI, S., DIATKINE, R., MANON-BOILEAU, R., Psychodrame et traitement des psychotiques, *Evol. Psychiat.* XXIII, 2 (1958) 499.

LEMAY, M., Réflections sur le psychodrame triadique avec enfants et adolescents dans le cadre d'un Centre médico-pédagogique, *Bull. Psychol.* 13/16 (1969/70) 784.

LEVEEN, L., PRIVER, D., Significance of Role Playing in the Aged Person, *Geviatrics* 18 (1963) 57—63.

MORENO, J. L., Das Stegreiftheater, Potsdam 1923.

— Psychothérapie de groupe et psychodrame. Introduction théorique et clinique à la socio-analyse, Paris, P. U. F. 1965.

PETZOLD, H., Triadisches Psychodrama in der Erwachsenenbildung, *Volkshochschule im Westen* 4 (1971).

SCHÜTZENBERGER, A., Triadisch Psychodrama, *Folia Psychodramatica,* 1 (Louvain 1968) 301.

ZULLIGER, H., Heilende Kräfte im kindlichen Spiel, Stuttgart, Klett 1952.

Übersetzt von Ina SCHMIDT, M. A., Paris

Theoretische Anmerkungen zur psychodramatischen Behandlung von Phobien, Zwangsneurosen und anderen psychischen Störungen

H. Straub, Stuttgart

Morenos Psychodrama ist eine äußerst vielseitige und flexible Methode, die ein von Fall zu Fall unterschiedliches therapeutisches Vorgehen gestattet.

Das Rollenspiel mit seinen verschiedenen von MORENO entwickelten Techniken läßt sich im Sinne der Verhaltenstherapie, also basierend auf lerntheoretischen Prinzipien, anwenden (STURM 1965; PETZOLD 1971) und ermöglicht es, gezielt darauf hinzuarbeiten, daß eine bestimmte Verhaltensstörung verschwindet und an ihre Stelle ein vom Patienten akzeptiertes, ihn in seinen Intentionen nicht mehr beeinträchtigendes Verhalten tritt. Setzt man das Rollenspiel so zielgerichtet ein, dann wird man, entsprechend der verhaltenstherapeutischen Theorie, nicht nach psychodynamischen Zusammenhängen, d. h. nach (unbewußten) Konflikten fahnden (so auch MORENO 1963), welche die Verhaltensstörung verursacht haben könnten. Man wird sich stattdessen im wesentlichen nur um das Symptom, um die aktuellen Bedingungen, unter denen es auftritt und um seine Behebung kümmern (WOLPE 1969; YATES 1970).

Das Psychodrama im eigentlichen Sinne zielt jedoch im Unterschied zum bloßen Rollenspiel (CORSINI 1967) — das nur eine Teilfunktion des Psychodramas ist — durchaus darauf ab, die krankmachenden und Verhaltensstörungen verursachenden unbewußten Konflikte in den Griff zu bekommen, sie, zumindest für den Therapeuten, transparent werden zu lassen, damit er einen Behandlungsplan entwickeln kann, der dem Patienten die Bearbeitung und Verarbeitung seiner unbewußten oder durch die Behandlung bewußt gewordenen Konflikte ermöglicht. Ein derartiges Vorgehen orientiert sich bis zu einem gewissen Grad an der psychoanalytischen Theorie, zusätzlich aber an MORENOs eigener Theorie, insbesondere an der, daß der Mensch zu Spontaneität (wobei Morenos Begriffsdefinition zu beachten ist) und zu Kreativität fähig sei, daß diese Fähigkeiten beim psychisch gestörten Individuum verkümmert und daß ihre Entfaltung bzw. Wiederentfaltung für den psychischen Gesundungsprozeß von wesentlicher Bedeutung seien (ORTMAN 1966). Die Theorie MORENOs hat vor allem methodische Konsequenzen; aus ihr läßt sich ableiten, warum MORENO gegen die psychoanalytische Couch ist und an ihre Stelle als psychotherapeutisches Setting die Bühne, das heißt den Handlungsraum, gesetzt hat, der den Patienten Gelegenheit bietet, unmittelbar und aktiv ihr Verhalten und ihre Konfliktsituationen zu gestalten, umzugestalten und zu lösen.

Das MORENOsche Psychodrama, einschließlich der Rollenspieltechniken, steht also von der Theorie her in enger Beziehung zu anderen psychotherapeutischen

Methoden, die ihrerseits, was die theoretischen Grundlagen und die therapeutische Praxis anbelangt, weit voneinander abweichen. Es ist kennzeichnend für die Vielseitigkeit und Flexibilität des von MORENO geschaffenen therapeutischen Instrumentes, daß es einerseits verhaltenstherapeutisch angewandt werden kann* (PETZOLD / OSTERHUES 1971) und andererseits zum Vorstoß in die Tiefenschichten der Persönlichkeit, ins Unbewußte und zur Lösung dort verankerter Konfliktspannungen geeignet ist (KESTEMBERG / DECOBERT 1964).

Daß MORENOs Methode letzteres vermag, wird nicht von allen Psychotherapeuten, auch nicht von allen, die mindestens gelegentlich Rollenspiel und Psychodrama anwenden (SEGLOW 1969; PLOEGER 1969), bejaht. Einige vertreten die Ansicht, mittels des Psychodramas sei nurmehr die Peripherie der Persönlichkeit, ihr nach außen in Erscheinung tretendes Verhalten, diagnostisch und therapeutisch zugänglich; deshalb sei das Psychodrama zwar eine nützliche „Hilfsmethode" (PLOEGER 1970), müsse aber, damit ein optimaler therapeutischer Erfolg erzielt werden könne, mit anderen tiefer reichenden Methoden kombiniert werden. Andere wieder sind der Meinung, das Psychodrama könne durchaus unbewußtes psychisches Material aufrühren und es ermögliche es auch, damit in Zusammenhang stehende Affekte nach außen abzuleiten; es habe daher oft intensive kathartische Wirkung. Doch müsse es, um unbewußte Konflikte bewußt zu machen und um deren echte Verarbeitung zu erreichen, mit der psychoanalytischen Methode verknüpft werden (ANZIEU 1956; LEBOVICI et al. 1970).

Diese Sichtweisen werden meines Erachtens der von MORENO entwickelten psychotherapeutischen Methode nicht ausreichend gerecht. Im folgenden soll versucht werden, ihre therapeutische Vielseitigkeit und Reichweite (HASKELL 1969; BLATNER 1969) mittels kasuistischer Streiflichter zu verdeutlichen.

1. Behandlung einer Phobie mit Rollenspiel:

Frau K., 45 Jahre, hat seit ihrer Kindheit eine Katzenphobie. Trotzdem willigt sie, wenn auch widerstrebend, ein, ihrem 12jährigen Sohn, dessen einziger Weihnachtswunsch eine junge Siamkatze ist, diesen Wunsch zu erfüllen. Das sechs Monate alte Tier wird also gekauft. Kaum ist es in der Wohnung, gerät die Patientin in Panik. Sie kann die Gegenwart des Tieres nicht ertragen und versucht, ihm aus dem Weg zu gehen, sich nicht dort aufzuhalten, wo es ist. Trotzdem ist ihre innere Spannung so groß, daß sie, die normalerweise ausgezeichnet schläft, eine schlaflose Nacht verbringt, weil sie weiß, daß sich eine Katze in der Wohnung befindet. Am nächsten Tag erlebt sie mit, wie das junge Tier ihrem Mann plötzlich auf den Rücken springt. Die Panik der Patientin steigert sich. Sie ist überzeugt, daß sie ohnmächtig werden würde, wenn die junge Katze sie anspränge. Da der Sohn der Patientin große Freude an dem Tier hat, findet sie es unmöglich, darauf zu bestehen, daß es wieder fortgegeben wird. Sie erkennt aber, daß sie ohne Therapie der Situation nicht gewachsen ist.

* Es soll an dieser Stelle noch erwähnt werden, daß bestimmte psychodramatische Techniken, vor allem die Doppelgängertechnik, der nicht-direktiven Gesprächstherapie verwandt sind. Auch die gesprächstherapeutische Theorie kann also zum Psychodrama in Beziehung gesetzt werden.

Es wird folgender Therapieplan mit ihr entwickelt:

Die Patientin soll ihren Sohn im Umgang mit der Katze genau beobachten. Sie soll sich seine Mimik und Gestik, wenn er sich dem Tier zuwendet und es anfaßt, genau einprägen. Dann soll sie die beobachteten Bewegungsabläufe für sich allein, ohne daß Sohn und Katze anwesend sind, nachahmen und sich dabei vorstellen, sie sei, genau wie ihr Sohn, dem Tier gegenüber gänzlich unbefangen. Sobald ihr das einigermaßen zufriedenstellend gelungen sei, soll sie, in Anwesenheit der Katze, die Rolle ihres Sohnes spielen und sich dem Tier genauso zuwenden, wie er es zu tun pflegt. (In dem Plan war eine stufenweise Annäherung der Patientin an die Katze festgelegt worden, vgl. die Techniken des shapings.)

Schritt für Schritt lernte die Patientin nun, auf dem Weg über das Rollenspiel, (von dem keines ihrer Familienmitglieder Kenntnis hatte), mit der Katze umzugehen. Nach sieben Monaten war sie soweit, die Katze nicht nur vollkommen angstfrei streicheln zu können, sie konnte sie auch herumtragen und Annäherungen seitens der Katze bereiteten ihr keinerlei Unbehagen mehr. Die Patientin empfand schließlich sogar regelrechte Zuneigung für die Katze; außerdem entdeckte sie, daß sie auch anderen Katzen nicht nur angstfrei sondern gleichfalls mit Zuneigung begegnen konnte.

Die Behandlung liegt jetzt zwei Jahre zurück; bei der Patientin trat keine Symptomverschiebung auf.

Es ist anzunehmen, daß die Technik des Rollenwechsels der entscheidende Wirkungsfaktor in dieser Behandlung war. Beim Hineindenken in die Rolle ihres Sohnes und beim Nachahmen seines Verhaltens der Katze gegenüber wurde die Patientin wahrscheinlich von ihrer phobischen Angst zu stark abgelenkt, daß sie entspannt genug war, um die an ihrem Sohn beobachteten Bewegungsabläufe im Umgang mit der Katze mit der erforderlichen Ruhe und Sicherheit durchführen zu können. So wurde sie zunehmend desensibilisiert und im direkten physischen Kontakt mit der Katze zu angstfreiem Erleben dieser gegenüber konditioniert (WOLPE/LAZARUS 1966).

Auch in anderen Fällen, unter anderem bei einer schweren Examensphobie einer 20jährigen, die vor dem Abitur stand, setzte ich die psychodramatische Technik des Rollenwechsels systematisch ein und ging rein verhaltenstherapeutisch vor. Jeweils wurde ein Behandlungsplan mit den Patienten ausgearbeitet und ihnen gesagt, sie sollten bei der Durchführung dieses Planes die Rolle einer ihnen bekannten Person einnehmen, von der sie wüßten, daß sie die Situationen, in denen die Patienten phobisch reagierten, angstfrei meisterten. Der Rollenwechsel wurde mit den Patienten in der Regel in einigen Sitzungen eingeübt; danach führten die Patienten ihre Behandlung, entsprechend dem Plan, weitgehend selbständig durch (cf. die verhaltenstherapeutische Technik der „selfregulation" KANFER/PHILLIPS 1970).

Dieses therapeutische Vorgehen hat sich stets dann bewährt, wenn bei den Patienten ausschließlich Phobien vorlagen und nicht noch weitere Verhaltensstörungen.

2. Behandlung einer Zwangsneurose, verbunden mit Bakteriophobie

Frau H., 35 Jahre, hat seit ihrer Jungmädchenzeit eine Bakteriophobie, genauer gesagt, sie wird von der Vorstellung gequält, an praktisch allen Gegenständen, bei denen sie nicht in der Lage ist, zu überprüfen, wer mit ihnen in Berührung gekommen ist (z. B. Parkbänke, weggeworfenes Papier auf der Straße, öffentliche Verkehrsmittel, Briefkästen, auch ihre eigene Haustür) hafteten Bakterien, die Geschlechtskrankheiten verursachen. Nachdem sie geheiratet und ein Kind bekommen hatte, wuchs sich die Phobie zu einem Putzzwang aus, der mit der Geburt zweier weiterer Kinder jeweils an Intensität zunahm. Die Patientin schrubbte ständig ihre Haustür mit Desinfektionsmitteln ab; nach einer Besorgung außerhalb des Hauses bürstete und wusch sie ihre Kleider aus. Sie ertrug es kaum, wenn ihre Kinder sich außerhalb des eigenen Hauses und Gartens aufhielten, was unvermeidlich war, da die beiden ältesten die Schule bzw. den Kindergarten besuchten. Sie engte ihre Kinder stark dadurch ein, daß sie sie veranlaßte, sich umzuziehen, sobald sie nach Hause kamen (sie bürstete oder wusch dann die Sachen aus, die die Kinder angehabt hatten); auch unterzog sie sie, wenn sie heimkehrten, regelrechten Verhören: wo sie gewesen wären, ob sie sich unterwegs irgendwo hingesetzt hätten, ob sie etwas angefaßt hätten usw.

Der Putz- und Kontrollzwang bestand seit sieben Jahren, als die Patientin sich endlich in Behandlung begab.

Auch in diesem Fall setzte ich verhaltenstherapeutisch an, um erst einmal die Phobie abzubauen. Ich sagte der Patientin, sie solle sich in die Rolle einer ihr bekannten Person hineindenken, von der sie wisse, daß diese keinerlei phobische Ängste habe. Die Patientin wählte für sich die Rolle einer Schulfreundin, die sie als junges Mädchen wegen der Sicherheit und Gelassenheit bewundert hatte, mit der sie alle Situationen durchstand, in denen die Patientin schon damals phobisch reagiert hatte. Die Patientin kam gut in die Rolle ihrer ehemaligen Schulfreundin hinein; und ich unternahm mit ihr während der ersten Therapiestunden verschiedene Ausflüge in die Stadt, wobei wir beide spielten, wir seien junge Mädchen (die Patientin blieb dabei in der Rolle ihrer Schulfreundin) beim Einkaufsbummel. Wir benutzten öffentliche Verkehrsmittel, trugen keine Handschuhe (was die Patientin unterwegs zu tun pflegte) und faßten alles Mögliche an: Halteringe in der Straßenbahn, Briefkästen, Automaten usw., ich zunächst immer zuerst, dann die Patientin, später umgekehrt. Auch probierten wir in Warenhäusern Kleider an, was die Patientin in ihrer eigenen Rolle seit vielen Jahren nicht mehr fertiggebracht hatte, weil das Nichtwissen, wer die Kleider schon vor ihr anprobiert hatte, bei ihr sofort wieder phobische Reaktionen verursacht hatte.

Ein halbes Dutzend solcher Unternehmungen genügten, um die phobischen Reaktionen der Patientin in bezug auf die eigene Person radikal zu verringern. Sie mußte sich, wenn sie nach Hause zurückkehrte, nicht mehr umziehen und die unterwegs getragenen Kleidungsstücke nicht mehr auswaschen, nur noch gelegentlich ein wenig ausbürsten, wobei sie auch daheim zunächst für sich allein (im Sinne der fixed-role-therapie von KELLY, 1956) weiter die Rolle ihrer ehemaligen Schulfreundin spielte (später konnte sie auf dieses „Hilfs-Ich" verzichten). Es gelang ihr aber nicht, diese Rolle im Zusammensein mit ihren Kindern beizubehalten (verständlicherweise kam sie dann wieder in ihre reale Mutterrolle hinein); und deshalb reagierte sie in bezug auf die Kinder so phobisch wie zuvor und mit entsprechenden, die Kinder betreffenden Zwangshandlungen.

Wir gingen nun zum zweiten Abschnitt der Behandlung über, der vor allem der Ich-Stärkung (FEINBERG 1969), d. h. der Eigenständigkeitsentwicklung der Patientin dienen sollte. Denn aus den Angaben, welche die Patientin über sich gemacht hatte, ging hervor, daß sie stets übergewissenhaft und unterwürfig gehorsam gewesen war und daß bei ihr, was Trieb- und Affektimpulse anbelangte, eine überstarke innere Abwehr- und Verdrängungstendenz vorlag. Wie bei allen Zwangsneurotikern, die ich bisher behandelte (STRAUB 1969), war ihr Ich offenbar zu schwach entwickelt, um die Konflikte zwischen Über-Ich und Es zu lösen. (U. a. hatte die Patientin, um das Entstehen ihrer Phobie zu erklären, berichtet, es sei ein furchtbarer Schock für sie gewesen, als sie als 14jährige bei Kriegsende erfahren habe, daß vielerorts Frauen und Mädchen vergewaltigt worden seien. Sie hätte in diesem Zusammenhang auch gehört, daß ein Teil der Vergewaltigten geschlechtskrank geworden seien. Nachdem ihr diese Dinge zu Ohren gekommen seien, habe sie angefangen, für sich selbst überall Ansteckungsgefahr zu fürchten. — Ich möchte vermuten, daß die Schilderungen von Vergewaltigungen bei der pubertierenden Patientin, in deren Elternhaus das Thema Sexualität tabuiert war, zu Vergewaltigungsphantasien geführt hatten, die von ihrem Über-Ich mit der phobischen Angst vor Geschlechtskrankheit abgewehrt und so verdrängt wurden.)

Da früher gemachte Erfahrungen mit psychodramatischer Behandlung von Zwangsneurosen mich gelehrt hatten, daß Bewußtmachung von verdrängten Konflikten und von deren Ursachen bei Zwangsneurotikern Symptomverstärkung bzw. Symptomverschiebung bewirken kann, verzichtete ich auch im Fall der Patientin darauf, die Hintergründe ihrer neurotischen Entwicklung weiter aufzuhellen. Statt auf eine direkte Konfliktverarbeitung und damit verbundene Ich-Stärkung hinzusteuern, steuerte ich die Ich-Stärkung auf einem Umweg an. Die Hypothese dabei war (und sie hatte sich bei früheren Behandlungen bewährt), daß die auf einem Umweg erlangte Ich-Stärkung die Patientin instandsetzen würde, die Konfliktspannungen zwischen Über-Ich und Es zu lösen.

Der eingeschlagene Umweg bestand darin, daß die Patientin auch im zweiten Behandlungsabschnitt nicht in psychodramatische Situationen gebracht wurde, die ihre Lebensrealität widerspiegelten und die z. B. ihre Beziehungen zu Eltern, Ehemann und Kindern zum Inhalt hatten, sondern es wurden frei erfundene Szenen mit ihr gestaltet, die ihr Gelegenheit geben sollten, aus ihrer Abhängigkeit von Autoritäten, d. h. aus ihrer infantilen Unselbständigkeit herauszufinden. Zu diesem Zweck wurden der Patientin Rollen gegeben, in denen sie nachholen konnte, was in ihrer eigenen Entwicklung offenbar nicht stattgefunden hatte, nämlich ein unbekümmertes Kind zu sein, das sich mit seinen eigenen Intentionen gegenüber der Erwachsenenwelt zu behaupten vermag.

Auch ein solches Vorgehen fällt noch in den Bereich der Verhaltenstherapie, nämlich als assertive training (SALTER 1950). Durch Rollenspiel soll ein neues Verhaltensmuster gelernt werden. Das mit der Patientin jetzt durchgeführte Rollenspiel basierte aber auf der Hypothese, daß das neu zu lernende Verhalten dazu dienen würde, die psychodynamischen Zusammenhänge umzustrukturieren und die unbewußten Konfliktspannungen der Patientin abzubauen. Ein so eingesetztes Rollenspiel verbindet, vom theoretischen Aspekt her betrachtet, meines Erachtens psychoanalytische und verhaltenstherapeutische Ansätze.

Nun ist es für die meisten Erwachsenen und erst recht für rigide Anankasten schwer, die Rolle unbekümmerter Kinder zu übernehmen. Um die Patientin dazu zu motivieren, machte ich das gleiche wie bei anderen psychodramatischen Zwangsneurosebehandlungen: Ich schlug ihr vor, sie solle sich vorstellen, sie sei beim Fernsehen angestellt, um die Kindersendungen zu gestalten. Alle in diesen „Sendungen" vorkommenden Rollen solle sie dann selbst spielen, bzw. mit mir als Partnerin. Weiter wurde der Patientin aufgetragen, sich möglichst selbst auszudenken, welche Szenen in den „Fernsehsendungen" gespielt werden sollten; und diese Szenen solle sie dann nicht vom moralisierenden Standpunkt der Erwachsenen aus gestalten, sondern gewissermaßen Kinder für Kinder spielen lassen.

Schrittweise fand die Patientin in diese Aufgabe hinein. U. a. erfand sie für sich die Rolle vom „kleinen Gernegroß", einem etwa 7jährigen Buben, der sich selbstsicher an alle möglichen Unternehmungen heranwagt. Nachdem sie sich diese Rolle für sich ausgedacht hatte, gelang es der Patientin aber zunächst noch nicht, Situationen zu erfinden, die auf den kleinen Gernegroß zugeschnitten waren. Ich half deshalb nach, indem ich Vorschläge für Szenen machte, deren Gestaltung ich für die Patientin für wichtig erachtete. In einer solchen Szene bewegte z. B. der kleine Gernegroß seinen Lehrer dazu, wegen des guten Wetters keine Hausaufgaben zu geben. Eine andere Szene hatte folgenden Inhalt: Der kleine Gernegroß will mit seinem Freund auf den Spielplatz. Der hat aber eine ängstliche Mutter, die ihn nicht gehen lassen will (von mir gespielt, obwohl es eigentlich die Rolle der Patientin war. Psychodramatische Technik des „Spiegels"). Der kleine Gernegroß muß sich nun zu Gunsten seines Freundes energisch mit dessen Mutter auseinandersetzen.

Bald lieferte die Patientin ähnliche Szeneninhalte selbst und übernahm, was sie auch zuvor getan hatte, einen Teil der dazugehörigen Rollen, wobei sie sowohl die Kinderrollen zunehmend unbekümmerter gestaltete, wie auch in den Rollen der Erwachsenen gelockerter und spontaner wurde und in bezug auf die Unternehmungen der Kinder weniger Bedenken anzumelden hatte.

Sie berichtete, daß sie sich nun auch außerhalb der Sitzungen selbstsicherer und unbekümmerter fühle und daß sie ihre Kinder auch schon ein wenig mehr freigeben könne. Sie verhöre sie kaum noch beim Heimkommen, veranlasse sie dann auch nicht mehr ständig (dies falle ihr aber noch sehr schwer) zum Umkleiden.

Die Therapie wurde mit einer einstündigen Sitzung pro Woche durchgeführt, wobei die Patientin immer allein behandelt wurde, nicht, wie üblicherweise bei psychodramatischer Arbeitsweise, in einer Patientengruppe. Nach meiner Erfahrung ist es bei schweren Zwangsneurosen günstig, Einzelbehandlungen durchzuführen, weil dann der Patient in jeder Sitzung intensiver aktiviert werden kann als in der Gruppe. Im Verlauf dieser Therapie, etwa ein Jahr nach Beginn der

Behandlung, sagte die Patientin, als wir miteinander besprachen, was die heutige „Fernsehsendung" beinhalten sollte, ihr sei plötzlich eine ganz andere Szene eingefallen als die bisherigen. Sie fände aber, das, was ihr eingefallen sei, gehöre auch unbedingt in eine Kindersendung. Sie wolle spielen, wie ein Kind von einem Mann entführt werde. Dabei könne sie mich aber als Partnerin nicht brauchen. Sie würde die Rolle des Mannes spielen und das Kind werde sie sich „einfach dazu denken". Die Reaktionen des Kindes würde ich aus ihren Handlungen und Worten entnehmen können.

Dann begann die Patientin, die Szene zu gestalten. Sie sprach, in der Rolle des Entführers, ein Kind an (aus ihren Worten ging während der ganzen Szene nicht hervor, ob es sich um einen Buben oder um ein Mädchen handelte). Sie lockte das Kind mit den Worten an sich: „Komm, komm, ich zeige dir etwas Schönes", und zog es an der Hand mit sich fort. „Komm nur mit, komm nur mit", wiederholte sie, „ich zeige dir etwas Schönes ... Jetzt sind wir im Wald ... Bald zeige ich's dir. Da schau, da ist eine Höhle, da gehen wir rein." Die Patientin stieß das „Kind" vor sich her und fuhr in drohendem Ton fort: „So, jetzt habe ich dich!" Sie kniete sich auf den Boden, beugte sich über das „Kind", drückte mit den Händen auf ihm herum, beugte sich tiefer herunter und stöhnte: „Ah, jetzt habe ich dich, so, ah, so!"

Dann stand sie wieder auf und wandte sich langsam zu mir um. Sie war blaß, hatte Schweiß auf der Oberlippe und wirkte erregt. Im Ton der Verteidigung sagte sie zu mir: „So was muß man doch in Kindersendungen auch mal zeigen". „Darum haben Sie es ja wohl auch getan", antwortete ich. Sie sprach dann noch eine Weile darüber, wie gefährdet Kinder wegen ihrer naiven Vertrauensseligkeit doch seien, womit sie offenbar nochmals begründen wollte, warum sie diese Szene erfunden hatte. Bis zum Ende der Sitzung, in der nichts Besonderes mehr stattfand, wurde die Patientin wieder ruhiger.

Als sie eine Woche später wiederkam, begann sie sofort, nochmals von der letzten Sitzung zu sprechen. Sie meinte, es sei doch merkwürdig, was man für Einfälle habe. Ich hätte doch einmal gesagt, jede Rolle, die einem einfalle und die es einen zu spielen dränge, habe etwas mit dem eigenen Erleben zu tun. Es beschäftigte sie sehr, wie sie darauf gekommen sei, die Rolle des Mannes, der das Kind entführte, zu spielen.

Da die Patientin einen von Schuldgefühlen geplagten Eindruck machte, entgegnete ich ihr nur, daß es jedem Menschen mitunter so gehe, daß ihm Vorstellungen kämen, die ihn beunruhigten. Es widerfahre uns im Laufe unseres Lebens ja auch mancherlei, auf das wir mit heftigen Gefühlen reagierten, die oft lange nachwirkten und manchmal plötzlich wieder auftauchten, ohne daß wir ihren Ursprung noch klar erkennen könnten. Auf eine entsprechende Frage hin mußte ich der Patientin dann noch ausdrücklich bestätigen, daß auch mir gelegentlich „unmögliches Zeug" einfalle. Meine Bestätigung schien die Patientin zu erleichtern. Sie ließ das Thema fallen und ging daran, neuerlich eine „Fernsehsendung" zu erfinden: Diesmal war sie ein 9jähriger Junge, der eine Einladung von Verwandten im Ausland bekommen hat. Seine Eltern können nicht mitkommen. Er bittet sie, ihn die Flugreise zu den Verwandten allein machen zu lassen. Er erlebt dann allerhand Interessantes auf der Reise und wird von den anderen Fluggästen und von seinen Verwandten, die ihn am ausländischen Flugplatz abholen, ob seiner Selbständigkeit sehr bewundert.

Wieder eine Woche später berichtete die Patientin, ihr Verhalten werde nun auch in bezug auf ihre Kinder „immer normaler". Sie könne sie jetzt, ohne wie früher in innere Unruhe zu geraten, auch außerhalb des eigenen Hauses und Gartens spielen lassen; und wenn die Kinder zurückkehrten, müsse sie jetzt überhaupt nicht mehr darauf bestehen, daß sie sich umkleideten. Ihre Kinder hätten sich früher schon öfter gegen diese Forderung aufgelehnt, aber sie hätte ihnen gerade dann nie nachgeben können; erstens weil sie gewußt habe, daß ihre innere Spannung wahrscheinlich unerträglich werden würde, wenn sie die Kleidungsstücke, die die Kinder unterwegs getragen hätten, nicht sofort reinigen könnte; zweitens weil sie es auch nicht richtig gefunden hätte, wenn die Kinder sich gegen elterliche Gebote auflehnten. Ihr selbst hätte man als Kind auch nie gestattet, gegen autoritäre Forderungen aufzubegehren. Im weiteren Verlauf dieses Gespräches kritisierte die Patientin erstmals ihre Mutter, die sie bis dahin immer nur als liebe- und verständnisvoll geschildert hatte. Nun berichtete sie, sie habe sich als Kind von ihrer Mutter manchesmal unverstanden und im Stich gelassen gefühlt. Wenn sie z. B. in der Schule von einem Lehrer ungerecht behandelt worden sei und sich bei ihrer Mutter darüber beklagt habe, sei diese nicht auf sie eingegangen, sondern habe nur geäußert, Lehrer hätten immer recht. Vielleicht sei deshalb, weil sie derart zur Unterwerfung erzogen worden sei, stets soviel innere Unsicherheit in ihr gewesen. Sie wolle aber nicht, daß es ihren Kindern auch so ergehe und darum sei sie froh, daß sie es jetzt endlich fertig bringe, sie nicht mehr einzuengen und sich auf die Bedürfnisse der Kinder einzustellen.

Mir scheint, daß diese Verhaltensänderung der Patientin ihren Kindern gegenüber entscheidend durch die von ihr erfundene und gespielte Kindesentführungsszene bewirkt wurde. In dieser Szene hatte sich die Patientin eindeutig mit der Rolle des Mannes identifiziert. Möglicherweise drängte es die Patientin, die männliche Rolle zu übernehmen, weil diese Rolle, ihrem Erleben nach, grundsätzliche Überlegenheit beinhaltete und damit die Fähigkeit, Macht und Gewalt auszuüben. Es ist wahrscheinlich, daß die Patientin (die auch sonst in den „Fernsehsendungen" auffälligerweise für sich wesentlich häufiger Buben- als Mädchenrollen erfunden hatte) Schwierigkeiten hatte, ihre weibliche Rolle — und damit auch ihre Mutterrolle — zu akzeptieren, weil diese Rolle für sie gleichbedeutend war mit Unterlegensein und Sich-Unterwerfen-Müssen. Vermutlich in Zusammenhang mit ihrer Auffassung von der weiblichen bzw. männlichen Rolle hatte die Patientin einerseits massive Insuffizienzgefühle, Unsicherheit und Angst, andererseits, als Reaktion darauf, heftige Aggressionen und Machtbedürfnisse entwickelt. Die Aggressionen und Machtbedürfnisse vermochte sie wegen ihres zu schwachen Ichs und ihres mächtigen Über-Ichs nicht als zu ihr gehörig akzeptieren, weshalb sie der Verdrängung anheimfielen.

Es darf angenommen werden, daß die psychodramatische Behandlung mittels ichstärkendem Rollenspiel die Verdrängungstendenz bei der Patientin reduziert hatte und daß auf diese Weise der Weg zu einer eruptiven Entladung vormals verdrängter Affekte (in der Rolle des Kindesentführers) freigeworden war. Jedenfalls ließ das, was die Patientin im Anschluß an ihre Szenengestaltung geäußert hatte, deutlich erkennen, daß sie erstens nicht wußte, was sie veranlaßt hatte, diese Szene zu gestalten und daß sie zweitens durch die Affekte stark beunruhigt war, die in der Rolle des Kindesentführers bei ihr zum Ausbruch gekommen waren und von deren Vorhandensein in ihr sie offenbar bis dahin keine Ahnung gehabt hatte.

Wenn auch mit der Patientin nie über die massiven Aggressionen, die sie in dieser Rolle entladen hatte, ausdrücklich gesprochen worden war, so war doch an ihren Reaktionen zu erkennen, daß ihr diese in ihr vorhandenen Affekte bewußt geworden waren. Dies bewirkte weiterhin, daß die Patientin, die früher, wie sie selbst sagte, nach der Devise „Frieden um jeden Preis" gelebt hatte (weil sie sich keinerlei aggressives Verhalten gestattete, sich vor allem auch keiner Aggressionen bewußt war), nun begann, sich mit ihren Aggressionen auseinanderzusetzen, sie als zu ihr gehörig zu akzeptieren. (Das kurze, eine Woche nach der Entführungsszene stattfindende Gespräch mag der Patientin dazu verholfen haben; denn dieses Gespräch bewirkte bei ihr, anscheinend durch Identifikation mit der Therapeutin, eine Entlastung von Schuldgefühlen). Im weiteren Verlauf der Behandlung konnte die Patientin sich nun offen aggressives Verhalten zugestehen. Ansätze dazu zeigten sich schon in der zweiten Sitzung nach der Kindesentführungsszene, als die Patientin an ihrer Mutter Kritik übte und sich von deren Erziehungsgrundsätzen (welche sie in ihrer inneren Unselbständigkeit bislang unkritisch übernommen gehabt hatte) zu distanzieren begann. Offenbar verfügte sie jetzt über die dazu nötige innere Sicherheit und Selbständigkeit, was sich auch auf ihre eigene Rolle als Mutter auswirkte. Sie brauchte ihre Kinder nun nicht mehr einzuengen, wie es früher der Fall gewesen war, aus Angst und Unsicherheit und wohl auch aufgrund unbewußter Ablehnung, weil sie sich der Mutterrolle nicht gewachsen fühlte. (Die Vermutung liegt nahe, daß die Patientin u. a. auch aufgrund unbewußter Ablehnung ihrer Kinder die Kindesentführungsszene erfand und sich dazu gedrängt fühlte, die massiv-aggressive Entführerrolle zu spielen.)

Vier Monate später wurde die Behandlung abgeschlossen, auf deren weiteren Verlauf hier nicht im einzelnen eingegangen werden soll, da der beschriebene Behandlungsausschnitt genügend verdeutlichen dürfte, daß das Psychodrama eine Methode ist, die in die Tiefenschichten der Persönlichkeit einzudringen vermag und mit deren Hilfe bislang verdrängtes psychisches Material ins Bewußtsein gebracht und dort verarbeitet werden kann, ohne daß die psychoanalytische Methode mit dem Psychodrama verknüpft werden muß, um diesen Prozeß zu bewirken. (Der Vollständigkeit halber sei nur erwähnt, daß die Patientin seit Behandlungsabschluß, das heißt seit fünf Jahren, in gutem psychischem Zustand, frei von anankastischen Symptomen ist.)

Strikt verhaltenstherapeutisches Vorgehen hätte im Fall von Frau H. meines Erachtens nicht zum vollen und anhaltenden Erfolg geführt. Ich bin vielmehr der Überzeugung, daß dieser wesentlich dadurch zustande kam, daß eine psychodynamische Umstrukturierung in der Patientin stattfand, eben weil sie die verdrängten und aufgestauten Aggressionen entladen konnte, weil sie ihr dadurch bewußt wurden und weil sie sie dann, mit Hilfe des Psychodramas, d. h. in entsprechenden Szenengestaltungen, verarbeiten konnte.

Es muß noch ausdrücklich angemerkt werden, daß es auch im restlichen Verlauf der Behandlung absichtlich umgangen wurde, weiter aufzuhellen, was die vormals verdrängten Affekte der Patientin verursacht haben könnte. Der Grund für dieses Vorgehen wurde schon weiter oben genannt. Im übrigen muß man sich aber auch wohl dann, wenn die Therapie ausdrücklich darauf abzielt, die Ursachen bewußt zu machen, die zur Verdrängung von Konfliktmaterial geführt haben, immer kritisch fragen, ob das, was zutage gefördert und als Ursachen gedeutet wurde, auch tatsächlich die Ursachen sind. Ich halte es deshalb schon für etwas sehr Wesentliches, wenn vor allem die Affekte (durch was sie auch verursacht sein mögen), die vom Patienten als inakzeptabel erlebt und deshalb aus dem Bewußtsein verdrängt wurden, aus den Tiefenschichten herausgeholt werden, damit sie dort nicht als ständiger Störfaktor, der psychopathologische Symptome verursacht, wirksam bleiben. Mir erscheint es sogar fraglich, ob vormals verdrängte Affekte, wenn sie sich entladen, vom Patienten bewußt reflektiert werden müssen (wie es bei der Patientin H., ablesbar an ihren Reaktionen, der Fall war), damit eine entscheidende psychodynamische Umstrukturierung stattfinden kann. Die bewußte Bearbeitung vormals verdrängter Affekte und Konflikte hat vielleicht — so möchte ich aufgrund gewisser Erfahrungen annehmen — für die psychodynamische Umstrukturierung geringere Bedeutung als ihr die psychoanalytische Theorie beimißt. Die „deutungsfreie" Kinderanalyse (ZULLIGER 1954) mag diese Erwägungen stützen.

Daß das Psychodrama auch Möglichkeiten zu nicht bewußt reflektierter Konfliktlösung bietet, soll mit einem weiteren kasuistischen Ausschnitt veranschaulicht werden, der es außerdem gestattet, wenigstens in bescheidenem Maß, auch auf gruppenpsychotherapeutische Wirkungsfaktoren der Methode einzugehen (GREENBERG 1968).

3. Behandlung einer reaktiven Depression, verbunden mit Zwangssymptomen

Frau R., 22 Jahre, kommt knapp ein Jahr nach der Geburt ihres vierten Kindes zur stationären Aufnahme in die psychiatrische Klinik. Mit 17 Jahren hatte sie ihr erstes Kind bekommen, mit 18 und 19 Jahren ihr zweites und drittes. Nach der Geburt des vierten Kindes hatte sie sich zwar körperlich erholt, psychisch aber stark verändert. Sie klagte darüber, daß sie sich nicht mehr konzentrieren könne und deshalb nicht einmal mehr einfache Haushaltsarbeiten und Einkäufe verrichten, geschweige denn ihre Kinder ordentlich versorgen könne. Sie sei „ganz durcheinander" und mache deswegen vieles ganz verkehrt. Bei ihr habe sich eine ständig wachsende Angst entwickelt, daß sie dadurch ihre Kinder in Gefahr bringen könne. Ihre Verzweiflung wegen ihres Zustandes sei immer größer geworden, sie müsse sehr viel weinen. Daheim habe sich ihr ständig die Vorstellung aufgedrängt, in ihrer Wohnung könnte ein Brand ausbrechen, dem dann ihre Kinder zum Opfer fallen würden. Wegen dieser Vorstellung habe sie in letzter Zeit dauernd kontrollieren müssen, ob sie den Gasherd auch wirklich ausgeschaltet habe, ob sie nirgends Zündhölzer herumliegen lassen habe usw. Infolgedessen sei sie mit ihrer Arbeit noch weniger fertig geworden als zuvor. Sie wisse überhaupt nicht, wie es weitergehen solle. Ihre Kinder seien nun in ein Heim gebracht worden, weil sie ins Krankenhaus gekommen sei und weil ihr Mann, der ja seiner Arbeit nachgehen müsse, die Kinder nicht versorgen könne. Aber auch hier im Krankenhaus werde sie die Vorstellung nicht los, ihren Kindern könnte etwas Schreckliches passieren und sie „habe doch so Heimweh nach den Kindern". Bei diesen Worten begann die Patientin heftig zu weinen.

Die Worte, daß sie so Heimweh nach ihren Kindern habe, wiederholte die Patientin in kurzen Zeitabständen und jedes Mal brach sie dabei in heftige Tränen aus. Im übrigen verhielt sie sich inaktiv und nahm am Geschehen in ihrer Umgebung kaum Anteil. Um sie zu aktivieren und auf diese Weise ihr Erleben, daß sie mehr und mehr versage, zum Positiven zu verändern, wurde die Patientin, zusammen mit vier anderen Patientinnen, mehrmals wöchentlich in der Klinik psychodramatisch behandelt. In den beiden ersten Sitzungen wurde zunächst versucht, mit der Patientin in entsprechend gestalteten Szenen die Durchführung einfacher Aufgaben wieder einzuüben, die sie daheim angeblich nicht mehr fertig gebracht hatte, z. B. eine Mahlzeit zuzubereiten und zuvor die dazu notwendigen Dinge einzukaufen. Die Patientin versagte aber auch bei diesem verhaltenstherapeutischen Rollenspiel. Immer wieder begann sie zu weinen und vorzubringen, sie könne gar nichts mehr tun, hier im Krankenhaus erst recht nicht, weil sie so Heimweh nach ihren Kindern habe und solche Angst, daß diesen etwas passieren würde. (Eine Patientin, die mit Frau R. das Zimmer teilte und die auch in der Gruppe war, berichtete der Therapeutin unter vier Augen, Frau R. bestehe immer darauf, daß alle anderen Patientinnen das Zimmer verlassen müßten, wenn sie sich wasche und anziehe. Sie habe weinend gesagt, sie schäme sich ihres verunstalteten Körpers, ihre Kinder hätten sie so häßlich gemacht.)

Frau R. wurde in den nächsten drei Sitzungen nicht mehr zu aktiver Beteiligung an den Szenengestaltungen aufgefordert, erstens weil die Gefahr bestand, daß die Versagenserlebnisse der Patientin sich durch Versagen beim Rollenspiel noch vergrößerten, zweitens aber, weil wir uns erhofften, daß die Patientin durch die Aktivität der anderen Patienten allmählich doch zu eigener Aktivität angeregt werden würde. (Es ist bekanntlich ein Wirkungsfaktor der Gruppe, daß die einzelnen Mitglieder es in der Regel nicht lange ertragen können, am Gruppengeschehen nicht teilzunehmen, weil sie sich sonst zu isoliert fühlen. Die Gruppe an sich aktiviert also.) Tatsächlich begann die Patientin auch im Laufe der nächsten drei Sitzungen, mit zunehmender Anteilnahme, wenn auch nur als Zuschauerin, die psychodramatischen Szenen, welche die anderen Gruppenmitglieder gestalteten, zu verfolgen.

Nachdem Frau R. dreimal nur als Zuschauerin an den Sitzungen teilgenommen hatte, fand eine Sitzung statt, bei der eine 16jährige Italienerin, names Antonia, die Protagonistin war. Antonia war unter der Verdachtsdiagnose Hebephrenie (die sich nicht bestätigte) in die Klinik gekommen. Sie war zweimal von zuhause fortgelaufen, anscheinend ohne Ziel, war von der Polizei aufgegriffen worden und hatte jedesmal einen ratlosen, verwirrten Eindruck gemacht. Nachdem sie zum zweiten Mal von der Polizei nach Hause gebracht worden war, hatten ihre

Mutter und ihr Stiefvater zugestimmt, daß sie zur Beobachtung in die Klinik gebracht würde.

Antonia war in Italien unehelich geboren und von ihrer Mutter gleich nach der Geburt in ein Kloster gebracht worden, wo sie bis zu ihrem achten Lebensjahr gelebt hatte. Ihre Mutter war inzwischen in die italienische Schweiz übergesiedelt und hatte sich dort verheiratet. Die Ehe blieb kinderlos und ihr Mann veranlaßte sie, ihre uneheliche Tochter zu sich zu nehmen. Antonia berichtete, der Stiefvater sei immer gut zu ihr gewesen, die Mutter hingegen immer sehr streng. Der Vater, ein Facharbeiter, siedelte dann mit Frau und Stieftochter nach Deutschland über, als Antonia 14 Jahre alt war. Das heranwachsende Mädchen wurde von der Mutter streng bewacht und durfte praktisch nie alleine fortgehn. Seine Beschäftigung bestand darin, der Mutter im Haushalt zu helfen. Für die gerade 16jährige begann sich dann ein junger Mann aus der Nachbarschaft zu interessieren. Die Mutter Antonias suchte alle Kontakte ihrer Tochter mit dem jungen Burschen zu unterbinden. Schließlich erlaubte sie es dann aber doch, auch gedrängt von ihrem Mann, daß Antonia mit dem Jungen gelegentlich spät nachmittags, wenn dieser von der Arbeit heimgekehrt war, eine Stunde spazieren ging. Antonia überzog ihre Ausgangserlaubnis dabei einmal um etwa eine Viertelstunde. Als sie nach Hause kam – es war Winter, kalt und dunkel –, hatte ihre Mutter die Haustür abgeschlossen, und als Antonia klingelte, um eingelassen zu werden, schrie ihre Mutter zum Fenster hinaus, sie solle auf der Straße bleiben, wo sie hingehöre; sie dürfe nicht mehr heimkommen, sie sei eine Herumtreiberin, ihre Mutter wolle nichts mehr mit ihr zu tun haben. (Dieser Vorfall, der von Antonias Stiefvater später bestätigt wurde, hatte Antonias erstes Weglaufen zur Folge.)

Die Szene wurde psychodramatisch rekonstruiert. Die Rolle der Mutter übernahm eine psychodramatisch ausgebildete Therapeutin. Als sie Antonia anschrie, wie es ihre Mutter getan hatte, begann Antonia hilflos zu weinen und darum zu bitten, sie doch einzulassen, sie nicht zu verstoßen. Die „Mutter" blieb hart (wie in der Realität) und Antonia weinte heftiger.

Da sprang plötzlich Frau R. auf, rannte zu ihr hin und schloß sie in die Arme, wobei ihr selbst die Tränen über das Gesicht liefen. „Mein Kind, mein Kind", stieß sie hervor. „Ich verstoße dich doch nicht, du bist doch mein Kind, ich verstoße dich nicht!"

Die Szene war so bewegend, daß die übrigen drei Patientinnen auch zu weinen begannen. Mit Frau R. beteiligten sie sich dann daran, Antonia zu trösten. Das Verhalten ihrer Mutter wurde von allen verurteilt, und ein spontanes Gespräch über die Beziehungen von Müttern zu ihren Kindern schloß sich an die Szene an, bei dem die Patientinnen sich alle wieder leidlich beruhigten*.

Am nächsten Tag fand wieder eine Gruppensitzung statt, bei der Frau R. wie verwandelt wirkte. Es gehe ihr besser, berichtete sie, und sie wolle nun ausprobieren, ob sie nicht doch imstande sei, ihre Haushaltsaufgaben zu planen und durchzuführen. Entsprechende Szenen wurden sofort gespielt und diesmal ver-

* Der therapeutische Effekt dieser Sitzung für A. liegt auf der Hand. Über A. soll jedoch hier nichts weiter mitgeteilt werden, denn die Sitzung mit ihr fand nur Erwähnung wegen der Relevanz für Frau R.

sagte Frau R. in der Hausfrauenrolle nicht. Sie verknüpfte diese Rolle sogar spontan mit der Mutterrolle, indem sie bei einer Einkaufsszene verschiedene Dinge für ihre Kinder erstand.

Nach dieser Sitzung begann die Patientin zielstrebig ihre Heimkehr vorzubereiten. Sie bat darum, sie über das Wochenende nach Hause gehen zu lassen, damit sie dort direkt ausprobieren könne, ob sie ihren häuslichen Verpflichtungen gewachsen sei.

Nachdem sie zwei solcher Wochenendausflüge hinter sich hatte, sagte sie, sie habe mit ihrem Mann besprochen, daß er zum nächsten Wochenende die beiden ältesten Kinder aus dem Heim holen solle; denn sie glaube, auch diese jetzt schon versorgen zu können. Die jüngeren Kinder wolle sie später holen. Auf eigenen Wunsch wurde die Patientin daraufhin entlassen. Sie hatte nach der Szene mit Antonia nicht mehr geweint und nicht mehr geäußert, daß sie fürchte, ihren Kindern könne etwas Schreckliches zustoßen. (Drei Jahre später machte die Patientin mit ihren vier Kindern in der Klinik einen Besuch. Sie berichtete, damals nach ihrer Heimkehr sei alles wie geplant verlaufen. Sie sei wieder in ihre Aufgaben als Mutter, Hausfrau und Ehefrau hineingewachsen — ihr Mann und sie hätten ärztlichen Rat eingeholt, um eine weitere Schwangerschaft zu verhüten — und sie fühle sich seither wohl. — Sie sah auch wohl und munter aus, ebenso ihre Kinder.) Meine Interpretation für das, was mit Frau R. in der Sitzung geschah, als Antonia Protagonistin war, ist folgende: Das Kind, das seine Mutter anflehte, es nicht zu verstoßen, hatte Frau R. als ihr eigenes Kind (oder ihre eigenen Kinder) erlebt. Daß diese Szene Frau R. so aufwühlte, deutet darauf hin, daß sie selbst ihre Kinder innerlich verstoßen hatte, sie ablehnte, weil sie sich durch sie schwer überfordert fühlte. Das Ablehnen ihrer Kinder, ihre Aggressionen gegen sie, hatte sie als inakzeptabel aus dem Bewußtsein verdrängt, da sie andererseits doch auch mütterliche Gefühle für ihre Kinder hegte. (Die sie beängstigenden Vorstellungen, daß ihre Kinder durch Brand oder anderes umkommen könnten, resultierten wohl aus den verdrängten, aber in Form dieser Vorstellungen immer wieder hochschießenden Aggressionen.) Die hilflos weinende, verstoßene Antonia, in der Frau R. ihr Kind (ihre Kinder) erlebte, hatte Frau R.'s aus dem Bewußtsein verdrängten Wunsch, die Kinder loszuwerden, zum Verschwinden gebracht. D. h., ihre Gefühlsambivalenz hatte sich angesichts der weinenden, verstoßenen Antonia in eindeutig mütterliche Gefühle umgewandelt. Als Frau R., selber heftig weinend, Antonia umarmte und ihr versicherte, sie wolle sie nicht verstoßen, sie sei doch ihr Kind, wurden, so möchte ich vermuten, ihre Aggressionen gegen ihre eigenen Kinder und ihre Schuldgefühle wegen dieser Aggressionen gleichsam weggeschwemmt, ohne daß sie ihr überhaupt ins Bewußtsein drangen. Bewußt dürfte ihr nur geworden sein, daß sie ihre Kinder nun wirklich wiederhaben wollte, und sie begann, konsequent dementsprechend zu handeln.

Daß die Szene mit Antonia sich auf Frau R. in der beschriebenen Weise auswirken würde, war nicht vorauszusehen und nicht geplant gewesen. Antonia wurde also nicht deshalb in der beschriebenen Sitzung zur Protagonistin gemacht, um Frau R. zu helfen, ihren Konflikt zu lösen. Es geschieht aber in psychodramatischen Gruppensitzungen immer wieder, daß sich bei einem Gruppenmitglied, durch Identifikation mit einem anderen Gruppenmitglied, dessen Probleme psychodramatisch rekonstruiert und bearbeitet werden, Konfliktlösungen anbahnen. Dabei ist es anscheinend nicht entscheidend, ob das sich identifizierende Gruppenmitglied die eigenen Konflikte bewußt reflektiert oder ob sie unreflektiert bleiben, wie es bei Frau R. meines Erachtens der Fall war.

Auch der Fall Frau R. ist, wie ich glaube, ein geeignetes Beispiel dafür, daß mit dem Psychodrama psychodynamische Umstrukturierungen möglich sind, und daß das Psychodrama, gerade wenn es als Gruppenpsychotherapiemethode angewandt wird, in dieser Beziehung besonders wirkungsvoll sein kann.

Ein letzter kasuistischer Ausschnitt soll noch dazu dienen, zu zeigen, daß mit psychodramatischen Darstellungen auch die Hintergründe von Verhaltensstörungen aufgedeckt werden können, daß also nicht nur (wie im Fall von Frau H.) verdrängte Affekte bewußt gemacht werden können, sondern auch ein Teil von dem, was sie verursacht hat. (Dafür, daß alle Ursachen aufgedeckt worden sind, läßt sich ja in der Psychotherapie, ungeachtet dessen, welche Methode angewandt wird, ein sicherer Beweis bisher nicht erbringen.)

4. Behandlung einer Kontaktstörung

Herr D., 28 Jahre, hat registriert, daß er nurmehr oberflächliche soziale Kontakte aufnehmen kann, weil er sich innerlich gegen engere Kontakte wehrt. Ferner hat er beobachtet, daß er auch seinerseits bei anderen Menschen häufig Kontaktwiderstände auslöst. Er fühlt sich durch seine Kontaktstörungen nicht nur im privaten, sondern auch im beruflichen Bereich, wo er mit vielen Menschen zu tun hat, behindert.

In seiner fünften Sitzung mit einer Psychodramagruppe, die aus insgesamt vier männlichen und vier weiblichen Mitgliedern besteht und einmal wöchentlich zusammenkommt, berichtet er, seine Kontaktstörung sei ihm erstmals deutlich bewußt geworden, als er vor ein paar Jahren verlobt gewesen sei. Er habe deswegen seine Verlobung gelöst.

Die Szene, in der er seiner damaligen Braut den Laufpaß gab, wird daraufhin gespielt. Herr D. verhält sich dabei seiner „Braut" (dargestellt von einem anderen Gruppenmitglied) gegenüber sehr kühl. Als Hauptargument für die Trennung bringt er vor, er müsse sich auf ein Examen vorbereiten, seine berufliche Laufbahn sei ihm das Wichtigste, er wolle in dieser Beziehung erst einmal vorankommen und könne sich deshalb privat noch nicht endgültig binden.

Anschließend stellt Herr D. dar, wie er in der Nacht, die der Auflösung seiner Verlobung folgte, nicht einschlafen konnte, weil ihm seine Gedanken keine Ruhe ließen. Jene Gedanken äußert er jetzt in einem Monolog. Er spricht von Schuldgefühlen gegenüber der verlassenen Braut und rechtfertigt gleich darauf seine Trennung von ihr damit, daß sie ihn vor längerer Zeit ebenso verlassen habe, wie er jetzt sie, daß er mit ihr nur durch die Vermittlung eines Freundes wieder zusammengekommen sei.

Nach dieser Szene wird gleich die nächste rekonstruiert: Herr D. stellt dar, wie er, lange vor seiner Verlobung, einen Abschiedsbrief von seiner nachmaligen Braut erhielt, wie er sie dann anrief, in der Hoffnung, sie umstimmen zu können und wie ihm am Telefon von ihr nur nochmals bestätigt wurde, daß sie die Beziehungen zu ihm abbrechen wolle; sie habe keine Zeit mehr für ihn, weil sie für ein Examen arbeiten müsse.

Nach der Darstellung dieser Szenen, die für Herrn D. nach seinen eigenen Worten einen so hohen Realitätsgehalt hatten, daß er während der Darstellung weitgehend die Gefühle noch einmal durchlebte, die er in den wirklichen Situationen gehabt hatte, erklärt er, es sei für ihn unerträglich, abgewiesen zu werden und er habe es seiner ehemaligen Braut wahrscheinlich nie vergessen, daß sie ihn einstmals abgewiesen habe. Vielleicht habe er ihr deshalb genau das angetan, was sie ihm angetan habe, denn als er ihr den Laufpaß gegeben habe, habe er die gleichen Gründe vorgebracht, die sie, als sie sich von ihm trennte, vorgebracht habe. Außerdem sei es aber für ihn tatsächlich enorm wichtig, sich im Leistungsbereich hervorzutun. Ein wesentlicher Grund, seine Verlobung aufzulösen, sei deshalb die Feststellung gewesen, daß seine Arbeit darunter gelitten habe, weil er sich seiner Braut habe widmen müssen. Spontan fügte Herr D. hinzu, er glaube, er habe einen so starken Leistungsehrgeiz entwickelt, weil er in seiner Kindheit „ein richtiges Muttersöhnchen gewesen" sei. Seine Mutter sei „immer für ihn dagewesen", bei ihr sei er „ganz geborgen gewesen". Als er zur Schule gekommen sei, sei er dann „zum ersten Mal gefordert worden". Das müsse für ihn ziemlich erschreckend gewesen sein, weil er es „nicht gewöhnt gewesen" sei, sich Anerkennung durch Leistung zu verschaffen. Er erinnere sich noch, daß er, wenn ihm in der Schule etwas schief gegangen sei, „den ganzen Tag geweint habe" und daß ihn seine Mutter „dann immer getröstet" habe. Gerade weil er ein Muttersöhnchen gewesen sei, könne er Mißerfolge und Abweisung nicht ertragen, und deshalb versuche er, durch Leistung überall die Anerkennung zu erringen, die er bei seiner Mutter immer gehabt habe.

Die anderen Gruppenmitglieder fanden, wie in einem anschließenden Gespräch zum Ausdruck kam, diese Erklärung von Herrn D. nicht voll befriedigend, und in diesem Zusammenhang fragte ein Gruppenmitglied Herrn D., wie sein Vater zu ihm gewesen sei. Der Vater, antwortete Herr D., sei sehr ruhig und, ebenso wie die Mutter, auch auf keinen Fall fordernd ihm gegenüber gewesen. Sein Vater sei „immer ausgleichend" gewesen, seine Mutter hingegen habe manchmal scharf an etwas Kritik üben können.

Ob ihm eine Situation einfalle, wo seine Mutter das getan habe, wurde er gefragt. Herr D. überlegte kurz und berichtete dann, daß er selbst einmal von seiner Mutter scharf kritisiert worden sei, als er als 10jähriger mit einer schlechten Note im Diktat von der Schule heimgekommen sei.

Auch dies wurde sofort noch in der gleichen Sitzung dramatisch dargestellt. Herr D. übernahm, nachdem er erst sich selbst als 10jährigen gespielt hatte, die Rolle seiner Mutter, die zuvor von einem Gruppenmitglied improvisiert worden war. Die Mutter, also Herr D., begrüßte ihren Sohn (dargestellt von dem Gruppenmitglied, das zuvor die Rolle der Mutter inne hatte) herzlich, fragte dann, warum er so bedrückt sei, wurde sofort ungehalten, als sie erfuhr, er habe vier Fehler im

Diktat und „nur eine Drei". Sie wurde noch ungehaltener, als sie hörte, daß ein Nachbarsjunge, der die gleiche Klasse besuchte, eine Eins bekommen hatte, und sie schickte ihren Sohn ohne Mittagessen in sein Zimmer, mit dem Auftrag, sofort die Diktatverbesserung zu machen. Dann suchte die Mutter den Sohn in seinem Zimmer auf, entdeckte, daß er auch in der Verbesserung einen Fehler gemacht hatte, gab ihm eine Ohrfeige und sagte ihm, er bekomme zwei Tage Hausarrest, und in diesen beiden Tagen werde sie mit ihm Diktat üben.

Dann tauschten Herr D. und das andere Gruppenmitglied wieder die Rollen. Herr D. war jetzt wieder er selbst als 10jähriger, seine Partnerin spielte seine Mutter und spielte die Rolle genauso, wie Herr D. sie demonstriert hatte. Herr D. litt offenbar sehr in dieser Szene und war in ihr emotional sichtlich noch stärker beteiligt als in den vorangegangenen.

Nach Abschluß der Szene sagte er, er habe „furchtbare Angst" erlebt; „ich fühlte mich meiner Mutter völlig ausgeliefert, ich selbst war nichts!"

Er habe auch damals, in der wirklichen Situation, diese furchtbare Angst gehabt, erinnerte er sich nun; er habe gewußt, was er jetzt in Worte kleiden könne: „Ich stehe und falle mit meiner Mutter". Herr D. betonte dann noch, solche Situationen zwischen ihm und der Mutter seien „ganz selten gewesen, meistens gab ich ihr keinen Anlaß, und dann konnte ich von ihr haben, was ich wollte". Aber nun wisse er, „wenn ich ihre Erwartungen nicht erfüllte, dann schlug das plötzlich um".

Die anderen Gruppenmitglieder machten Herrn D. darauf aufmerksam, daß er seine Mutter vor dieser psychodramatischen Szene ganz anders geschildert hatte. Daraufhin erklärte Herr D., es sei ihm jetzt durch die dramatische Darstellung erstmals bewußt geworden, daß seine Mutter ihn nur dann verwöhnt habe, wenn er ihren Ehrgeiz befriedigt habe und daß er sich wohl immer bemüht habe, dies zu tun, denn wenn er es nicht getan und von ihr dann plötzliche totale Abweisung erfahren habe, habe ihn dies in tiefste Unsicherheit und Angst gestürzt. Es ist schon in vielen Publikationen über das Psychodrama darauf hingewiesen worden, daß die dramatische Gestaltung von Situationen aus der Vergangenheit bewirken kann, daß aus dem Bewußtsein verdrängtes (oder vergessenes) Material wieder bewußt wird. Dies war offensichtlich auch bei Herrn D. geschehen. Von seiner Mutter war ihm nur bewußt gewesen, daß sie ihm fast ein Übermaß an Zuneigung erwiesen hatte. Daß sie ihm diese aber mitunter plötzlich entzogen und ihn dadurch schwer verunsichert hatte, war ihm, wohl weil diese Erlebnisse zu beängstigend für ihn waren, nicht im Bewußtsein geblieben. Seiner Erinnerung nach war er in der Schule erstmals gefordert worden. Daß die Mutter ein offenbar überhöhtes Anspruchsniveau in bezug auf seine Leistungen hatte und daß sein Leistungsehrgeiz wesentlich wohl Resultat der Angst vor dem Verlust ihrer Liebe war, war ihm bislang nicht bewußt gewesen. Auch seine Kontaktstörung war mit hoher Wahrscheinlichkeit wesentlich durch seine Mutterbeziehung verursacht worden. Aus Angst vor Abweisung, wie sie sie ihm hatte zuteil werden lassen, wich er Kontakten, sobald sie enger zu werden drohten, aus. Aber seine Kontaktstörung bewirkte, daß er selbst immer wieder Abweisung erfuhr.

Gerade deswegen, weil er von seiner Mutter das nicht ausreichend erhalten hatte, was er vor allem brauchte, um sich sicher zu fühlen, nämlich Anerkennung um seiner selbst willen, blieb er übermäßig an seine Mutter gebunden. In seiner Vorstellung hegte er ein unrealistisches Wunschbild von der Beziehung seiner Mutter zu ihm. Diesem Wunschbild zufolge war er bei ihr ganz geborgen. Im tiefsten Innern aber war er äußerst verletzt und verängstigt, weil ihm seine Mutter diese Geborgenheit letztlich versagt hatte. Seine daraus resultierenden Affekte bewirkten, daß er sich im sozialen Kontakt oft inadäquat feindselig verhielt (man könnte interpretieren: er strafte andere stellvertretend für seine Mutter, so auch seine ehemalige Braut), was ihm auch wieder Ablehnung eintrug und ihm Schuldgefühle verursachte.

Sein unrealistisches Erleben in bezug auf seine Mutter (welches offenbar daher rührte, daß er die ihm unerträgliche Realität verdrängt hatte) wurde durch die psychodramatische Rekonstruktion von ein paar Situationen aus seiner Vergangenheit und durch die Zusammenarbeit der ganzen Gruppe korrigiert. Dadurch, daß ihm die Realität bewußt geworden war, war ein erster Ansatz gegeben, daß er sich mit seiner Mutterbeziehung auseinandersetzen konnte; in seinem Fall eine wichtige Voraussetzung, um aus der Kontaktstörung und inneren Unsicherheit herauszufinden.

Wie eingangs gesagt, sollen die Ausschnitte aus Behandlungsprozessen, die hier wiedergegeben wurden, die therapeutische Reichweite des Psychodramas erkennbar machen. Umfassend abgehandelt wurde diese Reichweite mittels der vier kasuistischen Streiflichter natürlich bei weitem nicht. Ebenso wenig wurde umfassend auf die Theorie des Psychodramas eingegangen; nur einige wenige Anmerkungen wurden dazu gemacht. Eine Theorie, die der Komplexität der psychodramatischen Methode gerecht wird, existiert übrigens auch noch nicht (cf. jedoch ROSENBERG 1952; GREENBERG 1968). Aber eben wegen seiner Komplexität und Flexibilität steht das MORENOsche Psychodrama, was seine theoretische Fundierung und was einige seiner Techniken anbelangt, in enger Beziehung zu anderen sehr unterschiedlichen Psychotherapiemethoden und verbindet sie gewissermaßen miteinander.

Literatur

ANZIEU, D., Le psychodrame analytique chez l'enfant, Paris, P. U. F. 1956.

BLATNER, H., The Place of Psychodramatic Methods in the Armamentarium of the Psychotherapist, Paper on the 9th Annual meeting of the Western Division of the American Psychiatric Association, Seattle, Aug. 1969.

— Psychodrama, Role Playing and Action Methods, Thetford, Norfolk 1970.

CHASE, Ph., Psychodrama in a Mental Hospital, Mental Hygiene 50 (1962) 226.

CORSINI, R., Role Playing in Psychotherapy, Chicago, Aldine 1967.

DEDNE, W., HANKS, V., Psychodrama in a Mental Hospital, Group Psychotherapy 1/2 (1967) 43—52.

FINBERG, H., The Ego Building Technique, Group Psychotherapy 12 (1959) 230—235.

GREENBERG, I., Psychodrama and Audience Attitude Change, Beverly Hills, Behavioral Studies Press, 1968.

HASKEL, M., The Psychodramatic Method, Long Beach 1968.

KANFER, F. H., PHILLIPS, J. S., Learning Foundations of Behavior Therapy, New York 1970.

KELLY, G. A., The Psychology of Personal Constructs, New York 1955.
KESTEMBERG, J., DECOBERT, S., Le psychodrame analytique, Inform. Psychiat. XL, 4 (1964) 231.
LEBOVICI, S., DIATKINE, R., KESTEMBERG, E., Bilan de dix ans de thérapeutique par le psychodrame, chez l'enfant et l'adolescent, Bul. Psychol XXIII, 13/14 (1969/70) 839, 2. Aufl.
MORENO, J. L., Behaviour therapy, Amer. J. Psychiat. 120 (1963) 194—196.
ORTMAN, H., How Psychodrama Forsters Creativity, Group Psychotherapy 19 (1966) 201.
PETZOLD, H., Behaviourdrama, eine verhaltenstherapeutische Variante des Psychodramas, Referat auf dem 1. Kongreß der Europäischen Gesellschaft für Verhaltenstherapie und -modifikation, Juli 1971, München.
— Die verhaltenstherapeutische Komponente im Psychodrama, Paris 1969 (mimeogr.).
— OSTERHUES, J. U., Zur verhaltenstherapeutischen Verwendung von gelenkter katathymer Imagination und Behaviourdrama in einem Lebenshilfezentrum, *dieses Buch*.
PLOEGER, A., Die Aktivierungstechnik, Praxis der Psychotherapie XIV (1969).
— Möglichkeiten und Grenzen der Therapie mit dem Psychodrama, Gruppenpsychotherapie und Gruppendynamik III (1969) 63.
ROSENBERG, P. P., An Experimental Analysis of Psychodrama, Ph. D. Thesis, Harvard 1952.
SALTER, A., Conditioned Reflex Therapy, New York 1950.
SCHÜTZENBERGER, A. A., Précis de Psychodrame, Paris, P. U. F. 1972.
SEGLOW, I., Psychodrama mit emotional gestörten Kindern, in: BIERMANN, G. (Hrsg.), Handbuch der Kinderpsychotherapie, vol II, 777, München 1969.
STRAUB, H., Das Morenosche Psychodrama und seine Anwendungsmöglichkeiten im Rahmen einer psychiatrischen Klinik, Z. Psychoth. med. Psychol. 13 (1963) 117.
— Erfahrungen mit psychodramatischer Behandlung von Zwangsneurosen. Z. Psychoth. med. Psychol. 19 (169) 192.
STURM, I. E., The behavioristic aspect of psychodrama, Group Psychotherapy 1/2 (1965) 50.
WOLPE, J., LAZARUS, A., Behaviour Therapy Techniques, Oxford 1966.
— The Practice of Behaviour Therapy, Oxford 1969.
ZULLIGER, H., Heilende Kräfte im kindlichen Spiel, Stuttgart 1954.

Tetradisches Psychodrama in der Gruppentherapie mit Alkoholikern

H. Petzold, Düsseldorf/Paris

Der Alkoholismus hat sich für die verschiedenen Formen der Therapie als sehr schwer angehbar erwiesen. Bei regelhaft oder permanent exzessiven Trinkern [1] ist nicht nur der Widerstand gegen eine Behandlung erheblich, sondern auch die Aussichten, eine zeitweilige oder gar dauerhafte Abstinenz zu erreichen, sind, sieht man auf die hohe Zahl der Rezidive, gering. Diese Feststellung trifft sowohl für den pharmakotherapeutischen Ansatz [2] (z. B. Disulfiram — als Antabus, Aversol, Refusal, Exhorran u. a.), verhaltenstherapeutische Maßnahmen [3] (VOGLER) als auch nach Auffassung vieler Autoren (BATTEGAY, BONABESSE, FOX, PETZOLD, WEINER u. a.) für die psychoanalytischen Methoden [4] zu. Als noch relativ effektiv hat sich die Behandlung mit Hypnose bzw. autogenem Training [5] (I. H. SCHULTZ, THOMAS) und mit Halluzinogenen, LSD-25 und Psilocybin [6] erwiesen.

Wesentliche Fortschritte wurden mit der Einführung gruppentherapeutischer Methoden bei der Behandlung von Alkoholikern erzielt. Die Arbeiten von PFEIFER, FRIEDLAND und WORTIS (1949), FOX und LYON (1955), ARMSTRONG und GIBBINS (1956), GLIEDMANN und Mitarbeiter (1956), VOGEL (1957), BATTEGAY (1958), BRUNNER-ORNE (1958) u. a. haben zur Kenntnis gruppentherapeutischer Behandlungsmöglichkeiten bei Alkoholikern entscheidend beigetragen. Das Medium der Gruppe spricht auf die meist in der Isolation und Vereinsamung stehenden Süchtigen ausgezeichnet an, ganz gleich, ob die therapeutische Ausrichtung nun analytisch (FEIBEL, FOX [7]), didaktisch-informativ (ARMSTRONG, GIBBINS), pädagogisch-direktiv (BONABESSE), suggestiv-übend (SCHULTZ, THOMAS) ist oder verschiedene Methoden kombiniert, was in der Regel geschieht. Die beachtenswerten Erfolge, die die Anonymen Alkoholiker [8] oder ähnliche in der Suchtkrankenbehandlung stehende Gemeinschaften (z. B. Daytop[9]) verzeichnen können, resultieren wesentlich aus dem therapeutischen Effekt der Gruppe[10].

Innerhalb der verschiedenen gruppentherapeutischen Möglichkeiten zeichnen sich nun hinsichtlich ihrer Wirksamkeit und Brauchbarkeit bei der Behandlung von Alkoholikern Unterschiede ab, die z. B. analytisch erfahrene Therapeuten (FOX, BATTEGAY[11]) dazu veranlaßten, von einer rein psychoanalytisch orientierten Gruppentherapie abzugehen.

Der Alkoholismus als *Krankheit*, als *neurotisches Symptom*, als *Milieuschaden* — sei es nun in sozial unter- oder überpriviligiertem Milieu — ist in seiner Genese und Struktur sehr komplex[12], und die mit ihm verbundenen Probleme sprechen den medizinischen, sozialpsychologischen, tiefenpsychologischen, pastoralen, ja juristischen und ökonomischen Bereich (FOX 1967) an. Behandlung und Betreuung von Alkoholikern ist daher in sinnvoller und erfolgreicher Art und Weise nur in der interdisziplinären Zusammenarbeit der angesprochenen Bereiche möglich[13], wie sie in einer Beratungsstelle für Alkoholiker gewährleistet sein sollte. Die komplexe Struktur des Alkoholismus rechtfertigt auch die Verbindung verschiedener therapeutischer Maßnahmen. So lassen sich Medikation (Dispan®/Antabubs ®[14]), Pharmakotherapie (Halluzinogene[15]) und Einzeltherapie (Hypnose oder Analyse[16]) in das gruppentherapeutische Bemühen um die Restitution und Rehabilitation des Patienten in der Regel positiv integrieren. Teilnahme an den Veranstaltungen und Versammlungen von Abstinenzverbänden, Blaukreuz, Anonyme Alkoholiker[17] u. a. sowie sozialfürsorgliche Betreuung, die bis in die Familie [18] und an den Arbeitsplatz reicht, leisten einen wichtigen Beitrag, um eine „totale therapeutische Atmosphäre" (FOX[19]) zu schaffen. Leider sind die Möglichkeiten, eine derartige Atmosphäre bereitzustellen, in der Regel begrenzt, einerseits, weil die Kapazität der Beratungsstellen oft nicht zureichend ist, zum anderen, weil gewisse Bereiche, in denen sich der Alkoholiker bewegt, besonders der familiäre und der berufliche, von den therapeutischen Maßnahmen nicht oder nur geringfügig beeinflußt werden. Die dort zu bewältigende Problematik muß daher im Rahmen der Therapie aufgearbeitet werden. Neben den Aufgaben, die die Psychotherapie aufgrund des komplexen Erscheinungsbildes des Alkoholismus in analytischaufhellender, kathartischer und pädagogischer Hinsicht zur Restitution der Persönlichkeit zu leisten hat, kommt ihr damit noch eine sozio-therapeutische Funktion zu. Diese vielfältigen Ansprüche machen ein *multilaterales therapeutisches Instrument* erforderlich, das in der Lage ist, den aufgezeigten Notwendigkeiten gerecht zu werden. Unter den herkömmlichen Methoden der Einzel- und Gruppentherapie ist es das Psychodrama, das mit seinen verschiedenen Techniken eine derartige multilaterale Therapie zu leisten vermag und der Forderung nach einer „totalen therapeutischen Atmosphäre" nach unseren Erfahrungen noch am nächsten kommt.

So hat sich denn das Psychodrama in der Therapie von Alkoholikern hervorragend bewährt und muß, nachdem es nun fast dreißig Jahre auf diesem Sektor zum Einsatz gekommen ist, als eine der effektivsten Formen der Gruppenpsychotherapie, wenn nicht im Hinblick auf den Alkoholismus als die wirkungsvollste therapeutische Möglichkeit angesprochen werden, wie wir auch durch einen Methodenvergleich von fünf mit unterschiedlichen Verfahren geführten Gruppen feststellen konnten. Nach 30monatigem *follow up* lagen die Erfolgsraten (= Abstinenz und soziale Integration) der Psychodramagruppen um 40–60 % höher als die der anderen Gruppen (PETZOLD 1971).

Als 1944 das Psychodrama am Moreno-Institut, New York, zum erstenmal bei Alkoholikern eingesetzt wurde, zählte MILES TIERNEY, der diese Aufgabe unter der Leitung MORENOs wahrnahm, mit seinen Bemühungen zu den Pionieren der gruppentherapeutischen Arbeit bei Alkoholikern. Die erfolgversprechenden Erfahrungen wurden aufgegriffen und weiter entwickelt wie die Studien von EVSEEFF (1948), KERSTEN (1949), HABER und Mitarbeiter (1949), HALPERN (1951), MINEAR (1953), FOX, WEINER u. a.[20] zeigen. Nachdem schon 1948 das Psychodrama in Holland für die Therapie von Alkoholikern durch A. HEIN[21] eingesetzt wurde, findet es außer in den Niederlanden GRAS, BAREMAN[22], Frankreich (COURCHET, BONABESSE, PETZOLD), Belgien (CUVELIER, MATTHEEUWS) auch vereinzelt in England, Spanien, Jugoslawien, Polen und neuerdings durch die Ausbildungstätigkeit des Autors an zahlreichen Stellen in Deutschland[23] in diesem Bereich Verwendung[24]. Die grundsätzliche Bedeutung des Psychodramas für die Behandlung von Alkoholikergruppen ist unter genauerer Betrachtung der Persönlichkeitsstruktur des Süchtigen, der daraus resultierenden therapeutischen Erfordernisse und der sich anbietenden psychodramatischen Möglichkeiten schon verschiedentlich behandelt worden (WEINER, BONABESSE, PETZOLD). An dieser Stelle sollen deshalb von den vielfältigen psychodramatischen Techniken[25] diejenigen kurz umrissen werden, die sich ganz spezifisch in der Therapie mit Alkoholikern bewährt haben[26]; weiterhin sollen das Procedere der psychodramatischen Arbeit nach dem von uns konzipierten „tetradischen System" (PETZOLD 1971, 1973) beschrieben werden und einige spezielle Verfahren, die der Autor in der praktischen Arbeit mit Alkoholikern und Drogenabhängigen entwickelt hat, zur Darstellung kommen w. z. B. das *Behaviourdrama*, die *psychodramatisch gelenkte Aggression*, die *Signal-* oder *Hypnobilder*.

Struktur der Gruppen

Die Struktur der Gruppen ist von verschiedenen vorgegebenen Faktoren determiniert. Bei ambulanter Arbeit erfordert die unvermeidbare Fluktuation der Patienten eine offene Gruppenführung. Immerhin kann man damit rechnen, daß etwa die Hälfte des Initialbestandes über einen therapeutisch effektiven Zeitraum (ca. 30—80 Sitzungen[27]) in der Gruppe bleibt. Der Umschlag ambulanter Gruppen ist bei wöchentlicher Sitzungsfrequenz mit etwa eineinhalb Jahren anzusetzen, wobei ein Viertel des Initialbestandes als Kern verbleibt. Stationäre Gruppen werden als „slow open groups" geführt.

Mit 10—12 Teilnehmern, davon zwei Therapeuten bzw. ein Therapeut und ein psychodramatisch erfahrener Mitarbeiter, sind in Anbetracht der Fluktuation optimale Größen gegeben. Die Altersskala liegt zwischen 18 und 60 Jahren, im wesentlichen aber zwischen 35 und 55 Jahren. Männer und Frauen finden sich im gleichen Verhältnis. Eine geringfügige Überzahl der männlichen Teilnehmer ist die Regel. Die Gruppen werden als reine Alkoholikergruppen geführt. In eine Gruppe wurden mit positivem Resultat für den gesamten Therapieverlauf auch Angehörige von Alkoholikern — allerdings nicht mit diesen in ein und derselben Gruppe — aufgenommen. Die sozialen Schichtungen sind breit gestreut. Patienten mit psychotischem Krankheitsbild haben zu den Gruppen keinen Zugang.

Vorbereitung der Therapie

In der Regel gehen der Aufnahme in die Gruppe mehrere Einzelberatungen voraus,in der die Eignung des Patienten für die Therapie festgestellt (biographische und soziale Anamnese, Rorschach bzw. MMPI) und der Beginn einer Therapie beschlossen wird, unter Berücksichtigung geeigneter begleitender Maßnahmen (event. Einzeltherapie, Eheberatung, Wechsel der beruflichen Situation, ärztliche Behandlung, Teilnahme an meetings der AA etc.).

A. Therapie mit dem tetradischen Psychodrama: Einleitung

Die ersten zwei oder drei Sitzungen ($1^1/_2$ Stunden) haben informativen Charakter. Das Problem des Alkoholismus wird diskutiert, sein Wesen als Krankheit herausgearbeitet. Durch die Verteilung von leicht verständlichem, sachlich gehaltenem und kurzem Schrifttum[28] wird dieses informativ-pädagogische Moment noch verstärkt.

Über den Gang der Therapie wird kurz gesagt, daß im Psychodrama Szenen aus dem alltäglichen Leben dargestellt werden. Probleme und Schwierigkeiten würden im Spiel angegangen, wodurch eine Hilfe geboten werde, der Wirklichkeit gegenüberzutreten. Im übrigen lockere und entspanne das Spiel, und auch das sei schon viel wert[29].

In der dritten Sitzung kommt nach den voraufgegangenen allgemeinen Erörterungen, die zumeist in einer wenig emotionalen, ruhig-distanzierten Form ablaufen, — noch kennt sich die Gruppe nicht, und jeder ist darauf bedacht, Haltung zu bewahren — persönliche Problematik ins Gespräch. Hier ist der Moment des psychodramatischen Ansatzes.

I. Initial- oder diagnostisch-anamnestische Phase
(warming up, mise en train) [30]

Einzelne Gruppenmitglieder berichten, warum sie zur Flasche greifen.

P* (24 J.): *„Schließlich trinkt kein Mensch ohne Grund.* Wenn ich nach Hause komme und schon auf der Treppe das Gekeife von

---

* P = Patient

meiner Frau und meiner Mutter höre, und da mache ich die Türe auf, und schon fallen die über mich her, da bin ich aber gleich weg nach'm Peter (Wirtschaft)."

T: „Können Sie sich an eine solche Szene genauer erinnern?"

P: (forsch) „Na und ob!" —

T: „Dann sollten wir versuchen, eine solche Situation einmal darzustellen. Wer könnte von den hier Anwesenden Ihre Frau und Ihre Mutter spielen?"

P: (zögernd) „Ach wissen Sie, den Ärger habe ich so dicke, den habe ich schon längst abgeschrieben, interessiert mich gar nicht mehr. Wozu soll ich das spielen? Mein Problem ist ja, daß ich nicht von der Sauferei loskomme. Da liegt es. Wenn das in Ordnung geht, hängt der Haussegen auch wieder grade." (Ausweichmanöver) —

T: „Aber Sie sagten doch selbst: ‚Keiner trinkt ohne Grund'. Vielleicht liegt ein solcher Grund in Ihrer häuslichen Situation; in jedem Fall wird es uns allen hier Ihre Lage deutlicher und verständlicher machen, wenn wir die Szene einmal darstellen."

— Zustimmung aus der Gruppe. — Der Patient spürt verständnisvolles Interesse von Seiten des Therapeuten und der Gruppe, fühlt sich ermutigt und nimmt die Rolle als Protagonist an, indem er zwei Mitpatientinnen für die genannten Rollen aussucht. — Das Psychodrama kommt in Gang.

Wesentliche Kriterien für Initialsituationen sind, daß der Patient sich angenommen fühlt, daß er echtes Interesse für seine Probleme verspürt. Gerade bei Alkoholikern, die trotz einer augenscheinlichen Kontaktfreudigkeit zumeist sehr isoliert dastehen und ihre Probleme in sich abgekapselt haben, ist es sehr schwierig, dieses Klima zu schaffen, in dem die vielfältigen Widerstände und Abwehrmechanismen — etwa das Rationalisieren durch Diskutieren oder scheinbar tiefschürfendes Problematisieren, das pseudoemotionale Lamentieren und Quengeln — nicht zum Tragen kommen.

In den Gruppen befinden sich meist zwei Typen von Trinkern: die Gruppentrinker (vornehmlich Männer) und die Einzeltrinker (häufig Frauen).

Der zweite Typ ist — besonders wenn Toxikomanie hinzu kommt — sehr schwer erreichbar und kann meist erst nach längerer Zeit durch stützende, Ich-stärkende Maßnahmen (Doppeln) in das Spielgeschehen aktiv einbezogen oder gar als Protagonist angegangen werden. So wird in der Regel das Psychodrama bei den Gruppentrinkern seinen Ausgang nehmen.

Gegenüber psychodramatischen Initialsituationen mit anderen Patientengruppen, bei denen es zuweilen schwierig ist, einen brauchbaren Ausgangsstoff zu finden, bietet die Alkoholikergruppe den Vorteil, durch ihre geradezu charakteristische Lust am Diskutieren und Problematisieren vielfältige Ansatzpunkte für das psychodramatische Geschehen in der Gruppensitzung. Auch am Stammtisch befindet sich der Alkoholiker ja in einer Gruppe, in der er theatralisch, ja zuweilen dramatisch agiert. Dieses *theatrum tabernae*[31] konstituiert in Verbindung mit der euphorischen Wirkung des Alkohols und des kommunikativen Elementes der Gruppenkumpanei eine Metawirklichkeit, die den Alkoholiker in einen dreifachen Bann schlägt: er kann sein, was er möchte (méta-identité[32]), kann dem Druck der Wirklichkeit entkommen und vermag sein Bedürfnis nach menschlicher Gemeinschaft zu befriedigen. Diese Faktoren sind für den therapeutischen Ansatz bei der Behandlung von Alkoholikern von wesentlicher Bedeutung. Das darin implizierte theatralisch-ludische Element und das Kommunikationsbedürfnis kann im psychodramatischen Gruppengeschehen therapeutisch nutzbar gemacht werden, allerdings — und hier liegt die Aufgabe — in einer realitätsadäquaten Form. Hierzu bieten die Techniken des Rollenwechsels und des Spiegels entsprechende Möglichkeiten.

P: (kommt außerhalb des Gruppenkreises eine imaginäre Treppe herauf. Im Zimmer zanken sich seine Frau [A 2] 23 J. und die Mutter [A 1] 54 J.).

A 1: „Bei Dir wird nie Ordnung herrschen! Wie oft habe ich schon gesagt, Du sollst das Brot in Stanniolpapier wickeln, damit es frisch bleibt."

A 2: „Die widerlichen Reste kannst Du selbst essen! Wenn es hier unordentlich ist, dann doch nur durch Dich und durch Christian (= P), Ihr hebt doch jeden Müll auf."

P: (kommt herein, aggressiv) „Ihr seid ja mal wieder schön zugange. Hoffentlich herrscht jetzt bald Ruhe!"

A 1: „Du hast es gerade nötig, hier auf den Tisch zu hauen. Kaum machst Du die Tür auf, beginnt der Unfrieden."

P: „Bist Du bald fertig mit der Meckerei?"

A 1: „Was heißt hier Meckerei, Du unverschämter Lümmel? Du hast wohl wieder geladen?"

A 2: (aggressiv) „Es ist doch immer dasselbe mit Dir. Ich kann Dir gar nicht sagen, wie Du mich anwiderst."

P: (jetzt sichtlich im Spiel unsicher werdend) „Jetzt fang Du nicht auch noch an."

Rollenwechsel, der Protagonist übernimmt die Rolle seiner Frau:

PA 2 – A 2 P.

Reprise

T: (wiederholt den Anschlußtext) „Jetzt fang Du nicht auch noch an."

A 2 P: „Jetzt fang Du nicht auch noch an!"

PA 2: (besänftigend) „Reg' Dich doch nicht gleich so auf, Mutter, Du mußt doch nicht immer direkt über Christian herfallen."

A 2 P: (gereizt) „Misch Du Dich da nicht ein, das geht nur Mutter und mich etwas an."

PA 2: „Ja, immer Du und Deine Mutter, schließlich bist Du doch mit mir verheiratet!"

A 1: „Aber ich bin immerhin noch die Mutter!"

A 2 P: „Jetzt reicht's mir aber, für heute habt Ihr mich gesehen." (Geht, die Tür schlagend, ab.)

Es folgt ein *Selbstgespräch* (soliloquy, cf. infr.).
Die Szene wird von der Gruppe durchgesprochen. Der Protagonist stellt fest, daß sich die Situation *nach* dem Rollenwechsel genauso abgespielt hat. Die offensichtliche Unsicherheit des Protagonisten nach der aggressiven Replik seiner Frau ließ eine Unstimmigkeit vermuten. Der Rollenwechsel wurde zur Aufhellung der Situation eingesetzt. Im Unterschied zur Antagonistin stellt der Patient seine Frau besänftigend und vermittelnd dar. Die Antagonistin spielt die Rolle des Patienten in der bei ihm zum Ausdruck gekommenen aggressiv-gereizten Tendenz weiter. Beide Mitspieler erfassen die Ambivalenz der Situation und gehen akzentuierend auf sie ein.
Der Rollenwechsel hat folgende Ergebnisse gebracht.

a) diagnostisch

Der Szene wurde ein intensiver Realitätscharakter verliehen, durch die ein wichtiger diagnostischer Einblick in die familiären

Verhältnisse und die Ambivalenz des Protagonisten, der zwischen Ehefrau und Mutter hin- und hergerissen wird, möglich wurde. Es ergaben sich tiefenpsychologische Ansatzpunkte, die in späteren, analytisch orientierten Sitzungen aufgegriffen wurden[34].

b) *therapeutisch*

Der Protagonist wurde aus seiner gereizt-aggressiven Rolle in die besänftigende Rolle seiner Frau gestellt. Er erfährt ihre Schwierigkeiten und versteht — so nach seiner Aussage — zum erstenmal das Gewicht der Worte „schließlich bist du doch mit mir verheiratet und nicht mit deiner Mutter". Die zum Rollenwechsel führende aggressive Replik seiner Frau (A 2), die nicht ihrem in Wirklichkeit sanften Wesen entspricht, ließ in ihm die Furcht aufsteigen, daß ihr Gefühl tatsächlich einmal in das des Widerwillens gegen ihn umschlagen könnte. Der Konflikt, sich zwischen dem Anspruch der Mutter und dem seiner Frau zu entscheiden, wird scharf herausgestellt und gibt zur Reflexion Anlaß (*Soliloquy*, cf. infr.). Die von der Antagonistin (A 2 P) sehr überzeugend gespielte Rolle des Protagonisten, ermöglicht diesem „wie in einem Spiegel", (*Mirror* cf. infr.) sein eigenes Verhalten, seine gereizten und aggressiven Reaktionen zu erkennen, insbesondere aber den Mechanismus, der ihn, um dem Konflikt auszuweichen, in den Alkoholismus treibt. Für die beiden mitspielenden Alkoholikerinnen ergab sich eine therapeutisch positive Konstellation, die zur Dynamisierung des gesamten Spielgeschehens beigetragen hat und in der Äußerung von A 1 zum Ausdruck kam: „So habe ich schon immer einmal meinem Sohn entgegentreten wollen." (Die hier zu Tage tretende Autoritätsproblematik wurde in einer der folgenden Sitzungen aufgegriffen). A 2, die in sehr beengten und drückenden äußeren Umständen lebte, stelle fest: Es habe ihr richtig gut getan, einmal einem Mann gegenüber aggressiv zu sein und eine Tür zuschlagen zu dürfen.

Wir können durch den Rollenwechsel also diagnostisch-analytische und kathartische Ergebnisse erlangen, sowie pädagogisch-übende und „verstärkende" Resultate. Fünf Faktoren können für den Rollenwechsel festgehalten werden:

1. Er gibt dem Antagonisten bzw. dem Hilfs-Ich und damit dem Therapeuten und der Gruppe Möglichkeiten, eine Situation, die nur der Protagonist kennt, realitätsnah in Szene zu setzen. Damit kann tiefer und wirkungsvoller in die Problematik der Situation eingedrungen werden. Die Spontaneität des Gesamtgeschehens wird erhöht.
2. Er gibt dem Protagonisten eine Hilfestellung, sich selbst, seine Reaktionen und Haltungen gleichsam in einem lebendigen Spiegel zu sehen. Er sieht sich als „Außenstehender" und erhält so die Möglichkeit neuen oder vertieften Selbstverständnisses.
3. Der Rollentausch läßt den Protagonisten die Schwierigkeiten und Probleme der Menschen erkennen, deren Rolle er übernommen hat, und gibt damit Anstoß zur Reflexion.
4. Der Rollentausch schließlich setzt den Protagonisten in eine von ihm ersehnte, aber unerreicht gebliebene Situation (etwa die Position des Chefs) und vermittelt damit verstärkende Erlebnisse.
5. Er kann den Protagonisten aber auch in eine bisher unbewältigte Situation versetzen, die durch Fluchtreaktion (hier das Trinken) umgangen wurde. Es kann dann in der Spontaneität des Spiels zu einem kathartischen Emotionsausbruch kommen, von dem her ein Neuansatz möglich ist; oder die problematische Situation wird direkt im Spiel angegangen und „spielerisch" gelöst, womit eine wesentliche Hilfestellung für die Bewältigung realer Problematik geboten wird.

Die Spiegeltechnik (mirror, le miroir) [35]

Die Spiegeltechnik wird, wie ersichtlich wurde, oft beim Rollentausch impliziert. Indem ein Antagonist die Rolle des Protagonisten übernimmt, wird dieser gespiegelt. Es treffen für diese Technik im wesentlichen die unter Punkt zwei beim Rollentausch genannten Gegebenheiten zu. Der Spiegel kann gerade in der Therapie mit Alkoholikern wirkungsvoll eingesetzt werden. Der Patient ist in seiner „Metaidentität" (CUVELIER/MATTHEEUWS) so befangen, daß es ihm unmöglich ist, zu einer adäquaten Selbstdarstellung zu gelangen oder in einer Selbstdarstellung abnorme Verhaltensweisen zu erkennen: seine Egozentrik, permanente Aggressivität, die stereotype Wiederholung bestimmter Verhaltensweisen. Durch ein Hilfs-Ich wird dem Patienten sein Bild vor Augen geführt, wie es die anderen sehen. Eine gewisse Akzentuierung der Charakteristika ist in der Regel mit der Spiegeltechnik verbunden, was zur Folge hat, daß der Spiegel manchmal einen grotesken, lächerlichen oder verletzenden Effekt hat, auf den der Alkoholiker leicht aggressiv reagieren kann. Besonders, wenn die Gruppe die Groteske der Situation entsprechend heiter aufnimmt, kann es zu Gefühlsausbrüchen kommen (Zorn bei Männern, Tränen bei Frauen), die oft sehr schwer abzufangen sind. Hier liegt die Gefahr der Konfrontationstechniken, die bei all ihrer Wirksamkeit therapeutisch sinnvoll erst ins Spiel gebracht werden sollten, wenn ein gutes Zusammengehörigkeitsgefühl in der Gruppe aufgekommen ist und sich die einzelnen Gruppenmitglieder angenommen fühlen. Für den Alkoholiker, für den im Stadium der Nüchternheit eine erhöhte, oft nervöse Sensibilität und geringe Frustrationstoleranz charakteristisch ist, ist der Spiegel eine diffizile, aber bei richtigem Einsatz äußerst konstruktive therapeutische Erfahrung, die ihm ermöglicht, zu einer adäquaten Selbstdarstellung und zur Korrektur von Verzerrungen seiner Persönlichkeit zu gelangen.

Hinter-dem-Rücken (behind-your-back, derrière le dos) [36]

Hinter-dem-Rücken „est une technique voisine de celle de miroir" [37] (ANCELIN-SCHÜTZENBERGER). Für sie gilt das im voranstehenden Abschnitt Gesagte. Allerdings ist die Konfrontation weniger direkt und agitierend und deshalb für den Patienten schonender. Sie sollte deshalb dem Spiegel vorgeschaltet werden. Die Spiegeltechnik kann sie nicht ersetzen, da sie nicht das massive visuelle Erlebnis der Darstellung der eigenen Persönlichkeit durch einen anderen vermitteln kann. Im übrigen bietet sie dem Protagonisten nicht die Möglichkeit, mit dem spiegelnden Hilfs-Ich zu tauschen und und damit den Spiegel in eine Selbstdarstellung zu verwandeln. Hinter-dem-Rücken ist eine Technik, die annimmt, der Protagonist sei nicht in der Gruppe anwesend. Er wird symbolisch „aus dem Zimmer" geschickt und nimmt am besten außerhalb der Gruppe Platz. Die Gruppe beginnt sich nun über den „Abwesenden" zu unterhalten, deckt seine Schwächen auf, bringt Unbehagen und Ressentiments zum Ausdruck. Dem Protagonisten wird so klar, wie die anderen ihn sehen, was die Gruppe von ihm denkt, wie er auf die einzelnen Gruppenmitglieder wirkt. Er gelangt hierdurch zu einer realistischeren Selbstschau, erhält Anstoß zur Reflexion und Anregung zu selbstkorrektivem Verhalten. Spiegel und „behind-the-back" haben sich bei Gruppen, in denen sich Trinker und Familienangehörige von Alkoholikern befanden, besonders bewährt.

Selbstgespräch und Doppelgänger[38, 39, 40]

Die Techniken des Selbstgesprächs und des Doppelgängers in seinen verschiedenen Varianten sind eng miteinander verbunden. Das Selbstgespräch dient dazu, im Spiel spontan aufgekommene Erkenntnisse und Einsichten zu reflektieren oder solche aus einer Szenenkonstellation zu erarbeiten. Es können aber auch im Anschluß an ein emotionsdichtes und deshalb Blockaden zerschlagendes Spielgeschehen Gedankenketten monologisch entwickelt werden, die den psychodramatischen und damit den therapeutischen Prozeß vorantreiben. Die Fähigkeit zum Selbstgespräch ist bei den einzelnen Patienten sehr unterschiedlich entwickelt. Die als Einzeltrinker charakterisierte Gruppe ist in der Regel im Monolog schwerfällig und bedarf vielfacher Stützen und Impulse durch einen oder mehrere Doppelgänger. Ist aber eine gewisse Lösung erreicht, kann es zu sehr ausgedehnten, ja ausschweifenden Selbstexpositionen kommen. Der Gruppentrinker, von seiner Typologie her extrovertiert, neigt — wiederum in der Regel —, denn es lassen sich natürlich hier keine absoluten Normen setzen, zu ausgedehnten und lebhaften Monologen, die zuweilen einen exhibitionistischen Zug annehmen können. CUVELIER und MATTHEEUWS betonen hier zu Recht, daß es besser ist, derartige Selbstexpositionen abzubremsen, „um Rückschläge, nachfolgende Scham und Angst zu vermeiden"[41]. Auch in diesem Falle ist das Eingreifen eines erfahrenen auxiliary egos als Doppelgänger angebracht, um durch entsprechende Interjektionen den Protagonisten zur Disziplin anzuhalten. Etwa: „Bin ich denn wirklich so, stelle ich mich hier nicht zu verzerrt dar, werde ich mir hier eigentlich gerecht; wozu führen jetzt eigentlich meine Überlegungen" — oder andere in den Kontext passende Einwände.

Das Selbstgespräch erlaubt diagnostisch den Einblick in den Verlauf bzw. die Entwicklung des psychodramatischen Prozesses beim

Protagonisten und gibt dadurch in der Doppelgängermethode Möglichkeiten der therapeutischen Einflußnahme. Damit ist auch schon ein Merkmal der Double-Technik gegeben: das der therapeutisch direktiven Einflußnahme. Das auxiliary-ego bzw. der Therapeut können bestimmte naheliegende und zur Konsolidierung der Situation beitragende Tendenzen und Vorstellungen „insinuieren". Gerade bei der Doppeltechnik im Psychodrama mit Alkoholikern wird diese Möglichkeit des Doppelgängers häufiger als bei anderen Patientengruppen in Anwendung kommen. Der Trinker hat insbesondere hinsichtlich seiner Sucht, für die er äußere Umstände, seine Umgebung und seine Verwandten bevorzugt verantwortlich macht, Widerstände und Abwehrmechanismen, die nur in dieser direkten Art und Weise überspielt bzw. durchbrochen werden können. Die Schwierigkeit liegt darin – und hier erweist sich das therapeutische Einfühlungsvermögen und Geschick des Doppelgängers –, die entsprechenden Interjektionen so anzubringen und zu formulieren, daß sich der Protagonist nicht manipuliert fühlt. Der Alkoholiker reagiert auf derartige „nicht offen" vorgetragene Manipulitionsversuche, wenn sie von ihm erkannt werden, mit Spontaneitätsverlust und einem passiven Widerstand, d. h. er spielt in der Regel seine Rolle weiter – zu direkter Ab- und Auflehnung kommt es kaum –, aber er baut einen Widerstand auf, durch den seine Rolle nun nicht mehr psychodramatisch und existentiell erfahren wird, sondern ein oberflächlich theatralisches Gepräge bekommt. Er spielt dem Therapeuten und der Gruppe, von denen er sich wie von seiner Umgebung und seinen Angehörigen manipuliert fühlt, das übliche Theater seiner Metaidentität vor.

Eine entsprechende Spieldynamik beim Doppeln erleichtert, therapeutisch-direktive Absichten wohlplaziert einzusetzen.

Neben diese spezifisch in der Therapie mit Alkoholikern anzuwendende direktive Technik der Doppelmethode tritt die Ichstützenden, supportative Funktion des Doppels. Protagonisten, die Schwierigkeiten haben, ihre Überlegungen zu verbalisieren, werden durch die Hilfe des Doppels einem individuellen „warming up" unterzogen. Bei völligem Ausschweigen des Patienten geschieht dies am besten durch bloße Repetition der voraufgegangenen Szene durch den Doppelgänger. Auf diese Weise werden einerseits die

Intentionen des Protagonisten nicht verfälscht, und zum anderen wird das Geschehen zusammenfassend vergegenwärtigt, was besonders für einen durch den psychodramatischen Ablauf sehr erregten Patienten hilfreich ist. Bei Stockungen im Fluß des Monologs, z. B. bedingt durch Widerstände gegen eine Erkenntnis, deren Verbalisierung zur Annahme verpflichten würde, verursacht durch Angst oder Scham, vermag der Doppelgänger zu überbrücken und dem Protagonisten zu helfen, seine Gedanken und Empfindungen auszudrücken. Dabei versucht sich der Doppelgänger soweit wie möglich mit dem Protagonisten zu identifizieren, um seinen tatsächlichen Regungen Ausdruck verleihen zu können. Selbstverständlich ist dies nicht immer zu realisieren, und es kommt vor, daß die Interjektionen des Doppelgängers so falsch liegen, daß sie vom Protagonisten spontan abgelehnt werden. Hierdurch aber wird neues Material ins Spiel gebracht. Man kann sich daher diesen Vorgang methodisch zunutze machen, indem der Doppelgänger gezielt provozierende Einwände macht.

Die Doppelmethode ist schließlich hervorragend dazu geeignet, die Auseinandersetzung mit der eigenen Persönlichkeit und ihren Problemen in Gang zu bringen und zu forcieren. Hier ist die *multiple Doppelgängermethode* spezifisch applizierbar in der Form der „deux doubles contradictoires" (CUVELIER/MATTHEEUWS). Die ambivalenten Tendenzen, die gerade für den Alkoholiker charakteristisch sind, lassen sich in kaum einer anderen Technik besser „aus-spielen" und in Richtung einer Entscheidung vorantreiben. Wird durch Patienten gedoppelt, gewinnen diese oft an Selbstvertrauen und Verantwortungsgefühl, was für den Alkoholiker von besonderem Wert ist.

II. Handlungs- oder psychokathartische Phase

Das Selbstgespräch (soliloquy, soliloque)[38]

T: „Hat sich die Szene etwa so abgespielt, oder war sie wesentlich anders?"

P: „Nein, so in der Form läuft das bei uns immer, und nachdem wir die Rollen vertauscht haben, war es ganz genauso wie zu Hause. Das war echt, wirklich ganz genauso."

T: „Uns würde einmal interessieren, was Sie über die Situation, die wir gespielt haben, denken. Gehen Sie einmal auf und ab und sprechen Sie Ihre Gedanken laut aus."

P: (geht geraume Zeit schweigend und innerlich sichtlich arbeitend auf und ab). „Eigentlich ist es immer dasselbe. Immer der Zank zwischen den beiden. Da kann man es doch nicht zu Hause aushalten."

Doppelgängermethode (double technique, le double) [39]

D 1: „Aber warum ist das immer so? Ich muß mir über den Grund des Streitens klar werden!"

P: „Elisabeth versteht Mutter eben nicht. Aber mit ihr ist ja auch oft schwer auskommen. Ich gerate mit ihr ja auch oft aneinander. Aber schließlich ist sie meine Mutter."

D 1: „Mute ich Elisabeth da nicht zu viel zu? Eine junge Frau will doch ihren eigenen Haushalt haben und nicht immer bevormundet werden."

P: „Ja, das ist es. Eigentlich habe ich es immer für selbstverständlich gehalten, daß Elisabeth mit zu Hause lebt. Mutter hat ihr Zimmer, und die restliche Wohnung ist doch groß genug für uns."

D 1: „Aber es ist doch die Wohnung von Mutter, und sie führt ja auch das Regiment."

P: „Für Elisabeth ist das nichts. Der Ärger wird ja immer schlimmer. Sie will ja auch Kinder haben, aber nicht bei uns, hat sie gesagt, und Mutter wünscht sich so sehr Enkelkinder."

D 1: „Wie soll das erst bei der Erziehung werden? Ich muß irgendeine Lösung finden, schließlich bin ich mit Elisabeth verheiratet und nicht mit meiner Mutter."

P: „Das ist eigentlich wahr. Aber ich kann doch nicht von Mutter weggehen."

D 1: „Aber Elisabeth geht doch daran kaputt und meine Ehe und ich selbst auch."

P: „Ich sehe da keinen Ausweg."

Der Protagonist bleibt verbissen schweigend stehen. Hat den Blick gesenkt und nimmt kein Angebot des Doppelgängers mehr auf.

Multiple Doppelgängermethode (multiple double technique, doubles multiples) [40]

D 1: „Vielleicht wäre es gut, wenn wir uns eine eigene Wohnung nehmen würden."

P: schweigt.

D 2: „Und Mutter, ich kann sie doch nicht allein lassen."

D 1: „Ich werde sie ja gar nicht allein lassen. Aber ich brauche doch nicht wie ein kleiner Junge immer an ihren Rockzipfeln zu hängen."

D 2: „Mutter hat immer alles geregelt, und immer ist alles gut gelaufen."

D 1: „Aber ich bin doch erwachsen. Ich bin doch selbständig genug, meine Sachen alleine zu regeln. Im Büro tue ich das doch auch. Ich muß endlich einmal zeigen, daß ich selbständig bin und allein meinen Mann stehen kann. Das wäre für alle besser. Letztlich auch für Mutter."

D 2: „Ich kann doch nicht einfach mit Elisabeth ausziehen. Was wird Mutter dazu sagen?"

D 1: „Ich kann es wohl tun. Ich muß es sogar tun. Ich will nicht länger von ihr unterdrückt werden. Immer macht sie es so. Mit Vater hat sie es genauso gemacht. Immer hat sie ihn unter dem Pantoffel gehalten."

P: (laut schreiend) „Ja, ja, ja! Ich will nicht mehr! Ich kann diese Spannung nicht länger ertragen! Ich muß da raus! Ich kann mich doch nicht nur immer besaufen! Ich muß raus! Ich will frei sein! Ich will endlich ich sein, hört ihr? Ich will ich sein!"

Der Protagonist wird von dem Hilfs-Ich, das D 1 gespielt hat, auf seinen Stuhl geführt und beruhigt sich allmählich. Der Therapeut leitet das Gruppengespräch über die vorangegangenen Szenen (Rollentausch und das Selbstgespräch mit dem Doppelgänger) ein.

III. Gesprächs- oder analytisch-kommunikative Phase

Die einzelnen Gruppenteilnehmer geben ihr *Sharing*. Jeder teilt mit, was in ihm während des Spiels vorgegangen ist. D 1 und D 2 haben den Arm um den Protagonisten gelegt. Auch durch Gesten und körperliche Zuwendung zeigt man seine Anteilnahme. Dann beginnt die Gruppe sich zu den Szenen zu äußern. Der Protagonist erhält *Feedback*. Man sagt ihm, wie er in den einzelnen Phasen des Spiels erlebt wurde. Die starke Abhängigkeit von der Mutter wird immer wieder herausgestellt. Hier nun greift der Therapeut vorsichtig deutend ein. Er weist den Protagonisten auf die Rolle seines Vaters hin, worauf er ausruft: „Eigentlich verhalte ich mich genau wie mein Vater!" Die Gruppe greift diesen Aspekt auf und betont nochmals, daß der Patient ganz die Rolle seines Vaters übernommen habe und daß es ihm vielleicht auch deshalb schwerfiele, die Mutter zu verlassen, wo sie doch erst den Vater verloren habe und er doch jetzt „der einzige *Mann* im Hause sei". Neben diesem analytischen Aspekt wird aber auch auf die Mechanismen hingewiesen, bei denen der Protagonist „ausklinkt" und wo dann „Filme ablaufen" d. h. Verhaltensweisen im Sinne unkontrollierter Reaktionen ausgelöst werden. Diese lerntheoretische Sicht des Geschehens ist für Strategien der Verhaltensänderung z. B. für *Verhaltensprogramme* und Behaviourdrama von Bedeutung.

Die Gruppe und der Protagonist kommen zu dem Ergebnis, daß eine Lösung der Schwierigkeiten und auch des Problems des Trinkens nur möglich ist, wenn sich der Patient von der Mutter löst. Der Patient faßt mit der Gruppe den Entschluß, die Sache in die Hand zu nehmen, sich um die Beschaffung einer Wohnung zu kümmern — durch seine augenblicklich noch gute Situation in beruflicher Hinsicht tauchen für ein derartiges Unterfangen keine unüberwindbaren finanziellen Schwierigkeiten auf. Allerdings beginnen in der letzten Zeit bereits Schwierigkeiten am Arbeitsplatz, da der übermäßige Alkoholkonsum seine Aktionsfähigkeit und seine Leistungsmöglichkeiten einzuschränken beginnt. Der Protagonist kommt deshalb mit der Gruppe zu dem Entschluß, daß er im Hinblick auf die bevorstehende aktive Auseinandersetzung mit seiner Konfliktsituation unbedingt den Alkohol meiden muß. Allerdings will der Patient diese Unternehmungen heimlich, ohne Wissen seiner Mutter beginnen. Er sähe auch noch keinen Weg, wie er die Sache seiner Mutter beibringen oder mit seiner Frau darüber sprechen könnte. Man kommt überein, daß dieses Problem im Moment noch nicht wichtig sei. Der Patient solle zunächst einmal seine Entscheidungen in Angriff nehmen und die Dinge auf sich zukommen lassen.

IV. Verhaltensmodifizierende Phase

Es wird ihm zur Auflage gemacht, daß er in jeder Gruppensitzung kurz über seine Unternehmungen hinsichtlich der Wohnungsbeschaffung berichtet. Die Gruppe belohnt oder tadelt ihn, je nach dem Erfolg seiner Aktivitäten. Es wird für verschiedene Situationen ein Handlungsplan, ein P r o g r a m m aufgestellt, daß dem Patienten die Durchführung seiner Handlungen erleichtert. Mit den fortschreitenden Erfolgen wird zunehmend Sicherheit gewonnen, die allerdings ganz plötzlich umschlägt, als der Termin heranrückt, der Umzug konkret ins Auge gefaßt werden muß und die Auseinandersetzung mit der Mutter unumgänglich wird.

Behaviourdrama

Der Patient berichtet, daß er sich außer Stande sehe, seiner Mutter den Auszug mitzuteilen. Lieber wolle er alles wieder „abblasen". „Ich kann mich da einfach nicht durchsetzen. Die wird mich einfach unterbuttern. Das weiß ich schon jetzt. Ich will ja weg, aber was soll ich denn machen?"

Es wird beschlossen, die Situation mit der Mutter einmal psychodramatisch zu proben. Die Szene wird konstelliert; die Patientin, die die Mutter gespielt hat (A 1), übernimmt wieder deren Rolle.

P: (kommt von der Arbeit nach Hause). „N'abend Mutter!"

A 1: antwortet nicht.

P: „Mutter, ich wollte eigentlich etwas mit Dir besprechen."

A 1: „So, was ist denn los, hat es wieder Ärger auf der Arbeit gegeben?"

P: (unsicher werdend) „Nein, es ist alles in Ordnung. Eigentlich wollte ich nur ... Findest Du nicht, daß die Wohnung hier nicht etwas eng wird?"

A 1: „Eng, ich glaube bei Dir tickt es nicht richtig ... "

P: „Ich meinte ja nur ... Elisabeth und ich, also wir hatten an eine größere Wohnung gedacht."

A 1: „Also da verschlägts einem doch die Sprache. Hier ist mehr Platz als genug. *Meine* Wohnung soll zu klein sein? Wo noch das Kinderzimmer leer steht. Ich denke gar nicht daran, eine andere Wohnung zu nehmen. Im übrigen fängt gleich die Tagesschau an. Hast Du sonst noch was auf Lager?"

P: (völlig hilflos) „Mir ist ja nur der Gedanke gekommen."

Die Szene gab dem Therapeuten und der Gruppe ein deutliches Bild der Situation. Sobald die Mutter im Ton schärfer wurde, stellte sich bei P die Unsicherheit ein. Sein ursprüngliches Anliegen konnte er gar nicht vorbringen. Dieses Situationsspiel ist verhaltensdiagnostisch aufschlußreich. Es liefert das Material und die Ausgangssituation, um in einem Behaviourdrama systematisch auf die Auseinandersetzung mit der Mutter vorzubereiten. Es wird eine Hierarchie von sechs Situationen entworfen.

I. *P sagt A 1, daß die Wohnung zu eng sei (Ausgangsitem).*
II. *P sagt A 1, daß eine größere Wohnung besser sei (Item mit der Angstreaktion).*
III. *P sagt, er wolle eine Wohnung für sich haben.*
IV. *P sagt, er werde eine Wohnung suchen.*
V. *P sagt, er habe eine Wohnung gefunden.*
VI. *P sagt, er wird dann und dann ausziehen.*

Diese Themen werden nun im Behaviourdrama durchgespielt, wobei die Gruppe den Protagonisten ermutigt und anfeuert, so daß er die ersten beiden Items gut durchspielen kann. Jede Szene erhält durch Beifall den Charakter eines sozialen Verstärkers. Beim III. Item allerdings ist es dem Protagonisten auf eine harte Reaktion der Mutter nicht mehr möglich, weiterzusprechen. Er läuft aus dem Spielkreis.

Die Hierarchie hat in diesem Kontext zwei Funktionen: die eines systematischen Assertive-Trainings und die einer systematischen Desensibilisierung. Die hierfür notwendige Entspannungsphase wird durch „relaxatives Schreiten" d. i. entspanntes Auf- und Abgehen außerhalb der Spielfläche erreicht und zwar immer dann, wenn Angstreaktionen auftreten. Ein Doppelgänger kann dabei verbalsuggestiv beruhigen. Ist die Angst abgeklungen, so wird eine neue Szene konstelliert. Für Item III wird eine Unterhierarchie aufgestellt:

III. *P sagt, er wolle eine Wohnung für sich haben.*
1. *Doppelgänger begleitet P und spricht für ihn.*
2. *Doppelgänger begleitet P, P spricht alleine.*
3. *Doppelgänger steht nur noch in Sichtweite.*
4. *P spielt ohne Doppelgänger.*

Durch den Doppelgänger wird P in III, 1 die Möglichkeit zu Imitationslernen gegeben. Er sieht, wie gut und wortstark sich der Doppelgänger gegen die Mutter durchsetzen kann. Bei seinem eigenen Versuch III, 2 nimmt er vieles von Tonfall und Gestik des Doppelgängers an und kann tatsächlich sicherer auftreten. Der Beifall der Gruppe verstärkt sein Verhalten. In III, 3 gibt die Gegenwart des Doppelgängers ihm noch Sicherheit. Wieder wird geklatscht. III, 4 wird reibungslos durchgespielt, ohne daß der Doppelgänger in Sichtweite ist. Als Belohnung erhält der Protagonist eine Cola *(instrumental reinforcement)*. Es wird eine Trinkpause gemacht.

Darauf werden systematisch IV, V und VI angegangen. Die Unterhierarchie in III hat ermöglicht, daß die folgenden Items ohne große Schwierigkeiten durchgearbeitet werden können. Bei VI allerdings kommt es zu einem massiven Rückfall in Unsicherheit. Die Szene wird im Sinne des von uns analog zum *„thought stopping* (WOLPE 1969) entwickelte *„action stopping"* unterbrochen, sobald sich die Unsicherheit zeigte. Es wird mit V neu begonnen und zu VI wieder eine Unterhierarchie gebildet, die dazu führt, daß P die Szene schließlich doch angemessen und zu seiner und der Gruppe Zufriedenheit durchspielt.

Das von uns entwickelte Behaviourdrama (PETZOLD 1969, 1971) hat sich zur Einübung von neuen Verhaltensweisen durch Systematische Desensibilisierung und Assertive Training in der Arbeit mit Alkoholikern und Drogenabhängigen besonders bewährt. Es kann darüber hinaus als Aversionstraining verwandt werden, bei dem unerwünschte Verhaltensweisen gespielt und dann durch Lächerlichmachen oder Beschimpfung bestraft werden, ein Verfahren, daß besonders in den „harten" therapeutischen Gemeinschaften für Drogenabhängige wie Synanon oder Daytop praktiziert wird. Besondere Formen stellen Reizüberflutung (implosion therapy, HOGAN, KIRCHNER 1968) durch *„Psychodramatischen Schock"* (MORENO 1939; MANN 1966) und die *„Psychodramatisch gelenkte Aggression"* dar, (PETZOLD 1971), über die wir weiter unten berichten.

„Tetradisches System"

Wenn wir auf den Verlauf der im voranstehenden mit verschiedenen Passagen wiedergegebenen psychodramatischen Behandlung schauen, so wird man feststellen, daß sie einen viergliedrigen Aufbau erkennen läßt.

I. Die *diagnostisch-anamnestische Phase,* auch *Initialphase* genannt.

II. Die *psychokathartische Phase,* auch *Aktionsphase* genannt.

III. Die *analytisch-kommunikative Phase,* auch *Integrationsphase* genannt.

IV. Die *verhaltensmodifizierende Phase,* auch *Neuorientierungsphase* genannt.

I. In der diagnostisch-anamnestischen Phase erfolgte das Warm-Up der Gruppe und des Protagonisten durch ein Gespräch, in dem die einzelnen Gruppenteilnehmer über Gründe berichten, aus denen sie zur Flasche greifen. Auf diese Weise erhält der Therapeut wichtiges diagnostisches Material und Daten zur Anamnese, die er im einzelnen Fall durch verbale Exploration zu ergänzen sucht, um dann in ein initiales Rollenspiel überzuführen, das die Situation des Protagonisten so plastisch darstellt, wie es durch ein rein verbales Vorgehen niemals erreicht würde. Die wesentlichsten Fakten der Sozialanamnese werden deutlich. Die psychodynamische Struktur wird erkenntlich: der Sohn steht zur Mutter in infantiler Dependenz, die durch eine ungelöste ödipale Situation verfestigt wird. Der Sohn hat die Rolle des verstorbenen ichschwachen Vaters übernommen. Die Ehefrau wurde in die Rolle der ungezogenen Tochter gedrängt, die sich gegen die Schwiegermutter nicht durchsetzen kann. Neben diese psychodynamische Sicht aber kann auch eine verhaltenstherapeutische treten. Die einzelnen Interaktionen lassen das Ablaufen von Reaktionen und Verhaltensketten auf bestimmte Stimuli, z. B. aggressive Stimme, deutlich werden. Es wird auf diese Weise eine Diagnose des Verhaltens (KANFER, PHILLIPS 1970) erstellt, die ermöglicht, Stereotype und Mechanismen zu erkennen und Strategien für Verhaltensalternativen zu entwickeln.
Noch komplexerer Überblick wird durch die bei diesem Initialspiel verwandte Technik des Rollentausches erreicht.

II. Schon in der Initialphase gehen diagnostischer Prozeß und therapeutisches Wirken ineinander über. Es ist für die Arbeit mit dem tetradischen Psychodrama kennzeichnend, daß Diagnose immer als Prozeß verstanden wird und im therapeutischen Ablauf integriert ist. So sind denn auch die Grenzen zur Handlungs- oder psychokathartischen Phase fließend. Diese ist durch das schichtweise Abtragen der Konfliktebenen gekennzeichnet, die in unserem Beispiel über das initiale *Rollenspiel* mit Rollentausch (aus Phase I), über das *Selbstgespräch* und die *Doppelgängerpassage* erfolgt. Das konfliktzentrierte Vorgehen führt schließlich zum Konfliktkern: der Ambivalenz des Protagonisten. Ambivalenz ist immer mit einer Lähmung, einer Blockierung verbunden. Sie stellt eine „Sackgasse" (impasse) dar, wie wir in der Gestalttherapie (PERLS 1969; PETZOLD 1973) sagen, die eine Veränderung der Situation unmöglich macht. Hier muß es nun zu einer Krise kommen, einer kathartischen Explosion, durch die die Bockierung aufgelöst wird. Durch die Technik der *multiplen Doppelgänger* wird diese Krise mit der nachfolgenden kathartischen Lösung herbeigeführt.

III. Die analytisch-kommunikative Phase dient der Aufarbeitung des Geschehens. Die *emotionale Erfahrung* soll mit *rationaler Einsicht* verbunden werden. Durch die Deutungen des Therapeuten und der Gruppe wird dem Protagonisten sein Verhalten transparent. Er vermag seine Reaktionen einzuordnen. Darüberhinaus sieht er sich durch das Sharing der Gruppe mit seinem Problem angenommen und stellt fest, daß er mit seinen Schwierigkeiten nicht allein und einzig dasteht. Die Gruppenmitglieder ihrerseits können durch die Mitteilung ihres eigenen Erlebens aufgewühlte Emotionen kanalisieren und für ihre eigene Situation Erfahrung und Einsicht verbinden.

Es liegt im Plan tetradischer Gruppenarbeit nicht nur in protagonistzentrierter Arbeit, sich mit den Problemen eines einzelnen zu befassen, sondern durch gruppengerichtetes Vorgehen auch die anderen Teilnehmer anzusprechen. Dies geschieht einerseits durch das Mitspielen und die Identifikation in der psychokathartischen Phase, im wesentlichen aber wird diese Aufgabe durch das Gruppengespräch mit dem Einbringen und Durcharbeiten eigenen Erlebens erreicht.

IV. Emotionale Erfahrung und rationale Einsicht erfordern, sollen sie therapeutisch wirksam werden, Konsequenzen, die der Protagonist für das tägliche Leben ziehen und dort verwirklichen muß. Hierzu wird in der verhaltensmodifizierenden Phase ein Beitrag geleistet, indem neue Verhaltensweisen im *Behaviourdrama* eingeübt und erprobt werden, wie wir es beschrieben haben. Der Transfer in die Alltagswirklichkeit kann weiterhin wirkungsvoll durch sogenannte *Programme* unterstützt werden. Aufgrund der im Spiel zutage getretenen Situationen und der erarbeiteten Ergebnisse wird in der Gruppe ein Verhaltensprogramm erarbeitet, nach dem der Protagonist bestimmte Unternehmungen — in unserem Beispiel die Wohnungsbeschaffung — abwickelt. Dabei wird das Lob oder der Tadel der Gruppe im Sinne von *reward* und *punishment* eingesetzt. Durch spektrometrische Skalen (PETZOLD 1973), Täfelchen, auf denen der Patient seine Erfolge oder Mißerfolge selbst eintragen kann – bei entsprechender Punktzahl kann er sich durch etwas, was er gern hat, „belohnen" –, wird selbstregulatives Verhalten aufgebaut.

Wir haben Verhaltensprogramme gerade in der ambulanten Arbeit mit Alkoholikern und Drogenabhängigen mit sehr gutem Erfolg einsetzen können. Sie wirken sich ausgesprochen stabilisierend auf die soziale Situation und günstig auf die Therapie aus; denn nicht nur Leidensdruck, auch Erfolge fördern die Motivation, an sich selbst zu arbeiten.

Tetradisches Psychodrama ist durch seinen strukturierten Ansatz und den dabei gegebenen komplexen Möglichkeiten ein ausgezeichnetes Verfahren für die Behandlung von Alkoholikern und Drogenabhängigen. Die Vielzahl der therapeutischen Techniken macht eine umfassende Behandlung und ein gezieltes Vorgehen bei spezifischen Indikationen möglich. Im Folgenden sei hierfür ein Beispiel gegeben.

B. Besondere Verfahren der psychodramatischen Gruppentherapie mit Alkoholikern

Psychodramatisch gelenkte Aggression als Rollentraining[42] *

In der psychotherapeutischen Behandlung von Alkoholikern, ganz gleich, ob sie als Einzel- oder Gruppentherapie durchgeführt wird, kommt es immer wieder zu massiv aggressiven Situationen, die sich gegen Personen (etwa Verwandte) und Sachen (etwa Einrichtungsgegenstände in der Umgebung des Alkoholikers), gegen Mitglieder der Gruppe oder gegen den Therapeuten richten. Diese aggressiven Reaktionen bzw. Verhaltensweisen haben verschiedene, oft sich miteinander kombinierende Ursachen.

Die Therapie von Alkoholikern und Toxikomanen schließt immer ein deprivatives und frustrierendes Moment ein, wie es in anderen therapeutischen Gruppen kaum in dem Maße zu finden ist. In der stationären Situation ist dieses Moment gegenüber ambulanten Gruppen durch die konsequenten Entziehungsmaßnahmen noch verstärkt. Der deprivative Außendruck, für den es, solange die Substitution der therapeutischen Gruppe für den Patienten noch nicht zum Tragen kommt, zunächst keinen Ausweg gibt, wird auf den Therapeuten übertragen, der als Arzt zusammen mit dem

* Dieser Abschnitt erschien zuerst in: Gruppenpsychotherapie u. Gruppendynamik 3 (1971).

übrigen Klinikpersonal für die „Torturen" der Entziehung verantwortlich gemacht wird. Die hieraus resultierenden Aggressionen kommen in Verbindung mit den akuten Entziehungssymptomen zum Ausdruck, sie werden aber über diese akute Phase hinausgetragen in die Zeit, in der der Patient psychotherapeutisch angehbar wird und Aufnahme in eine therapeutische Gruppe findet. Der Patient kommt daher häufig schon mit einer latenten Aggression gegen den Therapeuten in die Gruppe. In der ambulanten Situation kann der Zwang der Familie, die auf die Therapie drängt und den Patienten gegen seinen Willen und Widerstand in die Gruppe sendet, gleichermaßen zu einer aggressiven Gestimmtheit führen. Das therapeutische Bemühen sollte bewußt auf die Auflösung derartiger Tendenzen gerichtet sein, da sie den Fortschritt der Behandlung behindern oder gar blockieren, selbst wenn sie vom Patienten auf andere Mitglieder umgelenkt werden, weil gegenüber dem Therapeuten als Autoritätsfigur* gewöhnlich gewisse Aggressionshemmungen bestehen. Man wird deshalb mit *Aggressionsresten* zu rechnen haben, die sich über eine bestimmte Periode der Therapie hin summieren, denn der Patient ist einer ständigen Frustration oraler Bedürfnisse, die zunächst auf den Genuß von Alkohol fixiert sind, ausgesetzt. Der kompensatorische Effekt der Gruppe kommt erst mit der Integration des Patienten in die therapeutische Gemeinschaft zum Tragen und zwar oft dergestalt, daß er seine oralregressiven Tendenzen bei der Gruppe befriedigt. Dieser Situation, die natürlich entsprechende Bearbeitung erfordert, begegnen wir allerdings in der analytisch orientierten Gesprächsgruppe häufiger als im Psychodrama. Die Spieldynamik und die Lebendigkeit der Interaktionen geben hier weniger Möglichkeiten[43]. In jedem Fall findet sich also ein frustrierendes Moment, das therapeutisch durchaus motiviert ist, da der Alkoholiker „gerade in Bezug auf seine orale Befriedigung wird Frustrierungen ertragen lernen müssen". (BATTEGAY 1970, 42).

Diese permanente Frustrationssituation lernt der Patient erst nach und nach im Verlauf der Therapie zu handhaben. Zunächst wirkt sie aggressionsfördernd. Hinzu kommt, daß mit dem Fortfall der euphorisierenden bzw. betäubenden Wirkung des Alkohols von

---

* Wir nehmen nicht mit SLAVSON (in PREUSS 1966, 76) an, daß der „Therapeut als neutrale Person keine aktive Aggression provoziert".

manchen Patienten der Vergangenheitsdruck stärker erlebt wird, wodurch die Aggressivität, solange die gebotenen therapeutischen Verarbeitungshilfen nicht wirksam werden, weiter intensiviert werden kann. Überdies ist für den Alkoholiker im Prozeß der Entziehung oder der schon erreichten temporären Abstinenz eine nervöse Gespanntheit bei einer ohnehin schon geringen Frustrationstoleranz charakteristisch. Alle diese Faktoren können ein ständig steigendes Aggressionsniveau bewirken, das auf eine Entladung drängt, die entweder durch ein äußeres Ereignis ausgelöst werden kann oder einfach durch die Tatsache, daß der Aggressionsdruck die beim Alkoholiker an sich schon eingeschränkten Aggressionshemmungen (FOX 1966, 145) durchbricht. Derartige Aggressionsausbrüche können verschiedene Richtungen nehmen und natürlich auch auf den Therapeuten abzielen, eine Situation, die in ihrer ohnehin schon schwierigen Handhabung kompliziert wird, wenn sich durch einen gruppeninhärenten Prozeß der Aggressionsübertragung und -zentrierung die Aggression der gesamten Gruppe gegen den Therapeuten richtet. Hierfür ist die Koinzidenz aggressiver Gestimmtheiten bei einigen Gruppenmitgliedern in der Regel motivierend. Die von diesen Mitgliedern ausgehende gereizte Spannung verbreitet sich in der gesamten Gruppe. Therapeutisch wird man versuchen, diese Spannung innerhalb der Gruppe ausagieren zu lassen, doch findet sich gerade in Alkoholikergruppen eine charakteristische Neigung zur Identifikation (BATTEGAY 1969, 124) und damit zur Solidarisierung der Aggressionstendenzen, die ihre Richtung auf einen „Gegner" (R. SCHINDLER) nehmen, der innerhalb der Gruppe eine Außenseiterstellung einnimmt oder der überhaupt außerhalb der Gruppe steht. Der Prozeß der Aggressionsübertragung innerhalb der Gruppe ist aber nicht unbedingt von einer momentanen aggressiven Disposition mehrerer Teilnehmer abhängig, sondern kann, von einem aggressiv gestimmten und agierenden Gruppenmitglied ausgehend, die ganze Gruppe erfassen. Die nun erfolgende Aggressionszentrierung zielt oft genug auf den Therapeuten, der als Nicht-Alkoholiker selbst bei guter Übertragungssituaton von seiten der Gruppe in derartigen affektgeladenen Situationen als Gegner empfunden wird. Für den Alkoholiker ist zumeist eine ausgeprägte Stimmungslabilität kennzeichnend, so daß Aggressionsausbrüche oft unvorhersehbar und plötzlich stattfinden. Bei ambulanten Gruppen, deren Teilnehmer vom Therapeuten hinsichtlich ihrer Gestimmtheit, ihrer Erlebnisse und Verhaltensweisen zwischen den Therapiestunden nicht überwacht werden können, entfallen auch gewisse „Vorwarnungen" – z. B. signifikante nervöse Agitiertheit – die in der stationären Situation dem Therapeuten etwa durch entsprechende Medikation oder ein zwischengeschaltetes Einzelgespräch[44] Präventivmaßnahmen ermöglichen. Bei der dynamischen und Affekte lösenden oder stimulierenden Technik des Psychodramas ist die Gefahr des Durchbruchs und der Eskalation aggressiver Tendenzen in weitaus höherem Maße gegeben als bei anderen Therapieformen.

Welche Wege können nun beschritten werden, um eine auf den Therapeuten zentrierte Aggression der Gruppe aufzufangen und therapeutisch nutzbar zu machen?

In der Regel wird man den Aggressionsausbruch ausagieren lassen und nach dem kathartischen Abbau des Affektstaus den Vorgang durchsprechen, auf seine Motive hin analysieren und interpretieren. Ein derartig rationalisierendes Vorgehen kommt dem Abwehrverhalten der Alkoholiker sehr entgegen. Gesprächsgruppen mit Trinkern sind von der Tendenz, die Konflikte zu rationalisieren und der emotionalen Bearbeitung auszuweichen, gekennzeichnet. Insbesondere nach einem Aggressionsausbruch, d. h. einer spontanen affektiven Öffnung, erfolgt oft erneut und intensiviert ein Zurückziehen von der emotionalen Ebene, was durch die wiederum für den Alkoholiker charakteristischen starken Schuldgefühle zusätzlich motiviert wird. In der Regel wird dieser Phase die typische Tendenz folgen, die Schuld abzuschieben, indem nach auslösenden Momenten, Umständen oder Personen gesucht wird, und hier kann dann die Schuld in einer Art Umpolungsvorgang wiederum auf den Therapeuten oder auf Familienangehörige übertragen werden, was mit erneuten aggressiven Gefühlen verbunden ist.

So notwendig die rationale Auseinandersetzung mit manifesten Aggressionen in der Gruppe ist, so wichtig ist ihre Bearbeitung auch auf der emotionalen Ebene, damit Aggressionsreste – und solche sind kaum vermeidbar – entschärft werden, denn sie beeinträchtigen den kathartischen Effekt des acting-out und summieren sich erneut mit der Zielrichtung auf einen „Gegner". Durch den geschilderten Umpolungsvorgang steht der Therapeut in der

Gefahr, anstatt in einer Helferposition zu erscheinen, wieder in die Rolle des Gegners abzugleiten.

Die dargestellten Vorgänge führen uns zu den nachstehenden Schlußfolgerungen:

Die in der Therapie mit Alkoholikern implizierten Frustrationstendenzen bedingen, verstärkt durch die somatischen Reaktionen im Verlauf des Entziehungs- und Entwöhnungsprozesses, ein beständiges Zunehmen des Aggressionsdruckes, der sich in aggressiven Durchbrüchen manifestiert. Die darauf folgenden Schuldgefühle führen regelhaft zu einem mit neuen Aggressionen besetzten Umpolungsvorgang (Verschiebung der Schuld), der die noch bestehenden Aggressionsreste gegenüber Umweltpersonen verstärkt.

Aus diesen Erfahrungen ergibt sich eine dreifache Fragestellung: Wie ist es möglich, derartig virulente aggressive Prozesse mit all ihrer Dynamik gezielt therapeutisch nutzbar zu machen?

In welcher Art und Weise kann man den Umpolungsvorgang sinnvoll beeinflussen?

Wie lassen sich die Aggressionsreste für die Zielsetzungen der Therapie einplanen?

Einen Ansatz, dieser Aufgabenstellung gerecht zu werden, fanden wir im *psychodramatischen Rollentraining* mit Alkoholikern. Es bezweckt, auf Situationen vorzubereiten, mit denen der süchtige Patient konfrontiert wird und die für ihn schwierig zu bewältigen sind: etwa die Hänseleien am Arbeitsplatz oder das Ablehnen eines Drinks auf einer Party. Im Rahmen dieses *verhaltensmodifizierenden Vorgehens*[45] (WOLPE, EYSENK, ALEXANDER) wurde z. B. folgende Szene bearbeitet: Die Geschenke eines Geburtstages oder Betriebsjubiläums werden zu Hause ausgepackt. In einem der Kartons befindet sich eine Flasche Schnaps. Eine direkte Ablehnung ist in diesem Fall nicht möglich. Der Alkoholiker sieht sich in einer Situation, die aufgrund ihrer typischen Konstellation („die Flasche und ich") auch bei erreichter Abstinenz schwierig zu handhaben, ja gefährlich ist. Der Protagonist wird nun angehalten, die Flasche zu nehmen und in den Ausguß zu schütten, wobei ihn die gesamte Gruppe begleitet. Es empfiehlt sich, diese Szene *zunächst nonverbal* in Pantomimetechnik und ohne Requisiten (Flasche und Ausguß) durchspielen zu lassen, da die häufig auftretenden Widerstände so am leichtesten zu überwinden sind. Der stillschweigende pantomimische Vollzug in der Gemeinschaft gewinnt geradezu einen rituellen Charakter. In einer anderen Sitzung werden dann echte Requisiten verwandt, etwa eine Flasche Wein oder Whisky, die von der Gruppe gekauft wurde (durch Umlage). Der Protest und der Widerstand der Gruppe und besonders des agierenden Protagonisten äußert sich in der Regel zunächst in rationalisierenden Argumenten: es sei doch unsinnig, hier zwölf Mark in den Ausguß zu kippen; man könne das Geld besser anwenden; was das ganze denn überhaupt solle usw. Dieser Widerstand ist nun von den *auxiliary egos* durch therapeutisch-direktive Einflußnahme anzugehen (PETZOLD 1970 a), indem etwa folgendermaßen gedoppelt wird: „Eigentlich sollte es doch gar nicht so schwer sein, dieses Giftzeug wegzuschütten." — „Mit dem Alkohol bin ich fertig. Es macht mir nichts aus, ihn literweise wegzukippen." Oder ganz massiv: „Das Sauzeug hat mir schon genug geschadet, schon soviel kaputt gemacht. In den Ausguß damit!" (Es empfiehlt sich allerdings, besonders bei stationärer Entwöhnung, den Alkohol zu vergällen bzw. Apomorphin o. ä. beizugeben, um etwaige Zwischenfälle zu entschärfen.)

Im Ablauf dieses Rollentrainings konnte immer wieder festgestellt werden, daß Patienten spontan oder unter dem Einfluß des Doppelns Aggressionen auf die Flasche übertrugen und deren Inhalt unter heftigem Schimpfen und Fluchen, also allen Zeichen eines virulenten Aggressionsausbruches, in den Ausguß schütteten. Von diesem Vorgang wurde die durch das Pantomimespiel auf den gemeinsamen symbolischen Vollzug eingeübte Gruppe derartig ergriffen, daß die Szene auf ein allgemeines Beschimpfen der Flasche hinauslief, die in einem Fall nach dem Ausleeren von einem Teilnehmer ergriffen und auf dem Boden zerschmettert wurde.

Die Beobachtung dieser Vorgänge im verhaltenstherapeutisch ausgerichteten Rollentraining, im *Behaviourdrama* (PETZOLD 1969; OSTERHUES 1970) gab Anlaß zu dem Versuch, diese Technik zum kontrollierten Einsatz der Aggressionen für therapeutische Ziele und gleichzeitig zum Abfangen aggressiver Tendenzen in der Gruppe zu verwenden. Zu diesem Zweck erschien es ratsam, nicht mit den oft überraschend auftretenden, spontanen Aggressionen, die auf Grund eines gruppeninhärenten Aggressionsdruckes zum Ausbruch kommen (angeheizt durch die aggressiven Reaktionen eines oder mehrerer Gruppenmitglieder) zu arbeiten, sondern die Aggressionen besser kontrollierbar zu machen, indem ein Aggressionsausbruch durch den Einsatz provozierender und frustrierender Techniken hervorgerufen wird. Hierzu ist es notwendig, das „Aggressionsniveau" der Gruppe sorgfältig zu beobachten, um den rechten Zeitpunkt zu wählen. Theatralisches, überakzentuiertes Spielen einerseits und Spielunlust verbunden mit einer wachsenden Tendenz zu Diskussionen andererseits geben Hinweise für eine aggressive Gestimmtheit der Gruppe. Diese kann nun stimuliert werden, indem Spielabläufe im Sinne einer frustrierenden Aktivierungstechnik (PLOEGER 1965; 1969) zu einem Zeitpunkt abgebrochen werden, an dem die Gruppe in einer Szene engagiert ist, oder indem z. B. Spiel- oder Diskussionswünschen nicht nachgegeben wird.

Man kann überdies arrangieren, daß keine oder nicht genügend Getränke vorhanden sind, was sich mit dem Ausbleiben einer Lieferung einleuchtend motivieren läßt. In Therapiepruppen mit Alkoholikern spielt das reichliche Vorhandensein von Süßmost, Mineralwasser oder Limonaden zur Substitution oraler Bedürfnisse eine wichtige Rolle. Das Fehlen dieser Möglichkeit zur Befriedigung der Oralität und die daraus resultierenden Frustration ist geeignet, ein gespanntes Klima zu schaffen und aggressive Tendenzen zu verstärken. In derartiger Situation beinhaltet das in die Gruppe eingebrachte Material fast regelhaft eine Vorwurfsthematik, die akzentuierend aufgegriffen werden sollte. All diese Momente bewirken eine gezielte *Eskalation der Affekte,* die auf einen massiven Aggressionsausbruch innerhalb der Gruppe hinauslaufen. In diesem Stadium zunehmender Erregtheit kommt es nun darauf an, in geschickter Steuerung des Spielgeschehens z. B. durch entsprechendes Doppeln des auxiliary egos oder, falls es um eine Diskussion handelt, in gezielten Interventionen durch den Leiter der Gruppe und den Co-Therapeuten die Richtung der Vorwürfe zunächst auf die Wirkungen des Alkohols und dann auf den Alkohol selber zu lenken. Die hierbei auftretenden gereizten Abwehrreaktionen werden durch sofortige Entgegnung entsprechend umgepolt.

Ein Beispiel:

T: „Peter, wo du jetzt stehst, das hast du einfach dir selbst und dem Alkohol zuzuschreiben!"

P 1: „Ja ich, immer ich, ich, ich — dieses Drecksweib hat mein Leben verpfuscht!"

T: „Und der Alkohol."

P 1: „Quatsch! Das kam später."

T: „Aber es hat gereicht."

P 2: „Meine Alte ist genauso." } (Identifikationen)

P 3: „Da kann ich ein Lied von singen." }

T: „Vom Saufen, das glaub ich."

P 3: „Ja, davon auch."

T: „Die Flasche hat dich fertiggemacht."

P 3: „Alles hat mich fertig gemacht, und ihr auch. Ihr stinkt mir, wißt ihr das, ich kann eure doofen Fratzen nicht mehr sehen."

P 1: „Ja, was hängen wir hier überhaupt noch herum."

T: „Wegen der Flasche."

P 3: „Scheiß auf die Flasche, ich kann das nicht mehr hören, die Flasche, die Scheißflasche!"

T: „Sie ist an allem Schuld, ich schlag' sie kaputt."

P 3: „Ja, ich schlag' sie kaputt, kaputt schlag' ich sie!

Der Co-Therapeut hält dem hocherregten P 3 plötzlich eine Flasche hin, die er aus seiner Aktentasche hervorgeholt hat. P 3 ergreift sie* und schmettert sie auf die Erde. P 1 beginnt auf den Scherben herumzutrampeln und das „Saufen" zu verfluchen. In der ganzen Gruppe wird nun geschrien und auf den Alkohol und die Flasche geschimpft. Therapeut und Co-Therapeut integrieren sich vollständig in den allgemeinen Tumult, der nach und nach abflaut.

Die einzelnen Gruppenmitglieder sitzen erschöpft auf ihren Plätzen. Der Therapeut leitet das Ende der Sitzung mit der von uns entwickelten Technik der Hypno- oder Signalbilder (s. u.) durch die Aufforderung ein: „Augen schließen! Wir versuchen jetzt ganz ruhig zu werden! Wir werden jetzt ganz ruhig! Wir sind jetzt ganz ruhig, müde und entspannt!"

Die beschriebene Technik erfordert spezifische Erfahrungen im Umgang mit Alkoholikern und in der Therapie von Alkoholikergruppen, um die Gestimmtheit der Gruppe und die Reaktionen

---

* In seiner Erregtheit nimmt er nicht bewußt wahr, von wem er die Flasche bekommen hat, ein Umstand, der sich positiv hinsichtlich des Umpolungsvorgangs auswirkt.

der einzelnen Teilnehmer zu registrieren, zu werten und das therapeutische Vorgehen danach auszurichten. Weiterhin ist es notwendig, einen versierten Co-Therapeuten in der Gruppe zu haben, der bei gezielter Spielführung, wie sie sich in der Arbeit mit Süchtigen oft als unumgänglich erweist, die Aufgaben des *auxiliary egos* übernimmt und in der Gesprächsführung koordiniert bzw. die Intentionen des Therapeuten stützt. Für diese Aufgabe haben sich in der Suchtkrankenbetreuung engagierte und erfahrene ehemalige Alkoholiker hervorragend bewährt, da sie von den Gruppen in besonderer Weise angenommen werden, zumal sie als Alkoholiker in die Gemeinschaft eingeführt werden (gemäß dem Grundsatz der A. A. „man *war* nicht einmal, sondern man *ist* und bleibt Alkoholiker).

Weiterhin ist die Führung der Gruppe in Form einer *geschlossenen* bzw. als *slow open group* selbstverständlich, da sonst die für den Einsatz der Technik der *psychodramatisch gelenkten Aggression* notwendige Beobachtungsgrundlage fehlt und der therapeutische Effekt durch die Fluktuation des Gruppenbestandes eingeschränkt wird.

Unter diesen Voraussetzungen ist die Technik mit Erfolg einsetzbar. Sie verbindet ein verhaltenstherapeutisches Aversionstraining mit einem kathartischen Ausagieren des Aggressionsdruckes. Die aggressiven Tendenzen innerhalb der Gruppe werden besser kontrollierbar, und unvorhergesehene massive Aggressionsausbrüche können weitgehend vermieden werden. Spontane Aggressionseskalationen, die plötzlich in einer Gruppe auftreten, können durch Beeinflussung der Aggressionsrichtung auf die Flasche und damit auf den Alkohol umgelenkt werden. Indem der Therapeut sich dem Aggressionsverhalten der Gruppe einfügt und mitagiert, wird er als *Verbündeter* und nicht als Gegner empfunden, auf den die aus den Schuldgefühlen resultierenden, mit Aggression besetzten Entschuldigungen übertragen werden könnten. Vielmehr wird die gesamte Vehemenz des Aggressionsausbruches auf den Alkohol, symbolisiert durch die Flasche, gerichtet. Verbleibende Aggressionsreste werden damit weitgehend an diesem Zielobjekt der Aggression fixiert. Die Übertragung der Schuld auf die Flasche wird im Sinne des Umpolungsvorgangs ermöglicht, indem der Aggressionsausbruch als durch die Flasche motiviert gesehen wird. Gegen einen derartigen Übertragungsvorgang gerichtete Abwehrmechanismen sind durch die kathartische Wirkung des acting-out in ihrer Wirksamkeit herabgesetzt und werden durch die suggestive Einflußnahme in der Abschlußtechnik weitgehend überwunden. Sie hat zum Ziel, die negative Wirkung des Alkohols und die positive Wirkung der Nüchternheit visuell und auditiv zu verankern.

In der Arbeit mit dem Psychodrama ist, wie in jeder Gruppentherapie, größter Wert auf Art und Zeitpunkt der Beendigung der Therapiestunde zu legen. Die aufgekommenen psychodramatischen Aktionen sollten in sich abgeschlossen sein, damit der Protagonist nicht in einer offenen Konstellation „aus dem Spiel" geht.

Für die *Technik der psychodramatisch gelenkten Aggression* kommt dieses Problem besonders zum Tragen, da sie ein erhebliches Potential von Affekten in Bewegung setzt, die allein im Prozeß des gezielten Ausagierens kontrolliert werden; denn ein abschließendes Gruppengespräch mit Bearbeitung des feed-back ist aufgrund der allgemeinen Erschöpfung nicht indiziert und würde auch den therapeutischen Effekt durch Analysieren und Rationalisieren beeinträchtigen. Es empfiehlt sich daher, die Sitzung durch einige beruhigende Suggestionen abzuschließen. Falls die Gruppe das autogene Training beherrscht, kann es wirkungsvoll eingesetzt werden.

In der auf einen karthartischen Affektausbruch folgenden Phase der Ermüdung und Abspannung ist die Gruppe suggestiver Beeinflussung besonders gut zugänglich, so daß hier eine Möglichkeit besteht, *Restspannungen zu sedieren* und die therapeutischen Wirkungen zu verstärken (cf. infr.).

Verschiedene Techniken [46]

Die im Voraufgegangenen behandelten Verfahren und Techniken dürften die für die psychodramatische Arbeit mit Alkoholikern optimal einsetzbaren Methoden darstellen. Natürlich sind die psychodramatischen Möglichkeiten vielfältig und müssen je nach den Erfordernissen der Situation verwandt werden. So kann letztlich fast jede Technik des Psychodramas auch bei der Therapie von Alkoholikern Verwendung finden. Es seien nur der *leere Stuhl*, die *Hilfsstühle*, die *Hilfwelt* oder das *Interview* genannt.

WEINER hat mit der von ihr besonders gepflegten Technik des *Zauberladens* (magic shop, la boutique magique) in der Therapie von Alkoholikern gute Erfolge gehabt[47], CUVELIER und MATTHEEUWS betonen den Wert der „deux doubles contradictoires", MILLER arbeitet mit dem Hypnodrama[48]; übereinstimmend aber betrachten diese und andere Autoren (FOX, BAREMAN, BONABESSE, BLUME u. a.) die hier behandelten Methoden als Standardtechniken für die psychodramatische Arbeit mit Alkoholikern.

Psychodrama: Abschluß

Eine gruppentherapeutische Sitzung zum Abschluß zu bringen, ist oft mit einigen Schwierigkeiten verbunden. Beim Psychodrama sind diese Schwierigkeiten gegenüber anderen Therapieformen ungleich erhöht, da sich die Spontaneität des psychodramatischen Prozesses nicht ohne Nachteil abrupt unterbrechen läßt. Oft kommt noch gegen Ende einer Sitzung ein Geschehen in Gang, das nicht aufgeschoben werden kann, sondern ausgespielt werden muß, auch wenn die Zeit dabei erheblich überschritten wird. Durch die bei homogenen Gruppen oftmals ähnlich gelagerte Problematik werden die Teilnehmer vom Gruppengeschehen sehr intensiv berührt, und die damit verbundenen Spannungen und Gefühlswallungen drängen nach Lösung. Diese vollzieht sich zu einem Teil in der Mitbeteiligung am Spielgeschehen durch Nebenrollen, durch Doppeln, wesentlich aber durch Identifikation mit dem Protagonisten. Für die am Gruppengeschehen noch nicht oder nur geringfügig beteiligten Patienten aber bestehen diese Möglichkeiten der Entspannung nicht, und auch bei den anderen Gruppenmitgliedern kann je nach dem Verlauf der Sitzung eine mehr oder weniger große *„Restspannung"* zurückbleiben, die bei der geringen Frustrationstoleranz von Alkoholikern einen recht negativen Effekt, nämlich den Griff zum Glas, haben kann. Der Auslaufphase, d. h. dem Abschluß einer Psychodramasitzung ist daher größte Bedeutung beizumessen. In der Regel wird man versuchen, die Therapiestunde zu beenden, indem man den Verlauf, eine markante Situation oder die Abschlußszene mit der Gruppe durchspricht und so die Möglichkeit bietet, angestaute Emotionen zu verbalisieren und damit zu entschärfen. Die Erfahrung hat aber gezeigt, daß ein derartiges Vorgehen in der Therapie mit Alkoholikern nicht immer ausreichend ist, weil einige Patienten nicht in der Lage sind, Spannungen in so kurzer Zeit abzubauen und somit in einem Zustand latenter Erregung die Gruppe verlassen. Charakteristisch ist auch, daß ein gewisser Typ von Alkoholikern erst nach dem Gruppenabend in einen Gefühlssturm gerät, während er vom Geschehen in der Gruppe kaum berührt schien. Um einen derartigen unerledigten psychodramatischen Prozeß und die damit gegebene Gefährdung für den Patienten abzufangen, haben wir eine besondere Abschlußtechnik entwickelt.

Hypno- oder Signalbilder

Gegenüber der klinischen Gruppe entläßt die ambulante therapeutische Gemeinschaft ihre Mitglieder nach der Sitzung in einen ungeschützten, ja oft feindlichen Bereich, den es bis zum nächsten Treffen zu meistern oder wenigstens zu überstehen gilt. Die Gruppe ist hierbei wesentlicher Rückhalt. Es ist daher ein unabdingbares therapeutisches Erfordernis, daß kein Gruppenmitglied die Therapiestunde frustriert oder erregt verläßt. Wir stellen deshalb an den Schluß der Sitzung (Psychodrama mit Abschlußgespräch ca. 1½ Stunden) Übungen mit Verfahren konzentrativer Entspannung, die autogen oder heterosuggestiv induziert werden. Im Rahmen der Übungen, die in der üblichen Weise aufgebaut werden, kommen dann die bewährten Formeln: „Ich trinke keinen Alkohol, zu keiner Zeit, an keinem Ort, bei keiner Gelegenheit" — „Alkohol ist ganz gleichgültig" (SCHULTZ, THOMAS) zum Einsatz. Allerdings gehen wir über die ersten beiden Stufen, das Wärme- und Schwereerlebnis, nicht hinaus, da sie als Grundlage für die Formelanwendung zureichend sind, sondern verwenden sie als Vorbereitung für die Aufnahme von *Hypno- oder Signalbildern*, ähnlich wie LEUNER diese beiden Grundstufen des autogenen Trainings zuweilen für die Einleitung des *katathymen Bilderlebens* benutzt[49].

Bei den Hypno- oder Signalbildern handelt es sich um eine Serie von sieben Bildern (cf. PETZOLD 1970 a), auf denen die Schädlichkeit des Alkohols und die Vorteile der Nüchternheit dargestellt werden (z. B. ein heftig streitendes Ehepaar mit dem Folgebild einer glücklichen Familie; eine Szene, in der ein angefahrenes Kind vor dem Wagen eines Betrunkenen liegt[50], auf die dann die Darstellung eines glücklichen Urlaubers in seinem Wagen folgt). Eingeleitet und abgeschlossen wird die Serie durch ein Signalbild, eine Flasche mit Totenkopf und ein durchgestrichenes Glas. Das Bild ist von den Komplementärfarben Grün und Rot bestimmt, die durch ihre Intensität (KLUMBIES[51]) den durch das „Entspannungstraining" vorgegebenen leicht hypnoiden Zustand der Patienten verstärken. Die Bilder werden am wirkungsvollsten als Diapositive im abgedunkelten Therapieraum an die Wand projiziert, können aber auch als Schautafeln gezeigt werden. In beiden Fällen sitzen die Patienten in der ursprünglichen Sitzordnung des Psychodramas, nämlich im zur Spielfläche geöffneten Halbkreis. Zu den Bildern werden vom Therapeuten kurze, formelhafte Sätze gegeben (z. B. Alkohol zerstört Leben, Nüchternheit erhält Leben; Alkohol schafft Unfrieden und Streit, Nüchternheit schafft Frieden und Glück), die das Dargestellte verstärkend unterstreichen. Dem Signalbild am Anfang wird die Formel „zu keiner Zeit, an keinem Ort" beigegeben, die für das Schlußbild in folgender Fassung verwandt wird: „Ich trinke keinen Alkohol, zu keiner Zeit, an keinem Ort, bei keiner Gelegenheit. Ich bin jetzt ganz ruhig, bin meiner ganz sicher, Alkohol ist ganz gleichgültig. Ich weiß, daß ich nichts mehr trinke[52]."

Nach dieser Formel erfolgt die Zurücknahme und das Ende der Therapiestunde. Die Patienten fühlen sich beruhigt, sicher, gelöst und entspannt. Eventuelle aus dem Psychodrama verbliebene Erregungen sind abgeklungen. Der therapeutische Effekt für die Behandlung des Alkoholismus wird durch diese Abschlußtechnik, die sich übrigens als selbständige Methode sowohl in der Einzeltherapie als auch in der Gruppe ausgezeichnet bewährt hat[53], intensiviert, da sie, in der Regel auf dem autogenen Training, zuweilen auf der Ablationshypnose (KLUMBIES) aufbauend, von den Patienten im Alltagsleben praktiziert werden kann[54].

Zusammenfassung

Die für die Behandlung von Alkoholikern notwendige „totale therapeutische Atmosphäre" (FOX) verlangt eine „mehrdimensionale Therapie" (THOMAS[55]) und ein „multilaterales therapeutisches Instrument". Diese Erfordernisse sehen wir in besonderem Maße durch das Psychodrama mit seinen vielfältigen technischen Möglichkeiten gewährleistet, wobei eine Kombination mit anderen Therapieformen, Medikation und sozialfürsorgerische Maßnahmen die Erfolgsaussichten der Behandlung wesentlich erhöhen.

Anmerkungen

1. Cf. die Klassifizierung von THOMAS (1964) 142.
2. Cf. die note 14 angegebene Literatur.
3. Cf. zur verhaltenstherapeutischen Behandlung des Alkoholismus die Arbeiten von FRANKS (1958, 1960, 1963, 1967), RAYMOND (1964), McGUIRE (1964), CONGER (1956), KEPNER (1964), KINGHAM (1958), SHOBEN (1956), PETZOLD (1970 a), VOGEL (1960), 1961, 1967), VOGEL-SPROTT (1965), VOGLER (1970), ASHELM (1968).
4. BATTEGAY (1969 b) 42: „Die Alkoholkranken und die Medikamentsüchtigen können nicht einfach passiv-analytisch angegangen werden." Ein „pädagogischer und direktiver Ansatz" ist notwendig. BONNABESSE, 835: „la psychoanalyse semble convenir très mal à ce genre de malades. C'est une méthode trop frustrante." FOX (1966), 141.
5. I. H. SCHULTZ (1953) 98; (1957) 48; THOMAS (1964) 149; (1967) 15,39. Cf. auch VAN PELT (1950, 1951, 1952); SPIEGEL (1967); LANGEN (1966, 1969); BACHET (1954); JELLINEK (1956).
6. HOFFER (1959); ABRAMSON (1960, 1967); CHEWELOS et al. (1959); DITMAN (1967); McLEAN et al. (1961); O'REILLY/REICH (1962); SMITH (1958); TIEBOUT (1954).
7. FOX (1958) 154.
8. Anonyme Alkoholiker (das „blaue Buch") hrsg. A. A. World Service. Bad Reichenhall 1967, 2. Aufl.
9. Cf. J. DURAND-DASSIER, Psychothérapie sans Psychothérapeut, Paris 1970.
10. Cf. THOMPSON/KOLB (1953) 30.
11. FOX (1966) 149: „Analytische Gruppentherapie ist bei der Behandlung von Alkoholikern außerordentlich wertvoll, doch sie ist besonders im Anfangsstadium der Therapie, allein nicht ausreichend." BATTEGAY, l. c. note 4.
12. Cf. BRUEL/LECOQ (1946); DUKOR (1934); HABERNOLL (1956); ZUBER (1960); HOFF (1954); KIELHOLZ (1957); BATTEGAY (1961); SOLMS (1960); McNAMARA (1960); MILLER (1961).
13. Cf. THOMAS (1964) 147; CUVELIER/MATTHEEUWS (1970) 832.
14. Zur Therapie mit Disulfiram- bzw. Calcium-Carbimid-Präparaten cf. ZUBER (1960); STAEHELIN/SOLMS (1951); JANNER (1953); BOURNE et al. (1966); BILLET (1964); MARTENSEN-LARSEN (1953); FOX (1967 b); WILSON (1962); cf. FOX (1958) zu Antabus und Gruppentherapie.

15. HOFFER (1959); ABRAMSON (1960), (1967); cf. WARD (1961), FOX (1961) und WEINER (1965) zu LSD-25 und Psychodrama.

16. THOMAS (1964); PETZOLD, Signal- oder Hypnobilder in der Therapie mit Alkoholikern; SHENTOUB, MIJOLIA (1967).

17. THOMPSON/KOLB.

18. Zur soziotherapeutischen Arbeit in Alkoholikerfamilien cf. die Bemühungen der Al-Anon-Bewegung. Al-Anon Family Groups, ed. Al-Anon Family Groups, New York 1958; FOX (1956).

19. FOX (1966) 149.

20. ROSSI/BRADLEY (1960); CABRERA (1961); WARD (961); CATANZARO (1967).

21. Nach WEINER (1965) 29. Cf. den Bericht von HEIN auf dem II. International Congress of Psychodrama, Barcelona 1966 in WEINER (1966).

22. WEINER (1966) 160; BAREMAN (1969).

23. Z. B. in Beratungsstellen und Heilstätten des Deutschen Heilstätten-Verbandes, für den der Autor seit 1971 Ausbildungen in Psychodrama und Gestalttherapie durchführt.

24. Cf. WEINER (1966).

25. ANCELIN-SCHÜTZENBERGER (1970) 91—129. MORENO (1959, 99) teilt mit, daß P. RENOUVIER 351 Techniken zählte.

26. BONABESSE, 837.

27. Der Zeitraum bis zur 30. Stunde ist natürlich gleichermaßen therapeutisch wirksam, ja in einigen Fällen, insbesondere bei gleichlaufender Hypnose-Behandlung, schon ausreichend gewesen. In der Regel benötigen die wirklich schweren Stadien des Alkoholismus mindestens ein bis zwei Jahre ambulanter Therapie — verschiedentlich wird sie durch stationäre Aufenthalte unterbrochen —, wonach eine weitere Betreuung durch A. A., Blaukreuz, Guttempler u. a. die Zahl der Rezidive erheblich verringert.

28. Das vom „Arbeitskreis zur Abwehr der Suchtgefahren e. V.", Neuss, herausgegebene Informationsmaterial (z. B. Blätter von Dr. med. PUHLMANN) hat sich gut bewährt.

29. Es ist nicht notwendig und auch nicht dienlich, dem Patienten die Technik und Wirkungsweise im einzelnen zu erklären, jedoch haben sich die aufgeführten globalen, aber sachlich einsehbaren Informationen wichtig erwiesen, da das „Spiel" sonst zuweilen nicht ernst genommen, ja abgelehnt wird.

30. Cf. J. L. MORENO (1959) 102; Z. MORENO (1959) 205; ANCELIN-SCHÜTZENBERGER (1970) 54, 109.

31. PETZOLD (1970 b).

32. CUVELIER/MATTHEEUWS (1970) 829.

33. J. L. MORENO (1959) 102; Z. MORENO (1959) 220; ANCELIN-SCHÜTZENBERGER (1970) 119; YABLONSKY/ENNEIS (1970) 769.

34. Wir gehen mit der Mehrzahl der Autoren J. L. MORENO, ANCELIN-SCHÜTZENBERGER (1970), R. SCHULZE (1957), ROJAS BERMUDEZ (1966), G. und C. CZAPOW (1969); PLOEGER (1969) u. a.] einig, daß das Psychodrama analytische, kathartische und pädagogisch-übende bzw. verhaltenstherapeutische PETZOLD (1969, 1972) Möglichkeiten bietet, die ineinander übergreifen. Selbst bei schwerpunktmäßiger Ausrichtung auf das eine oder andere Element, kommen die verschiedenen Möglichkeiten immer wieder mit „ins Spiel". Hier liegt der Wert des Psychodramas als multilaterales therapeutisches Instrument.

35. J. L. MORENO (1959) 100; Z. MORENO (1959) 202; ANCELIN-SCHÜTZENBERGER (1970) 108; YABLONSKY/ENNEIS (1970) 769.

36. Von RAYMOND CORSINI (1966) entwickelte Technik.

37. ANCELIN-SCHÜTZENBERGER (1970) 98.

38. J. L. MORENO (1959) 99; Z. MORENO (1959) 197; ANCELIN-SCHÜTZENBERGER (1970) 122; YABLONSKY/ENNEIS (1970) 769.

39. J. L. MORENO (1959) 99; Z. MORENO (1959) 201; ANCELIN-SCHÜTZENBERGER (1970) 100; YABLONSKY/ENNEIS (1970) 769.

40. Ibid.

41. CUVELIER/MATTHEEUWS (1970) 830.

42. ANCELLIN-SCHÜTZENBERGER (1970) 105, 119; CORSINI (1966); cf. auch die „fixed role therapy" von KELLY (1955); BONARIUS (1967); RILLAER (1970) und das Rollenspiel in der Verhaltenstherapie, WOLPE (1958), SWELL (1968).

43. J. L. MORENO (1959); Z. MORENO (1959); ANCELIN-SCHÜTZENBERGER (1970).

44. Die Einzelsitzungen event. mit Therapeut, einem Hilfs-Ich und dem Patienten.

45. Cf. das von PETZOLD entwickelte Behaviourdrama (1969).

46. Für die im Folgenden genannten Techniken cf. die Handbücher von MORENO (Psychodrama vol. I, 1946; II, 1959; III, 1969), (1959), (1965); ANCELIN-SCHÜTZENBERGER (1970); CZAPOW (1969); BLATNER (1968); ROJAS BERMUDEZ (1966); WEIL (1967).

47. WEINER (1965) 39, (1959).

48. HEIN und Mitarbeiter (l. c. note 21 und 22) arbeiten mit Lichteffekten, SACHNOFF (WEINER, 1966, 161) verwendet Puppen.

49. LEUNER (1970) 12 zieht dem autogenen Training allerdings die Fremdsuggestion „als elegantere und schneller realisierbare" Lösung vor. Auch für unsere Methode, die natürlich eine starke fremdsuggestive Komponente hat, wären LEUNERS Auffassungen zutreffend. Wir haben uns, soweit es möglich ist, entschlossen, auf dem autogenen Training aufzubauen, weil seine Beherrschung für den Alkoholiker im Alltagsleben von größtem Wert ist. Für den Einsatz der Technik ist indes die Fremdsuggestion ausreichend.

50. Diese sehr effektive Darstellung ist bei Patienten, die unter Alkoholeinfluß schwerwiegendere Verkehrsunfälle verursacht haben, wegen der Verstärkung der Schuldgefühle kontraindiziert.

51. KLEINSORGE-KLUMBIES (1959) 408.

52. I. H. SCHULTZ (1957); THOMAS (1967) 15, 39.

53. Eine Studie über unsere Methode (cf. auch PETZOLD 1970 a) ist in Vorbereitung. Eine weitere Bildreihe wird von uns in der Therapie der Enuresis eingesetzt.

54. Bestimmten Patienten geben wir einen Satz Bildtafeln zum täglichen Üben mit.

55. THOMAS (1967) 38.

Literatur

ABRAMSON, H. A., The Use of LSD in Psychotherapy, New York 1960.

— The Use of LSD in Psychotherapy and Alcoholism. Indianapolis 1967.

Al-Anon Family Groups, Published by Al-Anon Family Groups, New York 1958.

ALEXANDER, F., The dynamics of psychotherapy in the light of learning theory. Am. J. Psychiat. 120 (1963) 440.

Anonyme Alkoholiker, hrsg. vom A. A. World Service, dtsch. Fassung Bad Reichenhall 1967, 2. Aufl.

ANANT, S. S., A note on the treatment of alcoholics by a verbal aversion technique, Canad. Psychol. 8 a (1967) 19.

ARMSTRONG, J. J., GIBBINS, R. J., A Psychotherapeutic Technique with Large Groups in the Treatment of Alcoholics, Quart. J. Stud. Alcohol. 12 (1956) 461.

ASHEM, B., DONNER, L., Covert sensitization with alcoholics. A controled replication, Behav. Res. Ther. 6 (1968) 7.

BACHET, M., Inhibitions of hypnotic type and inhibitions due to surrounding conditions in psychosomatic therapy, Brit. J. med. Hypnot. V 4 (1954) 25, Teil 1; VI 1 (1954) 11, Teil II.

BAREMAN, P., Referat auf dem II. Intern. Congr. of Psychodrama, Barcelona 1966 (Zusammenfassung bei WEINER 1966).
— Psychodrama bij alkoholisten. Intern. Sympos. over Verslavingsziekten, Brüssel 1969.

BATTEGAY, R., Unsere Methoden und Erfahrungen mit Gruppenpsychotherapie, Schweiz. Arch. Neurol. Psychiat. 1 (1951) 80.
— Group Therapy with Alcoholics and Analgetic Addicts, Intern. J. Group Psychotherapy 8 (1958) 428.
— Recherches comparatives sur la genèse de l'alcoolisme et des toxicomanies, Bull. des stupéfiants 13 (1961) 7.
— Die Gruppe als Medium zur Behandlung Süchtiger, in: PREUSS, 1966.
— Die Gruppe als Ort des Haltes in der Behandlung Süchtiger, Praxis der Psychotherapie, 11 (1966) 31.
— Der Mensch in der Gruppe, Bern 1969, Bd. I (a), II (b), III (c).

BATTEGAY, R., HOLE, G., Gruppentherapeutische Erfahrungen mit Toxikomanen, Schweiz. Arch. Neurol. Psychiat. 97 (1966) 318.

BILLET, S. L., The use of Antabuse: an approach that minimizes fear, Medical Annals of the District of Columbia 33 (1964) 612.

BLATNER, H. (Hrsg.), Practical Aspects of Psychodrama, a Syllabus, New York 1968, 1970².

BLUME, S., Psychodramatic Techniques in Therapy of Alcoholism, Group Psychotherapy 4 (1968) 21.

BONABESSE, M., L'utilisation du psychodrame dans le traitement des alcooliques, Bulletin de Psychologie 13/16 (1969/70, Sondernummer: Le Psychodrame) 834.
— Psychothérapies de groupe d'alcooliques, wird bei Editions de l'Epi, Collection „Hommes et Groupes" Paris, erscheinen.

BONARIUS, J. C., De fixed role therapy van George A. KELLY, Neederlands Tijdschrift voor de Psychologie 8 (1967) 482.

BOURNE, P. G., ALFORD, J. A., BOWCOCK, J. Z., Treatment of Skid-Row alcoholics with disulfiram, Quart. J. Stud. Alcohol. 27 (1966) 42.

BRUEL, L., LECOQ, R., L'homme et l'alcool, Paris 1946.

BRUNNER-ORNE, M., Group Therapy of Alcoholics, Quart. J. Stud. Alcohol. 19 (1958) 164.

CABRERA, F., Group Psychotherapy and Psychodrama for Alcoholics in State Hospital Rehabilitation Program, Group Psychotherapy 14 (1961) 154.

CATANCARO, R. J., Tape a Drama in Treating Alcoholics, Quar. J. Stud. Alcohol. 28 (1967) 138.

CHWELOS, N., BLEWETT, D. B., SMITH, C. M., HOFFER, A., Use of d-lysergic acid diethylamide in the treatment of alcoholism, Quart. J. Stud. Alcohol. 3 (1959) 577.

CORSINI, R., Roleplaying in Psychotherapy, Chicago 1966.

CONGER, J. J., Reinforcement theory and the dynamic of alcoholism, Quart. J. Stud. Alcohol. 17 (1956) 296.

COURCHET, J., Referat auf dem II. Intern. Congr. of Psychodrama, Barcelona 1966 (Zusammenfassung WEINER 1966).

CUVELIER, F., MATTHEEUWS, A., Le psychodrame de l'alcoolique, Bulletin de Psychologie 13/16 (1969/70) 829.

CZAPOW, C., CZAPOW, G., Psychodrama, Genesa i historia teoria i praktyka, proba oceny, Warschau 1969.

DITMAN, K. S., WHITTLESEY, J., Comparison of the LSD-25 experience and delirium tremens, Am. Arch. Gen. Psychiat. 1 (1959) 47.

— The Use of LSD in the treatment of the alcoholic, in: FOX 1967 b).

DUKOR, B., Neuere Anschauungen über den Alkoholismus, Gesundheit und Wohlfahrt 14 (1934) 513.

DURAND-DASSIER, J., Psychothérapie sans Psychothérapeute. Daytop: une communauté de drogués se libère, Paris 1970.

EVSEEFF, G. S., Group Psychotherapy in the State Hospital, System 9 (1948) 214.

EYSENK, H. J., Behaviour Therapy, spontaneous Remission and Transference in Neurotics, Am. J. Psychiat. 119 (1963) 887.

FEIBEL, C., The Archaic Personality Structure of Alcoholics and its Implications for Group Therapy, Intern. J. Group Psychotherapy 10 (1960) 39.

FEUERLEIN, W., Entstehungsbedingungen und Therapie des Alkoholismus, Kassel 1972.

FOX, R., The Alcoholic Spouse, in: EISENSTEIN, Neurotic Interaction in Marriage, New York 1956.

— Treatment of Alcoholism, Antabuse as an Adjunct to Psychotherapy in Alcoholism, N. Y. State J. Med. 58 (1958) 1540.
— Group Psychotherapy with Alcoholics, Paper on 13th Annual Meeting of the World Federation for Mental Health 1960.
— Gruppenpsychotherapie mit Alkoholikern, in: PREUSS (1966) 141.
— A multidisciplinary approach to the treatment of alcoholism, Amer. J. Psychiat., 123 (1967) 769.
— Psychiatric Aspects of Alcoholism, Amer. J. Psychiat. 19 (1965) 408.
— Alcoholism, Behavioral Research and Therapy, New York 1967 b.

FOX, R., LYON, P., Alcoholism. Its Scope, Cause and Treatment, New York 1955.

FRANKS, C. M., Alcohol, alcoholism and conditioning, J. ment. Sci. 104 (1958) 14; rep. 1960 in: EYSENCK (ed.), Behaviour Therapy and the Neurose, Oxford 1960.
— Behaviour therapy, the principles of conditioning and the treatment of the alcoholic, Quart. J. Stud. Alcohol. 24 (1963) 511.
— The Use of Alcohol in the Investigaion of Drug-Personaly Postulates, in: FOX (1967).

GLIEDMANN, L. H., ROSENTHALL, O., FRANK, J., NASH, H., Therapy of Alcoholics with Concurrent Group Meeting of Their Wifes, Quart. J. Stud. Alcohol. 17 (1956) 655.

GRAS, A., Referat auf dem II. Intern. Congr. of Psychodrama, Barcelona 1966 (Zusammenfassung WEINER 1966).

GREENBAUM, H., Group Psychotherapy with Alcoholics in Conjunction with Antabuse Treatment, Int. J. Group Psychotherapy 4 (1954) 30.

HABER, S., PALEY, A., BLOCK, A. S., Treatment of Problem Drinkers at Winter Veterans Administration Hospital, Bulletin of the Menninger Clinic, 13 (1949) 24.

HABERNOLL, A., Das Problem des Alkoholismus. Bericht des Untersuchungsausschusses im Fachausschuß für geistige Gesundheit und des Fachauschusses für Alkohol der Weltgesundheitsorganisation, Stuttgart 1956.

HALPERN, B., Psychodrama in an Outpatient Alcoholic Clinc, Paper presented at the National State Conference on Alcoholism, New Haven 1951.

HEIN, A., Referat auf dem II. Intern. Congr. of Psychodrama, Barcelona 1966 (Zusammenfassung WEINER 1966)

HOFF, H., Der akute und chronische Alkoholismus, Med. Klinik 49 (1954) 1425, 1461.

HOFFER, A., Group Interchange, The Use of LSD in Psychotherapy, New York 1959.

JANNER, J., Ergebnisse der Behandlung des chronischen Alkoholismus, Praxis 42 (1953 Bern) 726.

KERSTEN, P. M., Changing Concepts in Alcoholism and its Management, Quart. J. Stud. Alcohol. 9 (1949) 523.

KELLY, G. A., The Psychology of Personal Constructs, New York 1955.

KEPNER, E., Application of learning theory to the etiology and treatment of alcoholism, Quart. J. Stud. Alcohol. 25 (1964) 279.

KIELHOLZ, P., Ursachen und Behandlung der Toxikomanie, Z. Präv. Med. 2 (1957) 339.

KIELHOLZ, P., BATTEGAY, R., Aktuelle Probleme der Medikamentensucht in der Schweiz, Praxis 53 (Bern 1964) 447.

KINGHAM, R., Alcoholism and the reinforcement theory of learning, Quart. J. Stud. Alcohol. 19 (1958) 320.

KJLSTAD, T., Psychotherapy, Group Therapy and Drugs in the Treatment of addicts, IV. Intern. Congr. of Group Psychotherapy, Wien 1968, vol II, 49.

KLEINSORGE, H., KLUMBIES, G., Psychotherapie in Klinik und Praxis, München—Berlin 1959.

LANGEN, D., Die moderne Hypnotherapie einiger Suchtformen, speziell des Alkoholismus, Prax. Psychother. 11 (1966) 25.
— Die gestufte Aktivhypnose, Stuttgart 1969[3].

LAUBENTHAL, F., Sucht und Mißbrauch, Stuttgart 1964.

LEUNER, H. C., Katathymes Bilderleben, Unterstufe, Stuttgart 1970.

LIBBY, H. E., Group Therapy, an Aid to the Alcoholic, J. Maine Medical Assoc. 57 (1966) 8.

MANN, M., New Primer on Alcoholism, New York 1958.

MARTENSEN-LARSEN, O., Five years' experience with disulfiram in treatment of alcoholics, Quart. J. Stud. Alcohol. 14 (1953).

McGUIRE, R. J., VALLANCE, M., Aversion therapy by electric shock; a simple technique, Brit. Med. J. 1 (1964) 151.

McLEAN, J. R., McDONALD, D. C., BYRNE, U. P., HUBBARD, A. M., The use of LSD-25 in the treatment of alcoholism and other psychiatrc problems, Quart. J. Stud. Alcohol. 22 (1961) 34.

McNAMARA, J. H., The Disease Conception of Alcoholism: Its Therapeutic Value for the Alcoholic and His Wife, Social Casework, New York, 1960, November.

MILLER, M., Alcoholism — Disease or Symptom, J. Americ. Assoc. Soc. Psychiatry, vol. II, 1 (1961 April).

MINEAR, V., An Initial Venture in the Use of TV as a Medium for Psychodrama, Group Psychotherapy, vol VI, 1/2 (1953).

MORENO, J. L., Die Grundlagen der Sociometrie, Köln 1954.

— Gruppenpsychotherapie und Psychodrama, Stuttgart 1959.

— Trad. franc.: Psychothérapie de groupe et psychodrame, Paris 1965.

— Psychodrama, New York, vol. I, 1949, 1964² (a), vol. II, 1959 (b), vol. III, 1969 (c)..

— Gedanken zu meiner Gruppenpsychotherapie, Ciba Symp. 11 (1963) 148.

MORENO, Z., Psychodramatic Techniques, Acta Psychotherapeutica 7 (1959 Basel) 197.

MULLAN, H., SANGIULIANO, R., Group Psychotherapy and Alcoholics, the Phenomenology of Early Group Interaction, V. Intern. Congr. of Psychotherapy, Wien 1961.

O'REILLY, P. O., REICH, G., Lysergic acid and the alcoholic, Dis. Nerv. System vol. XXII, 6 (1962).

PELT, van S. J., Hypnosis and alcoholism, Brit. J. med. Hypnot. II 1 (1950) 25.

— Hypnosis and anxiety, Brit. J. med. Hypnot. II 4 (1951) 19.

— Hypnosis and alcoholism, in: R. H. RHODES, Therapy through hypnosis, New York 1952.

PETZOLD, H., Psychodramatisch gelenkte Aggression in der Therapie mit Alkoholikern (1970 a, Referat auf der Jahrestagung des DAGG, Ulm, 18.—21. 10. 1970), in: *Gruppenpsychotherapie und Gruppendynamik* IV, 3 (1971) 268—281.

— Die Therapie von Alkoholikern mit dem Psychodrama (unveröffentlicht 1970 b).

— Die verhaltenstherapeutische Komponente im Psychodrama, zum Konzept eines Behaviourdramas, Paris 1969, mimeo.

— Signal- oder Hypnobilder in der Therapie mit Alkoholikern, Diaserie 1969.

— Chemische Aversionskonditionierung, nondirektive Gruppenpsychotherapie, Gruppenhypnose, klassisches und tetradisches Psychodrama in der Behandlung von Alkoholikern, — ein Methodenvergleich, Referat auf dem VI. intern. Kongreß für Psychodrama und Soziodrama, Amsterdam 22.—26. Aug. 1971.

— Weitere Arbeiten von H. Petzold finden sich in der Bibliographie am Schluß des Buches.

PFEIFER, A. Z., FRIEDLAND, P., WORTIS, S. B., Group Psychotherapy with Alcoholics, Quart. J. Stud. Alcohol. 10 (1949) 198.

PLOEGER, A., Die Stellung des Psychodramas in der Psychotherapie, Gruppenpsychotherapie und Gruppendynamik vol. 2 (1968) 62.
— Möglichkeiten und Grenzen der Therapie mit dem Psychodrama, Gruppenpsychotherapie und Gruppendynamik vol. 3 (1969) 63.

PREUSS, H. G., Analytische Gruppenpsychotherapie, München/Berlin/Wien 1966.

RAYMOND, M., The treatment of addiction by aversion conditioning with apomorphine, Behav. Res. Ther. 2 (1964) 287.

RILLAER, J. van, Une thérapie des rôles figés: l'apport de G. Kelly, Bulletin de Psychologie 13/16 (1969/70) 793.

ROJAS-BERMUDEZ, J., Que el Psicodrama? Buenos Aires 1966.

ROSSI, J. J., BRADLEY, N. J., Dynamic Treatment of Alcoholism, Quart. J. Stud. Alcohol. 21 (1960) 432.

ROTHMAN, G., Psychodrama and autogenic relaxation, Group Psychotherapie XIV (1961) 26.

SACHNOFF, E., Referat auf dem II. Intern. Congr. of Psychodrama, Barcelona 1966 (Zusammenfassung WEINER 1966).

SCHÜTZENBERGER-ANCELIN, A., Précis de psychodrame, Paris 1970[2].

SCHULTE, W., Die Sucht als psychotherapeutisches Problem, Stuttgart 1963.

SCHULTZ, I. H., Grundsätzliches zur Suchtfrage, Z. Psychotherapie 8 (1953) 97.
— Über neue formelhafte Vorsatzbildungen, Z. Psychotherapie 1 (1957) 46.
— Das autogene Training, Stuttgart 1966[12].

SCHULZE, R., Psykodrama, Stockholm 1957.

SHENTOUB, S. A., MIJOLIA, A. de, Note sur la particularité de „l'agir" dans la relation psychoanalytique avec le patient alcoolique chronique, in: 28. congr. des psychanaystes de langues romanes, Passage à l'acte et „acting out", Paris 1967.

SHOBEN, E. J., Views on the etiology of alcoholism. III. The behavioristic view. In: H. D. KRUSE, Alcoholism as a Medical Problem, New York 1956.

SMITH, C. M., A new adjunct to the treatment of alcoholism: the hallucinogenic drugs, Quart. J. Stud. Alcohol. 19 (1958) 406.

SOLMS, H., Die Behandlung des Alkoholismus, in: Psychiatrie der Gegenwart, Berlin/Göttingen/Heidelberg 1960.

SPIEGEL, H., Imprinting as a Factor in the Psychotherapeutic Process, in: FOX (1967).

STAEHELIN, J. B., Antabus bei chronischem Alkoholismus, Gefahren, Kontraindikationen, Behandlungsschema, Schweiz, med. Wschr. 81 (1951) 295.

STURM, I. E., The Behavioristic Aspects of Psychodrama, Group Psychotherapy 18 (1965) 50.

SWELL, L., Role Playing in the Context of Learning Theory in Casework Teaching, Education for Social Work, Spring 1968, 70—76.

TIEBOUT, H. M., The ego factors in surrendering alcoholism, Quart. J. Stud. Alcohol. 15 (1954) 616.

THOMAS, K., Handbuch der Selbstmordverhütung, Stuttgart 1959.

— Praxis der Selbsthypnose des autogenen Trainings, Stuttgart 1967, 1969[2].

THOMPSON, C. E., KOLB, W. P., Group Psychothrapy in Association with Alcoholic Anonymous, Amer. J. Psych. 110 (1953) 29.

TIERNEY, M., Psychodramatic Therapy for the Alcoholic, Sociometry 8 (1945) 76.

VOGEL, M. D., The relation of personality factors to GSR conditioning of alcoholics, and exploratory study, Cannad. J. Psychol. 14 (1960) 275.

— GSR conditioning and personality factors in alcoholics and normals, J. Abn. Soc. Psychol. 63 (1961) 417.

— The relationship of GSR conditioning to drinking patterns of alcoholics, Quart. J. Stud. Alcohol. 22 (1961) 394.

— Alcoholism as learned behavior, in: FOX (1967).

VOGEL-SPROTT, M., BANKS, R. K., The effect of delayed punishment on an immediately rewarded response in alcoholics and nonalcoholics, Beh. Res. Therapy, 3 (1965) 69.

VOGEL, S., Some Aspects of Group Psychotherapy with alcoholics, Intern. J. Group Psychother. 7 (1957) 302.

VOGLER, R. E., Elektrische Aversionskonditionierung bei chronischen Alkoholikern, Referat auf der II. Tagung für Verhaltenstherapie, München 20.—23. Juli 1970.

WARD, J., The Psychodrama of the LSD Experience — Some Comments on the Biological Man, Group Psychotherapy, vol. XIV, 3/4 (1961).

WEIL, P., Psicodrama, Rio de Janeiro 1967.

WEINER, H., Psychodrama as a Therapeutic Community in the Treatment of Alcoholism, Referat auf der Conference on the New Approach in the Treatment of Alcoholism at the National Council of Alcoholism, New York City, 1963, 18. November.

— Psychodrama and the chronik alcoholic with a discussion of the magique shop technique (hektographiert) Michigan Institute of Group Psychotherapy and Psychodrama, 1959.
— Treating the Alcoholic with Psychodrama, Group Psychother. 18 (1965) 27.
— An Overview on the use of Psychodrama and Group Psychotherapy in the treatment of Alcoholism in the United States and Abroad, Group Psychother. 19 (1966) 159.
— Psychodramatic Treatment for the Alcoholic (in: FOX 1967).

WILSON, H., Side effects of disulfiram, Brit. Med. J. 2 (1962) 1016.

WOLPE, J., Psychotherapy by Reciprocal Inhibition, Stanford Univ. Press 1958.

WYSS, R., Klinik des Alkoholismus, in: Psychiatrie der Gegenwart, vol. II, Berlin/Göttingen/Heidelberg 1960.

YABLONSKY, L., ENNEIS, J. M., Théorie et pratique de psychodrame, Bulletin de Psychologie, 13/16 (1969/70) 765.

ZUBER, H., Entstehungsbedingungen des chronischen Alkoholismus und Behandlungsergebnisse der Disulfiramkur, Beiheft Nr. 34 zur Alkoholfrage in der Schweiz, Basel 1960.

Über die Anfangsphase psychodramatischer Kinderbehandlungen mit Puppentheaterfiguren

H. Straub, Stuttgart

In dieser Arbeit wird der Versuch unternommen, einen Katalog von Verhaltensweisen zusammenzustellen, die an Kindern am Beginn einer psychodramatischen Behandlung (also etwa in den ersten 8 Sitzungen) immer wieder zu beobachten sind. Weiter wird der Versuch unternommen, die diagnostische Bedeutung der zu beobachtenden Verhaltensweisen aufzuzeigen sowie die Konsequenzen, die sich daraus für den weiteren Verlauf der Behandlung ergeben. Die Verhaltensbeobachtungen, über die hier berichtet wird, beziehen sich auf Kinder im Alter von 5 bis 14 Jahren, die stationär oder ambulant in der hiesigen Klinik psychodramatisch behandelt wurden (in 1-stündigen Sitzungen, die mindestens 1 x wöchentlich, in den meisten Fällen 2 x wöchentlich stattfanden). Bei unseren Patienten handelt es sich dabei teils um Kinder mit psychogenen Verhaltensstörungen, (z. B. Autismus, Enkopresis, Enuresis) teils um Kinder mit psychosomatischer Symptomatik bzw. mit funktionell organischen Störungen (z. B. Colitis, Anorexie, Kopfweh, Erbrechen, Nabelkoliken). Wir beziehen uns hier nur auf durchschnittlich oder überdurchschnittlich intelligente Kinder, denn wir haben es bei den Fällen, die uns zur Psychotherapie überwiesen werden, relativ selten mit Kindern zu tun, deren Verhaltensstörungen in Zusammenhang mit Schwachbegabung oder cerebraler Schädigung stehen. Wir haben deshalb relativ wenig Erfahrung in der Behandlung derartiger Verhaltensstörungen und wissen noch nicht, ob auch bei Patienten mit intellektuellen Leistungsschwächen spezifische Reaktionen zu Beginn einer psychodramatischen Behandlung beobachtet werden können.

Der Verhaltenskatalog, der in dieser Arbeit vorgelegt wird, erhebt keinen Anspruch auf Vollständigkeit. Er soll lediglich aufzeigen, daß unserer Erfahrung nach bestimmte in den psychodramatischen Szenengestaltungen vorherrschende Verhaltenstendenzen in Zusammenhang zu stehen scheinen mit bestimmten Krankheitssymptomen. Der unvollständige Verhaltenskatalog soll außerdem aufzeigen, in welcher Richtung sich unsere Forschungen bewegen. Sie stellen einen der Ansätze dar, die dazu dienen sollen, die Vielzahl der Wirkungsfaktoren, die im Verlauf einer psychodramatischen Behandlung ineinandergreifen, und das Wie ihres Ineinandergreifens exakter als bisher erfassen und durchschauen zu können. Da psychodramatische Behandlungsprozesse eine so komplexe Angelegenheit sind, daß wohl auch der erfahrenste Psychodramatiker heute noch keine präzisen und umfassenden Angaben darüber zu machen vermag, was alles in einem solchen Prozeß zum Tragen kommt und therapeutische Wirkung hat, haben wir uns bewußt darauf beschränkt, nur auf die Anfangsphase der Behandlungsprozesse einzugehen, um die in dieser Phase in Erscheinung tretenden Faktoren zu verdeutlichen.

Wie aus dem Titel dieser Arbeit ersichtlich ist, arbeiten wir in den psychodramatischen Behandlungen zumindest in der Anfangsphase in der Regel mit Puppentheaterfiguren, d. h. mit Figuren wie man sie zu Kasperletheatervorstellungen zu verwenden pflegt. Wir tun dies aufgrund von Erfahrungen, die wir in psychodramatischen Kinderbehandlungen, die wir ohne Theaterfiguren durchführten, gesammelt haben. Diese Erfahrungen lehrten uns, daß es leichter und rascher zur Entfaltung der Spontaneität der Kinder kommt, wenn sie mit Theaterfiguren agieren können, als wenn sie veranlaßt werden, psychodramatische Szenen zu gestalten, die ihre realen Konfliktsituationen, so wie sie von den Kindern erlebt werden, zum Inhalt haben.

Wenn auch über etliche Wirkungsfaktoren des Psychodramas noch keine wissenschaftlich ausreichend fundierten Aussagen möglich sind, so läßt sich doch eines mit Sicherheit feststellen: Psychodramatische Szenengestaltungen können die Spontaneität von Kindern und Erwachsenen zur Entfaltung bringen, und die Entfaltung der Spontaneität trägt wesentlich zur Heilung der psychischen Störung bei.

Spontaneität ist einer der zentralen Begriffe der Theorie des Psychodramas. Spontaneität bedeutet nach MORENO die Fähigkeit, sich den Anforderungen verschiedenartiger Situationen gewachsen zu zeigen, was die Fähigkeit zur Verhaltensvariabilität voraussetzt.

Bei psychisch gestörten Kindern und Erwachsenen ist immer ein Spontaneitätsverlust zu beobachten; d. h. sie verfügen nur über geringe Möglichkeiten ihr Verhalten zu variieren. Aus unterschiedlichen Gründen erwerben bzw. erlernen viele Individuen nur ein sehr begrenztes Verhaltensrepertoire. Ein Individuum mit unzulänglichem Verhaltensrepertoire und daraus resultierender Rigidität des Verhaltens kann vielen Umweltanforderungen nicht gerecht werden und gerät deshalb in zunehmendem Maß in Konfliktbeziehungen zur sozialen Umwelt, aber auch zu sich selbst. Eben wegen seiner Verhaltensrigidität vermag es jedoch die Konflikte nicht zu lösen.

Gelingt es nun, das an unlösbaren Konflikten leidende, also psychisch gestörte Individuum ein umfangreicheres Verhaltensrepertoire lernen zu lassen, seine Spontaneität zu entfalten und ihm auf diese Weise neue Möglichkeiten zur Begegnung mit der Umwelt und neue Selbsterfahrungen zu vermitteln, so wird es befähigt, seine bisherigen Probleme zu erarbeiten und evtl. zu lösen.

Nach unseren Erfahrungen stellt sich aber in den meisten Fällen kein ausreichender Behandlungserfolg ein, wenn lediglich Spontaneitätstraining stattfindet, d. h. wenn den psychisch gestörten Erwachsenen und Kindern nur Gelegenheit gegeben wird, irgendwelche Rollenspiele durchzuführen, die geeignet erscheinen, das Verhaltensrepertoire zu erweitern. Die Mehrzahl psychisch gestörter Patienten scheint nur dann aus ihrer Verhaltensrigidität herauszufinden und Spontaneität entwickeln zu können, wenn im psychotherapeutischen Prozeß die Ursachen der psychischen Störung bzw. des Spontaneitätsverlustes mit bearbeitet werden.

Ebenso wie bei psychisch gestörten Erwachsenen bestehen, unserer Erfahrung nach, auch bei psychisch gestörten Kindern oft erhebliche innere Widerstände, sich mit den Ursachen ihrer Konfliktbeziehungen zur Umwelt auseinanderzusetzen, zumal die Konflikte oft aus dem Bewußtsein verdrängt werden oder von Kindern zumindest nicht bewußt reflektiert werden.

In der Mehrzahl der Fälle sind bei psychisch gestörten Kindern die Eltern (oder Elternstellvertreter) maßgeblich beteiligt am Entstehen der psychischen Störung bzw. am Zustandekommen der Konfliktbeziehung zur sozialen Umwelt, in dem sie die Kinder im Leistungsbereich überfordern oder indem sie den Kindern das Erlebnis des Ungeliebtseins oder zu wenig Geliebtseins vermitteln (um nur einige, allerdings sehr häufige Ursachen gestörter Eltern- Kind-Beziehungen zu nennen). Um von den Eltern Anerkennung und Liebe zu erlangen, suchen die Kinder oft alle Verhaltensweisen zu vermeiden, die von den Eltern, aufgrund der Erfahrungen der Kinder, nicht gebilligt werden. Die Kinder unterdrücken z. B. sehr häufig ihre aus den Frustrationserlebnissen resultierenden Aggressionen. Sehr häufig neigen sie auch zu Wunscherfüllungsphantasien, d. h. sie sind darum bemüht, in sich die Vorstellung aufrecht zu erhalten, die Beziehung zwischen ihnen und ihren Eltern sei problemlos, vollkommen intakt.

Rekonstruiert man nun mit solchen Kindern, die aus Furcht vor weiterem Liebesverlust gelernt haben, ihre Aggressionen zu unterdrücken, oder (und) die dazu neigen, ihr Erlebnis des Nichtakzeptiertseins durch Wunscherfüllungsphantasien zu kompensieren, in einer psychodramatischen Behandlung ihre realen Lebenssituationen (nicht mit Theatergruppen), so kann die Rekonstruktion solcher Situationen sich als erhebliche Belastung für die Kinder auswirken und ihre innerpsychischen Konflikte und ihren damit zusammenhängenden Spontaneitätsverlust womöglich noch verstärken.

Rekonstruiert man z. B. mit einem Kind, von dem man weiß (durch seine eigenen Angaben oder durch Angaben von anderen), daß es wegen nichtiger Dinge von den Eltern hart bestraft und körperlich gezüchtigt wird, psychodramatisch eine Szene, in der das Kind mit schmutziger Kleidung vom Spielen oder mit einer schlechten Note aus der Schule heimkommt, dann reagiert das Kind, unserer Erfahrung nach, meistens gänzlich aspontan. D. h. es kommt bei dem Kind in der psychodramatischen Szenengestaltung meist nicht zu einem Abreagieren des aggressiven Affektes, den das elterliche Verhalten in dem Kind verursacht. Das Kind bringt in der Regel in solchen psychodramatischen Szenen seinen Eltern gegenüber (die von dem Psychotherapeuten oder von Mitgliedern der psychotherapeutischen Gruppe dargestellt werden) auch nicht sein Bedürfnis, Liebe und Verständnis von den Eltern zu erlangen, zum Ausdruck. Ebenso aspontan verhalten sich die Kinder meistens, wenigstens zu Beginn einer psychodramatischen Behandlung, wenn sie in psychodramatischen Szenengestaltungen aufgefordert werden, die Rollen mit den Personen zu tauschen, die maßgeblich die innere Konfliktsituation des Kindes verursacht haben. Das Kind kann z. B. meist nicht darstellen, wie sein Vater oder seine Mutter es lieblos behandeln und bestrafen. Es kann dies nicht, weil es aggressives Verhalten zu unterdrücken gelernt hat, weswegen es Angst und Schuldgefühle bekommt, wenn es Aggressionen äußert, oder es kann dies nicht, weil seine Wunschvorstellung, daß seine Beziehung zu den Eltern und umgekehrt intakt ist, dann zusammenbrechen muß (um nur einige Gründe für aspontanes Verhalten von Kindern in solchen psychodramatischen Szenengestaltungen zu nennen). Diese können dazu führen, daß das Kind nur ein weiteres Mal hilflos durchleidet, was es in der Realität auch schon erleidet. Es kommt in solchen psychodramatischen Szenen wie gesagt oft nicht zu einer Affektentladung des Kindes oder dazu, daß sein Bedürfnis nach Liebe und Anerkennung teilweise Befriedigung findet, und somit tritt nichts ein, was psychotherapeutisch wirksam werden konnte.

Entfernt man sich aber in den psychodramatischen Szenengestaltungen von den Ursachen der psychischen Störungen der Kinder, dann reagieren sie in der Regel spontaner. Ein Kind, das aus den zuvor genannten Gründen die Rolle eines seiner Eltern nicht darzustellen vermag, kann z. B. meistens nach verhältnismäßig kurzer Zeit dazu gebracht werden, in einer psychodramatischen Szene die Rolle eines Polizisten zu übernehmen, der Fußgänger streng zurechtweist, weil sie Anstalten machten, bei roter Ampelbeleuchtung die Fahrbahn zu überqueren. Eine solche Rolle kann der Ich-Stärkung eines Kindes dienen, das in der Realität praktisch in allen Situationen unterwürfig reagiert, weil seine Eltern sich ihm gegenüber nur dann akzeptierend verhalten, wenn es ihren Vorstellungen von kindlicher Leistungsperfektion und Bravheit gerecht wird.

Die gestauten Aggressionen, die ein derartig frustriertes Kind hat, kann es in der Rolle des Polizisten zum Teil abreagieren; weiterhin vermittelt ihm diese Rolle endlich einmal das Gefühl der Überlegenheit über andere und schließlich kann das Kind aufgrund dieses Erlebens in der Rolle des Polizisten sein Verhaltensrepertoire erweitern und somit seine Spontaneität entfalten. Solche psychodramatischen Szenengestaltungen sind ohne Zweifel für die Behandlung psychischer Störungen von Nutzen. Doch wie schon zuvor erwähnt, reicht es nach unserer Erfahrung für einen dauerhaften Behandlungserfolg meist nicht aus, mit Kindern oder mit Erwachsenen ausschließlich psychodramatisches Verhaltenstraining durchzuführen.

Noch rascher als in Trainingssituationen von der soeben beschriebenen Art entfalten psychisch gestörte Kinder Spontaneität, zeigen also Verhaltensweisen, die an ihnen in Realsituationen nicht zu beobachten sind, wenn man ihnen Gelegenheit gibt, sich (zumindest am Anfang der Behandlung) scheinbar weit von der Realität zu entfernen und sie mit Puppentheaterfiguren agieren läßt. Gewöhnlich bauen die Kinder dann sehr bald (meist wohl ohne es bewußt zu reflektieren) ihre Hauptprobleme und deren Ursachen in ihre Szenengestaltungen ein und beginnen sie dort zu bearbeiten.

Das sind die Gründe weswegen wir dazu übergegangen sind, bei allen Kinderbehandlungen an den Anfang das Spielen mit Theaterpuppen zu stellen.

An einer Sitzung nehmen bei uns in der Regel vier bis sechs Kinder und zwei Therapeuten teil. Im Behandlungszimmer befindet sich ein großes Kasperletheater, hinter dem Kinder beim Spiel aufrecht stehen und sich unbeengt bewegen können. Das Theater hat einen verstellbaren Fußboden, der es ermöglicht, daß auch kleine

Kinder mühelos ihre Puppen vorführen können. Wir haben den Eindruck, daß die meisten Kinder sich leichter in das psychodramatische Spiel hineinfinden, wenn sie sich, hinter dem Theater stehend, von den übrigen Gruppenmitgliedern, die ihren Szenengestaltungen zuschauen, nicht direkt beobachtet fühlen. Neben dem Theater steht ein Tisch, auf dem die Kinder etwa 30 Theaterpuppen vorfinden: Teufel, Hexen, Krokodil, mehrere andere Tiere, Königinnen, Könige, Prinzen, Prinzessinnen, Kasperle, Schutzmann, Indianer, Räuber, Zauberer und verschiedene Kinder- und Erwachsenenpuppen, die für alle möglichen Rollen verwendet werden können.

Die Sitzungen beginnen damit, daß jeweils zwei Kinder (seltener eins oder drei), die im Alter zusammen passen, aufgefordert werden, sich zwei bis drei Puppen auszusuchen, mit denen sie gerne spielen möchten. Ist das geschehen, so werden die Kinder gefragt, was ihre Puppen nun wohl tun könnten. Haben die Kinder irgendwelche Einfälle dazu geäußert, dann werden sie gefragt, welche Rollen sie selbst in dem von ihnen skizzierten Stück gerne übernehmen würden. Die anderen Rollen übernimmt einer der Therapeuten, gelegentlich auch, wenn es indiziert erscheint, ein anderes Kind aus der Gruppe. Mitunter lassen sich die Einfälle für die Stücke, welche die beiden Kinder unabhängig voneinander produziert haben, gut zu einer Gesamtszene kombinieren, was damit zusammenhängt, daß die Kinder häufig ähnliche Probleme haben und deshalb ähnliche Einfälle bringen. Lassen sich die Szenen kombinieren, spielen die beiden Kinder mit den Therapeuten zusammen das Stück, das zuvor nur verbal in den Grundzügen festgelegt worden ist, sofort durch. Lassen sich die Szenen nicht kombinieren oder erscheint es aus anderen Gründen nicht indiziert, daß ein Kind mit einem oder zwei anderen Kindern sein Stück vorspielt, dann fungieren als einzige Partner des Kindes die Therapeuten, evtl. auch nur einer von ihnen. Macht es eine von einem Kind erfundene Szene notwendig, außer den anfänglich von dem Kind ausgewählten Puppen noch weitere zu verwenden, dann werden die noch benötigten Puppen nachträglich dazugeholt.

Haben die Kinder, die als erste aufgefordert wurden, die von ihnen erfundenen Szenen oder ein daraus kombiniertes Stück vorgespielt, dann werden zwei weitere Kinder zu den gleichen Aktivitäten angeregt. Pro Sitzung wird jedes Kind der psychotherapeutischen Gruppe zur psychodramatischen Aktion gebracht.

Die Verhaltensbeobachtungen, die wir in der in dieser Art ablaufenden Anfangsphase der Behandlungen machen konnten, betreffen vor allem:

1. das Auswählen der Puppen
2. das Erfinden einer Szene mit den gewählten Puppen
3. das dramatische Gestalten dieser Szene.

Kinder, die beim Auswählen immer wieder ganz spezifische Verhaltensweisen zeigen, tun dies auch beim Erfinden einer Szene und beim dramatischen Gestalten derselben. Unserer Erfahrung nach unterscheiden sich dabei besonders deutlich zwei Gruppen von Kindern.

Erstens solche, die bei der Auswahl der Puppen unentschieden reagieren, zögernd herumstehen, dabei dem Therapeuten oft hilfesuchende Blicke zuwerfen und von diesem vielfach ermuntert werden müssen, doch einfach zu nehmen, womit sie am liebsten spielen würden. (In der 1. und oft auch noch in der 2. Sitzung zeigen natürlich sehr viele Kinder dieses Verhalten, weil sie sich in der neuen Situation überhaupt erst zurechtfinden müssen. Wir beziehen uns mit allen hier gemachten Angaben aber stets auf Kinder, die in einer ganzen Serie von Sitzungen immer wieder die gleichen Verhaltenstendenzen zeigen.)

Diese Reaktion ist in den meisten Fällen nach unseren Beobachtungen unabhängig von dem Alter der Kinder und von ihrem Intelligenzniveau. Kinder, die in den ersten Sitzungen in dieser Weise reagieren, sind in der Regel im Elternhaus einem starken Leistungsdruck ausgesetzt. Sie haben die Erfahrung gemacht, daß von ihnen perfekte Leistungen und ständiges Wohlverhalten erwartet werden, und daß sie nur dafür Anerkennung ernten, aber nicht für kindgemäß unbekümmertes Verhalten. Sie neigen deshalb bei jeder Aufgabenstellung zu erhöhter Angst, daß sie womöglich versagen könnten, weswegen sie aspontan reagieren. Da sie mehr liebende Zuwendung (seitens der Eltern) ersehnen, reagieren sie außerdem in einer Weise, die verdeutlicht, daß sie sich hilflos fühlen, womit sie wohl unbewußt beschützendes Verhalten der Erwachsenen provozieren und den von diesen ausgeübten Leistungsdruck zu vermindern suchen. Die Kinder werden übrigens von ihren Eltern meist als folgsam, leistungswillig, „nicht schwierig“ sowie als etwas zaghaft und ängstlich beschrieben. Vor allem haben diese Kinder oft große Angst vor der Schule, selbst dann, wenn sie gute Schüler sind; nicht selten entsprechen aber ihre schulischen Leistungen nicht ihrem Intelligenzniveau. Kinder, die bei der Auswahl der Puppen deutliche Unentschiedenheit oder die Tendenz zeigen, Hilfe seitens der Erwachsenen zu erlangen, weisen sehr häufig psychosomatische Symptome bzw. funktionell organische Störungen auf.

Diese Kinder reagieren in der Regel weiterhin aspontan, wenn man sie, nach erfolgter Auswahl der Puppen, dazu zu bringen sucht, einen Einfall für eine Szene zu produzieren. Mit Fragen, die aber natürlich keine nicht von ihm stammende Einfälle suggerieren dürfen, wird dann dem Kind von den Therapeuten geholfen.

Das geht z. B. so vor sich:

Mathias, 7 Jahre alt, überdurchschnittlich intelligent, der wegen häufiger Kopfschmerzen zur stationären Aufnahme in die Klinik kam (wobei die klinische Diagnostik keinen pathologischen organischen Befund ergab) hat nach langem Zögern einen freundlich aussehenden Pudel, ein Krokodil und einen Teufel ausgewählt und erklärt nun, er wisse überhaupt nicht, was diese Figuren tun könnten. Daraufhin fragt der Therapeut: „Glaubst du, daß die drei lieb sind oder nicht so lieb?“

Mathias: „Der Hund ist lieb und der Teufel ist böse“.
Therapeut: „Und das Krokodil, wie ist das?“
Mathias: „Das ist auch lieb, das ist der Freund von dem Hund“.
Therapeut: „Und was machen die beiden jetzt?“
Mathias: „Die wollen den Teufel wegjagen“.
Therapeut: „Warum wollen die das?“
Mathias: „Der ärgert sie immer, will ihnen was tun“.

Therapeut: „Das können wir doch jetzt spielen, ja? Wer willst du sein?"

Mathias erklärt, er wolle Hund und Krokodil sein.

Ohne derartige Hilfestellungen liefern, zu Anfang der Behandlung, Kinder, die schon bei der Auswahl der Puppen ängstliche Unentschiedenheit zeigen, gewöhnlich keine Ideen zu Spielszenen.

Nun kommt der nächste Schritt: Die dramatische Gestaltung der Szene. Diese Szene spielt Mathias allein mit den beiden Therapeuten, während die anderen Kinder der Gruppe als Zuschauer fungieren. Einer der beiden Therapeuten übernimmt die Rolle des Teufels. Im Fall von Mathias wurde diese Rolle absichtlich keinem anderen Kind übertragen, denn es hätte leicht geschehen können, daß ein Kind in der Rolle des Teufels zu aggressiv geworden wäre und dem ängstlichen Mathias keine Gelegenheit gegeben hätte, seine Absicht zu verwirklichen, den Teufel zu vertreiben.

Als die dramatische Gestaltung beginnen soll, steht Mathias zunächst wieder hilflos hinter dem Theater. Um ihn zum dramatischen Spiel zu bringen, schaltet sich jetzt der 2. Therapeut als Doppelgänger von Mathias ein. (Die Doppelgängertechnik ist bekanntlich ein wichtiger Bestandteil der psychodramatischen Methode. Der Doppelgänger spielt mit dem Patienten zusammen ein und dieselbe Rolle; oft hilft er ihm, in diese Rolle überhaupt erst hineinzukommen.) Der Doppelgänger sagt nun, auf den Pudel blickend, den Mathias über die Hand gestreift hat und den er zaghaft hochhält, so daß er für die Zuschauer sichtbar ist: „Ja, Fiffi, was machen wir jetzt? Rufen wir unseren Freund das Krokodil oder was machen wir?"

Mathias (als Fiffi) ruft nun das Krokodil. Das Krokodil erscheint, d. h. es wird von Mathias auch über den Bühnenrand hochgehoben.

Indem er Fiffi, den Pudel, und das Krokodil abwechselnd zum Reden anregt, bringt der Doppelgänger Mathias allmählich mehr und mehr dazu, deren Rollen zu übernehmen. Sobald das einigermaßen gelungen ist, läßt der 1. Therapeut den Teufel auftauchen, der laut verkündet, daß er Fiffi und das Krokodil wieder ärgern wolle. Mathias reagiert spürbar furchtsam. Daraufhin sagt der Doppelgänger: „Ja, Fiffi und Krokodil, was wollten wir denn machen, wenn der wiederkommt?" Mathias (als Fiffi) beginnt zaghaft zu bellen und sich ebenso zaghaft dem Teufel zu nähern. Der Teufel sagt: „Was, du willst frech werden?" Fiffi hört auf zu bellen, duckt sich und weicht zurück. Der Teufel rückt ihm nach. Der Doppelgänger sagt: „Krokodil und Fiffi, wir wollten ihn doch vertreiben!"

Mathias schiebt das Krokodil vor, gefolgt von Fiffi. Er läßt das Krokodil das Maul auf- und zuklappen und fängt dabei an, nervös zu kichern.

Der Teufel rückt noch etwas näher und sagt: „Willst du mich etwa beißen?"

Krokodil und Fiffi ducken sich wieder und weichen zurück. Der Doppelgänger fragt: „Gehen wir noch mal auf den los, Fiffi und Krokodil?"

Jetzt bewegt Mathias das Krokodil und den Pudel überhaupt nicht mehr auf den Teufel zu; sein nervöses Gekicher setzt aber, intensiver als zuvor, wieder ein.

Der Teufel sagt: „Ich glaube, die lasse ich lieber in Ruhe. Die haben ja gar keine Angst vor mir, die lachen sogar!" und er zieht sich zurück.

Der 2. Therapeut erklärt das Stück für beendet und applaudiert. Die zuschauenden Kinder tun dies gleichfalls. (Die anerkennenden Reaktionen seitens der Zuschauergruppe sind sicher auch ein therapeutisch wirksamer Faktor der psychodramatischen Methode.)

Mathias kommt hinter dem Theater hervor; er macht einen überraschten und erfreuten Eindruck.

Schon in dieser kurzen psychodramatischen Szene wurde Mathias ansatzweise eine für ihn wesentliche neue Erfahrung vermittelt, nämlich die, daß er doch nicht ganz machtlos ist, daß er noch andere Verhaltensmöglichkeiten hat als nur die, sich zu unterwerfen und daß er mit diesen Möglichkeiten andere zu beeindrucken vermag.

Ohne die Mitwirkung zweier Therapeuten, die sich beide auf seine Probleme einstellten, hätte ihm diese Erfahrung nicht vermittelt werden können. In der Rolle des Doppelgängers und in der Rolle des Teufels fungierte jeder der Therapeuten als das, was man im Psychodrama auxiliary ego nennt, d. h. sie waren Hilfs-Ichs für Mathias. (Es ist übrigens nicht unbedingt nötig, daß 2 Therapeuten mit einer Kindergruppe arbeiten. Die Verfasserin mußte über $1^1/_2$ Jahre die psychodramatischen Kinderbehandlungen allein durchführen und dabei gleichzeitig oft als 2 Hilfs-Ichs fungieren. Das geht auch; man muß es für die Kinder nur ganz deutlich machen, welche Rolle man in einem bestimmten Augenblick gerade innehat.)

Gelegentlich haben wir es erlebt, daß Kinder zu Beginn der Behandlung, trotz der beschriebenen psychodramatischen Techniken, nicht selbst zur dramatischen Gestaltung der von ihnen intendierten Szene zu bringen waren. Es hat sich in solchen Fällen bewährt, daß in der ersten, evtl. auch in der zweiten Sitzung einer der Therapeuten selbst die Rollen der Theaterpuppen übernimmt, die das Kind nach eigener Aussage am liebsten selbst übernommen hätte (was es aber wegen mangelnder Spontaneität noch nicht fertig bringt). Der Therapeut, der dann an Stelle des Kindes, nach dessen Anweisung bestimmte Rollen spielt, fungiert also in noch intensiverer als in der oben beschriebenen Form als Doppelgänger bzw. als Hilfs-Ich für das Kind. Spätestens nach der 3. Sitzung ist ein zunächst gänzlich aspontanes Kind nach unseren Erfahrungen dann in der Lage, selbst die von ihm intendierten Rollen dramatisch zu gestalten, wenn auch oft in noch sehr rudimentärer Form. Manche Kinder, auch ältere, hochintelligente, finden in ihren ersten dramatischen Gestaltungen allein kaum oder gar keine Worte. Auch bewegen sie die Theaterpuppen oft wenig und wenn, dann steif und langsam. Für sich selbst wählen sie anfangs häufig Tierrollen aus; es scheint ihnen leichter zu fallen, in diesen Rollen aktiv zu werden als in menschlichen Rollen. Aber schon in den gewählten Tierrollen wird oft ihr innerer Konflikt deutlich. So auch bei Mathias: In der Rolle des Hundes zeigte sich seine Tendenz zur Unterwürfigkeit. In der gleichzeitig gewählten Rolle des Krokodils zeigte sich das in ihm ebenfalls vorhandene Bedürfnis, gestaute Aggressionen abzuladen, welche die von ihm als erdrückend und überfordernd erlebte soziale Umwelt in ihm hatte entstehen lassen. Sein nervöses Kichern, als er den Versuch machte, in der Rolle des Krokodils aggressiv zu reagieren, ließ erkennen, in welche starke Spannung ihn der Konflikt zwischen seinen Unterwürfigkeits- und Aggressionstendenzen brachte.

Verhaltensbeobachtungen wie an Mathias konnten wir zu Beginn unserer psychodramatischen Behandlungen bei Kindern mit psychosomatischen Krankheiten oder funktionellen organischen Störungen immer wieder machen. Doch schon im Verlauf der ersten 8 Sitzungen werden diese Kinder in der Regel in ihren Rollengestaltungen zunehmend spontaner, wobei sie ihren Konflikt und dessen Ursachen immer deutlicher zu bearbeiten zu beginnen. D. h. sie wählen meist die Theaterpuppen aus, die Kinder und übermächtige, überfordernde Erwachsene verkörpern. Sie gestalten dann Szenen, in denen Hexen, böse Königinnen, Zauberer und Teufel die Kinder in ihre Gewalt zu bringen und sie zu ihren Dienern zu machen versuchen. In schier unendlichen Variationen erfinden die Kinder Stücke ähnlichen Inhalts.

Dabei fällt immer wieder auf, daß die Kinder, sobald sie anfangen spontaner zu werden, für sich selbst vorzugsweise erst die Rollen der übermächtigen Personen auswählen. Durch Identifikation mit solchen Rollen (d. h. durch Identifikation mit ihren als übermächtig erlebten Eltern) verschaffen sie sich selbst Machterlebnisse. Interessanterweise sind sie in den Rollen dieser übermächtigen Personen anfänglich fast immer sehr gnadenlos zu den Kindern in den von ihnen erfundenen Stücken. Sie behandeln sie hart, voller Verachtung und rücksichtslos. Das deutet darauf hin, daß die Kinder, denen im Elternhaus vorherrschend das Erlebnis vermittelt wurde, daß sie nicht als eigenständige Persönlichkeiten anerkannt werden, sondern nur dann, wenn sie den Vorstellungen, die die Eltern von ihnen haben, entsprechen, sich selbst als minderwertig empfinden, als jemanden, der eigentlich nichts gilt.

Da viele Kinder bei uns, wie gesagt, ganz ähnliche Szenen mit ganz ähnlicher Personenbesetzung erfinden, kombinieren wir zwei solcher Szenen oft zu einer Gesamtszene und lassen bald schon, etwa ab der 4. Sitzung, zwei (evtl. auch drei) Kinder das von ihnen erfundene Stück gemeinsam spielen. Dabei kommt dann die psychodramatische Technik des Rollentausches zur Anwendung. D. h. das Stück wird zweimal durchgespielt und beim 2. Mal tauschen die Kinder ihre Rollen. Das Kind, das zuerst die Rollen der übermächtigen Personen innehatte, übernimmt nun die Rollen des Kindes, das erst die überforderten Kinderpuppen verkörperte, und umgekehrt. Schon im Verlauf der ersten 8 Sitzungen läßt sich aber meist beobachten, daß Kinder auch in den Kinderrollen lebhafter und spontaner werden. Wie immer bei psychodramatischen Behandlungen läßt sich gleichfalls beobachten, daß das so erweiterte Verhaltensrepertoire von den Kindern sehr rasch auch außerhalb der psychodramatischen Sitzungen, d. h. in der Realität, angewendet wird.

Je aspontaner ein Kind in der Anfangsphase der Behandlung bleibt, desto ausgeprägter ist seine psychische Konfliktsituation und desto längere Behandlung benötigt es nach unserer Erfahrung.

Da hier nur über Beobachtungen in der Anfangsphase von psychodramatischen Kinderbehandlungen berichtet wird, soll in Ergänzung zu dem bisher Gesagten lediglich kurz folgendes angemerkt werden: Für den weiteren Verlauf und für den vollen Erfolg der Kinderbehandlungen ist es notwendig, daß nicht nur das Erleben der Kinder in Bezug auf die eigene Person und in Bezug auf die soziale Umwelt umstrukturiert wird, sondern es ist ebenso notwendig, daß die Betreuungspersonen, besonders die Eltern, sich in einer Weise auf das Kind einzustellen lernen, die diesem nicht wieder unlösbare Konfliktspannungen verursacht. (Allein eine Änderung der Einstellungen der Eltern bewirkt unserer Erfahrung nach aber keinen ausreichenden Behandlungserfolg, weil die psychisch gestörten Kinder ohne psychotherapeutische Hilfe gewöhnlich nicht aus ihrer Aspontaneität herausfinden.) Wir führen daher neben der Behandlung der Kinder intensive Beratung ihrer Eltern durch, wobei wir diesen oft ausführlich über die psychodramatischen Gestaltungen ihrer Kinder berichten. Wir haben die Erfahrung gemacht, daß den Eltern auf diese Weise eindringlich klar gemacht werden kann, wie es um die Beziehung zwischen ihnen und ihren Kindern bestellt ist. Gelegentlich führen wir diese Elternberatungen auch psychodramatisch durch, d. h. wir rekonstruieren mit ihnen direkt Situationen aus ihrem Leben mit den Kindern, wobei wir verschiedene psychodramatische Techniken, vor allem wieder die Doppelgängertechnik und den Rollentausch, anwenden. Ein solches Vorgehen pflegt wirkungsvoller zu sein als bloße Beratungsgespräche.

Wenn die Kinder sich in stationärer Behandlung befinden, führen wir außerdem Beratungsgespräche mit dem Pflegepersonal durch, das häufig auch als Zuschauer an den psychodramatischen Sitzungen teilnimmt und dabei, aufgrund der dramatischen Gestaltungen der Kinder, diese in ihren Bedürfnissen und Verhaltenseigentümlichkeiten besser verstehen lernt.

Schließlich sei noch erwähnt, daß wir mit älteren Kindern (etwa ab 10 Jahren) die Behandlung nicht immer ausschließlich mit Theaterpuppen durchführen, sondern daß wir, wenn es uns indiziert erscheint, dazu übergehen, mit ihnen ihre Probleme in psychodramatisch rekonstruierten Realsituationen zu bearbeiten.

Aber zurück zur Anfangsphase der Behandlung. Gehäuft konnten wir dabei auch Verhaltensweisen beobachten, die sich von den zuvor geschilderten gänzlich unterscheiden. Wir kommen jetzt also auf die oben erwähnte zweite Gruppe von Patienten zu sprechen.

Es gibt Kinder, die sofort, schon in der 1. oder 2. Sitzung, ohne das geringste Zaudern bestimmte Spielpuppen auswählen. Die Wahl erfolgt anscheinend ganz impulsiv und gewählt werden dabei nie solche Puppen, die beliebige Rollengestaltungen zulassen, sondern solche, deren Rolle von ihrem Ausdruck her praktisch festgelegt ist. Bevorzugt werden von den impulsiv wählenden Kindern die aggressiven Figuren: Teufel, Krokodil, Räuber, Hexe. Die beiden zuerst genannten werden am häufigsten gewählt.

Die Kinder sind so gut wie immer sofort bereit, die Rolle von mindestens einer der von ihnen gewählten Figuren selbst zu übernehmen. Sie haben meist auch sofort einen Einfall für eine dramatische Gestaltung parat, indem sie erklären, die von ihnen gewählten Figuren wollten andere berauben, auffressen, verzaubern und dergleichen mehr. Erkundigt man sich bei ihnen, wer beraubt, gefressen oder verzaubert werden solle, so suchen sie nicht selten erst im Nachhinein weitere Spielpuppen für die intendierte Szene aus. Auch diese Wahl pflegt meist rasch vonstatten zu gehen und gewählt werden meist wiederum gefährliche aggressive Wesen: Noch mehr Teufel z. B. oder zu dem zuerst gewählten Teufel und Krokodil werden nun Räuber und Hexe dazugewählt.

Auch mit diesen Kindern pflegen die beiden Therapeuten (oder einer von ihnen) zu Beginn der Behandlung die dramatische Gestaltung der Szene allein durchzuführen, d. h. ohne Mitwirkung anderer Kinder. Denn es hat sich gezeigt, daß Kinder, die in der geschilderten Art wählen, auch dann, wenn sie im Umgang mit anderen Kindern bisher keineswegs durch Aggressivität auffielen, in den dramatischen Gestaltungen oft ungeheure Aggressivität entfalten, die anderen Kindern nicht zugemutet werden kann.

Wir haben uns zuweilen wegen des massiv sadistischen Verhaltens, das solche Kinder in den dramatischen Gestaltungen mitunter zeigen, schon veranlaßt gesehen, diese Kinder stets erst am Ende der Sitzungen zum dramatischen Spielen aufzufordern und die anderen Kinder unter einem Vorwand fortzuschicken.

Wir arbeiten übrigens nicht mit homogenen Gruppen, d. h. nicht mit Gruppen, die ausschließlich aus Kindern mit psychosomatischen Krankheiten bzw. funktionellen organischen Störungen bestehen oder mit Gruppen, deren Mitglieder ausschließlich Verhaltensstörungen aufweisen. Wir tun dies nicht, weil wir glauben, daß es ein weiterer therapeutisch wirksamer Faktor ist, wenn wir den Kindern einer Gruppe Gelegenheit geben, möglichst verschiedenartige Verhaltensweisen in den Darstellungen der einzelnen Gruppenmitglieder kennenzulernen. Übrigens nehmen an unseren gruppenpsychotherapeutischen Sitzungen häufig auch nicht bettlägerige Patienten teil, die sich wegen somatischer Krankheiten in der Klinik befinden und die als psychisch unauffällig gelten können. Das hat sich so ergeben, weil diese Kinder immer wieder von sich aus darauf drängen, bei den „Kasperltheatervorstellungen" zuschauen zu dürfen. Es kommt uns so vor, als ob die unbekümmerten spontanen Reaktionen dieser Kinder in Bezug auf die dramatischen Gestaltungen der Psychotherapiefälle auch gewisse therapeutische Wirkungen haben. (z. B. dürfte es ein über ängstliches unterwürfiges Kind nicht wenig beeindrucken, wenn es, sobald es diese Verhaltensweisen in einer Szene zeigt, von den psychisch unauffälligen Kindern spontan aufgefordert wird, mutig gegen Angreifer vorzugehen).

Die bei den dramatischen Gestaltungen betont aggressiv reagierenden Kinder beginnen das Spiel zumeist ohne Hilfestellung eines Doppelgängers. Knurrend und fauchend schlagen sie oft sofort auf die von ihnen gewählten Partner ein. Versucht ein Therapeut sich als Doppelgänger einzuschalten, indem er fragt: „Warum hauen wir die denn?" dann kommt es vor, daß die Kinder die Frage gar nicht beachten oder bündig erklären: „Weil die böse sind!". Auf weitere Fragen des Doppelgängers, wie: „Was haben die uns denn getan?" kommen Antworten wie: „Weiß ich nicht" oder „die haben uns auch bestohlen" oder „die wollen uns auch totmachen". Die ganze Szene wird von den Kindern daraufhin angelegt, die Partner „fertig zu machen", immer und immer wieder.

Kinder, die in der Anfangsphase diese Verhaltensweise zeigen, haben nach unseren bisherigen Erfahrungen keine psychosomatischen Symptome und keine funktionellen organischen Störungen, es sei denn, man rechnet zu den letzteren Enkopresis und Enuresis. Wir möchten diese Symptome, besonders wenn es sich um Einnässen und Einkoten auch während des Tages (natürlich ohne daß ein pathologischer organischer Befund vorliegt) handelt, jedoch eher zu den Verhaltensstörungen zählen. Jedenfalls haben wir festgestellt, daß Enkopretiker und Enuretiker (auch solche, die nur nachts einnässen) häufig die beschriebenen Verhaltensauffälligkeiten in der Anfangsphase der psychodramatischen Behandlung zeigen. Dasselbe gilt unserer Erfahrung nach auch für Autisten, also für schwer kontaktgestörte Kinder.

Alle diese Kinder scheinen, unabhängig von ihrem Lebensalter und ihrer Intelligenz (wir haben die beschriebenen Reaktionen bei Kindern im Alter von 10 bis 12 Jahren beobachtet) in ihrer emotionalen Entwicklung schwer retardiert zu sein. Der Prozeß der Sozialisation, der sie in die Lage versetzt, tragfähige Sozialbeziehungen anzuknüpfen, scheint bei ihnen noch nicht in Gang gekommen zu sein.

Die Ergebnisse der psychodiagnostischen Untersuchungen, die wir vor jeder Behandlung durchführen, deuten darauf hin, daß bei diesen Kindern das Erlebnis des grundsätzlichen Abgelehntseins vorherrscht (während bei Psychosomatikern und Kindern mit funktionell organischen Störungen das Erleben vorherrscht, daß sie nur dann akzeptiert werden, wenn sie bestimmte Bedingungen erfüllen).

Zuweilen ergeben sich schon in den ersten Sitzungen Anhaltspunkte dafür, wer diesen Kindern vor allem das Erlebnis vermittelt hat. Immer wieder erschlagen sie z. B. „die alte Hexe, die immer so böse zu mir ist" oder „den Räuber da, der muß sterben, weil er mir immer alles wegnimmt". Bei einem 6-jährigen Autisten haben wir aus seinen Szenengestaltungen außerdem zugleich Anzeichen für einen zerstörerischen Selbsthaß beobachten können, der dem zerstörerischen Haß auf die Elternfiguren gleichkam.

Wenn die Kinder in den ersten 8 Sitzungen keinerlei Fähigkeiten zeigen, sich in ihren Rollen emotional und im Handeln auf die Rollen, die ihre Partner innehaben, einzustellen (wenn z. B. der mitspielende Therapeut eine „liebe" Puppenfigur in die Handlungen einführt und sie den Teufel, den das Kind spielt, bitten läßt, ihr nichts zu tun, sie sei ganz freundlich und tue ihm auch nichts, und wenn dann der Teufel schreit: „Doch, du mußt auch sterben, ich mache alle fertig!"), dann können wir damit rechnen, daß es viele Monate dauern wird, die Verhaltensstörung des Kindes zu beheben (vorausgesetzt die Eltern können zu intensiver Mitarbeit gewonnen werden).

Sobald das Kind sich fähig zeigt, sich auf die Bedürfnisse von Partnern im psychodramatischen Spiel einzustellen (wenn sein Verhalten also nicht länger ausgesprochen rigide bleibt, sondern wenn es im MORENO'schen Sinne Spontaneität zu entfalten beginnt), d. h. sobald es irgend jemanden neben sich bestehen läßt und so etwas wie eine tragfähige emotionale Beziehung anknüpft, loben wir am Ende ausdrücklich das gelungene Stück. Beginnt das Kind dann weiterhin in seinen Szenengestaltungen Vertrauensbeziehungen zur sozialen Umwelt aufzubauen und nicht mehr nur aggressiv und destruktiv zu reagieren, dann fangen wir an, es kombinierte Szenen mit anderen zusammen spielen zu lassen, wobei wiederum die Technik des Rollentausches eingesetzt wird, ebenso wie die Doppelgängertechnik, die beide dazu dienen, das Selbst- und Umwelterleben des Kindes zu verändern, vor allem zu erweitern und positiver zu gestalten.

Zusammenfassung:

Nach unseren Erfahrungen zeigen Kinder, die wegen Verhaltensstörungen zur Psychotherapie überwiesen werden, in der Anfangsphase psychodramatischer Behandlungen mit Theaterpuppen meist ein Verhaltenssyndrom, das sich deutlich unterscheidet von dem, welches bei Kindern mit psychosomatischen Krankheiten bzw. mit funktionell organischen Störungen zu beobachten ist. Außerdem zeigen diese beiden Patientengruppen in den psychodramatischen Sitzungen in der Regel Verhaltensweisen, die sich deutlich von ihrem üblicherweise gezeigten Verhalten unterscheiden.

Die unterschiedlichen Verhaltenssyndrome geben Aufschluß über die spezifischen Konfliktbeziehungen der Kinder zur sozialen Umwelt und zu sich selbst. Nach unseren Erfahrungen bekommen wir rascher Einblick in diese Konflikte und bieten den Kindern intensive Gelegenheit, sich damit auseinanderzusetzen und Spontaneität zu entfalten, wenn wir die Behandlung mit Theaterpuppen beginnen und, mindestens am Anfang, nicht die übliche Form des Psychodramas durchführen.

Schließlich gehen unsere Erfahrungen noch dahin, daß der Verlauf der Anfangsphase psychodramatischer Kinderbehandlungen mit Theaterpuppen Rückschlüsse darüber zuläßt, ob die Psychotherapie sich über einen kürzeren oder einen langen Zeitraum erstrecken muß.

Literaturverzeichnis

ANZIEU, D.: Le psychodrame analytique chez l'enfant, Presse Univ., Paris 1956.

AXLINE, V. M. Play-Therapy. The inner dynamics of childhood. Houghton Mifflin Comp., Boston/New York 1947.

BANDURA und WALTERS: Social Learning and personality development. Holt, Rinehart and Winston, London / New York / Sydney / Toronto 1969.

CORSINI, R.: Roleplaying in Psychotherapy, Chicago 1966.

DANIELS, C. R.: Playgrouptherapy with children. Acta Psychotherapeutica 12, 1964.

DRABKOVNA, H.: Experience Resulting from Clinical Use of Psychodrama with Children, Group Psychotherapie 16 (1966) 32.

FRIEDEMANN, A.: Gruppenpsychotherapie mit Kindern, therapeutische Anwendung von Aktivität und Spielbereitschaft. In: Preuß, H. G. (Hg.): Analytische Gruppenpsychotherapie, Grundlagen und Praxis. Urban und Schwarzenberg, München / Berlin / Wien 1966.

GOODMAN, J. M.: Nondirective Psychodramatic Play Therapy, Amer. Jour. Orthopsychiat. 32 (1962) 532.

ISRAEL, G.: Zur Verwendung von Märchenspiel und Konfliktdarstellung als aktivierende Methoden in der Gruppenpsychotherapie. In: Battegay, R., Enke, H., Heigl-Evers, A., Schindler, R., Strotzka, H., Uchtenhaben, A. (Hg.): Gruppenpsychotherapie

und Gruppendynamik, Bd. I Verlag für Medizinische Psychologie im Verlag Vandenhoeck & Ruprecht, Göttingen 1968.
KORS, P. C.: Unstructured Puppet Shows as Group Procedures in Therapy with Children, Psychiatric Quarterly Supplement 38/1 (1964) 56.
LEBOVICI, S., DIATKINE, R. und KESTEMBERG, E.: Bilan de dix ans de psychodrama chez l'enfant et l'adolescent. In: Psychiatrie de l'enfant, Presses Univers., Paris 1959. Repr. in: Bull. Psychol. XXIII, 13/14 (1969/70).
LEMAY, M.: Réfections sur le psychodrame triadique avec enfants et adolescents dans le cadre d'un Centre médico-psycho-pédagogique, Bull. Psychol., XXIII, 13/14 (1969/70) 284.
LEUTZ, G.: Die Soziometrie in ihrer Beziehung zum Psychodrama. In: Bericht 2. Int. Kongress Gruppenpsychoth., Zürich 1957, Teil 2, Karger, Basel / New York 1959.
MORENO, I. L.: Gruppenpsychotherapie und Psychodrama. Thieme, Stuttgart 1959.
MORENO, J. L.: Psychodrama Volume I, II, New York 1946, 1959.
MORENO, Z. T.: Psychodramatic techniques. Acta psychoth. psychos., 7, 1959.
PETZOLD, H., GEIBEL, CH.: Komplexes Kreativitätstraining durch Psychodrama, Puppenspiel und Kreativitätstechniken, *dieses Buch*.
PLOEGER, A.: Die Stellung des Psychodramas in der Psychotherapie. In: Gruppenpsychotherapie und Gruppendynamik, Bd. II, Verlag für Medizinische Psychologie im Verlag Vandenhoeck & Ruprecht, Göttingen 1968.
RAMBERT, M.: Das Puppenspiel in der Kindertherapie. Beiträge zur Kinderpsychotherapie, Bd. 6, Ernst-Reinhardt-Verlag München / Basel.
STRAUB, H.: Das Morenosche Psychodrama und seine Anwendungsmöglichkeiten im Rahmen einer psychiatrischen Klinik. Zeitschr. f. Psychoth. und med. Psychologie, 13/4, Thieme, Stuttgart 1963.
STRAUB, H.: Erfahrungen mit psychodramatischer Behandlung von Zwangsneurosen. Zeitschr. f. Psychotherapie und Psychologie, 19/5, Thieme, Stuttgart 1969.
WILDLÖCHER, D.: Le Psychodrame chez l'Enfant, Presses Univ. Paris 1962.
ZULLIGER, H.: Heilende Kräfte im kindlichen Spiel, Stuttgart, Klett 1954.

Teil III: Psychodrama in Unterricht und Ausbildung

Gruppengerichtetes Psychodrama in der Ausbildung von psychiatrischem Pflegepersonal

F. Cuverlier, Löwen

Das Psychodrama wird von uns seit dem Jahre 1967 in der Ausbildung von Studenten der psychiatrischen Pflegeberufe an der Hochschule für Heilkunde in Löwen verwandt.

Dabei gehen wir von der Annahme aus, daß der Lernprozeß lebendiger gestaltet werden kann, wenn der Student bei diesem eigenverantwortlich mitwirken kann, wenn er aktiv teilnehmen, seine Interessengebiete bestimmen und das von ihm gewählte Fachgebiet im Arbeitsprozeß erfahren kann. Zu diesem Zweck erhält er eine praktische und theoretische Einführung in die psychodramatische Methode, die Gegenstand des ersten Teils dieser Studie sein soll. Im zweiten Teil wird dann eine Übersicht über die Erfahrungen mit den Absolventen der Jahrgänge zwischen 1968 und 1971 geboten werden.

I. Einführung in das Psychodrama

1. Wozu Psychodrama in einem Ausbildungsprogramm für Pflegepersonal?

Das psychiatrische Institut Marcel Rivière (La Verrière), das im Jahre 1957 von Professor SIVADON gegründet wurde, wird oft als Prototyp moderner psychiatrischer Krankenpflege angesehen. Zu seinen wesentlichen Merkmalen gehört die reibungslose Verständigung unter den verschiedenen Mitarbeitern im Pflegepersonal, ein Faktor, der für eine ganzheitliche Therapie des Patienten von größter Bedeutung ist. Ärzte, Therapeuten und medizinisches Hilfspersonal müssen aufeinander eingespielt sein, um den Patienten eine ausgeglichene und einheitlich konzeptionierte Therapie zuteil werden zu lassen. Aus diesem Grunde hat man gleich zu Beginn der Arbeit in diesem Institut auf eine besondere Ausbildung und Schulung des medizinischen Hilfspersonals größten Wert gelegt.

„Um die so notwendige und wünschenswerte Verständigung zwischen den Mitgliedern eines Teams zu erleichtern, hat man in den üblichen Unterrichtsfächern auf eine Sensibilisierung für die Gruppendynamik, verbunden mit einer Einführung in das Psychodrama, Wert zu legen. Dies gibt dem medizinischen Hilfspersonal die Möglichkeit, Erfahrung mit der Gruppenpsychotherapie zu sammeln" (ROUQUETTE/ANCELIN-SCHÜTZENBERGER 1966).

Die Einführung des Psychodramas in die Ausbildung von psychiatrischen Krankenpflegern in Löwen ist von den oben aufgeführten Gesichtspunkten bestimmt. Wenn schon das Psychodrama ein sehr geeignetes Instrument bei der Schulung von Krankenpflegern, Ärzten und Sozialarbeitern darstellt, so kommt ihm besonderer Wert in der Ausbildung von psychiatrischen Pflegern zu, die aufgrund ihres

Berufes beständig in von Spannungen geprägten affektiven Beziehungen arbeiten müssen und gegebenenfalls mit deren psychotherapeutischer Behandlung in Berührung kommen. Die Einführung in das Psychodrama geschieht neben der praktischen Gruppenarbeit durch einen kurzen Abriß über das Wesen, die Möglichkeiten und die verschiedenen Formen des Psychodramas, der im folgenden zusammengefaßt wiedergegeben werden soll.

2. *Was ist Psychodrama?*

Psychodrama ist eine Form der Gruppenarbeit, in deren Rahmen man mit Hilfe der Teilnehmer vergangene, gegenwärtige oder künftige, wirkliche oder imaginäre Erlebnisse in Worten, Gebärden und Handlungen erstellt, um sich der eigenen Erfahrung bewußt zu werden, das eigene Verhalten zu analysieren, sich selbst besser zu begreifen und seine Möglichkeiten, zu anderen Menschen Beziehungen aufzunehmen, zu verbessern.

Unter den Techniken, die zur Behandlung bestimmter Situationen verwandt werden, unterscheiden wir der Deutlichkeit halber folgende:

a) Das Rollenspiel, in dem man rein imaginäre Situationen darstellt und danach strebt, Einblick in seine eigenen alltäglichen Handlungen zu gewinnen. Es wird versucht, die Fähigkeit, soziale Beziehungen einzugehen, zu steigern, das eigene Verhalten objektiv zu analysieren oder anderen zu zeigen, wie ein bestimmtes Individuum handelt oder handeln müßte (CORSINI 1966, XI).

b) Das Soziodrama. In diesem werden die sozialen und kollektiven Aspekte zwischenmenschlicher Beziehungen untersucht (SCHÜTZENBERGER 1967, 197). Es ist eine spezifische Art des Rollenspiels, in dem gesellschaftliche Rollen und häufig vorkommende Haltungen, die an einen gesellschaftlichen Status geknüpft sind, untersucht werden. Folgende Beziehungen mögen beispielhaft sein: Arbeitgeber / Arbeitnehmer, Hausfrau / Verkäufer, Krankenpfleger / Patient, Krankenpfleger / Arzt.

c) Das Psychodrama. In diesem stellt der Einzelne die eigene Vergangenheit, seine gegenwärtige oder künftige Lage dar (CORSINI 1966, 200). Sobald im soziodramatischen Rollenspiel die gesellschaftliche Rolle (z. B. die Rolle des Berufes) mit der persönlichen Erfahrung des agierenden Protagonisten verknüpft wird, geht das Soziodrama in das Psychodrama über. Nach seinen Zielsetzungen kann man das Psychodrama in zwei Richtungen einteilen:

d) Das therapeutische Psychodrama, wie es in der psychiatrischen Klinik als Heilmethode angewandt wird (STRAUB 1963).

e) Das didaktische Psychodrama, Soziodrama und Rollenspiel, wie es als Training zur Steigerung der sozialen Fähigkeiten (HAGAN 1951) und zu Ausbildungszwecken zum Einsatz kommt. Die Grenzen zwischen dem didaktischen und therapeutischen Psychodrama sind in der Praxis oft nur sehr schwer zu ziehen.

3. *Wie entstand das Psychodrama?*

Diese Frage wird in einem kurzen historischen Abriß über die Entwicklung des

Psychodramas vom improvisierten Stegreiftheater, wie es 1923 in Wien von Dr. J. L. MORENO praktiziert wurde, bis zur klinischen psychodramatischen Arbeit durch MORENO in den Vereinigten Staaten dargestellt.

4. Welche Formen kennt das Psychodrama?

Neben der klassischen von J. L. MORENO entwickelten Methode des Psychodramas haben sich verschiedene psychodramatische Verfahrensweisen ausgeprägt, die MORENOs Konzepte nach der einen oder anderen Seite hin entwickeln oder betonen. MORENO (1965) selbst hat die wesentlichen Linien vorgezeichnet, da er sowohl gruppenzentriertes als auch protagonistzentriertes Psychodrama praktizierte und immer wieder die unlösbare Verbindung zwischen Psychodrama, Soziometrie, das heißt also der theoretischen Grundlage der Gruppendynamik, und Gruppenpsychotherapie betonte.

a) D a s t r i a d i s c h e P s y c h o d r a m a

Diese in ihrer praktischen Applikation über das theoretische Postulat MORENOs hinausgehende Verbindung führte zu der Methode des triadischen Psychodramas, das ganz bewußt die verschiedenen Möglichkeiten psychodramatischen Vorgehens, der Gruppendynamik, der Soziometrie und der Gruppenpsychotherapie zu verbinden sucht. In Amerika sind es vor allen Dingen J. ENNEIS (Washington), R. HAAS (Los Angeles), B. SEABOURNE (St. Louis), die diese Methode verwenden. In Japan wird sie besonders von Professor MATSUMURA gepflegt, und in Europa wird sie von A. ANCELIN-SCHÜTZENBERGER (1968), Paris, H. PETZOLD (1971), Düsseldorf/Paris, und uns selbst praktiziert. Im triadischen Psychodrama steht die Arbeit mit der Gruppe über Probleme der Gruppe im Vordergrund. Die persönlichen Beiträge der einzelnen Protagonisten werden in das Gruppengeschehen integriert.

b) D a s a n a l y t i s c h e P s y c h o d r a m a

Das analytische Psychodrama wurde von verschiedenen Seiten her entwickelt. In England war es vor allem die analytische Gruppentherapie von FOULKES, London, die richtungweisend wurde. In Frankreich finden sich drei Schulen: die von S. LEBOVICI und seiner Mitarbeiter (1952, 1956, 1958), die von D. ANZIEU (1956) und die von V. ILJINE (1942). LEBOVICI versucht ein klassisches analytisches Vorgehen in das Psychodrama zu übertragen, indem er mit den frei improvisierten Handlungen wie mit den freien Assoziationen umgeht und sie interpretiert, wobei der Analyse der Übertragungs- und Gegenübertragungsphänomene zentrale Bedeutung zukommt. ANZIEU versucht in seinen theoretischen und praktischen Ansatz neben den Übertragungsmechanismen die Elemente der Gruppendynamik und die Konzepte der Rollentheorie einzuarbeiten. ILJINE versucht, vom analytischen Rollenspiel FERENCZIs herkommend, die im Spiel auftauchenden Geschehnisse durch verbale, psychodramatisch gespielte oder auf die spezifische Situation zugeschriebene Szenen zu interpretieren. Er kommt damit zu der von ihm entwickelten Form des therapeutischen Theaters. Besondere Ausprägungen des analytischen Psychodramas in Europa finden sich in Wien (HOFF, GRUNBERGER, SLUGA 1969) und werden von E. FRANZKE, Växjö, (1971) und H. PETZOLD (1971) praktiziert.

c) **Therapeutisches und didaktisches Theater**

Das didaktische und therapeutische Theater wurde von V. ILJINE und B. ZENKOVSKY entwickelt. Beide Formen sehen eine vom Therapeuten geschriebene oder mit der Gruppe gemeinsam erarbeitete und literarisch fixierte Rahmenhandlung vor, die auf den jeweiligen Konflikt des Protagonisten oder der Gruppe zugeschnitten ist, und in deren Szenen freier Improvisation Raum gegeben wird. (ILJINE, PETZOLD, SCHMIDT 1971; PETZOLD, ILJINE, ZENKOVSKY 1971; ILJINE 1942, 1971).

d) Das personenzentrierte Psychodrama

Das personenzentrierte Psychodrama, wie es in seiner klassischen Form von MORENO entwickelt wurde, fand seine besondere Ausprägung durch D. ELEFTHERY (Florida, Amsterdam). Es handelt sich um ein sehr intensives, auf die Probleme eines einzelnen Patienten konzentriertes Vorgehen, das sich der Gruppenproblematik weniger zuwendet.

e) Das verhaltenstherapeutische Psychodrama

Das verhaltenstherapeutische Psychodrama versucht die Ergebnisse der Lerntheorie und der Verhaltenstherapie im Spiel systematisch einzusetzen. Desensibilisierungs- und Konditionierungsvorgänge wurden durch Rollenspiel systematisch angewandt. Dieses Verfahren, auf dessen Bedeutung schon MORENO (1963) hingewiesen hat, wird von STURM (1966), Northport, von STRAUB (1971), Stuttgart und PETZOLD („behaviourdrama" 1969, 1971), Paris, praktiziert.

d) Das tetradische Psychodrama

Das tetradische Psychodrama wurde von H. PETZOLD konzipiert (1971). Es gliedert sich in vier Phasen: 1. Die diagnostisch-anamnestische, in der der Konflikt des Patienten psychodramatisch diagnostiziert wird. 2. Die psychokathartische, in der konfliktbesetzte Situationen ausagiert werden, mit dem Ziel, eine emotionale Erfahrung zu vermitteln. 3. Die analytische, in der das Geschehen der voraufgegangenen Phase verbal oder im Spiel interpretiert wird, wobei das feedback der Gruppe eine wesentliche Ergänzung darstellt. Ziel ist eine rationale Einsicht.

4. In der vierten Phase wird versucht, aus der emotionalen Erfahrung und rationalen Einsicht zu neuen Verhaltensformen zu kommen, die im verhaltenstherapeutischen Rollenspiel eingeübt werden.

5. *Was bezweckt das Psychodrama?*

Psychodrama ist ein Training für soziale Haltung und soziales Handeln.
Die wesentlichsten Zielsetzungen des Psychodramas sind:

a) Eine Ich-Stärkung zu bewirken

„Ich-Stärke" ist die Fähigkeit eines Menschen, eine vielseitige, leistungsfähige, kreative Beziehung zu seiner Umwelt zu unterhalten. Sie ist nach CORSINI (1966) der Spontaneität gleichzusetzen. CORSINI definiert sie wie folgt: Als Fähigkeit, in einer Situation adäquat zu reagieren oder in einer alten Lage neuartig und situationsentsprechend zu handeln.

b) Die Möglichkeiten verschiedenartige soziale Rollen zu begreifen, sie zu leben und zu verwirklichen

Beide Aspekte sind in der Praxis miteinander verknüpft. Es sind Fazetten ein und desselben Prozesses. In diesem Sinne kann man das Psychodrama als Schulung zur gesellschaftlichen Spontaneität bezeichnen. Es sollte in diesem Zusammenhang bemerkt werden, daß die sogenannte „Ich-Stärke" keineswegs dem Selbstbewußtsein, der Selbstperzeption, dem Selbstbild (d. h. dem Eindruck, den man von der eigenen Stärke hat) entspricht. Man stellt vielmehr fest, daß die Fähigkeit zu sozialer Anpassung und Kooperation bei gesteigertem Selbstbewußtsein oft erschwert ist. Ich-Stärke ist vielmehr die Fähigkeit einer Persönlichkeit, in einem sozialen Umfeld spontan und angstfrei mit anderen Personen in Beziehung zu treten.

6. *Was sind die Wirkungen des Psychodramas?*

a) Das Psychodrama stimuliert Offenheit und Bereitschaft für die Selbsterfahrung

Im Unterschied zu den gängigen Formen der Gruppenpsychotherapie wird das Mitglied einer Psychodramagruppe nicht nur zu einer verbalen Interaktion veranlaßt, sondern es wird motiviert, sein eigenes Handeln körperlich in einer Rolle, einer bestimmten Umgebung, in einer bestimmten Situation und zu einem bestimmten Zeitpunkt darzustellen. Diese Darstellung wird Gegenstand der Untersuchung. Mit anderen Worten: man wird wirklich zu einem Protagonisten, der sich so konkret wie möglich seine eigenen Erfahrungen vor Augen führen kann, indem er sich noch einmal erlebt.

Selbstverständlich geschieht dies alles in einem Spiel, das — so sehr man auch emotional in diesem engagiert sein kann — eine gewisse Distanz gegenüber den wirklichen Ereignissen schafft. Die Möglichkeiten zur bewußten Erfassung und Analyse von Situationen werden dadurch gefördert. Man lernt die eigenen Erfahrungen mit Abstand zu betrachten und sie objektiver, d. h. mit geringerer Selbstverteidigung, einzuschätzen. Dies ermöglicht dem Protagonisten, bewußt und deutlich zu erfahren, wie er zu seiner Umgebung steht, und daß diese Einstellung von seiner inneren Haltung her bedingt ist. Der Psychodramadirektor, die Mitspieler, die gesamte Gruppe also, stehen hierbei ganz in dem Dienst der als Protagonist agierenden Person und werden zum äußeren Echo innerer Vorgänge, indem sie dem Protagonisten helfen, seine inneren Erlebnisse auszudrücken.

Experimentelle Untersuchungen mit Studenten der Krankenpflege haben eindeutig belegt und gezeigt, daß das Psychodrama eine tiefere und realistischere Schau der eigenen Erfahrungen vermittelt (E. S. DECK et al. 1963).

b) Psychodrama fördert die Rollenflexibilität

Wenn die anderen Gruppenmitglieder bereit sind, sich auf die Problematik des Protagonisten einzuspielen, haben sie oft die Rolle eines Gegenspielers zu übernehmen. Der Protagonist will beispielsweise seine Mutter treffen und fordert ein anderes Gruppenmitglied auf, diese Rolle darzustellen.

Dem Antagonisten kommt die Aufgabe zu, sich so schnell wie möglich in die neue Lage zu versetzen, d. h. sich in eine Persönlichkeitsstruktur, wie sie vom Protagonisten gefordert und geschildert wird, einzufinden. Dabei kommt es darauf an, daß der Antagonist seiner Einfühlung freien Lauf läßt, um jedem Wort und jeder Gebärde des Hauptdarstellers mit der passenden Replik begegnen zu können. Der Antagonist muß imstande sein, anhand von einigen kurzen Hinweisen des Protagonisten oder des Psychodramadirektors, seine Rolle selbst zu gestalten. Diese Übung hat nichts mit dem Erwerb schauspielerischer Fertigkeiten zu tun, sondern ist eine Übung, die dem besseren Verständnis des Gefühlslebens anderer Menschen dienen soll. Die Gewandtheit oder Gehemmtheit, mit der man bestimmte Rollen darstellt, gibt Aufschluß über die eigene soziale Anpassungsfähigkeit oder über den Widerstand, den man gewissen Formen des Verhaltens entgegenbringt. Eine deutliche Verminderung starrer und unflexibler Haltungen bei den Teilnehmern in ihren sozialen Beziehungen kann als Ergebnis der psychodramatischen Arbeit festgestellt werden (E. S. DECK et al. 1963).

c) Psychodrama erhöht die Sensibilität für Interaktionsprobleme

Die vielseitig anwendbare Technik des Rollentausches, bei der vom Protagonisten gefordert wird, das Psychodrama in der Rolle des Antagonisten fortzusetzen und umgekehrt, verfolgt den Zweck, die Teilnehmer von ihrer stereotypen Auffassung einer bestimmten Beziehung zu befreien und sie diese Beziehung vom Standpunkt der anderen Partei betrachten und erleben zu lassen. Auf diese Weise kann die Sensibilität für das soziale Umfeld und die in ihm befindlichen Personen mit ihren Schwierigkeiten, Motiven, Entscheidungen, Verhaltensweisen, Gefühlen und Wünschen erhöht und verfeinert werden. Man lernt das Gewöhnliche als ungewöhnlich und das Ungewöhnliche für gewöhnlich zu betrachten. Das soziale Verantwortungsbewußtsein wächst in der personalen Begegnung mehrerer Individuen.

d) Psychodrama legt größeren Wert auf Einfühlung als auf Diagnose oder Beurteilung

Die Teilnehmer im Psychodrama sind weniger auf die Kontrolle von Impulsen und Fantasien zentriert. Dieses Problem überläßt man dem Therapeuten. Vielmehr verspürt man ein Verlangen, von allen fixierten kulturellen Normen abzugehen und sich ganz den Empfindungen und Wünschen hinzugeben, die im Augenblick möglich und gegenwärtig sind.

Eine solche Haltung einzunehmen, ist für viele Teilnehmer ausgesprochen schwierig. Hier kann die Technik des „Doppelgängers" eine Hilfe bieten. Ein Mitglied des therapeutischen Teams oder der Gruppe selbst tritt hinter den Hauptdarsteller. Indem es die gleiche Haltung wie dieser einnimmt, versucht es all das in Worte zu fassen, was der Protagonist selbst nicht auszudrücken vermag. Das Hauptziel des Vorgehens ist, den Protagonisten bei der Exploration seiner eigenen Beziehungen und Gefühle zu unterstützen. Es entsteht eine Art Identität zwischen Doppelgänger und Protagonisten, wodurch latente Konflikte und unausgesprochene Empfindungen sichtbar gemacht werden können. Die Sensibilität für die eigenen Empfindungen und die des Partners erfährt in der Doppelgängertechnik eine intensive Schulung; denn derjenige, der als Doppelgänger fungiert, kann sich lediglich auf sein Einfühlungsvermögen in die Problematik des Protagonisten verlassen. Diese Übung sozialer Anpassungsfähigkeit und Einfühlsamkeit sind letztlich der einzige Weg, sich eine realitätsadäquate und genaue Einsicht in die Probleme der einzelnen Gruppenmitglieder zu verschaffen (E. S. DECK et al. 1963).

e) Psychodrama vermindert den Widerstand

Der für jede Psychotherapie problematische Widerstand gegen die intrapsychische Exploration und therapeutische Modifikation wird durch das psychodramatische Vorgehen teilweise ausgeschaltet oder doch stark vermindert, da die Teilnehmer durch die Gruppensituation gezwungen sind, unmittelbar auf die mannigfaltigen sozialen Reize zu reagieren. Der Protagonist z. B. muß zugleich denken, fühlen, sprechen, handeln und hat dadurch einfach keine Zeit, verschrobene Zwangsvorstellungen zu konstruieren (CORSINI 1963). Das Psychodrama vermag ein Totalitätserlebnis zu vermitteln, in dem alle Schichten der Persönlichkeit zur gleichen Zeit in Erscheinung treten können: Wort, Tat, Fantasie, Empfindungen, Impulse, unausgesprochene Wünsche und Ängste.

Zusammenfassend läßt sich sagen, daß das Psychodrama ein hervorragend geeignetes Instrument zur Exploration, Bewußtmachung und Neukonstrukturierung intrapersonaler Beziehungen ist (H. L. ORTMAN 1966).

7. Was ist das Ziel der Gruppendynamik?

Die Gruppendynamik ist ein wesentlicher Bestandteil des gruppengerichteten Psychodramas. Die affektiven Prozesse in der Gesamtheit der Gruppe und nicht allein die der Individuen stellen den Hauptgegenstand der Analyse dar. Diese „Sozioanalyse" wird von den Teilnehmern selbst vorgenommen, wobei dem Gruppenleiter lediglich die Funktion zukommt, der Gruppe in diesem Prozeß des Bewußtwerdens und der Erkenntnis beizustehen.

Die Sozioanalyse will jedem Teilnehmer u. a. folgende Möglichkeiten bieten:

a) Die eigenen Erlebnisse und Reaktionen sollen im Rahmen einer Gruppensituation erfaßbar gemacht werden (z. B. Schweigsamkeit, Angst, Verlegenheit, Zurückhaltung, Dominanz, Führungsdrang, Initiative, schöpferische Begabung, Sympathie, Teilnahme, Selbständigkeit, Kritik, Widerstand u. s. w.).

b) Diese sozialen Erlebnisse sollen innerhalb der Gruppe mitteilbar gemacht werden, damit untersucht werden kann, was man mitteilt und was nicht und wie man es mitteilt.

c) Es soll gelernt werden, die Auswirkungen des eigenen Verhaltens auf andere richtiger einzuschätzen sowie die Wirkung fremden Betragens auf das eigene kennenzulernen.

d) Bestimmte Gruppenprobleme sollen besser begriffen werden: Fragen struktureller Art (Führungsqualitäten, Subgruppen) und vor allem Probleme, die an soziale Beziehungen geknüpft sind. So wird eine Lernmöglichkeit geboten, in der durch die Analyse der aus der Situation erwachsenen Beziehungen, die die Gruppenmitglieder untereinander haben, die Interaktionsprozesse transparent und bewußt gemacht werden und in der die oft unbewußten Faktoren, die Interaktionen erschweren, beeinträchtigen oder ermöglichen, erkennbar werden.

II Gruppenerfahrung des Jahrganges 1968

Während des akademischen Jahres 1967/68 hatten 15 psychiatrische Pfleger und Pflegerinnen Gelegenheit, an der Hochschule für Heil- und Pflegekunde in Löwen an einer Folge von Psychodramasitzungen teilzunehmen. Im ganzen handelte es sich um 11 Sitzungen von jeweils zwei Stunden Dauer, die mehr oder weniger regelmäßig im Zeitraum zwischen Oktober und Mai abgehalten wurden.

Von dieser Gruppenarbeit wurden drei Auswertungen angefertigt:

1. Eine schriftliche Umfrage unter den 15 Gruppenteilnehmern etwa in der Mitte des Studienjahres, die in einer Studie zusammengefaßt wurde (M. DALMAN 1968).

2. Eine gegen Ende des Jahres durch den Gruppenleiter gefertigte Auswertung.

3. Eine Gesamtauswertung der Gruppenerfahrung durch eine mündliche Prüfung der Teilnehmer nach Abschluß des Jahres.

1. *Die schriftliche Umfrage*

Die schriftliche Umfrage wurde durch ein Gruppenmitglied in totaler Unabhängigkeit vom Gruppenleiter vorgenommen. Es wurden 12 Antworten gegeben, die von den im weiteren Verlauf der Studie mitgeteilten Ergebnissen in keiner Weise beeinflußt wurden, da diese noch nicht in fester Form vorlagen.

a) Die allgemeine Haltung der Teilnehmer zum Psychodrama

Zu Anfang der Gruppenerfahrung standen sieben der Antwortenden dem Psychodrama positiv gegenüber. Eine erwartende Haltung und die Bereitschaft, aktiv mitzuarbeiten und sich vollständig zu engagieren, waren vorhanden. Das Projekt sprach an, da es „um die Bildung zwischenmenschlicher Beziehungen und ihre Untersuchung ging". Dennoch war eine gewisse Ambivalenz vorhanden, wie etwa aus folgender Äußerung ersichtlich wird: „Ich glaube schon, daß es positiv ist, zu versuchen, von Verklemmungen und Einengungen des Gefühlslebens Abstand zu nehmen und loszukommen. Aber ich sehe nicht, wie ich mich preisgeben könnte, vor allem in einer größeren Gruppe. Immerhin werde ich es nach bestem Bemühen versuchen."

Die restlichen fünf der Antwortenden gaben an, daß sie am Anfang negativ eingestellt waren. Man wollte nichts von der Gruppenarbeit wissen, erwartete nichts, hielt die Gruppensitzungen für sinnlos, Zeitverschwendung und lächerlich. Vor allen Dingen aber war es „die persönliche Preisgabe", vor der man „auf der Hut" war.

Ein wesentliches Element der Ablehnung und Zurückhaltung ist in der Angst vor der Gruppe zu sehen, die noch dadurch verstärkt wurde, daß zu Anfang die Initiativen von einunddenselben Personen kamen, was zur Folge hatte, daß sich ein Teil der Gruppenmitglieder zurückzog. Das unterschiedliche Interesse und Engagement trug natürlich Schwierigkeiten in die Gruppe. Im Verlauf der Arbeit wandelten sich die Einstellungen einzelner Teilnehmer, wobei offensichtlich wurde, daß ein Zurückziehen und eine ablehnende Haltung immer mit der Angst vor der Gruppe verbunden waren, wohingegen eine positive Beteiligung nach Aussagen der Gruppenmitglieder eine persönliche Befreiung mit sich brachte: „Meine Haltung wurde positiver, als ich erfuhr, daß ich mich öffnen konnte. Erst von diesem Moment an fühlte ich mich frei, offen mitzuspielen." – „Das eigene Spiel in Situationen, die für mich selber ein aktuelles Problem darstellen, half mir, in den weiteren Spielen mich in problematische Situationen einzuleben. Die Phantasie wurde aktiviert und es war mir möglich, von mir selbst loszukommen. Eine ganze Skala von Gedanken und Gefühlen, die bei anderen bestehen könnten, wurde mir deutlich."

b) Der Nutzen des Psychodramas

Alle Antwortenden stimmten darin überein, daß das Psychodrama für sie von großem Nutzen ist, besonders im Hinblick auf eine größere Selbsterkenntnis und ein besseres Verstehen der anderen, wie es in folgenden Antworten zum Ausdruck kommt: „Ich wurde mir über meine eigene Art zu reagieren bewußt und vermochte so die Merkmale meines eigenen Charakters und Temperamentes kennenzulernen. Das half mir, mich besser in der Hand zu haben, was mir im Umgang mit psychiatrischen Patienten sehr genutzt hat." – „Man lernt spontaner zu leben, dadurch, daß man sieht, daß die eigenen Schwierigkeiten auch bei anderen in der Gruppe vorkommen und sich als allgemein menschliche Probleme erweisen. Es wird leichter, für die Schwierigkeiten anderer Verständnis aufzubringen und ihnen zuzuhören. Man wird mit seinem Urteil nuancierter und kann sich schneller auf jemanden einstellen." Alle stimmten darin überein, daß das Psychodrama für die Lösung vieler Schwierigkeiten eine ausgezeichnete Hilfe darstellte.

c) Konflikte in der Gruppe

Praktisch alle Antwortenden waren sich der wesentlichen Spannungen und Konflikte in der Gruppe bewußt. Zwei Drittel gaben an, daß diese Konflikte kein Hindernis für die psychodramatische Arbeit seien. Ein Drittel war gegenteiliger Meinung.

2. *Aufschlüsselung des Gruppenleiters*

Gegen Ende der Gruppenarbeit wurde vom Leiter folgende Aufschlüsselung für die Entwicklung der Gruppe gegeben. Drei Phasen wurden unterschieden:

A – Der Bereich des Gruppenerlebnisses

In ihm werden die Beziehung zum Leiter der Gruppe, die Stellung eines jeden innerhalb der Gruppe und die Subgruppen genauso behandelt wie das Maß, in dem man sich für das Psychodrama einsetzen kann. Zur Bearbeitung dieser Fragen wurde die Technik der *Sozioanalyse* verwandt.

B – Der berufliche Bereich als psychiatrischer Pfleger

Die Beziehungen zu den Patienten, zu den leitenden Personen in der psychiatrischen Klinik, den Ärzten und Stationsvorstehern, stehen hier im Mittelpunkt und werden durch das Instrument des *Soziodramas* angegangen.

C – Der Bereich persönlicher Problematik

Fragen des persönlichen Lebens und Erlebens werden in diesem Bereich behandelt: „Wie bin ich? – Wie sehen mich die anderen? Bin ich frei? Was bedeutet die Psychiatrie für mich persönlich? Was bedeuten die Beziehungen zwischen Mann und Frau für mich?" Im *Psychodrama* setzt man sich mit diesen Fragen auseinander.

Anhand der obenstehenden Unterscheidung kann die Gruppenentwicklung nunmehr folgendermaßen zusammengefaßt werden:

Sitzungen	A Gruppenerlebnis	B Beruf	C persönliche Probleme
1	Beeinträchtigung der Freiheit in einer miteinander bekannten Gruppe	aufdringliche Patienten	Konformismus und Ungezwungenheit
2	Fantasmen: Verletzen, Angst, Roheit, Führung		Jungen und Mädchen
3		Pflege von neurotischen Patienten	Mann-Frau-Beziehung
4	Spannungen zwischen Verfechtern und Gegnern einer zu persönlichen Problematik		Wie werde ich von der Gruppe gesehen?
5	Die Subgruppen und das Thema		
6		Krankenpflege in der Psychiatrie	
7		autoritäre Haltungen in der Klinik	
8	Führungspositionen in der Gruppe		
9	Einsamkeit und Gemeinschaft		
10		Haltung gegenüber Vorgesetzten	

1. In der ersten Sitzung werden drei Gebiete angesprochen:

B Man behandelt vor allem *Probleme des Berufes*, z. B.: „Wie behandelt man einen korpulenten Patienten, der nichts anderes im Sinne hat als allüberall im Mittelpunkt zu stehen?"

C Auch *persönliche Probleme* werden aufgegriffen, z. B. der Beitrag einer Pflegerin: „Wir führen hier doch ein recht strenges und diszipliniertes Leben. Andere Mädchen haben viel mehr Freiheiten und Möglichkeiten zur Unterhaltung."

A Ein weiterer wesentlicher Punkt der Sitzung ist die *Gruppenproblematik* selbst. Da findet sich z. B. folgender Einwand: „Die Gruppenarbeit bringt doch ein Bloßlegen der eigenen Persönlichkeit mit sich. Dabei erhebt sich tatsächlich die Frage, ob es überhaupt wünschenswert ist, daß in einer Gruppe von Studenten, die über ein Jahr miteinander leben und arbeiten müssen, es zu einer solch intimen Kenntnis der persönlichen Atmosphäre kommt." Ein weiterer Einwand besteht darin, daß durch die Einplanung des Psychodramas in das Ausbildungsprogramm die Möglichkeit zur freiwilligen Teilnahme nicht voll gegeben ist. Wir müssen hier bemerken, daß diese Punkte ein besonderes Problem in La Verrière darstellten und die Angst vor der Gruppenarbeit wesentlich motivierten: „Il s'agit d'élèves d'une même classe, qui sont mis en situation de groupe et sont appelés à se revoir quotidiennement, aux cours, au réfectoire, dans le salon, le corridor des chambres du foyer. Il s'agit là certainement d'une difficulté supplémentaire par rapport à des groupes hétérogènes de formation ou de psychothérapie de groupe" (ROUQUETTE/SCHÜTZENBERGER 1966).

Dieses Nahebeieinanderleben auf engstem Raum stellt jedoch keine unüberwindliche Schwierigkeit dar, weil das Psychodrama auch in der Familientherapie mit Erfolg Verwendung gefunden hat, und hier sind ja die Gruppenmitglieder auch außerhalb der Psychodramasitzungen in beständigem Kontakt miteinander.

2. In der zweiten Sitzung steht die Beziehung zur Gruppenleitung im Mittelpunkt.

A Dieses Gruppenproblem wird vornehmlich auf der symbolischen Ebene behandelt. Folgende Bilder werden ins Spiel gebracht: Ein rücksichtsloser Junge fährt mit seinem Fahrrad in eine Gruppe spielender Kinder; ein großer ungeschlachter Fußballspieler tritt einen Mitspieler gegen das Schienbein; ein gemeiner und niederträchtiger Kerl versucht gutgläubige Menschen zum Narren zu halten.

C Nachdem die Gruppenfantasmen interpretiert worden sind, geht man zu Problemen des zwischenmenschlichen Bereiches über, die im Verlauf der Sitzung aufgetaucht sind, z. B.: „Die Jungen gehen mehr rational und logisch vor, wohingegen die Mädchen doch mehr Gefühl ausdrücken. Überdies möchten die Jungen immer das letzte Wort haben."

3. In der dritten Sitzung wird die Thematik der zweiten Gruppenzusammenkunft weiter behandelt. Das Motto:

B „Die Männer machen sich gewöhnlich ein gemütliches Leben und lassen sich von den Frauen nur bedienen." Diese Thematik wird nun in den beruflichen Bereich übertragen. Ein psychiatrischer Pfleger bringt folgendes Beispiel: Eine neurotische Frau steht in einem Hörigkeitsverhältnis zu ihrem Mann. Obwohl sie vielen seiner Handlungen und Wünsche durchaus nicht zustimmen kann, redet sie ihm immer nach dem Munde. An diesem Beispiel wurde deutlich gemacht, daß die Inkongruenz von Äußerung und Gefühl den Ursprung neurotischer Verformung bilden kann.

4. In der vierten Sitzung spricht man sich allgemein dafür aus, daß der Bereich der zwischenmenschlichen Beziehungen vertieft und näher behandelt wird.

C Persönliche Belange kommen ins Spiel. So wird gefragt: „Fühle ich mich von dem anderen angegriffen oder angenommen? Ich würde es vorziehen, wenn die anderen mich akzeptieren würden, aber ich fühle mich von ihnen verurteilt."

A Im Fortlauf der Arbeit taucht die Frage nach dem persönlichen Einsatz der einzelnen Teilnehmer auf. Es entsteht eine gewisse Parteiung einerseits zwischen Gruppenmitgliedern, die eine vertiefte Bearbeitung persönlicher Problematik befürworten, und andererseits zwischen Gruppenmitgliedern, die eine Verletzung der Intimsphäre befürchten und sich gegen eine evtl. Bloßstellung zur Wehr setzen. Die Verfechter der ersten Auffassung betonten, daß man sich in einer Gruppe viel spontaner äußern könne als in irgendeiner anderen Situation. Es ginge darum, tiefere persönliche Probleme zu behandeln, alles andere lohne nicht der Mühe. Nur durch die spontan in der Gruppe auftauchenden Reaktionen würden Möglichkeiten zu vertiefter Selbsterfahrung gegeben. Die zweite Gruppe fühlte sich offenbar von dieser Art der „Bloßstellung" peinlich berührt. Man habe Angst, schwierigere Probleme zu berühren oder andere Gruppenteilnehmer zu verletzen.

5. Die fünfte Sitzung ist vollkommen auf Gruppenprobleme gerichtet. Es wird nicht psychodramatisch gearbeitet.

A Man konzentriert sich auf die *Sozioanalyse.* Von einigen Teilnehmern wird der Wunsch geäußert, mit den anderen Gruppenmitgliedern in näheren Kontakt zu treten, doch scheinen einige Subgruppen ausgeschlossen zu sein. Folgende Begründung wird gegeben: „Es ist in dieser Gruppe sehr schwierig, sich auszudrücken, weil man in der Gefahr steht, den anderen zu verletzen und auch außerhalb der Gruppensitzungen miteinander arbeiten muß." Allmählich sieht die Gruppe ein, daß der Konflikt zwischen Angst und persönlichem Einsatz ein Konflikt ist, den ein jeder in sich trägt. Das Gruppenproblem wird damit einigermaßen aufgehellt.

6. In der sechsten Sitzung kommt man auf die vorangegangenen Fragen aus dem Berufsleben zurück und vermeidet ängstlich Aussagen, die zu persönlich sein könnten. Folgendes Thema wird aufgegriffen: „In welchem Verhältnis stehe ich als Pfleger zu meinen Patienten und gegenüber der Psychiatrie?" An weiteren Themen tauchen auf: „Ein junger Pfleger bzw. eine Pflegerin haben sich mit Schizophrenen zu befassen, mit denen es nicht möglich ist, Kontakt aufzunehmen." „Wie behandeln Psychiater und Psychologen ihre eigenen Kinder?"

7. Die Berufsproblematik wird auch in den folgenden Sitzungen weiter bearbeitet, indem man auf konkrete Erfahrungen aus der pflegerischen Praxis zurückgreift. Die Beziehungen zwischen den in Ausbildung befindlichen Pflegern und dem leitenden Stationspersonal stehen im Mittelpunkt. Es wird die Frage aufgeworfen, inwieweit bei einem Interaktionsspiel, das von rückhaltloser Offenheit gekennzeichnet ist, noch eine weitere Zusammenarbeit möglich ist.

8. Die achte Sitzung stellt die Gruppe wieder in den Vordergrund.

A Es wird die Frage gestellt, wie stark das Psychodrama sich auf die Realität auswirkt und evtl. Spannungen hervorruft, da auch die Führungsposition innerhalb der Gruppe nicht ohne Spannungen angenommen worden ist. Als Folge davon wird das etablierte System und die Leitung der Schule in Frage gestellt. So werden verschiedene Situationen aus dem Internatsleben behandelt.

9. Das Thema der neunten Sitzung drehte sich um Einsamkeit und gemeinschaftliche Verbundenheit.

10. In der zehnten und letzten Sitzung werden im wesentlichen die Beziehungen zu den Ausbildern besprochen und Fragen zum weiteren Berufsweg angeschnitten, z. B. in welchen Abteilungen oder Stationen man tätig werden wird. In einem Exit-Psychodrama wird versucht, ein Resumée zu ziehen.

Diese Übersicht mag eine Illustration für die Arbeitsweise mit dem gruppengerichteten Psychodrama geben. An allererster Stelle müssen die Gruppenbeziehungen (Teil A) durch die Sozioanalyse aufgehellt werden und klar genug sein, damit die Gruppe implizite und explizite zu einer Übereinstimmung kommen kann. Die Durcharbeitung dieser Problematik kann aber gleichermaßen durch das Psychodramaspiel geleistet werden w. z. B. in der 8. Sitzung. Sobald über die Gruppensituation eine gewisse Übereinstimmung besteht, kann man zur Berufsproblematik übergehen (Teil B) wie in den Sitzungen 2, 5 und 9 und dort die Situation des Pflegers in der psychiatrischen Klinik untersuchen.

Von diesem Soziodrama geht man allmählich zu persönlichen Problemen über (Teil C), die mit dem Berufsleben verbunden sind. So gelangt man zum eigentlichen Psychodrama, in dem persönliche Fragen, die nicht notwendigerweise an eine soziale Rolle oder einen Beruf gebunden sind, behandelt werden. Vor Beginn der Gruppenarbeit tauchten immer wieder persönliche Probleme auf und gestalteten sich immer konkreter (Sitzung 1, 2, 3 und 4). Im Verlauf dieses Prozesses wuchsen die Spannungen in der Gruppe zwischen Verfechtern einer größtmöglichen Offenheit, was persönliche Probleme anbelangt, und Teilnehmern, die sich gegen eine Bloßstellung des persönlichen Bereiches wehrten. Diese Spannungen mußten durchgearbeitet werden (Sitzung 4—5). Nachdem die Gruppe in dieser Sache zu einem Kompromiß gekommen war, wurde es möglich, daß im Teil B sowohl Fragen über das Gruppenerlebnis als auch über persönliche Erlebnisse gestellt werden konnten (Sitzung 6—7). Zu persönliche Fragen wurden abgewehrt. Für ein noch tieferes Eindringen in die Problematiken war nicht genügend Zeit vorhanden.

3. Zur Auswertung des Gruppengeschehens

Zu Anfang der Selbsterfahrungsgruppe wird vom Gruppenleiter angekündigt, daß dieser sogenannte „Kursus" nicht Gegenstand eines Examens werde. Die Spontaneität der einzelnen Teilnehmer wäre bei der Vorstellung, eine intellektuelle Leistung erbringen zu müssen, großen Einschränkungen unterworfen. Im Jahrgang 1968 haben wir noch eine weitgehend freiwillige Prüfung durch Kurzreferate in der Gruppe vorgenommen, wobei die Punktbewertung paritätisch von den Gruppenteilnehmern und dem Psychodramaleiter gegeben wurde. Diese Endauswertung brachte folgende Ergebnisse, die einiges Licht auf die Möglichkeiten und Wirkweisen des Psychodramas werfen, und im folgenden deshalb mitgeteilt seien:

1. Die Vorteile des Psychodramas

a) Das Psychodrama bietet eine größere Ausdrucksmöglichkeit. Ein Gruppenmitglied formulierte: „Die Äußerungsmöglichkeiten sind nicht durch Worte beschränkt. Das Spiel führt zu einem größeren Engagement. Man hat mehr Möglichkeiten sich auszuleben, sich mit seinem gesamten Körper auszudrücken und diese Ausdrucksmöglichkeiten vermitteln mehr als Worte. Durch all dieses erfährt man eine Befreiung, die man durch bloßes Gespräch nicht erreichen kann. Der Rollenwechsel und die auxiliary egos helfen, die eigenen Gefühle und Regungen zum Ausdruck zu bringen."

b) „Das Psychodrama lehrt reflektives Denken. Man beginnt, bewußter zu leben und auf seine eigene Tiefe zu achten."

c) „Das Psychodrama vermittelt Selbsterkenntnis. Man lernt Neues über sich selbst, man hört, was die anderen über einen denken. Unbewußte Inhalte werden bewußt und erfahrbar gemacht; dadurch, daß man einen anderen seine eigene Rolle spielen sieht, erhält man ein besseres Bild von sich selbst und wird sich über dessen Bedeutung klarer."

d) „Das Psychodrama vermittelte eine größere Kenntnis der Gruppe. Man gewöhnt sich an die Ausdrucksweisen der anderen Gruppenmitglieder und lernt seinen eigenen Platz in der Gruppe besser kennen. Dieses ist mit einer stärkeren Erfahrung des anderen verbunden und gibt die Möglichkeit, sich besser in die Situationen anderer Teilnehmer einzuleben. Auf diese Weise erhält man ein nuanciertes Urteil und ein besseres Bild des anderen."

e) „Das Psychodrama verbessert die zwischenmenschlichen Beziehungen. Es erleichtert und verbessert die Kontakte mit psychiatrischen Patienten, die in dieser Hinsicht ja besonders empfindlich sind. Man erhält bessere Beziehungen zum Personal, was sich gleichermaßen für die Patienten als vorteilhaft erweist. Durch das Psychodrama lernt man mit anderen leichter in Beziehung zu treten und im persönlichen Umgang sensibler zu sein."

2. Die Nachteile des Psychodramas

a) Es finden sich zuweilen unaufgelöste Konflikte, die, wenn sie nicht genug abreagiert werden können, sich außerhalb der Gruppenzusammenkünfte auswirken.

b) Es wurden des öfteren banale Themen und zuwenig echte Problematik gebracht.

c) Das Schweigen in der Gruppe, anfangs noch bedeutungsvoll, wird später oft ein Ausdruck der Apathie und sinnlos.

3. Gewünschte Themen

Ein Teil der Gruppe verlangt mehr persönliche Probleme. Doch der größte Teil der Teilnehmer wendet sich gegen persönliche Themen. „Es ist nicht nötig, direkt persönliche Probleme anzuspielen. Dies kann indirekt geschehen. Es ist besser, sich auf die Probleme mit den Patienten in der beruflichen Arbeit zu konzentrieren."

4. Praktische Durchführung im Jahre 1969

Im Anschluß an diese Prüfung wurde die praktische Durchführung der gruppendynamischen und psychodramatischen Arbeit für das folgende Jahr ausführlich besprochen. Auf diese Weise gewann man eine Art projektiver Auswertung der Gruppenerfahrung.

a) D i e G r u p p e. Die meisten Teilnehmer stammen aus einer kleinen Gruppe von maximal zehn Teilnehmern, die naturgemäß intimer ist und mit weniger Widerständen belastet als eine große Gruppe. Man formuliert: „Man sollte der Gruppe mehr Freiheit lassen und nicht versuchen, einen moralischen Zwang auszuüben. Niemand sollte gegen seinen Willen genötigt werden, zu kommen."

b) D i e Z e i t. Von allen Teilnehmern wird ein kürzerer Abstand zwischen den einzelnen Gruppenzusammenkünften gefordert, damit man sich besser aufeinander einspielen könne. Eine wöchentliche Sitzungsfolge wird als wünschenswert angesehen. Man stimmte darin überein, daß eine genaue Begrenzung auf zwei Stunden nicht immer ohne Schwierigkeiten durchführbar ist, da manchmal gerade gegen Ende der Sitzung interessante und wichtige Dinge auftauchten. Verschiedene sind der Auffassung, daß man nicht direkt zu Beginn des Studienjahres mit der psychodramatischen Arbeit beginnen kann. „Es wäre besser, etwas später einzusetzen, wenn man sich schon aus Unterricht und Arbeit näher kennt."

c) D i e V o r b e r e i t u n g. Jedermann verlangt, daß zu Beginn des Jahres eine bessere Einleitung gegeben wird. Der Gruppenleiter solle ausdrücklicher klar machen, worum es geht und was man erwarten kann. Ein theoretischer Unterricht über das Ziel und die Anwendung von Psychodrama und Gruppendynamik sollten in jedem Falle vorausgehen, so daß die Gruppe, über die Möglichkeiten und Ziele informiert, selbst bestimmen kann, in welcher Richtung sie arbeiten will.

Die Ergebnisse dieser Auswertung der Gruppenerfahrung aus dem Jahre 1968 sollte für die weitere Arbeit im Jahre 1969 zur Grundlage gemacht werden.

III Die Gruppenerfahrung der Jahrgänge 1969, 1970, 1971

Entgegen der Annahme des Gruppenleiters besaß die oben mitgeteilte Auswertung für die Gruppenarbeit des Jahrganges 1969 nur sehr wenig Relevanz. Keine einzige der Gruppen hatte einen besonderen Nutzen aus den Erfahrungen und Ergebnissen des vorigen Jahres gezogen, ja es zeichnete sich eine deutliche Tendenz ab, sich von den vorangegangenen Gruppen abzusetzen.

Als Ergebnis dieser Feststellung wird nunmehr darauf Wert gelegt, aus den Erfahrungen vorangegangener Gruppen keine detaillierte Information zu geben, sondern nurmehr die wesentlichen Grundstrukturen, die immer wieder auftauchen, zu verwerten. Überhaupt wird theoretischen Fragen weniger Zeit gewidmet. Im wesentlichen konzentriert sich das Psychodrama auf Berufsfragen und persönliche Probleme im Kontakt mit den Geisteskranken (B) sowie auf die Sozioanalyse der eigenen Gruppe (A).

Als die wesentlichste Veränderung, die in den Jahrgängen 1969—71 eingeführt wurde und die sich von allgemeinem Vorteil erwiesen hat, ist der Einsatz von zwei Gruppenpsychotherapeuten, die als Mann und Frau, als Elternpaar, den teilnehmenden Pflegeschülern und Pflegeschülerinnen die Möglichkeit bieten, Kindheitsproblematik und Konflikte der heterosexuellen Beziehung zu projizieren. Als weitere Veränderung findet sich die endgültige Abschaffung der Prüfung über den Psychodramakursus. Die Zahl der Psychodramasitzungen ist im Stundenplan vermehrt worden. Die Gruppenarbeit wird mit einem Wochenendseminar zu Anfang des Schuljahres begonnen, das im Rahmen des Internats stattfindet.

Der größte Teil der von uns ausgebildeten Pfleger und Pflegerinnen wird in psychiatrischen Institutionen tätig, und zwar als verantwortliche Leiter kleiner Abteilungen oder Gruppen. In dieser Position kommen sie mit den starren Strukturen, wie sie in den noch vielfach autoritär und nach traditionellen Konzepten geführten psychiatrischen Anstalten sehr oft vorhanden sind, in Konflikt. Die durch die psychodramatische und gruppendynamische Arbeit vermittelten Erkenntnisse und Therapiemöglichkeiten können auf diese Weise oft nur unter großen Schwierigkeiten in die Praxis umgesetzt werden, weil es allenthalben an Verständnis fehlt. Unter diesen Umständen könnte man sich die Frage stellen, ob es wirklich Sinn hat, psychiatrische Pfleger in diese Techniken einzuführen, bei ihnen soziales Engagement zu wecken und sie für das Ideal der therapeutischen Gemeinschaft zu begeistern. Hier aber muß gesagt werden, daß die Bedeutung der Psychodramaausbildung auch darin liegt, sich gegen derartige Schwierigkeiten zu wappnen; denn soziales Engagement ist nicht gleichbedeutend mit der Anpassung an eine vorgegebene soziale Struktur. Die psychodramatische und gruppendynamische Erfahrung regt vielmehr den jungen Pfleger dazu an, kritisch zu denken, Konflikte zu reflektieren und nach Möglichkeiten zu ihrer Bewältigung zu suchen. Dies ist der Weg jeder echten Erneuerung, ein Weg, der nicht ohne Schwierigkeit, Desillusionierung und Enttäuschung gegangen werden kann, solange man in einer Umgebung arbeiten muß, die nicht die notwendige Freiheit und Bewegungsmöglichkeit zugesteht.

Literatur:

ANCELIN-SCHÜTZENBERGER, A., Précis de psychodrama, Paris, Ed. Univ. 1966, 1970².

— Triadisch Psychodrama, *Folia Psychodramatica* 1 (Louvain 1968) 301—319.

ANZIEU, D., Le Psychodrama chez l'enfant, Paris, P. U. F. 1956.

CORSINI, R., Roleplaying in psychotherapy, a manual, Chicago, Aldine 1966.

DALEMAN, M., Belang van de groepsdynamiek bij respectievelijk niet-gestoorden en psychiatrische patienten, Verhandeling, Louvain 1968.

DECK, E. S., HURLEY, J. E., CRUMTON, E., Effects of group psychotherapy on attitudes of nursing students, *Group Psychotherapy* 16 (1963) 46—54.

FRANZKE, E., Das Psychodrama als gestaltungstherapeutisches Verfahren in einer analytisch orientierten psychosomatischen Klinik, *dieses Buch*, 1971.

HAGAN, M., KENWORTHY, M., The use of psychodrama as a training device for professional groups working in the field of human relations, *Group Psychotherapy* 4 (1951).

HOFF, H., SLUGA, W., GRUNBERGER, J., Gruppenpsychotherapie und Psychodrama bei kriminellen Psychopathen, *Group Psychotherapy* 1/2 (1969) 103—112.

ILJINE, V. N., Therapeutisches Theaterspiel, Paris 1942 (russ.).

— Das therapeutische Theater, *dieses Buch*, 1971.

— PETZOLD, H., SCHMIDT, I., Didaktisches „théâtre permanent" in der Erwachsenenbildung, *Volkshochschule im Westen* Jg. 4 (1971).

LEBOVICI, S., DIATKINE, R., KESTEMBERG, E., Applications de la psychoanalyse à la psychothérapie de groupe et à la psychothérapie dramatique en France, *Evol. Psychiatr.* XVIII, 3 (1952) 387.

— — DANON-BOILEAU, H., Das Psychodrama und die Behandlung von Psychosen, *Zeitschr. Psychosom. Med.* 3 (1956) 220.

— — KESTEMBERG, E., Bilan de dix ans de thérapie par le psychodrama chez l'enfant et l'adolescent, *Bull. Psychol.* XXIII 13/16 (1969/70) 839. Erstmals 1958 in: *Psychiatrie de l'enfant* I (1958) 63.

LEUTZ, G. A., Die Soziometrie in ihrer Beziehung zum Psychodrama, in: *Ber. 2. int. Kongr. Gruppenpsychoth.*, Zürich 1957, Teil II, Basel 1959.

— Psychodrama, eine Form der Gruppenpsychotherapie, in: E. FRANZKE (Hrsg.), *Vidareutbildningskurs i Psykiarie*, Växjö 1970.

— Übertragung, Einfühlung und Tele im Psychodrama, *dieses Buch*, 1971.

MORENO, J. L., Behaviour therapy, *Amer. J. Psychiat.* 120 (1963) 194—196.

— Psychothérapie de groupe et psychodrama, Paris, P. U. F. 1965.

ORTMAN, H. L., How psychodrama fosters creativity, *Group Psychotherapy* 19 (1966) 201.

PETZOLD, H., Triadisches Psychodrama in der Erwachsenenbildung, *Volkshochschule im Westen* 3 (1971) 129—132.

— Tetradisches Psychodrama mit Schulkindern, *dieses Buch*, 1971.

— Verhaltenstherapeutische Elemente im Psychodrama, Paris, 1969 mimeogr.

— Behaviourdrama, Paper auf dem Kongreß der Gesellschaft zur Förderung der Verhaltenstherapie, München, Juli 1971.

— ILJINE, V. N., ZENKOVSKIJ, B., Das didaktische Theater in der schulischen Erziehung, *dieses Buch*, 1971.

ROUQUETTE, J., SCHÜTZENBERGER, A., Formation du personel psychiatrique par le psychodrame et la dynamique des groupes, in: MORENO, J. L., *The international handbook of group psychotherapy*, London, Peter Owen 1966.

STRAUB, H., Das Morenosche Psychodrama und seine Anwendungsmöglichkeiten im Rahmen einer psychiatrischen Klinik, *Zeitschr. Psychoth. med. Psychol.* 13 (1963) 117.

— Die Behandlung von Zwangsneurosen mit Psychodrama, *dieses Buch*, 1971.

STURM, I. E., The behavioristic aspect of psychodrama, *Group Psychotherapy* 1/2 (1965) 50—64.

WINDER, A., STIEPER, D. R., A prepracticum seminar in group psychotherapy, *Int. J. Group Psychother.* 6 (1956) 410—417.

Übersetzt aus dem Flämischen von *Elvira Langmeyer*, Naarden.

Vorbereitung von Kindertherapeuten zur Spieltherapie über das Psychodrama

A. Friedemann, Biel

J. L. Moreno gewidmet

Vorbemerkungen

Es ist nicht nötig, die Bedeutung der Kinderpsychotherapie hier im einzelnen historisch darzustellen. Sie geht letzten Endes auf die klassische Darstellung von Sigmund FREUD, die Geschichte des kleinen Hans, zurück.

Die eigentliche Kinderanalyse knüpft sich vor allem an die Namen Oscar PFISTER, Hans ZULLIGER und an die großen Leistungen von Anna FREUD und ihrer Schule. Im Rahmen dieser Bestrebungen konnten wir die deutungsfreie Kinderanalyse entwickeln, über die dann unser verstorbener Freund Hans ZULLIGER ausführlicher berichtet hat.

Auf dem Boden der Psychoanalyse haben sich aber auch weitere Spieltherapien entwickelt, wie sie von Madeleine THOMAS, Louisa DÜSS und nicht zuletzt wieder von Hans ZULLIGER entwickelt worden sind. Aus dem Kreise um Harald SCHULTZ-HENCKE entwickelte dann Frau von STAABS ihren heute mit Recht weit verbreiteten Szenotest. Während diese Untersuchungs- und Behandlungsmethoden psychoanalytischen Gesichtspunkten entstammen, kommt das Psychodrama MORENOS, ebenso wie seine Gruppentherapie, aus ganz anderen Bereichen. Hier hat ein Psychiater mit besonderer künstlerischer und schöpferischer Begabung seit 1911 versucht, die Not des Menschen zunächst einmal aus dem Erleben selbst anzupacken. Er erfaßt im Ausdruck des Spiels, des gelebten Theaters, das letzthin Unsagbare, das im einzelnen sich wohl mißverständlich äußern mag. In einer gut zusammengesetzten Gruppe kann dieses Mißverständnis seine innere Wahrheit offenbaren, die vor allem dann zur Heilung des gekränkten und des oft auch deshalb seelisch kranken Menschen führt, wenn er einen verständnisvollen Interpreten findet.

Oft wird versucht, MORENO als einen Gegner der Psychoanalyse auszuspielen. Das ist durchaus falsch. Wir können dafür einen authentischen Beleg anführen. So schreibt MORENO 1957 in „The First Book on Group Psychotherapy", p. XXIII: „My critique of psychoanalysis may have been in my pioneering years, sharp and vehement, but never negative. I repeatedly showed the relationship of free association to spontaneous acting out and the natural dialogue, the relationship of transference to tele and the relationship of the psychogenesis of the individual to the sociogenesis of groups." (Meine Kritik der Psychoanalyse ist vielleicht in den Jahren meiner Pionierzeit scharf und heftig gewesen. Sie war niemals negativ. Wiederholt habe ich die Beziehungen zwischen freier Assoziation zu spontanem Agieren und natürlichem Dialog, die Beziehung von Übertragung zur Zweifühlung und die Beziehung der Psychogenese beim Individuum zur Soziogenese von Gruppen aufgezeigt.)

So kam MORENO schon sehr früh dazu, Konflikte zwischen Volksgruppen und politischen Gruppen auf die verschiedenste Art zur Auseinandersetzung im Psychodrama anzuregen. Ideales Endziel des Psychodramas ist, ebenso wie in der Spieltherapie, letzten Endes die, wie MORENO es einmal nennt, „totale Produktion von Leben. Sie versucht den Patienten mit mehr Realität zu versehen als der Lebenskampf ihm bisher erlaubt hat. Ihr Ziel ist eine vollgültige Realität. Dieser Reichtum an lebendiger Lebenserfahrung hilft dem Patienten durch Erlebnis und Übung und nicht nur durch Analyse die Kontrolle und Beherrschung seiner selbst und der Welt ständig zu erweitern. Das analytische Psychodrama insbesondere ist eine Synthese, die versucht, eine analytische Hypothese psychodramatisch auf der Bühne darzustellen," (So MORENO 1944) oder aber die im Psychodrama gewonnenen Einsichten psychoanalytisch aufzuhellen, wie es FRIEDEMANN tut, wenn er sie gegebenenfalls auch noch im „Echo" aus dem „Schatten" nachspielen läßt, wenn es zur eigentlichen psychoanalytischen Arbeit notwendig erscheint.

Das Treffen im Unbewußten, wie es FREUD genannt hat und das Suchen des Erfolges der Wahrheit in der Gruppe hat MORENO in den 20er Jahren in den leider nicht mehr erhältlichen „Worten des Vaters", neu aufgelegt 1941, dargestellt, wenn er feststellt, das jedes Einzelwesen seine Stimme zwar für sich selbst laut werden läßt, so daß Millionen möglicher Visionen der Gottheit am Horizont auftreten, die aber in der Gruppe verschmelzen. Der Vater ist eigentlich das älteste und am stärksten traditionsverhaftete Symbol der Gottheit. Die Idee des Vaterschöpfers ist eigentlich die einzige Kategorie, die in das Chaos der Wertsysteme Ordnung bringt.

In den „Worten des Vaters" zeigt sich ein für viele paradoxer MORENO, den wir schon 1923 im Stegreiftheater bewundert haben. Der schöpferische Dichter beschenkt dann wieder den Naturwissenschafter, den klassischen Mediziner. Wer gewillt ist, in beiden Ebenen mit MORENO mitzuschwingen, wird in sein eigenes Arbeitsgebiet bereichert zurückkehren. Der negierende Kritiker wird es leicht haben, Aussetzungen zu finden, die am Wesen der Sache vorbeigehen.

In meisterlicher Form hat Frau ZERKA T. MORENO geschildert, wie sie ihrem eigenen Kinde das Psychodrama bereits in der Wiege gespielt hat. Es ist schade, daß diese wunderschöne Darstellung noch nicht ins Deutsche übersetzt worden ist. Sie gibt zugleich eine außerordentlich eindrückliche Darstellung nicht nur des Psychodramas, sondern auch der Darstellung des Doppels, der Spiegelung, des Hilfs-Ich und der Rollenumkehr.

Die MORENO'sche Konzeption der Gruppenpsychotherapie, das Psychodrama und die Soziotherapie, sind eigentlich weitgehend miteinander verwachsen. Wir selber sind durch das Erlebnis psychodramatischer Situationen in der psychiatrischen Klinik und vor allem durch die Lektüre des Stegreiftheaters von MORENO zu Beginn der 20er Jahre darauf gestoßen, die Gruppenpsychotherapie zunächst einmal mit seelisch kranken Menschen vorzunehmen. Wir haben sie dann mehr und mehr auch in Konfliktsituationen gesunder Menschen angewendet. So hat es sich ergeben, daß wir jetzt das Psychodrama sowohl in die Gruppenpsychotherapie als auch in die Einzelbehandlung bei Erwachsenen und Kindern einbauen. Für diese Bereicherung unserer therapeutischen Möglichkeiten sind wir außerordentlich dankbar.

Spieltherapie und Psychodrama

Wir haben in früheren Jahren ausgeführt, wie die verschiedenen Möglichkeiten der Spieltherapie im Rahmen der deutungsfreien Analyse Heilungsmechanismen bei Kindern wecken. Neben dem üblichen Kasperspiel empfiehlt sich hier vor allem das jetzt weit verbreitete „Gemüse-Theater". Es hat den Vorteil, daß das Kind seine Schöpfungs- und Zerstörungsphantasien an Rüben oder Erdäpfeln ausleben kann, ohne Schäden anzurichten, die — vom Kinde aus gesehen — schwer oder gar nicht wieder gut zu machen sind.

Was in der Spieltherapie nicht übersehen werden darf, ist die Tatsache, daß das spielende Kind seine Phantasie wohl ausleben soll; es darf sie aber nicht austoben. Ausleben heißt mit der Realität verbunden bleiben, so wie es MORENO als Ziel der Gruppentherapie postuliert, und so wie es auch der Analytiker in der Realitätskontrolle fordert. Die Techniken können auch bei größeren Kindern im Ausdenken und Niederschreiben von Romanen bestehen, so wie wir es vor Jahren einmal im „Remo der Retter" dargestellt haben.

In den verschiedenen Spieltherapien muß zur Deutung die Möglichkeit der Verkehrung ins Gegenteil erwogen werden, die MORENO bewußt in den Vordergrund des Psychodramas stellt. Am deutlichsten hat er das einmal im November 1964 in „Scuola et città" ausgesprochen: „Questa è la prima legge dello psicodramma: mettetevi nella situazione della vittima di un'ingiustizia e condividetene il torto: invertite il ruolo con la vittima." „Dies ist das erste Gesetz des Psychodramas, versetzt Euch in die Lage des Opfers einer Ungerechtigkeit, teilt mit ihm das Unrecht. Wechselt die Rolle mit dem Opfer."

In der Spieltherapie kann es vorkommen, daß der Psychotherapeut dieses Gesetz vergißt oder ins Unreale übertreibt. Beides kann böse Folgen haben. So vergißt er etwa, daß das Kind, das den Wolf spielt, nie ein wirklicher Wolf ist und tatsächlich nie wirklich den Menschen in realem Sinne beißen oder fressen darf. Wie heilend eine kurze dramatische Szene mit Rollenumkehr im Psychodrama beleuchtet werden kann, möchten wir am Beispiel der Vorbereitung einer Gruppe von Spieltherapeuten zeigen, die unerwartet in eine Situation geraten waren, in der sich die Widerstände von Kindern, beziehungsweise Kindergruppen, gegen die Spieltherapie gehäuft hatten. Es handelt sich um eine große Beratungsstelle im europäischen Kulturraum, an der etwa 20 Kindertherapeuten ausgebildet werden. Sie sind es hauptsächlich gewohnt, mit dem Szenotest zu arbeiten. In der Besprechung der uns unbekannten Fälle kam es nun zu Klagen über immer stärkere Häufung von Versagern. Bei der großen Faszination, die der Szenotest ausübt, ein außerordentlich ungewöhnliches Geschehen, das kaum den Kindern zur Last zu legen war.

Wir erklärten den Anwesenden, daß wir die Kinder nicht kennten, ebensowenig die Mütter der Kinder, die leider in üblicher Weise heftig kritisiert wurden. Besonders schlimm sei es immer dann, wenn die Mütter die Kinder brächten. Man wüßte nie, wie man sich richtig verhalten solle, immer werde es einem zum Nachteil ausgelegt. Darunter leide die therapeutische Spielatmosphäre, wenn überhaupt ein Spiel zustande käme. Vielleicht könnten wir aber die Kinder und Mütter im Psychodrama der Kindertherapeuten etwas besser kennen lernen.

Wir schlugen vor, einmal einige kurze Szenen spielerisch darzustellen.

Wir dürfen grundsätzlich die Feststellung MORENOS bestätigen, wenn er 1959 im Handbuch der Neurosenlehre und Psychotherapie IV Seite 314 sagt: „Der Raum kann aus einem Podium bestehen, auf dem der Therapeut steht oder die Patienten sitzen im Halbkreis auf Stühlen; oder ungezwungen auf dem Boden im freien sokratischen Gespräch; oder man bedient sich eines therapeutischen Theaters mit einer eigenen Bühne, um den therapeutischen Zweck der Gruppe zu betonen."

Gewünscht wurde überraschenderweise nicht ein Spiel aus der Spieltherapie, sondern „die Mutter kommt mit dem Kinde in die Beratungsstelle". Hierzu stellten sich spontan sechs Mitwirkende zur Verfügung, die in drei kurzen Szenen mit dem „Spieltherapeuten" agierten.

Die *erste Szene* wurde von den Damen A und B so gespielt, daß B als Mutter neben A saß. Als der „Spieltherapeut" hereinkam, setzte sich das „Kind" A auf den Schoß von B, sprach kein Wort, klammerte sich an die „Mutter" B, die ihre Hände schützend um das Kind legte. Das „Kind" heulte und ließ sich nicht von der „Mutter" trennen. Diese Szene löste unter den übrigen Teilnehmern spontan Tendenz zum Mitspielen aus, die an sich nicht vorgesehen war. Herr C wollte sehr energisch eingreifen. Der „Spieltherapeut" half der Mutter B, die Herrn C abwehrte, worauf D der Mutter B freundlich zuredete und ihr erklärte, man solle noch zuwarten. Sie solle mit dem Kinde in den nächsten Tagen immer wieder vorbeikommen, dann würde das Kind schon sehen, wie das Spiel laufe und seine Scheu verlieren. Das „Kind" A setzte sich nun auf, nahm die „Mutter" bei der Hand und versprach ihr lächelnd, mit dem netten Fräulein D wolle es das nächste Mal spielen.

Zweites Spiel: Herr C ist diesmal das „Kind". Er kommt mit der „Mutter" E. Schon an der Tür reißt er sich von ihr los. Die „Mutter" droht ihm, „wenn Du nicht artig bist, so bringt Dich die Polizei". Das „Kind" C bleibt aufgeregt und trotzig an der Tür stehen mit dem Rücken zum Zimmer. Es spricht kein Wort, kratzt und schlägt wütend gegen die Tür, immer in hochgereckter Stellung, während die „Mutter" dem „Spieltherapeuten" klagt, sie werde dem Kinde nicht Meister.

Drittes Spiel. Umkehrung: Diesmal ist Herr C die „Mutter". F spielt das Kind. Sie kommen zur Spieltherapie. F will nicht gehen. Da sagt die „Mutter" C zum „Kinde" F: „Du mußt keine Angst haben, wo wir hingehen, gibt es keinen Doktor und auch sonst niemanden, der Dir sagen kann, was Du tun sollst. Du kannst alles machen, wie Du willst." F läßt sich aber einfach fallen, kauert sich zusammengesunken in eine Ecke, völlig stumm, die „Mutter" C kommt nun zum Spieltherapeuten und klagt, daß alle Maßnahmen bei dem Kinde nichts fruchten. Hier wird das Spiel abgebrochen.

In der ganzen Gruppe wurden nun die drei Spielszenen besprochen. Um nicht allzu lang zu werden, bringen wir hier das Ergebnis, das sich zunächst aus der Spielbeobachtung selbst heraus kristallisierte. Es war *in der ersten Szene* die *Haltung des überbetreuten* Kindes, das sich von der Mutter nicht trennen kann. *In der zweiten Szene das Trotzkind. In der dritten Szene das schwer beziehungsgestörte Kind*, das nicht einmal mehr zum Trotzen kam, sondern *in hilflos anaklitischer Haltung* in sich zusammengesunken war, ohne irgendwelches Interesse an Objektbeziehungen zu zeigen. Die Haltung der „Mutter" war ebenfalls recht bezeichnend. Geduld und übermäßige Schutzhaltung im ersten Falle. Drohend und doch hilflos im zweiten Falle. Hilflos auch im dritten Falle, hier aber das Kind völlig sich selbst überlassend und von vornherein jede psychologische oder ärztliche Autorität im Gegensatz zu den Tatsachen bestreitend.

Die Rollenumkehr wurde hier im Gruppengespräch von der Gruppe selbst herbeigeführt. Dabei stellte sich heraus, daß die eigentliche Störung der Atmosphäre gar nicht so sehr auf ein besonderes Verhalten der Kinder zurückzuführen war. Die Beteiligten waren selbst erstaunt, daß sie eigentlich, „ohne es zu wollen", spontan in sehr typischer Weise drei verschiedene Verhaltensformen von Kindern und Müttern dargestellt hatten.

Den Schlüssel lieferte indessen C, der als Kind in starrem Trotz, als Mutter aber sein eigenes Verhalten als autoritätsschädigend bezeichnet hatte. Hier brach C, in Lachen aus. Die Lösung des vermeintlich abnormen Verhaltens der Kinder in der Spieltherapie war geklärt. C stand in einer Autoritätskrise, die in der Beratungsstelle zwischen Spieltherapeuten, Ärzten und Psychologen ausgebrochen war und nun in einem gemeinsamen Gespräch beigelegt werden konnte.

Zusammenfassung

Das von J. L. MORENO begründete Psychodrama hat sich in der Klinik, ebenso wie bei den verschiedensten devianten sozialen Gruppen seit vielen Jahren bewährt. In der Familientherapie ist es uns unentbehrlich geworden.

In der vorliegenden Arbeit wollten wir zeigen, wie kurze Szenen in psychodramatischer Darstellung schwierige Probleme erkennen lassen, die dann in einer Gruppenbesprechung rasch und entspannt gelöst werden können.

Das rasche Durcharbeiten von psychodramatischen Szenen in den zugehörigen therapeutischen Gruppen hat, wenn wir MORENOS Publikationen recht verstehen, J. L. MORENO bereits von allem Anfang an geübt. Seine Kindergruppen gehen bereits auf das Jahr 1910 zurück. Seine Gruppen mit Devianten (Prostituierten) auf das Jahr 1913. Das Psychodrama unmittelbar auf die Zeit nach dem ersten Weltkriege.

Inspiriert durch MORENOS Stegreiftheater haben wir seine Techniken in die Psychotherapie eingebaut. Wir glauben, damit nicht etwas wesentlich Neues geschaffen zu haben. In unseren Gesprächen mit MORENO haben wir immer wieder mit Erstaunen, aber auch mit einer gewissen Genugtuung festgestellt, daß dieser erfahrene Mann Ähnliches bereits vorher gefunden hatte. Ihm, dem heute 80-jährigen, bleibt der Ruhm, vor 60 Jahren eine Pionierarbeit begonnen zu haben, in der er zunächst recht einsam gestanden ist. Heute ist das, was MORENO geschaffen hat, in weltweiter Diskussion. Wir haben allen Grund ihm zu danken.

Literatur

Mit Ausnahme der grundlegenden Arbeiten von J. L. Moreno sind hier nur die im Text erwähnten Autoren angeführt.

DÜSS, Louisa: La méthode des Fables en Psychoanalyse. Arch. Psychol. 1940, „Fabelmethode", Biel 1956.

FREUD, Anna: Einführung in die Technik der Kinderanalyse. 2. Aufl. Wien 1929.

FREUD, Sigmund: Analyse der Phobie eines fünfjährigen Knaben. Jahrb. psychoanalyt. u. psychopath. Forschungen, Leipzig u. Wien 1909.

FRIEDEMANN, A: Deutungsfreie Kinderanalyse. 5. Lindauer Psychotherapiewoche (Remo der Retter), Stuttgart 1954.
Gruppenpsychotherapie mit Aerzten, in: Moreno, „The International Handbook of Group Psychotherapy (S. 196), New York 1966.

MORENO, J. L.: Das Stegreiftheater, Potsdam 1923, II. Aufl. New York, Beacon 1970.
The First Book of Group Psychotherapy 1931, 1932, 1957.
Who Shall Survive?, New York, Beacon House, 1934, 1953.
The Words of the Father, New York, Beacon 1941.
Foundations of Sociometry. An Introduction, in „Sociometry" IV, 1941.
Psychodramatic Treatment of Psychoses, „Psychodrama Monographs", 13, New York, Beacon House 1944.
Sociodrama. A Method for the Analysis of Social Conflicts, „Psychodrama Monographs" 1944.
The Theatre of Spontaneity. An Introduction to Psychodrama, New York, Beacon House 1947.
Organization of the Social Atom, in „Sociometry" X n. 3, pp. 287—293, 1947.
Sociometry and Marxism, im „Sociometry", XII nn. 1—3, 1949.
Interpersonal Therapy, Group Psychotherapy and the Foundation of the Unconscious. Group Psychotherapy Vol. VII, 1954.
Gruppenpsychotherapie, Psychodrama, Stuttgart 1959.
Das Psychodrama, in: Handbuch der Neurosenlehre und Psychotherapie, Wien und München 1959.
Scuola e città, Firenze XI 1964.

MORENO, J. L., ZERKA, JONATHAN: The First Psychodramatik Family. New York, Beacon House 1964.

MORENO, ZERKA: Psychodrama in the Crib. Group Psychotherapy Vol. VII, 1953.

RAMBERT, M.: Une nouvelle technique infantile: Le jeu de guignol. Rev. franç. Psychoanalyse X, 1938.

v. STAABS, G.: Szeno-Test, Berlin und Stuttgart 1952.

THOMAS, Mad.: Méthodes des Histoires à compléter. Arch. Psychol. XXIV, 1937.

ZULLIGER, H.: Heilende Kräfte im kindlichen Spiel. Stuttgart 1952.

Zu den Verwendungsmöglichkeiten des Psychodramas in der Pastoraltherapie, Seelsorge, der religiösen Selbsterfahrung und in der Didaktik des Religionsunterrichts

H. Petzold, Paris

Psychodrama und Soziodrama haben in den USA in die verschiedenen Bereiche der Seelsorge Eingang gefunden und sich dort als Methoden bewährt, die sich im Hinblick auf die vielfältigen Anforderungen, die an eine moderne Pastoralarbeit herangetragen werden, als sehr effektiv erwiesen haben.

Die Erkenntnis, daß Seelsorge und Psychotherapie Bereiche sind, die aneinander grenzen, sich zuweilen überschneiden und folglich in einem kooperativen Verhältnis stehen müssen (I. H. SCHULZ 1949; KURT/BARTNING 1964), beginnt sich in Europa bei Theologen (STOLLBERG 1969, 1970; ZIJLSTRA 1969; DOEBERT 1970) aber auch in Kreisen der Therapeuten (BOVET 1952; TOURNIER 1958; BITTER 1965; MAEDER 1945; FRANKL 1961; HERZOG-DÜRK 1965) durchzusetzen. Das wachsende Interesse der Theologen an der Therapie (SCHÄR 1961; GOLDBRUNNER 1967; SCHARFENBERG 1970) erfuhr durch das Aufkommen und die Verbreitung gruppentherapeutischer und gruppendynamischer Methoden einen weiteren Impuls (SIEVERS 1969, 1970; SBANDI 1969; FRÖR/STOLL 1969; WINKLER 1970; MÜLLER 1970; SCHARFENBERG 1970; FABER 1968), so daß zu erwarten ist, daß die Entwicklung zu der so notwendigen integrativen Zusammenarbeit von Therapeut und Seelsorger weiter voranschreitet.

Es ist uns an dieser Stelle nicht möglich, das Problem der Beziehung zwischen Psychotherapie und Seelsorge *in extenso* zu erörtern. Grundsätzlich sei gesagt, daß es beiden Disziplinen um den Menschen geht, den Menschen mit seinen Nöten und Problemen, wobei mit einem unterschiedlichen Ansatz und unterschiedlichen Mitteln gearbeitet wird. Darum ist es weder möglich, daß die Psychotherapie von der Seelsorge „vermagded" (FRANKL 1956) wird, noch daß von der Seelsorge spezifische Psychotherapie geleistet wird. Andererseits wird es aber auch der Psychotherapie nicht möglich sein, einen vollgültigen Ersatz für die Seelsorge zu leisten.

Der Therapeut befaßt sich in erster Linie mit dem psychisch kranken Menschen. Der Seelsorger befaßt sich mit dem gesunden Menschen und mit seinen oftmals schwerwiegenden Problemen. Wo der Seelsorger auf den Kranken trifft, wird er mit dem Arzt oder dem Therapeuten zusammenarbeiten müssen, nicht zuletzt um seiner seelsorgerlichen Arbeit bessere Zugänge zu ermöglichen; denn oftmals sind die Fähigkeiten des kranken Menschen, seelsorgerlichen Zuspruch anzunehmen und für sein Leben fruchtbar zu machen, beschränkt.

Der Unterschied zwischen seelischen Schwierigkeiten und seelischen Erkrankungen ist nicht immer leicht zu finden. In der Regel sind beide miteinander verbunden. Das eine erfordert *Beratung*, das andere *Behandlung*, wobei evident ist, daß auch die Beratung schon einen therapeutischen Effekt hat und der seelsorgerliche Zuspruch helfende und heilende Funktion haben kann (PETZOLD 1969 a). In diesem Grenzbereich ist es nun notwendig, daß der Seelsorger aufgrund einer pastoralpsychologischen Ausbildung zu erkennen vermag, wo neben dem seelsorgerlichen Zuspruch therapeutische Hilfe notwendig ist; und dann geschieht es oft, „daß Menschen die Hilfe eines Geistlichen brauchen, um zu sehen, daß auch ‚fromme Leute' seelische Störungen haben können" und derartige Störungen von Spezialisten behandelt werden müssen (ZACHER 1961).

Diese Grenzsituation, in der sich seelsorgerliches Handeln beständig sieht als ein Ringen um das Seelenheil, das gleichzeitig zur Heilung der Seele beiträgt (FRANKL 1965), tritt bei der Verwendung gruppenpsychologischer Verfahren in der pastoralen Praxis w. z. B. T-Groups, Psycho- und Soziodrama besonders zutage, da es eigentlich auch das Problem dieser nicht-therapeutischen psychologischen Gruppenarbeit ist, die letztlich nur *per intentionem* therapeutische Situationen vermeiden will, aber wieder und wieder an die Grenzen der Therapie und über diese Grenzen hinausführt. Besonders das emotionsintensive Geschehen des Psychodramas läßt diese Grenzen fließend werden und erfordert daher therapeutische Schulung oder enge Zusammenarbeit mit einem Therapeuten. Im Sinne einer eigentlichen Pastoraltherapie kann das Psychodrama nur von einem ausgebildeten ärztlichen oder psychologischen Therapeuten ausgeübt werden.

Während in den USA das Psychodrama seit mehr als einem Jahrzehnt in der Pastoralarbeit der großen Religionsgemeinschaften verwandt wird (z. B. jüdisch: Rabbi A. BOBROFF 1966; katholisch: H. FEINBERG 1967; protestantisch: Rev. J. R. GREEN 1961; orthodox: GIANOPOULUS 1960), ist es in Europa bisher nur in Paris von ILJINE (1942) im Rahmen der C. I. M. A. D. E. und von ILJINE, ZENKOVSKIJ und PETZOLD mit Theologiestudenten und gemischten Gruppen von Theologen und Laien in Frankreich praktiziert worden. Seit 1967 haben wir auch Psychodrama in der Pastoraltherapie verwandt, und zwar in der Form des *triadischen Psychodramas* (SCHÜTZENBERGER 1968, PETZOLD 1971 g), einer Kombination von T-Groups, Gruppenpsychotherapie und psychodramatischem Spiel, auf die wir aber an dieser Stelle nicht näher eingehen können.

I. Das Psychodrama in der Pastoraltherapie

In den von kirchlichen Instituten unterhaltenen Therapiezentren, Ehe- und Erziehungsberatungsstellen und Sozialdiensten kann das Psychodrama den Erfordernissen spezifischer Gruppen entsprechend — Ehepaare (HENLE 1970), Süchtige (PETZOLD 1970 a, 1971 d e f), verhaltensgestörte Jugendliche (DEETH 1970) — Verwendung finden (ZACHER 1961; FEINBERG 1967; HITTSON 1970). In der Regel können diese Maßnahmen der kirchlichen Einrichtungen nicht als Pastoraltherapie im eigentlichen Sinne angesprochen werden, sondern fallen in den Bereich der allgemeinen Sozialfürsorge, die zwar vom christlichen Geist der Nächstenliebe getragen wird, doch ihre Aufgaben mehr und mehr auf überkonfessioneller Ebene und in einem fachlichen Rahmen, dem der Psychologie und Sozialpädagogik, wahrnimmt.

Die Pastoraltherapie hingegen versucht spezifisch seelsorgerliche Anliegen mit therapeutischen Aufgaben zu verbinden und befaßt sich mit dem Bereich der Psychopathologie, der direkt mit religiösem Erleben, mit religiösen und ethischen Normen verbunden ist.

Wir können damit drei wesentliche Aufgabenbereiche der Pastoraltherapie herausstellen:

1. Die Behandlung neurotischer Fehlhaltungen, die durch Angst und Schuldgefühle aufgrund falsch verstandener kirchlicher Lehren entstanden sind (*ekklesiogene Neurosen*, SCHÄTZING 1955; THOMAS 1964, 1965; PETZOLD/OSTERHUES 1971).

Zur Behandlung ekklesiogener Neurosen in der Pastoraltherapie folgende Bemerkungen: Den Begriff der Schuld zu bestimmen, ist schon von Seiten der Theologie her mit Schwierigkeiten verbunden, die sich noch verschärfen, wenn pastoralmedizinische und -psychologische Kategorien mit in die Betrachtungsweise einbezogen werden. Den Begriff der Schuld im Sinne orthodox-analytischer und behavioristischer Psychologie zu eliminieren, wird ohne Aufgabe zentralchristlicher Positionen nicht möglich sein. Die Unterscheidung TOURNIERs (1958) in „vraie et fausse culpabilité" ist hier hilfreich, wenn auch nicht unbedingt befriedigend; denn auch „berechtigte Schuldgefühle" können zu neurotischen Fixierungen führen.

Bei den als ekklesiogen anzusprechenden Neurosen handelt es sich nahezu ausschließlich um Fehlverhalten aus einer verbogenen Einstellung zur Sexualität heraus. Die in der Erziehung an den Patienten herangetragenen falsch verstandenen religiösen Normierungen werden ursächlich für neurotische Erscheinungsbilder, die sich in sadistisch-masochistischem Verhalten, in Homophilie, Impotenz, Frigidität (SCHÄTZING 1955; THOMAS 1965) und auch in Alkoholismus und Drogenabhängigkeit sowie in Depressionen (THOMAS 1964; CREMERIUS 1959) äußern. Die Behandlung ekklesiogen neurotischer Personen erfordert häufig eine spezifisch auf die religiösen Probleme eingehende Therapie; denn mit dem herkömmlichen Instrumentarium der Psychotherapie allein werden ekklesiogene Neurosen kaum anzugehen sein, ohne daß das religiöse Erleben an sich infrage gestellt würde. Hier tritt die Pastoraltherapie in eine Lücke mit ihrem Bemühen, in die Behandlung das Streben nach einer gesunden Religiosität zu integrieren.

Da es bei ekklesiogenen Neurosen weitgehend um eine Fehleinschätzung der Leiblichkeit geht, die sich oft in einer ausgesprochenen Leibfeindlichkeit äußert, ist ein therapeutisches Instrument, das den Körper und den körperlichen Ausdruck spezifisch mit einbezieht, angezeigt. Das Psychodrama bietet hier durch das Spiel an sich und durch zahlreiche nonverbale Übungen (FINE 1970), durch Pantomimetechnik und Entspannungsübungen zum warm-up (DROPSY/SHELEEN 1970) zahlreiche Möglichkeiten, neben der szenischen Konfliktbearbeitung die Beziehung zum eigenen Körper zu valorisieren, aber auch zum Körper des anderen ein neues Verhältnis zu gewinnen, da im Psychodrama das „taboo against touching" (FORER 1969) nicht besteht, sondern der körperliche Kontakt geradezu eine therapeutische Funktion hat (BLATNER 1970) z. B. eine Ich-stützende beim

Doppeln (PETZOLD 1970b, 1971a) und eine kommunikationsintensivierende beim *sharing* (MORENO 1969; FERENCZI 1964; PERLS 1969).

Die *psychodramatische Vergangenheitsprojektion* (PETZOLD/LEUTZ 1972) führt den Patienten zurück in Situationen, die als neurotisierend angesprochen werden müssen und ermöglicht ihm durch die Vergegenwärtigung dieser Situationen einen Einblick in die Bedingtheit seiner Fehlhaltungen. Diese psychodramatische „Bedingtheitsanalyse" (PETZOLD 1971), deren Verlauf durch aufhellende Interpretationen des Therapeuten gefördert wird, ist in der szenischen Aktualisierung und Korrektur – Fehlverhalten bedingende Situationen werden korrigierend neu gespielt – das wesentliche therapeutische Agens in der Behandlung ekklesiogener Neurosen durch das Psychodrama.

Der *circulus vitiosus* von Schuld und Angst findet bei ekklesiogen Erkrankten zuweilen eine spezifische Ausprägung in der Höllenfurcht oder in der Angst vor dem jüngsten Gericht, die in einem Prozeß der Generalisierung zu schweren phobischen Reaktionen in den verschiedensten Bereichen führen können. Zur Behandlung derartiger Zustände bieten sich die Techniken des *„judgements"* (SACKS 1965) und des *psychodramatischen Schocks* (MORENO 1939; MANN 1966) an, die den Patienten mit seinen Angstvorstellungen konfrontieren, indem etwa eine Höllenszene oder das Gericht gespielt wird. Die Lichteffekte, die die *Beleuchtungstechnik* einer Psychodramabühne ermöglichen, gewährleisten ein intensives warm-up für diese Situationen. In der Gerichtsszene kann man z. B. den Patienten seine eigene Anklage formulieren und begründen lassen. Die als Richter fungierenden *auxiliary egos* können nun diese Anklage ablehnen, annehmen, oder modifizieren und ein Urteil verkünden, das freisprechend und lösend aber auch, falls indiziert, in Anwendungen des *psychodramatischen* Schocks den Patienten seine Verdammung mitteilt, ihm aber die Möglichkeit, sich zu verteidigen, bietet. Wir haben in solchen Szenen, die natürlich eine ganz spezifische Indikation erfordern, immer wieder gesehen, daß Patienten gleichsam in Mobilisierung ihrer Selbsterhaltungskräfte die von ihnen abgelehnten und mit Schuld besetzten Handlungen verteidigten, daß z. B. Onanieskrupulanten in ihrer Verteidigungsrede die Selbstbefriedigung plötzlich als Vorgang hinstellten, der durchaus nicht widernatürlich oder gar verdammungswürdig anzusehen sei. Auf dem Höhepunkt einer solchen Szene wird diese unterbrochen (CORSINI 1966; PLOEGER 1969) und mit dem Patienten gemeinsam analysiert, wobei das *feedback* der Gruppe und das *sharing* einzelner Teilnehmer für den Patienten eine große Hilfe ist. Die Verwendung eines Videorekorders hat sich für die Analyse derartig virulenter Szenen hervorragend bewährt.

Die psychodramatische Behandlung ekklesiogener Neurosen bietet durch den Realitätscharakter der szenischen Bearbeitung den Vorteil, auch bei den nicht als Protagonist im Spiel stehenden Patienten Widerstände und Abwehrmechanismen zu reduzieren und ihnen durch die intensiven Identifikationsvorgänge ein kathartisches Erlebnis zu vermitteln. Und es ist besonders die durch das Psychodrama bewirkte Katharsis, die bei ekklesiogen Neurotisierten therapeutisch wirksam wird.

2. Der zweite Aufgabenbereich der Pastoraltherapie zielt auf die Behandlung seelischer Störungen, die sich als Frustration des Anspruchs an den Lebenssinn erweisen (*noogene Neurosen*, FRANKL 1956, 1959).

Wie die ekklesiogene Neurose als durch fehlverstandene und -verarbeitete religiöse Postulate verursachte Störung in das Tätigkeitsfeld der Pastoraltherapie gehört, so stellen sich die noogenen Neurosen, als aus der Frage nach der Sinngebung des Lebens erwachsen, in besonderer Weise der Pastoraltheraphie als Aufgabe; denn hier vermag sie, im Grenzbereich von Theologie und Psychotherapie stehend, der Frustration des „Willens zum Sinn" die Möglichkeit zur Sinnfülle entgegenzustellen. Die 20 % unter den anfallenden Neurosen, die als noogen einzustufen sind (cf. WERNER, LANGEN, VOLHARD, PRILL, NIEBAUER, BUCKLEY, TOLL 1958), erfordern einen entsprechenden therapeutischen Ansatz, wie er mit der Logotherapie oder einer klinisch orientierten Seelsorge gegeben ist. Das existentielle (MORENO 1955) und religiöse (BOBROFF 1966; cf. infr.) Psychodrama können bei der Behandlung noogener Neurosen wertvolle Dienste leisten, besonders, wenn es sich um einfache Patienten mit geringem Abstraktionsvermögen handelt — bei einem solchen Klientel liegen bekanntlich die Grenzen sowohl der Logotherapie als auch der Psychoanalyse.

Man kann FRANKL (1965) nur zustimmen, wenn er von der Unmöglichkeit einer „Sinngebung von außen" spricht. Sinn kann immer nur vom jeweiligen Individuum gefunden werden. Das Psychodrama in der Therapie noogener Neurosen hat daher die Aufgabe einer *existentiellen Bestandsaufnahme* (cf. SZONDIs Schicksalsanalyse, 1965). Indem wesentliche Lebensszenen reaktualisiert und mit der Gruppe in der *Diskussionsphase* (LEUTZ 1970) und im *sharing* ausgewertet werden, wird ein Versuch zur Sinnfindung im persönlichen Schicksal gemacht, von dem ausgehend in Richtung einer Sinnorientierung weitergearbeitet werden kann. Mit der Technik der *Zukunftsprojektion* (YABLONSKY 1954; PETZOLD 1971 b) werden Ergebnisse gleichsam experimentell in verschiedenen Situationen der Zukunft erprobt. Auf diese Weise verbleibt ein im Rahmen der Therapie noogener Neurosen erforderliches *„life planning"* nicht auf der abstrakten Ebene der Reflektion und Diskussion, sondern erweist sich in der psychodramatischen *„surplus reality"* (MORENO 1969), dem Bereich also, der über die Realität hinausgehend als eine Ausdehnung der Wirklichkeit nach Zeit (Zukunft/Vergangenheit) und Qualität (Intensität) aufzufassen ist.

3. Das dritte Arbeitsfeld der Pastoraltherapie stellt die Behandlung von Konflikten und Störungen dar, die aus repressiven gesellschaftlichen Ordnungen und moralischen Wertungen erwachsen (*ethogene Neurosen*, PETZOLD 1971).

Es ist ein Faktum, daß nicht allein die Normen kirchlicher Moral in ihrer mißverstandenen Rezipierung zu neurotisierenden Angst- und Schuldgefühlen führen können, sondern daß auch die Sitten und Gewohnheiten (*éthos*) der Gesellschaft Zwänge ausüben und Tabus setzen, die ursächlich für Neurosen werden können. Eine repressive Sexualmoral (z. B. in der Sowjetunion, GROMOSDOW 1969), der Leistungsdruck und die Überforderungstendenzen, die sich in den modernen Industriegesellschaften in Beruf und Schule (PETZOLD 1968 a, b, c), ja in Freizeit und Familie allenthalben bemerkbar machen, mögen hierfür als Beispiele stehen. Die aus diesen Zwängen resultierenden persönlichen Konflikte schlagen sich in gestörten Ehen, in Trunksucht, bei Jugendlichen oftmals in neurotischer Verwahrlosung und Drogenabhängigkeit und in Suizidalität nieder. Das ungeheure Anwachsen der als *ethogen* anzusprechenden Neurosen im vergangenen Dezennium stellt an die Pastoraltherapie größte Ansprüche, da sie in besonderer Weise dazu aufgerufen ist, sich mit Störungen, die im Bereich der Werte und moralischer Ordnungen situiert sind, zu befassen. Die vielfältigen therapeutischen Möglichkeiten des Psychodramas können den verschiedenen Ansprüchen gemäß eingesetzt werden und zwar sowohl in Gruppen mit Ehepaaren, mit Jugendlichen, mit Arbeitern, mit Soldaten und Wehrdienstverweigerern, deren Gewissenkonflikte Gegenstand psychodramatischer Bearbeitung werden können.

Ethogen neurotisches Verhalten, das also aus den Zwängen und Tabus gesellschaftlicher Normierungen resultiert, wird vielfach wirkungsvoll durch verhaltenstherapeutisch orientiertes psychodramatisches Rollenspiel und Situationsspiele angehbar, wobei wiederum dem *feedback* und der Gruppendiskussion besondere Bedeutung zukommt.

II. Religiöses Psychodrama

„Religiöses Psychodrama ist die Form der Gruppenpsychotherapie, die sich mit den persönlichen Problemen von Menschen befaßt, die mit religiösen Gefühlen verbunden sind" (BOBROFF 1966).

Sofern derartige Probleme in den Bereich der Psychopathologie fallen, gehören sie in das Aufgabengebiet der Pastoraltherapie. Das religiöse Psychodrama hingegen, wie es in der Jugendpflege, der Männer- und Frauenarbeit in der Gemeinde eingesetzt werden kann, hat zum Ziel, religiöse Erfahrungen zu vermitteln und religiöse Probleme zu klären. Die persönliche Beziehung zu Gott und zum Nächsten, der Sinn der christlichen Botschaft in unserer Zeit und die Schwierigkeiten, die aus einem im Alltagsleben praktizierten Christentum erwachsen, bilden die Hauptthemen des religiösen Psychodramas, das versucht, diese Problemkreise von der Ebene der theoretischen Reflexion auf die Ebene des Erlebnisses und des Handelns zu bringen, indem der Einzelne sein Anliegen konkretisiert und im Spiel mit der Gruppe teilt.

Das religiöse Psychodrama ist in erster Linie eine *Methode* zur Exploration von Problemen und Erfahrungen, die im Bereich des Religiösen ihren Ort haben. Es ist keine Ideologie oder gar eine theologische Konzeption, was natürlich nicht ausschließt, daß ihm theologische oder philosophische Konzeptionen zugrunde gelegt werden können. Wenn im Folgenden eine derartige Konzeption anklingt, so mag sie als Beispiel für viele andere Möglichkeiten stehen. Die methodischen Kriterien für das religiöse Psychodrama wie z. B. Offenheit, Aufrichtigkeit, die Bereitschaft, sich und seine Auffassungen infrage zu stellen, dürfen von derartigen theologischen und philosophischen Anschauungen nicht beeinflußt werden.

Das religiöse Psychodrama ist von einem großen Ernst bestimmt und erfordert von den Teilnehmenden einen hohen Einsatz von Vertrauen und Offenheit, geht es doch zuweilen um nichts geringeres als um das Ringen des Menschen mit Gott, um einen Jakobskampf (Gen. 32, 25). Das religiöse Psychodrama ist in dieser Ausprägung den mittelalterlichen Mysterienspielen vergleichbar. Es ist von der Atmosphäre des Gebets und der Gegenwart Gottes in der Gemeinschaft der Spielenden bestimmt. Was die Beziehung zu Gott anbelangt, so steht es dem biblischen Realismus sehr nahe. Im Sinne alttestamentlicher Anthropomorphie (Gott unter dem Bilde menschlicher Gestalt) und im Sinne neutestamentlicher Theanthropophie (Gott, Mensch geworden) wird Ernst gemacht mit der Nähe Gottes, wird Ernst gemacht mit der Gegenwart Christi im Nächsten (Mt. 25, 40). Gott wird aus der Ferne unzugänglicher Mysterien in die Mitte der Gruppe, der versammelten Menschen geholt. Man kann mit ihm sprechen, und er kann antworten, so wie es immer geschah: durch den Mund eines Menschen. Gott wird sinnvoll, wo Menschen sind.

„Ich weiß, daß ohne mich Gott nicht ein Nu kann leben,
Werd' ich zunicht', er muß vor Not den Geist aufgeben."
(ANGELUS SILESIUS)

Der Sinn Gottes erfüllt sich im Menschen, in der Menschwerdung; der Sinn des Menschen erfüllt sich, wenn er Gott wird (Mt. 5, 48). Wenn MORENO sein kurzes Gespräch mit FREUD mit dem Ausspruch beendet, „die Menschen zu lehren, *Gott* zu spielen", so steht dahinter MORENOs theologische Überzeugung, daß er, daß jeder Mensch Gott ist (1969).

„Ich bin der Vater.
Ich bin der Vater meines Sohnes.
Ich bin der Vater meiner Mutter und meines Vaters.
Ich bin der Vater meines Ahns und meines Urahns.
Ich bin der Vater meines Bruders und meiner Schwester.
Ich bin der Vater meines Enkels und Urenkels.
Ich bin der Vater des Himmels über meinem Haupte und der Erde
unter meinen Füßen.
Ich bin der Vater des Vogels auf meiner Schulter und des Viehs,
gelehnt an meinen Schenkel.
Ich bin der Vater des Blitzes aus meinen Wolken und des Regenbogens
über euren Dächern ...
Ich bin der Vater meines Aufbruchs, vom Staube und des Schweigens,
rauchend über eurer Öde."

Das Testament des Vaters, Potsdam 1922, S. 7.

Die patristische Lehre von der Theosis, der Vergottung des Menschen, bringt ähnliche Gedanken: „Gott ist Mensch geworden, damit der Mensch Gott werde" (ATHANASIUS, PG 25, 192 B), deshalb ist der Mensch „ein Geschöpf, dem der Befehl gegeben wurde, Gott zu werden" (BASILIUS, PG 36, 560 A). Sicherlich stehen diese Aussagen teleologisch in einem anderen theologischen Kontext als MORENOs Feststellung, die Ausdruck seines persönlichen Bewußtseins und seiner existentiellen Lebenshaltung ist:

„Es gibt nichts außer mir.
Es gibt nichts außer Gott.
Es gibt keinen Gott außer Gott.
Es gibt keinen Gott außer mir." Das Testament des Vaters, S. 14–15.

Gemeinsam ist beiden Konzeptionen die Forderung, das *Wagnis* einzugehen, Gott zu sein, die Rolle Gottes einzunehmen, die „Natur Gottes nachzuahmen" (GREGOR NYSSENUS, PG 46, 244).

Das religiöse Psychodrama ist der Ort, an dem jeder Gott sein kann und deshalb auch jeder Mensch sein kann. Vielleicht kann man überhaupt nur Mensch sein, wenn man Gott ist. Das religiöse Psychodrama bewegt sich weder auf dem Boden der Vermessenheit oder der kindischen Naivität, noch im Bereich eines billigen Symbolismus. Wenn man Jugendliche Gottvater psychodramatisch darstellen läßt (CHASE/FARNHAM 1965), so sind Naivität und Symbolik sicherlich mit eingeschlossen; aber es geht um mehr, es geht um die Erfahrung Gottes in uns, um das Bewußtwerden, daß Gott in uns handelt und daß wir an Stelle Gottes handeln (SOELLE 1965) und es geht um das „Wie": „Wie handle ich als Gott?" D. h. aber: „Wie handele ich als Mensch?"

Im religiösen Psychodrama werden diese Fragen in einer Art „experimenteller Theologie" (MORENO 1948) im Dialog mit Gott, im Rollentausch mit Gott, im Interview mit Gott in der Gruppe angegangen und beantwortet, soweit ein jeder diese Fragen für sich beantworten kann; denn wird auch durch die Arbeit in der Gemeinschaft der Gruppe die Erfahrung erweitert und die Erkenntnis vertieft, so kann es sich doch immer nur um personales Geschehen handeln. Erkenntnis und Erfahrung müssen von einer konkreten Person angenommen und realisiert werden. Jede allgemeine Lehre – der Begriff ist an sich widersprüchlich – muß persönlich werden, bevor sie Gültigkeit, ja eigentlich Existenz gewinnt. „Ohne konkrete Bindung des Wortes an eine private Existenz wird kein Bericht, sondern Allgemeines. Nach dem Verlust der Individuation fällt der Vorhang." (MORENO, Das Stegreiftheater 1923, 1970, 2. Aufl., S. 85). – So mußte auch Gott Person werden, damit er zugänglich wurde, muß er ständig Person werden, damit er zugänglich bleibt.

Mit diesen Feststellungen kommen wir zur didaktischen Funktion des religiösen Psychodramas, die unter die Prämisse gestellt werden kann: „Alle theologischen Lehren sind persönlich". Es sind die Lehren des Buddha, des Moses, des Mohammed, des Jesus Christus. Und auch die Lehren der Schüler sind persönlich, die Lehre des Omar und des Ali, die petrinische, paulinische, johanneische Theologie. Sicherlich, wir finden Übereinstimmungen, aber in einer persönlichen Ausformung. Ohne Zweifel sind Traditionen vorhanden, aber sie müssen persönlich bekannt werden. PETER MEINHOLD (1969) hat diese Zusammenhänge deutlich gemacht, wenn er betont, daß Wahrheit und Bekenntnis unlösbar miteinander verbunden sind, daß Wahrheit nur als „bekannte Wahrheit" möglich ist. – So geht es in jeder rechten Seelsorge nicht darum, starre Lehrsätze zu indoktrinieren, sondern zu persönlich erkannten und bekannten Wahrheiten und zu deren praktischer Verwirklichung im Leben zu führen. In der Auseinandersetzung des als wahr Erkannten mit der Wirklichkeit gewinnt die Wahrheit Gestalt, indem sie sich bestätigt und erweist. Dieser Prozeß der Auseinandersetzung wirft Konflikte auf, die seelsorgerliche Hilfe *erfordern,* wie sie durch die psychodramatische Darstellung im Miteinander von Protagonist, Seelsorger und Gruppe gegeben werden kann.

Religiöses Psychodrama ist zunächst und wesentlich *personzentriert,* auch wenn das methodische Vorgehen *gruppengerichtet* oder *gruppenzentriert* ist (PETZOLD 1971 c); denn es geht immer um die Erfahrungen des Einzelnen, auch wenn sie durch die Gruppe und mit der Gruppe gewonnen wird.

In fortlaufenden Gruppen mit religiösem Psychodrama ist es möglich, Themen zu erarbeiten: Freiheit und Verpflichtung, Moral und Schuld, Glauben und Handeln etc. Diese Themen werden durch Beispiele aus dem Leben der Gruppenteilnehmer konkretisiert, indem Szenen durchgespielt werden, in denen die gestellte Thematik Probleme aufwirft.

Das themenzentrierte Vorgehen, wie das religiöse Psychodrama überhaupt, erfordert neben der *Spielphase* eine sorgfältige Durcharbeitung des Geschehens in der *Diskussions-* oder *Gesprächsphase.* (Dies ist für jede Form des pädagogisch-didaktischen Psychodramas kennzeichnend). Dabei sollte allerdings immer darauf geachtet werden, daß die Psychodramagruppe nicht zu einer Diskussionsgruppe wird, sondern daß immer wieder Beispiele, die gebracht werden, psychodramatisch verdeutlicht werden.

Die Wahl der Themen beschränkt sich natürlich nicht auf den Bereich abstrakter Werte, sondern kann, den Erfordernissen der jeweiligen Gruppe und den seelsorgerlichen Zielsetzungen entsprechend, ganz konkret formuliert werden: Christsein am Arbeitsplatz, in der Familie, in der Schule; was heißt helfen?, was heißt lieben? sind einige Möglichkeiten. CHASE und FARNHAM (1965) beschreiben in ihrem „Report on Religious Psychodrama", wie sie in themenzentriertem Vorgehen in Jugendgruppen den Sinn des Weihnachtsfestes behandelten, indem sie den in einer Diskussion erarbeiteten Inhalt des Festes der häuslichen Realität gegenüber stellten. Bei einem derartigen Vorgehen werden natürlich die Grenzen zum Soziodrama fließend.

III. Religiöses Soziodrama

Der Einsatz soziodramatischer Methoden zur Behandlung von allgemeineren Themen empfiehlt sich in der Seelsorge weiteren Rahmens, die eine soziale Gruppe ansprechen will und nicht ausschließlich auf das Individuum gerichtet ist. Reverend GREEN (1961) hat das Soziodrama für Probleme gewählt, die die staatsbürgerliche Verantwortung des Christen betreffen, z. B. die Rassenfrage, die allgemeiner gefaßt auf das soziodramatisch sehr ergiebige Thema „Vorurteile" hinausläuft.

Wir selbst haben mit Jugendlichen über die Frage „Wehrdienst oder Wehrdienstverweigerung" soziodramatisch gearbeitet. Das Thema wird in eine Gruppe gestellt, die etwa 20 Personen umfassen sollte und bis zu mehreren hundert Personen umfassen kann. In kleinen Untergruppen *(cluster)* von 3–4 Personen wird dann begonnen, das Thema durchzudiskutieren. Bei Stockungen, Erzielung von Teilergebnissen oder Ergebnissen treten die einzelnen Untergruppen miteinander in Beziehung. Die dabei erfolgenden Konfrontationen der Auffassungen können eine szenische Dramatisierung erfahren. Andere Gruppen sammeln sich als Zuschauer um die Spielenden und treiben durch ihr *feedback* den Prozeß voran. In Großgruppen von 100 und mehr Personen ergeben sich auf diese Weise eine Anzahl von Szenen und größeren Untergruppen, die versuchen, ihre Ansichten zu formulieren und über Sprecher in festgelegten Stillezeiten *(breaks)* dem Plenum mitzuteilen.

Innerhalb moderner und zeitbezogener Seelsorge bietet sich das Soziodrama zur Bearbeitung von Fragen an, die, was persönliche Erfahrungen anbetrifft, für den Einzelnen keinen konkreten Bezugspunkt im Leben haben. Die Jugendlichen, die einberufen werden, können zum Problem „Wehrdienst" keine persönliche, d. h. psychodramatisch konkretisierbare Erfahrung haben, wie etwa Menschen der älteren Generation, die auf Krieg und Kriegsereignisse zurückblicken können. — Politische Fragen haben in der Regel für den Einzelnen, sofern er nicht aktiv als Politiker tätig ist, selten exakte Bezugspunkte im persönlichen Leben (wenn sich natürlich auch Konsequenzen politischer Entscheidungen auf das Leben des Einzelnen auswirken). Für alle Themen also, die nicht personzentriert psychodramatisch konkretisierbar sind oder die auf einer allgemeineren Ebene behandelt werden sollen, ist das Soziodrama ein geeignetes Instrument.

IV. Bibliodrama

Eine weitere Variante des didaktischen religiösen Psycho- bzw. Soziodramas ist das Bibliodrama (ZACHARIAS et al. 1967). Es geht hier nicht, wie man vermuten könnte, um das Aufzeigen psychodramatischer oder gruppendynamischer Geschehnisse in biblischen Berichten (BOBROFF 1962; PETERSEN 1962), sondern um die Verdeutlichung von Ereignissen in der Bibel, die schwer verständlich sind oder zu Ärgernis Anlaß geben. Das Nachspielen biblischer Berichte im Bibliodrama darf aber nicht mit der Aufführung biblischer Szenen, also einer Art religiösem Theater, verwechselt werden, sondern jeder übernimmt die Rolle als Individuum und versucht sie im Rahmen *(framework)* der biblischen Erzählung so zu realisieren, wie er sie erfährt und erlebt, ohne daß er durch irgendwelche Regieanweisungen in seinem Spiel eingeengt würde. Als Methode „lebendigen Lernens" kann das Bibliodrama bei der religiösen Unterweisung von Kindern verwandt werden. Wenn es mit Erwachsenen und Jugendlichen durchgeführt wird, stehen Szenen im Vordergrund, die Probleme aufwerfen oder dem heutigen Verständnis schwer zugänglich sind. Das Opfer Abrahams, der Jahwe seinen einzigen Sohn Isaak darbringen will, ist eine typische und häufig gewählte Thematik. Im Verlaufe ihrer Bearbeitung, wie überhaupt im Bibliodrama, kommt sehr oft persönliche Problematik mit ins Spiel. Die Szene des Opfers Abrahams ist geradezu prädestiniert, etwaig vorhandene Vaterproblematik an die Oberfläche kommen zu lassen.

V. Psychodrama mit Theologen

Die Ansprüche, die die moderne Seelsorge an den Geistlichen stellt, die Anforderungen, die die Theologie selbst als eine „Theologie im Wandel" an Pfarrer,

Priester und Theologiestudenten heranträgt, machen eine beständige Auseinandersetzung notwendig, eine Konfrontation mit den Gläubigen und ihren Problemen, ein kritisches Überdenken theologischer Konzepte und Traditionen, eine Auseinandersetzung schließlich mit dem eigenen Dienst und der eigenen Berufung.

Diesen Ansprüchen steht der Geistliche heute oft isoliert und ohne entsprechenden Rückhalt gegenüber. Viele Dinge, auf die sich frühere Generationen berufen konnten, sind in Fluß geraten, und viele sichere oder versichernde Normen werden hinterfragt und verlieren an Gültigkeit. In dieser Situation bedarf der Geistliche der Gemeinschaft, in der er seine Probleme ausbreiten und mit Menschen, die sich in ähnlicher Lage befinden, austauschen und bearbeiten kann. Die Methoden der psychologischen Gruppenarbeit können sich hier als hilfreich erweisen. In der gruppendynamischen Arbeit mit Theologen kann man immer wieder feststellen, daß die Barrieren und Abwehrhaltungen im Vergleich zu anderen Gruppen wesentlich stärker ausgeprägt sind. Kommunikationsbereitschaft und Kommunikationsfähigkeit sind häufig sehr stark eingeschränkt. T-Gruppen mit Theologen bewegen sich daher oft auf einer sehr trockenen, intellektuellen Ebene und haben größere Schwierigkeiten, in eine Atmosphäre emotionaler Offenheit zu gelangen (WINKLER 1970). Die Ursachen einer derartigen Rigidität können an dieser Stelle nur angedeutet werden. Die Isolation, in der viele Geistliche innerhalb ihrer Gemeinde stehen, die Frustration, die Seelsorge in unserer Zeit häufig mit sich bringt und die man sich nicht eingestehen will oder kann, die eigene Unsicherheit und Not in Glaubensfragen mögen hier genauso ursächlich sein wie das ängstliche Bemühen um „intellektuelle Redlichkeit" und die Furcht vor emotionalen Äußerungen. Hinzu kommt, daß viele Theologen trotz aller Rede vom Wandel und „revolutionärer Theologie" – diese Aussage gilt auch für weite Kreise der heutigen Theologiestudenten – noch sehr einem normativen Denken und bestimmten sozial, kulturell und historisch bedingten Vorstellungen von der Rolle des Pfarrers verhaftet sind. Dies sind einige Gründe, die zusammen mit einer gewissen Hybris und einem mehr oder weniger ausgeprägten Skeptizismus der psychologischen Gruppenarbeit gegenüber (WINKLER 1970, 404) gruppendynamisches Training mit Theologen ausgesprochen schwierig gestalten (STURM 1963).

All diese Faktoren aber zeigen die große Notwendigkeit psychologischer Gruppenarbeit mit und für Theologen auf. Die direktive und dynamische Methode des Psychodramas erweist sich hier als ausgezeichnetes Instrument, wenn es darum geht, Widerstände abzubauen, Kommunikationsbarrieren zu beseitigen und verfestigte gruppendynamische Prozesse in Gang zu bringen. Ohne an dieser Stelle ausführlich auf unsere Erfahrungen mit der Kombination von T-Gruppen und Psychodramasitzungen *(triadisches Psychodrama)* berichten zu können (PETZOLD 1971 g), sei bemerkt, daß mit dieser Verbindung die Schwierigkeit der T-Gruppe, ohne „Außenbezug", d. h. ohne das Eingehen auf die persönliche Vergangenheit und Zukunft zu arbeiten, beseitigt wird. Der alleinige Bezug auf das *hic et nunc* schafft eine intensive, aber in sich begrenzte Lernsituation, für die die individuellen Kausalzusammenhänge (das *tum et olim*) weitgehend undurchschaubar bleiben und das Handeln in der Zukunft der Zukunft anheimgestellt wird. Hier vermag psychodramatische Gruppenarbeit die Erfahrung in T-Gruppen fruchtbar und sinnvoll zu ergänzen.

Wir können in der Arbeit mit Theologen vier Schwerpunkte feststellen:

1. persönliche Fragen,
2. theologische Fragen,
3. pastorale und soziale Fragen,
4. besondere Aufgaben.

1. *Persönliche Fragen*

Die Behandlung dieses Fragenkomplexes zielt auf die Erarbeitung eines adäquaten Selbstverständnisses ab, ein Vorgang, der aufs engste mit den Fragen des theologischen Standortes und der politischen und sozialen Stellung, in der sich der Geistliche sieht, verbunden ist. Die Fragen: Was für ein Mensch bin ich als Theologe in unserer Zeit? Was für ein Mensch muß ich sein, um meine Aufgaben zu erfüllen? Was sind meine Aufgaben? Was sind meine Direktiven und wie übersetze ich sie in die Praxis?, werden in konkreten Ereignissen greifbar gemacht und durchgespielt. In diesem Zusammenhang taucht dann oft die Frage nach der Berufung und nach ihren Motivationen auf, Motivationen, die zu einem Teil im vergangenen Dezennium an Gültigkeit verloren haben. Der Verlust von Werten und von Aufgaben aber hinterläßt ein Vakuum, das gefüllt, erfüllt werden muß, soll die seelische Gesundheit gewahrt bleiben. In der psychodramatischen Aktualisierung der Motivationen werden ihre soziokulturellen Bedingtheiten, die Einflüsse von elterlicher, schulischer und kirchlicher Erziehung offengelegt und mit der Wirklichkeit konfrontiert, wie sie sich in der Gegenwart darstellt. Bei diesem Prozeß kommt dem *feedback* in der Gruppe besondere Bedeutung zu, einmal was das Aufdecken von Ausflüchten und Scheinlösungen anbelangt, zum anderen durch das *sharing* ähnlicher Erfahrungen und schließlich bei der Erarbeitung möglicher Lösungen oder in der Hilfestellung zur aufrichtigen Annahme von Situationen, für die im Augenblick keine Lösungen gefunden werden können. In derartigen Psychodramen wird immer wieder deutlich, daß es im Bereich der religiösen Erfahrungen und der persönlichen Begegnung mit Gott keine Patentlösungen gibt, und daß alle intellektuelle Akrobatik keinen Schritt näher an die „Torheit Gottes“ (1. Kor. 1, 25, PETZOLD 1968 d) heranführt. Das stellt den Einzelnen in eine große Hilflosigkeit, die anzunehmen ungeheuer schwer ist. Diese Hilflosigkeit zu vermeiden, werden alle möglichen Abwehrmechanismen mobilisiert, und je größer die Unsicherheit ist, desto starrer und festgefügter zeigt sich die Sicherheit, die zur Schau getragen wird. Die Situation des Christen in dieser Welt ist von einer existentiellen Hilflosigkeit und Unsicherheit gekennzeichnet (Joh. 16, 33), die aus der Dimension der Hoffnung (BLOCH, MARCEL, MOLTMANN) und in der Ausrichtung auf das Eschaton (BERDJAEV, BRUNNER, ALTHAUS) gemeistert werden kann (PETZOLD 1970 d, 1971 h). Das religiöse Psychodrama vermag, wenn die Gruppe einen entsprechenden Grad an Offenheit und Kohärenz erreicht hat, nicht nur die Erfahrung der existentiellen Unsicherheit zu vermitteln — und zwar nicht nur als „up to date“ klingende Floskel — sondern sie kann auch zur Erfahrung der Hoffnung in der und durch die Gemeinschaft führen.

Im Psychodrama mit Theologiestudenten kommen ähnliche Fragen wie in Gruppen mit Geistlichen auf, die schon im Gemeindedienst stehen. Die Fragen nach der Berufung und der Stellung zur Sexualität (STURM 1963) nehmen hier einen wesentlichen Platz ein, und zwar unterschiedslos in Gruppen mit katholischen und protestantischen Theologiestudenten. Diese Probleme werden im religiösen Psychodrama existentiell bearbeitet, ohne daß ein bestimmtes theoretisches Konzept – etwa das psychoanalytische – zugrunde gelegt werden braucht.

2. *Theologische Fragen*

Dieser existentielle Ansatzpunkt, frei von festgefügten theologischen, philosophischen oder psychotherapeutischen Konzepten, weist das religiöse Psychodrama als eine *Methode* aus, die dazu bestimmt ist, den ganz persönlichen Standort des einzelnen zu Gott, zu sich selbst, zu seinem Mitmenschen zu finden. Die Bearbeitung theologischer Fragestellungen kann gleichermaßen nur auf diesem Grunde geschehen, d. h. aber, daß es nicht um Theoreme gehen kann, die keinen konkreten Bezugspunkt in der menschlichen Existenz und im persönlichen Leben des Protagonisten haben. Die Behandlung theologischer Fragen durch religiöses Psychodrama wird nur im Sinne einer „experimentellen Theologie" sinnvoll; wenn es nämlich darum geht, theologische Fragen persönlich zu beantworten oder die praktische Relevanz theologischer Gedankengänge zu überprüfen, indem sie psychodramatisch konkretisiert werden, etwa durch die Techniken der *Zukunftsprojektion*, der *Szenenimprovisation*, des *Rollenspiels* (PETZOLD/LEUTZ 1972). All diesen Techniken ist gemeinsam, daß sie Situationen im psychodramatischen *„als ob"* erproben. Die Zusammenarbeit der Gruppe spielt hier eine entscheidende Rolle, zumal die Probleme der Teilnehmer oftmals ähnlich gelagert sind.

3. *Pastorale und soziale Fragen*

Die Ähnlichkeit in der Problematik ergibt sich nicht nur aus den gleichgearteten beruflichen Aufgaben, aus gewissen Übereinstimmungen in den Motivationen, sondern auch aus der Stellung, die der Geistliche in unserer Gesellschaft und in seiner Gemeinde einnimmt. Die Probleme der heutigen Pastoral liegen im wesentlichen bei den Erwartungen, die die Gemeindemitglieder an den Geistlichen stellen; weiterhin bei der Erfassung dieser Erwartungen und in ihrer Erfüllung, das heißt aber in der Kommunikation.

Wir haben schon auf die Isolation hingewiesen, in der viele Geistliche innerhalb ihrer Gemeinde stehen. Diese Isolation ist auf eine zweiseitige Kommunikationsbarriere zurückzuführen. Es sind einerseits die Verständnisschwierigkeiten, die die Gemeindemitglieder hindern, ihre Ansprüche und Erwartungen an den Pfarrer heranzutragen, und es ist andererseits die Schwierigkeit des Geistlichen, sich seiner Gemeinde als Ganzem und den einzelnen Gliedern im besonderen verständlich zu machen.

Diese Barrieren liegen nicht zuletzt im *„image"*, das die Gemeinde von einem Pfarrer und das der Pfarrer von sich selbst hat. Sie sind weiterhin im Verhalten des Geistlichen und wesentlich in sprachlichen Verständigungsschwierigkeiten zu suchen. Im Psychodrama wird nun versucht, die verschiedenen Problemkreise zu explorieren. Das Rollenspiel versetzt den Pfarrer in die Rolle des Gläubigen und — sofern eine gemischte Gruppe vorhanden ist — den Gläubigen in die Rolle des Pfarrers. Die zentrale Frage: Was erwarte ich von unserem Pfarrer? kann nur beantwortet werden, wenn der Geistliche im psychodramatischen Rollentausch die Identität des konkreten Fragestellers anzunehmen versucht: Was erwartet der Schlosser N. und die Sekretärin R.? — In die Rolle des Schlossers gestellt, ergeben sich zunächst die Schwierigkeiten der *Rollenannahme* und der Einfühlung, die sehr häufig offenlegen, wie wenig der Theologe über das Leben, die Arbeit, die Gefühle, Wünsche und Empfindungen eines Schlossers, einer Sekretärin oder eines Kaufmannes weiß und wie sehr er in der Welt seines Pfarrhauses, des Gemeindesaals, des Unterrichtszimmers eingeschlossen ist. In dieser Hinsicht ist das Psychodrama in der Tat geeignet, dem Seelsorger seinen „Sitz im Leben" (GUNKEL) aufzuzeigen. Erst wenn es dem Pfarrer gelingt, sich in die verschiedenen Rollen einzufinden, wird ihm eine Erfahrung über die Erwartungen möglich, die das jeweilige Individuum an ihn stellt. Im psychodramatischen Dialog zwischen Geistlichem und Gemeindemitglied (gespielt durch ein anderes Gruppenmitglied, Theologe oder Laie) werden Barrieren und Verständnisschwierigkeiten ersichtlich und *sur place* bearbeitet, was oft mit recht erheblichen Schwierigkeiten verbunden ist. Als Resultate dieses Verfahrens ergeben sich nicht nur verbesserte Kommunikationsmöglichkeiten zwischen Pfarrer und Gemeindemitgliedern, sondern — als Voraussetzung einer solchen — ein realitätsadäquateres Selbstverständnis des Seelsorgers.

Neben diesen Fragen um die Beziehung von Seelsorger und Gemeinde, um die Stellung des Geistlichen in seinem sozialen Umfeld können mit Psycho- und Soziodrama auch die Probleme der Kommunikation der Gemeindeglieder untereinander und mit Menschen, die außerhalb der Gemeinde stehen, angegangen werden (GREEN 1961). Spannungen, die in besonderen Untergruppen (z. B. Frauenkreis, Presbyterium etc.) auftauchen, werden Gegenstand eines Psychodramas, in dem latente Konflikte, unter der Oberfläche schwelendes Unbehagen in eine klarstellende Offenheit getragen werden, die Voraussetzung für echte Konfliktlösung ist.

Schließlich bieten Psycho- und Soziodrama in der Pastoral auch noch didaktische Möglichkeiten bei der Bearbeitung allgemeiner Fragestellungen politischer und sozialer Natur (GREEN 1961). In themenzentriertem Vorgehen kann das Soziodrama z. B. zu einem Arbeitsmodus, zu einer Diskussionsform werden, die „lebendiges Lernen" und eine dynamische Lösung von Problemen und Aufgaben ermöglicht.

4. *Besondere Aufgaben*

Von den besonderen Aufgaben erwähnen wir nur die Vorbereitung auf die Jugendarbeit und auf die Krankenseelsorge, da sich unsere Erfahrungen auf diese Bereiche beschränken.

Der besondere Wert des Psychodramas zur Vorbereitung auf den Umgang mit Kindern (FRIEDEMANN 1970) und mit Kranken (STURM 1963) kommt besonders in der Technik des Rollentausches zum Tragen. In Szenen, die für die Arbeit mit Jugendlichen charakteristisch sind, lernen die Teilnehmer, sich in die Rolle junger Menschen und in ihre Probleme einzufinden, wobei Verzeichnungen durch das *feedback* der Gruppe korrigiert werden. Dies geschieht durch verbale Beiträge oder durch ein spiegelndes Wiederholen der Szene. Die Spiegelwirkung, die auch immer im Rollentausch mit eingeschlossen ist, ermöglicht dem Protagonisten, seine Reaktionen und seine Verhaltensweisen zu überschauen und zu korrigieren. Besonders bewährt haben sich zu diesem Zweck gemischte Gruppen, in denen Theologen, Leiter von Jugendgruppen, Lehrer und Sozialarbeiter zusammenarbeiten. Auch die Technik der *Vergangenheitsprojektion* ist nutzbringend zu verwenden und zwar mit der Absicht (ohne therapeutische Implikationen), den erwachsenen Teilnehmer in die verschiedenen Altersstufen seiner eigenen Jugend und Kindheit zu führen und ihn markante Szenen wiedererleben zu lassen. Es ist ein Faktum, daß viele Eindrücke, Erfahrungen und Gefühle, die vergessen oder verdrängt wurden, in der psychodramatischen Vergangenheitsprojektion aktualisiert und wieder „er-fühlt" werden können. Damit tragen sie zur Bestimmung der gegenwärtigen Haltung des Erwachsenen und zu seinem Verständnis von Jugendproblemen bei. Diese Erfahrungen können ausgedehnt werden, wenn der Protagonist dazu angehalten wird, nicht nur seine eigene Rolle in bestimmten Situationen zu aktualisieren, sondern auch die Rollen von Freunden, Klassenkameraden und von Jungen und Mädchen, mit deren Verhalten er nicht einverstanden war.

Ähnlich wie in der psychodramatischen Vorbereitung zur Jugendarbeit geht es bei der Vorbereitung zur Krankenseelsorge darum, das Verständnis für die Nöte, Fragen, Ansprüche und Erwartungen der Kranken zu eröffnen. Wiederum stellt die Frage: Was wird von mir erwartet? den Schlüssel zu den wesentlichsten Problemen dar. Die Teilnehmer werden in psychodramatische Situationen geführt, in denen sie selbst krank und auf die Hilfe anderer angewiesen waren, oder sie werden aufgefordert, sich in die Rolle eines chronisch Kranken zu versetzen, während ein anderer Geistlicher versucht, Trost zu spenden oder den Kranken in irgendeiner Weise zu erreichen.

Im Rollenspiel und durch das *feedback* der Gruppe werden Verhaltensweisen erkannt, kritisch beleuchtet und modifiziert. Eine neue Perspektive, die des Kranken, wird dem angehenden Krankenhausseelsorger zugänglich gemacht, aus der heraus er lernt, die Erwartungen der Kranken besser zu verstehen. Er erhält dadurch die Möglichkeit, diesen Erwartungen besser zu entsprechen.

Zusammenfassung

Aus der Bestimmung des Verhältnisses zwischen Psychotherapie und Seelsorge als zwei Disziplinen, denen es um den Menschen geht, und die aus diesem Anliegen heraus unter Wahrung und Wahrnehmung ihrer spezifischen Aufgabestellung und Zielsetzungen kooperativ arbeiten sollten, wurde das Psychodrama als ein Instrument beschrieben, das in beiden Bereichen verwendbar ist: zur Behandlung seelischer Störungen und psychopathologischer Erscheinungsbilder und zur Bearbeitung von Schwierigkeiten und Konflikten, die im Alltag situiert sind und das Leben des Christen in der Welt betreffen. Behandlung und Beratung, das sind die beiden Kategorien, an denen sich die Funktionen des Psychotherapeuten und des Seelsorgers scheiden. Das Psychodrama als Behandlungsmethode gehört deshalb, auch wo es in der Pastoralpsychotherapie zur Bearbeitung „ekklesiogener, noogener und ethogener Neurosen" verwandt wird, in die Hände eines ausgebildeten Therapeuten. Wo es aber darum geht, religiöse Fragestellungen und die aus ihnen erwachsenden Schwierigkeiten anzugehen, Probleme ethischer Normierungen zu behandeln, die Beziehungen zwischen Gemeinde und Pfarrer und der Gemeindemitglieder untereinander zu bearbeiten, in speziellen Gruppen (Jugendliche, Theologen, Männer- und Frauenarbeit) festumrissene Aufgaben wahrzunehmen, ist das Psychodrama auch in der Hand des pastoralpsychologisch geschulten Seelsorgers ein ausgesprochen effektives Instrument, das konfliktlösend oder auch didaktisch zur Klärung von Problemen eingesetzt werden kann.

Literatur

ALTHAUS, P., Die letzten Dinge, Gütersloh (1922) 1956[6].

BERDJAEV, N., Essai de méthaphysique eschatologique, Paris 1946.

BITTER, W., (Hrsg.) Psychotherapie und religiöse Erfahrung, Klett, Stuttgart 1965.

BLATNER, H., Psychodrama, Role-Playing and Action Methods, Thetford, Norfolk 1970[2].

BLOCH, E., Das Prinzip Hoffnung, 2 vol. Frankfurt 1959.

BOBROFF, A., Biblical Psychodrama, *Group Psychotherapy* XV, 2 (1962) 129—131.

— Religious Psychodrama, International Handbook of Group Psychotherapy, ed. Moreno, New York 1966.

BOVET, Th., Lebendige Seelsorge, Bern 1952.

BRUNNER, E., Das Ewige als Zukunft und Gegenwart, München 1953.

CHASE, D., FARNHAM, B., A Report on Religious Psychodrama, *Group Psychotherapy* XVIII, 3 (1965) 177—190.

COHN, R., Das Thema als Mittelpunkt interaktioneller Gruppen, *Gruppenpsychotherapie und Gruppendynamik* 3 (1970) 225.

CREMERIUS, J., Was ist Süchtigkeit, Classen, Zürich/Stuttgart 1959.

DEETH, A., Psychodrama Crisis Intervention with Delinquent Male Drug Users, *Group Psychotherapy* 1/2 (1970) 41.

DOEBERT, H., Balintgruppenseminare mit Theologen als Form der praktischen Aus- und Weiterbildung, Deutsches Pfarrblatt 70 (1970) 138—143.

DROPSY, J., SHELEEN, L., Expression corporelle et relations humaines, *Bulletin de Psychologie* XXIII, 13/14 (1969/1970) 750—757.

FABER, H., Eine Balint-Gruppe für Theologen. *Wege zum Menschen* 20 (1968) 12.

FEINBERG, H., Psychodrama at the Catholic Social Services, *Group Psychotherapy* XX, 3/4 (1967) 194.

FERENCZI, S., Bausteine zur Psychoanalyse, 4 vol. Huber, Bern 1964[2].

FINE, L., Nonverbal Aspects of Psychodrama, in: BLATNER 1970; trad. franç., *Bull. Psychol.* XXIII, 13/14 (1969/1970) 930—933.

FORER, B., The Taboo against Touching in *Psychotherapy, Theory, Research and Practice.* 6 (1969) 225—231.

FRANKL, V., Das Menschenbild der Seelenheilkunde, Stuttgart 1959.
— Theorie und Praxis der Neurosen: Einführung in Logotherapie und Existenzanalyse, Wien 1956.
— Logotherapie und Religion, in: BITTER 1965.
FRIEDEMANN, A., Vorbereitung von Kindertherapeuten zur Spieltherapie über das Psychodrama, *Zeitschr. f. prakt. Psychologie*, V, 8 (1970) 409—414. Repr. in diesem Buch.
FRÖR, H., STOLL, H., Die Praxis bringt es an den Tag. Drei Berichte aus Selbsterfahrungsgruppen mit Theologen. *Wege zum Menschen* 11 (1969) 424—427, 428—432.
GOLDBRUNNER, J., Sprechzimmer und Beichtstuhl. Über Religion und Psychologie, Herder Freiburg/Basel/Wien 1967.
GREEN, J. R., Sociodrama in a Church Setting, *Group Psychotherapy* 1/2 (1961) 62—65.
HENLE, I., Die Gruppe in der Eheberatung, *Wege zum Menschen* 1 (1971) 43—53.
HERZOG-DÜRCK, J., Personale Psychotherapie und Religion, in: BITTER 1965.
HITTSON, H., Psychodrama in a Church Counceling Program, *Group Psychotherapy* XXIII, 3/4 (1970) 113—117.
ILJINE, V. N., Therapeutisches Theater, Paris 1942 (russ.).
KURTH, W., BARTNING, G., Psychotherapie in der Seelsorge, Reinhard, München/Basel 1964.
LEUTZ, G., Übertragung, Einfühlung, „Tele" im Psychodrama, *Zeitschrift für prakt. Psychologie* 8 (1970) 374—386. Repr. in diesem Buch.
MAEDER, A., Wege zur seelischen Heilung, Rascher, Zürich 1945.
MANN, J., The Incidental and the Planned Psychodramatic Shock and its Therapeutic Value, International Handbook of Group Psychotherapy, ed. Moreno, New York 1966.
MARCEL, G., Homo Viator. Philosophie der Hoffnung, Düsseldorf 1949.
— Philosophie der Hoffnung, List, München 1964.
MEINHOLD, P., Die in Funktion gesetzte Wahrheit.
MOLTMANN, J., Theologie der Hoffnung, München 1968[4].
MORENO, J. L., Das Testament des Vaters, Kiepenheuer, Potsdam 1920, 1922[2].
— Das Stegreiftheater, Kiepenheuer, Potsdam 1923, Beacon 1970[2].
— Die Gottheit als Autor, Anzengruber, Wien 1918.
— Die Gottheit als Komödiant, Anzengruber, Wien 1919.
— Gruppenpsychotherapie und Psychodrama, Thieme, Stuttgart 1959.
— Psychodrama, vol. I (1946), 1969[3]; vol. II (1959); vol. III (1969) Beacon.
— Experimental Theology, *Sociatry* II, 1/2 (1948) 93—98, 170—171.
— The Dilemma of Existentialism, Daseinsanalyse and the Psychodrama, *Int. J. Sociom. Sociatry* IV (1955) 55—63.
— Psychodramatic Shock Therapy, *Psychodrama Monographs* 5 (1939) Beacon.
MÜLLER, W., Gruppendynamik und kirchliche Praxis, *Wissenschaft und Praxis in Kirche und Gesellschaft* 9 (1970) 414—418.
PERLS, F. S., Gestalt Therapy Verbatim, Lafayette, California, 1969.
— HEFFERLINE, R. F., GOODMAN, P., Gestalt Therapy, Julian, New York 1965[5].
PETERSON, N. L., Group Dynamics found in the Scriptures, *Group Psychotherapy* XV, 2 (1962) 126—128.
PETZOLD, H., Überforderungserlebnis und nostalgische Reaktion als pädagogische Probleme an Auslandsschulen, *Der Deutsche Lehrer im Ausland* 1 (1968 a) 2—10.
— Überforderungserlebnis und nostalgische Reaktion bei ausländischen Arbeitneh-

mern in der Bundesrepublik. Genese, Diagnostik und Therapie, Paris (1968 b).
— Arbeitspsychologische und soziologische Bemerkungen zum Gastarbeiterproblem in der Bundesrepublik, *Zeitschrift f. praktische Psychologie* 7 (1968 c) 331—360.
— Gottes heilige Narren, Zur Theologie der Torheit, *Hochland* 2 (1968 d) 97—109.
— Die Bedeutung des Herzens und der Herzenserkenntnis für die Seelsorge aus der Sicht ostkirchlicher Anthropologie und Pastoraltheologie, in: PETZOLD/ ZENKOVSKY 1969.
— Psychodramatische Techniken in der Therapie mit Alkoholikern, *Zeitschrift für praktische Psychologie.* 8 (1970 c)) 387—408. Repr. in diesem Buch.
— Some important psychodramatic techniques, in: E. FRANZKE (Hrsg.) Vidareutbildningskurs i psykiatri, St. Sigfrids Sjukhus, Växjö 1970 b.
— Bibliographie zur Gruppentherapie und zum Psychodrama (650 Titel), *Zeitschrift für praktische Psychologie* 8 (1970 c) 454—474.
— Versuche zur Anthropologie und Eschatologie, Diss., Paris 1970 d.
— Einige wichtige psychodramatische Initial-, Handlungs- und Abschlußtechniken, ersch. in *Zeitschrift für Psychother. med. Psychol.* Jg. 1971 a.
— Die therapeutischen Möglichkeiten der psychodramatischen Zukunftsprojektion, Paper auf dem 6. intern. Kongress für Psychodrama und Soziodrama in Amsterdam 1971 b.
— Psychodramatisch gelenkte Aggression in der Therapie mit Alkoholikern, *Gruppenpsychotherapie und Gruppendynamik* 3 (1971 d) 268—281.
— Möglichkeiten der Psychotherapie bei drogenabhängigen Jugendlichen, in: G. BIRDWOOD, Willige Opfer. Rauschgiftfibel für Eltern und Erzieher, Rosenheim 1971 e.
— Die Vierstufentherapie in der Behandlung drogenabhängiger Jugendlicher 1971 f
— Referat auf der Jahrestagung des DAGG, Göttingen, Oktober 1971.
— Das triadische Psychodrama in der Erwachsenenbildung *Volkshochschule im Westen* 3 (1971).
— Die eschatologische Dimension der Liturgie, eine Vorlesungsreihe am Ökumenischen Institut des Weltkirchenrates, Bossey, Genf 1970 und 1971 h (als Skripte mimeogr.) Ersch. in *Kyrios,* Jg. 1971.

PETZOLD, H., SIEPER, J., Psychodrama in der Erwachsenenbildung, *Zeitschrift für prakt. Psychologie* 8 (1970) 429—447. Repr. in diesem Buch.

PETZOLD, H., ZENKOVSKY, B., Das Bild des Menschen im Lichte ostkirchlicher Anthropologie, Ökumenischer Verlag R. F. Edel, Marburg 1969.

PETZOLD, H., OSTERHUES, U. J., Ekklesiogene Neurosen und Sexualität, *Zeitschr. f. prakt. Psychol.,* Jg. 1971.

PLOEGER, A., Die Aktivierungstechnik. Ein Weg zur Anregung und Vertiefung der Therapie im Psychodrama, *Prax. Psychoth.* 14 (1969) 73.

RINGEL, E., Religiöse Probleme in der Psychotherapie vom individualpsychologischen Standpunkt aus, in: BITTER 1965.

SACKS, J., The Judgement Technique, *Group Psychotherapy* XVIII, 1/2 (1965) 69.

SBANDI, P., Gruppendynamische Laboratorien, *Wissenschaft und Praxis in Kirche und Gesellschaft* 9 (1970) 391—395.
— Gruppendynamik und Exercitien, *Der Seelsorger* 39, 1 (1969) 41—51.

SCHÄR, H., Seelsorge und Psychotherapie, Rascher, Zürich 1961.

SCHARFENBERG, J., Selbsterfahrungsgruppen mit Theologiestudenten, *Wissenschaft und Praxis in Kirche und Gesellschaft.* 9 (1970) 411—413.

— Religionspädagogik und Gruppendynamik, *Wissenschaft und Praxis in Kirche und Gesellschaft* 10 (1970) 453—468.

— Sigmund Freud, Göttingen 1970².

SCHÄTZING, E., Die ekklesiogenen Neurosen, *Wege zum Menschen* 7 (1955) 97.

SCHÜTZENBERGER, A., Précis de Psychodrame, Paris 1970².

— Triadisch psychodrama, *Folia Psychodramatica,* Louvain, 1 (1968) 301—319.

SCHULTZ, I. H., Psychotherapie und Seelsorge, *Der Weg zur Seele* 1 (1949) 4.

SIEVERS, E.-F., Selbsterfahrungsgruppen mit Theologen, *Wege zum Menschen* 11 (1969) 433—443.

— Selbsterfahrungsgruppen mit Theologen, *Wege zum Menschen* 12 (1970) 417—429.

SOELLE, D., Stellvertretung. Ein Kapitel Theologie nach dem Tode Gottes, Olten 1965.

— Atheistisch an Gott glauben, Olten 1968.

STOLLBERG, D., Mehr Praxis, *Deutsches Pfarrerblatt* 68 (1968) 774—775.

— Gruppendynamik im Dienst der Seelsorge, *Wissenschaft und Praxis in Kirche und Gesellschaft* 9 (1970) 396—398.

— Seelsorge praktisch, Göttingen 1970.

— Therapeutische Seelsorge, München 1969.

STURM, E., Psychodrama in a clinical pastoral training programm, *Group Psychotherapy* XVI, 1 (1963) 30—36.

SZONDI, L., Schicksalsanalyse, Basel 1965³.

THOMAS, K., Zur Anwendung des Autogenen Trainings bei der Behandlung ekklesiogener Neurosen, in: LUTHE, W. (Hrsg.), Correlationes Psychosomaticae, Thieme, Stuttgart 1965.

— Handbuch der Selbstmordverhütung, Enke, Stuttgart 1964.

TOURNIER, P., Krankheit und Lebensprobleme, Basel 1948.

— Vraie ou fausse culpabilité, Neuchâtel/Paris 1958.

WERNER, LANGEN, VOLHARD, PRILL, NIEBAUER, BUCKLEY, TOLL, Symposium on Logotherapy, 6. Intern. Kongreß f. Psychotherapie, London.

WINKLER, K., Theologen erleben eine Selbsterfahrungsgruppe, *Wissenschaft und Praxis in Kirche und Gesellschaft* 9 (1970) 398—404.

YABLONSKY, L., The Future Projection Technique, *Group Psychotherapy* 7 (1954) 303.

ZACHARIAS, J., Bibliodrama, *Group Psychotherapy* XX, 3/4 (1967) 25.

ZACHER, A. N., The Use of Psychodrama in Pastoral Therapy, *Group Psychotherapy* XIV, 3/4 (1961) 164—168.

ZENKOVSKIJ, B., Unterhaltung und Theaterspiel als Methoden religiöser Erziehung, *Byulletin Religiozno-Pedagogischeskago Byuro* 6 (1935) russ.

— La Dramatisation et les Représentations Théatrales comme Méthodes d'Education Religieuses, Bulletin de l'Action Religieuse et Pédagogique parmi la Jeunesse des Pays Orthododoxes 6 (Paris 1935).

ZIJLSTRA, W., Klinisch pastorale vorming, Assen 1969.

Psychodrama in der Erwachsenenbildung

H. Petzold, Neuss, J. Sieper, Neuss

Die Erwachsenenbildung erhält in unserer Zeit eine immer größere Bedeutung, wie an dem ständigen Ausbau der Umschulungs- und Fortbildungsprogramme der Arbeitsämter und Industrie- und Handelskammern, den Schulungskursen in Wirtschaft und industriellen Großbetrieben und an der vermehrten Einrichtung von neuen Volkshochschulen bzw. Erweiterung bestehender Erwachsenenbildungszentren ersichtlich wird.

I. *Die Stellung psychologischer Gruppenarbeit im Rahmen andragogischer Zielsetzungen und Aufgaben*

Überlegungen zum Einsatz gruppendynamischer und gruppentherapeutischer Maßnahmen in diesem weitgesteckten Bereich, d. h. also auch zur Verwendung des Psychodramas in der Erwachsenenbildung, müssen von den Aufgaben und Zielsetzungen andragogischen Bemühens ausgehen. Für die Aufgaben der Information, des Lehrens, der Wissensvermittlung im Rahmen der Erwachsenenbildung ist die Bedeutung, ja die Notwendigkeit der Applikation gruppendynamischer Methoden und Prinzipien verschiedentlich ausführlich dargestellt worden (KNOWLES 1963; TIETGENS 1967; BROCHER 1967). Der Aufgabenbereich der Erwachsenenbildung aber ist weiter gesteckt. Er geht über die Tätigkeit des Lehrens und Lernens hinaus, und das nicht nur aufgrund bildungs- und sozialpolitischer Objektive, sondern auch aufgrund der Ansprüche, die der Erwachsene heute an die Einrichtungen der Erwachsenenbildung stellt: die Vermittlung von Wissen einerseits und die Erweiterung des allgemeinen Horizontes, die *Bildung* des Verständnisses für die Welt, für „die Anderen" und für sich selbst andererseits[1]. Hinter diesen reflektierten Forderungen stehen teilweise unbewußte Motivationen, die den Erwachsenen dazu bestimmen, an Veranstaltungen der Erwachsenenbildung teilzunehmen: das Informationsbedürfnis, das Kommunikationsbedürfnis und das Kompensationsbedürfnis. Diesem letzten Motivationskomplex ist auch der *Spieltrieb* (WEDEL 1963) zuzuordnen.

Aus diesen bewußten Ansprüchen und aus den zum Teil unbewußten Motivationen leiten sich für die Erwachsenenbildung primär zwei Aufgaben ab: die der Sachbildung und die der Affektbildung.

Wenn auch die Forderung „das Sachlernen mit dem Ziel der Affektbildung zu verknüpfen" (A. MITSCHERLICH 1961) verschiedentlich mit Nachdruck erhoben wurde und als Optimalvorstellung der Andragogik anzusehen ist, so muß man doch feststellen, daß die in diese Richtung zielenden Maßnahmen im Bereich der Erwachsenenbildung verschwindend gering sind. Das Fehlen an geschulten Trainern und gruppendynamischen Ausbildungsmöglichkeiten für die ca. 34 000 Dozenten und Mitarbeiter an den deutschen Volkshochschulen ist hier als wesentlichstes Hindernis zu nennen. Die Aufgabe der Affektbildung in der Erwachsenenbildung aber darf nicht allein in der Verbindung mit der Sachbildung gesehen werden, sondern stellt sich als eigengewichtiges, autonomes Erfordernis dar, und dies um so mehr, solange die Affektbildung im Rahmen der Sachbildung so gut wie nicht wahrgenommen werden kann. Die Bildung der affektiven und emotionalen Ansprüche und Fähigkeiten des Menschen muß daher als eigener, wesentlicher Tätigkeitsbereich, der die sachlich-informativen Aufgaben der Andragogik komplettiert, in der Erwachsenenbildung verstärkt entwickelt werden. Die sozialpsychologische Begründung hierfür ist 1961 von ALEXANDER MITSCHERLICH in seinem programmatischen Referat auf dem Deutschen Volkshochschultag (22.–25. November) gegeben worden, indem er die Revision der Vorurteile als die bedeutendste Aufgabe der Erwachsenenbildung gekennzeichnet hat. In der Tat ist die Kanalisierung der Triebwünsche, der Aggressions- und Destruktionstendenzen die zentrale Aufgabe aller erzieherischen Bemühungen, ein Anliegen, das im Prozeß der Selbsterziehung jeder Mensch während seines ganzen Lebens zu verwirklichen hat, und das, wo es der elterlichen und schulischen Pädagogik nicht gelungen ist, diesen Prozeß durch *Erziehung zur Selbsterziehung* einzuleiten, von der Andragogik in verstärktem Maße wahrgenommen werden muß.

Die Erwachsenenbildung hat sich damit wesentlich als „Instrument seelischer Hygiene“ (BROCHER 1967) zu verstehen und muß versuchen, diesem Anspruch, den sie sich von den Grundprinzipien der Andragogik her selbst stellen muß und den das Individuum und die Gesellschaft an sie stellt, gerecht zu werden.

In einer Zeit, die von der fortschreitenden Labilisierung der Persönlichkeit, dem Problem der wachsenden Ich-Schwäche gekennzeichnet ist, wird bloße Wissensvermittlung ohne „affektive Kommunikation“ (ZULLIGER 1954), ohne Festigung und Entwicklung des Persönlichkeitsgefüges, ohne Hilfestellung bei den ständigen Verzichtleistungen, die das Leben tagtäglich fordert, in ihrer Effektivität und ihrem Sinn fragwürdig.

Wir berühren damit den allgemein als Grundkriterium der Erwachsenenbildung hingestellten Begriff der „Lebenshilfe“ (SILBERMANN 1933; WERNER 1959, 39; 1960, 25, 48; SCHICK 1968 u. a.[2]), der aber so unbestimmt und amorph ist, daß er in fast jedem Kontext schon Anwendung gefunden hat. „Der wichtigste unter den Schwerpunkten zeitgerechter Volkshochschularbeit wird mehr und mehr der Bereich der Lebenshilfe. Das Wort ist nicht schön und hat lange Zeit als Begründung für Erwachsenenbildung überhaupt gedient und als Dogma, unter das alle Sachbereiche der Erwachsenenbildung subsumiert wurden[3]“, formuliert MEISSNER und gibt damit einem verbreiteten Unbehagen Ausdruck. Der Begriff der Lebenshilfe in der Erwachsenenbildung muß daher spezifiziert werden, und auch die Definition von SCHICK (1968, 39): „Lebenshilfe ist Hilfe für die Bewältigung von Lebensproblemen“ scheint uns – zumindest für unseren Kontext – zu global gehalten. Wir sehen die Aufgabe der Lebenshilfe in der Erwachsenenbildung wesentlich in einer „Hilfestellung bei der Auseinandersetzung des Ichs mit den Triebansprüchen“, d. h. aber einer Hilfe bei dem Bemühen des Individuums um Entwicklung und Strukturierung seiner Persönlichkeit[4]. Nur auf der

Grundlage einer derartigen Lebenshilfe wird andragogisches Bemühen sinnvoll, denn allein ein Mensch, der bewußt in den Prozeß der Selbstverwirklichung eingetreten ist, kann in die Erweiterung des Wissens- und Bildungsstandes, also in zentrale Anliegen der Erwachsenenbildung, optimal integriert werden. Damit wird die Lebenshilfe, so wie wir sie definiert haben, für jegliches andragogische Bemühen geradezu axiomatisch. Verfeinerung der Selbstwahrnehmung, Entwicklung der Bewußtheit und Sensibilisierung der Fremdwahrnehmung, des Gespürs für soziale Strebungen, für „den Anderen", erfordern ein spezifisches Instrumentarium, das uns mit den verschiedenen gruppendynamischen und gruppentherapeutischen Techniken an die Hand gegeben wird (PETZOLD 1971).

Die Möglichkeiten gruppendynamischer Prinzipien haben bisher in die allgemeine Unterrichtspraxis der Erwachsenenbildung trotz der verschiedenen Bemühungen der einzelnen VHS-Landesverbände[5] so gut wie keinen Eingang gefunden. Die größten städtischen Volkshochschulen bieten zuweilen in ihrem Programm Trainingsgruppen oder veranstalten Wochenendseminare mit Selbsterfahrungsgruppen.

Weiter verbreitet sind Kurse mit dem autogenen Training, die aber in der Regel über die Unterstufe kaum hinauskommen und fast ausschließlich auf die Behebung und Linderung nervöser Alltagsleiden gerichtet sind, so daß mit einer gezielten Bearbeitung affektiver Prozesse im Sinne einer Persönlichkeitsentfaltung nicht gerechnet werden kann. Immerhin lägen hier, besonders im Hinblick auf den regen Zuspruch, den diese Kurse zu verzeichnen haben, Möglichkeiten, die ausgebaut werden könnten.

II. *Kommunikation als Aufgabe der Erwachsenenbildung*

„Die Aufgaben der Erwachsenenbildung ergeben sich aus unseren gegenwärtigen und künftigen Lebensbedingungen. Diese beanspruchen in immer stärkerem Maße unsere rationalen Gestaltungskräfte, die aber nur zur vollen Entfaltung gelangen, wenn auch den emotionalen Bedürfnissen Geltung verschafft wird. Erwachsenenbildung steht damit unter dem doppelten Anspruch des Sachgerechten und des Dialogischen." Diese Formulierung aus der programmatischen Schrift „Stellung und Aufgaben der Volkshochschulen" (1966)[6] stellt die enge Verbindung zwischen intellektueller Leistungsfähigkeit und den emotionalen Prozessen heraus, deren Bedeutung für den Vorgang des Aufnehmens, Verarbeitens und Behaltens, den Vorgang des Lernens also, gar nicht hoch genug eingeschätzt werden kann. Wenn Kommunikations- und Kompensationsbedürfnisse, die in der Regel in der Erwachsenenbildung mit der Motivation des Informationsbedürfnisses eng verbunden sind, nicht aufgegriffen oder gar frustriert werden, so hat dies für den individuellen und kollektiven Lernprozeß nachteilige Folgen, so etwa eine unzureichende Ausnutzung der Lern- und Leistungskapazitäten, eine Beeinträchtigung der Unterrichtsdynamik, Spannungen zwischen den Teilnehmern eines Kurses oder Differenzen mit dem Dozenten, schließlich Verminderung oder Verlust der Teilnahmeantriebe, die dann oft zum Abgang aus dem Kurs führen. Wenn man in großstädtischen Volkshochschulen auf das Gesamtvolumen der Kursusteilnehmer bezogen Schwundquoten zwischen 30 und 40 % pro Trimester als durchaus übliche Werte vorfindet, so ist das nicht nur auf Fehler der Lehrkräfte, die zunehmende Schwierigkeit des Unterrichtsstoffes, die heterogene Zusammensetzung der Kurse — womit eine Reihe der wesentlichsten Gründe genannt seien — zurückzuführen, sondern auch zu einem bedeutsamen Teil auf die Frustration der Motivationsansprüche. Dies wird besonders deutlich an der Tatsache, daß die Zahl der Abgänge in Anfängerkursen, d. h. in neu zusammengetretenen Gruppen, signifikant erhöht ist. In den Kursen, die Kommunikationsmöglichkeiten nicht gerade fördern, etwa in den reinen Lernkursen, sind Schwundquoten von 50 % für Anfängerklassen nicht ungewöhnlich. In Kursen und Arbeitsgemeinschaften hingegen, die von ihrer Anlage her *kommunikationsdicht* sind, also Gesprächs- und Diskussionskreisen, finden sich die geringsten Ausfälle. Die Zahlen, die das Kummunikationsbedürfnis als Motivation für die Teilnahme an Veranstaltungen der Erwachsenenbildung angeben, schwanken zwischen 4 und 30 % (GÖTTE, VOSSLER u. a.) und geben kein objektives oder nur annähernd zutreffendes Bild, da mit Fragebögen, die den „Wunsch nach Geselligkeit" in der Rubrik zur Exploration der Motivationen aufführen, die oft unbewußten oder zumindest verdeckten Kontaktwünsche nicht erfaßt werden. Wir haben im Laufe von 18 Monaten in drei Volkshochschulen 700 Personen über die Motivationen ihrer Teilnahme an VHS-Veranstaltungen befragt. Dabei ergaben sich folgende Resultate:

	%
Erweiterung der Allgemeinbildung	42
Berufsfortbildung	16
Pflege besonderer Interessen	12
Kontakte	18
Sinnvolle Freizeitgestaltung	12
	100

Durch drei Zusatzfragen, die spezifisch auf die Exploration von Kontaktwünschen abgestimmt waren, ergab sich, daß 88 % der Befragten die Gemeinschaft mit anderen Menschen als Erwartung mit ihrer Teilnahme in VHS-Kursen und -Veranstaltungen verbanden.

Es ist sinnvoll, in diesem Zusammenhang von *bestimmenden* und *begleitenden* Motiven zu sprechen, ohne daß damit eine Bewertung etwa des Primären oder Sekundären impliziert werden sollte, da die Prioritäten innerhalb der Motivationskomplexe variabel sind. Eine Veränderung der Motivationsstruktur ist in der Regel mit Eintritt in den Kursus und Einbeziehung in die ablaufenden gruppendynamischen Prozesse zu erwarten, da bisher in ihrem bestimmenden Einfluß zurückgetretene Kommunikationsbedürfnisse angeregt, ja nicht selten provoziert werden, durch die Verflechtung mit Wünschen nach Beachtung, Geltung, Dominanz.

Bei 100 Befragten, die erstmalig an VHS-Kursen teilnahmen, konnten wir folgende Motivationsstruktur feststellen:

Motivfolge:	1	2	3	4	5	%
1. Erweiterung der Allgemeinbildung	40	46	8	6	—	100

2. Berufsfortbildung	22	12	16	7	9	66
3. Pflege besonderer Interessen	8	4	12	2	—	26
4. Kontakte	16	20	28	16	4	86
5. Sinnvolle Freizeitgestaltung	14	18	36	21	5	94
%	100	100	100	54	18	

Diese Befragung fand vor Teilnahme bzw. bis zur zweiten Teilnahmestunde statt. Nach der zehnten Teilnahmestunde ergab eine Wiederholung der Befragung folgende Motivationsstruktur:

Motivfolge:	1	2	3	4	5	%
1. Erweiterung der Allgemeinbildung	41	40	10	8	—	99
2. Berufsfortbildung	21	10	17	12	9	69
3. Pflege besonderer Interessen	7	5	13	—	—	25
4. Kontakte	20	25	32	12	—	89
5. Sinnvolle Freizeitgestaltung	11	20	28	25	4	88
%	100	100	100	57	13	

Insgesamt ist bezeichnend, daß in der ersten Wahl bei beiden Befragungen das Bildungsbedürfnis die *bestimmende* Motivation ist, der sich die Wünsche nach sinnvoller Freizeitgestaltung und nach Kontakten als *begleitende* Motivationen an die Seite stellen. Die Bedeutung dieser begleitenden Komponenten für die Motivationsstruktur wird aus der hohen Zahl der gesamten Wahlen und aus der Folge der Wahlen ersichtlich. Hier nun ist interessant, daß bei der Nachbefragung Motivation 4 (Kontakte) sowohl hinsichtlich der Gesamtzahl der Wahlen als auch in der Wahlfolge eine signifikante Erhöhung erfahren hat. Das Erlebnis der Gemeinschaft in den Kursen und Arbeitskreisen hat Kontaktwünsche geweckt oder verstärkt. Es wird hier die Bedeutung des kommunikativen Elements in der Erwachsenenbildung klar ersichtlich, das in seiner Wichtigkeit gerade im Hinblick auf die Lernprozesse von der neueren Forschung (LEWIN 1953; R. TAUSCH 1963; STENDENBACH 1963; BROCHER 1966; 1967, 106) immer wieder betont wurde. TIETGENS (1967, 241) formuliert: „Wenn sich der Lehrende demnach fragt, unter welchen Bedingungen und in welcher Weise das Lernen, also die Veränderung des Wissens, Denkens, Könnens und Verhaltens vor sich geht, dann wird er gerade auch in der Erwachsenenbildung die zwischenmenschlichen Faktoren, die die Affektbildung formieren, zu beachten haben, weil diese mit den Interaktionen auch das Lernverhalten konditionieren bzw. das Verstehen blockieren."

Die Möglichkeit zur Kommunikation zu bieten und die Fähigkeit zur Kommunikation zu entwickeln stellt sich damit als ein Grunderfordernis zeitgemäßer Erwachsenenbildung dar.

III. *Persönlichkeitsentfaltung als Aufgabe der Erwachsenenbildung*

Neben Informations- und Kommunikationsbedürfnis und mit diesen unlösbar verflochten findet sich der Wunsch nach Entwicklung der Persönlichkeit in der Motivationsstruktur. Dieser Wunsch richtet sich einerseits auf den Gewinn und den Ausbau von intellektuellen Möglichkeiten, von Wissen und Kenntnissen (durch *Information*) und andererseits auf Entwicklung der Fähigkeit des Umgangs mit Menschen (*Kommunikation*), schließlich auf die Auseinandersetzung mit der eigenen Persönlichkeit, die Erfahrung des eigenen Wesens, die Erweiterung des (Selbst)bewußtseins (*Kompensation*). SCHULENBERG kommt bei seinen Untersuchungen hinsichtlich der Motivationsstruktur für die Teilnahme an Veranstaltungen der Erwachsenenbildung zu dem Ergebnis, daß man bereit ist, die „Anstrengungen" von Bildungsveranstaltungen auf sich zu nehmen: „für eine konkret erlebbare Steigerung der individuellen geistigen Potenz, für eine unmittelbar spürbare Erhöhung der persönlichen geistigen Sicherheit, für eine einsichtige und aktualisierbare Ausweitung des persönlichen Geltungsbereichs (im wörtlichen Sinne). Immer wieder zeigt sich in den Diskussionen das Streben nach einem solchen Bildungszuwachs, der sich konkret und für seinen Träger unmittelbar erfahrbar als eine Steigerung seiner Möglichkeiten und persönlichen Sicherheit im Umgang mit Menschen und Dingen erweist, einen Zuwachs, über den der Einzelne alsdann verfügen kann und der ihm zugleich weitere Zusammenhänge verfügbar macht[7]."

Hinter diesen an die Erwachsenenbildung in bewußtem Anspruch herangetragenen Motivationen steht die Erkenntnis, daß ohne vertiefte Selbstschau, ohne „Stärkung der Personalität" (MEISSNER 1964, 23), ohne „umfassende Existenz- und Bewußtseinserhellung in der Auseinandersetzung mit sich selbst und mit der Umwelt" (SCHICK 1968, 32) keine echten Leistungen mehr möglich sind. „Ohne Weltverständnis kann heute die einfachste wie die differenzierteste Arbeit nicht mehr richtig vollzogen werden. Ohne Weltverständnis kann der Mensch weder seinen Platz in seiner täglichen Umgebung richtig finden, noch die Lebensangst des modernen Menschen überwinden. Dabei ist auch dieses Weltverständnis nur möglich, wenn es getragen ist vom Selbstverständnis des Menschen." (BECKER 1961, 26)

„Bewußtseinsbildung" (HENNINGSEN 1959), „Weckung des Lebens- und Weltverständnisses" (MEISSNER 1966) aber vollzieht sich in der Auseinandersetzung mit den Triebansprüchen, in der Aufarbeitung von Konflikten, in der Verarbeitung der Vergangenheit, in der Kompensation des *„konfliktträchtigen"* (LÜKKERT 1957, 6) Trieb- und Vergangenheitsdruckes.

Die Bedeutung derartiger Kompensationsvorgänge in der Erwachsenenbildung und insbesondere für den Lernprozeß ist verschiedentlich betont worden. „Der Erwachsene ist seiner Vergangenheit verhaftet... Sie behindert die Kommunikationsfähigkeit", stellt TIETGENS fest (1967, 24) und fordert, daß die Erwachsenenbildung „Verarbeitungshilfen geben müsse, um den emotionalen Druck der Vergangenheit in Einsicht umzusetzen." Der „Auseinandersetzungscharakter" (SPIESS), der für das Lernen der Erwachsenen im Unterschied zum rezeptiven, assimilierenden Lernen des Kindes kennzeichnend ist, geht über die intellektuelle Auseinandersetzung mit dem Stoff hinaus und reicht in den affektiven Bereich. Er schließt die Auseinandersetzung mit der eigenen Persönlichkeit, mit der eigenen Vergangenheit und Gegenwart und den Menschen ein. Erwachsenenbildung vollzieht sich deshalb zwischen Auseinandersetzung und Orientierung, Infragestellung des Vergangenen und Geöffnetheit dem Neuen gegenüber, zwischen der Disziplinierung der eigenen Triebansprüche und der Zuwendung zur Gemeinschaft, zum anderen Menschen. Bildung stellt sich damit als „Suchbewegung" dar, als „Vorgang, Täuschungen über die Welt, über die Anderen und vor allem über sich selbst zu entgehen" (A. MITSCHERLICH, 1961, 94).

IV. *Zur spezifischen Applikation des Psychodramas in der Erwachsenenbildung*

Die Ansprüche der Affektbildung, Erweiterung der Persönlichkeit, der Kommunikation und Kompensation, die sich der Erwachsenenbildung stellen, können und müssen in vielfältiger Weise angegangen und beantwortet werden. Der Einsatz gruppendynamischer Prinzipien, psychologischer Gruppenarbeit, die Bereitstellung individueller Beratungsmöglichkeiten (TIETGENS 1968; SCHROERS 1953), durch die die aufgezeigten Erfordernisse in Angriff genommen werden, die aber auch Hilfe in Ehe- und Erziehungsschwierigkeiten bieten[8], stellt sich den verschiedenen Einrichtungen, den Volkshochschulen, Gewerkschafts- und Industrieseminaren, den konfessionellen Bildungsstätten als dringliche Aufgabe.

Innerhalb des vielfältigen Instrumentariums psychologischer Gruppenarbeit bieten sich für den spezifischen Einsatz in der Erwachsenenbildung gruppendynamisches Training, das *sensitivity training* und insbesondere das *Psychodrama* bzw. *Soziodrama* an (STURM 1967).

Das Psychodrama ist gegenüber anderen Methoden psychologischer Gruppenarbeit von einer ausgesprochenen Vielseitigkeit der Techniken gekennzeichnet und bietet überdies die Möglichkeit des verschiedenen methodologischen Ansatzes: der analytischen Ausrichtung oder der verhaltensmodifizierenden Orientierung, der direktiven oder non-direktiven, der verbalen und non-verbalen (Pantomimetechnik, Gestik) Handhabung oder der Kombination dieser verschiedenen Verfahrensweisen. In Bezug auf die vielfältigen Ansprüche, die — wie im Voranstehenden aufgezeigt wurde — innerhalb der Erwachsenenbildung an die psychologische Gruppenarbeit gestellt werden, und im Hinblick auf die heterogene Zusammensetzung der Gruppen und das damit weitgesteckte Feld von Problemen, Konflikten, Schwierigkeiten oder rein sachlicher Fragestellungen wird ein Instrumentarium notwendig, das aufgrund seiner Variabilität und seiner Vielzahl von Möglichkeiten in der Lage ist, jeweils situationsspezifisch, problemadäquat, gruppen oder personenzentriert eingesetzt zu werden. Die Arbeit mit dem Psychodrama innerhalb von Erwachsenengruppen an Volkshochschulen oder in Fortbildungskursen gestaltet sich dementsprechend vielseitig. Dennoch lassen sich bestimmte Problemkreise herausarbeiten, die als typisch anzusprechen sind, und ergeben sich methodische Erfahrungswerte, die für das Psychodrama im Rahmen der Erwachsenenbildung kennzeichnend sind.

a) *Dauer, Zielbestimmung und Zusammensetzung*

Das Psychodrama im Rahmen von Einrichtungen und Veranstaltungen der Erwachsenenbildung ist in seiner äußeren Organisation vom Charakter und der Arbeitsweise dieser Institutionen bestimmt. Unsere Erfahrungen stützen sich auf psychodramatische Arbeit mit Gruppen an drei Volkshochschulen und mit einem mehrmonatigen Berufsumschulungslehrgang. In beiden Fällen, VHS-Kursen und

Lehrgang, war die Dauer der Gruppenarbeit von vornherein festgelegt. So kann man bei der trimestriellen oder semestriellen Arbeitsweise von Volkshochschulen für ein Psychodramaseminar 10—15 Abende ansetzen. Unbeschadet der Tatsache, daß die Gruppe im folgenden Trimester fortgeführt werden kann und mit der Wiederteilnahme von 70—100 % der Initialgruppe zu rechnen ist, erweist es sich als notwendig, die psychodramatische Arbeit von Anfang an auf die angegebene Zeitspanne auszurichten, da die Semesterintervalle die Kontinuität der Gruppenarbeit in kaum zu überbrückender Weise stören und eine Fortführung der Gruppen in den Ferienperioden nicht möglich ist. Es ist daher erforderlich, in einem Zeitraum von 10 bis 15 Abenden in der Gruppenarbeit effektive Resultate zu erzielen, eine Aufgabenstellung, die nach unseren Erfahrungen nur mit einer eingrenzenden Zielbestimmung zu bewältigen ist und nur von einer dynamischen Methode, wie sie uns mit dem Psychodrama an die Hand gegeben ist, geleistet werden kann.

Ähnliches ist zu sagen, wenn ein Psychodramakursus als Wochenendseminar durchgeführt wird. Bei insgesamt sechs Sitzungen (dreimal täglich ca. zwei Stunden) können durch die Dichte der Folge und die damit schnell ansteigende Gruppenkohärenz ausgezeichnete Ergebnisse im Hinblick auf die Zunahme der Spontaneität, der Kommunikationsfähigkeit, der Selbsterfahrung und -bewertung erzielt werden, wie sie mit anderen Methoden über den kurzen Zeitraum kaum erreicht werden können.

So muß festgehalten werden, daß Psychodramakurse in der Erwachsenenbildung primär *keine therapeutischen Gruppen* sein können und daß eine akzentuiert *analytische* Ausrichtung in der Regel nicht praktizierbar ist. Beide Aspekte werden aber damit nicht ausgeschlossen, denn die applizierten Formen des *kathartischen* und *verhaltensmodifizierenden* Psychodramas — wir vermeiden hier bewußt den Terminus „verhaltenstherapeutisch" — schließen ohne Zweifel eine bedeutsame therapeutische Komponente mit ein und ein analytisch-aufhellendes Vorgehen nicht aus.

Das Psychodrama in der Erwachsenenbildung ist von andragogischen Zielsetzungen motiviert und damit im wesentlichen auf Vermittlung vertiefter Selbsterfahrung, auf die Entwicklung der Kommunikationsfähigkeit und die Bewältigung von allgemeinen Lebensproblemen gerichtet, Zielsetzungen also, die auf die Entfaltung, Bereicherung, Festigung und Profilierung der Persönlichkeit in ihrer Beziehung zur Umwelt und zum Mitmenschen abgestimmt sind und nicht die Heilung seelischer Schädigungen und verfestigter Fehlhaltungen, gravierender neurotischer Erscheinungsbilder also, beabsichtigen.

Die theoretischen Grundlagen, die das Psychodrama durch die soziometrischen Forschungen MORENOS erhalten hat, vermögen den aufgezeigten andragogischen Objektiven in besonderer Weise gerecht zu werden, da das psychodramatische Geschehen darauf gerichtet ist, Einfühlung und Kommunikation zu schulen und zu entwickeln, gesunde zwischenmenschliche Beziehungen aufzubauen. Der Begriff des *„Tele"*, der gegenseitigen Wahrnehmung (mutual perception), als Bezeichnung für die gesunde Beziehung zwischen Menschen einer Gruppe (LEUTZ

1970) mit all dem, was sie an Verständnis, Einfühlsamkeit, Zuwendung einschließt, gewinnt als Ziel psychodramatischer Gruppenarbeit mit dem Psychodrama in der Erwachsenenbildung zentrale Bedeutung.

Die praktische Eingrenzung der Seminardauer und die vornehmlich pädagogisch-psychagogischen Absichten, von denen die nicht-therapeutische Ausrichtung des Psychodramas bestimmt wird, geben damit auch die Kriterien für die Auswahl der Teilnehmer bzw. die Zusammensetzung der Gruppe.

Das Seminar wird in der Regel als „Psychodynamisches Gruppentraining" mit einem kurzen Text über Zielsetzungen und Möglichkeiten des Psychodramas in den üblichen Publikationsmitteln der Volkshochschulen (z. B. Programmheften) ausgeschrieben. Teilnahmemöglichkeit ist in der Reihenfolge der Anmeldungen nach Ausfüllung eines Fragebogens und nach vorheriger Rücksprache mit dem Gruppenleiter gegeben. Dieses Vorgespräch, für das aus praktischen Erwägungen nur etwa 10 bis 15 Minuten angesetzt werden können, dient in Verbindung mit dem anamnestisch-diagnostisch aufgebauten Fragebogen, zu einer freilich sehr generalisierenden Beurteilung des potentiellen Teilnehmers. Immerhin bietet der Fragebogen, der neben Rubriken für die persönlichen Daten 25 Items enthält, die spezifisch zur Erfassung neurotischer und hysterischer Persönlichkeitsstrukturen erarbeitet wurden, eine wesentliche Hilfe bei der Auswahl der Teilnehmer, die bisher ermöglichte, daß schwer neurotisierte Persönlichkeiten in die Gruppe keinen Eingang fanden.

Die Altersskala der Teilnehmer reicht von 18 bis 60 Jahren und liegt im Mittel zumeist zwischen 28 und 45 Jahren. Die sozialen Schichtungen sind relativ ausgeglichen: Angestellte und Beamte der mittleren und höheren Laufbahn, Lehrer, Akademiker, Hausfrauen aus dem angesprochenen Kreis. Diese uniforme Sozialstruktur der Gruppen ist nach unserer Auffassung bedauerlich, da gerade die psychodramatisch arbeitende Gruppe hervorragend geeignet ist, soziale Unterschiede zu überbrücken. Der existenzielle und dynamische Vollzug psychodramatischen Geschehens, die Spontaneität der Kommunikation bringt es mit sich, daß im anderen nur der Mensch und nicht sein sozialer Status gesehen wird. Wenn sich in den Gruppen zuweilen ein oder zwei Teilnehmer fanden, die einer anderen Gesellschaftsschicht angehörten, etwa ein Arbeiter oder eine Verkäuferin, so hatte dies auf das Kommunikationsfeld der Gruppe keinerlei Einfluß, unbeschadet der Tatsache, daß der soziale Unterschied verschiedentlich zum Ausdruck kam, etwa in der Form des Verbalisierens. Diese Feststellung wurde durch die im Verlauf des Seminars gefertigten Soziogramme vollauf bestätigt.

Im Hinblick auf die nicht-therapeutische Ausrichtung der Gruppen ist die Teilnehmerzahl mit 12 Personen nicht zu hoch angesetzt, und bei soziodramatischer Ausrichtung der Arbeit ist es durchaus möglich, die Gruppen noch größer zu halten (PETZOLD 1968). Die Gruppen werden wegen der begrenzten Laufzeit des Seminars geschlossen geführt. Die Dauer der einzelnen Sitzungen ist auf zwei Stunden angesetzt, wobei ca. eine Viertelstunde auf eine spezielle Abschlußtechnik mit dem autogenen Training entfällt.

b) *Thematik, Probleme, Effekte*

Hinsichtlich der Themen und Problemstellungen, die sich bei der psychodramatischen Arbeit in der Erwachsenenbildung ergeben, lassen sich personenzentrierte und gruppenzentrierte Verläufe feststellen, wobei im letzten Fall die Grenzen zum Soziodrama oft fließend werden. Welche Richtung das Psychodrama nun nimmt, hängt ausschließlich von den Intentionen der Gruppe und dem von ihr gebrachten Material ab. Maßgeblich ist auch der Einzugsbereich der Gruppe. Die Mehrzahl der Teilnehmer gehört zum festen Publikum von Volkshochschulveranstaltungen und frequentiert andere Kurse und Arbeitsgemeinschaften. So ist es nicht verwunderlich, daß ein Gutteil der Thematik in diesem Bereich situiert ist. Als charakteristische Probleme werden Lernschwierigkeiten und -hemmungen, Autoritätskonflikte, Kommunikationsschwierigkeiten und Spannungen innerhalb von Kursen vorgebracht, die teilweise gruppenzentriert bearbeitet werden können, in jedem Falle aber auch bei protagonistenzentrierter Behandlung für die Gruppe effektvoll sind, da bei der allgemein bekannten, erfahrenen und bei den einzelnen Teilnehmern oft ähnlich gelagerten Problematik die Möglichkeit zur Identifikation mit dem Protagonisten in hohem Maße gegeben ist. Bei Gruppen, die innerhalb eines geschlossenen Programmes am Psychodrama teilnehmen, z. B. einem Berufsumschulungskursus, tritt die Problematik der Gruppe, ganz gleich in welche Richtung sie zielt, intensiviert auf, was sich für die psychodramatische Arbeit entscheidend auswirkt und zwar oft genug als Widerstand. Die für die Erwachsenenbildung allgemein charakteristische „Freiwilligkeit" (SCHULENBERG 1957; BECKER 1957, 1958; Gutachten der Niedersächsischen Studienkommission 1964, 13; MEISSNER 1964; TIETGENS 1967 u. a.) ist eingeschränkt, und auch die Teilnahme am Psychodrama ist — wie in geschlossenen Ausbildungsprogrammen der öffentlichen Hand oder der Wirtschaft kaum anders denkbar — mehr oder weniger verpflichtend. Zumindest lastet auf ihr nicht der absolute Zwang, teilnehmen zu müssen, der für die übrigen Fächer des Umschulungsprogrammes kennzeichnend ist. Obgleich die Entscheidung zur Umschulung oder Berufsfortbildung freiwillig ist, wirkt die im Verlauf des Kursus festgefügte Ordnung, aus der ein Ausbrechen ohne Verlust der erstrebten Umschulung nicht möglich ist, auf den Erwachsenen als Zwang, der bei dem noch weit verbreiteten autoritären Unterrichtsstil zu erheblichen Widerständen führt, deren Auswirkungen sich in den Leistungen des Einzelnen und der gesamten Gruppe niederschlagen, da der Zwang kollektiv erlebt wird und die Widerstandshaltung kollektiv vorgetragen wird. Dabei ist bemerkenswert, daß die Widerstände und Aggressionen nicht etwa gegen die Lehrer und Dozenten mit dem autoritärsten Unterrichtsstil zum Ausdruck kommen, sondern gegen Dozenten mit weniger dominanter Haltung und loyalen Unterrichtsstil (LORENZ, 1954; BROCHER 1967, 80)[9]. Die hier anstehenden Konflikte kamen in der Eingangsphase des Psychodramas zunächst durch Schweigen zum Tragen, unwillige Bemerkungen über den Sinn und die Notwendigkeit der Gruppenzusammenkunft, die dann im ersten Szenenverlauf von einem Teil der Gruppe durch einen Mangel an „Ernstwertung" (SCHULTE 1963, 1964; PLOEGER 1969) akzentuiert wurden. Die massiven Widerstände wurden vom Therapeuten durch Eingehen auf diese auf Lächerlichkeit abzielenden Einwürfe und Verhaltensweisen psychodramatisch aufgelöst durch den Vorschlag: Wenn man schon einmal dabei sei, so solle man doch den ganzen Lehrgang gründlich „durch den Kakao ziehen". Sofort werden Lehrer- und Schülerrollen verteilt, der Vorschlag bewirkt ein spontanes „warming up". Das Psychodrama beginnt recht unernst und tumultös. Das etwas hektische Verhalten läßt den latenten Aggressionsstau erkennen, der von der lauten Heiterkeit nur oberflächlich überdeckt ist, aber „es gibt nichts Ernsteres als das Spiel, unversehens schaust du auf und erblickst tödliche Härte" (BERDJAEV). In kürzester Zeit ist eine heftige, ja erbitterte Auseinandersetzung zwischen einem Teilnehmer in der Rolle eines Dozenten und einem Teil der als Klasse fungierenden Gruppe in Gang. Der Ablauf spitzt sich zu und wird vom Therapeuten auf einem gewissen Höhepunkt des allgemeinen Engagements im Sinne einer *aktivierenden Frustrationstechnik*[10] (PLOEGER 1965, 1968) unterbrochen. Der Unwille der Gruppe „aus dem Spiel" gerissen zu werden wird mit dem anfänglichen Unwillen über das Spiel konfrontiert. In einem kurzen reflektierenden Gespräch wird von der Gruppe mit Erstaunen die Intensität und Bedeutung des psychodramatischen Geschehens erkannt. Die Szene wird von neuem aufgerollt und der Autoritätskonflikt nunmehr bewußt durchgearbeitet. Dabei wird zunächst das Psychodrama diagnostisch eingesetzt. In rasch miteinander wechselnden Szenen, die soweit *„angespielt"* werden, daß die Konfliktkonstellation ersichtlich wird, und dann abgebrochen werden, erfolgt eine Bestandsaufnahme der Gruppensituation. Die Interventionen des Therapeuten (ANCELIN-SCHÜTZENBERGER 1970, 35) werden nicht als frustrierend, sondern als aktivierend empfunden, da die Gruppe von den immer klarer zum Ausdruck kommenden diagnostischen Prozeß fasziniert ist. Spontan machen sich einige Teilnehmer Notizen – sie erwiesen sich im nachfolgenden Gruppengespräch als ausgesprochen nützlich, insbesondere im Hinblick auf die unterschiedlichen Fixierungen und Akzente, die wiederum für die Aufschlüsselung der Stellung des Teilnehmers im Konfliktgeschehen und seine Haltung zu ihm bedeutsam sind. Das Material wird durchgesprochen, verschiedene Situationen werden zur klareren Bestimmung und Vergegenwärtigung kurz psychodramatisch skizziert. Die Analyse des Materials nimmt breiten Raum ein und bedarf eingehender Erörterung und Diskussion, eine Verfahrensweise, die für soziodramatisches Vorgehen und für das Psychodrama in der Erwachsenenbildung, insbesondere bei der *„triadischen"* Methode (PETZOLD 1971), charakteristisch ist. Aus diesem Grund und auch im Hinblick auf die erhöhte Teilnehmerzahl der Gruppen bietet sich die Möglichkeit an, turnusmäßig von einzelnen Gruppenmitgliedern – in der Regel von zweien – die Sitzungen protokollieren zu lassen, um eine zusätzliche Arbeitsgrundlage zu gewinnen.

Die Autoritätsfrage wird in Kursen innerhalb der Erwachsenenbildung immer wieder auftauchen, und zwar als individuelles und als Gruppenproblem. Die psychodramatische Bearbeitung dieses Problems in seinen vielfältigen Konstellationen vermittelt der Gruppe eine *existenzielle Klarstellung.* Die Problematik wird nicht allein reflektiert und analysiert aufgrund theoretischer Erörterungen, sondern sie wird zunächst erfahren und in der *Semirealität* des Psychodramas weitaus intensiver aktualisiert als in der Wirklichkeit, wo Konventionen und

Abhängigkeiten oftmals Konfliktgeschehen zurückdrängen und verdecken. Diese Erfahrung, die in ihrer Art existenziell und komplex ist, da sie den Agierenden durch die Techniken des Rollentausches oder des Doppelns nicht nur in seine vorgegebene Situation stellt, sondern sich sowohl als Vorgesetzten oder auch als Untergebenen erleben läßt, um ein Beispiel zu geben — eine derartige Erfahrung also wird zur Grundlage von Analyse und Reflektion gemacht und vermittelt ein erweitertes und vertieftes Verständnis für die Vielschichtigkeit des Autoritätsproblems, das sich als Problem zwischen Antipoden erweist und nicht nur als Problem des Menschen verstanden werden kann, der in einer Repressionssituation steht. Autoritätskonflikte müssen zweiseitig aufgelöst werden, und für eine derartige Auflösung müssen Kommunikationsbarrieren abgebaut und Kommunikationsmöglichkeiten aufgebaut werden, ein Vorgang, der nicht allein durch die rationale Erkenntnis seiner Bedingungen und Abläufe verwirklicht werden kann, sondern der eine Auflösung affektiver Widerstände erfordert. Das Psychodrama bietet sich auch hier als Instrument an. Es vermittelt eine Situationsdiagnostik, die im Gruppengespräch ausgewertet und verarbeitet werden kann, und es bietet auch die Möglichkeit, die erarbeiteten Resultate von der intellektuellen auf die affektive Ebene zu transponieren und in Aktion, in praktischen Vollzug umzusetzen. Es kommt hier die verhaltensmodifizierende Komponente des Psychodramas zum tragen, die im „als ob", in den Techniken des *Rollentrainings*, der *Hilfswelt* oder der *Zukunftsprojektion*[11] Erkanntes und Erarbeitetes affektiv realisiert und damit die Möglichkeit zur Wiederholung dieser Leistung in der Wirklichkeit des Alltags bietet.

Die psychodramatische Problembearbeitung vermittelt damit der Gruppe und dem Einzelnen ein vertieftes Verständnis für das eigene Verhalten und das der anderen, es schärft die Fähigkeit zur Selbst- und zur Fremdwahrnehmung (telische Perzeption cf. LEUTZ 1970) und gibt die Möglichkeit zum praktischen Einsatz und zur Übung dieser Fähigkeiten.

Neben der *gruppenzentrierten* Bearbeitung einer gruppenspezifischen Problematik, d. h. einer mehr soziodramatisch ausgerichteten Verfahrensweise — und eine solche bietet sich für die Autoritäts- oder Kommunikationsproblematik in der Erwachsenenbildung an — ist es natürlich auch möglich, durch *protagonistenzentriertes* Vorgehen *gruppengerichtet* zu wirken, insbesondere wenn es sich um ein Problem handelt, das mehreren Gruppenmitgliedern gleichermaßen eigen ist und damit die Möglichkeit zur Identifikation bietet. So kann eine Autoritätsproblematik, die im persönlichen Bereich eines Teilnehmers liegt, psychodramatisch aufgerollt werden, und dazu dienen, allgemeine Fragestellungen zur Autorität, ihrer Handhabung, Wirkung, ihrer Berechtigung mit der Gruppe zu erarbeiten. Auch hier kommt dem Gespräch, der dialogischen Komponente, besondere Bedeutung zu. Das Problem des Protagonisten hat in einem solchen Fall für ihn selbst und für die Gruppe wesentlich exemplifikatorischen Charakter und ist methodisch nicht als *gruppenzentriert* sondern als *gruppengerichtet* oder *gruppenbezogen* zu verstehen. Es findet sich natürlich immer wieder ein Abgehen von gruppenspezifischer Problematik zu Schwierigkeiten und Konflikten, die nur den einzelnen ganz eigentlich betreffen, die als Auseinandersetzung mit seiner Vergangenheit oder Gegenwart zum Selbstverständnis und Umweltverständnis des Protagonisten beitragen, indem ihm psychodramatisch ermöglicht wird, z. B. in den Techniken des *Rollenwechsels* oder des *Spiegels* seine Verhaltensweisen im Wiedererleben zu beobachten und in der Technik des *Monologes* (soliloquy) zu analysieren und zu reflektieren, wobei ihm von Seiten des Therapeuten und der Gruppe durch die Doppelgängermethode Hilfestellungen gegeben werden können. Als Ergebnis eines solchen Prozesses kann eine vertiefte und adäquatere Selbstschau ihren Ausdruck in einer *Selbstdarstellung* finden[11].

Für die Gruppe ist ein derartiges Psychodrama außerordentlich fruchtbar, da sie am Geschehen der Selbstentdeckung und Selbstfindung des Protagonisten aktiv Anteil nimmt durch die Funktion der *auxiliary egos.* Die Gruppenteilnehmer bleiben nicht nur in einer bloßen Beobachterrolle, in affektiver Distanziertheit, sondern sie vermögen durch ihre Integration ins Spielgeschehen sich gleichermaßen rational und emotional zu beteiligen. Dieser Vorgang ist mit einer steigenden Sensibilisierung gegenüber den affektiven Reaktionen der Mitspieler, vornehmlich des Protagonisten, und folglich auch mit einer wachsenden Fähigkeit zur Kommunikation verbunden. Das wechselnde Spiel in verschiedenen Rollen durch die Gruppenteilnehmer stellt ein Spontaneitätstraining dar, das Hemmungen und Schwerfälligkeiten überwinden hilft und zu größerer Beweglichkeit und Sicherheit in der Handhabung und Kontrolle der Affekte, d. h. aber zu einer Befreiung der Gesamtpersönlichkeit führt (SIEPER 1971).

Durch die Auswahl der Teilnehmer ist in der Regel gewährleistet, daß die in die Gruppe getragenen Probleme keinen pathologischen Konfliktstoff, sondern allgemeine Fragen der Lebensgestaltung und -bewältigung beinhalten, wie sie sich dem Einzelnen oder der Gruppengemeinschaft stellen. Aber eine derartige Vorauswahl bietet natürlich keine unbedingte Sicherheit, und es kommen in jeder Gruppe bei verschiedenen Teilnehmern neurotische Tendenzen „ins Spiel", die auch im Hinblick auf die andragogischen Zielsetzungen aufgegriffen und verarbeitet werden müssen. Jedoch handelt es sich in der Regel hierbei nicht um massive Problematiken, wie sie für eine therapeutische Gruppe kennzeichnend sind. Hier liegt es nun in der Hand des Gruppenleiters, den Beginn von Prozessen zu erkennen, sie in ihrer Wertigkeit zu beurteilen und ihren Verlauf im Griff zu behalten. Situationen, die mit den von der Gruppe zu Beginn des Seminars erarbeiteten Zielbestimmungen nicht zu vereinbaren sind, sollten, soweit möglich, entsprechend abgefangen werden. Trotz dieser für eine nicht-therapeutische Gruppe erforderlichen Maßnahmen findet sich nach unseren Erfahrungen regelhaft in jeder Gruppe der eine oder andere Teilnehmer, dessen Problematik den Rahmen des Angezeigten übersteigt und plötzlich eine Situation herbeiführt, die nur noch als spezifisch therapeutisch bezeichnet werden kann. Bei einer Gruppenzusammensetzung, in der zumindest ein Teil der Mitglieder einen Weltkrieg und die Wirren der Nachkriegszeit mitgemacht haben, sind derartige Vorkommnisse unmöglich auszuschließen. Die für das Psychodrama charakteristische Spieldynamik vermag in kürzestem Zeitraum eine derartige *Eskalation der Affekte* herbeizuführen, die ausgespielt und therapeutisch angegangen und bearbeitet werden muß, da sonst mit ernsthaften Gefährdungen für den Protagonisten und auch für das

Gruppengefüge gerechnet werden muß; denn die Konfrontation mit einer schwerwiegenden Problematik bewirkt, wenn sie nicht aufgegriffen und durchgearbeitet wird, zumindest für einen Teil der Gruppenmitglieder einen *Verstörungseffekt*, der zur Folge hat, daß in weiteren Sitzungen Spontaneitätshemmungen, ja völlige Blockierungen der Spielfähigkeit auftreten. Die Teilnehmer stehen unter der Angst, in einen ähnlichen Emotionsausbruch zu geraten, ohne daß ihnen von der Gruppe und vom Therapeuten die notwendige Hilfe gegeben wird.

Auf derartige Situationen werden optimal ein bis zwei Gruppenstunden zu verwenden sein, und zwar aufeinanderfolgende. Für die andragogischen Objektive kann ein solcher Vorfall nur positiv bewertet werden, erfordert und erschließt er doch ein Verständnis für den anderen, das in der Intensität sonst kaum erreicht werden kann. Es ist nicht nur die compassio (sharing) mit dem Agierenden, es sind die Dramatik des Geschehens, die verstärkten Interaktionen, die intensivierten Prozesse von Übertragung und Gegenübertragung, die in und durch derartige psychodramatische Situationen die Kommunikationsdichte der Gruppe und damit die Kommunikationsfähigkeit (Zunahme der Tele-Perzeption) des Einzelnen in ganz bemerkenswerter Weise erhöhen.

Abschließend soll auf die kompensatorischen Möglichkeiten hingewiesen werden, die das Psychodrama bietet. Gerade für den Lernprozeß in der Erwachsenenbildung erweisen sich nämlich immer wieder unverarbeitete Situationen aus der Vergangenheit als hindernd, ja als blockierend. Wir konnten dies am Fall einer 30jährigen Angestellten beobachten, die aus Gründen des beruflichen Fortkommens einen Englischkursus für Fortgeschrittene besuchte. Obwohl ihr die Stunden zunächst Freude bereiteten, klagte sie darüber, daß sie nicht so recht vorankomme. Sie könne das Gelernte nicht behalten und versage vollständig, wenn im Unterricht die Reihe an sie komme. Sie sei darüber umsomehr verwundert, da sie als Chefsekretärin weitgehend eigenverantwortlich arbeiten müsse, eine schnelle Auffassungsgabe besitze und gut behalten könne. Im Rahmen einer psychodramatischen Sitzung ergab sich dann, daß die Teilnehmerin im Alter zwischen acht und zehn Jahren in der Schule sehr schlecht mitkam. Anlaß war der Weggang eines Lehrers, zu dem das Kind eine starke Bindung hatte, weil sein Vater von der Familie getrennt lebte. Die neue Lehrerin fand zu der Klasse und insbesondere zu der Protagonistin keinen rechten Kontakt. Das nun beginnende Nachlassen der schulischen Leistungen wurde öffentlich vor der Klasse getadelt, indem das Kind als „dumm und faul" hingestellt wurde. Die Folge war eine zunehmende Schulangst und ein weiteres Absinken der Leistungen auch in Fächern, in denen das Kind vordem über dem Klassendurchschnitt stand. Diese Situation blieb natürlich nicht ohne Konsequenzen für den familiären Bereich. Mutter und Großmutter hatten den Ehrgeiz, das Mädchen auf die „höhere Schule" zu schicken. Das Motiv: „Du mußt etwas lernen, damit du später in jeder Situation auf eigenen Füßen stehen kannst!" Dieser durchaus verständliche Wunsch einer Mutter, die von ihrem Mann verlassen wurde, führte nun zu einem ständigen „Nachlernen" an den Nachmittagen. Eine gereizte Atmosphäre war hierfür kennzeichnend. Das zentrale, ja ausschließliche Thema der Familie: die Leistungen in der Schule. So war das Kind sowohl in der Schule als auch zu Hause einer ständigen Überforderung ausgesetzt und einer permanenten Frustration durch die „Einengung“ der vormals guten Beziehung zur Mutter auf das Thema „Schule“, hinter dem die Persönlichkeit des Kindes mit ihren Ansprüchen und Bedürfnissen völlig verschwand und nur noch seine Leistungen gesehen wurden.

Diese Konfliktkonstellation bestimmte das spätere Lernverhalten des Kindes und seine Beziehung zur Schule, die von einer tiefen Aversion gekennzeichnet war. Das Gymnasium wurde denn auch kurz vor der „mittleren Reife“ verlassen, obgleich die Schülerin von ihrer Intelligenz her durchaus in der Lage gewesen wäre, den Abschluß der höheren Schule zu erreichen.

Die Auswirkungen der in der Schule erlebten und durch die Schule im familiären Bereich bedingten Frustrationserfahrungen kamen im Fall der Protagonisten noch zwanzig Jahre später zum Tragen durch Lernstörungen und Angstreaktionen in Situationen, die mit einer Erfahrung des Versagens (SCHULENBERG 1961) belastet waren (z. B. „Aufrufen“ vor der Klasse).

In der psychodramatischen Bearbeitung dieser Ängste und Störungen kam dann der geschilderte Hintergrund zum Vorschein, der von der Protagonistin weitgehend verdrängt worden war und von ihr nicht mit ihren aktuellen Lernschwierigkeiten in Zusammenhang gebracht wurde. In verschiedenen Szenen (Tadel vor der Klasse, Nachlernen mit der Mutter) und den anschließenden Gruppengesprächen wurden der Protagonistin die Ursachen ihrer Schwierigkeiten klar. Diese intellektuelle Einsicht in die Genese einer Störung bietet an sich schon den Ansatz und die Möglichkeit zu ihrer Bewältigung. Die psychodramatische Situation aber vermag darüber hinaus eine affektive *Kompensation* zu leisten. Durch die Aktualisierung der Konfliktsituationen wurde der Protagonistin ermöglicht, ihre Aggressionen gegen die Lehrerin *auszuagieren* und im *Rollentausch* etwa mit der Mutter Verständnis für deren Verhaltensweise zu gewinnen. Ein *Dialog* mit dem Lehrer, dessen Weggang die gesamte Entwicklung bestimmt hatte, läßt die Protagonistin die Vaterproblematik erkennen, von der ihre Reaktionen bedingt wurden.

Der methodische Ansatz des Psychodramas weist demnach im vorliegenden Fall folgende *„tetradische“* Stufung auf: I. *diagnostisch-anamnestisch* (Zurückgehen vom aktuellen Konflikt auf Ursachen und auslösende Faktoren) — II. *kathartisch* (acting out) — III. *analytisch-aufhellend* (Bearbeitung der Vaterproblematik).

Auf dieser Grundlage schließt sich nun eine weitere Phase an: IV. *Verhaltensmodifikation.* Die Gruppe bildet eine Klasse. Die Protagonistin wählt eine Lehrerin aus. Eine Unterrichtssituation wird gespielt. In dieser wird die Protagonistin aufgerufen, an die Tafel geholt, befragt, wobei sie sich, zunächst noch sichtlich gehemmt, zunehmend freier bewegt.

Die Teilnahme an der Psychodramagruppe hatte zur Folge, daß bei der Protagonistin die Angstreaktionen in realen Situationen sehr vermindert — und dadurch von ihr kontrollierbar — auftraten und schließlich ganz verschwanden. Die Lernstörungen verloren sich gleichfalls weitgehend, so daß die Teilnehmerin in ihrem Englischkursus gute Erfolge zeigte.

Das Beispiel der 30jährigen Angestellten steht nicht vereinzelt da. Verschiedentlich wurde schon darauf hingewiesen, daß unverarbeitete „Frustrationserfahrungen aus der Schulzeit die schwerwiegendsten Hinderungsgründe für Erwachsene sind, sich weiterzubilden" (TIETGENS 1967; STRZELEWICZ, RAAPKE, SCHULENBERG 1966). Hier bietet die psychodramatische bzw. soziodramatische Bearbeitung positive Möglichkeiten, den „emotionalen Druck der Vergangenheit" (TIETGENS 1967, 24) zu kompensieren.

Zusammenfassung

Das Psychodrama ermöglicht im Verlauf eines Wochenendseminars oder eines Kurses mit 10 bis 15 Sitzungen durch gruppen- und protagonistzentriertes Vorgehen den Teilnehmern eine neue Erfahrung der Gemeinschaft, die mit einem vertieften Verständnis für den anderen und seine Probleme, für seine Welt und für seine Lebensführung einhergeht. Es führt darüber hinaus zu einem neuen oder persönlichkeitsgemäßerem Selbstverständnis, zu einer neuen Freiheit und Sicherheit durch die Auseinandersetzung mit vergangenen und aktuellen Konflikten. Das Psychodrama vermag so dem Anspruch der Erwachsenenbildung nach Entfaltung und Stabilisierung der Persönlichkeit, nach Affektbildung, nach Möglichkeiten der Kommunikation und Kompensation in spezifischer Weise gerecht zu werden.

Anmerkungen

1. Cf. A. BERGSTRÄSSER, Erwachsenenbildung als politische Aufgabe p. 13. Weiterhin das „Gutachten der Niedersächsischen Studienkommission für Fragen der Erwachsenenbildung, Göhrde 1964 (ersch. im Steinbock-Verlag, Hannover) p. 12 sq., Grundsätze: 2. „Sie (die Erwachsenenbildung) soll die Erwachsenen in ihren Bemühungen unterstützen, ‚sich selbst, die Gesellschaft und die Welt zu verstehen und diesem Verständnis gemäß zu handeln'; — 3. Sie soll dem einzelnen bei der Bewältigung persönlicher und beruflicher Probleme wie bei der Orientierung in der gegenwärtigen Situation helfen." Cf. auch das Gutachten „Zur Situation und Aufgabe der Erwachsenenbildung" des Deutschen Ausschusses für das Erziehungs- und Bildungswesen, in: Beilage 1 zu „Volkshochschule im Westen", 1. Jg. 12 (1961) 21.
2. Cf. auch KNOLL, SIEBERT (1967) und WEDELL (1963).
3. MEISSNER, 1964 p. 34.
4. Cf. hier die Beiträge in dem Sammelband: „Erziehung im Gespräch. Elternfragen an die Erwachsenenbildung" H. H. GROOTHOFF u. a., Braunschweig 1968.
5. Cf. hierzu die vorbildlichen Initiativen des VHS-Landesverbandes von NRW (MINSSEN 1965), der regelmäßig gruppendynamische Seminare veranstaltet (1966, 1968), von denen ausgezeichnete Protokolle aufgenommen und vervielfältigt wurden (Dortmund 1966, 1969).
6. Zeitschrift für Pädagogik 12 (1966) 444—450; Bücherei und Bildung 18, 11/12 (1966) 592—594.
7. SCHULENBERG, 1957 p. 114.
8. Das Gutachten des Deutschen Ausschusses (loc. cit. note 1) p. 21 zählt zum Aufgabenbereich der VHS die Hilfestellung bei „Schwierigkeiten in der Familie und in der Ehe, wie sie einerseits durch die Schwäche oder die Enge der Tradition und den Mangel oder die Verkümmerung der Glaubensbindung, andererseits durch die beschriebenen Veränderungen in der Gesellschaft entstehen." Im Sinne dieser Ausführungen konnten von PETZOLD 1969 an der VHS der Stadt Meerbusch eine pädagogisch-psychologische Beratungsstelle für Ehe- und Erziehungsprobleme und

Klassen für Vorschulerziehung eingerichtet werden (cf. Arbeitsplan Frühjahr/Sommer, Meerbusch 1970 p. 32 ff.).

9. Es ist hier das bekannte Beispiel des Wildpferdrudels angesprochen, das bei einer kollektiv erlebten Frustration seine Aggression nicht etwa gegenüber dem Störfaktor, sondern gegenüber einem Tier oder Objekt in Omegaposition ausläßt.
10. Dieser Terminus scheint die von PLOEGER entwickelte Technik — er bezeichnete sie zunächst (1965) als *„Frustrationstechnik"*, später (1968) als *„Aktivierungstechnik"* — noch am besten zu charakterisieren, da der frustrierende Effekt die Aktivierung bewirkt. Bei nicht fachgerechter Handhabung kann sie zu tatsächlichen Frustrationserlebnissen führen.
11. Zu den Techniken cf. ANCELIN-SCHÜTZENBERGER (1970), PETZOLD (1970) und in diesem Heft „Psychodramatische Techniken in der Therapie mit Alkoholikern".

Literatur

ANCELIN-SCHÜTZENBERGER, A., Précis de psychodrame, Paris 1970².

ANZIEU, D., La dynamique des groupes restreints, Paris 1968.

BECKER, H., Bildung zwischen Plan und Freiheit, in: Fragen an die Zeit, Hrsg. T. ESCHENBURG, Stuttgart 1957.

— Freiheit und Gebundenheit der Volkshochschule, Volkshochschule im Westen, Beilage 3, 5/6 (1958).

— Standort der Volkshochschule in der verbindenden Erwachsenenbildung, Berliner Arbeitsblätter XIII (1960).

— Die verbindende Aufgabe der Erwachsenenbildung in Deutschland und der Welt, in: Forderungen an die Erwachsenenbildung — Vorträge und Ansprachen des Deutschen Volkshochschultages vom 22.—25. November 1961 in Frankfurt, hrsg. vom DVV, Bonn 1962.

BERDJAEV, N., Brieffragment Nr. 18 (94), in: PETZOLD (1970 b).

BERGSTRÄSSER, A., Erwachsenenbildung als politische Aufgabe, in: BERGSTRÄSSER, A., CASELMANN, C., WEINSTOCK, H., Es geht um den Menschen. Wege und Ziele der Erwachsenenbildung in unserer Zeit, Ravensburg 1957.

BION, W. R., Recherches sur les petits groupes, Paris 1965 (London/New York 1961).

BROCHER, T., Lernprozesse in Gruppen: Gruppendynamik als Lehrmethode, Hessische Blätter für Volksbildung 16 (1966) 4, 376—395.

— Gruppendynamik in der Erwachsenenbildung. Zum Problem der Entwicklung von Konformismus oder Autonomie in Arbeitsgruppen, Braunschweig 1967.

CARTWRIGHT, D., ZANDER, A., Group Dynamics, Research and Theory, New York 1960².

„Entraînement mental", Arbeitsunterlagen für Volkshochschulen 10 (Frankfurt 1965) Hrsg. vom DVV.

GÖTTE, M., Volkshochschule in einer Industriegroßstadt am Beispiel der Volkshochschule Dortmund, Dortmund 1959.

— Erwachsenenbildung auf dem Lande, dargestellt am Beispiel des Landkreises Teklenburg, Dortmund 1961.

GROOTHOFF, H. H. u. a., Erziehung im Gespräch. Elternfragen an die Erwachsenenbildung, Braunschweig 1968.

Gruppendynamisches Seminar des „Landesverbandes der Volkshochschulen von Nordrhein-Westfalen" 10.—14. Januar 1966. Protokoll I. hrsg. vom Landesverband, Dortmund 1966.

— Protokoll II. (17.—22. 11. 1968), Dortmund 1969.

HENNINGSEN, J., Jugend- und Erwachsenenbildung — eine grundsätzliche Erörterung, Volkshochschule im Westen 11 (1959/60) 7/8, 233—235.

— Zur Kritik der „Gruppenpädagogik", Kulturarbeit 11 (1959) 10, 193—197.
KNOLL, J. H., SIEBERT, H., Erwachsenenbildung in der Bundesrepublik. Dokumente 1945—1966, Heidelberg 1967.
KNOWLES, S., HUSEN, T., Erwachsene lernen. Methodik der Erwachsenenbildung, Stuttgart 1963.
LEUTZ, G. A., Übertragung, Einfühlung und «Tele» im Psychodrama, Zeitschrift für praktische Psychologie 8 (1970).
LEWIN, K., Field Theory in Social Science, New York 1951.
— Resolving Social Conflicts, New York 1948.
LIPPIT, R., BRADFORD L. P., Group dynamics and education, Washington 1949.
LORENZ, K. Er redete mit dem Vieh, den Vögeln und den Fischen, Wien 1954.
LÜCKERT, H.-R., Konfliktpsychologie. Einführung und Grundlegung, München/Basel 1957.
MEISSNER, K., Erwachsenenbildung in einer dynamischen Gesellschaft, Stuttgart 1964.
— Zur Situation und Aufgabe der Erwachsenenbildung, Volkshochschul-Korrespondenz 1 (1966) 1, 7—10.
— Ausbildung und Bildung als Aufgabe der Volkshochschule, Berichte und Aufsätze 36 (Dezember 1966) 33—36.
MINSSEN, F., Gruppendynamik und Lehrerverhalten, Internat. Zeitschr. f. Erziehungswissenschaft XI, 3 (1965) 305—325.
MITSCHERLICH, A., Revision der Vorurteile als Bildungsziel, in: Forderungen an die Erwachsenenbildung, hrsg. vom DVV, Bonn 1962.
— Auf dem Wege zur vaterlosen Gesellschaft, München 1963.
— Zur Psychologie des Vorurteils, Hessische Blätter für Volksbildung 15 (1965) 5, 332—343.
— Vorurteile — mächtige Gegner der Bildung —, Sonnenberg, Briefe zur Völkerverständigung, 32 (Januar 1965) 1—9.
MORENO, J.-L., Die Grundlagen der Soziometrie, Köln 1954, 1967[2].
— Gruppenpsychotherapie und Psychodrama, Stuttgart 1959.
PETZOLD, H., Überforderungserlebnis und nostalgische Reaktion bei ausländischen Arbeitern in der BRD. Genese, Diagnostik und Therapie, Paris 1968.
— Some important techniques of psychodrama, in: Vidareutbildningskurs i psykiatri, Hrsg. E. FRANZKE, S:t Sigfrids Sjukhus, Växjö 1970.
— Bruchstücke eines unveröffentlichten Briefwechsels von Nikolaj Berdjaev, Kyrios 1 (1971).
— Triadisches Psychodrama in der Erwachsenenbildung, *Volkshochschule* im Westen 3 (1971) 129—132.
— Moderne Methoden psychologischer Gruppenarbeit in der Erwachsenenbildung, Referat auf der Jahrestagung des DAGG, Göttingen, Oktober 1971.
PLOEGER, A., Das Psychodrama in der klinischen Psychotherapie, Z. Psychother. med. Psychol. 15 (1965) 202.
— Die Stellung des Psychodramas in der Psychotherapie, Gruppenpsychotherapie und Gruppendynamik II (1968) 67—82.
— Möglichkeiten und Grenzen der Therapie mit dem Psychodrama, Gruppenpsychotherapie und Gruppendynamik III (1969) 63—76.
PÖGGELER, F., Methoden der Erwachsenenbildung, Freiburg i. Br. 1964.
SCHICK, H., VOSSLER, H.-E., Angebot und Beteiligung. Strukturanalysen zur Entwicklung und Situation der Volkshochschulen, Stuttgart 1968.
SCHILLER, H., Gruppenpädagogik als Methode der Sozialarbeit, Wiesbaden 1966[2].
SCHROERS, G., Gegenwärtige Aufgaben der Volkshochschule, Kulturarbeit 5 (1953) 3, 55—57.

SCHULENBERG, W., Ansatz und Wirksamkeit der Erwachsenenbildung. Eine Untersuchung im Grenzgebiet zwischen Pädagogik und Soziologie, Stuttgart 1957.
— Zum Problem der Wissensvermittlung, in: Handbuch für Erwachsenenbildung in der BRD, Stuttgart 1961.
SCHULTE, W., Über das Herausgeraten aus der Neurose und den Gewinn einer neuen Unbefangenheit zu leben, Prax. Psychother. 8 (1963) 201; Nachdruck in: Studien zur heutigen Psychotherapie 21, Heidelberg 1964.
SHERIF, M., SHERIF, C. W., Groups in Harmony and Tension, New York 1963.
SIEPER, J., Kreativitätstraining in der Erwachsenenbildung, *Volkshochschule* im Westen, Jg. 1971.
SILBERMANN, P. A., Der ideale Erwachsenenlehrer, Das Abendgymnasium 1/2 (1933).
SPIESS, W., Erster und zweiter Bildungsweg, Eine Antwort auf den Aufsatz von Heinz Stragholz, Kulturarbeit 18 (1966) 4, 77.
STENDENBACH, F.-J., Soziale Interaktion und Lernprozesse, Köln 1963.
STRZELEWICZ, W., RAAPKE, H.-D., SCHULENBERG, W., Bildung und gesellschaftliches Bewußtsein. Eine mehrstufige soziologische Untersuchung in Westdeutschland, Stuttgart 1966.
STURM, I. E., Psychodrama in an Adult Education Program, Group Psychotherapy 20 (1967) 181.
TAUSCH, R., TAUSCH, A., Erziehungspsychologie, Göttingen 1963.
TIETGENS, H., Lernen mit Erwachsenen, Braunschweig 1967.
— Erwachsenenbildung am Rande der individuellen Beratung (1968), in: GROOTHOFF (1968) 275—280.
VOSSLER, H.-E., Wer besucht die Volkshochschule, in: SCHICK, VOSSLER (1968) 125—166.
WEDELL, H., Zur Bildsamkeit der Erwachsenen und ihrer Auswertung in der Volkshochschule, Hessische Blätter für Volksbildung 13 (1963) 2, 132—139.
— Zur Pädagogik des Zweiten Bildungsweges, Hessische Blätter für Volksbildung 4 (1963) 4, 289—296.
WERNER, C. A., Handbuch der Erwachsenenpädagogik, Bd. I: Die psychologischen und soziologischen Voraussetzungen der Erwachsenenbildung — Materialien zur Geschichte der deutschen Erwachsenenpädagogik, Köln/Berlin 1959;
— Bd. II, Didaktik und Methodik des Erwachsenenunterrichts, Köln/Berlin 1960.
ZULLIGER, H., Über den Umgang mit dem kindlichen Gewissen, Stuttgart 1954.

Die Literatur zur Erwachsenenbildung ist für das deutsche Sprachgebiet praktisch vollständig erfaßt in:

KARBE, W., RICHTER, E., Bibliographie zur Erwachsenenbildung im deutschen Sprachgebiet. I. Folge, bis 1957; II. Folge, 1958—1962; III. Folge, 1963—1967. Westermann Verlag, Braunschweig.
URBACH, D., Bibliographie zur Erwachsenenqualifizierung in der DDR, Westermann, Braunschweig 1969.

Didaktisches Theater in der schulischen Erziehung

H. Petzold, V. N. Iljine, B. Zenkovskij, Paris*

Es ist die Aufgabe moderner und zeitnaher Erziehung, eine ganzheitliche Pädagogik zu betreiben. Wissensbildung und Charakterbildung stellen sich ihr als Aufgabe. Eine Überakzentuierung oder alleinige Ausprägung des einen oder anderen Aspekts geht an dem pädagogischen Ziel kat' exochen: Bildung der Persönlichkeit vorbei oder wird ihm nicht voll gerecht. Die beiden großen europäischen Schulmodelle, das humboldtsche humanistische Gymnasium und das angelsächsische College sind, obgleich vom theoretischen Ansatz her ganzheitlich angelegt, der Einseitigkeit nicht entgangen. Vielleicht liegt es an der Mentalität dieser Nationen, daß das deutsche System die Wissensbildung auf Kosten der Charakterbildung und das angelsächsische die Charakterbildung zu Lasten des Wissensniveaus einseitig betont haben (ZENKOVSKIJ 1960).

Ganzheitliche Pädagogik hat den Wissens- und Gefühlsbereich des Menschen gleichermaßen zu fördern, muß der intellektuellen wie der ethischen Bildung gleichermaßen zugewandt sein (ZENKOVSKIJ 1935 a), muß nicht nur auf Wissensleistung, sondern auch auf schöpferisch-künstlerische und moralische Leistung abzielen, wobei wir hier einen Leistungsbegriff annehmen, der Leistung nicht um der Leistung willen, sondern um des Menschen willen intendiert, der nicht Leistungszwang und Leistungsnorm, sondern einen Akt freien Schaffens impliziert. Wahrhafte Leistung ist schöpferisch, nur in Freiheit vollziehbar (PETZOLD 1970). Alles aus Zwang und Norm Erwachsene ist nicht Leistung, sondern Produktion (SIEPER 1971). Um zu solchen schöpferischen Leistungen zu führen und dem zur Produktion degenerierten Leistungszwang entgegenzuwirken, der alle kreativen Impulse ertötet, muß die Pädagogik, wie wir immer betont haben, eine ausgearbeitete anthropologische Grundlage und geeignete Methoden entwickeln[1]. Als eine solche Grundlage sehen wir mit N. BERDJAEV (1927, 1930, 1952) die Erziehung zur Freiheit und zum schöpferischen Tun, die Erziehung zu selbsttätigem Handeln und zu bewußt wahrgenommener Verantwortung.

Eine grundsätzliche Änderung der europäischen Erziehungssysteme im Sinne dieser Konzeption wäre notwendig und wird sich vollziehen müssen, als eine Änderung, die die Freiheit und schöpferische Selbsttätigkeit des Individuums im Auge hat, denn nur ein solches ist in der Lage, gesellschaftliches Bewußtsein zu entwickeln und durch soziales Handeln gesellschaftliche Veränderungen zu bewirken. Diese Bewegung muß, da sie nicht von „oben", d. h. von der Administration zu erwarten ist, von „unten" kommen, aus dem Engagement des einzelnen Pädagogen erwachsen.

Als e i n Instrument, diese Zielsetzung zu verwirklichen, sehen wir neben dem Psychodrama und der Gruppendynamik das „Didaktische Theater" an, wie es aus dem „Therapeutischen Theater“, das V. N. ILJINE (1909, 1917) im ersten Dezennium dieses Jahrhunderts entwickelt hat, hervorgegangen ist. Das didaktische Theater wurde schon in den zwanziger Jahren von B. ZENKOVSKIJ an der pädagogischen Hochschule zu Prag und später (1935 b c) in Paris praktiziert. H. PETZOLD (1968) hat es 1967 am deutschen Gymnasium von Paris, I. SCHMIDT an deutschen und französischen Gymnasien und J. SIEPER in der Erwachsenenbildung verwandt. Das Didaktische Theater geht ganz bewußt von dem aus dem Moment improvisierten „Stegreiftheater“ bzw. Psychodrama ab, da ihm aus einer pädagogischen Zielsetzung eine gewisse disziplinäre Komponente eigen ist. Es wird aus der Feststellung, Analyse und Reflexion von Sachbeständen und Problemen als kreativer Akt einer Gruppe geboren.

Taucht z. B. in einer Klasse ein Problem auf oder eine interessante Sachfrage oder ein Konflikt, der nicht gelöst werden kann, so wird er zunächst gemeinschaftlich konstatiert, darauf analysiert und im Klassengespräch durchdacht, wobei die freien Einfälle einzelner, die ins Gespräch geworfen werden, aufgenommen und weiter entwickelt werden. Aus dieser Ideensammlung zum Gegenstand wird dann gemeinsam das Theaterstück geschaffen. Die Klasse entwirft einen Rahmen, verteilt Rollen, legt Szenen fest und bestimmt, welche Konstellationen in ihnen realisiert werden und welche Züge die Darsteller verkörpern sollen.

Der kreative Prozeß beginnt also mit dem gemeinsamen Schaffen des Rahmenstückes. Hier unterscheidet sich das „Didaktische Theater“ vom „Therapeutischen Theater“ etwa mit Psychotikern und Zwangsneurotikern, wo der Therapeut aufgrund der Anamnese ein Rahmenstück schreibt, das auf die Problematik der einzelnen Patienten zugeschnitten ist. Allerdings hat auch schon ILJINE (1942, 1971) in Gruppen mit nur geringfügig gestörten Patienten gemeinsam Stücke erarbeiten lassen, die die anstehenden Konflikte zum Gegenstand hatten.

Im „Didaktischen Theater“ werden durch den Vorgang des Feststellens, Analysierens, Reflektierens und Umsetzens in ein Stück die schöpferischen Kräfte der Klasse diszipliniert.

Die Zahl der beteiligten Schüler beträgt optimal 15, maximal 20. Der Lehrer muß versuchen, alle in den Prozeß einzubeziehen und zwar nicht dirigierend, sondern dadurch, daß er der Klasse begreiflich macht, daß jeder eine andere Vision einer Situation hat, daß jeder Beitrag ein wesentlicher Beitrag ist, weil es sich um eine Arbeit der Klasse für die Klasse handelt, an der also jedes Klassenmitglied beteiligt sein muß.

Mangelnde Mitarbeit oder Unfähigkeit zur Beteiligung werden während der Konstitution des Stückes beobachtet und in das Stück eingearbeitet. Es ist für das therapeutische wie für das didaktische Theater charakteristisch, daß es nur eine Rahmenhandlung festlegt, in der der Gegenstand des Spiels oder das Problem umrissen, aber nicht völlig verfestigt dargestellt wird. Der schöpferische Prozeß des gemeinsamen Erarbeitens, der in der Festlegung des Rahmens eine notwendige und pädagogisch wertvolle Disziplinierung erfährt, würde beendet sein und erstarren, wenn es zu einer detaillierten Fixierung käme. Im übrigen würde dem Gegenstand gegenüber nicht adäquat verfahren, da die meisten Fragen und

Sachbestände so komplex sind, daß ihnen immer neue Seiten abgewonnen werden können, und jede vorzeitige Fixierung eine unvertretbare Begrenzung darstellen würde. — Dieses Faktum zu entdecken, ist ein wesentliches Ereignis für die an dem und mit dem „Didaktischen Theater" arbeitende Klasse, ein Ereignis, das zumeist in der Aufführung des Stückes erfahren wird.

Ist der Rahmen des Spieles erstellt — die einzelnen Vorschläge und erarbeiteten Ergebnisse werden von Protokollführern aufgezeichnet — so werden die Gesamtstruktur, die Rollenzuweisungen und Ziele kurz wiederholt, so daß die Konzeption, der Verlauf den Teilnehmern gegenwärtig ist und das Spiel beginnen kann. Die Erarbeitung des Rahmenwerkes nimmt oft mehrere Unterrichtsstunden in Anspruch, besonders, wenn die Klasse noch nicht gewöhnt ist, in disziplinierten kreativen Prozessen zu arbeiten, d. h. die spontanen Impulse im gemeinschaftlichen Bemühen einzuordnen und, wo angezeigt, ihm unterzuordnen. Ist aber das Verfahren bekannt und eingespielt, so können, falls die Thematik nicht zu komplex ist, in einer Stunde das Stück entworfen und das Spiel begonnen werden.

Der erzieherische Wert des Einleitungsteils in diesem Verfahren liegt nicht nur in der Förderung der Kooperationsfähigkeit, sondern in der Schulung, schöpferische Impulse zu disziplinieren, sie sprachlich zu fassen, präzise vorzutragen und der Diskussion auszusetzen, um sie aufgrund dieser gegebenenfalls zu modifizieren. Der Wettbewerb der Ideen und ihre kritische Überprüfung mit der gesamten Klasse regt überhaupt die Intensität schöpferischer Prozesse an, die damit auf die spielerische Verwirklichung vorbereiten und für sie ein ausgezeichnetes warm-up bilden.

Das Spiel selbst muß alle Anwesenden, die Lehrpersonen eingeschlossen, beteiligen. Sind nicht genügend Rollen vorhanden, so treten verschiedene Spieler in ein und derselben Rolle nacheinander auf, d. h., daß ein Teilnehmer, wenn er seinen Beitrag geleistet zu haben glaubt, abtritt und seine Stelle von einem anderen eingenommen wird, der glaubt, noch etwas zur Sache sagen zu können.

Das Spiel ist also fortlaufend und nur an den bearbeiteteten Rahmen gebunden. Das Agieren der Teilnehmer in den einzelnen Rollen aber ist keiner Beschränkung unterworfen, sondern es wird der freien Improvisation Raum gegeben. Neben den disziplinierten, schöpferischen Impuls tritt wieder der spontane, unreflektierte, aus dem emotionalen Zusammenhang des Augenblicks geborene. Er wird von den Zuschauenden, im Moment nicht aktiv im Spielgeschehen Stehenden registriert und von den Protokollführern niedergeschrieben.

Die persönliche Realisation wird von der Gruppe und für die Gruppe festgehalten, um später ausgewertet zu werden. (Es empfiehlt sich die Verwendung eines Tonbandes.)

Die besondere Eigenheit des „Didaktischen Theaters" liegt darin, daß es individuelle Kreativität und kreative Gruppenprozesse miteinander verbindet. Die in der Rahmenhandlung erarbeiteten Strukturelemente des zu behandelnden Stoffes werden durch den spontan improvisierten Beitrag, den der einzelne Mitspieler in seiner Rolle bringt, ergänzt, erweitert, modifiziert, aber zuweilen auch eingegrenzt.

Gefaßte Konzeptionen werden auf diese Weise beständig subjektiv beleuchtet, präzisiert, aus anderen Perspektiven dargestellt, und diese subjektiven Beiträge werden wieder in den Gruppenprozeß integriert, wenn die Rahmenszene beendet ist und besprochen wird (feedback).

Dieses Gespräch beschränkt sich aber nicht nur auf eine Evaluation des Geschehenen im Sinne einer Prozeßanalyse, sondern mündet wiederum in einen kreativen Gruppenprozeß ein, in dem die erarbeiteten Geschehnisse und die konstatierten Fragestellungen und Probleme in das Stück eingearbeitet werden und damit das Stück im Laufe mehrerer Spielphasen gänzlich umgewandelt wird, und zwar dergestalt, daß etwa in Randszenen auftauchenden Problemen nachgegangen wird.

Das Spiel wird also in Richtung der Randszenen entfaltet. Das „didaktische Theater" wird damit zu einem „permanenten Theater" (théâtre permanent), das aus sich selbst immer wieder neue Möglichkeiten hervorbringt durch die im Rahmenstück auftauchenden spontanen Beiträge der Teilnehmer. Diese Beiträge erfahren dadurch, daß sie von der Gruppe aufgegriffen, überdacht und in Rahmenhandlung neu übersetzt werden, eine gewisse Objektivierung, die auch für das Individuum von Bedeutung ist.

Im Verlaufe einer Serie von Rahmenszenen kann ein Problem, etwa das der Vorurteile oder Autorität, der Partnerbeziehung oder der politischen Verantwortung aus den verschiedensten Perspektiven angegangen und durch die unterschiedlichsten persönlichen Auffassungen bereichert werden, so daß die auf diese Weise in den Rahmenstücken und Protokollen festgehaltenen Materialien die Möglichkeit zu einer genaueren Fixierung bieten.

Die so entstehenden Stücke haben wir als „Bilanzspiele" bezeichnet; denn sie fassen das Ergebnis, das aus den Rahmenstücken erwachsen ist, zusammen und zwar nicht, um das Problem als gelöst hinzustellen, sondern die Sicht des Problems durch die Klasse zu einem bestimmten Zeitpunkt zu dokumentieren. Das Thema kann dann zu einem späteren Zeitpunkt wieder aufgegriffen werden, wobei das literarisch fixierte „Bilanzspiel" als Ausgangsbasis genommen werden kann. Derartige Bilanzen zu ziehen erweist sich vom pädagogisch-didaktischen Standpunkt aus als unbedingt notwendig. Das „Didaktische Theater" als théâtre permanent erschließt immer neue Fragestellungen. Ein Bereich geht in den anderen über. Die „Bilanzspiele" sind also Zäsuren, die zwischen der Bearbeitung zweier Themenkreise stehen.

Durch ihre detaillierte Ausarbeitung schulen sie die Fähigkeit, einen größeren Kontext zu sehen und synthetisch zusammenzufassen.

Je nach Alter der Schüler geschieht dies als Deskription realer Zusammenhänge oder auch durch Transkription in eine andere Ebene: die des Symbols, der Abstraktion, ausgedrückt in literarischen Schöpfungen. Hier kommt eine neue Dimension in das didaktische Theater, die des Künstlerischen. Wird man in der Grundschule und der Gymnasialunterstufe das didaktische Theater als Darstellung von Problemen im Realitätskontext verwenden, wie es beim Psychodrama der Fall ist, so können in der Gymnasialmittel- und -oberstufe sowie in der Arbeit mit Er-

wachsenen (ILJINE, PETZOLD, SCHMIDT 1971) die realen Gegebenheiten, nach dem sie in den Rahmenstücken aus den verschiedenen Perspektiven beleuchtet wurden, in *Literatur* und *Theater* umgeformt werden (GORDING 1971), wobei die Form sich der Gruppe als Aufgabe stellt. Das Stück, daß die vorhandenen Personen integriert und ihnen als Persönlichkeiten Raum gibt — auch hier ist natürlich die Improvisation nicht ausgeschlossen — wird damit zum Stück der Gruppe, von ihr aus einem Realitätskontext konzipiert, gestaltet und gespielt.
Wir sehen hier im übrigen eine Möglichkeit für das Theater: mit den Zuschauern gemeinsam ein Thema zu erarbeiten, es in ein Rahmenstück zu fassen, zu spielen und aus der Auswertung des Spiels (feedback) wieder zu weiterem Spiel zu finden: théâtre permanent.

Zusammenfassung

Das „didaktische Theater" als Instrument der Schulpädagogik ist nicht nur dazu geeignet, aktuelle Konflikte aus dem Leben der Klasse oder persönliche Probleme einzelner Schüler zu bearbeiten, sondern es kann zur Behandlung von allgemeinen Fragestellungen und Sachbeständen, die im Unterrichtsstoff auftauchen, verwandt werden. Durch die spielerische Aktualisierung des Stoffes ist es dann nicht nur *stoffbezogen*, sondern auch *person-* und *lebensbezogen*. Damit gewinnt es die Möglichkeit, für das Leben bedeutungsvoll zu werden und verbindet Sach- und Affektlernen, indem ein Sachthema gleichsam experimentell bearbeitet wird, indem nicht nur über das Thema geredet, sondern mit ihm gehandelt wird. Dadurch, daß das didaktische Theater die persönliche Kreativität fördert und einsetzt, eröffnet es zahllose Arbeitsmöglichkeiten, die durch eine Disziplinierung der schöpferischen Impulse in der Gruppenarbeit sinnvoll ausgenutzt werden können. Der schöpferische Prozeß des Individuums als spontane Kreativität und der schöpferische Prozeß der Gruppe als disziplinierte Kreativität werden in der Erarbeitung und im Spiel von Rahmenstücken koordiniert, indem die aus Feststellung, Analyse und Reflexion des Problems erwachsene Szene durch die freie Improvisation der in den einzelnen Rollen spielenden Teilnehmer ergänzt oder präzisiert wird und neue Perspektiven gewinnt, die wiederum Material zu neuen Rahmenstücken hergeben. Es entsteht so ein ununterbrochener, lebendiger Lernprozeß, ein théâtre permanent, in dem sich nicht nur die Einzelpersönlichkeit entfalten kann, in dem nicht nur ein Klima kooperativer Gruppenarbeit geschaffen wird, sondern ein wesentliches Erziehungsziel verdeutlicht wird, das in unseren fehlkonzeptionierten Schulsystemen, die auf einen Schul- und Ausbildungs*abschluß* hin erziehen[2], in verhängnisvoller Weise verdeckt ist:

Das didaktische théâtre permanent macht deutlich und erfahrbar, daß Bildung keinen Abschluß haben kann, daß individuelle, gesellschaftliche und Sachprobleme so komplex sind, daß sie beständig neu gesehen und überdacht werden müssen und nur in der Kooperation von individueller und in der Gemeinschaft disziplinierter Kreativität behandelt werden können.

Das didaktische théâtre permanent versteht sich deshalb als grundsätzlicher Beitrag zu dem einzig vertretbaren Bildungsziel: die Erkenntnis zu vermitteln, daß Bildung ein permanenter, abschlußloser Prozeß ist, der die aktive, lebenslange Teilnahme jedes Individuums erfordert.

Anmerkungen:

* Die Studie verwendet unveröffentlichte Aufzeichnungen von B. Zenkovskij. Cf. zu seinem Leben: L. Zander, Russische Religionsphilosophen II, *Kyrios* 1 (1967) 15—18. Die Bibliographie seiner Werke zur Philosophie, Psychologie, Theologie und Pädagogik in: L. Zander, List of the Writings of Professors of the Russian orthodox Theological Institute in Paris, Paris 1955 p. 28—39. — Zu V. N. Iljine cf. H. Petzold, Leben und Werk von V. N. Iljine, *Kyrios* Jg. 1975 (Bibliographie). Ausgewählte Bibliographie auch bei Zander, op. cit. p. 72—76.

1. Cf. die in der Literaturliste gegebenen anthropologischen und philosophischen Titel der Autoren.

2. Die Schüler werden geradezu motiviert, die Bildung zu beenden, nicht aber, sich permanent zu bilden.

Literatur

BERDJAEV, N., Der Sinn des Schaffens, Tübingen 1927.

— Die Philosophie des freien Geistes, Tübingen 1930.

— Das Ich und die Welt der Objekte, Darmstadt 1952.

GORDING, E., Dramatisches Spiel — von kindlicher Improvisation zum Jugendtheater, Velber 1971.

ILJINE, V. N., Improvisiertes Theaterspiel zur Behandlung von Gemütsleiden, *Teatralny Kurier*, Beilage, Kiew 1909 (russ.).

— Kranke spielen Theater — ein Weg zur Heilung des Leibes und der Seele, *Teatralny Kurier*, Beilage, Kiew 1910 (russ.).

— Die amplifikatorische Funktion des Großhirns, Kiew 1914 (russ.).

— Therapeutisches Theaterspiel, Paris 1942 (mimeogr., russ.).

— Die Struktur des menschlichen Körpers, die Charakterologie und die Bestimmung des Geistes, Budapest 1923 (russ.).

— Die Psychoanalyse und das Problem des Geistes, 1924 (russ.).

— Das therapeutische Theater, in diesem Buch.

— Morphologie des Seins und der Erkenntnis (ersch. voraus. in: *Kyrios*, Berlin 1971/72).

— PETZOLD, H., SCHMIDT, I., Didaktisches „théâtre permanent" in der Erwachsenenbildung, *Volkshochschule im Westen* (1971).

PETZOLD, H., Triadisches Psychodrama in der Erwachsenenbildung, *Volkshochschule im Westen* 3 (1971).

— Die verhaltenstherapeutische Komponente im Psychodrama, Paris 1969 (mimeogr.).

— Psychologische Gruppenarbeit in der Erwachsenenbildung, Referat auf der Jahrestagung des „Deutschen Arbeitskreises für Gruppenpsychotherapie und Gruppendynamik" (DAGG) Göttingen 1971.

— Überforderungserlebnis und nostalgische Reaktion als pädagogische Probleme an Auslandschulen, *Der deutsche Lehrer im Ausland* 1 (1968) 2—10.

— Versuche zur Anthropologie und Eschatologie, Diss. Paris 1970.

— ZENKOVSKIJ, B., Das Bild des Menschen im Lichte der orthodoxen Anthropologie, Marburg, Verlag R. F. Edel 1969.

— SIEPER, J., Psychodrama in der Erwachsenenbildung, *Zeitschrift f. prakt. Psychologie.* 8 (1970) 429—447 (repr. in diesem Buch).

— LEUTZ, G. A., Psychodrama — Theorie und Praxis. Ein Lehrbuch. Erscheint 1971/72 im Springer-Verlag, Heidelberg/New York.

SIEPER, J., Kreativitätstraining in der Erwachsenenbildung, *Volkshochschule im Westen* (1971).

ZENKOVSKIJ, B., Die Psychologie des Kindes, Berlin/Leipzig 1923 (russ.) (trad. pol. Warschau 1929; trad. serb. Belgrad 1924)

— Das Problem der Erziehung im Lichte der christlichen Anthropologie, Paris 1934 (russ.).

— Das Grundproblem moderner Pädagogik, *Die russische Schule* 2/3 (1935 a) 8 sqq. (russ.).

— Unterhaltung und Theaterspiel als Methode religiöser Erziehung, *Byulletin Religiozno-Pedagoicheskage Byuro* 6 (1935 b), russ.

— La Dramatisation et les Représentations Théatrales comme Méthodes d'Education Religieuse, *Bulletin de l'Action Religieuse et Pédagogique parmi la Jeunesse des Pays Orthodoxes*, 6 (Paris 1935 c) 4 sqq.

— History of Russian Philosophy (vol. I russ. 1948, vol. II 1950 Paris), trad. Engl. London 1953; trad. Franz. Paris 1953, 1955.

— Die russische Pädagogik im 20. Jahrhundert, Paris 1960 (russ.).

Tetradisches Psychodrama in der Arbeit mit Schulkindern

H. Petzold, Neuss, I. Schulwitz, Neuss

Die Arbeit mit einer Schulklasse wirft für den Lehrer nicht nur Fragen zum Lehr- und Lernstoff auf, sondern auch Fragen der Mitteilung, Verständigung und Integration. Sieht man eine Klasse als einen Verband oder eine mehr oder weniger strukturierte Gruppe von Lernenden, die sich zur gemeinsamen Aufgabe gestellt hat, ein themenzentriertes oder gruppenzentriertes Problem zu lösen, so kann man nicht umhin, den gruppendynamischen Faktoren, die in einem derartigen Verband wirksam werden, besondere Aufmerksamkeit zu schenken. Für den Lehrer gilt dies nicht nur im Hinblick auf die Beobachtung der ablaufenden Interaktionsprozesse zwischen den einzelnen Schülern, sondern auch im Hinblick auf seine eigene Stellung in der Klasse.

I. Die Klasse als Gruppe

Ist man bereit, eine Schulklasse als Gruppe zu sehen – und eine soziometrische Untersuchung und sozialpsychologische Betrachtungsweise lassen keine andere Möglichkeit zu –, so wird evident, daß Unterricht ein gruppendynamisches Verfahren ist oder zumindest ein Prozeß, der durch gruppendynamische Faktoren wesentlich bestimmt wird. Die Auseinandersetzung mit dem Lernstoff erfolgt in dieser Sicht als ein Interaktionsprozeß, bei dem das Verhalten des einzelnen Schülers durch die gestellte Aufgabe und durch die Wechselwirkung der in diesem Prozeß möglichen Mitteilungen beeinflußt wird. Die Struktur des Mitteilungsgeflechtes und die Qualität der Mitteilungen (Kommunikation) erweisen sich damit als für den Lernprozeß entscheidende Determinanten. Durch die Tatsache, daß der den *kognitiven Lernbereich* ansprechende Lernstoff durch persönliche Mitteilung (durch den Lehrer) im Rahmen eines personalen Beziehungsgefüges (das der Klasse als Gruppe) dargeboten wird, kommt der *affektive Lernbereich* unausweichlich mit ins Spiel (BLOOM 1968). Es sind also nicht allein milieusoziologische Faktoren, wie die Umgebung, besondere Schulgegebenheiten, die über das Gruppenklima in einer Klasse entscheiden, sondern wesentlich die Kommunikationsmuster und Kommunikationsmöglichkeiten. Die Rolle des Lehrers ist dabei von ausschlaggebender Bedeutung. Es ist hier nicht der Ort, auf die verschiedenen Kommunikationsmuster im Verhalten von Lehrern einzugehen – etwa die „one way", die bilaterale oder multilaterale Kommunikation –, sondern es sei nur auf die Struktur derartiger Muster verwiesen: Auf der einen Seite befindet sich im Kommunikationsprozeß der Schüler, auf der anderen Seite der Lehrer, wobei evident ist, daß die Verhaltensweisen von beiden durch die persönliche Lebens- und Lerngeschichte geformt sind, daß sie sich aber andererseits auch in wechselseitiger Einflußnahme bedingen und prägen. Jede Handlung des Schülers wird zu einer Determinanten der nächsten Handlung des Lehrers, nachdem sie vom Lehrer aufgrund seines Bezugssystems interpretiert und eingeordnet wurde. Den gleichen Vorgang finden wir im Verhalten des Schülers. In diesem Interaktionsprozeß erleben sich Lehrer und Schüler als Handelnde, wobei es zu ständigen „Rückkoppelungen" zwischen den Bezugssystemen des Lehrers und des Schülers einerseits und der Schüler untereinander andererseits kommt. Die Reflexion der Bezugssysteme und der mit ihnen verbundenen Kommunikationen stellt unseres Erachtens eine wichtige Voraussetzung für ein optimales Lernklima (in kognitiver, affektiver und sozialer Hinsicht) dar. Dabei ist es wichtig, daß nicht nur der Lehrer in die sozialen und familiären Bezugssysteme des Schülers Einblick gewinnt, indem er an ihnen in irgendeiner Form teilnimmt und als „Anwesender" erlebt wird, sondern daß den Schülern die Bezugssysteme des Lehrers und der Mitschüler transparent werden, damit im Arbeits- und Lernprozeß die Klasse aus dem Nebeneinander eines haufenähnlichen Kollektivs, einer desorganisierten oder fehlorganisierten Gruppe zu den Interaktions- und Interdependenzverhältnissen des „Miteinanders und Zueinanders" findet, indem man miteinander arbeitet, zueinander spricht, einander versteht (ENGELMAYER 1969, 104).

Das Klima sozialer Kooperation in der Klasse als Gruppe, in dem der Lehrer integrierter und integrierender Faktor ist, in dem jedes teilnehmende Einzelindividuum seinen Möglichkeiten und Fähigkeiten gemäß eingeschlossen ist, bildet eine Voraussetzung für eine optimale Arbeit am Stoff und mit dem Stoff. Auch hier erweisen sich die kognitiven, affektiven und sozialen Lernziele: Sachstoff, adäquates menschliches Verhalten, soziale Mündigkeit, demokratisches Bewußtsein usw. als aneinander gebunden, dergestalt, daß die Darbietung, Aufnahme und Umsetzung des Wissensstoffes miteinander, untereinander und füreinander geschehen kann und sollte. Diese Tatsache wird zwar in der Curriculum-Forschung verschiedentlich beschrieben, ohne daß jedoch in der Organisation der Unterrichtspraxis daraus entsprechende Konsequenzen gezogen werden. Die Übergröße der Klassen, die in dieser Richtung unzureichende Ausbildung der Lehrer und damit verbunden die mangelhafte Kenntnis praktikabler Verfahren mögen hier wesentliche Faktoren sein.

Als derartige über den kognitiven Lernbereich hinausgehende und ihn ergänzende Verfahren können verschiedene Formen psychologischer Gruppenarbeit angesehen werden, die in ihrer theoretischen Fundierung auf sozialpsychologischen und gruppendynamischen Konzepten gegründet sind. Es sei hier an erster Stelle das Rollenspiel (SHAFTEL/SHAFTEL 1967; CHESLER/FOX 1966; McCARTHY 1959) genannt, weiterhin das Soziodrama (BRUNELLO 1954; HAAS 1949), das Psychodrama (MORENO 1946; CARPENTER 1969; LIPPITT 1958); T-Group-Methoden (LIPPITT/FOX 1964; MALAMUND/MACHOVER 1965), Kreativitätstraining (WELLS 1962; SIEPER 1971), das didaktische Theater (PETZOLD/ILJINE/ZENKOVSKY 1971; GORDING 1971), Lernstoffspiele (FARBER 1971).

Allen diesen Verfahren ist gemeinsam, daß sie den Lernstoff konkretisieren und persönlich erfahrbar machen wollen, daß sie Situationen schaffen, in denen mit dem Lernstoff gehandelt werden kann, und daß sie — hier liegt wohl die wesentlichste Aufgabe — eine optimale Lernsituation in der Gruppe bereitzustellen versuchen, indem sie Kommunikationsmöglichkeiten Raum geben und Kommunikationswege transparent machen.

II. Vorgehen in der Gruppenarbeit: personzentriert, gruppengerichtet, gruppenzentriert

Seit 1969 haben wir im Klassenraum und mit Schülergruppen außerhalb des Unterrichts an der Hauptschule in Büttgen, neuerdings auch in Kaarst, Psychodrama, Soziodrama und Rollenspiel verwandt, nachdem PETZOLD 1967 schon didaktisches Theater im Unterricht und Psychodrama zur Bearbeitung von Heimwehreaktionen und Anpassungsschwierigkeiten an der deutschen Schule in Paris einsetzen konnte (PETZOLD 1968). Dabei sahen wir genau wie in der therapeutischen Gruppenarbeit im wesentlichen drei Formen des psychodramatischen Vorgehens gegeben: 1. personzentriert, 2. gruppengerichtet und 3. gruppenzentriert (PETZOLD 1971 a; 1971 b; PETZOLD/SIEPER 1971) –

1. Personzentriertes Vorgehen

Person- oder protagonistzentriertes Psychodrama konnten wir in der Klasse so gut wie nicht einsetzen. Die detaillierte Behandlung persönlicher Problematik, wie sie bei dieser Art des Vorgehens ins Spiel kommt, hat ausgesprochen therapeutischen Charakter und überfordert nicht nur den Protagonisten, sondern auch die Klasse. In kleinen Gruppen, die sich regelmäßig außerhalb der Schule zusammenfanden, konnten aber auch schwierigere Probleme von einzelnen Teilnehmern protagonistzentriert angegangen werden.

2. Gruppengerichtetes Vorgehen

In jeder Gruppe entstehen für den Einzelnen Situationen, die auch die anderen Gruppenmitglieder betreffen. Es finden sich Situationen aus dem Privatbereich der einzelnen Gruppenmitglieder, die für andere Teilnehmer belangvoll sein können, weil sie sich in einer ähnlichen Lage befinden. Je homogener die Gruppe aufgebaut ist, desto größer sind die Berührungspunkte in der Problematik. Werden deshalb die Konflikte eines Protagonisten durchgespielt, so ergeben sich aufgrund der gruppenspezifischen Problematik für die anderen Teilnehmer zahlreiche Identifikationsmöglichkeiten, durch die sie in den Prozeß miteinbezogen werden. Das Psychodrama des Einzelnen betrifft die ganze Gruppe, es behandelt gleichsam paradigmisch ein Thema, das für die meisten Gruppenmitglieder relevant ist. *Das Vorgehen ist auf die Gruppe gerichtet.* In der Arbeit mit und in Schulklassen ist das *gruppengerichtete* Vorgehen gut praktikabel. Das Thema „Hausaufgabe" etwa wirft für einen Großteil der Schüler im häuslichen Bereich bestimmte Schwierigkeiten auf; z. B. erst Hausarbeit, dann Spiel, Kontrolle durch die Mutter, den Vater, Störungen durch Geschwister, Vergessen von Aufgaben usw. Diese Schwierigkeiten, die für das einzelne Kind einen ausgesprochen belastenden Charakter haben können, werden psychodramatisch aufgerollt und in der Klasse gemeinsam besprochen. Dabei ist es möglich, etwa im Sinne einer Materialsammlung zum Thema, verschiedene Situationen aus den Lebensbereichen mehrerer Schüler aufzugreifen und zur Diskussion zu stellen. Im Hinblick auf unterschiedliche Reaktionen und Lösungsmöglichkeiten, aber auch zur Vermeidung einer zu großen Punktualität – (*ein* Schüler ist das „Opfer") – empfiehlt sich ein solches Vorgehen, das überdies eine größere Zahl von Schülern in das Spielgeschehen einbezieht.

3. Gruppenzentriertes Vorgehen

Verwendet man gruppengerichtetes Psychodrama als Materialsammlung zu einem die ganze Gruppe angehenden Problem, so werden die Grenzen zum gruppenzentrierten Psychodrama fließend, zumindest wenn es sich um eine Konfliktsituation handelt, die aus dem *hic et nunc* der Gruppe erwachsen ist, z. B. Rivalitäten zwischen Jungen und Mädchen, Streitigkeiten um bestimmte Aufgaben (Tafeldienst, Klassenbuch, Schülerlotsen), Spannungen zwischen einzelnen Untergruppen. Hinzu kommen Probleme, die die Klasse insgesamt betreffen, z. B. Reibereien mit anderen Klassen, Autoritätskonflikte mit anderen Lehrern und Aufgaben, die sich der Klasse insgesamt stellen und von ihr gemeinsam bewältigt werden müssen, z. B. Vorbereitung eines Sommerfestes, Hilfeleistung für einen kranken Kameraden, soziales Engagement etwa für Sammlungen und Dienste. All diese Themen können in gruppenzentriertem Vorgehen angegangen werden, wobei eine klare Abgrenzung zum Soziodrama — einem Spiel also mit allgemeinen, nicht unbedingt und direkt auf die Gruppensituation bezogenen sozialen Inhalten — nicht mehr vorgenommen werden kann.

Die Problem- und Fragestellungen, die sich aus gruppengerichteten und gruppenzentrierten Psychodramen ergeben, können dann zu *Rollenspielen* führen, die von der Klasse zur Erhellung bestimmter Situationen aus dem Stegreif konzipiert werden (CHESLER/FOX 1966) oder Rahmenstücke erbringen, die zu eben demselben Zweck von der Klasse geschrieben werden, wie es beim *didaktischen Theater* (PETZOLD/ILJINE/SCHMIDT 1971) der Fall ist.

III. Tetradisches Psychodrama

Bei unserer Arbeit versuchten wir, uns, besonders wo es um Konfliktdiagnose und Konfliktlösung (SCHMUCK/CHESLER/LIPPITT 1966) ging, an das von PETZOLD ursprünglich für den therapeutischen Bereich konzipierte „tetradische System" (1971 b, 1971 c) zu halten, das für den pädagogischen Einsatz andere Akzentuierungen erhielt: etwa die Betonung der lerntheoretischen Komponente und die Zurückstellung analytischer Elemente, die nur in den therapeutisch bestimmten protagonistzentrierten Psychodramen noch stärker zum Tragen kommen. Das *tetradische Psychodrama* versucht den komplexen psychodramatischen Prozeß zu strukturieren und die in ihm wirksamen Faktoren dadurch leichter durchschaubar und verfügbar zu machen sowie ihren gezielten Einsatz zu ermöglichen. Im tetradischen System unterscheiden wir folgende Phasen:

1. die diagnostisch-(anamnestische) *
2. die psychokathartische
3. die (analytisch) *-kommunikative
4. die verhaltensmodifizierende Phase.

* (Diese Aspekte sind an einen therapeutischen Kontext gebunden und kommen besonders bei gruppenzentriertem Vorgehen im pädagogisch-didaktischen Bereich nicht oder kaum zum Tragen).

1. Die diagnostisch-anamnestische Phase

Ganz gleich, welche Form des Vorgehens nun ansteht, ob gruppenzentriert, gruppengerichtet oder protagonistzentriert, wird ein Psychodrama durch eine Initialphase eingeleitet, in der ein Thema dadurch gefunden wird, daß Konflikte und Schwierigkeiten *diagnostiziert* werden. Diese Phase dient gleichzeitig als warm up für nachfolgendes Spiel. Bei gruppengerichtetem und gruppenzentriertem — also über das Spiel *eines* Protagonisten die *gesamte* Gruppe ansprechendem — Psychodrama geschieht die diagnostische Arbeit in kleinen Spielszenen und wird wesentlich durch den Direktor des Psychodramas und zu einem Teil durch das Feedback der Gruppe, d. h. der Klasse, geleistet. (Hier ist ein wesentlicher Unterschied zum therapeutischen Psychodrama zu sehen, in dem die diagnostisch-anamnestische Arbeit allein in der Hand des Therapeuten liegt, der die psychodramatischen Initialszenen nicht nur zur Verhaltensanalyse, sondern im Sinne eines projektiven Tests verwenden kann.) Bei gruppenzentriertem Verfahren liegt die Aufgabe der Themafindung, der Feststellung von Konflikten, der Diagnose der Situation also, gänzlich in den Händen der Gruppe, die in einer nach gruppendynamischen Prinzipien ablaufenden Diskussion diese Arbeit leistet und ein eventuelles Spiel vorbereitet. (Der anamnestische Aspekt, der für die mehr therapeutisch geprägte Situation in der Arbeit mit einem Protagonisten charakteristisch ist, kommt hierbei natürlich zum Fortfall.) In der Arbeit mit einzelnen Schülern zielt die diagnostisch-anamnestische Phase darauf ab, Daten zu gewinnen, die das Verhalten des Schülers durchschaubar machen und auf Ursachen seiner Schwierigkeiten oder Störung hinweisen: etwa Spannungen im häuslichen Bereich oder außerhalb der Klassensituation gelegene Konflikte mit Mitschülern, die sich bis in die Klasse hinein auswirken und das Verhalten des Schülers beeinflussen. In kleinen Situationsspielen, die den Konflikt als solchen noch nicht aufrollen — es gibt immer signifikante Randszenen, die als Auswirkungen des Konfliktkerns, gleichsam als Symptom auftreten —, sondern nur tangieren, wird eine Verhaltensanalyse möglich, dergestalt, daß die Stimulus-Response-Konstellationen erkennbar werden und damit Handhaben für das weitere Vorgehen im Psychodrama gegeben sind.

2. Die psychokathartische Phase

Sind die Ursachen eines Konfliktes erkennbar geworden, so werden sie aktiv angegangen. Im gruppenzentrierten Vorgehen etwa dadurch, daß sie in gruppendynamischer Interaktion verbal oder im Spiel zwischen den Beteiligten ausgetragen werden, wobei aufgestauter Ärger freien Lauf nimmt, Ängste und Befürchtungen zum Ausdruck kommen, Fronten geklärt und Barrieren eingerissen werden: Gruppenkatharsis.

Im personzentrierten oder gruppengerichteten Vorgehen wird der konkrete Konflikt des Protagonisten durchgespielt und ihm dadurch die Möglichkeit gegeben, Aggressionen und Ängste auszuagieren. Das Wiederdurchleben einer schwierigen Situation in der szenischen Realität des Psychodramas führt den Protagonisten zwar mit großer Plastizität in seinen Konfliktbereich und läßt ihn die damit verbundenen Gefühle intensiv erleben, aber es ist eben doch nicht die Realität des traumatischen Ereignisses selbst, die im Psychodrama zum Ausdruck kommt. Der

Spieler weiß, daß er in jedem Augenblick aus dem Spiel treten kann, auch wenn er die Situation und die mit ihr verbundenen Gefühle in der „Szene" gegenwärtiggesetzt" hat. Das affektive Erleben wird in seiner Intensität davon kaum berührt, so daß eine Handlungskatharsis möglich ist, etwa dadurch, daß Aggressionen, die in der wirklichen Situation unterdrückt werden mußten oder nicht manifest werden konnten, im Spiel zum Ausdruck gebracht werden. Bleibt es bei einer bloßen Reproduktion der Situation, so ist der Augenblick, in dem der Protagonist aus dem Spiel wieder in die Wirklichkeit des *Hier und Jetzt* tritt, von großer Bedeutung. Der Spieler gewinnt einen gewissen Abstand zu seinem Spiel und zu den in ihm aufgekommenen Gefühlen. Er gewinnt eine *emotionale Erfahrung*, die für die Bewertung und Integration dieser Situation in sein Leben und Erleben entscheidend sein kann. Diesen Vorgang hat MORENO 1923 in eine knappe und treffende Formulierung gefaßt: *„Jedes wahre zweite Mal ist die Befreiung vom ersten."*

Die *emotionale* Erfahrung darf aber nicht im Raum stehen bleiben, sie muß in und mit der Gruppe und vom Protagonisten selbst eingeordnet werden, da die Gruppe, innerlich am Spiel beteiligt, gleichermaßen ein kathartisches Erlebnis haben kann (Zuschauerkatharsis, GREENBERG 1968).

Nachdem in der diagnostisch-anamnestischen Phase der Konflikt erinnert wurde, man ihn in der psychokathartischen Phase wiederholt hat, kommt der dritten Phase des Psychodramas die Aufgabe des Durcharbeitens zu.

3. Die analytisch-kommunikative Phase

Die analytisch-kommunikative Phase wird im klassischen Psychodrama MORENOs als *„sharing"* bezeichnet. Die französische Schule des triadischen Psychodramas (SCHÜTZENBERGER 1968; PETZOLD 1971j) spricht vom „Feedback-Teil", andere von der Gesprächs- oder Diskussionsphase (LEUTZ 1970). All diesen Termini ist das Element der Kommunikation eigen, die allerdings beim Konzept des *sharing* über die verbale Mitteilung hinausgeht und Mimik, Gestik, körperliche Berührung einschließt. Das *sharing* hat die Aufgabe, den Protagonisten der Anteilnahme der Gruppenmitglieder zu versichern, zu zeigen, daß er mit seinem Problem nicht allein steht, daß er von der Gemeinschaft getragen wird. Indem jeder Anwesende dem Protagonisten ein Feedback gibt, ensteht eine besondere Lernsituation, die die Möglichkeit zur Selbstkorrektur bietet. *Feedback* und *Sharing* haben aber auch die wesentliche Funktion, im Prozeß des Verbalisierens und Mitteilens Spannungen abzubauen, die bei den Gruppenteilnehmern selbst durch die innere Beteiligung, durch Identifikationen und Projektionen, durch Mitspiel als Doppel oder Hilfsich entstanden sind. In der Arbeit mit Schulklassen sind *Sharing* und *Feedback* von außerordentlicher Wichtigkeit, weil sie die Kohärenz der Klassengemeinschaft fördern und neben dem emotionalen Zusammenhalt ein Klima des gegenseitigen Vertrauens, der gegenseitigen Achtung und Zuwendung schaffen. Dies geht mit einer gewissen Abstandnahme von der Emotionalität des Spiels in der psychokathartischen Phase und der affektiven Kommunikation im *sharing* einher. Das Feedback leitet also zu einer sachlicheren Betrachtung des Spielgeschehens über, die in eine Analyse der Situation und des Geschehens einmündet. Wenn wir im tetradischen Psychodrama die dritte Phase als analytisch-kommunikativ bezeichnet haben, so ist der Begriff „analytisch" in zweifacher Hinsicht zu verstehen. Im protagonistzentrierten Psychodrama mit Patienten oder bei Teilnehmern an Selbsterfahrungsgruppen bietet die dritte Phase die Möglichkeit für den Therapeuten, deutend auf das Spiel oder auf die Prozesse im sharing einzugehen, um eine auf Einsicht zielende Aufhellung psychodynamischer Zusammenhänge zu ermöglichen. Diese Interpretationen können verbal oder auch psychodramatisch durch kurze Spiele, die von Hilfstherapeuten ausgeführt werden, gegeben werden. In der pädagogischen Arbeit wird ein derartiges psychodramatisches Vorgehen kaum oder allenfalls in kleinen protagonistzentriert arbeitenden Gruppen mit Problemschülern zur Anwendung kommen.

In anderer Hinsicht aber ist der Terminus „analytisch" auch für die pädagogische Situation zutreffend. Wie schon in der diagnostisch-anamnestischen Initialphase des Psychodramas mit Schulkindern die verhaltensdiagnostische Komponente gegenüber der biographisch-anamnestischen betont wird, kommt auch in der analytisch-kommunikativen Phase das verhaltenstherapeutische Element stärker zum Tragen und zwar im Sinne der *Instigation Therapy*.

Die Analyse des Spielgeschehens wird im Hinblick auf den Aufbau und das Zustandekommen von Verhaltensmustern betrieben, indem den Anwesenden deutlich gemacht wird, wo welches Verhalten bei den Antagonisten bestimmte Reaktionen hervorruft. Die wesentlichen lerntheoretischen Modelle, etwa das des operanten Konditionierens, sind den Schülern sehr schnell verständlich, so daß sie selbst bei der Analyse von Spielvorgängen auf belohnende oder bestrafende Faktoren achten. Die Transparenz des Gruppengeschehens sollte überhaupt ein wesentliches Anliegen für den Leiter des Psychodramas sein. Nicht Ambiguität, sondern Einsicht in die offenliegenden Zusammenhänge fördern die pädagogische Situation. Neben dem einzel- und soziotherapeutischen Effekt, neben dem Training der Spontaneität und Rollenflexibilität, neben der Entwicklung affektiver Qualitäten wie Einfühlungsvermögen, Offenheit, Vertrauen, Entscheidungsfähigkeit, Verantwortung, Zuwendung u. a. wird das Beobachten und Wahrnehmen von Verhaltensweisen und Verhaltensmustern geschult, und zwar am konkreten Eigenerleben. *Experiencial learning* und *insight learning* stehen also in engster Beziehung und es wäre unsinnig, hier einen Gegensatz sehen zu wollen.

Für den Schüler sind sowohl die emotionalen Erfahrungen im psychokathartischen Handlungsteil wie auch die rationalen Einsichten im analytisch-kommunikativen Teil von großem pädagogischem Wert, der seinen Ausdruck in Verhaltensänderungen findet.

4. Die verhaltensmodifizierende Phase

Werden in der psychokathartischen Phase emotionale Erfahrungen gewonnen und in der analytisch-kommunikativen Phase rationale Einsichten in das eigene Verhalten und die Reaktionsweisen anderer erlangt, so scheint es uns von therapeutischen und pädagogischen Gesichtspunkten aus wesentlich, daß aus diesen Erkenntnissen unmittelbar Konsequenzen gezogen werden, die sich nicht ausschließlich als „guter Vorsatz" äußern dürfen; denn der reicht in der Regel nicht weit oder bietet in seiner praktischen Verwirklichung oft erhebliche Schwierigkeiten.

Wir lassen daher im Anschluß an die vorausgegangenen Phasen des Psychodramas im vierten Abschnitt die gewonnenen Lernerfahrungen in verhaltensmodifizierendem Rollenspiel, im *„behaviourdrama"* (PETZOLD 1969, 1971k) erproben und üben. Dabei verwenden wir die verhaltenstherapeutischen Techniken des *Desensibilisierens, Shapings, assertive trainings, operanten Konditionierens,* des *Imitationslernens* und *Floodings,* je nach Indikation, im Spiel (WOLPE 1969; YATES 1971; RACHMAN 1969; PETZOLD 1971; PETZOLD/OSTERHUES 1971). Szenen von unterschiedlichem Schwierigkeitsgrad werden als Hierarchien aufgebaut, so daß man sich dem gewünschten Verhalten schrittweise annähert (successive approximation). Gewünschtes Verhalten wird durch Lob des Therapeuten, Applaus der Gruppe verstärkt *(social reinforcement)* oder durch Getränke, Süßigkeiten, die aus einem Spender ausgeworfen werden *(instrumental reinforcement).* Schließlich besteht noch die Möglichkeit zum *selfreinforcement* (KANFNER/PHILLIPS 1970), wenn der Protagonist sich selbst Dinge gestattet, nachdem er mit seiner Leistung zufrieden war.

Unerwünschtes Verhalten wird, sobald es im Spiel vorkommt, durch Unterbrechen der Handlung *(action stopping),* eine Technik, die von PETZOLD analog zum *thought stopping* (WOLPE/LAZARUS 1966; WOLPE 1969) entwickelt wurde, angegangen, wobei, falls notwendig, tadelnde Bemerkungen *(punishment)* eingeflochten werden können, (z. B. „Das war nicht gut genug! Das ganze noch einmal"). In einem derartigen behaviourdramatischen Rollentraining können Verhaltensweisen erfolgreich verstärkt, geändert oder gelöscht werden, wobei die Transparenz der Vorgänge durch die voraufgegangene emotionale Erfahrung und rationale Einsicht den Prozeß wesentlich beschleunigt und erleichtert.

Dem Geschehen im Behaviourdrama folgt in der Regel nur ein *direktes Feedback* auf die Vorgänge im Spiel als Lob oder Tadel.

Es ist aber auch möglich, im Anschluß an die vierte Phase noch ein *erweitertes Feedback* zuzulassen, in dem allgemein auf das Spielgeschehen eingegangen wird und die Teilnehmer ihr persönliches Erleben während des Behaviourdramas verbalisieren. In der Regel wird hier Material für ein neues Psychodrama gebracht, das dann wieder mit Phase I nach dem *tetradischen System* beginnt.

Um diese Ausführung für die praktische Applikation zu verdeutlichen, seien drei Beispiele gebracht, die das tetradische Psychodrama im *personzentrierten, gruppengerichteten* und *gruppenzentrierten* Vorgehen beschreiben.

IV. Beispiele zur Applikation des tetradischen Psychodramas

1. Tetradisches Psychodrama, personzentriertes Vorgehen
Protagonistzentriertes Vorgehen kommt, wie wir schon ausführten, in der Arbeit mit der ganzen Klasse nur selten und wenn, ausschließlich bei peripherer Problematik zur Verwendung. Es macht eine entsprechende gruppenpsychotherapeutische und psychodramatische Ausbildung des Leiters unbedingt erforderlich. In kleinen Gruppen von 8—12 Schülern kann es aber mit Erfolg eingesetzt werden. In jeder Klasse gibt es „Problemschüler", deren schulische Leistung und deren Verhalten den Lehrer vor schwere Aufgaben stellen, die in der konkreten

pädagogischen Situation nicht bewältigt werden können, da die Ursachen für die Schwierigkeiten außerhalb der Klasse liegen. Die sozialpsychologische Forschung hat die Interdependenz von Umwelt (Familie, Haus-, Orts-, Religionsgemeinschaft), psychophysischer Entwicklung und produktiver bzw. negativer Schulleistung vielfach nachgewiesen. Diese aus Umweltgegebenheiten resultierenden „Belastungsfaktoren" (ENGELMAYER 1967) müssen angegangen werden, denn sie beeinträchtigen eine gesunde seelische und geistige Entwicklung, ein adäquates soziales und schulisches Verhalten dadurch, daß sie lähmen, hemmen, frustrieren, lästigen, schmerzhaften Umweltdruck verursachen, den Lebensraum einengen und dadurch die Entfaltung stören.

Damit ist auch schon der Indikationsbereich für protagonistzentriertes tetradisches Psychodrama umrissen: Lernstörungen, Störungen im Sozialverhalten.

Ohne eine allgemeine Typologie oder erschöpfende Darstellung zu geben, können wir die Population unserer Psychodramagruppen im wesentlichen wie folgt unterteilen:

a) *Gehemmte Schüler* mit unterschiedlichen psychodynamischen Konstellationen.

Sie zeigen ein stark isoliertes, unterwürfiges, verschlossenes und demütiges Verhalten in der Klasse und stehen zumeist in der Rand- und Außenzone abseits vom integrierten Mittel- und Kernbereich (vgl. Diagramm I infr.). Sie haben oft keine Freunde und Spielkameraden, kennen nicht das soziale *„give and take"*, zeigen untereinander kaum Gefühle der Zuneigung und Abneigung. Sie vermeiden Spontaneität und Wagnis im Unterricht und während der Pausen. Im *gruppenzentrierten* und *gruppengerichteten* Psychodrama ist es möglich, diese Schüler in die Interaktion einzubeziehen, sie an kreativen Gruppenprozessen zu beteiligen und sie so aus ihrer Isolation herauszuführen. Im Rollenspiel wird ihre Aktivität mobilisiert und die Kommunikation angeregt. Oft aber wird es gerade bei diesen Schülern unumgänglich sein, ihre persönliche Problematik protagonistzentriert aufzurollen.

b) Unreife Schüler

Hier handelt es sich häufig um Schüler, die aus gut beschützten Familien (overprotection) stammen. Ihre Individualität kam durch ein überstarkes Abhängigkeitsverhältnis zu ihren Eltern und Erziehern nicht genügend zur Entfaltung. Sie geraten sehr häufig in der Klassengemeinschaft mit Gleichaltrigen in Kommunikationskonflikte. Ihre Wünsche möchten sie unter allen Umständen durchgesetzt sehen, weil sie es von zu Hause so gewöhnt sind.

Mit dem Widerstand der Gruppe werden sie nicht alleine fertig. Innerhalb der Gruppe können sie nun durch reale Situationen neue Verhaltensweisen erproben. Die Schüler können „im Spiel" erfahren, wann ihr Verhalten abstößt oder angenehm auf ihre Mitschüler wirkt. Durch den Rollentausch erleben sie Aktion und Reaktion zugleich und schaffen sich somit eine Lernsituation, die ihnen ein stets korrigierbares Verhalten ermöglicht. Sie lernen soziale Techniken wie z. B. echte Kooperation, zu diskutieren, dialektisch zu argumentieren, zu verhandeln und Kompromisse zu schließen.

c) Unbeherrschte Schüler

Neben den bisher aufgeführten Verhaltensstörungen stehen als dritte große Gruppe die Schüler mit unbeherrschtem Verhalten da. Allgemeine Aggressivität und unkontrollierte Wutausbrüche sind für sie kennzeichnend. Es handelt sich zumeist um Schüler, die ungelöste familiäre Konflikte mit sich umhertragen, die in einer repressiven Atmosphäre leben, oder deren Eltern unfähig sind, den Bedürfnissen ihrer Kinder nach Unabhängigkeit und Selbständigkeit zu entsprechen. Die Kinder erhalten im tetradischen Psychodrama die Möglichkeit, ihr Unabhängigkeitsstreben kundzutun, aufgestaute Aggressionen auszuagieren und ihre Affekte besser zu handhaben.

Gruppenzentrierte und gruppengerichtete Arbeit sind für diese Kinder eine große Hilfe. Immer jedoch wird man mit dieser Verfahrensweise nicht auskommen, sondern an die persönliche Kernproblematik protagonistzentriert herangehen müssen. Bevor wir protagonistzentriertes Vorgehen an einem Fallbeispiel kurz darstellen, noch einige Bemerkungen zur altersspezifischen Anwendung. Unsere Erfahrungen erstrecken sich im wesentlichen auf die Arbeit in der Hauptschule und in der gymnasialen Unter-, Mittel- und Oberstufe. Einer der Autoren hat auch mit Kindern im Vor- und Grundschulalter (bis 7 Jahre) gearbeitet (vgl. PETZOLD/GEIBEL 1971, *dieses Buch*). Unsere Ausführungen begrenzen sich hier auf die Arbeit mit Kindern zwischen 10 und 16 Jahren, wobei wir betonen müssen, daß der theoretische Ansatz von den Altersstufen unabhängig ist, sondern nur die praktische Anwendung altersspezifischen Erfordernissen Rechnung tragen muß, was besonders hinsichtlich der zu verwendenden Themen, der psychodramatischen Techniken und der Bearbeitung in der Feedbackphase zur Auswirkung kommt — z. B. ist ein verhaltensanalytisches Vorgehen unter aktiver Beteiligung der Klasse mit Grundschülern kaum durchzuführen. Die Thematik und vor allen Dingen die Art, wie sie dargeboten wird, variiert in den verschiedenen Altersstufen erheblich, genau wie sich in der Form des psychodramatischen Ausdrucks große, altersbedingte Unterschiede finden. Je jünger die Kinder sind, desto stärker ist im gruppengerichteten und -zentrierten Vorgehen die ludische Komponente des Spiels ausgeprägt, wohingegen die protagonistzentrierte Arbeit — ganz gleich auf welcher Altersstufe — in der Regel immer einen ausgeprägten Ernstwert besitzt.

Für das protagonistzentrierte tetradische Psychodrama sei der Fall des Schülers K. angeführt: 15 Jahre, neuntes Schuljahr, im Klassenprofil mittelständig, gut kontaktfähig, jedoch sehr oft ausfallend und aggressiv gegen seine Mitschüler und, wenn auch etwas verhaltener, ebenfalls gegen seine Lehrer.

Die Gruppe, bestehend aus neun Schülern — fünf Jungen und vier Mädchen — arbeitet noch nicht lange zusammen; dennoch ist schon eine gute Kohärenz vorhanden, nachdem die Initialsitzungen von einer starken Befangenheit gekennzeichnet waren, weil die Schüler sich alle untereinander kannten. Der Lehrer hatte zu Beginn der ersten Sitzung eine kurze Einleitung über den Sinn des psychodramatischen Spiels gegeben und dabei betont, daß keine schauspielerische Leistung, sondern Offenheit erwartet würde. Nach anfänglichem Schweigen werden oberflächliche Themen aus dem Schulalltag gebracht.

Phase I: Hans K. berichtet in einer Sitzung von seinen Schwierigkeiten mit einem Fachlehrer, den er „nicht ausstehen könne". Für ihn sei dieser Lehrer zu autoritär. Auf Nachfrage des Therapeuten berichtet er: „Ich sagte ihm, warum ich für heute keine Hausarbeiten gemacht hätte. Aber er nahm meine Entschuldigung erst gar nicht an und es kam zu einem Streit" — Schweigen — „Ist ja auch egal, alle hacken sowieso immer auf mir rum". — Zustimmende Äußerungen der anderen (Identifikation).

Die Situation wird in Szene gesetzt und der reale Vorfall wiederholt. Hans K. trägt seine Entschuldigung schon in einer etwas gereizten Tonart dem geradezu provozierend überlegenen und abweisend dastehenden Fachlehrer vor. Im Rollentausch erteilt Hans K. in der Rolle des Lehrers dem Schüler eine kalte Abfuhr: „Deine Gründe sind mir gleichgültig. Ich kenne das bei dir schon." Erneuter Rollentausch. Playback der Szene, bei dem Hans K. (nun in seiner Rolle) dem Lehrer an den Kopf wirft: „Sie hören ja nie zu, das kenne ich. Für Sie sind wir nur Sklaven!" Bei dieser Szene unterbricht der Psychodramaleiter das Spiel. „Kamst Du Dir nur bei Herrn F. (Fachlehrer) wie ein Sklave vor?" — „Bei dem am meisten, der ist unausstehlich. Genau wie mein Alter." Ein Psychodrama mit einer Szene zwischen Hans K. und seinem Vater kommt in Gang. Das Spiel der ersten Szene war vom Psychodramaleiter an einem Schlüsselpunkt *(cue)* unterbrochen worden, der durch die unangemessen heftige Reaktion von Hans K. dem Lehrer F. gegenüber aufgezeigt worden war. Ein Durchstoß zu der zugrundeliegenden Vaterproblematik wurde auf diese Weise möglich.

Phase II: In der Szene mit dem Vater findet sich das gleiche Kommunikationsmuster, wie in der Situation mit dem Lehrer. Der Vater ist abweisend, von autoritärer Haltung. Hans K. ist in der an sich belanglosen Szene schon leicht aggressiv und verstärkt damit die ablehnende Haltung seines Vaters, die in Kritik ihren Ausdruck findet, was bei Hans einen offenen Aggressionsausbruch auslöst, den der Vater mit Ohrfeigen beantwortet (Hans in der Rolle des Vaters). Hans schluckt seine Wut in sich hinein und folgt dem gebrüllten Befehl seines Vaters. „Und jetzt zieh Leine oder ich schlag Dich grün und blau, du Rotzlümmel!"

Rollenwechsel. Playback der Szene (Hans in seiner eigenen Rolle). Bei den Ohrfeigen springt ein Gruppenmitglied spontan heraus und doppelt. „Den bring ich um, den Alten, den mach ich kaputt!" Hans stützt sich darauf auf den Antagonisten, bricht aber seine aggressive Handlung ab und in Tränen aus.

Phase III: Zwei Gruppenmitglieder nehmen Hans in die Mitte. Die Mädchen und der Junge, der als Doppel fungiert hatte, weinen gleichfalls. Andere trösten den Protagonisten und teilen ihm ähnliche Erlebnisse mit *(sharing)*. Die Gruppe beruhigt sich wieder. Man beginnt über die Situation zu sprechen und sagt Hans, wie man ihn in der Szene mit dem Lehrer und dem Vater erlebt hat *(feedback)*. Der Leiter läßt kurze Abschnitte von anderen Schülern nachspielen. Das Verhalten kann auf diese Weise von Hans K. beobachtet werden. Die Aufmerksamkeit der Gruppe wird auf die in beiden Szenen (die mit dem Lehrer und mit dem Vater) vorfindlichen Verhaltensmuster gelenkt, wobei Hans gemeinsam mit der Gruppe den Mechanismus der *„Eskalation der Affekte"* erkennt. Zu der *emotio-*

nalen Erfahrung des kathartischen Aggressionsausbruches und des Getragenseins von einer Gruppe junger Menschen, die in ähnlichen Situationen stehen, gesellt sich die *rationale Einsicht* in einen fixierten Beziehungsmechanismus, der jede Kommunikation von vornherein unmöglich macht. Man kommt gemeinsam zu dem Schluß, daß Hans und sein Vater, wenn es überhaupt zu einem Gespräch und Verstehen kommen soll, aus diesem eingefrorenem Verhaltensmuster herausgelangen müssen und daß es unsinnig ist, ein derartiges aus einer ganz bestimmten Situation heraus erwachsenes Klischee auf die Beziehungen zu anderen Menschen, etwa auf den Lehrer, zu übertragen. Die Gruppe erkennt dann auch die Schwierigkeit, an den Vater heranzukommen. Eine Bereinigung der Situation sei anzustreben, nicht allein, um das Verhältnis mit dem Vater zu verbessern, sondern vor allen Dingen, damit Hans selbst ausgeglichen und in seiner Reaktion kontrollierter werden könne.

Phase IV: Die in Phase II und III gewonnenen emotionalen Erfahrungen und rationalen Einsichten haben die Situation für den Protagonisten und die Gruppe in einem Grade transparent gemacht, der ein verhaltensmodifizierendes Arbeiten möglich macht. Hans K.: „Mit meinem Vater sind ja noch andere Sachen, das ist ja nicht alles, aber ich seh das jetzt schon klarer." — In späteren Sitzungen wurde auf diese Bemerkung zurückgegriffen und weitere Situationen bearbeitet.

Auf Vorschlag des Therapeuten werden nun Szenen gespielt, in denen für Hans die Möglichkeit geboten wird, ein adäquates Verhalten zu üben. Situationen mit dem von ihm abgelehnten Lehrer werden konzipiert. Hans lernt auf die tadelnde, kalte Art des Lehrers flexibel zu reagieren, indem die schwierige Situation wieder und wieder durchgespielt wird, wobei erwünschtes Verhalten belohnt und unerwünschtes Verhalten von der Gruppe mißbilligt wird. An bestimmten Punkten kommt Hans nicht weiter und fällt in aggressives Verhalten zurück. Hier werden die Situationen nach der von PETZOLD entwickelten Technik des „action stopping" (1969; 1971k; PETZOLD/OSTERHUES 1971) unterbrochen, aber der Neuansatz führt nicht weiter. Ein anderer Schüler bietet sich spontan an: „Mein Gott, kapierst Du das denn nicht? Laß mich mal machen!" Die Szene wird neu aufgerollt, Hans sieht zu und wiederholt. Seine Reaktionsweise ist sicherlich geändert. Die Gruppe applaudiert *(social reinforcement)*, der Leiter räumt eine Colapause ein. Hans braucht seine Cola *(instrumental reinforcer)* nicht zu zahlen. (Es besteht für solche Dinge eine Gruppenkasse).

Der verhaltenstherapeutische Effekt besteht in einer systematischen Annäherung (successive approximation) an das gewünschte Verhalten, indem positive Responsen verstärkt und negative getadelt werden. Dieser Vorgang des *shapings* wird durch das Einschalten des Schülers, der das gewünschte Verhalten dem Protagonisten im Spiel demonstriert, gefördert dadurch, daß die Möglichkeit zu Imitationslernen geboten wird, gleichzeitig aber wurde aus der spontanen Reaktion des intervernierenden Schülers eine neue Problematik ersichtlich, die im *erweiterten Feedback* im Anschluß an das Behaviourdrama der Phase IV aufgegriffen wird.

Hans erhält vom Leiter ein spektrometrisches self-reinforcement schedule (PETZOLD/SIEPER 1971), eine Karte mit einer Tabelle, auf der er erfolgreiches Verhalten in den für ihn schwierigen Situationen des Alltagslebens eintragen kann. Derartige Möglichkeiten der Selbstverstärkung und -regulation (KANFER/PHILLIPS 1970) haben sich auf der Grundlage einer vorhergehenden Bearbeitung der Gesamtsituation im tetradischen Psychodrama als ausgesprochen hilfreich und effektiv erwiesen.

Der tetradische Ablauf des protagonistzentrierten Psychodramas (PETZOLD 1971b) hat nicht nur sehr schnell an die Kernzone des Konfliktes herangeführt (I. Phase, *diagnostisch-anamnestisch*), sondern hat auch emotionale Erfahrungen vermittelt (II. Phase, *psychokathartisch*), die zu rationalen Einsichten führten (III. Phase, *analytisch-kommunikativ*), auf denen eine gezielte Verhaltensänderung aufbauen konnte (VI. Phase, *verhaltensmodifizierend*).

2. Tetradisches Psychodrama, gruppengerichtetes Vorgehen

Gruppengerichtetes Psychodrama läßt sich sowohl im Klassenverband als auch in der Kleingruppe verwenden. Homogenität der Gruppe kommt dem Verfahren sehr entgegen, da man mit ähnlichen Schwierigkeiten und Fragestellungen rechnen kann. Eine Schulklasse bietet bei einer Vielzahl von heterogenen Faktoren doch ein Potential von allgemein relevanten und schulspezifischen Problemen, so daß gute Voraussetzungen für gruppengerichtetes Psychodrama gegeben sind.

Als Beispiel für ein gruppengerichtetes tetradisches Psychodrama sei der Fall einer Schülerin aufgegriffen, die durch einen Schulwechsel einer erheblichen Nachlernforderung ausgesetzt war, der sie in verhältnismäßig kurzer Zeit nachkommen mußte. Durch die besondere Struktur der Schule (Deutsche Auslandsschule) befand sich ein Großteil der Klasse in einer ähnlichen Lage oder hat zumindest schon einmal in der gleichen Situation gestanden. Der überhöhte Leistungsanspruch in verschiedenen Fächern, der Umgebungswechsel und die damit verbundenen nostalgischen Reaktionen, die Integrationsschwierigkeiten und der Leistungsdruck des Elternhauses, all das waren Faktoren, die das Kind in eine permanente Überforderungssituation (PETZOLD 1968) stellten. Das Resultat war ein erheblicher Leistungsabfall in Fächern, in denen das Kind ansonsten gut stand. Schlafstörungen, Schweißausbrüche beim Aufrufen durch die Lehrer und ständige aggressive Gereiztheit waren die Folge.

Phase I: Beim Abfragen von Vokabeln bricht die Schülerin in Tränen aus: Sie habe die Schule hier satt. Auf die Frage, was sie denn an der Schule störe, antwortet sie: „Meine alte Schule war ganz anders, aber hier kann man immer nur pauken und hat niemanden zum Spielen." Auf die Frage: „Mit wem hast Du zuhause am liebsten gespielt?" berichtet die Schülerin von zwei Freundinnen. Ad hoc wird in der Klasse ein Psychodrama mit diesen Freundinnen realisiert. Die starke Bindung zwischen den Mädchen wird ersichtlich. Im Verlauf der Szene kommen die Großeltern ins Spiel, bei denen man sich oft aufgehalten hatte und an denen die Schülerin sehr hängt. Das Spiel läßt erkennen, welche engen Bindungen das Mädchen in seinem Heimatland zurückgelassen hat. An seinem neuen Wohnort konnte es sich z. T. aufgrund von Sprachschwierigkeiten noch keine neuen Bereiche erschließen. Obgleich die Szenen einen diagnostischen Einblick in die Situation des Kindes vermitteln, haben sie schon einen ausgesprochen therapeutischen Charakter. Das Wiederaufleben glücklicher Erinnerungen (Minerva-Erlebnisse, OTTO 1969) beruhigen und trösten das Mädchen.

Phase II: Im Unterschied zu den Szenen im Heimatland sollen jetzt Szenen aus dem neuen Lebenskreis gespielt werden. In einer Sequenz von Situationen wird deutlich, daß sich das Kind von seiner Umgebung, den Eltern, Mitschülern, Kindern auf der Straße nicht angenommen und verstanden fühlt. Zu Hause stehen schulische Leistungen im Mittelpunkt. Sie bilden den einzigen Gesprächsstoff. Die Beziehungen zwischen Eltern und Kind sind gänzlich auf dieses Thema reduziert. Der Nachmittag wird zusammen mit der Mutter verbracht.

Die Atmosphäre ist nervös und gespannt. Es gibt Tränen und Schelte.

Phase III: In der Klasse haben bei der letzten Szene einige Kinder zu weinen angefangen. Der Leiter fragt sie, ob es bei ihnen zuhause ähnlich zuginge. Es werden noch zwei Psychodramen mit anderen Kindern durchgespielt, in denen ähnliche Situationen erkennbar werden. Wie Phase I und II in unserem Beispiel ineinander übergingen, so auch Phase II und III. Durch das Spielen von Szenen, die mit der Problematik der Hauptprotagonistin koinzidieren, wird für die zweiten und dritten Protagonisten ein kathartisches Erlebnis vermittelt, das gleichzeitig ein *sharing* für die erste Protagonistin darstellt. Im Feedback über die psychodramatischen Szenen bringen die meisten Kinder der Klasse zum Ausdruck, daß sie in ähnlichen Situationen gestanden haben oder noch stehen. Sie bringen damit ihre eigenen Schwierigkeiten in die Klassengemeinschaft ein und finden im Prozeß des Verbalisierens eine Lösung ihrer durch Identifikation aufgestauten Emotionen. Spiel und *sharing* bewirken nicht nur eine Handlungskatharsis bei den aktiv Spielenden, sondern auch eine Gruppenkatharsis bei den Zuschauenden. Die Protagonisten sehen, daß sie mit ihren Problemen nicht einzig und vor allen Dingen nicht allein dastehen. Die Klasse erkennt, wie isoliert doch manche Klassenkameraden, insbesondere die neuzugezogenen, sind, und man beschließt, sich öfters zu besuchen und mit den Neulingen Schularbeiten zu machen, damit auch die häusliche Situation etwas entspannt wird. Beim Durchsprechen der Lernszene mit der Mutter läßt der Leiter die Situation in einem Playback von der Protagonistin wiederholen und dann von einer anderen Schülerin spiegeln, so daß die Protagonistin die Interaktion mit ihrer Mutter gleichsam „von außen" beobachten kann. Dabei wird ihr deutlich, daß sie auf eine nervöse Bemerkung der Mutter unsicher und stockend reagiert und nicht in der Lage ist, ihre Gedanken zu äußern, daß andererseits die Mutter durch das stockende Sprechen noch nervöser und gereizter wird: man fixiert sich in seinem Verhalten immer stärker. Das Ergebnis: die Tochter sagt gar nichts mehr und fängt an zu weinen, die Mutter schreit.

Phase IV: Die Klasse hat mit ihrem Entschluß, ein engeres Verhältnis zu den Neulingen zu entwickeln, eine Modifikation im Gruppenverhalten eingeleitet. Das gruppengerichtete Psychodrama vermag also nicht nur Änderungen im individuellen, sondern auch im sozialen Verhalten anzuregen und zu bewirken *(social change)*. Für die Protagonisten selbst wurden ihre Gesamtsituation und die für sie bestimmenden Verhaltensmuster überschaubar. Im verhaltenstherapeutischen Rollenspiel wird die Situation angegangen. Die Mutter wird von einer sehr bestimmenden Schülerin gespielt, die als Star der Klasse ohnehin eine dominierende und für die Protagonistin beängstigende Rolle einnimmt.

Das Spiel gewinnt einen sehr intensiven Realitätscharakter. Das Behaviourdrama ist als assertives Training konzipiert. Bei Stockungen in der Rede greift ein stützendes Doppel – es wird vom zweiten Protagonisten übernommen – ein und verbalisiert die Ängste der Protagonistin. Solange die Gereiztheit der Mutter ein bestimmtes Maß nicht übersteigt, kann das Doppel die Situation gut überbrücken. Die Schülerin beginnt freier zu sprechen. Wird die Mutter aber heftiger, kommt es zu den alten Reaktionen. Hier nun ordnet der Leiter einen Rollenwechsel an. Er unterbricht damit das unerwünschte Verhalten im Sinne des *action stopping* (PETZOLD 1969, 1971k; PETZOLD/OSTERHUES 1971), versetzt die Protagonistin in die Rolle der Mutter, wo sie deren Reaktionsweisen erlebt und gleichzeitig sieht, wie die Antagonistin, die jetzt die Rolle der Schülerin übernommen hat, sich adäquat verhält. Der Rollentausch nimmt also die Schülerin aus der angstbesetzten Situation, unterbricht unerwünschtes Verhalten und ermöglicht Imitationslernen. Beim Rücktausch wieder in ihre Rolle gestellt, ist ihr Verhalten weniger geängstigt, sie beantwortet selbst ungeduldig gestellte Fragen ruhig. Die Klasse applaudiert und verstärkt das Verhalten. Es werden jetzt die anderen beiden Protagonisten mit ihren Situationen, die ganz ähnlich geartet sind, ins Spiel gebracht. Beide hatten durch das Behaviourdrama der ersten Protagonistin Gelegenheit zum Imitationslernen gehabt. Der zweite Protagonist war dadurch, daß er als Doppel fungiert hatte, für die Situation schon etwas desensibilisiert. Er findet schneller zu einem adäquaten Verhalten.

Das *gruppengerichtete* tetradische Psychodrama hat die Klasse als Gesamt und einige Schüler im besonderen durch das psychodramatische Spiel der II. Phase erreicht und im *sharing* der III. Phase involviert, indem die für die Mehrzahl der Schüler relevante Problematik *einer* Schülerin bearbeitet wurde. Das Resultat ist eine Veränderung des individuellen und sozialen Verhaltens. In der IV. Phase sind neben der Protagonistin gleichfalls die ganze Klasse und einige besonders affizierte Schüler einbezogen.

In der Folge wenden sich einige Eltern, denen die Kinder von der Psychodramaarbeit in der Klasse berichtet hatten, an den Leiter mit der Bitte, eine Beratung für Eltern einzurichten. Es bildet sich eine kleine Elterngruppe (zehn Personen), die in vierzehntätigem Turnus zusammenkommt und gleichfalls psychodramatisch zu arbeiten beginnt. Diese parallele Elternarbeit hat sich für die Kinder ausgesprochen bewährt. Wir sehen hier für die pädagogische Arbeit Möglichkeiten, deren Wert gar nicht hoch genug veranschlagt werden kann.

3. Tetradisches Psychodrama, gruppenzentriertes Vorgehen

Zusammensetzung der Klasse: 24 Schüler, 12 Jungen (Durchschnittsalter 15,1) 12 Mädchen (Durchschnittsalter 14,8).

Die Klasse hatte Spielerfahrung mit didaktischem Theater, das im Wesentlichen zur Verdeutlichung und praktischen Umsetzung von Lernstoffen angewandt worden war. Die Klassenstruktur ist nach soziometrischer Untersuchung als nicht sehr integriert anzusehen. (Cf. Zonenprofil nach RUPPERT, Die seelischen Grundlagen der sozialen Erziehung, Weinheim 1969).

Zonenprofil der Schulklasse bei Beginn der psychodramatischen Arbeit (Diagramm I) und nach sechs Monaten Psychodrama (Diagramm II).

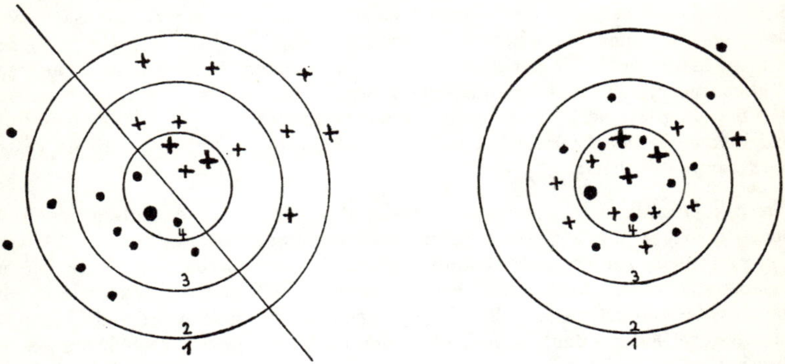

Legende:

• Mädchen	**1 Außenzone**
+ Jungen	**2 Randzone**
● weibl. Star	3 Mittelzone
+ männl. Star	4 Kernzone

Diagramm I	**Diagramm II**
geringe Integration	gute Integration
Parteiung	
4 Kinder außenständig	1 Kind außenständig
7 Kinder randständig	2 Kinder randständig
7 Kinder mittelständig	10 Kinder mittelständig
6 Kinder kernständig	**11 Kinder kernständig**

Besondere Spannungen traten immer wieder in der Beziehung zwischen den Jungen und Mädchen der Klasse auf. Während die Jungen in mehreren Subgruppen mit etwa gleichstarken Führern unterteilt waren, scharten sich die Mädchen um einen Star, der es fertiggebracht hatte, seine beiden Rivalinnen in eine völlige Außenseiterposition zu treiben. Die Mädchen der Klasse hatten durchweg Freunde aus der Mittel- und Oberstufe. Der Leistungsstand der Mädchen war zumeist in den sprachlichen Fächern erheblich besser als der der Jungen. In den naturwissenschaftlichen Disziplinen waren keine wesentlichen Unterschiede vorhanden. Der Umgangston der Mädchen war überlegen und oftmals arrogant. Die Jungen fühlten sich nicht ernstgenommen und reagierten ihrerseits mit grobem, ja manchmal rüdem Verhalten. Die Spaltung in zwei Lager führte häufig zu Störungen des Unterrichts und brachte die Lehrpersonen oft in unangenehme Situationen, da sie von beiden Parteien als „Richter" angerufen wurden („die Jungen haben wieder . . . , die Mädchen haben wieder"). Die allgemeine Situation fand ihre Äußerung auch in zahlreichen persönlichen Animositäten zwischen einzelnen Jungen und Mädchen des Klassenverbandes.

Anläßlich einer Auseinandersetzung, bei der man wieder an den Lehrer appellierte und eine Entscheidung verlangte, wies er diesen Anspruch mit dem Hinweis zurück, daß er sich nicht als Richter über klasseninterne Angelegenheiten verstehe. Im übrigen sei er der Auffassung, daß die Klasse durchaus in der Lage sei, Schwierigkeiten selbst zu lösen. In der Folge kommt es zu einer Diskussion zwischen verschiedenen Teilnehmern, in der man zunächst abstreitet, daß es in der Klasse tiefgreifende Differenzen gebe. Von einigen Schülern wird heftiger Widerspruch eingelegt. Hier interveniert der Lehrer mit der Frage, ob man sich darüber einig sei, worin die Schwierigkeiten beständen. Die Frage löst einige Ratlosigkeit aus. Man beschließt, der Sache nachzugehen. Die *diagnostische Phase* wird damit eingeleitet.

Phase I: Die Klasse teilt sich auf Vorschlag des Lehrers in vier Untergruppen, in denen man beginnt, Material zu den Klassenstreitigkeiten zu sammeln. Es werden punktuelle Auseinandersetzungen, Erlebnisse und Gefühle einzelner Schüler zusammengetragen, Gedanken über die allgemeine Situation niedergelegt. Mit diesem Material setzen sich die Untergruppen wieder zusammen und beginnen, es sich gegenseitig vorzutragen. Da sich die Subgruppen nach freier Wahl gegliedert hatten, waren in ihnen die jeweiligen Führer und ihre Anhänger versammelt. So finden wir einen Block A (Mädchen), der zu Block B (Jungen) in scharfem Gegensatz steht. Block C (Mädchen) koaliert mit A. Block D verhält sich relativ indifferent. In ihm sind Außen- und Randständige vertreten, die am Geschehen wenig beteiligt sind.

Die Situation gleitet bald schon von der sachlichen Diskussion in eine sehr engagiert geführte Auseinandersetzung zwischen Gruppe A + (C) und Gruppe B, an deren Seite nun auch D tritt. Die *psychokathartische* Handlungsphase beginnt.

Phase II: Der Hinweis, man möge doch keine unbelegten Behauptungen aufstellen, bewirkt, daß die Diskutierenden bemüht sind, für ihre Argumente Belege zu bringen. Es werden Einzelsituationen angeführt, wo die Mädchen durch ihr Verhalten das Klassenklima vergiftet hätten. Die Lage wird von beiden Seiten unterschiedlich geschildert. Man verwickelt sich in Widersprüche. Der Leiter schlägt vor, die ganze Szene doch einfach einmal zu wiederholen, wobei von jeder Gruppe ein Beobachter außerhalb des Spiels bleibt, um einen objektiven Überblick zu bekommen. Die Szene – es handelt sich um die Sitzplatzvergabe im Bus bei einer Klassenfahrt – kommt zügig in Gang. Ein Schüler aus der Gruppe D spielt den Busfahrer, ein anderer den damals anwesenden Lehrer, der der Lage offensichtlich nicht gewachsen war. Im Streit um die Fahrplätze kommt es bei einigen Schülerinnen zu Tränen. Die Szene wird so echt gespielt und erlebt, daß auch im Psychodrama wieder Tränen fließen. Die Folge war, daß der Lehrer im Spiel für die Klassenfahrt den Mädchen die Fensterplätze zugestand. Die Jungen argumentierten, die Mädchen hätten nur geheult, um sich die Fensterplätze zu erschleichen. Die ganze Fahrt war von Spannungen überlagert. Die Mädchen waren ihres Sieges zufrieden, aber nicht froh, denn die Jungen machten ihren Unmut durch Hänseleien, Verzögerungen, Schreien usw. Luft.

Phase III: Nach dem Spiel wird die Szene durchgesprochen *(analytisch-kommunikative* Phase).

Die Teilnehmer geben sich gegenseitig Feedback darüber, wie sie sich im Spiel erlebt haben. Die „Beobachter" ergänzen das Bild. Man kommt miteinander ins Gespräch. Die Mädchen verteidigen sich gegen den Vorwurf der Jungen, das „Geheule sei nur Schau gewesen, um die guten Plätze zu bekommen" und räumen ein, man hätte ja in den zwei Tagen wirklich die Plätze tauschen können. Die Klasse stellt beim Durchsprechen der Situation fest, daß der gereizte Ton, der sonst die gängige Kommunikationsform war, verschwunden ist. „Sonst beschimpft und hänselt man sich, aber man spricht nicht miteinander." — „Jeder nimmt vom anderen das Schlechteste an." — „Wir nehmen die Jungen gar nicht ernst." (Die Replik eines Schülers: „Wir wollen von euch ja gar nicht ernst genommen werden", wird von anderen zurückgewiesen). Die Klasse beginnt zu überlegen, welche anderen Faktoren das Klima noch verschlechtert haben. Man kommt auf das gespannte Verhältnis zwischen dem Star der Mädchengruppe und einem Star der Jungengruppe. Ein Psychodrama mit beiden kommt in Gang. Während seines Verlaufs bilden sich die alten Anhängergruppen und nehmen Partei. Der Leiter unterbricht an dieser Stelle und konfrontiert die Gruppe mit dem Geschehen. Der Vorgang der Parteibildung wird transparent. Die Klasse sieht, daß noch viele andere Schwierigkeiten offen auf den Tisch gelegt werden müßten, um das Klassenklima zu bereinigen. Das Resultat: „Wir wollen nicht immer gleich sauer sein, sondern versuchen, untereinander zu sprechen."

Phase IV: Auf Vorschlag des Lehrers wird die Busszene und die Klassenfahrt noch einmal gespielt, allerdings mit der Auflage, daß man sich irgendwie einigen und sein Verhalten zueinander ändern solle *(verhaltensmodifizierende Phase).* Die Szene läuft reibungslos ab. Die Jungen verhalten sich ritterlich, die Mädchen großzügig. Im *Feedback* auf dieses Spiel sieht man, daß „ritterlich spielen" und „Gönnertum" nicht erwünscht oder notwendig sei, sondern daß man sich nur gegenseitig akzeptieren müsse. Das Psychodrama wird während eines halben Jahres vorwiegend *gruppenzentriert* und *gruppengerichtet* einmal in der Woche während einer Schulstunde durchgeführt. Die Klassenkohärenz hat in diesem Zeitraum eine grundsätzliche Verbesserung erfahren, wie aus den beiden vor und nach der Psychodramasequenz erstellten Zonenprofilen der Klasse (siehe Abbildung) ersichtlich wird.

Schlußbemerkung:

Das tetradische Psychodrama, wie wir es unter Verwendung von Anregungen MORENOs (1963) unter Zugrundelegung seines triadischen Systems und des triadischen Psychodramas der französischen Schule (SCHÜTZENBERGER 1968; PETZOLD 1971 j) konzipiert haben und praktizieren, erweist sich als ein Verfahren, das die komplexen Variablen des szenischen Spiels in der therapeutischen (PETZOLD 1971 b) und pädagogischen Situation überschaubar und gezielt einsetzbar macht. Dabei erscheint uns die Differenzierung des Applikationsmodus in gruppenzentriertes, gruppengerichtetes, protagonistzentriertes Vorgehen für die praktische Arbeit wichtig und hilfreich. Als Neuerung gegenüber der herkömmlichen psychodramatischen Praxis sehen wir die gezielte Verbindung von analytischem und verhaltenstherapeutischem Vorgehen und die systematische Anwendung von verhaltensmodifizierendem Spiel, von „Behaviourdrama" (PETZOLD 1969; 1971 k) an.

Wir haben an anderer Stelle den theoretischen Ansatz des „tetradischen Psychodramas" näher ausgeführt (PETZOLD 1971 b) und waren bemüht, im Rahmen dieser Studie einige praktische Möglichkeiten für die Arbeit mit Schulkindern aufzuzeigen. Aufgrund unserer Erfahrungen in dieser Arbeit können wir feststellen, daß sich das tetradische Psychodrama nicht nur zur Bearbeitung von Verhaltensstörungen einzelner Schüler, sondern auch als Verfahren zur Amelioration der Klassensituation bewährt hat.

Literatur

BRUNELLO, P., Exploring Skills of Family Life at Schoolsociodrama with a 4th grade Group, *Group Psychotherapy* VI, 4 (1954) 227—225.

CARPENTER, J. R., Role Reversal in the Classroom, *Group Psychotherapy* XXI, 3/4 (1968) 155.

CHESLER, M., FOX, R., Role-Playing in the Classroom, Chicago 1966.

ENGELMAYER, O., Menschenführung im Raume der Schulklasse, München 1968.

FARBER, K., Entscheidungs- und Rollenspiele, Klett, Stuttgart 1971.

GORDING, E., Dramatisches Spiel, von kindlicher Improvisation zum Jugendtheater, Velber 1971.

GREENBERG, I., Psychodrama and Audience Attitude Change, Beverly Hills 1968.

HAAS, R., Psychodrama and Sociodrama in American Education, New York, Beacon 1949.

KANFER, F., PHILLIPS, J. S., The Learning Foundations of Behavior Therapy, New York 1970.

LEUTZ, G., Das Psychodrama Morenos, Vidareutbildningskurs i psykiatri, Hrsg. E. FRANZKE, Växjö, Schweden 1970.

LIPPITT, Ros., The Auxiliary Chair Technique, *Group Psychotherapy* 11 (1958) 8—23.

LIPPITT, R., LIPPITT, Ros., FOX, R., Children Look at their Own Behaviour, *N.F.A. Journal*, September 1964, 14—16.

MALAMUD, D. I., MACHOVER, S., Toward Self-Understanding, Spiringfield III. 1965.

McCARTHY, W., Role Playing and Teaching, Masters Thesis, Stanford Univ. of Education 1959.

MORENO, J. L., Group Psychotherapy, vol. I. Beacon 1946.

— Psychodrama and Behaviourtherapy, *Am. J. Psychiat.* 1963.

OTTO, H., Group Methods to Actualize Human Potential, Beverly Hills 1970.

PETZOLD, H., Überforderungserlebnis und nostalgische Reaktion als pädagogische Probleme an Auslandsschulen,*Der Deutsche Lehrer im Ausland* 1 (1968) 1—11.
(Die weiteren Titel von PETZOLD und Mitarbeitern finden sich in der Bibliographie, die *diesem Buche* beigegeben ist.)

RACHMAN, S., Verhaltenstherapie bei Phobien, München 1970.

SCHMUCK, R., CHESLER, M., LIPPITT, R. Problem Solving to Improve Classroom Learning, Chicago 1966.

SCHÜTZENBERGER, A., Triadisch Psychodrama, *Folia Psychodramatica* 1 (1968).

SHAFTEL, G., SHAFTEL, F., Role Playing for Social Values, Englewood Cliffs 1967.

SIEPER, J., Kreativitätstraining in der Erwachsenenbildung, *Volkshochschule im Westen* 5 (1971).
WELLS, C., Psychodrama and Creative Counseling in the Elementary School, *Group Psychotherapy* 15 (1962) 244.
WOLPE, J., Practice of Behaviour Therapy, Oxford 1969.
— LAZARUS, A. A., Behaviour Therapy Techniques, Oxford 1966.
YATES, A. J. Behaviour Therapy, New York 1970.

„Komplexes Kreativitätstraining" in der Vorschulerziehung durch Psychodrama, Puppenspiel und Kreativitätstechniken

H. Petzold, Neuss, Chr. Geibel, Neuss

Dramatisches Spiel und Kreativitätstechniken in der Gruppenarbeit mit Kindern zwischen drei und sechs Jahren werden von uns seit 1969 in den von PETZOLD eingerichteten Vorschulprogrammen der VHS Meerbusch* (vgl. HINDEL 1971) und der VHS Büttgen** (vgl. GEIBEL 1971) verwandt. Das inzwischen umfangreiche Material an Protokollen, Bändern und Zeichnungen soll an anderer Stelle in größerem Rahmen ausgewertet werden. Hier nur ein knapper Erfahrungsbericht.

Bei der Vorschularbeit, sei es im szenischen Spiel oder sei es bei der Verwendung von Puppen und Kreativitätstechniken, haben wir vier wesentliche Ziele im Auge:

I. Ziele

1. Persönlichkeitsentfaltung

Kreativitätstechniken, Psychodrama und Puppenspiel sollen dem Kind die Möglichkeit zur spontanen Entfaltung seiner Fähigkeiten bieten und als Instrumente dienen, die kreativen Kräfte zu stimulieren und zu schulen (MORENO 1938; WELLS 1962). Wir sind der Auffassung, daß die emotionale und kognitive Entwicklung des Kindes durch eine Förderung seiner Rollenmöglichkeiten und durch das Training von spontanem und kreativem Rollenverhalten entscheidend und positiv beeinflußt werden kann.

2. Soziale Fähigkeiten

Die Gruppenarbeit mit dem Psychodrama, Kreativitätstechniken oder mit Spielpuppen verbessert und entwickelt die sozialen Fähigkeiten des Kindes. Im gemeinschaftlichen Spiel werden Anforderungen an Einfühlung, Anpassung und Kooperation gestellt, die eine Lernsituation für soziales Verhalten schafft, in der das Kind nicht nur ein Übungsfeld für den Umgang mit anderen Kindern erhält, sondern in der es dem Leiter des Psychodramas möglich ist, im Spiel Korrektive zu setzen und eine Einübung in soziales Verhalten zu fördern (SMILANSKY 1968).

3. Didaktisches Ziel

Psychodrama und Puppenspiel wurden von uns weiterhin als Instrument verwandt, Lerninhalte zu vermitteln. An thematisch vorgegebenen Spielen (im

* Vgl. das Programm der VHS Meerbusch, z. B. Frühjahr/Sommer 1970, S. 32/33.
** Vgl. das Programm der VHS Büttgen, z. B. Herbst/Winter 1971, S. 18/19.

Bäckerladen, an der Tankstelle, in der Schule, wir kaufen einen Hund, beim Arzt) werden den Kindern neue Lebensbereiche erschlossen oder bekannte Situationen verdeutlicht. Die Fähigkeit, auf komplizierte Situationen adäquat zu reagieren und sie zu gestalten wird geschult (etwa in Spielen zum Thema: Ich habe mich verlaufen, der Kinderwagen ist gestohlen worden, es brennt im Haus).

4. Therapeutisches Ziel

Für die Kinder in unseren Gruppen impliziert die psychodramatische und auf die Förderung der Kreativität abgestimmte Arbeit immer eine therapeutische Komponente. Immer wieder muß man feststellen, daß die häuslichen Verhältnisse Konfliktstoff bieten, der von den Kindern spontan ins Spiel gebracht und auf diese Weise bewältigt wird. Wie viel Konfliktmaterial in rein pädagogisch intendierten Psychodramen und Puppenspielen, wie sie etwa in Vorschulkindergärten praktiziert werden, inkorporiert ist, zeigen z. B. die von SCHÜTZ (1971) veröffentlichten Spielprotokolle. Dem dramatischen Spiel in der vorschulischen Erziehung kommt deshalb außerordentliche psychohygienische Bedeutung zu.

II. Zusammensetzung der Gruppen und Verfahren

Die Gruppen werden in ausgewogenem Verhältnis von Jungen und Mädchen nach einem Test zusammengestellt, der eine gute Homogenität gewährleistet. Von jedem Kind wird ein Dossier angelegt, in dem die Zeichnungen, Sitzungsprotokolle und Beurteilungen aufbewahrt werden. Material aus den parallellaufenden Elterngruppen bzw. Einzelgesprächen mit Eltern wird gleichfalls hier festgehalten. Die Stärke der Gruppen beträgt zwischen sechs und zehn Kindern. In der Regel wird, wie im therapeutischen Psychodrama, der analytischen Richtung (ANZIEU 1956; LEBOVICI 1969; LEBOVICI, DIATKINE, KESTEMBERG 1970; WIDLOCHER 1961) mit zwei Therapeuten, einem männlichen und einem weiblichen, gearbeitet. Die Ausrichtung der Gruppen hängt von ihrer Zusammensetzung ab. Überwiegt die Zahl schwieriger Kinder, so wird die therapeutische Seite stärker betont, wobei die Konzepte analytischer Spiel- und Gruppenpsychotherapie mit Kindern zugrundegelegt werden (RAMBERT 1969; SLAVSON 1959; ZULLIGER 1954; GINOTT 1969; FRIEDEMANN 1966; 1954). In Gruppen, die nur von einem Leiter geführt werden, verwendet einer der Autoren (GEIBEL) vornehmlich nondirektive Spieltherapie (LEBO/LEBO 1957; MOUSTAKAS 1953; 1959; AXLINE 1947; DORFMAN 1951; 1958).

Die Dauer der Sitzungen beträgt zwischen 45 und 60 Minuten, je nach Alter der Kinder und Größe der Gruppen. Als Raum steht eine geräumige und lichte Schulklasse zur Verfügung, in der nur die notwendigen Stühlchen, einige kleine Tische, die große Puppenbühne, Spielzeuge, Instrumente und Kostüme vorhanden sind.

III. Puppenspiel und Psychodrama

1. Die Puppenbühne

Die Puppenbühne mit einem Guckkasten von 1,60 × 1,20 m ist für Hand und Stabpuppen geeignet. Ein verstellbares Brett auf der Rückseite erlaubt die für die unterschiedlichen Altersstufen richtige Höhe zu wählen (TRÜMMER 1958; BATCHELDER 1948; FEDOTOW 1956). Die Bühne wird in der Regel von uns dazu verwandt, gehemmte Kinder auf das freie Spiel mit Stabpuppen im offenen Raum oder auf das psychodramatische Stegreifspiel vorzubereiten. Zwischenzeitlich wird sie aber immer wieder gerne von den Kindern zu Theater- und Kasperleaufführungen benutzt.

2. Die Puppen

Wir verwenden verschiedene Sätze von Puppen. Einfache Plastik-Handpuppen, die auch bei den aggressivsten Aktionen eine erstaunliche Haltbarkeit aufweisen, gestaltete Handpuppen, die wir in Gruppen mit Kindern im Hauptschulalter gefertigt haben (vgl. ARNDT 1959; 1964; KINDLER 1962; WOHMANN o. J.) und Stabpuppen. Die Stabpuppen sind so groß, daß sie vom Kind noch gut gehandhabt werden können, aber doch wenigstens die halbe Körpergröße des Spielers abdecken. Ein Stab, der zum Spiel ergriffen wird und vom Gewand der Puppe umhüllt ist, und eine Steroporkugel als Kopf sind die Elemente der Puppe, die vom Kind vor sich her getragen und oftmals geradezu als Maske benutzt wird. Allerdings ist gegenüber der Arbeit mit Masken, die bei entsprechender Anwendung therapeutisch erfolgreich eingesetzt werden können, der Vorteil gegeben, daß das Kind die Puppe jederzeit aus der Hand legen kann, um in psychodramatisches Spiel einzutreten, und daß die Flucht hinter die Maske im mobilen Ablauf des Puppenspiels kaum möglich ist. Die Handpuppen liegen in einem Kasten, die Stabpuppen haben einen eigenen Ständer. Es sind etwa 40 Stabpuppen vorhanden. Bei ausgesprochen therapeutischen Gruppen begrenzen wir die Auswahl zunächst auf den klassischen Bestand an Spielpuppen* (RAMBERT 1969), wobei eine größere Zahl an Aggressionspuppen und -tieren (Hexe, Räuber, Teufel, Krokodil, Wolf) vorhanden sein sollte. In der auf das Training der Kreativität und der sozialen Fähigkeiten abgestimmten Vorschularbeit halten wir es für wesentlich, den Kindern eine möglichst große Auswahl an Puppen und damit an Rollenmöglichkeiten zur Verfügung zu stellen.

Obgleich eine beträchtliche Literatur über therapeutisches Puppenspiel mit Kindern und Erwachsenen besteht (BENDER/WOLTMANN 1936; KORS 1964; WOLTMANN 1940; BLAJAN-MARCUS 1948; 1954; PFEIFFER 1965; 1966; PHILPOTT 1960; WALL et col. 1965; VONDERBANK 1960 etc.), sind bisher noch keine befriedigenden Versuche zur Standardisierung von bestimmten Puppenfiguren gemacht worden. Die Berichte über Erfahrungen mit einzelnen Puppen differieren erheblich. Je größer das Angebot an Puppen ist, desto schwieriger wird die Überschau; dennoch kann man bestimmte Gruppen feststellen: Aggressions- und Regressionspuppen, protektive, Libido- und Überich-Puppen.

3. Die Themen

Die Themen sind in der Regel durch die vorhandenen Puppen bestimmt, wobei die Kinder auf Spiele und Szenen aus dem Fernsehen (Räuber Hotzenplotz, Pipi

* Mutterpuppe, eine weitere weibliche Puppe, die als Tante, Lehrerin o. ä. dienen kann; drei männliche Puppen, die Vater, Lehrer, Arzt o. ä. repräsentieren können; verschiedene Kinderpuppen, Jungen und Mädchen; Schutzmann, Räuber, Hexe, König, Prinzessin, Tiere, Großmutter.

Langstrumpf) bevorzugt zurückgreifen. Dann erst kommen die Märchen und die Märchengruppen ins Spiel. Es vergehen eine Reihe von Sitzungen, bevor die Kinder aus ihrem häuslichen Bereich Szenen bringen. In der Initialphase der Arbeit findet sich regelhaft aggressive Thematik. Wir haben zu diagnostischen Zwecken eine Reihe von Situationsspielen entwickelt, die uns Aufschluß über die häuslichen Verhältnisse und die Konfliktbereiche des Kindes geben: z. B. Die Eltern sind weggegangen. Sie kommen wieder und finden dich abends vor dem Fernsehapparat und nicht im Bett; die Familie am Mittagstisch; am Sonntag Nachmittag; Vater kommt nach Hause etc. Ein guter Einstieg wird auch durch die „Familie in Tieren" gegeben, indem wir die Zeichnungen im Puppenspiel mit Tierpuppen oder im Psychodrama in Szene setzen.

Als Lernspiele werden vom Leiter bestimmte Themen vorgegeben, die den Kindern ermöglichen, Situationen zu erfahren und zu meistern: z. B. beim Bäcker, Feuerwehr im Einsatz, ein Kind fällt ins Wasser, in der Wäscherei etc. Eine hervorragende Sammlung von Themen hat Elisabeth GORDING (1971) zusammengestellt. Weiteres Material findet sich bei DURLAND (1962), PICKERSGILL (1968) und JENKE (1971).

4. Methodisches Vorgehen

Bei der Arbeit mit Spielpuppen werden von uns die wesentlichen psychodramatischen Techniken: Doppeln, Rollentausch, Spiegeln verwandt (STRAUB 1971, *dieses Buch*). Die Kinder erlernen diese Techniken rasch und können sie recht gut handhaben. Wenn wir mit Stabpuppen im offenen Raum spielen — und das ist unsere wesentlichste Verfahrensweise — ist die Doppelgängertechnik besonders gut von den Kindern anzuwenden, die keine Puppen haben und nicht aktiv im Spiel stehen. Die Trennung zwischen Spielern und Zuschauern, die für das Bühnenspiel mit Puppen kennzeichnend ist, findet sich bei diesem Verfahren nicht, vielmehr wird die ganze Gruppe einbezogen, so daß man berechtigterweise von einem Psychodrama mit Puppen sprechen kann. Obgleich wir das Puppenspiel als eigene Methode betrachten, dient es uns auch dazu, die Kinder auf freies psychodramatisches Spiel (LIPPITT 1954; WIDLOCHER 1961) ohne Puppen vorzubereiten. Gerade bei Kindern im Vorschulalter ist nach unseren Erfahrungen ein solches Vorgehen förderlich, ja oftmals notwendig, weil strukturierte Spielprozesse, die sich aus einem gefundenen oder angebotenen Thema konsequent entwickeln, wie wir es aus dem Psychodrama mit Jugendlichen und Erwachsenen kennen, ohne entsprechende Vorbereitung sehr schwer zustandekommen. Die begrenzten Einsatzmöglichkeiten, die manche Autoren dem Psychodrama mit Kindern zuschreiben (SEGLOW 1969) — nach unserer Auffassung ganz zu Unrecht — mögen hier wohl eine Ursache haben. Die Spielpuppen bieten einen ausgezeichneten Einstieg für psychodramatisches Spiel, das auch durch andere „warm up"-Techniken, etwa themengebundene Pantomime und Mime (GORDING 1971) ohne größere Schwierigkeiten eingeleitet werden kann.

In der psychodramatischen Arbeit gehen wir in der Regel nach dem von PETZOLD (1971; PETZOLD/SCHULWITZ 1971, *dieses Buch*) entwickelten „tetradischen System" vor. In der diagnostischen Initialphase bietet die Wahl der Puppen allein schon interessante Aufschlüsse. Ehe die Kinder zu spielen anfangen, gehen sie am Puppenständer entlang, suchen sich die von ihnen gewünschten Puppen aus und legen sie zusammen. Das Arrangieren der Szene mit den vorhandenen Requisiten erinnert an einen Szeno-Test (STAABS 1964; 1957), der von der Gruppe aufgebaut und wie im Szenodrama (ZIERL 1959) in Spiel umgesetzt wird. Bei therapeutisch bestimmter Arbeit kommt dem analytischen Aspekt größere Bedeutung zu; bei didaktisch ausgerichtetem Vorgehen wird die lerntheoretische bzw. verhaltensmodifikatorische Komponente betont und die Gruppe stärker berücksichtigt als es in den therapeutischen, zumeist protagonistzentrierten Psychodramen der Fall ist, die der psychodramatischen Einzelbehandlung (ERDMANN 1967; 1968) recht nahe kommen.

IV. Komplexes Kreativitätstraining

Im Sinne der von PETZOLD (1971) konzipierten *„komplexen Kreativitätstherapie"*, die sich sowohl in der Arbeit mit Erwachsenen (SIEPER 1971) als auch mit Kindern einsetzen läßt, ist es uns ein Anliegen, die spontane Kreativität des Kindes in allen Bereichen zu üben und zu fördern. Wir sind der Auffassung, daß hierzu die vielfachen Fähigkeiten des Kindes, die im verbalen, bildnerischen, musikalischen, mimisch-gestischen und taktilen Bereich liegen, genutzt und miteinander verbunden werden müssen. Seine Phantasie, seine Intelligenz und seine Gefühle sollten nicht partiell „trainiert" werden, sondern die gesamte Persönlichkeit des Kindes mit all ihren Fähigkeiten und Möglichkeiten muß im Zentrum unserer Bemühungen stehen. Dabei nimmt das improvisierte Puppen- und Theaterspiel eine bedeutsame Rolle ein, jedoch wird versucht, das Medium des Psychodramas mit anderen Medien etwa der *art therapy*, der *poetry therapy*, der *Musiktherapie*, dem *Psychotanz* und der *expression corporelle* sowie den verschiedenen *sensory awareness* Techniken zu verbinden.

1. Malspiele

Nicht nur die „Familie in Tieren" kann mit Puppen, pantomimisch oder psychodramatisch realisiert werden, sondern auch jede andere gegenständliche Zeichnung. Wir beginnen oft eine Sitzung mit gemeinsamem Malen. Auf großen weißen Packbögen arbeiten die Kinder einzeln oder in kleinen Gruppen mit Wachsmalstiften oder Fingerfarben (PEKNY 1969). Für therapeutisches Vorgehen kommt hier wertvolles projektives Material zum Vorschein. Die Kinder wählen anschließend eine Zeichnung aus und setzen sie in Szene. Dabei werden von den Leitern keine Hilfen gegeben, sondern die kleinen Maler erklären ihre Bilder den anderen Kindern und man beginnt daraus die Szenen frei zu gestalten. Dieses sehr fruchtbare, die Kreativität und Eigenaktivität des Kindes stimulierende Verfahren setzt voraus, daß die Gruppe die anfängliche Aggressivität schon überwunden hat und kohärent ist. Zuweilen gehen wir auch den umgekehrten Weg und lassen im Anschluß an ein Psychodrama, ein Puppenspiel, eine Pantomie oder expression corporelle malen. Emotionen, die im Spielgeschehen aufgekommen sind, finden nun im Bild ihren Niederschlag. Da die Feedbackfähigkeiten der Kinder oft begrenzt sind und der Abbau von aufgestauten Affekten durch Verbalisieren bei Kindern nicht in dem Maße geschieht wie bei Erwachsenen und Jugendlichen, ist das bildnerische Gestalten durch Malen und Formen (Ton, Plastilin) eine gute Möglichkeit der Bearbeitung und Verarbeitung (KRAMER 1969; RAMBERT 1969).

2. Sprachspiele

Im Psychodrama und im Puppenspiel werden die sprachlichen Fähigkeiten des Kindes gefordert. Die Bedeutung der Sprache und Sprachentwicklung für die kognitive und emotionale Entwicklung des Kindes im Vorschulalter ist von der neueren Forschung wieder und wieder betont worden (BERNSTEIN 1959; ROEDER 1968; SCHÜTTLER-JANIKULA 1967; PINES 1970; BECK 1970). Das spontane Spiel bietet ideale Möglichkeiten einer nichtrepressiven Sprachförderung. Die Kinder lernen voneinander; die Leiter können im Doppeln Korrektive setzen. Es wird nicht so sehr das Vokabular erweitert, als die Fähigkeit, sich flüssig auszudrücken und neue Wort- und Satzverbindungen zu entwickeln. Aus solchen szenischen Spielen kommen wir zu reinen Sprachspielen: man soll seine Pantomime im nachhinein beschreiben; man soll in Worte fassen, was ein anderes Kind gerade in der Mime oder Pantomime ausdrückt; man soll ein Bild, das ein anderes Kind gerade malt, kommentieren; es soll rhythmisch zur Musik gesprochen werden, die ein anderes Kind oder eine andere Gruppe gerade auf den Orffinstrumenten spielt. Im Vokalspiel sucht man von Vokalen zu Worten zu kommen. Besonders beliebt ist „Reim dich oder ich freß dich". Die Gruppe reimt zusammen und geht oft dazu über, spontan Puppenspiele im Reim zu inszenieren. Die Fähigkeit der Kinder, Reime zu fertigen, braucht nach unseren Erfahrungen nur etwas stimuliert zu werden, um zu spontaner Entfaltung zu kommen. Mit Gruppen von älteren Kindern reimen wir auch zu Bildern, die gemalt wurden. Auch die Sprach- und Reimspiele bringen projektives Material und sind in der therapeutischen Anwendung effektiv. Sie fördern nicht nur die verbalen Fähigkeiten, sondern ermöglichen im Sinne der *poetry therapy* (LEEDY 1969) die Bewältigung von Konfliktstoffen.

In all unseren Kreativitätstechniken kommt das Prinzip der *freien Assoziation* in spezifischer Weise zum Tragen: im Sprachspiel haben wir das *freie Wort*, den freien Laut, den freien Reim; in der Pantomime und expression corporelle die *freie Geste;* im Psychotanz die *freie Bewegung;* in den Malspielen das *freie Bild;* im Psychodrama und im Puppenspiel die *freie Aktion;* in der *Psychomusik* den *freien Klang.*

3. Psychomusik

Musik, besonders wenn sie selbst gemacht wird und keinen Restriktionen unterworfen ist, wirkt auf Kinder ungeheuer stimulierend. Wir verwenden einen Satz von Orffinstrumenten, alte Flöten, Kindertrommeln u. ä. und lassen die Kinder damit frei und unbeeinflußt spielen. Nach einem anfänglichen wüsten — meist aggressiven — Ausagieren am Instrument beginnen die Kinder auf die Klänge zu lauschen und sich aufeinander abzustimmen (PONTVIK 1962). Es kommen geschlossene Klangbilder zustande, aus denen das eine oder andere Kind zuweilen ausbricht. Manchmal spielen nur ein oder zwei Kinder und andere malen (cf. Musik-Maltherapie, PELTZ 1969) oder tanzen, drücken sich pantomimisch aus oder singen und sprechen zum Rhythmus der Musik (TEIRICH 1958) Die Psychomusik, von MORENO (1959) entdeckt und seinen Schülern (BRANHAM 1958) weiterentwickelt, dient uns nicht nur als Therapeutikum (BROWN 1969; DREIKURS 1969), sondern als Stimulans, kreative Prozesse in den anderen von uns verwandten Verfahren anzuregen.

4. Mime und Pantomime

Mime und Pantomime kommen als Elemente im Kreativitätstraining immer wieder vor und füllen zuweilen ganze Sitzungen aus. Sie ermöglichen dem Kind, nonverbal Gefühle und Regungen auszudrücken, fördern das Gespür für den Körper und die Phantasie. In der Regel beginnen wir mit Übungen, die an einer Aufgabe oder einem Thema orientiert sind: einen Stein aufheben, ein Kleid anprobieren, Milch einkaufen, ein Pferd streicheln, Angst ausdrücken, Trauer, Wut, Liebe, Überraschung. Themen finden sich in Fülle in den grundsätzlichen Arbeiten von GORDING (1971) und PICKERSGILL (1968). Aus diesen Vorübungen entwickeln sich Handlungen, Szenen und Spiele. Oft werden Märchenthemen aufgegriffen, aber es kommen auch Situationen aus dem Alltagsleben ins Spiel. Die Kinder halten sich, haben sie einmal beschlossen averbal zu agieren, streng an diese Regel. Ausdrucksfähigkeit und Ausdrucksmöglichkeiten werden geschult und Rollen auf der nonverbalen Ebene erfahren. Bei der Verwendung von Musik, sei es durch Schallplatten oder Psychomusik, werden die Grenzen zum *Psychotanz*, zur *expression corporelle* (BRANHAM 1958; FINE 1962; DROPSY/SHELEEN 1969; und zur *totalen Gymnastik* (BERGER 1971; PETZOLD/SIEPER/BERGER 1972) fließend.

5. Psychotanz, expression corporelle und „totale Gymnastik"

In diesen Verfahren kommt zu der Komponente des mimischen und gestischen Ausdrucks die der Bewegung und des Rhythmus. Beim Psychotanz wird ausschließlich mit Musik gearbeitet. Die Stücke sollen variabel sein und gezielt Stimmungen anregen, die von den Kindern tänzerisch umgesetzt werden. Kleine Vorübungen und Bewegungshilfen sind am Anfang der Arbeit notwendig, da den meisten Kindern, wenn sie zu uns kommen, ein entspannter und gelöster Bewegungsablauf schon nicht mehr möglich ist. Es geht uns also nicht nur um den tänzerischen Ausdruck von Inhalten, sondern auch darum, das Gefühl für den Raum, den Körper, und die Bewegung zu entwickeln. Noch stärker als beim Psychotanz ist dieses Element in der „totalen Gymnastik" (BERGER 1971) ausgeprägt. Die Kinder versuchen, Gefühle und Erlebnisse im Laufen, Springen, Kriechen, in Gruppen- und Partnerbewegungen auszudrücken. Im Schatten des anderen mitzulaufen, in seinem Rhythmus zu schreiten, seine Bewegungen synchron und gegenläufig zu wiederholen, zu spiegeln oder mitzuvollziehen sind einige Übungen, die die „motorische Kreativität" und die motorischen Fähigkeiten des Kindes entwickeln. Lustige Balance-, Luftballon- und Ballspiele machen dieses Verfahren für Kinder besonders anziehend. Die *expression corporelle* (PETZOLD-VOGLER-TARACH 1971; GORTARI 1971) hat besonders für die Arbeit mit Kindern eine Reihe von Übungen entwickelt, die die Erfahrung von fundamentalen Bewegungen (Kriechen, Springen, Gehen) und funktionalen Bewegungen (GORTARI 1971) z. B. einen Kreis bilden, Wasser schöpfen, einen Brunnen graben etc. vermitteln. Die genannten Verfahren greifen oft ineinander über und schließen Elemente der Pantomime ein. Sie schulen die sozialen Fähigkeiten und die Einfühlung dadurch, daß man auf den anderen und die Gruppe (bei Gruppenübungen) achten muß. Sie vermitteln eine ausgewogene Beziehung zum eigenen Körper und erschließen neue Ausdrucksmöglichkeiten.

6. Sensory awareness

Die Schulung der Sinneswahrnehmung sollte in jedem Vorschulprogramm ihren festen Platz haben. Für Kinder gibt es immer Neues zu entdecken, zu riechen, schmecken, zu sehen, zu fühlen und zu tasten. In Form von Ratespielen können die Kinder mit ihren Sinnen experimentieren. Mit verbundenen Augen Dinge durch den Geschmack, den Geruch oder durch Betasten bzw. durch den Klang zu identifizieren macht gerade Vorschulkindern ungeheuren Spaß. Das taktile und sensorische Potential entwickelt sich erstaunlich rasch und gewinnt eine Feinheit, die sich bei Kindern aus Vergleichsgruppen nicht annähernd finden läßt. Das Gefühl für den Raum, für die Glieder, für Gegenstände, lebendige Dinge (Pflanzen und Tiere) wird sensibilisiert, aber auch die visuellen und auditiven Fähigkeiten werden geschärft: man hört einen Klang, einen Laut, man betrachtet eine Blume, einen Stein, ein Stück Rinde, ein Uhrwerk und lernt die Feinheiten sehen. Gegenstände werden „total" erfaßt, indem man sie riecht, schmeckt, fühlt, in der Hand wiegt, einen Ton mit ihnen erzeugt, sie zu Spielen verwendet. Auch bei diesen Übungen lassen sich Brücken zu den anderen Kreativitätstechniken schlagen. Eine Blume wird getanzt, gemalt, in der Mime dargestellt, mit Worten umschrieben. Sensory-awareness-Übungen lassen sich gut mit Verbalisierungsübungen verbinden. Das Kind versucht, seine Gefühle, Wahrnehmungen und Erlebnisse in Worte zu fassen und erweitert auf diese Weise seine Ausdrucksmöglichkeiten, wobei ihm die anderen Kinder der Gruppe und die Leiter vorsichtig behilflich sind. Die Vielzahl von Übungen und Kombinationsmöglichkeiten ist kaum auszuschöpfen. Eine illustrative Zusammenstellung bieten HOENISCH, NIGGEMEYER und ZIMMER (1969). Auch von den Übungen GUNTHERS (1969) läßt sich einiges in der Arbeit mit Kindern verwenden.

7. Kostüme und Masken

Noch eine kurze Bemerkung zu Kostümen und Masken. In der psychodramatischen Arbeit, die auf das Geschehen im Lebensbereich des Kindes zentriert ist, verwenden wir grundsätzlich keine Kostüme, da diese verschiedenen wichtigen Psychodramatechniken, z. B. dem Rollenwechsel und dem Spiegel (PETZOLD 1971) im Wege stehen. Bei Märchenspielen oder von den Kindern selbst vorkonzipierten Stücken allerdings sind Kostüme sehr hilfreich und stimulierend. Es besteht auch die Möglichkeit, den Kindern freizustellen, welche Kostüme sie sich wählen wollen und dann *ad hoc* ein Spiel improvisieren zu lassen, wobei dann jedes Kind in seiner festen Rolle bleiben muß – eine Technik, die man auch ohne Kostüme verwenden kann (*fixed role therapy*, KELLY 1955). Kinder verkleiden sich leidenschaftlich gerne und werden in der Arbeit mit Masken und

Kostümen zur Produktion angeregt. In der therapeutischen Arbeit sind Kostüme und Masken allerdings mit Vorsicht zu verwenden, da sie phobische Reaktionen, Ausfluchtmöglichkeiten, Identitätskrisen hervorrufen können. In sehr kleinen Gruppen kann man aber mit ihnen bei entsprechender Indikation therapeutisch effektiv arbeiten.

Kostüme und Masken kann man mit einfachen Mitteln von größeren Kindern selbst anfertigen lassen. Das Spiel mit der selbstgefertigten Maske ist häufig von großer emotionaler Intensität und setzt oftmals Prozesse in Gang, die therapeutisch aufgearbeitet werden müssen. Bei Vorschulkindern empfehlen sich Tier- und Menschenmasken, die freundlich ausschauen und Angstgefühlen keinen Vorschub geben.

Eine besondere Maskentechnik, die von K. MARTIN, Würzburg, für die Arbeit mit Erwachsenen entwickelt wurde, wird von den Vorschulkindern mit Begeisterung praktiziert: mit Schminkfarben malt man seinem Nachbarn eine Maske auf das Gesicht. Für die Therapeuten bzw. Leiter ergeben sich hier wichtige Aufschlüsse über die Beziehungen der Kinder zueinander. (Wie sieht ein Kind das andere?)

8. Katathyme Wahrnehmung als Phantasietechnik

In der Arbeit mit dem *rêve éveillé* von DESOILLE (1945) und dem *katathymen* Bilderleben (LEUNER 1969; 1970) in der Einzel- und Gruppentherapie, z. B. auch in der Technik der „kathathymen Szene" im Psychodrama (PETZOLD 1971), konnte einer der Autoren feststellen, daß nicht nur Bilder visualisiert, sondern daß auch Gerüche und Töne wahrgenommen wurden. Wir haben dann versucht, das katathyme Bilderleben zu einer *komplexen katathymen Wahrnehmung* auszuweiten, indem durch verbalsuggestives Eingreifen des Therapeuten die imaginierten Szenen so verdeutlicht wurden, daß neben dem Bild etwa der „grünen Wiese" die Wärme der Sonne, das kühle Wehen des Windes gespürt wurde. Der Duft der Blumen, das Singen der Vögel und Summen der Insekten können genauso wahrgenommen werden wie die Feuchte des Grases oder das Haarkleid eines Fohlens. Nach einigem Üben stellen sich die katathymen Wahrnehmungen von Geruch, Geschmack, Geräusch, Temperatur gleichzeitig mit den Bilderlebnissen ein und brauchen vom Therapeuten nicht mehr stimuliert werden. Das katathyme Erlebnis ist komplex geworden und in seiner Erlebnisintensität gesteigert. Es ist an dieser Stelle nicht der Ort, auf die therapeutische Seite dieser Erweiterung der Desoille'schen und Leuner'schen Technik einzugehen*, sondern wir wollen uns wieder der Arbeit mit Vorschulkindern zuwenden. SCHUTZ (1969) hat die genannten Imaginationstechniken als „fantasy exercises" in der „Human-Potential-Bewegung" eingeführt, zur Ausdehnung des Wahrnehmungsvermögens und zum Training der Phantasie. In der gleichen Zielsetzung wird die *komplexe katathyme Wahrnehmung* von uns in der Gruppenarbeit mit den Vorschulkindern eingesetzt. Die Kinder liegen sternförmig auf dem Boden. Der Therapeut bietet zunächst das Bild der grünen Wiese an. Zum Einstimmen der Imagination kann man eine heitere, jedoch sehr ruhige und wenig bewegte Musik verwenden. Die

* Cf. H. PETZOLD, Komplexe katathyme Wahrnehmung, unveröffentl. MS.

grüne Wiese wird detailliert beschrieben und in der Regel gut imaginiert. Eine Hilfe kann man dadurch geben, daß man mit dem Diaprojektor kurz ein Bild von einer Wiese an die Wand wirft, (der Raum ist durch die Engstellung der Blenden etwas abgedunkelt), und dann die Augen schließen läßt. Der Leiter hat zuvor die Instruktion gegeben, daß die Kinder, sobald sie ein klares Bild vor Augen haben, die Hand etwas anheben sollen. Der Leiter: „Paul, was siehst du jetzt vor deinen Augen? Erzähle!". Das Kind beginnt seine Bilderlebnisse zu berichten. Zuweilen muß man auffordern, etwas lauter zu sprechen oder durch lautes Nachsprechen des Berichtes (Echoeffekt) die Gruppe stärker miteinzubeziehen. In einem *katathymen Gruppenprozeß* werden die mitgeteilten Inhalte von den anderen Kindern simultan imaginiert. Nach einer Weile benutzt der Leiter eine Zäsur in der Erzählung, um diese zu unterbrechen und ein anderes Kind aufzufordern, weiterzuberichten. Das zweite Kind beginnt in der Regel dort, wo das erste aufgehört hat. Bald schon nimmt seine Schilderung ein anderes Gepräge an. Bei Szenen, die psychodramatisch zu realisieren sind, unterbricht der Leiter zuweilen und schlägt vor, das Imaginierte gemeinsam zu spielen.

Die katathyme Wahrnehmung hat sich als eine Technik erwiesen, die die Phantasie der Vorschulkinder, mit denen wir arbeiten konnten, außerordentlich anregte, was sich sowohl in den daraus hervorgehenden Psychodramen, Pantomimen und Übungen der *expression corporelle* als auch in den Malspielen niedergeschlagen hat.

V. Elternarbeit

Ein optimales Arbeiten in der Kinderpsychotherapie und auch in der Vorschulerziehung sehen wir nur gewährleistet, wenn gleichzeitig parallele Elternarbeit betrieben wird. In den von uns geleiteten Volkshochschulen Büttgen und vormals auch Meerbusch wird diese Aufgabe durch Vorträge, Diskussionen, Elternseminare, Einzelberatung und Gruppenarbeit wahrgenommen*.

Die Eltern der Kinder, die am Kreativitätstraining, am psychodynamischen Gruppentraining bzw. am Psychodrama teilnehmen, kommen regelmäßig zu Einzel- und Gruppengesprächen mit den Leitern zusammen, in denen auch Material aus den Sitzungen (Bänder, Zeichnungen, Protokolle) in Auswahl verwertet und durchgesprochen werden (WOLPE 1957; WEISSTER 1968).

---

* Vgl. die Arbeitspläne der von PETZOLD geleiteten Volkshochschulen: **Meerbusch** (Büderich): **Frühjahr 1969,** S. 19, **K. KLOETHERS, Arbeitsgemeinschaft Kindererziehung durch Selbsterziehung; Plan Sommer 1969** S. 23, K. KLOETHERS, Erziehen wir unsere Kinder richtig? Arbeitsgemeinschaft; S. 14 Dr. H. PETZOLD, Überforderung des Schulkindes; **Plan Herbst/Winter 1969,** S. 3 Prof. Dr. G. GLOMBECK, Ziele und Aufgaben der Sexualerziehung heute; S. 24 Kinderbuchausstellung; S. 26/27 Wochenendseminar Ehe und Familie; **Frühjahr 1970,** S. 15, Prof. Dr. H. PETZOLD, Konflikte zwischen Eltern und Kindern. – **Büttgen: Plan Winter 1969,** S. 3, Prof. GLOMBECK, wie oben; S. 19/20 Wochenendseminar wie oben; **Frühjahr 1970:** S. 7, Prof. Dr. PETZOLD wie oben; **Sommer 1970:** S. 12, Dr. GRÖLL, Verhaltensgestörte Schüler und Gesellschaft; **Herbst 1970:** S. 11, Dr. Dr. LINDENBERG, Die vier Temperamente unserer Kinder; S. 15 Prof. Dr. SCHMALOHR, Die Ängste unserer Kinder; S. 16, Prof. Dr. N. URBAN, Erziehungsprobleme beim kranken Kind; S. 16, Prof. Dr. H. PETZOLD, Wert und Problematik der vorschulischen Erziehung; S. 18, Führung durch die Kinderklinik Neuss; **Frühjahr 1970:** Ausstellung Kinderzeichnungen S. 17; **Sommer 1971:** Prof. Dr. PETZOLD, Jugend und Drogen; **Herbst 1971:** S. 1. Dr. OSTERHUES, Lernstörungen und -schwierigkeiten im Kindes- und Jugendalter. (Die Vorträge als Manuskripte erhältlich bei VHS-Büttgen, 4046 Büttgen, Rathaus.)

Schlußbemerkung

Psychologische Gruppenarbeit mit Kindern im Vorschulalter durch Psychodrama, Puppenspiel und Kreativitätstraining (GEIBEL 1971) ist hervorragend dazu geeignet, die kognitiven, emotionalen und sozialen Fähigkeiten des Kindes zu entwickeln. Dabei ist es erforderlich, durch ein breites Spektrum von Techniken das Kind als Gesamtpersönlichkeit anzusprechen und sein kreatives Potential auf der bildnerischen, musikalischen, sprachlichen, motorischen Ebene zu fördern. Durch ein „komplexes Kreativitätstraining" werden Mal- und Sprachspiele (*art and poetry therapy*), Psychodrama, Puppenspiel, Mime und Pantomime, Phantasie- und Wahrnehmungstechniken verbunden, um dem Kind die Möglichkeit zu geben, auf den verschiedensten Ebenen mit sich und seinen Fähigkeiten im sozialen Gefüge zu experimentieren und Lernerfahrungen zu sammeln.

Literatur:

ANZIEU, D., Le Psychodrame analytique chez l'enfant, Paris 1956.

ARNDT, F., Das Handpuppenspiel, Kassel 1959[3].

— Puppenspiel ganz einfach, München 1964.

AXLINE, V., Play Therapy, Boston 1947.

BALINT, A., Psychoanalyse der frühen Lebensjahre, München 1968.

BATCHELDER, M., The puppet theater handbock, London 1948.

BECK, J., Intelligenz für ihr Kind, Freiburg 1970.

BENDER, L., WOLTMANN, A., The use of puppet shows as a psychotherapeutic method for behavior problems in children, *Americ. J. Orthopsychiat.* 6 (1936) 341—354.

BERGER, A., Relaxative Organgymnastik und psychologische Gruppenarbeit im System einer „totalen Gymnastik" nach Prof. Dr. H. Petzold, *Atem* 3, 4 (1971).

BERNART, E., Das Handpuppenspiel als eine therapeutische Hilfe, *Z. f. Heilpädagogik* 5 (1954) 309—313.

BERNSTEIN, B., Soziokulturelle Determinanten des Lernens. Mit besonderer Berücksichtigung der Rolle der Sprache, Sonderheft 4, *Kölner Zeitschrift für Soziologie und Sozialpsychologie,* Köln 1059.

BIERMANN, G., Handbuch der Kinderpsychotherapie, München/Basel 1969, 2 vol.

BLAJAN-MARCUS, S., Therapeutic puppetry, *Puppet Post* 6 (1948) 3.

— Therapeutisches Puppenspiel, Puppenspiel-Rundschau 5 (1954) 2.

BRANHAM, E., Ton und Tanz als Erweiterung des Psychodramas, in: TEIRICH 1958.

BROWN, J., Musiktherapie mit verhaltensgestörten Kindern, in: BIERMANN 1969.

BRYAN, H. S., The use of puppetry in child psychiatry, *Puppet Post* IX, 4 (1951) 7—10.

DESOILLE, R., Rêve éveillé en Psychotherapie, Paris 1945.

DESPERT, J. L., Play Analysis. in: D. C. NOLAN/B. L. PANCHELLA, Modern Trends in Child Psychiatry, New York 1945.

DORFMAN, E., Play therapy, in: ROGERS, C., Client-centered therapy, Boston 1951.

DREIKURS, R., Musiktherapie mit psychotischen Kindern, in: BIERMANN 1969.

DURLAND, C., Creative dramatics for children, New York 1962.

EIBESCHULZ, I., Puppetry in Hospital, XXIII, 12 (1960).

ERDMANN, M., Das Psychodrama als psychotherapeutische Methode für Kinder in der Einzeltherapie, in: *Festschrift für Annemarie Sänger,* 1967.

— Das Psychodrama in der Sonderschule, *Heilpädagogik* 19 (1968) 23.

— Das Psychodrama in der Psychotherapie und Pädagogik des Kindes und des Adoleszenten, Paper auf dem 3. intern. Kongreß für Psychodrama, Baden b. Wien 1968.

FEDOTOW, A., Technik des Puppentheaters, Leipzig 1956.
FINE, R., Psychodance, *Group Psychotherapy* 15 (1962) 203.
FREUD, A., Einführung in die Technik der Kinderanalyse, München/Basel 1970[5].
FRIEDEMANN, A., Deutungsfreie Kinderanalyse. 5. Lindauer Psychotherapiewoche (Remo der Retter), Stuttgart 1954.
GEIBEL, Ch., Psychologische Gruppenarbeit mit Kindern im Rahmen der Volkshochschule, *Volkshochschule im Westen* Jg. 1971/72.
GINOTT, H. G., Gruppenpsychotherapie mit Kindern, Weinheim/Berlin/Basel 1969[2].
GORDING, E., Dramatisches Spiel. Von kindlicher Improvisation zum Jugendtheater, Velber 1971.
GORTARI, V., Psychodrama, Body Expression and Music, Paper auf dem 6. internat. Kongreß für Psychodrama und Soziodrama, Amsterdam 1971.
GUNTHER, B., Sense Relaxation — Below your Mind, New York 1968, dtsch. Bärmeier & Nickel 1969.
HAWKEY, L., The use of puppets in child psychotherapy, *Brit. J. med. psychol.* 24 (1951) 206—214.
HINDEL, U., Vorschulerziehung im Rahmen der Volkshochschule, *Volkshochschule im Westen* Jg. 1971/72.
HOENISCH, N., NIGGEMEYER, E., ZIMMER, J., Vorschulkinder, Stuttgart 1969[2].
HOWELLS, J. G., TOWNSEND, D., Puppetry as medium for play diagnosis, *Occupational Therapy* 17 (1954).
ISAAC, S., Social development in young children, London 1933.
JAKOB, M., Mein Kasper und ich, Rudolfstadt 1964.
JENKE, M., Theater im Kinderzimmer; Rollenspiele — Lernspiele, *Spielen und Lernen* 10 (1971), 11 (1971) sqq.
KELLY, G., The psychology of personal constructs, New York 1955.
KINDLER, H., Puppen und Tiere aus Wolle und Stoff, Gütersloh 1962.
KLEIN, M., Das Seelenleben des Kindes und andere Beiträge zur Psychoanalyse, Stuttgart 1962.
KORS, P. C., Unstructured puppet shows as group procedures in therapy with children, *Psychiatric Quaterly Supplement* 38/1 (1964) 56.
KRAMER, E., Kunsttherapie mit Kindern, in: BIERMANN 1969.
LEBO, D., LEBO, E., Aggression and age in relation to verbal expression in nondirective play therapy, *Psychol. Monogr.* 71/20 (1957).
LANCASTER, B., Puppets in a mental home, *Puppet Post* IX, 1 (1951) 6.
LEBOVICI, S., Das Psychodrama mit Kindern und Jugendlichen, in: BIERMANN 1969.
— Analytisches Psychodrama, *dieses Buch*.
— DIATKINE, R., KESTEMBERG, E., Bilan de dix ans de psychodrame chez l'enfant et l'adolescent, *Bull. Psychol.* XXIII, 14 (1969/70).
LEEDY, J., Poetry Therapy, Toronto/Philadelphia 1969.
LEUNER, H., Das katathyme Bilderleben (Symboldrama) in der Psychotherapie von Kindern und Jugendlichen, in: BIERMANN 1969.
— Katathymes Bilderleben — Unterstufe — ein Seminarkurs, Stuttgart 1970.
LEWIN, H., WARDWELL, E., The research uses of doll play, *Psychol. Bull.* 59 (1962) 27—56.
LIPPITT, R., Psychodrama in the Kindergarten and Nursery School, *Group Psychotherapy* VII, 4 (1954) 262.
MEILINK, W., Handbock voor de poppenspeler, Mechelen 1952.
MORENO, J. L., Spontaneity Training of Children, *Sociometry* 1 (1938) 20-23.
— Gruppenpsychotherapie und Psychodrama, Stuttgart 1959.

MOUSTAKAS, C. E., Children in Play Therapy, New York 1953.
— Psychotherapy with children, New York 1959.
MULHOLLAND, J., Practical Puppetry, London 1961.
PEKNY, L., Die Bedeutung des Fingermalens in der Kinderpsychotherapie, in: BIERMANN 1969.
PELTZ, H. D., Musik-Maltherapie, in: BIERMANN 1969.
PETZOLD, H., Zum Konzept einer komplexen Kreativitätstherapie, unveröffentliches Manuskript. Überarbeitete Fassung in: *Integrative Therapie* 4 (1977).
— Psychotherapie und Körperdynamik, Junfermann, Paderborn 1974.
PFEIFFER, W. M., Das Spiel mit Handpuppen in der Therapie der Psychosen, Z. *Psychother. med. Psychol.* 15 (1965) 135—139.
— Handpuppen in der psychiatrischen Therapie, *Beschäftigungs- und Gruppentherapie*, Folge 2 (1966), Bayer, Leverkusen.
PHILPOTT, A. R., Special services and psychotherapy, in: WALL et col. 1965.
— Das Puppenspiel als therapeutisches Hilfsmittel, Z. *Heilpädagogik* XI, 9 (1960) 450—456.
PICKERSGILL, G. M., Practical Miming, London 1962.
— Clever Alice (Mimes), London 1966.
PINES, M., Kinder werden klüger, Intelligenztraining im Vorschulalter, Berlin/Frankfurt 1970.
PONTVIK, A., Der tönende Mensch, Zürich/Stuttgart 1962.
RAMBERT, M. L., Das Puppenspiel in der Psychotherapie, München/Basel 1969.
— Das Zeichnen als therapeutisches Mittel in der Kinderanalyse, in: BIERMANN 1969.
ROEDER, P. M., Sprache, Sozialstatus und Schulerfolg, *Betrifft: Erziehung* 1 (1968) Beltz, Weinheim/Basel.
SCHÜTTLER-JANIKULLA, K., Arbeitsmappen zum Sprachtraining und zur Intelligenzförderung, Oberursel 1967.
SCHUTZ, W., Joy — Expanding Human Awareness, New York 1971[3]; dtsch. Freude, Rowohlt 1971.
SCHÜTZENBERGER, A., Précis de Psychodrame, Paris 1970[2].
SCHÜTZE, H., Krieg und Frieden im Puppentheater, *Spielen und Lernen* 5 (1971).
— Politik als Puppenspiel, *Spielen und Lernen* 6 (1971).
SHARP, E., Thinking is Child's Play, New York 1970.
SIEPER, J., Kreativitätstraining in der Erwachsenenbildung, *Volkshochschule im Westen*, 5 (1971).
SEGLOW, I., Psychodrama mit emotional gestörten Kindern, in: BIERMANN 1969.
SLAVSON, S. R., Child psychotherapy, New York 1952.
SMILANSKY, S., The Effects of Sociodramatic Play on Disadvantaged Pre-School Children, New York 1968.
STAABS, G., Die Wirkungsweise des Szenotests in der Gruppentherapie, in: Ber. 2. int. Kongreß Gruppenpsych. Zürich 1957, Teil II, Basel 1959.
— Der Szenotest, Bern/Stuttgart 1964[3].
STRAUB, H., Über die Anfangsphase psychodramatischer Kinderbehandlung mit Puppentheaterfiguren, *Zeitschr. f. prakt. Psychol.* 8 (1970) 415; repr. *dieses Buch*.
TEIRICH, H. R., Musik in der Medizin, Stuttgart 1958.
TRÜMPER, H., Schulbühnen und Puppenspiel, Berlin 1958.
PETZOLD, H., BROWN, G., Gestaltpädagogik, Pfeiffer, München 1977.
VONDERBANK, J., Puppenspiel mit entwicklungsgehemmten Kindern, Z. *Heilpädagogik* XI, 9 (1960) 456—469.
WALL, L. V., WHITE, G. A. PHILPOTT, A. R., The puppet book, London 1965[3].

WEBSTER, H., Procedures for group parent counselling, *Journal Speech and Hearing Disorders* XXXIII, 2 (1968) 128—131.

WELLS, C. G., Psychodrama and creative counselling in the elementary school, *Group Psychotherapy* 15 (1962) 244—252.

WIDLOCHER, D., Le psychodrame chez l'enfant, Paris 1962.

WOHMANN, H. W., Wir spielen Puppentheater, (o. J.) Wiesbaden, Falkenverlag, Falkenbücherei Nr. 201.

WOLPE, Z., Play therapy, psychodrama and parent counselling, in: TRAVIS, L. E. et al., Handbook of Speech Pathology, New York 1957.

WOLTMANN, A., Use of puppets in understanding the child, *Mental Hygiene* 24 (1940) 445.

ZIERL, W., Therapeutisches Rollenspiel im Szenotest („Szenodrama"), *Prax. Kinderpsychol.* 8 (1959) 113.

ZULLIGER, H., Heilende Kräfte im kindlichen Spiel, Stuttgart 1952.

Die Situation der Psychodrama-Ausbildung in Deutschland *

G. A. Leutz, Überlingen, U. Seeger, Zwesten

Seit etwa 1970 gibt es in der Bundesrepublik Bemühungen, das Psychodrama als selbständiges Therapieverfahren zu lehren. Aus diesen Bemühungen heraus sind die beiden Moreno-Institute in Stuttgart und Überlingen entstanden. Seit Januar 1977 besteht als klinische Weiterbildungsstätte das Moreno-Klinikum, eine Fachabteilung Psychodrama an einer psychotherapeutischen Klinik in Zwesten.

Die Institute haben ein didaktisches Stufenprogramm entwickelt, mit Hilfe dessen die zur Anwendung des Psychodramas in der Psychotherapie erforderlichen Kenntnisse und Erfahrungen erworben werden können. Im Rahmen dieses Programms kann ein Arzt oder Diplom-Psychologe eine Weiterbildung zum Psychodrama-Therapeuten erhalten. Er erwirbt damit die Fähigkeit, das differenzierte tiefenpsychologisch fundierte Verfahren der den Menschen als Handelnden ansprechenden Psychodramatherapie anzuwenden. Er lernt, die aktuell wirksamen Konflikte der Patienten und ihre Symptomatik auf dem Hintergrund ihrer Persönlichkeitsstruktur durch die freie szenische Wiederholung im Psychodrama zu verstehen und mit Hilfe der psychodramatischen Techniken zu behandeln.

Mit seinem Triadischen System: Psychodrama, Soziometrie und Gruppenpsychotherapie (im weiteren kurz: Psychodrama) hat J. L. MORENO Anfang der dreißiger Jahre die Entwicklung der Gruppenpsychotherapie begonnen. Die Methoden sind in den vierzig Jahren ihrer Geschichte zu einem differenzierten System von Psychotherapie und Gruppenarbeit entwickelt worden und werden in der ganzen Welt, vor allem in den USA, in der Weiterbildung in Psychiatrie und Psychotherapie gelehrt.

Das Psychodrama wurde von MORENO als „Antithese zur Psychoanalyse" geschaffen, indem es Analyse gestattet ohne Aktion auszuschließen. Die psychoanalytische Grundregel der freien Assoziation wurde durch die grundlegende Regel der „spontanen und freien Interaktion" ergänzt.

Das Psychodrama hat einen sehr weiten Indikationsbereich. Je nach Indikation kann es variiert werden. Es ist als verhaltenstherapeutisch-übendes Verfahren (Behaviourdrama) wie als tiefenpsychologisch aufdeckendes Verfahren (analytisches Psychodrama) anwendbar. Es wird als Psychotherapie der Neurosen wie der Psychosen, bei Erwachsenen und bei Kindern und Jugendlichen erfolgreich eingesetzt. Es gibt praktisch keine Kontraindikation nach Alter, Intelligenz oder Struktur der Patienten. So ist das Psychodrama in der Psychotherapie der strukturellen Ich-Störungen in stützender und ich-stärkender Anwendungsform indiziert (Suchtkrankentherapie, Psychosentherapie).

* **Erstveröffentlichung in: Integrative Therapie 1 (1977).**

Neben den im folgenden abgedruckten Richtlinien für die Weiterbildung zum Psychodrama-Therapeuten bieten die Institute Weiterbildungsgänge zum Psychodrama-Leiter und zum Psychodrama-Assistenten an, zu denen spezielle Richtlinien entwickelt worden sind. Das Psychodrama ist sowohl als Psychotherapieform in der oben angedeuteten Anwendungs- und Variationsbreite als auch als pädagogisch-psychologisches Verfahren entwickelt worden.

Für Interessenten aus nicht-therapeutischen Berufen (z. B. Sozialpädagogen) an einer Weiterbildung im Psychodrama sind die Richtlinien zum Psychodrama-Leiter gedacht. Der Weiterbildungsgang zum Psychodrama-Assistenten wendet sich an Interessenten aus nicht-akademischen Vorberufen (z. B. Krankenschwestern oder Erzieher), die Grundkenntnisse im Psychodrama erwerben wollen, um in ihrem Berufsfeld assistierend an Psychodrama-Sitzungen mitarbeiten zu können.

Mit diesen drei Zweigen wollen die Moreno-Institute für Interessenten aus allen Berufsgruppen, in denen Psychodrama anwendbar ist, eine qualifizierende Weiterbildung anbieten.

Richtlinien für die Weiterbildung zum Psychodrama-Therapeuten

Die Richtlinien für die Weiterbildung zum Psychodrama-Therapeuten wurden in gemeinsamer Arbeit von folgenden Institutionen entwickelt:

Moreno-Institut für Psychodrama, Gruppen- und Klinische Psychologie GmbH
7000 Stuttgart 1
Hauptmannsreute 23

Moreno-Institut für Psychodrama, Soziometrie und Gruppenpsychotherapie GmbH
7770 Überlingen/Bodensee
Uhlandstraße 8

Moreno-Klinikum für Psychodrama, Soziometrie und Gruppenpsychotherapie
3584 Zwesten
Hardtwaldklinik II
Hardtstraße

Präambel

Die in der Bundesrepublik Deutschland bestehenden Moreno-Institute Stuttgart, Überlingen sowie das Klinikum in Zwesten vertreten und lehren die von J. L. Moreno entwickelte Triade Psychodrama, Soziometrie und Gruppenpsychotherapie.

Nach MORENO ist das Individuum vornehmlich von der sozio-emotionalen Struktur der Gruppe geprägt, die sich soziometrisch erfassen läßt. Umgekehrt gestaltet das Individuum durch sein Verhalten die Gruppe. Der Mensch wird anthropologisch nicht nur als Handelnder gesehen, sondern von der Aktionsmethode Psychodrama ständig als Handelnder herausgefordert.

Soziometrische und psychodramatische Techniken der Gruppenpsychotherapie dienen der Diagnostik und der Therapie. Ist das Psychodrama „diejenige Methode, welche die Wahrheit der Seele durch Handeln ergründet" (MORENO), so ist die Soziometrie die Methode, welche die „Wahrheit der Gruppe", d. h. ihre sozio-emotionale Tiefenstruktur offenlegt. Die Verbindung beider Methoden in der psychotherapeutischen Praxis läßt die für jeden Fall spezielle Wechselbeziehung individuellen und kollektiven Verhaltens erkennen und behandeln.

In der Gruppenpsychotherapie werden die dynamischen Gesetzmäßigkeiten der Gruppe aufgedeckt, die zwischenmenschlichen Konstellationen und Interaktionen ihrer Mitglieder im Hier und Jetzt. Sie werden soziometrisch untersucht und psychodramatisch aufgearbeitet.

Durch die spontane szenische Darstellung gegenwärtiger, vergangener und zukünftiger Situationen, die szenische Rekonstruktion und psychische Konkretisierung situativer Erinnerungen des Patienten in der Therapiegruppe bewirkt das Psychodrama

— die Klärung zwischenmenschlicher Beziehungen und ihrer Störungen,
— die Aufdeckung infantiler Konflikte durch freie Assoziation von Szenen der psychodramatischen Aktion, wobei von gegenwärtigen Szenen zu Szenen der Psychogenese zurückgegangen wird,
— das kathartische Wiedererleben früherer, vor allem verdrängter Zusammenhänge im Spiel,
— Katharsis und ihre Integration in das gegenwärtige Erleben bei der Durcharbeitung des Spiels im Gruppen-Feedback,
— das erprobende Handeln in alternativen Spielszenen, das die Umsetzung der therapeutischen Erfahrungen in die Realität des Patienten erleichtert.

Grundsätzliches

Das Psychodrama ist sowohl ein Instrument der Einzel- und Gruppenpsychotherapie als auch ein Instrument psychosozialen Trainings außerhalb therapeutischer Anwendungsbereiche. Diese Richtlinien betreffen nur den therapeutischen Zweig der Weiterbildung. Neben ihm bieten die Institute Weiterbildungen zum Psychodrama-Assistenten und zum Psychodrama-Leiter an, für die besondere Richtlinien bestehen.

Die Weiterbildung zum Psychodrama-Therapeuten an den Moreno-Instituten wird ausschließlich als berufsbegleitende Weiterbildung vermittelt. Sie ist keine Ausbildung, sondern setzt eine Approbation als Arzt bzw. Graduierung als Diplom-Psychologe voraus. Grundlage der Weiterbildung ist ein Vertrag, der zwischen dem Kandidaten und einem Institut geschlossen wird.

Ziel der Weiterbildung

Ziel der Weiterbildung ist es, daß der Kandidat das Psychodrama in eigener Verantwortung als Methode der Einzel- und Gruppentherapie anwenden kann.

Zeitliche Dauer der Weiterbildung

Die Dauer der Weiterbildung wird in Weiterbildungseinheiten (WE) angegeben, eine WE umfaßt zwei Sitzungen von je drei Stunden. Die Weiterbildung zum Psychodrama-Therapeuten umfaßt insgesamt mindestens 100 WE (= 600

Stunden). Die Weiterbildung wird in einem Zeitraum absolviert, der nicht kürzer als vier Jahre sein darf. Hinzu kommt die Zeit zwischen Einführungsseminar und Weiterbildungs-Beginn.

Gliederung der Weiterbildung

Die Weiterbildung gliedert sich in zwei Stufen und umfaßt die Teilnahme
- an einer fortlaufenden Weiterbildungsgruppe
- an Sonderseminaren
- an Theorieseminaren
  und klinischen Praktika.

In der 1. Stufe werden 60 WE (= 360 Stunden) und in der 2. Stufe werden 40 WE (= 240 Stunden) absolviert.

Sie dürfen beide nicht kürzer als zwei Jahre sein.

Ziel und Inhalt der 1. Stufe

Ziel der ersten Stufe ist es, daß der Kandidat die psychodramatischen Techniken beherrschen und die zum Umgang mit dem Psychodrama erforderlichen Grundeigenschaften stabil entwickeln lernt. Als Gruppenmitglied, Protagonist, Hilfsich, im Rollentausch und im Gruppen-Feedback erweitert und vertieft der Kandidat seine Erlebens- und Handlungsfähigkeit.

Selbsterfahrung: Der Kandidat soll Einblick in die eigene Psychodynamik und ihre Rückwirkungen im Sozialkontakt und in die Auswirkungen sozialer Interaktionen auf sein eigenes Verhalten gewinnen. Er lernt dies im Gruppenprozeß, indem er sich in eigenen Rollen und in Rollen seiner Sozialpartner auf den verschiedenen Stufen seiner Biographie handelnd erlebt. Er soll die Psychodynamik seiner eigenen Persönlichkeitsstruktur im psychodramatischen Prozeß erkennen und in der Auseinandersetzung mit den anderen Teilnehmern der Gruppe erfahren und mit Mitteln des Psychodramas an der Behebung von Störungen arbeiten.

Empathie: Der Kandidat soll seine Einfühlungsfähigkeit weiter entwickeln. Er soll lernen, sich in die jeweilige Lage, die Gefühle und Handlungen anderer hineinzuversetzen, um im Rollentausch, in der Funktion des Doppelns und im Gruppen-Feedback den psychodramatischen Prozeß des Protagonisten zu fördern.

Rollenflexibilität: Der Kandidat soll lernen, vielfältige und gegensätzliche Rollen zu übernehmen, um die Bezugspersonen eines Protagonisten darstellen und nach dem Spiel im Feedback wichtige Rückmeldungen aus seinem Rollentausch geben zu können.

Der Kandidat verpflichtet sich nach einer vom Institut zusammengestellten Literaturliste und durch Teilnahme an Theorieseminaren die erforderlichen Kenntnisse der Theorie über die menschliche Entwicklung, Sozialisation, Kommunikation und Interaktion zu erwerben, wie sie von MORENO und Vertretern anderer Schulen entwickelt worden ist. Er lernt die Berührungspunkte zwischen dem triadischen System und anderen Systemen, wie der Psychoanalyse, der Verhaltenstherapie, dem katathymen Bildererleben, der Gestalttherapie, der Gruppendynamik u. a. verstehen.

Die beschriebene psychodramatische Selbst- und Du-Erfahrung sowie die

Erarbeitung der theoretischen Grundlagen werden von dem Kandidaten während seiner mindestens vierjährigen Weiterbildung ständig erweitert und vertieft.

Im letzten Teil der ersten Stufe der Weiterbildung lernt der Kandidat im Rahmen seiner Weiterbildungsgruppe und in Sonderseminaren mit spezieller Thematik

- die zunehmende Gewandtheit und Sicherheit im Umgang mit den psychodramatischen Grundtechniken, die Anwendung spezieller Techniken (z. B. Traum- und Tagtraumarbeit) und das Verständnis ihrer theoretischen Grundlagen;
- den Ablauf und wesentlichen Inhalt psychodramatischer Zusammenhänge bei Einzelnen und der ganzen Gruppe im psychodramatischen Prozeß zu erfassen und zu überblicken;
- psychodramatische Strategien zu entwickeln.

Ziel und Inhalt der 2. Stufe der Weiterbildung

Ziel der zweiten Stufe ist es, daß der Kandidat lernt, das Psychodrama als Methode der Einzel- und Gruppenpsychotherapie in eigener Verantwortung anzuwenden.

Der Kandidat setzt die Arbeit an den bisher angestrebten Weiterbildungszielen fort und lernt darüber hinaus die diagnostischen und therapeutischen Techniken des Triadischen Systems. Er übernimmt die Leitung psychodramatischer Spiele, soziometrischer Verfahren und des gruppentherapeutischen Prozesses in einer Weiterbildungsgruppe unter der Anleitung und Kontrolle eines Lehrtherapeuten. Er übt sich in der Diagnostik mit soziometrischen und psychodramatischen Mitteln, der Anwendung psychodramatischer Interventionen und der Entwicklung von Strategien zur Konfliktbearbeitung und -lösung.

Er lernt spezielle Verfahren der Krisenprävention und -intervention.

Im Rahmen des vom Institut angegebenen Literaturstudiums und in Theorieseminaren erarbeitet er

- theoretische Grundlagen der Psychodrama-Therapie (Indikation, Prognose, therapeutischer Prozeß)
- Rolle, Haltung und Selbstverständnis des Psychodrama-Therapeuten
- Umgang mit Widerstand, Übertragung und Telebeziehung
- Traumlehre und Traumarbeit
- Psychodiagnostik, Neurosenlehre und Psychosomatik
- die psychodramatischen Behandlungskonzepte bei verschiedenen Krankheitsbildern.

Während der zweiten Stufe der Weiterbildung absolviert der Kandidat ein klinisches Praktikum mit Psychodrama von ca. 12 Wochen Dauer. Er nimmt in dieser Zeit als Co-Trainer an der psychodramatischen Behandlung einer Patientengruppe teil und erstellt einen ausführlichen schriftlichen Bericht über die Gruppenentwicklung und über den Verlauf der Behandlung eines Patienten.

Der Kandidat wendet in einem seiner beruflichen Vorbildung entsprechenden psychotherapeutischen Arbeitsfeld das Psychodrama in mindestens 40 Sitzungen (= 60 Stunden) unter Supervision an.

Die Supervision erfolgt in mindestens 20 Einzelstunden oder Kontrollseminaren mit mindestens 9 WE (= 54 Stunden).

Der Kandidat besucht zwei Kriseninterventions-Seminare von je 3 WE.

Der Kandidat verpflichtet sich, sich neben der Weiterbildung zum Psychodrama-Therapeuten Kenntnisse in Theorie und Praxis in mindestens einer weiteren Therapieform anzueignen.

Voraussetzung, Zulassung und Abschlußprüfung

Zur Weiterbildung zugelassen ist, wer

1. entweder die ärztliche Prüfung (§ 3 Abs. 1 Nr. 4 BÄO) oder die Diplomhauptprüfung für Psychologen bestanden hat und entsprechende Zeugnisse vorlegt. Den genannten Zeugnissen steht die Urkunde über die Bestallung als Arzt oder Ärztin bzw. Urkunde über die Verleihung des Grades Diplompsychologe gleich.
2. In dem Einführungsseminar wird der Bewerber über das Psychodrama orientiert.
   Dabei werden:
   – die psychische und physische Belastbarkeit
   – die Bereitschaft und Fähigkeit des Bewerbers zur Selbstkonfrontation, Selbsterfahrung, Selbstexploration und Flexibilität im psychodramatischen Geschehen
   – die Möglichkeit zur realitätsangepaßten Selbst- und Fremdwahrnehmung
   – die Fähigkeit zur Emphatie
   beurteilt.

Im Zweifelsfalle wird ein Bewerber zu einem Zulassungsinterview mit einem Lehrtherapeuten der Institute eingeladen.

Zur 2. Stufe wird zugelassen, wer

1. die formalen Voraussetzungen (s. o.) erfüllt,
2. seine Eignung zur Fortsetzung der Weiterbildung in der 2. Stufe nachweist durch
   a) den erfolgreichen Abschluß der 1. Stufe, der erbracht wird durch eine Bescheinigung über die Teilnahme an 60 WE.,
   b) den Ergebnissen der Einschätzung über den Erfolg der Weiterbildung durch den Kandidaten selbst, die Mitglieder der Weiterbildungsgruppe und den Gruppenleiter. Für die Einschätzung der o. g. Weiterbildungsziele wird ein spezieller Fragebogen der Moreno-Institute verwendet,
   c) schriftliche Protokolle von drei Psychodrama-Sitzungen,
   d) das Ergebnis eines Theoriegesprächs über das erforderliche theoretische Grundwissen.

Abschluß der Weiterbildung

Der Abschluß der Weiterbildung besteht in einer mündlichen und schriftlichen Prüfung, in der der Kandidat seine Befähigung zur selbständigen Anwendung des Psychodramas als Psychodrama-Therapeut nachweist.

Voraussetzungen zur Zulassung zur Prüfung sind:

1. die formalen Voraussetzungen (s. o.),
2. der Nachweis darüber, daß der Kandidat die in der zweiten Stufe vorgesehenen Weiterbildungsmaßnahmen absolviert hat, darunter eine Empfehlung der letzten Weiterbildungsgruppe, unterzeichnet vom Leiter,
3. der Nachweis einer zweijährigen hauptberuflichen klinischen Tätigkeit, wovon ein Arzt mindestens ein Jahr in einer psychiatrisch-psychotherapeutischen Klinik bzw. ein Diplompsychologe mindestens ein Jahr an einer anerkannten Beratungsstelle oder an einer klinisch-psychologischen Abteilung einer Klinik absolviert haben,
4. der Nachweis, daß er theoretische Kenntnisse und Selbsterfahrung in mindestens einer anderen psychotherapeutischen Methode gewonnen hat.

Die schriftliche Prüfung besteht in der Vorlage einer Hausarbeit, in der ein psychotherapeutisches Problem aus der Sicht der psychodramatischen Theorie erörtert wird.

Die mündliche Prüfung besteht aus einem Kolloquium über eine vom Kandidaten durchgeführte psychodramatische Behandlung.

Die Prüfung ist bestanden, wenn aufgrund der schriftlichen und mündlichen Leistungen der Kandidat zur selbständigen Tätigkeit als Psychodrama-Therapeut fähig erscheint.

Anhang

Wichtige Daten für die Entwicklung des Psychodramas, der Soziometrie und Gruppenpsychotherapie

G. A. Leutz, Überlingen

1889 J. L. Moreno, 18. Mai, Begründer des Psychodramas, der Soziometrie und Gruppenpsychotherapie.

1910 Moreno läßt in Wiener Parks Kinder aus dem Stegreif spielen. Es entstehen seine später anonym im Kiepenheuer Verlag erschienenen Gedichte „Das Testament des Vaters", und andere expressionistische existentialistische Schriften, deren Inhalt die philosophische Grundlage seines künftigen soziologischen und psychotherapeutischen Lebenswerkes darstellen.

1916 Ärztliche Betreuung des Flüchtlingslagers Mitterndorf bei Wien durch J. L. Moreno. Eine Neuordnung dieser Gemeinschaft mittels soziometrischer Methoden wird erstmals empfohlen.

1921 Eröffnung des Stegreiftheaters in der Maysedergasse zu Wien.

1923 Gustav Kiepenheuer publiziert „Das Stegreiftheater".

1925 Moreno emigriert in die USA.

1926 Prof. A. Friedemann, Psychodrama mit Kindern.

1931 Auf der Jahrestagung der American Psychiatric Association schlägt Moreno als erster Gruppenpsychotherapie für Insassen von Gefängnissen, psychiatrischen und Erziehungsanstalten vor.

1931/32 Veröffentlichung der „Application of Group Method to Classification". Die Termini technici, Gruppentherapie und Gruppenpsychotherapie u. a. m. werden in die Literatur eingeführt.

1934 „Who shall survive?" (Die Grundlagen der Soziometrie), die klassische soziometrische Studie einer Zöglingsgemeinschaft und ihre Umgestaltung in eine „therapeutische Gemeinschaft", erscheint in englischer Sprache.

1936 Erstes Psychodrama-Theater in Beacon, New York.

1937 Gründung der ersten Zeitschrift für zwischenmenschliche Beziehungen, „Sociometry".

1938 Moreno lehrt Soziometrie und Gruppenmethoden an der Columbia University und der School of Social Research, New York, später auch an der New York University.

1940 Gründung des Psychodramatheaters am St.-Elizabeth-Hospital in Washington, D. C.

1940 American Society of Group Psychotherapy and Psychodrama.

1941 Gründung des Verlages „Beacon House" für soziometrische, gruppentherapeutische und psychodramatische Schriften.

1942 Gründung des Soziometrischen Instituts, 101 Park Avenue, N. Y.

1942 Gründung des 1. Psychodrama-Theaters und psychodramatischen Institutes in New York.

1945 Gründung der amerikanischen Gesellschaft für Soziometrie.

1947 Einführung soziometrischer Methoden in das amerikanische Schulwesen durch das amerikanische Kultusministerium.

1949 Psychodrama in californischen Gefängnissen.
Psychodrama-Theater, Harvard-University, Direktor Henry Murray.

1950 Fusion des Soziometrischen und Psychodramatischen Institutes im Moreno-Institut. Anerkennung als Lehrinstitut durch das Board of Regents of the State of New York.

1951—54 Einführung der Soziometrie in die deutsche Soziologie durch Leopold v. Wiese und René König.

1952 Neubearbeitung von „Who shall survive?", erste Übersetzung dieses Werkes in fremde Sprachen: „Les fondements de la Sociometrie" (Maucorps/LeSage) Presse Universitaire, Paris.
„Die Grundlagen der Soziometrie" (G. Leutz), Westdeutscher Verlag, Köln/Opladen.

1954 Erste Psychodrama-Demonstration in Deutschland durch J. L. Moreno, Zerka Moreno, G. Leutz, bei der Lindauer Psychotherapie-Woche.

1955 Gründung der Groupe Francais d'Etudes de Sciométrie, Dynamique des Groupes et Psychodrama durch A. Ancelin-Schützenberger.

1958 World Center for Psychodrama, Sociometry and Group Psychotherapy, Beacon, New York, President: J. L. Moreno.

1970 Assoziierte Institute mit voller Approbation:
Psychodrama Training, US Public Health Service, National Institut of Mental Health, St.-Elizabeth-Hospital, Washington, D. C.
Direktor: J. Enneis.
California Institute of Psychodrama.
Director: L. Yablonsky.
The California Institute of Socioanalysis.
Direktor: Haskell, Brunse Bobker Ben Ali.
Training Institutes of Group Process and Psychodrama within the St. Louis State Hospital Complex.
Direktor: Barbara Seabourne.
The Berkeley Institute for Training in Group Therapy and Psychodrama.
Direktor: R. R. Korn.
Maryland Psychodrama Workshops.
Direktor: G. D. Warner.
Groupe Francais d'Etudes de Sociometrie, Dynamique des Groupes et Psychodrame, Paris.
Direktor: A. Ancelin-Schützenberger.
Societé d'Etudes de Psychodrame Therapeutique, Paris.
Direktor: Simone Blajan, Marcus.
Asociación Argentina de Psicodrama y Psicoterapía de Grupo.
Direktor: Jaime G. Rojas Bermúdez.
Denver Institut.
Direktor: C. Hollander.
Los Angeles Psychodrama Institute.
Direktoren: A. & N. Brind.
International Foundation for Human Relations, Amsterdam.
Direktor: D. Elephtery.

1970 Gründung der Sektion Psychodrama des Deutschen Arbeitskreises für Gruppenpsychotherapie und Gruppendynamik (DAGG). Vorstand: A. Ploeger; Ausbildungsrat: A. Friedemann, G. Leutz, H. Petzold, H. Straub.

1972 Initiative Morenos für ein „Deutsches Moreno Institut" mit G. A. Leutz, H. Straub, H. Petzold.

1974 Gründung der Moreno Institute in Stuttgart und Uberlingen.

1974 14. Mai Tod Morenos.

1977 Moreno-Klinikum, Zwesten.

Internationale Kongresse für Psychodrama:

1964 Paris

1966 Barcelona

1968 Prag (Baden bei Wien)

1969 Buenos Aires

1970 Sao Paolo

1971 Amsterdam 22.–27. August

1972 Tokyo

Ehrungen für J. L. Moreno:

1968 Ehrendoktorwürde der Medizinischen Fakultät der Universität in Barcelona.

1969 Goldenes Doktorat der Universität in Wien.

Bibliographie zur Gruppentherapie und zum Psychodrama

von H. Petzold

ABLESSER, H. (1962): Role reversal in a group therapy session, *Group Psychother.* XV, 4 (1962) 321.

ABT, L., WEISMAN, S. (1965): Acting out. Theoretical and clinical aspects. N. Y., London.

ACKERMAN, N. (1951): Differences between the Psychoanalytic Situation and Group Psychotherapy, *Group Psychother.* 3 (1951) 214.

ACKERMAN, S. (1966): Group oriented psychodrama, in: Handbook of Group Psychotherapy, Hrsg. *J. L. Moreno,* N. Y. 1966.

— ACKERMAN, M. (1962): Emergency psychodrama for an acute psychosomatic syndrome, *Group Psychother,* U. S. A. XX 3/4 (1962) 210.

— ENNEIS, J., ZINGER, N., ZINGER, N. (1967): Methods and techniques in action *Group Psychother.* XX 3/4 (1967) 210.

ALEXANDER, F. (1963): The dynamics of psychotherapy in the light of learning theory, *Am. J. Psychiat.* 120 (1963) 440.

ANCELIN-SCHÜTZENBERGER, A. (1955): Psychodrama en milieu professionnel, *Trav. Méth.* (1955) 39—43.

— (1956): Le développement de la sociométrie en France, in: Hrsg. *Moreno,* Sociometrie and the science of man, Beacon, N. Y. 1956.

— (1959): Aux sources du psychodrame et de la sociométrie, *Rives* (1959) 3.

— (1959): Qu'est-ce que la sociométrie? *Bull. Psychol.* XII 6/9 (1959) 158.

— (1960): Introduction au psychodrame, La saga de Moreno, Montreal (hektographierter Kurs).

— (1963): Aspects psychosociologiques et psychodramatiques des accidents, *L'Inform. Psychiatr.* XXXIX 7 (1963) 395.

— (1963): Dynamique des groupes et psychodrama, Une approche de l'acceptation de soi et d'autrui, *Cahiers de Villemétrie* 37 (1963) 23.

— (1964): A propos du psychodrame et de Moreno, *Intern. J. Sociom. Sociatrie,* U. S. A. IV 1/2 (1964) 52.

— (1965): L'évolution de la relation aidant-aidé, *L'Inform. Psychiatr.* XLI 8 (1965) 673.

— (1965): Le psychodrame, son rôle en formation médicale, *Inter H. P.* I 4 (1965) 6.

— (1966): Approche sociométrique et sociodramatique de l'inadaption au travail, *Abstracts* XVIII (1966) 443.

— (1966): Moréno et la sociométrie, *Rév. de Psychol. et Sc. de l'Educat.* Belgien, (1966) 175.

— (1966): Précis de Psychodrame, introduction aux aspects techniques, Paris 1970².

— (1966): Sade, a French precursor of psychodrama, *Group Psychother.,* U. S. A., XIX 1/2 (1966) 46.

— (1966): Sociométrie et adaptation, quelques problèmes posés par l'entrée des techniciens dans l'industrie, *Bull. C. E. R. P.* XV 2 (1966) 151.

— (1967): Psychothérapie de formation en ouvrage collectif: *Le Psycho-Sociologue dans la Cité,* Paris.

— (1967): Psychothérapies brèves et psychodrame, *Inform. Psychiatr.* XXXXIII 8 (1967) 713.

— (1970): Le groupe de formation („*T-Group*"), pédagogie ou thérapie? Paris.

— (1970): Vocabulaire de psychothérapie de groupe et de formation, Paris.
— MOLES, A. (1955): Sociométrie et créativité, *Rev. Psychol.* V 3 (1955) 155.
— ROUQUETTE, J. (1965): Formation du personnel psychiatrique par le psychodrame et la dynamique des groupes, Expérience institutionnelle et image idéale de soi, *L'Inform. Psychiatr.* XXXXI, 1 (1965) 17. (auch in: Hrsg. MORENO, Handbook of Group Psychotherapy, N. Y. 1966).
ANZIEU, D. (1956): Le psychodrame analytique chez l'enfant, Paris.
— (1958): L'implication de la personnalité dans le jeu de rôle, *Trav. Hum.* XXI 1/2 (1958) 141.
— (1962): A propos du fonctionnement des groupes humaines: considérations sur quelques modèles applicables au groupe de diagnostic, *Bull. Psychol.* XV 9 (1962) 441.
— (1963): La projection dans les groupes, *Bull. Psychol.* XVII 2/7 (1963) 94.
— MARTINY, Y. (1969): La Dynamique des groupes restreints, Paris 1969.
— TESTEMALE-MONOD, G. (1959): Le psychodrame, in: L'Indaptation scolaire et sociale et ses remèdes, Paris 1959.
ARDOINO, J. (1963): Theorical models and symbolic expression in T-Groups, Royaumont.
— (1969): Propos actuels sur l'éducation, Paris.
ARGYRIS, C. (1951): Role-playing in action, *State School of industrial and labor relations,* N. Y. (Cornell University 16 [1963] 5).
— (1964): T-Group for organizational effectiveness, *Harvard Business Rev,* march-april 1964.
AXLINE, V. (1964): In search of self, N. Y.
BACH, G. R. (1950): Dramatic play therapy with adult groups, *J. Psychol.,* U. S. A., (1950) 225.
BACH, G. (1954): Intensive Group Psychotherapy, N. Y.
BADIN, P. (1956): L'oeuvre de J. L. Moreno et ses applications aux problèmes humaines du travail, *Rev. Action Populaire* (1956) 1970—1082.
— (1965): Problèmes de la vie en groupe, Paris.
BALES, R. F. (1950): Interaction process analysis, A method for the study of small groups, Cambridge.
BALINT, M. (1960): The doctor, his patient and the illness, London.
BANTON, M. (1965): Roles, an introduction to the study of social relations, London.
BARDET, Ch. (1967): Du rôle possible du journal dans un service institutionnel, *Rév. de Psychothér. instit.,* 5 (1967) 23.
BARRON, R. (1967): Affecting response and warmth in the severely brain-damaged child, *Group Psychother.* XX 3/4 (1967) 131.
BARRUCAND, D. (1970): Catharsis et psychodrame, *Bull. Psychol.* XXIII 13/16 (1970) 736.
BASQUIN, M. (1970): Réflexions sur le couple thérapeutique, *Bull. Psychol.* XXIII 13/16 (1970) 775.
BASS, B. (1962): Réaction to „Twelve angry men" as a measure of sensivity training, *J. Appl. Psychol.* U. S. A., XLVI (1962).
BATESON, G., RUESCH, J. (1951): Communication, the social matrix of psychiatry, N. Y.
BATTEGAY, R. (1970)[3] I; II (1969)[2]; III (1970)[1]: Der Mensch in der Gruppe, Bern.
BAVELAS, A. (1947): Roleplaying and management training, *Sociatry,* U. S. A., 1/2, (1947) 138.
BAXTER, W. M. (1960): Fragments of a psychodramatic experience within a religious setting, *Group Psychother.* XIII 1 (1960) 40.

BENNE, K. (1964): History of the T-Group in the laboratory setting, in: L. P. BRADFORD, J. R. GIBB, K. BENNE: T-Group Theory and Laboratory Method, N. Y.

BENNE, K., SHEATS, P. (1948): Functional Roles of Group Members, *J. Soc. Issues*, U. S. A. IV 2 (1948) 41.

BENNIS, W. (1960): A critique of group-therapy research, *Internat. J. Group Psychother., U. S. A.*, X 1 (1960) 63.

— SHEPARD, H. (1956): A theory of group development, *Hum. Relat.*, U. S. A., 9 (1956) 415—457.

BERGER, M. (1958): Non verbal communication in groups psychotherapy, *Internat. J. Gr. Psychother.*, 8 (1958) 161—179.

BERGERET, J. (1967): A propos de l'acting-out dit „d'adolescence" et du contretransfert, in: Vingt-huitième congrès des psychanalystes de langues romanes, Passage à l'acte et „acting out", Paris.

BERGES, J. (1967): Les gestes et la personnalité, Paris.

BERNE, E. (1964): Games people play, N. Y.

BERNER, P., HOFF, H. (1967), Zum Problem der Begegnung im Psychodrama, in: A. FRIEDEMANN, Die Begegnung mit dem kranken Menschen, Bern 1967.

BERZON, B. (1964): The selfdirected therapeutic group: an evaluative study, La Jolla, U. S. A.

BEUCLER, W., KNEPLER, A., PRATTE, R., WAGNER, B. (1967): Moving into roleplaying, methodological and theoretical aspects, *Group Psychother.* XX 3/4 (1967) 210.

BION, W. R. (1961): Experiences in groups and other papers, London.

BJERSTEDT, A. (1956): Interpretations of sociometric choice status, *Nord, psykol.*, Schweden, VIII (1956) 1—14.

— (1959): Controlling value judgements in group therapy, *Acta Psychother.*, Schweiz, 7 (1959) 170.

BLAKE, R. R. (1955): Experimental psychodrama with children, *Group Psychother.* VIII (1956) 347—350.

— MOUTON, J., SLOMA, R. (1956): The Union Management Intergroup Laboratory, *Applied Behavioral Sciences*, U. S. A., I 1 (1965).

BLANCHARD, P. (1948): Histoire de la mise en scène, Paris.

BLATNER, H. (1968): Practical aspects of psychodrama, a syllabus, Belmond Hill, 1970[2] (hektographiert).

— (1970): L'utilisation du contact corporel, *Bull. Psychol.* XXIII 13/16 (1970) 967.

BOBROFF, A. (1963): Religious psychodrama, *Group Psychother.* VI 1/2 (1963) 37.

— (1966): Religious psychodrama, in: Handbook of Group Psychotherapy. Hrsg. MORENO, N. Y., 319.

BONABESSE, M. (1969/70): L'utilisation du psychodrame dans le traitement des alcooliques, *Bull. Psychol.* 13/16 (1969/70, Sondernummer: Le Psychodrame) 834.

— Psychothérapies de groupes alcooliques, im Druck, Editions de l'Epi, Collection „Hommes et Groupes", Paris.

BONARIUS, J. C. (1967): De fixed role therapy van George A. Kelly, *Neederlands* Tijdschrift voor de Psychologie 8 (1967) 482.

BONNET, M., SOLIER, TUFFERY, J., CHEVALIER, J. (1967): Le club des malades: lieu d'articulation des divers échanges entre les groupes à l'hôspital de Saint-Alban, *Rév. Psychother. instit.* 5 (1967) 51.

BORING, R., DEABLER, H. (1951): A simplified psychodramatic approach in group therapy, *J. Clin. Psychol.* VII (1951) 371.

BOULANGER, J. B. (1965): Group analytic psychodrama in child psychiatry, *Canad. Psychiat. Ass. Journal* 10, 5 (1965) 427.

BOUR, P. (1961): Therapie de Groupe et Psychodrame dans une Clinique Psychiatrique, *Ann. méd.-psychol.* 119 (1916) 849.
— (1968): Le Psychodrame et la Vie, Paris.
BRADFORD, L., GIBB, J., BENNE, K., Hrsg. (1964): T-Group Theory and Laboratory Method. Innovation in Reeducation, N. Y.
— LIPPITT, R. (1946): Role playing in supervisory training, *Personnel*, U. S. A., (1946) 258.
BRIND, A., BRIND, N. (1964): The Tragic Origins and Countertragic Evolution of Psychodrama, *Z. Psychot. med. Psychol.* 19 (1964) 163.
BRIND, A., BRIND, N. (1967): Role reversal, *Group Psychother.* XX 3/4 (1967) 173.
BROMBERG, W. (1958): Acting and acting out, *Am. J. Psychother.* XII (1958) 264.
— FRANKLIN, G. (1952): The treatment of sexual deviates with group psychodrama, *Group Psychother.* IV (1952) 274.
BROTMAN, R. (1967): Characteristics of community mental health practice, *Group Psychother.* XX 3/4 (1967) 180.
BROWN, C., COHN, T. (1963): Chefs et meneurs, Psychologie sociale de l'autorité, Paris.
BRUCK, M. (1954): An example of the use of psychodrama in the relieving of an act symptom in a psychiatric children's clinic, *Group Psychother.* VI (1954) 216.
BUCHHOLTZ, S. (1967): Group therapy with sex deviants, *Group Psychother.* XX 3/4 (1967) 200.
BUCK, B. (1952): Psychodrama of drug addiction, *Group Psychother.* IV (1952) 301.
— Bulletin de Psychologie (1959) Numéro spécial III, groupes.
— (1970) Numéro spécial sur le psychodrame.
BURNER, M. (1965): Acting-out et acting in, in: Schneider, Psychothérapie de groupe, Paris 1965.
BURROW, T. (1953): Science and Man's behavior, N. Y.
BUTTS, W. M. (1962): Psychodrama with students and their wives, *Group Psychother.* VIII (1962) 50.
BUYTENDIJK, F. (1957): Attitudes et mouvements, Paris.
BYRNE, J. (1967): Role playing as a therapeutic teaching tool for severely brain-damaged and emotionally disturbed children, *Group Psychother.* XX 3/4 (1967) 134.
CARP, E. A. (1954): Psychodrama, *Z. Psychoth. med. Psychol.* 4 (1954) 163.
CARSTENSON, B. (1951): The auxiliary chair technique, *Group Psychother.* VIII (1951) 50.
CARTWRIGHT, D. (1957): Annotated bibliography of research and theory constructions in client-centered therapy, *J. Consult, Psychol.* 4 (1957) 82.
— ZANDER, A. (1953): Group dynamics, research and theory, N. Y.
CASE, J. (1967): Community participation and short term treatment needs citizen cooperation, *Group Psychother.* XX 3/4 (1967) 196.
CASTETS, B., LEFORT, R. (1962): Remarques sur l'indication du psychodrame, *Ann. méd.-psychol.* 120 (1962) 574.
CATANZARO, R. J. (1967): Tape a drama in treating alcoholics, *Quart. Jour. Stud. on Alcohol* 28, 1 (1967) 138.
CHAIKLIN, S. (1967): Concepts of dance therapy, *Group Psychother*, XX 3/4 (1967) 154.
CHATEL, M. (1970): Les groupes de rencontre, *Bull. Psychol.* XXIII 13/16 (1970) 994.
CHESLER, M., FOX, R. (1966): Role playing Methods in the Classroom, Chicago.
CLAUSER, G. (1960): Die Gestaltungstherapie, *Prax. Psychoth.* 5 (1960) 268.
— (1959): Märchen als Rollenspiel, in: Arzt im Raum des Erlebens, Fs. f. Speer München.

COLLOMB, H., PRENEUF, Ch. (1970): N'doep et psychodrame, *Bull. Psychol.* XXII 13/16 (1970) 745.

CORNYETZ, P. (1945): The warming up process of an audience, *Sociometry* 8 (1945) 218.

CORSINI, R. (1951): The method of psychodrama in prison, *Group Psychother.* III (1951) 321.

— (1953): The „behind your back" technique in psychodrama, Group Psychother. VI (1953) 102.

— (1957): Methods of Group psychotherapy, N. Y.

— (1966): Role playing in psychotherapy, Chicago.

— PUTZEY, L. (1956): Bibliography of Group Psychotherapy 1905—1955, Psychodrama and Group Psychotherapy Monographs, U. S. A.

— SHAW, M., BLAKE, R. (1961): Role-paying in business and industry, N. Y.

CUVELIERS, F., MATTHEEWS, A. (1970): Le psychodrame de l'alcoolique, *Bull. Psychol.* XXIII 13/16 (1970) 829.

CZAPOW, C., CZAPOW, G. (1969): Psychodrama, Genesa i historia teoria i praktyka, proba oceny, Warschau.

DANIELS, CH. R. (1964): Play Group Therapy with Children, *Acta psychoth. psychos.* 12 (1964) 45.

DAVID, CH. (1967): L'hétérogénéité de l'acting-out et l'ambiguité du transfert, Vingthuitième congrès des psychanalystes de langues romanes, Passage à l'acte et „acting out", Paris.

DEANE, W. (1967): Psychodrama, sensivity training and group process monthly three day workshop, *Group Psychoth.* XX 3/4 (1967) 186.

— MARSHALL, PH., MARSHALL, E. (1965): A validation study of psychodrama group experience: a preliminary survey, *Group Psychother.* XVIII 4 (1965) 217.

DERBOLOVSKY, U. (1969): Gezielter Positionswechsel als Technik in Analysegruppen, *Zeitschr. Psychoth. med. Psychol.* 19 (1969) 204.

— (1969): Die Drei-Satz-Technik beim Rollenspiel in der gruppenzentrierten analytischen Psychotherapie, *Zeitschr. Psychoth.* med. Psychol. 19 (1969) 202.

DIATKINE, R. (1954): Fantasme et réalité en thérapeutique dramatique, *Evol. psychiatr.* XIX 4 (1954) 659.

— GILLIBERT, J. (1965): Psychodrame et théâtre, *Esprit,* 5 (1965) 931.

— SOCARRAS, F., KESTEMBERG, E. (1950): Le transfert en psychothérapie collective, *Encéphale* XXIX 3 (1950) 248.

DORON, R. (1963): Le psychodrame, in: DAVAL, R., BOURRICAUD, F., DELAMOTTE, Y., DORON, R., Traité de psychologie sociale, Paris.

DOSUZKOV, T. (1959): Das Psychodrama in der Sicht der Psychoanalyse, *Zeitschr. Psychoth. med. Psychol.* 19 (1969) 163.

DRABKOVA, H. (1966): Experience resulting from clinical Use of Psychodrama with Children, *Group Psychother.* XIX (1966) 32.

DREWS, R. S. (1957): Psychodrama in private Praxis, in: Ber. 2 int. Kongr. Gruppenpsychoth., Zürich 1957, Teil 2, Basel 1959.

DREYFUS-MOREAU, J. (1950): A propos du transfert en psychothérapie collective, *Rev. fr. Psychanal.* XIV 2 (1950) 244.

DUMUR, G. (1965): Hrsg. Histoire des spectacles, Paris.

DROPSY, J., SHELEEN, L. (1970): Expression corporelle et relations humaines, *Bull. Psychol.* (XXIII 13/16 (1970) 750.

DURAND-DASSIER, J. (1970): Psychothérapie sans psychothérapeute, Daytops: Une communauté de drogués se libère, Paris.

DUVIGNAUD, J. (1965): Sociologie du théâtre, Essai sur les ombres collectives, Paris.

DUNTON, W. R. LICHTS (1950): Drama in therapy, in: C. THOMAS Hrsg., Occupational therapy.

EBTINGER, R. (1960): A propos de psychothérapie de groupe et de psychodrame, *Evol. Psychiatr.* XXV 2 (1960) 287.

EDGAR, K. F. (1967): An experiment in poetry therapy, *Group Psychother.* XX 3/4 (1967) 179.

ELIASOFF, E. (1955): Concepts and techniques of role playing and role training utilizing psychodramatic methods in group psychotherapy with adolescent drug addicts, *Group Psychother.* VIII (1955) 308.

— (1963): A Group Therapy Psychodrama Program (for Delinquent Boys), Berkshire Farme Monographs (1963) 28.

ELLIS, A. (1967): Rational emotive psychotherapy, *Group Psychother.* XX 3/4 (1967) 205.

ELSÄSSER, G. (1959): Das Rollenspiel mit Puppen in der Psychotherapie, in: *Z. Psychoth. med. Psychol.* 9 (1959) 140.

ENGELHARD, H. M. (1970): Un lien conceptuel entre la psychanalyse et le psychodrame, *Bull. Psychol.* XXIII 13/16 (1970) 889.

ENKE, H., OHLMEYER, D. (1960): Formale Analyse psychotherapeutischer Bildserien zur Verlaufsdokumentation, *Prax. Psychoth.* 5 (1960) 99.

ENNEIS, J. M. (1950): A note on the organization of the St. Elizabeth's hospital psychodrama program, *Group Psychoth.* III (1950) 253.

— (1951): The dynamics of groups and action processes in therapy, *Group Psychother.* IV 1/2 (1951) 17.

— (1952): Establishing a psychodrama program, *Group Psychother.* V 1/2 (1952) 111.

EVSEEFF, G. S. (1948): Group Psychotherapy in the State Hospital, *System U. S. A.* 9 (1948) 214.

— (1952): The effect of psychotherapy, an evaluation, *J. Consult. Psychol.* 16 (1952) 319.

EYSENCK, H. J. (1963): Behaviour Therapy, spontaneous Remission and Transference in Neurotics, *Am. J. Psychiat.* 119 (1963) 867.

EZRIEL, H. (1950): A psychoanalytical approach to group treatment, *Brit. J. med. Psychol.* XXIII 1/2 (1950) 59.

— (1957): Le rôle du transfert en psychoanalyse et dans les autres modes de traitement de groupe, Comptes rendus 2e Congrès International de psychothérapie de groupe de Zurich, Bern.

FAGUN, J., Hrsg. (1969): Gestalt Therapy Now, Palo Alto, Calif.

FAIN, M. (1967): Réflexions sur l'acting-out après lecture du rapport de J. Rouart, Vingt-huitième Congrès des psychanalystes de langues romanes, Passages à l'acte et „acting out", Paris.

FAISANDIER, BONNAL (1967): Utilité et délimitation de certaines techniques psychodramatiques pour la formation des aides-maternelles dans un institut pour débiles profonds en l'occurence le Clos du Nid, *Rév. Psychother. instit.* 5 (1967) 115.

FANTEL, E. (1952): Psychodrama in an army general hospital, *Group Psychother.* IV 3 (1952) 290.

FAUCHEUX, C. (1959): Les conceptions américaines du groupe de diagnostic, *Bull. Psychol.* XII 6/9 (1959, Sonderheft: Gruppen) 158.

— (1959): Théorie et technique du groupe de diagnostic, *Bull. Psychol.* XII 6/9 (1959) 397.

FAVEZ-BOUTONNIER, J. (1959): L'expérience d'Utrecht dans la perspective de l'utilisation pédagogique des petits groupes, *Bull. Psychol.* XII 6/9 (1959) 397.

FEIN, L. G. (1962): Psychodrama in the treatment of disciplinary problems, *Group Psychother.* XV (1962) 147.
— (1963): The use of psychodrama to strengthen self concepts of student nurses, *Group Psychother.* XVI 3 (1963) 161.
— (1967): Psychodrama as a treatment of choice, *Group Psychother.* XX 3/4 (1967) 140.
FEINBERG, H. (1967): Psychodrama at the catholic social service, *Group Psychother.* XX 3/4 (1967) 194.
FESTINGER, L., KATZ, D. (1953): Research methods in the behavioral sciences, N. Y.
FIELDING, B. (1967): Enactment of Dreams in Group Psycho-Therapy, Psychotherapy, 4, 2 (1967) 74.
FINE, L. J. (1970): Les aspects non-verbaux du psychodrame, *Bull. Psychol.* XXIII 13/16 (1970) 930.
FINE, R. (1962): Psychodance, *Group Psychother.* 15 (1962) 203.
— DALY, D., FINE, L. (1962): Psychodance, an experiment in psychotherapy and training, *Group Psychother.* XV 3 (1962) 203.
FINK, A. B. (1960): The case for the „open" psychodramatic session, a dialogue. *Group Psychother.* XIII 2 (1960) 94.
FINK, A. K. (1967): Psychodrama in the Puerto Rican Setting, *Group Psychother.* XX 3/4 (1967) 121.
FLUGEL, J. C. (1950): The psychology of clothes, N. Y.
FONTAINE, P. J. (1970) Psychodrame chez les adolescents handicapés en institution, *Bull. Psychol.* XXIII 13/16 (1970) 923.
— CASSIERS, A., CUVLLIER, F., UYTTENHOVE, M., VANECK, L., WILLEHETTE-MINNE, A. (1967): Psychodrama chez les adolescents débilés mentales en institution, *Rev. Psychother. instit.* 5 (1967) 111.
FOREST, J. (1970): Psychodrame, sociométrie et enseignement de l'architecture, *Bull. Psychol.* XXIII 13/16 (1970) 799.
FOULKES, S. H. (1960): Some observations on teaching psychotherapy, *Topic. Probl. Psychother.* 3 (1960) 206.
— (1964): Therapeutic group analysis, London.
— ANTHONY, E. J. (1957): Group psychotherapy. The psychoanalytic approach, London.
FRANK, L. (1964): „Training and Therapy", in: BRADFORD, L., GIBB, J., BENNE, K., T-Group theory and Laboratory methods, N. Y. 1964.
FRIEDEMANN, A. (1967): Psychodrama of addictdness, *Group Psychother.* XX 3/4 (1967) 158.
FROMM-REICHMANN, F., MORENO, J. L., Hrsg. (1956): Progress in psychotherapy, I: Introduction, principles of psychotherapy, N. Y.
GELB, L. (1967): The need for rapid and effective psychotherapy in a comprehensive mental health center, *Group Psychother.* XX 3/4 (1967) 201.
GENDLIN, E. T. (1961): Initiating psychotherapy with „unmotivated" patients, *Psychiatr. quart.* 35 (1961) 1.
GENTIS, R. (1967): Psychothérapies individuelles dans un service hospitalier, *Rév. Psychother. instit.* 5 (1967) 141.
GITTENS, C. (1967): Music, the emphatic bridge to communication, *Group Psychother* XX 3/4 (1967) 160.
GLASSER, W. (1965): Reality therapy, a new approach of psychiatry, N. Y.
GODENNE, Gh. (1965): Outpatient adolescent group psychotherapy. II. Use of co-therapists, psychodrama and parent group therapy, *Amer. J. Psychother* XIX 1 (1965) 40.

GOLDFIELD, M. D. u. a. (1968): Use of TV Videotape to Enhance Value of Psychodrama, *Am. J. Psychiat.* 125, 5 (1968) 690.
GOODMAN, J. M. (1962): Nondirective psychodramatic play therapy, *Amer. J. Orthopsychiatry* XXXII (1962) 532.
GOOTZEIT, J. (1967): Situational therapy, *Group Psychother.* XX 3/4 (1967) 191.
GOSNELL, D. (1964): Some Similarities and Dissimilarities between the Psychodramturgical Approaches of J.-L. Moreno and Erving Goffman, *Int. Jour. Soziometry and Sociatry* 3 (1964) 84.
GOUNOD, S. (1970): Le jeu de rôle, *Bull. Psychol.* XXIII 13/16 (1970) 758.
GRANOFF, W., ARENGBURG, B. (1955): Le psychodrame de J. L. Moreno, *Critiquc* IX 92 (1955) 53.
GRAVEL, Ph. (1950): Contribution à l'étude des méthodes de psychothérapie collective chez l'enfant, le psychodrame ou psychanalyste dramatique de groupe, Thèse de médecine, Paris.
GREENBERG, I. (1964): Audience in action through psychodrama, *Group Psychother.* XVII (1964) 104.
— (1968): Psychodrama and Audience Attitude Change, Beverly Hills, Calif.
GREENBERGER, P. (1963): A reaction to an experience: the psychodrama, *Group Psychother.* XVI 5 (1963) 250.
GREENHILL, M. (1945): Psychodramatic play therapy in discorders of childbood, *Proceedings, Institute of Child Research, Wood Schools,* 12 (1945) 107.
GREENWALD, H. (1967): Play therapy for children over 21, in: Psychotherapy, Theory, research and practice.
GROENEVELD, B. (1957): Spel als Levenspiegel, Purmerend.
GUNN, R., NAVRAN, I., SULLIVAN, D., JERDEN, L. (1963): The live presentation of dramatic scenes as a stimulus to patient interaction in group psychotherapy, *Group Psychother.* XVI 3 (1963) 164.
HAAS, R. (1949): Psychodrama and sociodrama in American education, N. Y., Sociatry. Sonderheft.
HADDENBROCK, S. (1957) Tänzerische Heilgymnastik mit Schizophrenen, in: Ber. 2. int. Kongr. Gruppenpsychoth., Zürich 1957, Teil 2, Basel 1959.
— MEDERER, S. (1960): Tänzerische Gruppenausdrucksgymnastik in der Psychosenbehandlung, *Z. Psychoth. med. Psychol.* 10 (1960) 221.
HAMANN, A. (1962/63): L'approche psychologique centrée sur autrui, *Echanges,* Bull. de liaison de l'Institut psycho-pédagogique et médico-social de l'université de Montpellier, Sonderheft 1.
HARE, A. (1963): Handbook of small group research, N. Y.
— (1964): Interpersonal relations in small groups, in: *Faris, R.,* Hrsg., Handbook of modern sociology, Chicago 1964.
— BALES, R. (1963): Seating position and small group interaction, *Sociometry* 26 (1963) 480.
— BORGATTA, E., BALES, R., Hrsg. (1955): Small Groups Studies in social interaction, N. Y.
HARRISON, R. (1966): Cognitive change and participation in a sensitivity-training laboratory, *J. Consult. Psychol.* XXX 6 (1966) 517.
HARROW, G. (1951): Effects of psychodrama and group psychotherapy on role behaviour of schizophrenic patients, *Group Psychother.* III (1951) 316.
— HAAS, R. (1947): Psychodrama in the guidance clinic, *Sociatry* I (1947) 70.
HARTMANN, K. (1959): Spielaspekte des Jugendkrawalls, *Z. Psychoth. med. Psychol.* 9 (1959) 108.
— (1960): Über die Funktion des Spiels, *Z. Psychoth. med. Psychol.* 10 (1960) 205.

HASKELL, M. (1957): Psychodramatic role training in preparation for release on parole, *Group Psychother.* X 1 (1957) 51.
— (1960): Group psychotherapy and psychodrama in prison, *Group Psychother.* XIII 1 (1960) 22.
— (1967): The psychodramatic method, Long Beach, Calif.
HEAD, W. A. (1962): Sociodrama and Group Discussions with Institutionalized Delinquent Adolescents, *Mental Hyg.* 46, 1 (1962) 127.
HOFFMANN, J. J. (1961): Psychodrama with in-patients, *Group Psychother.* XIV (1961) 186.
HOLLISTER, W., HUSBAND, G. (1955): Two role-playing methods of using mental-health films and plays, *Ment. Hyg.*, U. S. A., XXXIX (1955) 277.
HORETZKY, O. (1960): Pantomime in der Gruppenpsychotherapie, *Prax. Psychoth.* 5 (1960) 122.
— (1965): Die Pantomime als Methode der Gruppenpsychotherapie, *Z. Psychoth. med. Psychol.* 15 (1965) 130.
HUIZINGA, J. (1966): Homo ludens: a study of play elements in culture, N. Y.
HUNTING, J. (1966): The public session, in: Handbook of Group Psychotherapy, hrsg. *J. L. Moreno*, N. Y. 1966.
HUREWITZ, P. (1967): Towards a scientific evaluation of psychodramatic theory and therapy, *Group Psychother.* XX 3/4 (1967) 198.
ILJINE, V. N. (1909): Improvisiertes Theaterspiel zur Behandlung von Gemütsleiden, *Theatralny Kurier* 2 (1909 Kiew) Beilage pp. 24 (russ.).
— (1910): Kranke spielen Theater — ein Weg zur Heilung des Leibes und der Seele, Kiew 1910 *Theatralny Kurier*, supl. (russ.).
— (1942): Therapeutisches Theaterspiel, Paris 1942 (russ. hektoraphiert).
JONES, M. (1953): The therapeutic community, N. Y.
JENTSCHURA, G. (1959): Beschäftigungstherapie, Stuttgart.
KAHN, S. (1964): Psychodrama explained, with an introduction by J. L. Moreno. N. Y.
KATZ, D., KAHN, R., LEAVITT, H., PALMADE, G., ENRIQUEZ, E., THELEN, H., BRADFORD, L., PAGE, M., BENNE, K., ROGERS, C., GUEDEN, J., DUBOST, J., MANN, F. u. a. (1959): *Hommes et techniques* No. 169 (Sonderausg.).
KELLY, G. A. (1955): The Psychology of personal constructs, N. Y.
KELLY, H. S. u. a. (1968): Sociodrama: an action-oriented laboratory for teaching interpersonal relationship skills, *Perspect. Psychiat. Care* 6 (1968) 110.
KELLY, J. C., BLAKE, R., STROMBERG, C. (1957): The effects of role training on role reversal, *Group Psychother.* X 2 (1957) 95.
KESTEMBERG, J., DECOBERT, S. (1964): Approche psychanalytique pour la compréhension de la dynamique des groupes thérapeutiques, *Rev. Fr. Psychan.* XXVIII 3 (1964) 393.
— (1964): Le psychodrama analytique, *L'Inform. Psychiatr.* XL 4 (1964) 231.
— (1970): Approche psychoanalytique pour la compréhension de la dynamique des groupes thérapeutiques, *Bull. Psychol.* XXIII 13/16 (1970) 802.
KIENLE, G. (1959): Das Märchen in der Psychotherapie, *Z. Psychoth. med. Psychol.* 9 (1959) 47.
KLEIN, A. F. (1956): Role Playing in Leadership Training and Group Problem Solving, N. Y.
KLEIN, J. (1961): Working with groups, the social psychology of discussion and decision, London.
KLINE, N. S. (1947): Psychodrama for mental hospitals, *J. clin. Psychopathol.* U. S. A., II (1947) 817.

KNEISL, C. R. (1968): Increasing interpersonal understanding through sociodrama, *Perspect. Psychiat. Care* 6 (1968) 104.

KÓRS, C. (1963): The Use of Puppets in Psychotherapy, *Am. J. Psychoth.* 17 (1963) 54.

KRASNER, I. (1958): Studies of the conditioning of verbal behavior, *Psychol. Bull.* U. S. A., 55 (1958) 148.

KRAUSE, M. (1966): Role-Deviant Behavior of Clients in Psychotherapy, *Psychological Reports* 18 (1966) 947.

KREITLER, H. (1968): Validation of psychodramatic behavior against behavior in life, *Brit. J. Med. Psychol.* 41 (1968) 185.

– ELBINGER, S. (1961): Psychiatrische und kulturelle Aspekte des Widerstandes gegen das Psychodrama, *Psyche* 15 (1961) 155. (auch: *Group Psychother.* XIV 3 [1961] 215).

KROJANKER, R. (1963): Some New Techniques in Group Psychotherapy and Hypnodrame, *Archives de Criminologia, Neuro-Psiquiatria, v. Disc. Conexas, Equador,* XX 11 (1963) 411.

KURLAND, A. (1952): An evaluation of drama therapy, *Psychiatr. Quart. Suppl.*, U. S. A., XXVI (1952) 210.

LANGEN, D. (1954): Gruppentherapie in der Klinik, *Arch. Psychiat. Nervenhlk.* 192 (1954) 101.

– (1956): Methodische Probleme der klinischen Psychotherapie, Stuttgart.

LASSNER, R. (1950): Psychodrama in prison, *Group Psychother.* III 1 (1950) 77.

LEBOVICI, S. (1957): L'utilisation du psychodrame dans le diagnostic en psychiatrie, in: H. HILTMANN, K. H. WEWETZER, H. R. TEIRICH, Hrsg., Gruppenpsychotherapie, Bern/Stuttgart.

– (1961): Psychodrama as applied to Adolescents, in: *J. Child Psychol. Psychiat.* 1 (1961) 298.

– DIATKINE, R., KESTEMBERG, E. (1952): Applications de la psychoanalyse à la psychothérapie de groupe et à la psychothérapie dramatique en France, *Evol. Psychiatr.* XVIII 3 (1952) 387.

– DIATKINE, R., DANON-BOILEAU, H. (1956): Das Psychodrama und die Behandlung von Psychosen, *Z. Psychos. Med.* 3 (1956) 220.

– DIATKINE, R., KESTEMBERG, E. (1957): Le psychodrame psychoanalytique, in: Ber. 2. intern. Kongr. Psychiat. Zürich 1957, Teil IV, 299, Zürich 1959.

– DIATKINE, R., DANON-BOILEAU, R. (1958): Psychodrame et traitement des psychotiques, *Evol. Psychiatr.* XXIII 2 (1958) 499.

– DIATKINE, R., KESTEMBERG, E. (1958): Bilan de dix ans de thérapeutique par le psychodrame, chez l'enfant et l'adolescent, *Psychiatrie de l'enfant*, I (1958) 63; repr. in: *Bull. Psychol.* XXIII 13/16 (1969/70) 839.

LEEDY, J. (1967): Poetry therapy, *Group Psychother.* XX 3/4 (1967) 183.

LEHMANN, L., TOURLENTES, T. (1963): The drama workshop, *Mental Hospital* XIV 3 (1963) 158.

LEMOINE, G. (1970): L'imaginaire, le symbolique et le réel confrontés à l'expérience psychodramatique, *Bull Psychol.* XXIII 13/16 (1970) 895.

LEMOINE, P. (1970): L'Oedipe et ses repères en psychodrame, *Bull Psychol.* XXIII 13/16 (1970) 904.

LEROI-GOURHAN, A. (1965): Le geste et la parole, I Technique et lagage, II La mémoire et les rythmes, Paris.

LEUTZ, G. (1956): Gesetz und Spiel im Bereich des Sozialen, *Der Psychologe* VIII 8 (1956) 287.

– (1955): Eine Anwendung der Soziometrie, *Der Psychologe* VII 6 (1955) 236.

— Psychodrama, Theorie und Praxis, Springer Heidelberg 1974.
— 1957): Die Soziometrie in ihrer Beziehung zum Psychodrama, in: Ber. 2. int. Kongr. Gruppenpsychoth., Zürich 1957, Teil 2, Basel 1959, 225.
— (1967): Vom kindlichen Spiel zum Psychodrama, Schweizer Theater-Jahrbuch XXXIII (1967).
— (1970): Die soziometrische Grundlage des Psychodramas, in: Vidar eutbildningskurs i psykiatri, Hrsg. E. Franzke, S:t Sigfrids Sjukhus, Växjö 1970.
— (1970): Psychodrama, eine Form der Gruppenpsychotherapie, in: Vidareutbildningskurs i psykiatri, Hrsg. E. Franzke, S:t Sigfrids Sjukhus, Växjö 1970.
LEWIN, K. (1948): Resolving social conflicts, selected papers on group dynamics, N. Y.
— (1951): Field theory in social science, selected theoretical papers, N. Y.
— LIPPITT, R. (1938): An experimental approach to the study of autocracy and democracy: a preliminary note, *Sociometry*, U. S. A., 1/3 (1938) 292.
LINDZEY, G., Hrsg. (1954): Handbook of social psychology, Cambrigde.
LIPITT, Ron. (1947): Psychodrama in the home, *Sociatry*, U. S. A., I, 2 (1947).
— WATSON, J., WESTLEY, B. (1958): The dynamics of planned change, N. Y.
— WITHE, R. (1965): Une étude expérimentale du commandement et de la vie de groupe, in: LEVY, A., Psychologie Sociale, Paris.
LIPPITT, Ros. (1947): Psychodrama in the home, Sociatry U. S. A., I 2 (1947) 148.
— (1955): Role Playing for Personnel and Guidance Workers, *Group Psychother.* 8 (1955) 89.
— (1959): The auxiliary chair technique. *Group. Psychother.* XI (1958) 8.
— (1959): Auxiliary Chair Technique, *Group Psychother.* 12 (1959).
— HUBBEL, A. (1956): Role playing for personal and guidance workers, review of the literature, with suggestions for application, *Group Psychother.* IX (1956) 89.
LISTWAN, I. A. (1955): Psychodrama, *Med. Jour. Australia* 42, 15 (1955) 524.
LUBIN, B., LUBIN, A. (1964): Bibliography of Group Psychotherapy, 1956—1963, *Group Psychother.* XVII 4 (1964) 177.
LYLES, W. (1967): An adaption of a sociometric technique in college teaching, *Group Psychother.* XX 3/4 (1967) 166.
MAAS, G. (1966): Die gestaltungstherapeutische Gruppe, in: Analytische Gruppenpsychotherapie, Hrsg. Preuss, H., München 1966, 212.
McCARTHY, W. (1959): Role playing and teaching, masters thesis, Standford Univ.
McDONALD, M. A. (1947): Psychodrama explores a private world, *Sociatry* I (1947) 97.
McGHEE, T. (1965): Conjunctive use of psychodrama and group psychotherapy in a group living program with schizophrenic patients, *Group Psychother.* 18 (1965) 127.
MAILHIOT, B. (1968): Dynamique et genèse des groupes, Actualité des découvertes de Kurt Lewin, Paris.
MAISONNEUVE, J. (1962): La mise en situation sociodramatique, *Psychol. Fr.* VII 2 (1962) 161.
— (1965): Un bilan de la sociométrie, *Ann. Psychol.* I 56 (1965) 67.
— (1969): La dynamique des groupes, Paris.
MANN, J. (1956): Experimental evaluations of role-playing, *Psychol. Bull.*, U. S. A. LIII 3 (1956) 227.
— (1966): The incidental and the planned psychodramatic Shock and its therapeutic Value, in: Handbook of Group Psychotherapy, Hrsg. J. L. MORENO, N. Y. 339.
— MANN, Ch. (1958): The effects of role playing experience on self ratings of interpersonal adjustment, *Group Psychother.* XI 1 (1958) 27.
MASSERMANN, J. H., MORENO, J. L., Hrsg. (1957/60): Progress in psychotherapy,

N. Y. I, II: Anxiety and Therapy, III: Techniques of Psychotherapy, IV: Social Psychotherapy, V: Review and Integration.
MATHE, A. (1970): Psychothérapie de groupe délinquant, *Bull Psychol.* XXIII 13/16 (1970) 820.
MAY, R. (1961): Existential basis of psychotherapy, in: MAY, Hrsg., Existential Psychol., N. Y. 1961, 75.
MAY, R., ROGERS, C., ALPORT, G., Hrsg. (1961): Existential Psychology, N. Y.
MEIGNIEZ, R. (1967): Regards existentiels, L'analyse de groupe, Paris.
MEIERS, J. (1957): Scandinavian Myth about the Psychodrama: a couterstatement to S. R. Slavson's preliminary note, *Group Psychother.* X 4 (1957) 349.
— (1967): Tragedy and triumph of psycho-socio-drama, *Group Psychother.* XX 3/4 (1967) 187.
MILLER, D. (1967): Psychodramatic techniques in academic setting, *Group Psychother.* XX 3/4 (1967) 212.
MILLER, M. M. (1955): Use of Psychodrama in Treatment of Psychoneurotic Patients, *Journal National Medical Association* 47 (1955) 30.
MINEAR, V. (1953): An Initial Venture in the Use of TV as a Medium for Psychodrama, *Group Psychother.* VI 1/2 (1953).
MINTZ, E. (1967): Time Extended Marathon Groups, *Psychotherapy* 4, 2 (1967) 65.
MOLDOWSKY, S. (1950): Sociodrama session at the Manfield Theatre, *Group Psychother.* III 2 (1950) 102.
MOLES, A., ANCELIN-SCHUTZENBERGER, A., ALSLEBEN, K. (1964): Industrielle Soziometrie, Zwei Aufsätze zur Einführung und Anwendung, Hamburg. (neue rev. u. erw. frz. Ausg. Paris 1970)
MONOD, M. (1948): First French experience with psychodrama, *Sociatry I* 4 (1948) 400.
— (1967): El Psicodrama Psicoanalitico en el Centro Psicopedagogico. Claude Bernard, *Cuadernos de psicoterapia*, Argentine, II, I (1967) 42.
MOOR, P. (1962): Die Bedeutung des Spieles in der Erziehung, Bern.
MOORE, T., UCKO, L. (1961): Four to six: Constructiveness and Conflict in meeting doll Play Problems, *J. Child Psychol. Psychiat.* 2 (1961) 21.
MORENO, F. (1947): Psychodrama in the neigborhood, *Sociatry* I 2 (1947) 168.
MORENO, J.-L. (1932): Application of the group method to classification, National Commitee on Prisons, N. Y. (repr. in: The first book on group psychotherapy, 1957[3], N. Y.).
— (1934): Who shall survive? A new approach to the problem of human interrelations, Washington.
— (1939): Psychodramatic shock therapy. A sociometric approach to the problem of mental disorders, *Sociometry* II (1939) 1.
— (1940): Mental catharsis and the psychodrama, *Sociometry* 3 (1940) 1.
— (1940): Psychodramatic treatment of the psychoses, *Sociometry* III 2 (1940) 115.
— (1940): Psychodramatic treatment of marriage problems, *Sociometry* 3 (1940) 1.
— (1944): Spontaneity Test and Spontaneity Training, *Psychodrama Monograph* IV, N. Y.
— Hrsg. (1945): Group Psychotherapy a symposium, N. Y. (*Sociometry* VIII 3/4, 1945).
— (1946): Psychodrama I, N. Y. (3. neu eingef. Ausg. 1969) II 1959, III 1969.
— (1947): Psychodrama of a pre-material couple, a protocol, *Sociatry* 2 (1947) 103.
— (1947): The theatre of spontaneity, N. Y. (übers. aus dem Dt. „Das Stegreiftheater", Potsdam, 1923, 1931).
— (1949): Méthode expérimentale, société et marxisme, *Cah. internat. Sociol.* VI (1949) 43.

— (1950): Hypnodrama and Psychodrama, *Group Psychother.* III (1950) 1.
— (1950): Introduction au psychodrame; Psychodrame d'un mariage, Anne et Frank, *Temps Modernes* VI 59 (1950) 444, 633. (auch in: *Psychothérapie de groupe et psychodrame*, Paris 1965, 229).
— (1950): Le psychodrame et la psychothérapie des groupes, frz. Übers. v. M. E. Manboury *Temps Modernes* VI 59 (1950) 445.
— (1951): Fragments from the psychodrama of a dream, *Group Psychother.* III 3 (1951) 344.
— (1951): Sociometry, experimental method and the science of society, an approach to a new political orientation, N. Y.
— (1952): Psychodramatic production technique, *Group Psychother.* IV 2 (1952) 243.
— (1952): Sociodrama of a family conflict, *Group Psychother* V 1 (1952) 20.
— (1952): Sociodramatic approach to minority problems, *Group Psychother.* V (1952) 7.
— (1953): Bases psychodramatiques de la psychothérapie de groupe, Actes Généraux du *Premier Congrès Mondial de psychiatrie*, Paris.
— (1953): Les fondements de la sociométrie, *Cahiers Internat. Sociol.* XIV (1953) 3.
— (1953): Who shall survive? Foundations of sociometry, group psychotherapy and sociodrama, N. Y. 1953².
— (1954): Die Grundlagen der Sociometrie, Köln 1967².
— (1955): The discovery of the spontaneous man with special emphasis upon the technique of role reversal, *Group Psychother.* VIII (1955) 103.
— (1955): La thérapeutique interpersonnelle, la psychothérapie de groupe et la fonction de l'inconscient, *Connaissance de l'homme*, August/Sept. 1955, 53.
— Hrsg. (1956): Sociometry and the science of Man, N. Y.
— (1957): The first book on group psychotherapy, N. Y. 1957³.
— (1957): Psychodramatische Darstellung des Traums eines Schizophrenen, *Ber. 2. int. Kongr. Psychiat.*, Teil IV, 284, Zürich 1959.
— (1958) Fundamental rules and techniques of psychodrama, *Progress in psychotherapy*, 3 (1958) 86.
— (1959): Gruppenpsychotherapie und Psychodrama, Einleitung in die Theorie und Praxis, Stuttgart.
— (1959): Das Psychodrama, in: Handb. Neurosenl. Psychoth. IV, München.
— (1959): Psychodrama, in: Handbook of Psychiatry II, Hrsg. Silvano Arieti, N. Y.
— Hrsg. (1960): The Sociometry Reader, in Coll.: MORENO, JENNINGS, JENKINGS, BRUNNER, SPEROFF, JACOBSON, BLACKE, NORTHWAY, TAGIURI, FESTINGER u. a., Glencoe.
— (1961): The role concept, a bridge between psychiatry and sociology, *Am. J. psychiat.* 118 (1961) 518.
— (1961): Academie of Psychodrama and Group Psychotherapy, *Group Psychother.* XIV 1/2 (1961) 97 (1961): Oath group, *Group Psychother.* XIV 3/4 (1961) 242.
— Hrsg. (1962): Code of Ethics for Group Psychotherapy and Psychodrama, Relationship to the Hippocratic Oath, N. Y.
— (1962): Le concept de rôle, lien entre la psychiatrie et la sociologie, *Evol. psychiatr.* XXVIII 3 (1962) 327.
— (1962): Role theory and the emergence of the self, *Group Psychother.* XV 2 (1962) 114.
— LEUTZ, G. A. (1963): Gedanken zu meiner Gruppenpsychotherapy, *Ciba Symp.* 11 (1963) 148.
— (1964): The third psychiatric revolution and the scope of psychodrama, *Group Psychother.* XVII 2/3 (1964) 149.
— (1965): Psicomusica y Sociodrama, Buenos-Aires.

— (1965): Psychodrama in action, *Group Psychother.* XVIII 1/2 (1965) 87.
— (1965): Therapeutic vehicles and the concept of surplus reality, *Group Psychother.* XVIII 4 (1965) 211.
— (1969): Psychodrama, vol. III, Action Therapy and principles of practice, N. Y.
— ENNEIS, J. (1950): Hypnodrama and psychodrama, N. Y., Psychodrama Monogr. Nr. 27.
— FRIEDMANN, A., BATTEGAY, R., MORENO, Z., Hrsg. (1966): The International Handbook of Group Psychotherapy, N. Y.
— HAAS, R. (1951): Psychodrama as a projective technique, in: H. ANDERSON, G.-L., An introduction to projectives techniques, N. Y.
— JENNINGS, H. (1936): Sociometric Control Studies of Grouping and Regrouping, with reference to authoritative and democratic methods of grouping, neu hrsg. *Sociometric Review* (1947) N. Y.
MORENO-TOEMAN, Z. (1951): Psychodrama in a well-baby clinic, *Group Psychother.* IV 1/2 (1951).
— (1954): Psychodrama in the crib, *Group Psychother.* VII 3/4 (1954) 296.
— (1957): Psychodrama of young mothers, in: Gruppenpsychotherapie, Hrsg. HILTMANN, WEWETZER, TEIRICH, Bern 1957, 270.
— (1958): The „reluctant therapist" and the „reluctant audience technique in psychodrama", *Group Psychother.* XI 4 (1958) 278.
— (1959): A survey of psychodramatic techniques, *Group Psychother.* XII 1 (1959) 5.
— (1959): Psychodramatic technics, IIe Congrès international de Psychothérapie de Groupe, Basel, Karger, 91—99.
— (1965): Psychodramatic rules, techniques and adjunctive methods, *Group Psychother.* XVIII 1/2 (1965) 73.
— (1965): Psychodrame de nourissons dans une consultation infantile, *Group Psychother.* IV (1965) (reed. *Bull Psychol.* XXIII 13/16, 1970, 826).
— (1967): The seminal mind of J. L. Moreno, *Group Psychother.* XX 3/4 (1967) 218.
MUCCHIELLY, R. (1967): La dynamique des groupes, Connaissance du problème, Applications pratiques, Paris.
MURPHY, W. (1965): The tactics of psychotherapy, N. Y.
NAUMBURG, M., CALDWELL, J. (1957): The use of spontaneous art in analytically oriented Group-Therapy of obese women, in: Ber. 2. int. Kongr. Gruppenpsychoth., Zürich 1957, Teil II, Basel 1959, 254.
NELL, R., KIPPER, D. (1967): Dream workshop, *Group Psychother.* XX 3/4 (1967) 208.
NEWBURGER, H. (1967): Psychodramatic and action level treatment with the brain-damaged, Introduction, *Group Psychother.* XX 3/4 (1967) 129.
NICHOLS, F. L. (1962): Psychiatrist and nurse as co-therapists in a psychodrama group, *Group Psychother.* XV (1962) 197.
NODIOT, S. (1970): Quelques réflexions à propos du psychodrame, *Bull. Psychol.* XXIII 13/16 (1970) 771.
NORTHWAY, M. (1952): A primer of Sociometry, Toronto.
— LINDSAY, A. (1964): Sociométrie scolaire à l'usage des enseignants, Paris.
O'CONNELL, W. E. (1963): Adlerian psychodrama with schizophrenics, *J. Indiv. Psychol.* U. S. A., XIX (1963) 69.
— (1966): Psychotherapy for Everyman — A Look at Action Therapy, *Journal of Existentialism* 7 (1966) 85.
ORTMAN, H. (1966): How Psychodrama fosters Creativity, *Group Psychother.* 19 (1966) 201.
OSSORIO, A., FINE, L. (1960): Psychodrama as a catalysis for social change in a

mental hospital, in: MASSERMANN, MORENO, Hrsg. Progress in Psychotherapy, N. Y. 1960, 121.

PAGES, M. (1959): Note sur le T-Group ou groupe de diagnostic, *Bull. Psychol.* III (1959) 158; XII 6/9 453.
— (1963): Note sur la vie affective des groupes, *Bull. Psychol.* XVI 10 (1963) 326.
— (1965): L'orientation non directive en psychothérapie et en psychologie sociale, Paris.

PANKRATZ, L. (1966): Techniques of „warm up" in psychodrama with the retarded, *Mental retardation*, U. S. A. 4/5 (1966) 12.

PAPANEK, H. (1967): Experiences in group psychotherapy, *Group Psychother.* XX 3/4 (1967) 162.

PARRISH, M. (1958): The development of a psychodrama program in a state hospital setting, *Group Psychother.* XI (1958) 63.
— (1959): The effect of short term psychodrama on chronic schizophrenic patients, *Group Psychother.* XII (1959) 15.
— (1961): Group techniques with teenage emotionally disturbed girls, *Group Psychother.* XIV (1961) 20.
— MITCHELL, J. (1951): Psychodrama in Pontiac State Hospital, *Group Psychother.* IV (1951) 80.

PETZOLD, H. G., Géragogie — nouvelle approche de l'éducation pour la vieillesse et dans la vieilles, Publications de L'Institut St. Denis I (1965) 4—10.
— Überforderungserlebnis und nostaltigische Reaktion bei ausländischen Arbeitern in der BRD, Genese, Diagnose, Therapie, Paris 1968.
— Arbeitspsychologische und soziologische Bemerkungen zum Gastarbeiterproblem in der BRD, *Zeitschr. f. Prakt. Psych.* 7 (1968) 331—360.
Überforderungserlebnisse und nostalgische Reaktion als pädagogische Probleme an Auslandsschulen, *Der deutsche Lehrer im Ausland* 1 (1968) 2—9.
— Die verhaltenstherapeutische Komponente im Psychodrama, Überlegungen zum Konzept eines Behaviourdramas, Paris 1969 a, mimeogr.
— L'analyse progressive en psychodrame analytique, Paris 1969 b, mimeogr.
— Les Quatre Pas. Concept d'une communauté thérapeutique, Paris 1969 c, mimeogr.
— Le „Gestaltkibbouz" modèle et méthode thérapeutique. Paris 1970 a, mimeogr.
— Some important techniques of psychodrama, Vidareutbildningskurs i psykiatri. Hrsg. E. FRANZKE, Växjö 1970 b.
— Thérapie du mouvement, training relaxatif, thymopratique et éducation corporelle comme integration, Paris 1970 c, mimeogr.
— Psychodramatische Techniken in der Therapie mit Alkoholikern, *Zeitschr. f. prakt. Psychol.* 8 (1970 d) 387—408; überarbeitete Fassung in PETZOLD (1977 a).
Bibliographie zur Gruppenpsychotherapie und zum Psychodrama, *Zeitschr. f. prakt. Psychol.* 8 (1970 e) 454—474; überarbeitete Fassung (750 Titel) in: PETZOLD (1972 a).
— Die therapeutischen Möglichkeiten der psychodramatischen Magic-Shop-Technik, *Zeitschr. f. klin. Psychol. Psychother.* 4 (1971 a) 345—396; überarbeitete Fassung in PETZOLD (1977 a).
— Psychodramatisch gelenkte Aggression in der Therapie mit Alkoholikern, *Gruppenpsychothrapie und Gruppendynamik* 3 (1971 b) 268—281.
— Möglichkeiten der Psychotherapie bei drogenabhängigen Jugendlichen, in: G. BIRDWOOD, Willige Opfer, Rosenheim 1971 c, 212—245.

— Triadisches Psychodrama in der Erwachsenenbildung, *Volkshochschule im Westen* 3 (1971 d) 120—132.
— Behaviourdrama eine verhaltenstherapeutische Variante des Psychodramas, Ref. auf der I. Tagung der Europäischen Gesellschaft für die Modifikation und Therapie des Verhaltens, München 20.—23. Juli 1971 e, in: *Samenspel* 6/7 (1975) 139—146.
— Chemische Aversionskonditionierung, nondirektive Gruppenpsychotherapie, Gruppenhypnose, klassisches und tetradisches Psychodrama in der Behandlung von Alkoholikern, ein Methodenvergleich, Referat auf dem VI. Int. Kongreß f. Psychodrama und Soziodrama, Amsterdam 22.—26. August 1971 f.
— La méthode spectrométrique en psychodrame, thérapie de groupe et dynamique de groupe, *Folia Psychodramatica* 3 (1971 g Louvain) 65—73.
— Einige Psychodramatische Initial-, Handlungs- und Abschlußtechniken, *Zeitschr. f. Psychother. med. Psychol.* 6 (1971 h) 209—227; auch in PETZOLD (1977 a).
— Moderne Methoden psychologischer Gruppenarbeit in der Erwachsenenbildung, *Erwachsenenbildung* 3 (1971 i) 160—178; auch in: PETZOLD (1973 c) 115—143.
— (Hrsg.), Angewandtes Psychodrama in Therapie, Pädagogik, Theater und Wirtschaft, Junfermann, Paderborn 1972 a; 2. erweiterte Aufl. (1977 a).
— Situationsanalyse und intensiviertes Rollenspiel in der Industrie, 1972 b in: PETZOLD (1972 a) 358—372.
— Psychodrama als Instrument der Pastoraltherapie, der religiösen Selbsterfahrung und der Seelsorge, *Wege zum Menschen* 2/3 (1972 c) 41—56. Erweiterte Fassung in: PETZOLD (1972 a) 265—283.
— Das spektrometrische Diagramm als Technik des Behaviourdramas und der Selbstregulation, *Psychologie und Praxis* XVI (1972 d) 134—139.
— Komplexes Kreativitätstraining mit Vorschulkindern, *Schule und Psychologie* 3 (1972 e) 146—157.
— Methoden in der Behandlung Drogenabhängiger, Vierstufentherapie: komplexes katathymes Erleben, Psychosynthesis, Gestalttherapie, Psychodrama, Nicol, Kassel 1972 f.
— Curriculum zur psychotherapeutischen und soziotherapeutischen Zusatzausbildung im Bereich der Suchtkrankenhilfe, Gesamtverband für Suchtkrankenhilfe, Kassel 1972 g (mimeogr.).
— Gestalttherapie und Psychodrama, Nicol, Kassel 1973 a.
— Die spektrometrische Methode in der Psychotherapie und psychologischen Gruppenarbeit, *Zeitschr. f. klinische Psychol. und Psychotherapie* 2 (1973 b) 110—128.
— (Hrsg.). Kreativität und Konflikte, Junfermann, Paderborn 1973 c.
— Das Soziodrama als Instrument kreativer Konfliktlösung 1973 d, in: PETZOLD (1973 c) 244—256.
— Analytische Gruppenpsychotherapie, Gruppendynamik und szenisches Spiel als „triadisches Psychodrama" in der Arbeit mit Studenten, 1973 e, in: PETZOLD (1973 c) 167—205.
— Gestalttherapie und direkte Kommunikation in der Arbeit mit Elterngruppen 1973 f, in: PETZOLD (1973 c) 271—289.
— Das „Therapeutische Theater" als Form dramatischer Therapie 1973 g, in: PETZOLD (1973 a) 97—133.
— Das Psychodrama im „tetradischen System", *Dynamische Psychiatrie* (1974 a) 151—181, überarbeitete Fassung in: PETZOLD (1977 a).
— (Hrsg.), Drogentherapie — Methoden, Modelle, Erfahrungen, Junfermann/Hoheneck, Paderborn 1974 b.

— Phoenix und Odyssey Houses als Modelle in der Behandlung Drogenabhängiger 1974 c, in: PETZOLD (1974 b).
— Therapeutische Modelle und Methoden in der Behandlung Drogenabhängiger 1974 d, in: PETZOLD (1974 b).
— Daytop — das „Konzept" einer Therapeutischen Gemeinschaft zur Behandlung Drogenabhängiger 1974 e, in: PETZOLD (1974 b).
— Das Vierstufenmodell der Therapeutischen Kette in der Behandlung Drogenabhängiger 1974 f, in: PETZOLD (1974 b).
— Tetradisches Psychodrama in der Behandlung von Alkoholikern 1974 g, in: PETZOLD (1974 b).
— Programmatische und curriculare Überlegungen zur Ausbildung von Suchtkrankentherapeuten und -Betreuern 1974 h, in: PETZOLD (1974 b).
— Planspiel und methodenvariables Laboratorium in der Ausbildung von Suchtkrankentherapeuten 1974 i, in: PETZOLD (1974 b).
— (Hrsg.) Psychotherapie und Körperdynamik, Junfermann, Paderborn 1974 j.; 2. Aufl. 1977.
— Integrative Bewegungstherapie 1974 k, in: PETZOLD (1974 j), 287—404.
— Konzepte zur Drogentherapie, 1974 l, in: PETZOLD (1974 b).
— Integrative Therapie. Zeitschrift für Verfahren Humanistischer Psychologie und Pädagogik. Begründet von Charlotte BÜHLER und Hilarion PETZOLD 1975 a ff.
— Das „Therapeutische Theater" V. N. ILJINEs. *Gruppendynamik* 6 (1975 b) 117—126; auch in: PETZOLD (1977 a).
— Masken und Märchenspiel in der Integrativen Therapie, *Integrative Therapie* 1 (1975 c) 44—48.
— Die Arbeit mit Puppen und Großpuppen in der Integrativen Therapie, *Integrative Therapie* 4 (1975 d) 197—207.
— Thymopraktik als körperbezogene Arbeit in der Integrativen Therapie, *Integrative Therapie* 2/3 (1975 e) 115—145.
— Psychophysische Körper- und Bewegungstherapie — eine Literaturübersicht, *Integrative Therapie* 2/3 (1975 f) 156—164.
— Ich bin o. k. — Du bist so là là. Die Transaktionale Analyse. Eric Bernes, *Psychologie Heute* 8 (1975 g) 35—45.
— Konzepte der Transaktionalen Analyse (1975 h), in: PETZOLD, H., PAULA, M., Hrsg. (1975) 13—72.
— Einführung zur transaktionsanalytischen Skriptanalyse (1975 i), in: PETZOLD, H., PAULA, M., Hrsg. (1975) 7-12.
— Psychodrama and role-playing in group work, in: BENNE, K. D., BRADFORD, L. P., GIBB, J. R., LIPPITT, R. D., (Hrsg.), The Laboratory Methode of Changing and Learning, Science and Behavior Books, Palo Alto (1975 j) 365—392.
— Behaviour-drama, Samenspel 6/7 (1975 k) 139—146.
— Psychodrama und dramatische Therapie — eine Literaturübersicht, *Integrative Therapie* 4 (1976 a) 236—246.
— Dramatische Therapie, *Integrative Therapie* 4 (1976 b) 178—189.
— Zur Entwicklung der Ich-Zustände in der Transaktionalen Analyse, *Integrative Therapie* 1 (1976 c) 365—392.
— Die Verbindung von Transaktionaler Analyse, kreativer Medien und TA-Psychodrama. Beispiele aus der Paartherapie, *Partnerberatung* 3 (1976 d) 119—124; (1976 d) 175—191.

— (Hrsg.) Angewandtes Psychodrama in Therapie, Pädagogik und Theater (überarbeitete und erweiterte Fassung von PETZOLD (1972 a) Junfermann, Paderborn 1977 a.
— Gestaltpädagogik, in: PETZOLD, H., BROWN, G. I., Hrsg. (1977 b) 7-13.
— Die Rolle der Medien in der integrativen Pädagogik, in: PETZOLD, BROWN (1977 c) 101—123.
— Integrative Geragogik — Gestaltmethoden in der Bildungsarbeit mit alten Menschen, in: PETZOLD, BROWN (1977 d) 214—246.
— Das Psychodrama als Methode der klinischen Psychotherapie, in: Handbuch der Psychologie Bd. 8, II, Hogrefe, Göttingen, 1977 e.
— (Hrsg.), Die neuen Körpertherapien, Junfermann, Paderborn 1977 f.
— Gegen den Mißbrauch von Körpertherapie. Risiken und Gefahren bioenergetischer primärtherapeutischer und thymopraktischer Körperarbeit, *Sensus-Kommunikation* 5 (1977 g) 3—7; auch in: PETZOLD (1977 f).
— Thymopraktik als Verfahren Integrativer Therapie, 1977 h, in: PETZOLD (1977 f).
— Ablösung und Traumarbeit in der Gestalttherapie mit Abhängigen, *Drogen Info*, Therapiekette Hannover 2 (1977 i).
— Humanistische Psychologie, — Was ich darunter verstehe, *DGHP=Nachrichten* 1 (1977 j) und *Integrative Therapie* 2 (1977).
— Theorie und Praxis der Traumarbeit in der Integrativen Therapie, *Integrative Therapie* 3/4 (1977 k).
— Integrative Bewegungs= und Körpererziehung, in: BROWN, G. I., PETZOLD H. G. Hrsg. (1977 f).
— Das Korrespondenzprinzip in der Integrativen Agogik, in: BROWN/PETZOLD (1977 m).
— Integrative Therapie ist kreative Therapie, *Integrative Therapie* 3/4 (1977 n).
— Der Gestaltansatz in der psychotherapeutischen, soziotherapeutischen und pädagogischen Arbeit mit alten Menschen, Gruppendynamik 8 (1977 o) 32—48.
— Behaviourdrama als verhaltensmodifizierende Phase des tetradischen Psychodramas, *Integrative Therapie* 1 (1977 p), 20—39.
— Theorie und Praxis der Traumarbeit in der Integrativen Therapie, *Integrative Therapie* 3/4 (1977 q).
— Gestalttherapie, in: E. MEYER, (Hrsg.), Handbuch Gruppenpädagogik und Gruppendynamik, Quelle & Meyer, Heidelberg 1977 r, 22—24.
— Soziodrama, in: E. MEYER, Handbuch, 1977 s, 76—78.
PETZOLD, H. G., OSTERHUES, U. J., Zur verhaltenstherapeutischen Verwendung von gelenkter katathymer Imagination und Behaviourdrama in einem Lebenshilfezentrum, in: PETZOLD (1972 a) 232—241.
—, SCHMIDT, I., Psychodrama und Theater, in: PETZOLD (1972 a) 13—44.
—, SCHULWITZ, I., Tetradisches Psychodrama in der Arbeit mit Schulkindern, in: PETZOLD (1972 a) 310—330.
—, GEIBEL, Ch., „Komplexes Kreativitätstraining" in der Vorschulerziehung durch Psychodrama, Puppenspiel und Kreativitätstechniken, in: PETZOLD (1972 a) 331—334.
—, OSTERHUES, U. J., Ekklesiogene Neurosen und Sexualität — Standortbestimmung und Ansatz zur gruppenpsychotherapeutischen Behandlung, *Zeitschr. f. prakt. Psychol.* 7 (1972).
—, ILJINE, V. N., ZENKOVSKIJ, B., Das Didaktische Theater in der Schulischen Erziehung, *Internationale Zeitschr. für Erziehungswissenschaften* 2 (1972) 232—237; auch in: PETZOLD (1972 a) 303—309.

—, ILJINE, V. N., SCHMIDT, I., Didaktisches „théatre permanent" in der Erwachsenenbildung, *Volkshochschule im Westen* 2 (1972).
—, SIEPER, J., Zur Verwendung des Psychodramas in der Erwachsenenbildung, in: PETZOLD (1973 c) 56—85.
BERGER, A., Integrative Bewegungserziehung, in: PETZOLD (1974 j) 405—431.
—, BERGER, A., Integrative Bewegungstherapie, *Atem* 2 (1974).
—, AMT, D., Dramatisches Spiel im Rahmen Integrativer Therapie, in: VELZEBOER, J. (Hrsg.), Kongreßbericht, 2. Intern. Kongr. f. edukatives Drama, Utrecht, 11.—17. Aug. 1975, NCA, Maarssen 1976, 133—140.
—, PAULA, M., (Hrsg.), Transaktions- und Skriptanalyse. Aufsätze und Vorträge von Fanita English, Wissenschaftlicher Verlag Altmann, Hamburg 1975.
—, BUBOLZ, E., (Hrsg.), Bildungsarbeit mit alten Menschen, Klett, Stuttgart 1976.
—,—Konzepte zu einer integrativen Bildungsarbeit mit alten Menschen, in: PETZOLD/BUBOLZ (1976) 37—60.
—,—Theorien zum Prozeß des Alterns und ihre Relevanz für geragogische Fragestellungen, in: PETZOLD/BUBOLZ (1976) 116—144.
—,—Literatur zur Altenbildung (500 Titel), in: PETZOLD/BUBOLZ (1976) 297—315.
—, MARCEL, G., Anthropologische Bemerkungen zur Bildungsarbeit mit alten Menschen, in: PETZOLD/BUBOLZ (1976) 9—18.
—, THOMSON, G., Zur Verbindung von Transaktionsanalyse und Gestalttherapie, *Integrative Therapie* 1 (1976) 42—77; ital. Verso il collegamento dell' analisi transazionale e la terapia della gestalt, *Arca* 3 (1976) 10—15; holl. ets over het gekombineerde gebruik van transaktionele analyse en gestalttherapie, *Samenspel* 12 (1976) 264—272.
—, SIEPER, J., Zur Ausbildung von Gestalttherapeuten, *Integrative Therapie* 2/3 (1977).
—, BROWN, G., (Hrsg.), Gestaltpädagogik, Pfeiffer, München 1977.
—, SIEPER, J., Quellen und Konzepte der Integrativen Pädagogik, in: PETZOLD/BROWN (1977).
—, BROWN, G. I. (Brown, Petzold) Hrsg., Gefühl und Aktion — Gestaltmethoden im Integrativen Unterricht, W. Flach Verlag für Humanistische Psychologie, Frankfurt 1977.
—, MATHIAS, U., Integrative Pädagogik in der Arbeit mit behinderten und verhaltensgestörten Kindern, in: BROWN/PETZOLD (1977).
—, MAURER-GROELI, Y., Die therapeutische Beziehung in der Gestalttherapie, in: BATTEGAY, R., TRENKEL, A., (Hrsg.), Die Therapeutische Beziehung, Huber, Bern 1977.
—, BERGER, A., Integrative Bewegungstherapie in der Arbeit mit psychiatrischen Patienten, in: PETZOLD (1977 f).
—, VÖÖBUS, K., Therapie an den lijve, *Samenspeel* 3 (1977) 77—85; deutsch: *Sensuskommunikation* 6 (1977).
PFEIFFER, W. (1965): Das Spiel mit Handpuppen in der Therapie der Psychosen, *Z. Psychoth. med. Psychol.* 15 (1965) 135.
PILKEY, L., GOLDMAN, M., KLEINMAN, B. (1961): Psychodrama and emphatic ability in the mentally retarded, *Amer. J. ment. Deficiency* LXV (1961) 595.
PILNICK, S. (1967): Abstract of Workshop, *Group Psychother.* XX 3/4 (1967) 206.
PINGAUD, B. (1963): Une expérience de groupe (une expérience de T-Group et de psychodrama triadique), *Les temps modernes* 211 (1963) 1038.
PLÄTZER, O. (1954): Biodrama, eine Form der Spieltherapie, *Z. Psychoth. med. Psychol.* 4 (1954) 297.

PLOEGER, A. (1965): Das Psychodrama in der klinischen Psychotherapie, *Z. Psychoth. med. Psychol.* 15 (1965) 202.
— (1965): Der Mitglied-Gesprächsleiter, Zur Technik der Führung einer therapeutischen Gruppe, *Prax. Psychoth.* 10 (1965) 159.
— (1966): Das Psychodrama als Therapieform in der Klinik, in: Analytische Gruppenpsychotherapie, Hrsg. PREUSS, München, 221.
— (1967): Soziometrie und klinische Gruppenpsychotherapie, *Landarzt* 43 (1967) 1569.
— (1968): Die Stellung des Psychodramas in der Psychotherap.; *Gruppenpsychotherapie und Gruppendynamik* vol. 2 (1968) 62.
— (1969): Möglichkeiten und Grenzen der Therapie mit dem Psychodrama, *Gruppentherapie und Gruppendynamik* vol 3 (1969) 63.
— SCHLUNK, P. (1967): Soziometrische Position und Gesprächsverhalten in stationären Männer- und Frauengruppen, in: *Ber. 7. int. Kongr. Psychoth.*, Wiesbaden 1967, Teil 2, *Psychother. Psychosom.* 16 (1968) 159.
POLANSKI, N. A., HARKINS, E. (1969): Psychodrama as an element in Hospital Treatment, *Psychiatry* 32 (1969) 74.
PONTALIS, H. B. (1954): Un nouveau guérisseur, J. L. Moreno, *Les Temps Modernes* 108 (1954) 108.
POTTS, F. J. (1958): Relief of an anxiety state by a single psychodramatic session, *Group Psychother.* XI (1958) 330.
POTTS, F. (1966): Vocational Psychodrama with Patients on Nurses Aide Training, presented at 2nd International Congress of Psychodrama, Barcelona 1966.
PREUSS, H. G., Hrsg. (1966) Analytische Gruppenpsychotherapie, München 1966.
PRICE, J. (1967): Psychodrama with withdrawn patients, *Group Psychother.* XX 3/4 (1967) 193.
PULLES, C. G. J. (1968): La guérison par le jeu, une méthode de traitement pour enfants difficiles, Paris.
RABINER, Ch. J., DRUCKER, M. (1967): Use of psychodrama with hospitalized schizophrenic patients, *Dis. Nerv. Sust.* 28 (1967) 34.
RACAMIER, P. C. (1965): Indications du psychodrame analytique individuel et préparatoire, in: SCHNEIDER, P. B., Hrsg., Pratique de la Psychothérapie de groupe, Paris 1965, 71.
RACKOW, L. L. (1951): Modified insulin psychodrama, and rehabilitation techniques in the treatment of anxiety and tension stages, *Group Psychother.* IV (1951) 215.
RANGELL, M. (1967): The Bambam group, *Group Psychother.* XX 3/4 (1967) 203.
RENOUVIER, P. (1958): The group psychotherapy movement and Moreno, J. L., its pioneer and founder, *Group Psychother.* XI 1 (1958) 69.
RIESSMAN, F. (1964): Role-playing and the lower socioeconomic group, *Group Psychother.* XVII 1 (1964) 36.
RILLAER, J. van (1969): Une thérapie des rôles figés: l'apport de G. Kelly, *Bull.* Psychol. 13/16 (1969/70) 793.
RISQUEZ, F. (1969): Psychothérapies brèves, Congrès Internat. Psychiatrie Madrid 1966, *Actes, IVe Congrès Mondial de Psychiatrie*, N. Y. 1969.
ROCHEBLAVE-SPENLE, A. M. (1969): *La notion de rôle en psychologie sociale*, Paris (2. erw. Ausg. 1969; 1. Ausg. 1962).
— (1970): Rôle et psychodrame, *Bull. Psychol.* XXIII 13/16 (1970) 816.
ROGERS, C. R. (1951): Client-centered therapy, Cambridge.
— (1957): The necessary and sufficient conditions for therapeutic personality change, *J. Consult. Psychol.* 21 (1957) 95.
— (1959): A theory of therapy, personality and interpersonal relationships as developed in client-centered framework, in: S. KOCH, Hrsg., Psychology: a study of

science, N. Y. 1959, vol. III, 184.
— (1961): On becoming a person. A therapist's view of psychotherapy, London.
— (1967): The encounter group, in: BUGENTAL, J. F., Hrsg., The challenges of humanistic psychology, McGraw-Hill.
— (1970): La relation d'aide et la psychothérapie, Paris, frz. Übers. v. J. Zigliara.
— KINGET, C. (1962): Psychothérapie et relations humaines. Théorie et pratique de la thérapie non-directive, Paris.
ROJAS-BERMUDEZ, J. (1966): Que es el psicodrama, Buenos Aires.
— (1970): L'objet intermédiaire, *Bull. Psychol.* XXIII 13/16 (1970) 940.
ROSEN, J. (1965): Acting-out et acting-in, *Evol. Psychiatr.* XXX Fasc. II (1965) 215.
ROSENBAUM, M., BERGER, M. (1963): Group Psychotherapy and group function, N. Y.
ROSENBERG, P. P. (1951): An experimental analyse of psychodrama, Diss. Harvard-Univ.
ROTHAUS, P. (1964): Instrumented role playing training laboratory, *Arch. gen. Psychiatry* XI 4 (1964) 400.
ROTHMAN, G. (1961): Psychodrama and autogenic relaxation, *Group Psychother.* XIV (1961) 26.
ROUART, J. (1967): „Agir" et processus psychanalytique. L'acting-out dans sa relation avec la cure et dans ses aspects cliniques, Vingt-huitième congrès des psychanalystes de langues romanes, Paris 1967.
ROUQUETTE, J., SCHUTZENBERGER-ANCELIN, A. (1965): Formation du personel psychiatrique par le psychodrame et la dynamique de groupes, *Inform. Psychiatr.* XLI 5 (1965) 17.
ROUTH, T. A. (1958): Psychodrama and the blind, *Group Psychother.* XI (1958) 213.
RUBIN, J. (1967): The group therapy program et the civic center clinic, *Group Psychother.* XX 3/4 (1967) 199.
RUDHYAR, M., BRANHAM, B. (1953): The development in a mental hospital, *Group Psychother.* VI (1953) 110.
SACKS, J. M. (1965): The judgement technique in psychodrama, *Group Psychother.* XVIII 1/2 (1965) 69.
— (1967): Psychodrama, the warm up, *Group Psychother.* XX 3/4 (1967) 118.
SÄNGER, A. (1953): Spieltherapie, *Prax. Kinderpsychol.* 2 (1953) 92.
SARBIN, Th. R. (1945): Spontaneity training of the feebleminded, *Sociometry* VIII (1945) 389.
— (1954): Role theory, in: LINDZEY, G., Hrsg., Handbook of Social Psychology I, 223.
SARKISSOW, J. (1967): A propos de l'acting out, in: Vingt-huitième congrès des psychanalystes de langues romanes, Passage à l'acte et „acting out", Paris.
SCHAUER, G. (1951): The function of an audience analyst in psychodrama, *Group Psychother.* IV (1951) 197.
SCHEFLEN, A. (1963) Communication and regulation in psychotherapy, *Psychiatry* 26 (1963).
SCHEIDLINGER, S. (1960): Group process in Group psychother., Current trends in the integration of individual in a group psychology, *Am. J. Psychother.* 14 (1960) 104.
SCHER, J.-M. (1959): Two disruptions of the communication zone: a discussion of action and role playing techniques, *Group Psychother.* XII 127.
SCHULTE, W. (1961): Kommunikative Psychotherapie bei Störungen im höheren Lebensalter, *Z. Psychoth. med. Psychol.* 11 (1961) 159.

— (1967): Gewinn einer neuen Unbefangenheit zu leben, in: *Psychotherapeutisch-psychiatrisches Seminar* (1967) 57.
— PLOEGER, A. (1962): Psychotherapeut und psychotherapeutische Institution im Spiegel ihrer Kranken, *Prax. Psychoth.* 7 (1962) 144.
SCHULZE, R. (1957) Psykodrama, Stockholm.
SCHULTZ, J. H. (1958): Die seelische Krankenbehandlung, Stuttgart[7].
SCHUTZ, W. (1967): Joy, expanding human awareness, N. Y.
SEABOURNE, B. (1963): An Action Sociogram, *Group Psychother.* 16 (1963) 145.
— (1968): Some hints on dealing with various kinds of protagonists, some rough notes, in: Blatner, A Syllabus (1970) 19.
— (1970): Conseils sur la façon d'agir avec différentes sortes de protagonistes, *Bull. Psychol.* XXIII 13/16 (1970) 944.
SECHEHAYE, M. (1955): Die symbolische Wunscherfüllung, Bern.
SENFT, P. (1957): The concepts of group catharsis, in: Ber. int. Kongr. Gruppen-psychoth. Zürich 1957, Teil 2, Basel 1959, 350.
SHAFTEL, G., SHAFTEL, F. (1967): Role playing for social values, N. Y.
SHELLOW, R. S. (1958): Psychodramatic and group therapy, *Group Psychother.* XI 4 (1958) 227.
SHENTOUB, S. A., MIJOLIA, A. de (1967): Note sur la particularité de l'agir „dans la relation psychanalytique avec le patient alcoolique chronique, in: Vingt-huitième congrès des psychanalystes de langues romanes, Passage à l'acte et, „acting out", Paris.
SHERIF, M. (1947): Group influence on norm formation and attitudes, in: NEWCOMB, Hrsg., Readings in social psychology, N. Y., 77.
SHIPLEY, T. (1961): Classics in psychology, N. Y.
SHOOBS, N. E. (1956): Individual psychology and psychodrama, *J. Indiv. Psychol.* XII (1956) 46.
— (1964): Role-playing in the individual psychotherapy interview, *J. Indiv. Psychol.* XX (1964) 84.
SHOR, J. (1948): A modified psychodrama technique for rehabilitation of military psychoneurotics, *Sociatry* I 4 (1948) 414.
SHULMAN, B. H. (1960): A psychodramatically oriented action technique in group psychotherapy, *Group Psychother.* XIII I (1960) 34.
SIROKA, R. (1967): Psychodrama in therapeutic community, *Group Psychother.* XX, 3—4 (1967) 123.
SLAVSON, S. R. (1950): An analytic group psychotherapy with children, adolescents and adults, N. Y.
— (1955): A preliminary note on the relationship of psychodrama and group psychotherapy, *Internat. J. Group Psychother.* IV (1955) 361.
— (1958): Gruppenpsychotherapie, in: Die Psychotherapie in der Gegenwart, Hrsg. E. STERN, Stuttgart, 240.
— (1960): When is a therapy group not a therapy group? *Internat. J. Group Psychother.* X 1 (1960) 3.
SMIGEL, E. O. (1961): A note on audience involvement and role playing in sociodrama, *Group Psychother.* XIV I (1961) 66.
SMILANSY, S. (1969): The Effects of Sociodramatic Play on Didsadvantaged Pre-School Children.
SMITH, M. R. (1950): The „silent" auxiliary-ego technique in rehabilitating deteriorated mental patients, *Group Psychother.* III 2 (1950) 92.
SOLOMON, A., FENTRESS, T. (1947): A critical study of analytically oriented group psychotherapy utilizing the technique of dramatization of the psychodynamics,

Occup. Ther. Rehabilit. 26, U. S. A. (1947) 23.
SPEER, E. (1949): Gestaltungstherapie, in: Arzt der Persönlichkeit, Stuttgart 1949, 186.
SPEROFF, B. J. (1953): Empathy and role-reversal as factors in industrial harmony, *J. Soc. Psychol.* 37 I (1953) 117.
— (1954): Scripts versus role-playing, *Personnel J.* U. S. A. XXXII 8 (1954) 304.
SPIEGEL, J. P. (1954): Psychotherapy as a system of social roles, *J. Ner. Mental Dis.*, U. S. A., X (1954) 120.
— (1967): Classification of body messages, *Arch. Gen. Psychiat.*, U. S. A., 17 (1967) 298.
SPITZ, R. A. (1957): No and Yes. On the genesis of human communication, N. Y.
STAABS, G. v. (1957): Die Wirkungsweise des Scenotests in der Gruppentherapie, in: Ber. 2. int. Kongr. Gruppenpsychoth., Zürich 1957, Teil 2, Basel 1959, 355.
— (1964): Der Scenotest, Stuttgart[3].
STÄDELI, H. (1962): Spieltherapie und Persönlichkeitsentwicklung. Ein Versuch zur Deutung des Spielgeschehens im Kindesalter, *Prax. Kinderpsychol.* 11 (1962) 251.
STARR, A. (1953): Psychodrama with a child's social atom, *Group Psychother.* V 3 (1953) 222.
— (1966): Psychodrama on a hospital ward, in: Handbook of Group Psychotherapy, Hrsg. J. L. Moreno, N. Y. 1966, 342.
STEIN, C. (1961): Psychodrama for nurses in a general hospital, *Group Psychother.* XIV (1961) 90.
STEINMETZ, M. A. (1958): An experiment in Psychodrama at the Florence Crittendon Maternity Home, *Group Psychother.* XI (1958) 216.
STEVENS, E. (1947): Psychodrama in a speech clinic, *Sociatry* X (1947) 56.
STREAN, H. S. (1960): Treating parents of emotionally disturbed children through role playing, *Psychanalysis*, U. S. A. 47 (1960) 67.
STRODTBECK, F., HARE, P. A. (1954): Bibliography on small group research (1900—1953) *Sociometry* XVII 2 (1954) 107 (1400 Titel).
STOKVIS, B. (1953): Leidener Erfahrungen mit dem Psycho- und Soziodrama, in: Vorträge 4, Lindauer Psychoth.-Woche 1953, Hrsg. SPEER, E., Stuttgart 1954, 157.
— (1957): Das Rollenspiel in der Psychotherapie, in: Gruppenpsychotherapie, Hrsg. HILTMANN, WEWETZER, TEIRICH, Bern, 282.
STRAUB, H. (1963): Das Morenosche Psychodrama und seine Anwendungsmöglichkeiten im Rahmen einer psychiatrischen Klinik, *Z. Psychoth. med. Psychol.* 13 (1963) 117.
— (1969): Erfahrungen mit psychodramatischer Behandlung von Zwangsneurosen, Zeitschr. Psychoth. med. Psychol. 19 (1969) 192.
STURM, I. E. (1965): The behavioristic aspect of psychodrama, *Group Psychother.* XVIII 1/2 (1965) 50.
— (1967): Psychodrama in an adult education program, *Group Psychother.* XX 3/4 (1967) 181.
SYDATH, W. (1965): Die Plastiziergruppe, Ein gruppenpsychotherapeutischer Beitrag zur Behandlung von Anstaltskranken, *Prax. Psychoth.* 10 (1965) 69.
— (1963): Die Brettspielgruppe, ein gruppenpsychotherapeutischer Beitrag, *Prax. Psychoth.* 8 (1963) 19.
TAGIURI, R., PETRULLO, L., Hrsg. (1958): Person perception and interpersonal behavior, Stanford, Calif.
TARRAB, G. (1968): Psychodrame et happening, *Revue d'Histoire du Théâtre* 1 (1968) 69.
— (1970) Happenings et psychodrames, *Bull. Psychol.* XXIII 13/16 (1970) 915.

TEIRICH, H. R. (1953): Musik und Literatur im Rahmen der Gruppentherapie, in: Vorträge 4. Lindauer Psychoth.-Woche 1953, Hrsg. SPEER, E., Stuttgart 1954, 167.
— (1958): Musik in der Medizin, Stuttgart.

TENENBAUM, S. (1967): The philosophy of client centered group counseling, *Group Psychother.* XX 3/4 (1967) 189.

TIERNEY, M. (1945): Psychodramatic Therapy for the Alcoholic, Sociometry 8 (1945) 76.

TOEMAN, Z. (1948): The „double situation" in psychodrama, Sociatry I 4 (1948) 436.

TOSQUELLES, F. (1967): Structure et Rééducation thérapeutique, Aspects practiques, Paris.

TWITCHELL-ALLEN, D. (1960): The essence of psychodrama, *Group Psychother.* XIII (1960) 188.
— (1966): Psychodrama in the Crib, *Group Psychotherapy* 19 (1966).

Van BOCKSTAELE (1959): Note préliminaire sur la socianalyse, *Bull. Psychol.* XII 6/9 (1959) 158.

VERVEN, N., WALDFOGEL, S., YOUNG, R. (1956): Modified psychodrama and group therapy in a treatment camp, *Internat. J. Group Psychother.* VI (1956) 291.

VOUTSINAS, D. (1970): A propos de la catharsis, *Bull. Psychol.* XXIII 13/16 (1970) 998.

WARD, J. (1961): The psychodrama of the LSD experience — Some comments on the biological man, *Group Psychother.* IV 3/4 (1961).

WATCHTEL, P. L. (1967): An approach to the study of body language in psychotherapy, *Group Psychother.* (1967) 97.

WEIL, P. (1966): Psicodrama de anticapaçao em orientacao profissional, *Arquivos Brasileiros de Psicotecnica,* Brasilien (1966) 1.
— (1967): O Professiodrama ou Psicodrama de Antecipaçao em Orientaçao Vocacional, *Arg. Bras. Psicotec.* (1967) 1.
— (1967) Psicodrama, Vorw. v. J.-L. Moreno, Rio de Janeiro.
— (1970): Psychodrame et psychoanalyse, *Bull. Psychol.* XXIII 13/16 (1970) 726.
— SCHÜTZENBERGER, A., CARCIA, C., TEIXEIRA, D. u. a. (1967): Dinâmica de Grupo e Desenvolvimento em Relaçoes Humanas, Belo Horizonte.

WEINER, H. B. (1959): A note on role-playing research, *Group Psychother.* XII (1959) 67.
— (1965): Treating the alcoholic with psychodrama, *Group Psychother.* XVIII 1/2 (1965) 27.
— (1966): An overview on the use of Psychodrama and Group Psychotherapy in the treatment of Alcoholism in the United States and Abroad, *Group Psychother.* 19 (1966) 159.
— (1967): The identity of the psychodramatist and the underground of Psychodrama, *Group Psychother.* XX 3/4 (1967) 114.
— (1968): Psychodramatic treatment for the alcoholic, in: Fox, 1967.
— KNEPLER, M., KNEPLER, A (1967): Professional resistance to psychodramatic involvement, *Group Psychother.* XX 3/4 (1967) 156.

WELL, C. G. (1961): Psychodrama with children in a sociometrically structured setting, *Group Psychother.* XIV (1961) 160.
— (1962): Psychodrama and creative counseling in the elementary school, *Group Psychother.* XV (1962) 244.

WETTEROTH, W. (1967): The heterogenous groups, *Group Psychother.* XX 3/4 (1967) 190.

WHITAKER-STOCK, D. (1964): A survey of research on T.-Group, in: BRADFORD, GIBB, BENNE, Hrsg. 1964, 395.

— LIEBERMAN, A. M. (1965): Psychotherapy through the group process, London.
WIDLOCHER, D. (1961): Le psychodrame d'observation chez l'enfant et l'adolescent, *Rev. neuropsychiat. infant.* 9 (1961) 413.
— (1962): Le psychodrame chez l'enfant, Paris.
WIESENHÜTTER, E. (1961): Gestaltungs- und Gruppentherapie bei Jugendlichen, *Prax. Psychoth.* 6 (1961) 155.
WINKLER, W. Th. (1965): Die bildnerische Gestaltung als Spiegel psychopathologischer Phänomene und als therapeutische Hilfe, *Therapeutische Berichte* 37 (1965) 72.
WITTGENSTEIN, Graf O. (1965): Die „Elementen-Bild-Serien" in der psychiatrischen und psychotherapeutischen Praxis, in: Psychopathologie und bildnerischer Ausdruck 9. Bildserie, Nürnberg.
— (1965): Discordance entre les formes d'expression verbales et nonverbales, in: *Conf. psychiat.* 8 (1965) 223.
WOLF, A., SCHWARZ, J.-C. (1962): Psychoanalysis in groups, London.
WOLLMAN, L. (1967): Hypnodrama, *Group Psychother.* XX 3/4 (1967) 207.
WOLPE, J. (1958): Psychotherapy by reciprocal inhibition, Stanford.
WOLPE, Z. (1957): Play therapy, Psychodrama and parent counseling, in: *Travis* u. a. Hrsg., Handbook of speech pathology, Nr. 4, Appleton.
YABLONSKI, L. (1954): The Future-Projection Technique, *Group Psychother.* 7 (1954) 303.
— (1955): Preparing parolees for essential social roles, *Group Psychother.* VIII (1955) 38.
— ENNEIS, J. (1956): Psychodrama, theory and practice, in: *Fromm, Reichmann,* Moreno J.-L., Hrsg., 1956, 149.
— (1970): Théorie et pratique de psychodrame, *Bull. Psychol.* XXIII 13/16 (1970) 765.
ZANDER, A. (1947): Role-playing: a technique for training the necessarily dominating leader, *Sociatry* I 2 (1947) 225.
ZIERL, W. (1959): Therapeutisches Rollenspiel im Szenotest („Szenodrama"), *Prax. Kinderpsychol.* 8 (1959) 113.
ZULLIGER, H. (1952): Heilende Kräfte im kindlichen Spiel, Stuttgart.

Frühe Schriften von J. L. Moreno:

Einladung zu einer Begegnung, 1914.
Einladung zu einer Begegnung, 1915.
Das Testament des Schweigens, 1915.
Die Gottheit als Autor, 1918.
Die Gottheit als Redner, 1919.
Die Gottheit als Komödiant, 1919, Anzengruber Verlag, Wien.
Das Testament des Vaters, 1920, 1922[2].
Rede über den Augenblick, 1923.
Der Königsroman, 1923.
Das Stegreiftheater, 1923.
Rede über die Begegnung, 1924.
Rede vor dem Richter, 1925.

Sofern nicht anders vermerkt, im Gustav Kiepenheuer Verlag, Potsdam.

Mitarbeiterverzeichnis

BUXBAUM, Harry, Dr. med., Zürich (1955 Karlsuniversität, Prag); 1957 pädagogische Promotion; 1962 Habilitation über Selbstmordversuche bei Männern; 1968 Facharzt für Psychiatrie; seit 1957 Primarius in Opava. Seit September 1970 in der Schweiz.

CUVELIER, Ferdinand, Dr., Löwen, Lizentiat der Philosophie, der Psychologie und Theologie. Leiter im „Geel Family Care Research Project" Universität Löwen/Columbia Universität, New York. Leiter der Interaktie Akademie, Hove/Antwerpen. Supervisor bei der niederländischen Vereinigung für Gruppenpsychotherapie.

FONTAINE, Pierre, Prof. Dr. med., Löwen, Facharzt für Kinderpsychiatrie, Dozent an der psychologischen Fakultät der Universität Löwen, Universität Brüssel, Direktor des Centre de Formation en Psychodrama „La Verveine", Löwen.

FRANZKE, Erich, Dr. med., Växjö, Schweden. Psychoanalytiker (DPG). Seit 1959 in Schweden tätig. 1965—1968 wissenschaftl. Assistent an der psychosomatischen Abteilung der Med. Univ.-Klinik Freiburg. Oberarzt für Personalweiterbildung und Psychotherapie am St. Sigfrids Sjukhus, Växjö. Organisator der psychiatrischen Fortbildungswochen in Växjö.

FRIEDEMAN, Adolf, Prof. Dr. med., Biel, Schweiz. 1933 Kaiser-Wilhelm-Institut für Hirnforschung, Berlin. Direktor des Instituts für Psychohygiene, Biel. Facharzt für Nervenleiden und Kinderpsychiatrie. Honorarprofessor an der Universität Freiburg, Breisgau. Mehr als 150 Fachveröffentlichungen. Grundlegende Arbeiten auf dem Gebiet der Gruppenpsychotherapie. Arbeitet seit den zwanziger Jahren mit Psychodrama.

GEIBEL, Christa, Neuss, Kindergärtnerische und tanzpädagogische Ausbildung. Seit 1968 creative dramatics mit Vorschulkindern. Seit 1969 Dozentin an versch. Volkshochschulen.

ILJINE, Vladimir, N., Prof. DDDr. Paris. Studium der Biologie, Medizin, Psychologie und Philosophie in Kiew. Professor an der Universität Kiew 1917. 1909 Begründer der Methode des therapeutischen Theaters. Nach der Revolution Professor in Konstantinopel, Berlin, Budapest und Paris. Schüler von S. Ferenczi. Mehr als 400 Fachveröffentlichungen. Prof. am Institut St. Denys, Paris.

LEBOVICI, Serge, Dr. med., Paris, Direktor des Centre de Santé Mentale Infantile, Paris 13e. Vormals Direktor des Psychoanalytischen Instituts und Präsident der Internationalen Gesellschaft für Kinderpsychiatrie. Z. Z. Vizepräsident der Internationalen psychoanalytischen Gesellschaft. Grundlegende Veröffentlichungen auf dem Gebiet der Gruppenpsychotherapie und des analytischen Psychodramas, das er seit dem Ende der vierziger Jahre entwickelt hat.

LEUTZ, Gretel, A., Dr. med., Überlingen. Studium der Medizin in Münster, Freiburg, Tübingen, 1958 Promotion und Staatsexamen in Freiburg. 1960 Staatsexamen und Approbation in den USA. Tätigkeit in verschiedenen Kliniken der Schweiz und in den USA. Lehranalyse bei J. Jacobi, Zürich. Seit 1951 ständige Zusammenarbeit mit J. L. Moreno, Beacon. Director of Psychodrama. Übersetzte Morenos Grundlagen der Soziometrie. Zahlreiche Veröffentlichungen über Psychodrama. Leitet das Moreno Institut Überlingen.

MARCEL, Gabriel, Paris, Studium der Philosophie. 1910 a. o. Professor für Philosophie (zwanzigjährig). Professor in Vendôme, Paris, Sens, Montpellier. Gastprofessuren in Europa und den USA. 1950 Administrateur des Instiut St. Denys, Paris, 1948 großer Literaturpreis der Académie Française. 1952 Mitglied der Académie des Sciences morales et politiques. 1953 Mitglied des Institut Français. 1956 Goethe-Preis der Stadt Hamburg. 1964 Friedenspreis des deutschen Buchhandels. Dramatiker, Theatertheoretiker und Philosoph, dessen Werke in mehr als 10 Sprachen übersetzt wurden.

MORENO, Jacob Levy, New York, Studium der Philosophie und Medizin in Wien. 1917 Dr. med. Begründer der modernen Gruppenpsychotherapie, des Psychodramas, der Soziometrie. Philosoph und Theatertheoretiker. Herausgeber der Zeitschrift „Daimon" (1918). Gründer des Stegreiftheaters (Wien 1921). Gründer und Direktor des Psychodrama-Instituts in Beacon und New York. Dozent an der New School of Social Research und der Columbia Universität. Professor an der Universität von New York. Präsident der Amerikanischen Vereinigung für Gruppenpsychotherapie und Psychodrama, Direktor des World Center for Psychodrama, Sociometry and Group Psychotherapie, Präsident der Internationalen Gesellschaft für Gruppenpsychotherapie. Dr. h. c. der Universität Barcelona. Goldenes Doktorat der Universität Wien. Präsident und Ehrenpräsident mehrerer Internationaler Kongresse für Psychodrama, Soziodrama und Gruppenpsychotherapie. Autor grundlegender Werke zur Theorie der Soziometrie, des Psychodramas, der Gruppenpsychotherapie, des Rollenbegriffes und der Kreativität.

PETZOLD, Hilarion, G., Dr. theol. et phil., Paris, Neuss. Studium der Theologie, Philosophie, Psychologie in Paris. Professor am Institut St. Denys. 1969 Direktor der Volkshochschule Meerbusch/Büdrich. Director of Psychodrama des Moreno Instituts, New York. Mehr als 100 Fachveröffentlichungen auf den Gebieten der Philosophie, Theologie, Psychologie und Gruppenpsychotherapie. Entwickelte das Behaviourdrama und die Integrative Bewegungstherapie. Gründer und Lehrtherapeut des „Fritz Perls Instituts für Integrative Therapie".

PÖRTNER, Paul, Zürich, Schriftsteller, Promotor der „Mitspiele". Zahlreiche Hörspiele und Bühnenwerke. Theatergeschichtliche und -theoretische Publikationen: Lebenszeichen (1956), Sternbild-Selbstbild (1958), Schattensteine (1958), Experiment Theater (1960), Wurzelwerk (1960), Scherenschnitte, Immergrün u. a. Eduard-von-der-Heydt-Preis der Stadt Wuppertal.

SARRO, Ramon, Prof. Dr. med., Barcelona, vormals Direktor des Psychiatrischen Instituts der Medizinischen Fakultät der Universität Barcelona. Schüler von Sigmund Freud. Präsident des Zweiten Internationalen Kongresses für Psychodrama und Soziodrama 1966 in Barcelona. Ehrenpräsident des World Center for Psychodrama, Sociometry and Group Psychotherapy.

SCHMIDT, Ina, M. A., Saint Etienne, Studium der Germanistik, Romanistik, Pädagogik, Psychologie und Theologie an den Universitäten Freiburg, München, Paris (Sorbonne, Institut St. Denys). Studienassessorin in Nürnberg. Unterricht an deutschen und französischen Gymnasien. Lektorin an der Universität von Saint Etienne. Seit 1967 théâtre didactique bei Iljine. Z. Z. Promotion über Psychodrama und Theater.

SCHULWITZ, Ingrid, Neuss, Studium der Pädagogik und Psychologie in Bonn, Münster, Paris und Neuss. Lehrerin an den Hauptschulen Büttgen und Kaarst. Seit

1969 Psychodrama im Klassenraum mit H. Petzold. Didaktisches Theater bei Iljine, Paris. Z. Z. pädagogische Diplomarbeit über Psychodrama an der Pädagogischen Hochschule Neuss.

SEABOURNE, Barbara, Dr., Saint Louis, Klinische Psychologin am State Hospital von Saint Louis, Director of Psychodrama und Leiterin des Institut for Psychodrama and Group Process am State Hospital in St. Louis. Publizierte zahlreiche Arbeiten über Psychodrama und Gruppendynamik.

SIEPER, Johanna, Lic. theol. Dr. phil., Neuss, Studium der Philosophie, Kunstgeschichte und Theologie und Pädagogik in Paris und Düsseldorf. Therapeutisches und didaktisches Theater bei Iljine, Paris. Seit 1966 im Team des Experimentiertheaters Neuss. Entwickelte mit Petzold das „komplexe Kreativitätstraining". Direktorin der Volkshochschule der Stadt Dormagen. Lehrtherapeutin am „Fritz Perls Institut".

STRAUB, Helga, Dipl.-Psych., Stuttgart. Studium der Psychologie in Tübingen. Ausbildung in Psychodrama und Gruppenpsychotherapie am Moreno Institut, Beacon, New York und an der University of New York. Director of Psychodrama. Zwölf Jahre Tätigkeit als klinische Psychologin und Psychodramatherapeutin in psychiatrischen und Kinderkliniken in Stuttgart. Leiterin des „Moreno Instituts" in Stuttgart.

ZENKOVSKIJ, Basilius, Prof. DDr., Paris (+). Studium der Chemie, Pädagogik, Psychologie und Philosophie. Professor an der Universität Kiew. Während der Emigration Professor für Philosophie und Psychologie an der Universität Belgrad. Direktor der Pädagogischen Hochschule in Prag. Professor und nachmaliger Dekan der orthodoxen theologischen Fakultät in Paris. Entwickelte mit V. Iljine zwischen 1910 und 1917 das didaktische Theater. Autor grundlegender Werke zur russischen Philosophie und Pädagogik.

Ausbildungsmöglichkeiten für Psychodrama und verwandte Verfahren

Moreno Institut Überlingen
(Dr. med. G. A. Leutz), 7770 Überlingen, Uhlandstraße 9

Moreno Institut Stuttgart
(Dipl. Psych. H. Straub), 7000 Stuttgart 1, Hauptmannsreute 23

Moreno-Klinikum (Dr. med. U. Seeger), 3584 Zwesten, Handtstraße

Fritz Perls Institut für Integrative Therapie, Gestalttherapie und Kreativitätsförderung
(Prof. Dr. H. Petzold), 4000 Düsseldorf, Brehmstraße 9

INHALTSVERZEICHNIS